9訂版
住民記録の実務

東京都市町村戸籍住民基本台帳事務協議会
住民基本台帳事務手引書作成委員会　編著

日本加除出版株式会社

発刊にあたって

　昭和42年住民基本台帳法が施行され，この法律に基づいて新しく発足した住民基本台帳制度は，住民に関する記録を正確に，しかも統一的に行うとともに，住民の利便を増進し，あわせて国及び地方公共団体の行政の合理化に資することを目的としております。

　この新しい制度の運用にあたって重要であったのは，市町村の事務担当者が制度の理論をよく理解し実務に精通することでありました。しかし，これらに関する参考書の著書は皆無に等しいと言っても過言ではないと思われます。かようなわけで，本「住民記録の実務」は市町村において直接住民基本台帳事務に従事する職員に対して現行事務の処理について，さらに検討を加え，より正しい処理方法で事務に従事できるよう，また初心者のガイドブックとして，さらに難問題にも対処できるよう編集したものであります。本書の利用にあたっては，住民基本台帳の事務に従事される方々が有効に活用され適正円滑な運用の一助となることを期待する次第であります。

　この「住民記録の実務」の編集にあたりまして，東京都総務局行政部指導課及び日本加除出版株式会社のご指導ご援助を賜りましたことを深く感謝申し上げます。

　　昭和54年4月

東京都市町村戸籍住民基本台帳事務協議会会長

福生市長　　石川　常太郎

9訂版　発刊にあたって

　本書は，昭和54年に初版が上梓されてから約40年にわたり，住民基本台帳法及び関係法令の改正があるたびに，全国の住民記録事務ご担当者からの強い要望を受け，改訂を重ねてまいりました。今回も，マイナンバー制度の導入による事務の増加や，関係法令が改正・施行されたことにより，内容の全面的な見直しが必要となったため，本書を改訂することになり，当協議会で「住民基本台帳事務手引書作成委員会」を設置し，各支部から選出された各市の担当者が約1年にわたり協議を重ね，改訂作業を行いました。

　今回の改訂では，マイナンバー制度の導入に関する事項が主な改訂項目となりました。通知カード，マイナンバーカードに係る事務が追加され，マイナンバーカードに標準搭載されている電子証明書についても解説を加えることにしました。また，住民票や住民異動届等の各種帳票に個人番号の記載欄を加えるなど，記載例の多くを修正しております。さらに，住民記録事務の多岐にわたり関連があるため，多くの項目を加筆・修正しました。

　本書はこれまで多くの改訂を重ねており，基本的な内容については過去の住民基本台帳事務手引書作成委員会のご尽力により既に精査されていたため，新制度に関する追加が主な作業となりました。しかし，個人番号制度の導入に伴い記述内容が大幅に増加したため，単純に加筆・修正していくだけでは頁数が増えすぎ，手引書としては使い難くなってしまうことが懸念されました。そのため，制度の導入経緯や法改正の経過等のうち，制度開始から時間が経っているものや，住民記録事務には影響が少ないものについては削減する，具体例のうちあまりに特異な例は削除するなど，実務の際に頻繁に確認するであろう内容を凝縮させ，手引書としての使いやすさを向上させるように作成方針を定め改訂作業を進めてまいりました。

前回の改訂では，入管法の外国人登録制度が廃止され，住民基本台帳法が外国人住民について適用対象となるよう改正されたことを受け，新章として外国人住基事務が加えられました。今回の改訂ではこれらの項目を独立した章として残すのか，各事務を既存の章に溶け込ませるのか協議しましたが，手引書としての使いやすさを考えると，外国人に係る事務を行う際は外国人に係る事務を多数調べることが予測されるため，独立した章のほうが実務の際に確認しやすいとの意見が多く，修正を加えたうえで独立した章として残すことになりました。

このように，職員が事務にあたる際に手引書として使用しやすくなるよう工夫しながらも，これまでの改訂で積み上げられた本書の良さを損なわないよう，各市担当者が長期にわたり協議を行い，9訂版を刊行することができました。

公務ご多用のなか，本書の改訂作業にご尽力いただいた住民基本台帳事務手引書作成委員会の皆様に対し，この場を借りて心より御礼申し上げます。

また，本書がマイナンバー制度を含め新制度の円滑な運用の一助となり，全国の住民記録の実務に関わる市町村職員の皆様に少しでもお役に立てれば幸いに存じます。

平成30年6月

東京都市町村戸籍住民基本台帳事務協議会会長

東久留米市長 　並木　克巳

凡　　例

〈主な法令名等の略語〉

法	住民基本台帳法
令	住民基本台帳法施行令
規則	住民基本台帳法施行規則
住民票省令	住民基本台帳の一部の写しの閲覧及び住民票の写し等の交付に関する省令
事務処理要領	住民基本台帳事務処理要領
住基ネットセキュリティ基準	電気通信回線を通じた送信又は磁気ディスクの送付の方法並びに磁気ディスクへの記録及びその保存の方法に関する技術的基準
技術的基準	住民票に係る磁気ディスクへの記録，その利用並びに磁気ディスク及びこれに関係する施設又は設備の管理の方法に関する技術的基準
住基カード	住民基本台帳カード
住基ネット	住民基本台帳ネットワークシステム
マイナンバーカード	個人番号カード
CS	コミュニケーションサーバ
個人情報保護法	個人情報の保護に関する法律
行政機関個人情報保護法	行政機関の保有する個人情報の保護に関する法律
高齢者医療確保法	高齢者の医療の確保に関する法律
電子署名法	電子署名及び認証業務に関する法律
公的個人認証法	電子署名等に係る地方公共団体情報システム機構の認証業務に関する法律

6 凡 例

公的個人認証法施行規則
電子署名等に係る地方公共団体情報システム機構の認証業務に関する法律施行規則

認証業務技術的基準
認証業務及びこれに附帯する業務の実施に関する技術的基準

入管法
出入国管理及び難民認定法

入管法施行規則
出入国管理及び難民認定法施行規則

特例法
日本国との平和条約に基づき日本の国籍を離脱した者等の出入国管理に関する特例法

番号法
行政手続における特定の個人を識別するための番号の利用等に関する法律

番号法施行令
行政手続における特定の個人を識別するための番号の利用等に関する法律施行令

番号法施行規則
行政手続における特定の個人を識別するための番号の利用等に関する法律施行規則

番号法省令
行政手続における特定の個人を識別するための番号の利用等に関する法律の規定による通知カード及び個人番号カード並びに情報提供ネットワークシステムによる特定個人情報の提供等に関する省令

番号カード技術基準
通知カード及び個人番号カードに関する技術的水準

整備法
行政手続における特定の個人を識別するための番号の利用等に関する法律の施行に伴う関係法律の整備等に関する法律

情報通信技術利用法
行政手続等における情報通信の技術の利用に関する法律

機構
地方公共団体情報システム機構

機構法
地方公共団体情報システム機構法

目　　次

第 1 章　概　　説

第1　住民基本台帳法の制定意義 ……………………………………… 3

　1　住民に関する記録の必要性 ……………………………………… 3

　2　住民基本台帳制度の必要性 ……………………………………… 4

　3　住民基本台帳制度の効果 ………………………………………… 4

第2　住民基本台帳法制定までの経緯 ……………………………… 5

　1　明治4年戸籍法から寄留制度へ ………………………………… 5

　2　寄留法から住民登録法へ ………………………………………… 5

　3　住民基本台帳法の制定 …………………………………………… 6

　4　住民基本台帳法の改正 …………………………………………… 7

　5　住民基本台帳制度をとりまく今日的テーマ ………………… 10

第3　住民基本台帳制度の概要 ……………………………………… 17

第4　住民基本台帳 …………………………………………………… 20

　1　住民基本台帳の定義 ……………………………………………… 20

　2　住民基本台帳の性格 ……………………………………………… 21

　3　住民基本台帳の正確性の確保 ………………………………… 21

第5　マイナンバー制度 ……………………………………………… 22

　1　マイナンバー制度の概要 ………………………………………… 22

　2　マイナンバー制度と個人情報保護 …………………………… 23

　3　マイナンバーの付番 ……………………………………………… 25

　4　マイナンバーの利用範囲 ………………………………………… 25

　5　マイナンバー利用事務等の委託と委託先管理 ……………… 26

　6　通知カード及びマイナンバーカード ………………………… 27

　7　マイナンバーの利用拡大 ………………………………………… 28

　8　マイナンバー制度の情報連携 ………………………………… 28

8　目　次

9　マイナポータル …………………………………………… 29

第2章　基本用語

第1　住　民 ……………………………………………………… 33

　1　地方自治法上の住民 ……………………………………… 33

　2　住民基本台帳法上の住民 ………………………………… 33

　3　住民の権利義務 …………………………………………… 33

第2　住　所 ……………………………………………………… 35

　1　住民の住所 ………………………………………………… 35

　2　住民の住所に関する法令 ………………………………… 35

　3　住所と居所 ………………………………………………… 35

　4　住所の認定 ………………………………………………… 35

　5　住所認定の具体例 ………………………………………… 36

第3　世帯と世帯主 ……………………………………………… 42

　1　世　帯 ……………………………………………………… 42

　2　世帯主 ……………………………………………………… 43

　3　世帯，世帯主の認定 ……………………………………… 43

　4　世帯，世帯主認定の具体例 ……………………………… 44

第4　続　柄 ……………………………………………………… 46

　1　続柄を記載する必要性 …………………………………… 46

　2　続柄の記載方法 …………………………………………… 47

　3　続柄記載の具体例 ………………………………………… 47

第5　住民となった年月日と住所を定めた年月日 …………… 50

　1　住民となった年月日 ……………………………………… 50

　2　住所を定めた年月日 ……………………………………… 50

第6　戸籍の表示 ………………………………………………… 50

　1　戸　籍 ……………………………………………………… 50

　2　本籍及び筆頭者 …………………………………………… 51

目　次　9

第7　住民票コード ……………………………………………… 51

　　1　住民基本台帳ネットワークシステムにおける住民票コー

　　　　ドの役割 ………………………………………………… 51

　　2　住民票コードの付番と変更請求 …………………………… 51

　　3　住民票コードの利用制限 …………………………………… 52

第8　個人番号（マイナンバー）………………………………… 52

　　1　マイナンバー制度と個人番号 ……………………………… 52

第3章　日本人住民に係る住民票

第1　住民票 …………………………………………………………… 57

　　1　住民票の定義と作成単位 …………………………………… 57

　　2　住民票の性格 ………………………………………………… 57

　　3　居住関係の公証 ……………………………………………… 57

第2　住民票の様式と規格 ………………………………………… 58

　　1　住民票の様式 ………………………………………………… 58

　　2　住民票の規格 ………………………………………………… 58

第3　住民票の記載事項 …………………………………………… 59

　　1　法定記載事項 ………………………………………………… 59

　　2　その他の記載事項 …………………………………………… 61

第4　住民票各欄の呼称と記載 ………………………………… 62

　　1　住民票の記載等 ……………………………………………… 62

　　2　記載の一般的注意 …………………………………………… 63

　　　　【様式1】　個人票（日本人用）………………………… 64

　　　　【様式2】　世帯票（日本人用）………………………… 65

　　3　個人票の記載 ………………………………………………… 67

　　4　世帯票の記載 ………………………………………………… 71

第5　通　　知 ……………………………………………………… 72

　　1　通知の必要性 ………………………………………………… 72

10　目　　次

　　2　通知の種類 ……………………………………………… 72

　　3　通知の事由と通知事項 ………………………………… 73

第6　住民基本台帳の一部の写しの閲覧 ………………………… 87

　　1　閲覧制度の概要 ………………………………………… 87

　　2　閲覧請求の受理 ………………………………………… 88

　　3　閲覧申出の受理 ………………………………………… 90

　　4　閲覧申出に係る支援措置 ……………………………… 94

第7　住民票の写し等の交付 ……………………………………… 94

　　1　住民票の写し等の交付制度の概要 …………………… 95

　　2　本人等による住民票の写し等の交付請求 …………… 96

　　3　国又は地方公共団体の機関の請求による住民票の写し等
　　　　の交付請求 ……………………………………………… 99

　　4　本人等以外の者からの住民票の写し等の交付の申出 ………… 101

　　5　特定事務受任者からの住民票の写し等の交付申出 ……………… 104

　　6　郵送等による住民票の写し等の交付請求（申出） ………………… 106

　　7　作成時の留意点 ………………………………………… 111

　　8　広域交付住民票 ………………………………………… 114

　　9　罰　　則 ………………………………………………… 117

　　10　住民票の写し等の交付請求（申出）に係る支援措置 …………… 117

　　11　手数料 …………………………………………………… 117

第8　ドメスティック・バイオレンス，ストーカー行為
　　　等，児童虐待及びこれらに準ずる行為の被害者の
　　　保護のための措置 ……………………………………… 117

　　1　支援措置について ……………………………………… 117

　　2　申出の受付 ……………………………………………… 120

　　3　支援の必要性の確認 …………………………………… 122

　　4　市町村間の連絡 ………………………………………… 123

　　5　支援措置の期間等 ……………………………………… 124

第4章　住基ネット

第1　住民基本台帳ネットワーク ……………………………… 129

  1　住民基本台帳のネットワークシステム化の流れ …………… 129

  2　住基ネットの仕組み ……………………………………… 132

  3　住基ネットの業務 ………………………………………… 133

  4　住基ネットの運用 ………………………………………… 134

  5　個人情報保護のための施策 ……………………………… 136

第2　住民票コード ……………………………………………… 144

  1　住民票コードとは ………………………………………… 144

  2　住民票コードの記載の変更請求 ………………………… 146

  3　住民票コードを記載した住民票の写しの請求 ………… 148

第3　マイナンバー ……………………………………………… 150

  1　マイナンバーとは ………………………………………… 150

  2　通知カード ………………………………………………… 151

   (1)　通知カードとは ……………………………………… 151

   (2)　各種手続 ……………………………………………… 152

    ①　通知カードの交付 ………………………………… 152

     ●通知カードの各業務における申請受付方法 ……… 154

     表Ⅰ　本人に関する総務省令等で定める書類 ……… 155

     表Ⅱ　代理人に関する総務省令等で定める書類 …… 155

    ②　通知カードの再交付 ……………………………… 156

     ●通知カード再交付申請書 …………………………… 159

    ③　通知カードの表面記載事項変更 ………………… 161

    ④　通知カードの紛失届 ……………………………… 164

     ●通知カード表面記載事項変更届 …………………… 165

     ●通知カード紛失届 …………………………………… 166

    ⑤　紛失した通知カードを発見したとき …………… 167

12　目　　次

	⑥　通知カードの返納	167
	⑦　通知カードの廃棄	168
	・通知カード返納届	169
3	参考事項	170
	〔別表1〕　通知カードの運用上の留意事項	170
4	マイナンバーカード	179
(1)	マイナンバーカードとは	179
(2)	各種手続	182
	①　マイナンバーカードの交付	182
	表Ⅲ　本人に関する番号法施行規則等で定める書類	187
	表Ⅳ　代理人に関する番号法施行規則等で定める書類	188
	②　マイナンバーカードの再交付	189
	③　マイナンバーカードの有効期間内の交付	190
	④　マイナンバーカードのその他の手続	190
5	参考事項	198
	〔別表2〕　個人番号カードの運用上の留意事項	198
	・個人番号カードの各業務における申請受付方法	201

第4　住民票の写しの交付の特例（広域交付） …………………………… 219

1	住民票の写しの交付の特例とは	219
2	住民票の写しの広域交付請求	219
3	住民票の写しの広域交付の流れ	221
4	参考事項	225
	〔別表3〕　住民票の写しの交付の特例（広域交付）	225

第5　転入届の特例 …………………………………………………………… 234

1	転入届の特例	234
2	転出届（転入届の特例の適用を受ける者からの転出届に限る。）後の最初の転入届	237
3	参考事項	241

目　次　13

〔別表４〕　転入届の特例 ………………………………………… 241

第6　公的個人認証 ……………………………………………………… 260

　1　制度の概要 …………………………………………………………… 260

　2　電子証明書の記録事項・有効期間 …………………………… 261

　3　電子証明書の発行 ……………………………………………… 262

　4　その他の手続 …………………………………………………… 266

第7　戸籍の附票の記載の修正のための通知について ………… 268

第5章　届　　　出

第1　届出の必要性 …………………………………………………… 271

第2　届出の種類及び届出書の様式と規格 ……………………… 271

　1　届出の種類 ………………………………………………………… 271

　2　届出書の様式と規格 …………………………………………… 272

第3　届出の方法 ……………………………………………………… 272

　1　届出の方法 ………………………………………………………… 272

　　【様式3】　住民異動届 ………………………………………… 273

　　【様式4】　住民異動届 ………………………………………… 274

　2　届出人 ……………………………………………………………… 274

　3　届出期間 ………………………………………………………… 276

　4　届出書記入の一般的注意 …………………………………… 276

　5　届出書受理の注意 ……………………………………………… 278

　6　付帯事務処理の注意 …………………………………………… 284

第6章　転　　　入

第1　転入とは ………………………………………………………… 287

第2　届出事項と添付書類 ………………………………………… 287

　1　届出事項 ………………………………………………………… 287

　2　添付書類 ………………………………………………………… 288

14　目　　次

第3　転入届出の受理 ……………………………………… 289

1　届出書記入の注意 ……………………………………… 289

2　届出書受理の注意 ……………………………………… 289

第4　届出書の記入と住民票記載の具体例 ……………… 290

1　全部転入【記載例No. 1，2，3】 ……………………… 290

2　一部転入 ………………………………………………… 294

(1)　転出住所地の世帯全員，又は世帯員が転入住所地の既存の世帯に入り，その世帯の世帯員となった場合【記載例No. 4，5】 ……………………………………… 294

(2)　転出住所地の世帯全員，又は世帯員が転入住所地の既存の世帯に入り，その世帯の世帯主となった場合【記載例No. 6，7】 ……………………………………… 297

3　未届転入 ………………………………………………… 301

(1)　従前の住所地において，転入届をしていなかった者が転入し世帯を新設した場合【記載例No. 8，9】 ……… 301

(2)　(1)の事例で転入者が既存の世帯に転入した場合【記載例No. 10, 11】 ……………………………………… 303

(3)　転入住所地で転入届をせず，再び1年以内に転出住所地へ転入してきた場合【記載例No. 12, 13】 ………… 306

4　国外からの転入【記載例No. 14, 15】 ………………… 308

5　戸籍の変動を伴う転入 ………………………………… 310

(1)　転入届と同時に婚姻届があった場合【記載例No. 16, 17】 …………………………………………………… 310

(2)　当該市町村に婚姻届が既に出されている者から転入届があった場合【記載例No. 18】 ……………………… 313

(3)　婚姻届受理証明書，又は戸籍謄本等を添付した転入届があった場合 ……………………………………… 313

(4)　転入届と同時に転籍届があった場合【記載例No. 19】 ………… 314

目　次　15

(5)　父母の転入届と同時に，転出住所地で出生した子の出
生届が出された場合【記載例No. 20, 21】 …………………… 315

(6)　転出証明書に記載のない出生届出済の子が，父母と共
に転入した場合【記載例No. 22, 23, 24, 25】 ………………… 318

(7)　転出証明書をとった後世帯員が死亡し，その後転入届
があった場合【記載例No. 26, 27, 28, 29, 30, 31】 …………… 323

(8)　転入届と同時に特別養子縁組届があった場合【記載例
No. 32, 33】 …………………………………………………… 329

(9)　転入届と同時に世帯主との養子縁組届，及びその世帯
主の子との婚姻届があった場合【記載例No. 34, 35】 ……… 331

(10)　婚姻中の夫婦の養子縁組届と同時に，養親夫婦が養子
夫婦の世帯員として転入した場合【記載例No. 36】 ………… 334

6　その他の転入 ………………………………………………… 335

(1)　転入届未済のまま市内で転々と転居していた者からの
転入届があった場合【記載例No. 37, 38】 …………………… 335

(2)　最終住民記録地が不明で，短期間ごとに転々と異動し，
従前の住所のいずれもが住所と認定し難い場合【記載
例No. 39, 40】 ………………………………………………… 337

(3)　養護施設への転入の場合【記載例No. 41, 42】 ……………… 337

(4)　転出予定で交付された転出証明書に記載されている世
帯員の一部の者が，当該予定市町村に転入せず他市町
村に転入した場合【記載例No. 43】 ………………………… 340

(5)　ある世帯に世帯員として転入した者が，転入届未済の
ままその世帯と共に数回転居した後転入届をした場合
【記載例No. 44, 45, 46】 ……………………………………… 340

第7章　転　　居

第1　転居とは ……………………………………………………… 347

16　目　次

1　転居の定義 ……………………………………………… 347

2　転居の区分 ……………………………………………… 347

第2　届出事項 ……………………………………………… 348

第3　転居届出の受理 ……………………………………… 348

1　届出書記入の注意 ……………………………………… 348

2　届出書受理の注意 ……………………………………… 349

第4　届出書の記入と住民票記載の具体例 ………………… 350

1　全部転居 ………………………………………………… 350

(1)　世帯の全員が，そのままの構成で新住所地に世帯を設
　　け た 場 合【記 載 例 No. 47, 48, 49】………………… 350

(2)　世帯主のみが住所を異動し，新住所地に世帯を設けた
　　場合【記載例No. 50, 51, 52, 53】……………………… 354

(3)　世帯員が住所を異動し，新住所地に世帯を設けた場合
　　【記載例No. 54, 55】…………………………………… 359

(4)　世帯全員が同じ住居表示番号内でその部屋号数の変更
　　を伴う転居を行った場合【記載例No. 56, 57】………… 361

2　一部転居 ………………………………………………… 363

(1)　旧住所地の世帯全員が転居をし，新住所地の既存の世
　　帯に入り，そのうちの一人が新世帯主となった場合
　　【記載例No. 58, 59】…………………………………… 363

(2)　旧住所地の世帯全員が転居をし，新住所地の既存の世
　　帯に入り，世帯員となった場合【記載例No. 60, 61】…… 367

(3)　世帯主だけが住所を異動し，新住所地の既存の世帯に
　　入り，その世帯の世帯主となった場合【記載例No. 62,
　　63】……………………………………………………… 370

(4)　世帯主だけが住所を異動し，新住所地の既存の世帯に
　　入り，その世帯の世帯員となった場合【記載例No. 64,
　　65】……………………………………………………… 375

目　次　17

　(5)　世帯員が住所を異動し，新住所地の既存の世帯に入り，
　　　その世帯の世帯主となった場合【記載例No. 66, 67】 ………… 379
　(6)　世帯員が住所を異動し，新住所地の既存の世帯に入り，
　　　その世帯の世帯員となった場合【記載例No. 68, 69】 ………… 383
　3　その他の転居 ……………………………………………………… 386
　(1)　世帯の全員が，転居届未済のまま同一市町村内を転々
　　　とした後転居届があった場合【記載例No. 70】 ……………… 386
　(2)　世帯の全員が，転居届未済のまま同一市町村内を転々
　　　としていたため，既に住民票から職権消除された後転
　　　居届があった場合【記載例No. 71, 72, 73, 74】 ……………… 388

第8章　転　　　出

第1　転出とは ……………………………………………………………… 393
　1　転出の定義 ………………………………………………………… 393
　2　転出の区分 ………………………………………………………… 393
第2　届出事項と届出期間 ………………………………………………… 393
第3　転出届出の受理 ……………………………………………………… 394
　1　届出書記入の注意 ………………………………………………… 394
　2　届出書受理の注意 ………………………………………………… 394
第4　転出証明書 …………………………………………………………… 395
　1　転出証明書の記載事項 …………………………………………… 396
　2　転出証明書の作成 ………………………………………………… 396
　　【様式5】　転出証明書（システム出力によるもの） ………… 397
　　【様式6】　転出証明書（住民票によるもの） ………………… 398
　3　転出証明書に準ずる証明書 ……………………………………… 399
　4　転出証明書の再交付 ……………………………………………… 399
　　【様式7】　転出証明書に準ずる証明書 ………………………… 400
　　【様式8】　転出証明書に準ずる証明書（除票の写し） ……… 401

18　目　次

第5　住民票の消除 ………………………………………… 402

　1　消除事由欄の記載 …………………………………… 402

　2　備考欄の記載 ………………………………………… 402

　3　消除の時期及び方法 ………………………………… 402

　4　除票の一時保管 ……………………………………… 403

第6　転出の取消し ………………………………………… 403

　1　転出予定計画の中止による転出の取消し ………… 403

　2　虚偽の届出のため職権による転出の取消し ……… 403

　3　錯誤の届出のため職権による転出の取消し ……… 404

第7　届出書の記入と住民票記載の具体例 ……………… 404

　1　全部転出 ……………………………………………… 404

　（1）　転出予定日前に届出された場合【記載例No. 75, 76,
　　　77】 …………………………………………………… 404

　（2）　転出後14日以内に届出された場合【記載例No. 78, 79】 ……… 408

　（3）　転出後15日以上経過して届出された場合【記載例
　　　No. 80, 81】 ………………………………………… 410

　（4）　転出後15日以上経過しており，既に職権消除されてい
　　　る世帯から届出された場合【記載例No. 82, 83】 ………… 412

　2　一部転出 ……………………………………………… 414

　（1）　転出予定日前に世帯主の転出届がされた場合【記載例
　　　No. 84, 85】 ………………………………………… 414

　3　国外への転出 ………………………………………… 417

　（1）　世帯の全員が国外に転出した場合【記載例No. 86, 87】 ……… 417

　4　戸籍の変動を伴う転出 ……………………………… 420

　（1）　出生届出済みで出生日よりも過去にさかのぼった転出
　　　日で届出された場合【記載例No. 88, 89】 ………… 420

　（2）　死亡届出済みで死亡日よりも過去にさかのぼった転出
　　　日で届出された場合【記載例No. 90, 91】 ………… 423

目　次　19

　　5　その他の転出 ……………………………………………… 426

　　（1）世帯主と他の世帯員が同日に，それぞれ異なる市町村

　　　　へ転出する場合【記載例No. 92, 93, 94】……………… 426

　　（2）錯誤修正を伴う転出届がされた場合【記載例No. 95,

　　　　96】…………………………………………………………… 430

　　（3）転居届未済の者から転出届がされた場合【記載例

　　　　No. 97, 98】………………………………………………… 432

　　（4）転出届出に際し，転入先で特別養子縁組届を出す旨の

　　　　申出があった場合【記載例No. 99】…………………… 435

　　6　転出証明書の再交付申請 ………………………………… 436

　　（1）届出書の記入【記載例No. 100】……………………… 436

　　（2）住民票の記載 …………………………………………… 436

　　7　転出予定計画の変更による転出取消し ………………… 437

　　（1）転出予定日前に転出取消しをした場合【記載例

　　　　No. 101, 102】……………………………………………… 437

　　（2）転出予定日経過後に転出取消しをした場合 ………… 437

第9章　世　帯　変　更

第1　世帯変更とは ……………………………………………… 443

　1　世帯変更の定義 …………………………………………… 443

　2　世帯変更の種類 …………………………………………… 443

第2　届出事項 …………………………………………………… 443

第3　世帯変更届出の受理 ……………………………………… 444

　1　届出書記入の注意 ………………………………………… 444

第4　届出書の記入と住民票記載の具体例 …………………… 444

　1　世帯員が新たに世帯を設けた場合（世帯分離）……… 444

　　（1）届出書の記入【記載例No. 103】……………………… 444

　　（2）住民票の記載【記載例No. 104, 105, 106】………… 444

20　目　次

　　2　甲世帯の全員が乙世帯に入った場合（世帯合併）……………… 451

　　　(1)　届出書の記入【記載例No. 107】………………………………… 451

　　　(2)　住民票の記載【記載例No. 108, 109, 110】…………………… 452

　　3　甲世帯の世帯員が乙世帯の世帯員となった場合（世帯構

　　　成変更）………………………………………………………………… 455

　　　(1)　届出書の記入【記載例No. 111】………………………………… 455

　　　(2)　住民票の記載【記載例No. 112, 113, 114】…………………… 456

　　4　世帯構成員の間で世帯主変更があった場合 …………………… 460

　　　(1)　届出書の記入【記載例No. 115】………………………………… 460

　　　(2)　住民票の記載【記載例No. 116, 117】………………………… 461

第10章　職 権 記 載

第1　職権記載等とは ………………………………………………………… 467

第2　実態調査による職権記載 ……………………………………………… 467

　1　居住の事実を確認し，職権記載する場合 ……………………… 468

　　　(1)　職権記載書の記入【記載例No. 118】…………………………… 468

　　　(2)　住民票の記載【記載例No. 119】………………………………… 468

　2　転居の事実を確認し，職権記載する場合 ……………………… 470

　　　(1)　職権記載書の記入【記載例No. 120】…………………………… 470

　　　(2)　住民票の記載【記載例No. 121】………………………………… 471

　3　不現住の事実を確認し，職権消除する場合 …………………… 473

　　　(1)　職権記載書の記入【記載例No. 122】…………………………… 473

　　　(2)　住民票の記載【記載例No. 123】………………………………… 474

　4　世帯変更の事実を確認し，職権修正する場合 ………………… 475

　　　(1)　職権記載書の記入【記載例No. 124】…………………………… 475

　　　(2)　住民票の記載【記載例No. 125】………………………………… 476

第3　戸籍の届出に基づく職権記載 ………………………………………… 478

　1　出生の届出があった場合【記載例No. 126, 127】……………… 478

目　次　21

2　日本人男性が胎児認知した外国人女性の嫡出でない子に
　　ついて，母が住所地の市町村長に出生の届出をする場合
　　【記載例No. 128】 ……………………………………………… 480
3　婚姻の届出があった場合【記載例No. 129】 ……………… 483
4　子が認知又は父母の婚姻により嫡出子の身分を取得した
　　場合 …………………………………………………………… 483
　(1)　父から認知されていた子の母が，子の父と婚姻し，父
　　　　母から戸籍法第98条による入籍の届出がされた場合
　　　　【記載例No. 130】 ………………………………………… 485
　(2)　父母の婚姻前に出生した子につき父母の婚姻後父の認
　　　　知届と共に戸籍法第98条に規定する入籍届がされた場
　　　　合【記載例No. 131】 …………………………………… 487
5　離婚の届出があった場合【記載例No. 132】 ……………… 488
6　戸籍法第77条の2（離婚の際に称していた氏を称する届）
　　の届出があった場合 ………………………………………… 489
　(1)　離婚の届出と同時に戸籍法第77条の2の届出があった
　　　　場合【記載例No. 133】 ………………………………… 489
　(2)　離婚により従前戸籍に復籍している者から戸籍法第77
　　　　条の2の届出があった場合【記載例No. 134】 ……… 490
　(3)　離婚により新戸籍を編製している者から戸籍法第77条
　　　　の2の届出があった場合 ………………………………… 491
7　死亡の届出があった場合【記載例No. 135】 ……………… 491
8　養子縁組（離縁）の届出があった場合 …………………… 492
　(1)　同居の単身者を養子とする縁組届があった場合【記載
　　　　例No. 136】 ……………………………………………… 492
　(2)　婚姻中の夫婦を養子とする縁組届があった場合【記載
　　　　例No. 137】 ……………………………………………… 492
　(3)　婚姻中の夫婦の一方を養子とする縁組届があった場合 ……… 494

22　目　次

　　　【(2)・記載例No. 137】 ………………………………………… 494

　9　特別養子縁組の届出があった場合【記載例No. 138】 …………… 494

　10　戸籍法第73条の２（離縁の際に称していた氏を称する届）

　　　の届出があった場合【記載例No. 139】 ………………………… 497

　11　名の変更届出があった場合【記載例No. 140】 ………………… 498

　12　氏の変更届出があった場合【記載例No. 141】 ………………… 499

　13　復氏の届出があった場合【記載例No. 142】 …………………… 500

　14　転籍の届出があった場合【記載例No. 143】 …………………… 501

　15　入籍の届出があった場合【記載例No. 144】 …………………… 502

　16　分籍の届出があった場合【記載例No. 145】 …………………… 503

　17　就籍の届出があった場合【記載例No. 146】 …………………… 504

　18　失踪宣告の裁判が確定し，その届出があった場合【記載

　　　例No. 147】 …………………………………………………… 505

　19　失踪宣告取消しの届出があった場合【記載例No. 148】 ………… 506

　20　戸籍訂正に基づく住民票の記載【記載例No. 149】 …………… 507

　21　住民につき誤字解消のための戸籍の記載を行った場合

　　　【記載例No. 150】 …………………………………………… 508

第4　申出に基づく職権記載 ……………………………………… 510

　1　転入，転居等届出の際に誤記又は記載漏れ等があった場

　　　合の申出 ……………………………………………………… 510

　(1)　戸籍事項に誤記又は記載漏れがある場合の申出 …………… 510

　(2)　住所事項に誤記又は記載漏れがある場合の申出 …………… 511

　　ア　住所に誤記又は記載漏れがある場合【記載例No. 151,

　　　152】 ………………………………………………………… 511

　　イ　住民となった年月日，住所を定めた年月日，従前の住所

　　　等の記載に誤記又は記載漏れがある場合【記載例No. 153,

　　　154】 ………………………………………………………… 512

　2　法第９条第２項通知未着のために申出があった場合 …………… 516

目　次　　23

(1)　出生についての申出があった場合【記載例No. 155】 ············ 516

(2)　死亡についての申出があった場合【記載例No. 156】 ············ 518

(3)　婚姻，縁組等についての申出があった場合【記載例
No. 157】 ··· 519

3　離婚後300日以内に生まれ，出生届の提出に至らない子
について，本人等から住民票の記載の申出があった場合
【記載例No. 158, 159】 ·· 521

（参考）住民票に記載を求めるための申出書様式例 ·················· 526

第5　行政区画，土地の名称及び地番号の変更に基づく
職権記載 ··· 528

1　行政区画が変更した場合【記載例No. 160】 ························· 528

2　土地の名称が変更した場合【記載例No. 161】 ····················· 530

3　地番号が変更した場合【記載例No. 162】 ··························· 531

4　住居表示に関する法律による表示を実施した場合【記載
例No. 163】 ··· 532

第6　通知に基づく職権記載 ······································ 533

1　転入通知に基づく記載【記載例No. 164, 165】 ····················· 533

2　住民票記載事項通知に基づく記載 ································· 535

3　戸籍照合通知に基づく記載 ·· 535

第7　その他の職権記載 ·· 535

1　虚偽の届出をしている者を発見した場合 ···················· 535

(1)　虚偽の転入届出であることが判明した場合【記載例
No. 166, 167】 ··· 536

(2)　虚偽の転出届出であることが判明した場合【記載例
No. 168, 169】 ··· 538

(3)　虚偽の転居届出であることが判明した場合【記載例
No. 170, 171】 ··· 540

2　二重記録者を発見した場合 ·· 542

24　目　次

　　⑴　職権記載書の記入【記載例No. 172】 ················· 542

　　⑵　住民票の記載【記載例No. 173】 ······················ 543

　3　住民票を回復する場合 ································· 544

　　⑴　転出予定日経過後に転出取消しをした場合【記載例
　　　No. 174, 175】 ···································· 544

　　⑵　職権消除された者が当時病気のため，入院中（刑務所
　　　へ服役中，出張中又は帰省中）であった場合【記載例
　　　No. 176, 177】 ···································· 546

第8　住民票の改製と再製 ································· 548

　1　住民票の改製 ······································· 548

　　⑴　改製の原因 ······································· 548

　　⑵　改製の原則 ······································· 548

　　⑶　改製の方法【記載例No. 178, 179】 ··················· 549

　2　住民票の再製 ······································· 551

　　⑴　再製の原因 ······································· 551

　　⑵　再製の原則 ······································· 551

　　⑶　再製の方法 ······································· 551

第11章　戸籍の附票

第1　戸籍の附票とは ··································· 555

第2　附票の様式と規格 ································· 555

　1　附票の様式 ··· 555

　2　附票の規格 ··· 556

第3　附票の記載事項 ··································· 556

　1　法定記載事項 ······································· 556

　2　その他の記載事項 ··································· 557

　3　戸籍の附票の記載事項の特例等 ······················· 557

第4　附票各欄の呼称【様式9】，【様式10】 ··············· 558

目　次　25

【様式11】在外選挙人名簿登録者の戸籍の変更等につい

て（通知）………………………………………………… 560

第5　附票の記載等 ………………………………………………… 561

1　附票の記載等 ……………………………………………… 561

2　附票各欄の記載 …………………………………………… 562

第6　附票記載の具体例 …………………………………………… 564

1　戸籍の届出に基づく処理 ………………………………… 564

2　住民票の記載等に基づく処理 …………………………… 565

⑴　転入，転居の届出があった場合 ……………………… 565

ア　新たに附票が作成されると同時に，転入，転居の届出が

あった場合【記載例No. 180】……………………… 565

イ　既に附票が作成されている者について，転入，転居等の

届出があった場合【記載例No. 181】……………… 565

⑵　国外への転出届があった場合【記載例No. 182】 ……… 566

⑶　職権による住民票の記載等をした場合 ……………… 566

ア　修正の場合【記載例No. 183】…………………… 566

イ　消除の場合【記載例No. 184】…………………… 566

ウ　記載の場合 ………………………………………… 567

3　他の市町村長からの通知に基づく処理 ………………… 567

⑴　戸籍の附票記載事項通知（法19条1項）を受けた場合 ……… 567

ア　届出による修正通知を受けた場合【記載例No. 181】 ……… 567

イ　職権による修正通知を受けた場合【記載例No. 183】 ……… 567

ウ　職権による消除通知を受けた場合【記載例No. 184】 ……… 567

⑵　本籍転属通知（法19条3項）を受けた場合【記載例

No. 180】…………………………………………… 568

4　選挙管理委員会からの通知に基づく処理【記載例No. 185】…… 568

5　改製と再製 ………………………………………………… 568

⑴　改製する場合【記載例No. 186, 187, 188】………… 568

26　目　次

　　(2)　再製する場合 ……………………………………………… 569

第7　写しの交付 ……………………………………………………… 578

　1　戸籍の附票が請求できる者 …………………………………… 578

　2　戸籍の附票に記録されている者又はその配偶者，直系尊
　　属又は直系卑属が請求する場合 ……………………………… 579

　3　国又は地方公共団体の機関が請求する場合 ……………… 580

　4　1(3)に掲げる要件を満たす申出者からの申出を受ける
　　場合 ……………………………………………………………… 580

　5　戸籍の附票の写しの交付請求（申出）に係る支援措置 ……… 581

　6　写しの交付方法 ………………………………………………… 581

　7　手数料 …………………………………………………………… 581

第8　磁気ディスクをもって調製する戸籍の附票 ……………… 582

　1　磁気ディスクによる調製 ……………………………………… 582

　2　戸籍の附票の写し ……………………………………………… 582

　3　守秘義務 ………………………………………………………… 582

　4　戸籍の附票に係る技術的基準とその運用 ………………… 582

　5　住民票に係る技術的基準との相違点 ……………………… 583

　6　その他 …………………………………………………………… 583

　7　附票記載の具体例【記載例No. 189, 190, 191, 192, 193】 ………… 583

第12章　付　帯　事　務

第1　選挙人名簿の登録 ……………………………………………… 589

　1　選挙人名簿 ……………………………………………………… 589

　2　住民基本台帳事務との関連 …………………………………… 590

第2　在外選挙人名簿 ………………………………………………… 590

　1　概　要 …………………………………………………………… 590

　2　登録資格 ………………………………………………………… 590

　3　登録の抹消 ……………………………………………………… 591

4	住民基本台帳事務との関連	591

第3 裁判員制度 591

第4 国民健康保険の被保険者 592

1 被保険者資格 592

2 被保険者資格の得喪とその届出 592

3 退職被保険者等 593

4 住民基本台帳事務との関連 593

第5 後期高齢者医療制度 595

1 被保険者資格 595

2 被保険者資格の得喪 595

3 住民基本台帳事務との関連 596

第6 介護保険の被保険者 598

1 被保険者資格 598

2 被保険者資格の得喪 599

3 住民基本台帳事務との関連 599

第7 国民年金の被保険者 600

1 被保険者資格 600

2 被保険者資格の得喪 601

3 住民基本台帳事務との関連 602

第8 児童手当 604

1 受給資格 604

2 住民基本台帳事務との関連 605

第13章 雑 則

第1 審査請求 609

1 市町村がした処分 609

2 審査請求 609

3 審査請求と訴訟 610

28　目　　次

　4　教　　示 ……………………………………………………… 610

第2　実態調査 …………………………………………………… 611

　1　調査の目的 …………………………………………………… 611

　2　調査の方法 …………………………………………………… 611

　3　住民基本台帳の整備 ………………………………………… 613

　4　調査員 ………………………………………………………… 615

第3　指定都市の特例 …………………………………………… 616

　1　政令指定都市 ………………………………………………… 616

　2　指定都市の特例 ……………………………………………… 616

第4　罰　　則 …………………………………………………… 617

　1　目　　的 ……………………………………………………… 617

　2　届出（転入，転居，転出，世帯変更）に関する罰則 ………… 617

　　【参考例】住民基本台帳届出期間経過通知書 ………………… 619

　3　住民基本台帳の一部の閲覧に関する罰則 ………………… 620

　4　住民票の写し及び戸籍の附票の交付に関する罰則 ……… 620

　5　実態調査に関する罰則 ……………………………………… 620

　6　住民票コードに関する罰則 ………………………………… 621

　7　守秘義務に関する罰則 ……………………………………… 621

　8　マイナンバーに関する罰則 ………………………………… 621

第5　保　　存 …………………………………………………… 621

第6　住民記録システムの運用について ……………………… 622

第14章　外国人住民に係る住民基本台帳事務

第1　住民基本台帳法等の改正経緯 …………………………… 629

　1　改正の背景 …………………………………………………… 629

　2　改正の目的 …………………………………………………… 630

第2　基本用語 …………………………………………………… 630

　1　外国人住民（法30条の45関係） ……………………………… 630

目　次　29

2　外国人住民であることを証する書類 ……………………… 632

3　法務省と市町村との情報連携 …………………………………… 633

第3　住民票 ………………………………………………………………… 639

1　住民票の記載事項 …………………………………………………… 639

【様式12】　個人票（外国人用）……………………………… 641

【様式13】　世帯票（外国人用）……………………………… 642

2　住民票の写しの交付 ……………………………………………… 646

第4　住民票の記載・消除・記載の修正の具体例 ……………… 647

1　中長期在留者等が住所を定めた場合の転入届の特例（法
30条の46）に基づく記載 …………………………………………… 647

(1)　届出書の記入【外国人記載例No. 1】…………………… 648

(2)　住民票の記載【外国人記載例No. 2】…………………… 648

2　住所を有する者が中長期在留者等となった場合の届出
（法30条の47）に基づく記載 ………………………………………… 650

(1)　届出書の記入【外国人記載例No. 3】…………………… 650

(2)　住民票の記載【外国人記載例No. 4】…………………… 650

3　外国人住民の世帯主との続柄の変更の届出（法30条の48）
に基づく修正 …………………………………………………………… 652

(1)　届出書の記入【外国人記載例No. 5】…………………… 652

(2)　住民票の記載【外国人記載例No. 6】…………………… 652

4　改正住基法施行日に現に外国人住民である者の届出（法
附則5条）に基づく記載 …………………………………………… 653

(1)　届出書の記入【外国人記載例No. 7】…………………… 654

(2)　住民票の記載【外国人記載例No. 8】…………………… 654

(3)　通知に基づく消除【外国人記載例No. 9】……………… 654

5　出生の届出に基づく記載【外国人記載例No. 10】………… 654

6　国籍喪失の届出（報告）に基づく消除及び記載 …………… 657

30　目　次

　　(1)　日本人住民としての住民票の消除【外国人記載例
　　　　No. 11】 ……………………………………………………… 657

　　(2)　外国人住民としての住民票の記載【外国人記載例
　　　　No. 12】 ……………………………………………………… 658

　7　帰化又は国籍取得の届出に基づく消除及び記載 ………………… 659

　　(1)　外国人住民としての住民票の消除【外国人記載例
　　　　No. 13】 ……………………………………………………… 660

　　(2)　日本人住民としての住民票の記載【外国人記載例
　　　　No. 14】 ……………………………………………………… 660

第5　住居地の届出 ……………………………………………………… 662

　1　届出が必要な場合 ……………………………………………… 662

　2　届出の代理 ……………………………………………………… 663

　3　届出の受理 ……………………………………………………… 663

　4　在留カード等裏面の記載例 …………………………………… 665

第6　外国人住民に係る氏名等 ………………………………………… 666

　1　氏　名 …………………………………………………………… 666

　2　通　称【外国人記載例No. 15】 ……………………………… 667

　3　氏名のカタカナ表記 …………………………………………… 669

第 1 章

第 1 章
概　　　説

第1　住民基本台帳法の制定意義

1　住民に関する記録の必要性

　住民基本台帳は，各市町村がその住民について，住民としての地位に関する正確な記録を常に整備しておくための制度である（地方自治法13条の2，法1条）。

　住民を正確に把握することは，市町村が適正な行政を行うための基礎となる。地方公共団体は一定の「区域」，その区域内のすべての「住民」，及び国から独立した「自治権」をもって構成されている。極めて広範多岐にわたっているが，その仕事は住民が参加し自らの意思と負担のもとに住民全体の福祉増進を図ることを任務としている。そのため，中心となる住民を常に正確に記録しておく必要がある。例えば，

(1)　地方公共団体の行政は，選挙により選ばれる代表者によって行われる。地方公共団体のすべての住民に選挙権の行使を保障する反面，住民以外の者が選挙することは許されない。このため，選挙人名簿を正確に整備する必要がある。

(2)　地方公共団体の行政は，税，その他の住民の負担により行われるものであり，課税権の行使は，すべての住民に対して公正に行われなければならない。

(3)　住民は，日常生活の中で，住所，世帯等の居住関係の公証を必要とすることが多い。

(4)　市町村が，国民健康保険，後期高齢者医療，介護保険，国民年金，児童手当，義務教育，予防接種等あらゆる行政事務を適正に処理し，行き届いた住民サービスを提供するためには，その対象となる住民を正確に記録しておく必要があり，個人情報には充分に注意を払うことも必要となってくる。

(5)　国，及び地方公共団体を通じて，あらゆる行政の運営には，地方公共団体の住民に関する資料が必要な場合が多い。

4 第1章 概　説

　このように，地方公共団体の構成員たる住民を，常に正確に記録してお
くことは，地方自治の基礎であり，市町村の本来の任務である。

2　住民基本台帳制度の必要性

　住民に関する正確な記録を整備しておくことは，住民を対象とする行政
を適正に行い，また，住民の正しい権利の行使を保証するために欠くべか
らざるものであり，市町村の経営の基礎ともいうべきものである。

　しかし，住民登録法までの市町村における住民たる地位を記録する各種
の台帳に関する制度，及びそのための住民の届出に関する制度は，各種の
行政ごとに個々に定められていたため，住民の利便という見地からも，行
政の近代化及び効率化の見地からも改善を要するものであった。

　このような課題に対し，昭和41年3月の住民台帳制度合理化調査会の答
申を受け，市町村における住民の居住関係の公証，選挙人名簿の登録その
他の住民に関する事務の処理の基礎とするとともに住民の住所に関する届
出等の簡素化を図るため，住民に関する記録を正確かつ統一的に行う住民
基本台帳に関する制度が設けられたのである。

　この住基法は，地方公共団体の構成員である住民の住民たる地位の記録
に関する基本法として制定され，地方自治制度の一環である性格も地方自
治法（13条の2）にて明確化されている。

3　住民基本台帳制度の効果

　昭和42年に制定された住民基本台帳制度は，住民登録法の制度にくらべ
次のような効果をもたらす。

　⑴　住民の住所の変更等に当たっての手続が一本化され，住民は一つの
　　　窓口で用が足りることとなり，その手数，及び時間が著しく少なくな
　　　り，住民の利便が増進される。

　⑵　正確，かつ統一的な住民に関する台帳が整備されることにより，

　　　ア　選挙人名簿の作成

　　　イ　国民健康保険，予防接種，義務教育等，各種行政の対象者の把握

　　　ウ　住民に対する広報等が容易になる

等の正確で行き届いた行政サービスが行いやすくなる。

(3) 届出，及び台帳に関する制度が統一されることにより，市町村全体の窓口事務の合理化，能率化が図られ，人員，経費の節減が図られる。

(4) 各種施策の企画，立案に必要な住民に関する資料が得やすくなる。

第2　住民基本台帳法制定までの経緯

1　明治4年戸籍法から寄留制度へ

住民を把握する制度としての我が国における身分登録制度の歴史は古く，6世紀までさかのぼるといわれているが，全国統一の近代的制度として最初のものは，明治4年4月4日に公布された戸籍法である。この戸籍法における戸籍とは，個々の住所地において，「戸」，すなわち世帯を単位として編製され，これによって区内の戸数，人員，及び人の出生，出入等を明らかにするものであった。その目的は，人の居住の実態の把握であったが，その戸籍に人の生死，婚姻，離婚，縁組，離縁等による人の出入を明らかにすることにより，同時に身分登録という性格をも備えたものであった。

当初，住民登録としての実質をもっていた戸籍制度を，後に純然たる身分登録制度に変えてしまったのは，明治以降における国内の人口移動の激化であった。戸籍制度は，住民の居住の実態を把握するという任務を断念し，この任務をまず明治19年の内務省令（第19号，第22号）における寄留手続にゆずり，大正3年法律第27号の寄留法において，もっぱら居住の実態の把握を任務とする寄留制度を分化させるに至ったのである。

2　寄留法から住民登録法へ

寄留制度の制定後も寄留届の不徹底，市町村の寄留事務の取扱いが必ずしも法令の規定どおりに行われていない等，本来の使命を十分に果たし得ていないことから寄留制度の改革が企画され，昭和26年3月24日，法務省において住民登録法が立案され，同年6月8日，法律第218号として住民登録法が制定された。

住民登録は，その登録の対象となる人の範囲の点において寄留とは趣を

異にしており，このことは，戸籍制度の補充としての意義しか持たなかった従来の寄留制度を，戸籍制度と並行する独立した制度としたところに意義がある。

　住民登録制度は，昭和26年以来，居住関係の公証をはじめ，住民に関する各種行政事務の処理を行うための基礎として大きな役割を果たしてきたが，住民票の謄抄本の発行による居住関係の公証という面に重点がおかれ，各種事務処理との関係が明らかでなかった。

　市町村の行う行政は，社会の進歩発展によりその分野が分化専門化するとともに，住民を対象とする行政は，選挙，税，国民健康保険，教育，衛生等それぞれの行政分野で事務処理の方法等について，改善，合理化が研究され，実施について努力されてきた。しかしながら住民登録はもとより，各行政ごとにそれぞれ届出義務が課せられることは，繁雑で，住民の利便の増進という見地から，あるいは行政の近代化，効率化という見地からも改善しなければならないという要請が生まれてきた。

3　住民基本台帳法の制定

　こうした要請に応えるため，内閣総理大臣の諮問機関として，住民台帳制度合理化調査会が設置され，昭和41年３月18日，「住民台帳制度の合理化に関する答申」が出された。

　なお，制定法では，前身である住民登録法における住民票が公開であったことや，戸籍も原則公開とされていたこと，住民票の記載事項には，基本的には個人の秘密に属する事項が含まれていないと考えられていたことなどから，住民基本台帳の公開を原則としていた。当時の法第11条では，「何人でも，市町村長に対し，住民基本台帳の閲覧を請求することができる。」とされ同第12条では，「何人でも，市町村長に対し，住民票の写しの交付を請求することができる。」と，何人でも住民基本台帳の閲覧や，住民票の写しの請求が可能であった。

　その中で，

　(1)　個々の行政ごとに届出の事務処理をしなければならないことは，

「事務処理を繁雑にするばかりでなく，住所，世帯，又は世帯主の解釈や取扱いが不統一であること」，「住民が自らの生活上，直接必要に迫られる届出のみを行い，すべての届出を正確に履行しない」等のため，同一事項についても届出により，その内容にそ゛ご゛が生ずる原因となっている。

(2)　個々の行政ごとに届出，又は調査の結果に基づいて多数の台帳を作成することとしているが，こうしたことは市町村における事務処理を複雑にしているだけでなく，一元的な住民の把握を妨げている。

(3)　市町村側における台帳整理の面においても，各種の台帳間の統一を確保するための調整が行われていない。

等の指摘が行われるとともに，新しい住民台帳制度においても，「窓口事務の改善を図り，国民に便利な行政を推進することは，今日国民からも広く待望されているところであり，住民台帳制度はこのような要望に応えるものでなければならず，同時に市町村にとっても能率的，合理的であって，その市町村の実態に即した弾力的な行政運営ができるものでなければならない。」と指摘された。

　このような要請に応えるため，「市町村における住民の届出に関する制度，及びその住民たる地位を記録する各種台帳を一元化し，もって住民の利便を増進するとともに，行政の近代化に対処するため，住民に関する記録を正確かつ統一的に行う」ことを目的として，昭和42年7月25日，法律第81号をもって住民基本台帳制度が制定された。

4　住民基本台帳法の改正

　法改正により施行令，施行規則及び取扱要領の改正も行われてきたが，このうち昭和60年6月25日と平成6年6月29日と平成11年8月18日及び平成18年6月15日と平成19年6月6日と平成21年7月15日の改正は，社会情勢の変化に対応したものであり，その他の改正はいずれも他法令の制定や改正に伴うものである。

　特に，昭和60年の改正は，個人情報に関する住民意識の変化，情報化社

8　第1章　概　説

会の進展等の社会情勢の変化へ対応するため，目的規定に新たに「住民に
関する記録の適正な管理」を図ることが加えられた。

　今日まで続く「個人情報保護に十分留意しながら，必要な公証制度とし
ての機能を持つ」といった基本は，この改正により確立されたのである。

　何人も知り得た事項を使用するに当たって，個人の基本的人権を尊重す
るよう努めなければならないとするなど，住民基本台帳の閲覧や住民票の
写しの交付制度等を中心とする数々の指摘が反映された結果である。

　また，平成6年6月の改正も情報化社会の進展に伴うものであり，戸籍
事務のコンピュータ化にあわせて，戸籍の附票についても磁気ディスク等
をもって調製することができるものとしたものであった。これは，市町村
におけるコンピュータ利用の進展を踏まえて，平成6年1月に民事行政審
議会が法務大臣あてに行った「戸籍事務のコンピュータ化に際しては，戸
籍の附票事務についても，同時にコンピュータ化を図るのが相当である」
との答申に沿ったものである。

　加えて，平成11年8月の改正は，高度情報化社会に対応し，住民の利便
の増進，及び国・地方公共団体の行政の合理化に資することを目的とした，
住基ネットの構築に伴い行われたものである。同時に，閲覧制度の見直し
も行われ，それまで「住民基本台帳」の閲覧を請求できることとなってい
たものを，閲覧対象を「住民基本台帳の一部の写し」に限定し，個人情報
保護に留意したものとして決定された。

　さらに，平成18年6月の改正では，それまでの「何人」でも請求できた
閲覧制度を廃止，閲覧できる場合を，国及び地方公共団体，正当な理由
（公益性の高い場合等）をもつ者からのものに限定，手続等の整備，制裁措
置の強化など，個人情報保護に十分留意した制度に再構築された。これは，
高度情報化社会の進展による情報の集積の容易さや閲覧制度を使った事件
も契機となり，個人情報に対する意識の高まりへの的確な対応が求められ
た結果である。

　平成19年6月には，住民票の写し等の交付制度について，請求できる場

合を限定，本人確認を厳格化，なりすましの防止を図るなどの制度とし，平成18年6月改正と併せ，公証性を持ちつつ個人情報保護に十分留意した制度として再構築された。

こうして不断に発展していく情報化社会に対応するのみでなく，社会情勢全般の変化に適正に対応する改正が今後とも必要の都度行われ，引き続きより良い法の執行体制の確保がなされることが期待されている。

平成21年7月には，我が国に入国・在留する外国人が年々増加していること等を背景に，市町村が，日本人と同様に，外国人住民に対し基礎的行政サービスを提供する基盤となる制度の必要性が高まっていることを受け，外国人住民についても，日本人と同様に，住基法の適用対象に加え，外国人住民の利便の増進及び市町村等の行政の合理化を図るための「住民基本台帳法の一部を改正する法律」（平成21年法律第77号。以下「改正住基法」という。）が第171回国会で成立し，平成21年7月15日に公布された。

この改正により，外国人住民を住基法の適用対象に加えるため，住民票の記載事項等外国人住民に関して必要となる特例等について所要の改正が行われた。改正住基法のうち，外国人住民関係の改正の施行期日は，改正住基法と同日に公布された「出入国管理及び難民認定法及び日本国との平和条約に基づき日本の国籍を離脱した者等の出入国管理に関する特例法の一部を改正する等の法律」（平成21年法律第79号。以下「改正特例法」という。）の施行日とされており，具体的には，平成24年7月9日となった。

平成25年5月には行政の効率化，国民の利便性の向上，公平・公正な社会を実現することを目的に番号法関連4法が成立し，マイナンバー制度が導入されることとなった。これに伴い平成25年5月31日には，住基法が改正された（平成25年法律第28号）。

この改正では，個人番号が住民票の記載事項として追加された（法7条）ほか，本人等から住民票の写しについて特別の請求があった場合に個人番号を記載することとされ（法12条〜12条の4），住基カードに関する規定が削除されるなど，個人番号やマイナンバーカードに係る規定が数多く整備

10　第1章　概　説

されている。

5　住民基本台帳制度をとりまく今日的テーマ

　平成11年の法改正は，住民基本台帳制度にとって大きな転換点であった。これは，住基ネットとして，電子政府・電子自治体構築の基盤を担うこととなったこと，及び情報化社会の進展その他による個人情報保護に対する意識の変化の二つによるものである。

　従来，各地方公共団体の住民票情報の管理は，各地方公共団体内で完結していたといえる。しかし，住基ネットは，市町村が住民基本台帳制度を運営するという制度の基本的枠組みを維持しつつ，全国的な本人確認のための仕組みを付加した，都道府県も含めた地方公共団体共同のシステムである。関係する機関がその責任範囲において本人確認情報等の適正な管理のための必要な措置を講ずるという責任を担い，地方公共団体及び本人確認情報等を利用する機関が共同して維持発展させるものであり，住民基本台帳が住基ネットによって，電子政府・電子自治体の基盤へと変身を遂げたといえよう。

　住基ネットの安定的な稼働は，全機関の均質で高度な情報セキュリティの確保によってはじめて維持できるものであり，しかも，個人情報の保護を最優先にして運用するといった全体的な確認と，それに基づく管理が必要となる。

　そこで，「個人情報の保護」と「電子政府・電子自治体」の二つのテーマについて，関係法と住民基本台帳制度として整理する。

(1)　住民基本台帳法と個人情報保護法

ア　個人情報保護法

　　個人情報保護法は，高度情報通信社会（IT社会）の進展に伴い個人情報の利用が著しく拡大していることから，個人情報の適正な取扱いに関し，基本理念，施策の基本となる事項，個人情報を取り扱う事業者の遵守すべき義務を定めることなどにより，個人情報の有用性に配慮しつつ，個人の権利利益を保護することを目的としたも

ので，性格的には，基本法制的側面と一般法的側面を兼ね備えたものとなっている。

イ　行政機関個人情報保護法

　行政機関個人情報保護法は，行政機関において個人情報の利用が拡大していることから，行政機関における個人情報の取扱いに関する基本的事項を定めることにより，行政の適正かつ円滑な運営を図りつつ，個人の権利利益を保護するものである。なお，行政機関には，地方公共団体は含まれていない。

ウ　住基法と二つの個人情報保護法との関係

　住基ネットにおける個人情報保護は，住基法においてその対策を定めている。住基法は，住民票コードの民間部門での利用禁止など，個人情報保護法の特別法に当たるとともに，国の行政機関等が提供を受けた本人確認情報の目的外利用の禁止など，行政機関等個人情報保護法の特別法にも当たる。

　個人情報保護法では，「個人情報の有用性に配慮しつつ」とあり，行政機関個人情報保護法でも「行政の適正かつ円滑な運営を図りつつ」となっている。両法令とも，個人情報が，事業活動や行政サービスの適正・円滑な提供には必要不可欠なものであることを前提に，個人の権利利益を保護することが目的となっている。

　情報化社会の進展その他による個人情報に対する保護意識の変化によって，この個人情報の利用と保護のバランスも変遷をとげる例として住民基本台帳の閲覧制度があげられる。

　閲覧制度は，法制定時（昭和42年）から，住民の居住関係について公証する唯一の公簿として，公開することが住民の利便の増進に役立つものであること等の理由から，原則公開とされてきたが，昭和60年の改正により，個人情報保護の観点から，政令で定めるところにより，氏名，住所，性別，生年月日に閲覧対象を限定できるようにするとともに，不当な目的又はそのおそれがある場合等には，

閲覧の請求を拒否できることとされた。さらに，平成11年の改正で，法律上も閲覧の対象を氏名，住所，性別，生年月日に限定した。

近年の状況を見ると，閲覧制度は幅広く利用される一方，社会経済情勢の変化や住基ネットに端を発した個人情報保護に対するさらなる意識の変化や，閲覧制度を悪用したと考えられる刑事事件の発生などを受けて，総務省に設置された「住民基本台帳の閲覧制度等のあり方に関する検討会」の，閲覧制度そのものは存続しながら悪用を防ぐ仕組みを盛り込んだ報告書を受け，平成18年11月1日より，それまでの閲覧制度を廃止，閲覧できる場合を限定，手続等の整備，制裁措置の強化など，個人情報保護に十分留意した制度に再構築された。また，同様の趣旨で住民票の写し等の交付についての改正も平成19年6月に公布され，個人情報に対する意識の高まりへの的確な対応，及びさらなる住民基本台帳に対する信頼性の向上を図るべく運営されている。

エ　マイナンバー制度の開始

社会保障，税及び災害対策の分野における行政運営の効率化を図り，国民にとって利便性の高い，公平・公正な社会を実現するための社会基盤の導入を目的に，番号法が平成25年5月24日に公布された。あわせて平成25年5月31日に住基法が改正され，住民基本台帳に個人番号を記載することになった（法7条）。

番号法においては，ア・イの個人情報の保護に関する一般法に定められる措置の特例として，個人番号をその内容に含む個人情報（以下「特定個人情報」という。）の利用範囲を限定する等，より厳格な保護措置を定めるとともに，国が設置・管理する情報提供ネットワークシステムの使用を始めシステム上の安全管理措置を講ずることとしている。

また，国及び地方公共団体は特定個人情報の適正な取り扱いを確保するために必要な措置を講ずるものとされており（番号法4条，

5条），主体的に特定個人情報の保護のための取組を行う必要がある。

　個人番号を検索キーとした不正なデータマッチングが行われると，重大なプライバシー侵害を惹起しかねない。一般の個人情報以上に厳格な保護措置を講ずることが求められているといえよう。

(2)　電子政府・電子自治体と住基ネット

　平成14年12月13日に公布されたいわゆる行政手続オンライン化関係三法（「行政手続等における情報通信の技術の利用に関する法律」（以下「情報通信技術利用法」という。），「行政手続等における情報通信の技術の利用に関する法律の施行に伴う関係法律の整備等に関する法律」（以下「旧整備法」という。），「電子署名に係る地方公共団体の認証業務に関する法律」（以下「旧公的個人認証法」という。））及び既に平成13年4月1日に施行されている「電子署名及び認証業務に関する法律」（以下「電子署名法」という。）により，電子政府・電子自治体への法的整備が完成したといえる。

　電子署名法により，本人による一定の要件を満たす電子署名が行われた電子文書等は，真正に成立したもの（本人の意思に基づき作成されたもの）と推定されることとなった。同法により，電子文書が，手書きの署名や押印と同等に通用する法的基盤が整備された。

　情報通信技術利用法は，法令に根拠を有する国民等と行政機関との間の申請・届出等の行政手続（約52,000手続）について，オンラインでも可能とするものである。また，旧整備法は，情報通信技術利用法の規定のみでは手当が完全ではないもの，例外を定める必要があるものについて，71の個別法律の改正を束ね一つの法律としてとりまとめたものである。さらに，申請・届出等行政手続のオンライン化に資するため，第三者による情報の改ざんの防止・通信相手の確認を行う，高度な個人認証サービスを全国どこに住んでいる人に対しても安い費用で提供する制度を整備するものとして旧公的個人認証法が制定された。

　これらの法制度により，電子署名が付された電子文書は，真正に成立

14　第1章　概　説

したものと見なされ，公的個人認証サービスにより国民全てが安価に自身の電子署名が取得でき，その電子署名を付した文書によりインターネットから行政機関に電子申請・届出が可能となるという電子政府・電子自治体が描けることとなったわけである。

旧公的個人認証法では，この電子署名などを作成するために必要な秘密鍵や電子証明書を記録する媒体を，住基カードその他総務省令で定める電磁的記憶媒体（ICカード）に限定している。

また，住基ネット側から公的個人認証側に異動等失効情報を提供することにより，公的個人認証サービスとして発行した電子証明書の信頼性を担保する仕組みを支えている。

このように，住基ネットは，電子政府・電子自治体実現の鍵となる電子申請・届出を可能とする公的個人認証サービスの信頼性を担保し，利用者の秘密鍵等を記録する有力な媒体である住基カードの提供も行うなど，電子政府・電子自治体の基盤を担うこととなったのである。

また，基本4情報の軽微な修正により電子証明書が失効することを防止するための住民基本台帳法施行規則の改正省令が，平成19年9月25日公布されるなど，利用者の利便性の向上への対策が進められた。

平成28年1月からマイナンバー制度が開始されることに伴い，平成25年5月に「電子署名に係る地方公共団体の認証業務に関する法律」が「電子署名に係る地方公共団体情報システム機構の認証業務に関する法律」に改正され，各都道府県知事が認証業務を行うとともに指定認証機関へ事務を委任する仕組みを廃止し，地方公共団体情報システム機構（以下「機構」という。）が認証業務を行うことが規定された。また，平成28年1月からは改正公的個人認証法により，署名用電子証明書と本人であることの認証手段として利用される利用者証明用電子証明書の2種類の証明書を発行することになった。

(3)　委託先も含めた個人情報保護対策の必要性

平成19年5月，複数の自治体の住民情報が，委託先従業員のウイルス

に感染した私物コンピュータを経てインターネット上に漏えいするという事件が発生した。

　住民票コードを含む全住民の個人情報が漏えいしたケースも含まれており，総務省では，住民基本台帳の電算処理に係る市町村の委託実態を踏まえながら，住民基本台帳情報の取扱いに係る課題について検討を行うこととし，「住民基本台帳に係る電算処理の委託等に関する検討会」を設置した。同年12月20日に公表された同検討会報告書を受け，平成20年2月6日，住民基本台帳情報について，情報流出を防止し，市町村及び市町村からの委託を受けた委託先事業者等が講じなければならない情報セキュリティを確保するための措置を明確にすることを目的として，

① 　住民記録システムの安全性及び信頼性に関する審議を行わせる組織としてのセキュリティ会議及び安全性及び信頼性に関する総合的判断を行うセキュリティ統括責任者を明示

② 　磁気ディスクの適切な管理へのセキュリティ統括責任者の関与について明示

③ 　教育及び研修の実務義務

④ 　住民記録システムの開発又は変更時，ファイルの安全を確保するため，試験環境を別途用意して行わなければならないこと

⑤ 　外部に委託して処理する場合に講ずべき措置を明示

等を主な改正点とする技術的基準の改正が，異例とも思われる迅速な対応として告示され，平成20年4月1日から施行されている。

　特に委託にあたっては，

① 　指定場所での処理

② 　承認を受けないデータ持ち出しの禁止

③ 　データを持ち出す場合の暗号化処理

④ 　承認を受けないデータの複製・複写の禁止

⑤ 　処理作業後のデータの返還・廃棄

⑥ 　承認を受けない再委託の禁止

16　第1章　概　説

⑦　一定期間ごとの処理記録の提出

等が義務として規定されている。

　これに関連して，当該技術的基準の規定内容に対応して，住民記録システムの保守等を外部に委託して処理する際に，当該規定内容を具体化し，契約条項として盛り込みやすいものとした項目例が総務省から示されている。委託先との関係は，契約項目に規定せざるを得ないことから，これらの項目例は，その趣旨を契約時に反映させるべきである。

市民の個人情報を保有する，市町村の責任は重い。漏えい対策には万全を期さなければならない。

また，情報漏えい以外にも，不測の事態を想定し，事業継続計画の検討も行うべき状況となっている。不測の事態への対応。そのような事態を起さないことを目指し，万が一，そのような事態が生じた場合は，事態の局限化と，しなやかな高回復力が，現在の自治体には求められているといえる。

(4)　マイナンバー制度導入による市町村事務の変化

　マイナンバー制度の導入は市町村事務に大きな変化をもたらした。平成25年5月に成立した番号法関連4法により，マイナンバー制度が導入されることとなった。

　マイナンバー制度の導入に伴い平成25年5月31日には，住基法が改正された。主な変更点としては，

①　住民票の記載事項として個人番号を追加（法7条）

②　住基ネットの本人確認情報に個人番号を追加（法30条の6）などが挙げられる。

平成14年8月5日に運用を開始した住基ネットは，市町村の住民基本台帳を基礎としており，また，マイナンバー制度自体においては，住基ネットが制度を支える重要な役割を担っている。マイナンバー制度，住基ネット，住民基本台帳は密接に関わりあっており，マイナンバー制度

の導入は大きな変化をもたらしたといえるだろう。

各市町村においては，個人番号の付番といった事務に加え，個人番号に紐づく情報を自ら活用する，他の機関の求めに応じて情報を提供するといった役割も担うこととなった。

また，住基法の改正により住基カードの新規交付が廃止され，マイナンバーカードの交付に切り替わったことも大きな変化といえる。

番号法施行後は，独自に条例を定めることにより，個人番号やマイナンバーカードの様々なサービスの利用も可能となっている。マイナンバーカードの活用としては，カードに格納された電子証明書による各種証明書のコンビニ交付，図書館利用者カードや印鑑登録証としての利用などが挙げられる。今後も，さらなる活用法が生まれてくることが期待される。

今後市町村においてはこの制度について柔軟に対応していくことが重要であり，それによって行政サービスの高度化・効率化につなげていくことが求められていくだろう。

第3　住民基本台帳制度の概要

住民基本台帳制度は，市町村における住民に関する届出，及び台帳に関する総合的な制度であり，その基本法たる住民基本台帳法，及び関係法令の規定よりなる。

本制度は，市町村において，

- 住民の居住関係を公証する。
- 選挙人名簿の登録その他の住民に関する事務処理の基礎とする。
- 住民の住所に関する届出等の簡素化を図る。
- 住民に関する記録の適正な管理を図る。

ために，住民に関する記録を正確かつ統一的に行い，住民の利便の増進と，国及び地方公共団体の行政の合理化に資することを目的としている（法1条）。

18　第1章　概　説

　なお，本制度は，地方自治法第13条の2にも規定するように，市町村
がその住民について，住民たる地位に関する記録を行う制度であって，
市町村及び都道府県の自治事務であり地方自治制度の重要な一環として
位置付けられている。

　この目的にそって，本法に次のことが定められた。

⑴　住民としての地位の変更に関する届出は，すべて一の行為により行
　われ，かつ，住民に関する事務処理がすべて住民基本台帳に基づいて
　行われるように，国及び都道府県の責務が明らかにされた（法2条）。

⑵　住民基本台帳の整備及びその記録の正確性の確保並びに適正な管理
　のために，市町村長その他の市町村の執行機関に住民記録の事務処理
　について常に窓口事務の合理化に努める責務を明らかにするとともに，
　住民にも正確な届出義務を課した。

　　また，住民基本台帳の閲覧や住民票の写し等の交付により知り得た
　事項を使用する何人に対しても個人の基本的人権を尊重する責務を課
　した（法3条）。

⑶　住民の住所に関する法令の規定の解釈が統一された（法4条）。

⑷　市町村は住民基本台帳を備えること，またその住民について記録す
　べき事項が定められた（法5条）。

⑸　住民基本台帳の一部の写しの閲覧の請求及び申出ができるものを以
　下の場合に限定した（法11条，11条の2）。

　　ア　国又は地方公共団体の機関が，法令で定める事務の遂行のために
　　　必要である場合

　　イ　個人又は法人が，統計調査，世論調査等のうち公益性が高いもの，
　　　公共的団体が行う地域住民の福祉の向上に寄与する活動のうち公益
　　　性が高いもの，訴訟の提起等営利目的以外で行う居住関係の確認な
　　　どを行うために必要である場合

⑹　住民票の写し等の交付を請求できるものを以下の場合に限定した
　（法12条～12条の3）。

第3 住民基本台帳制度の概要　*19*

　　ア　自己又は自己と同一の世帯に属する者に係る請求である場合

　　イ　国又は地方公共団体の機関が，法令で定める事務の遂行のために
　　　必要である場合

　　ウ　自己の権利を行使し又は自己の義務を履行するため，国又は地方
　　　公共団体の機関に提出するため，又は住民票記載事項を利用する正
　　　当な理由がある場合

(7)　住民基本台帳の記録の正確性を確保するため，住民基本台帳と戸籍
　　を結びつける役割を果たす附票制度を義務付け（法16条〜20条），誤記，
　　脱漏等を防止するため，記載されている者からの申出，関係部課，各
　　種行政委員会との相互通報（法13条，14条）を図るとともに，都道府
　　県知事がその事務を管理し，又は執行するに当たり当該区域内の市町
　　村長への通報義務（法12条の5），市町村長間の通知（法9条，19条），
　　定期調査（法34条）等が規定された。

(8)　選挙人名簿の登録（法15条），住民税の課税，及び学齢簿の編製等，
　　住民に関する事務処理は，住民基本台帳に基づいて行うこととされた。

(9)　住民としての地位の変更に関する届出は，すべてこの法律の届出に
　　よって行うものとされた（法21条）。その種類は，転入届，転居届，転
　　出届，マイナンバーカードの交付を受けている者等に関する転入届の
　　特例及び世帯変更届並びに中長期在留者等が住所を定めた場合の転入
　　届の特例，住所を有する者が中長期在留者等となった場合の届出及び
　　外国人住民の世帯主との続柄の変更の届出である（法22条〜25条，30条
　　の46〜30条の48）。

(10)　届出は，書面により行い，世帯主の届出義務が規定された（法26条，
　　27条）。

(11)　国民健康保険，後期高齢者医療，介護保険及び国民年金の被保険者，
　　児童手当の受給者等である場合には，届出に係る書面に資格を証する
　　事項等で政令で定めるものを付記しなければならない（法28条〜29条
　　の2）。

20 第1章 概 説

⑿ 不服申立て，及び関係市町村長の意見が異なる場合の措置について
規定された（法31条の2〜33条）。

⒀ 本法の主務大臣は総務大臣とされ，法第9条第2項の規定による通
知に関する事項及び戸籍の附票に関する事項については，総務大臣と
法務大臣の共管事項とされ（法40条），市町村長に対する助言，勧告等
の指導は，主務大臣，及び都道府県知事の権限とされた（法31条）。な
お，総務大臣が権限を行使するに当たっては，国民健康保険，後期高
齢者医療，介護保険及び国民年金の被保険者，児童手当の支給を受け
ている者に関する事項については厚生労働大臣と，米穀の配給を受け
る者に関する事項については農林水産大臣と，それぞれ協議しなけれ
ばならない（法31条，40条）。

⒁ 住民基本台帳に関する調査に関する事務に従事している者又は従事
していた者に対する守秘義務（法35条）並びに市町村長に委託されて
住民基本台帳又は戸籍の附票に関する事務の処理に従事している者又
は従事していた者に対する記録の保護義務（法36条）を課した。

⒂ 届出の懈怠，及び質問に対する陳述の拒否又は虚偽に関する罰則の
ほか，秘密漏洩及び虚偽の届出に関する罰則，閲覧並びに住民票の写
し等の交付を虚偽その他不正に受けた者に対する罰則が設けられた
（法42条〜52条）。

⒃ この法律は，日本の国籍を有しない者のうち法第30条の45の表に掲
げる以外の者及び皇族等戸籍法の適用を受けない者については適用さ
れない（法39条，令33条）。

⒄ 法第30条の50の規定による通知により，外国人住民にかかる住民票
の修正等を行う（法30条の50）。

第4　住民基本台帳

1　住民基本台帳の定義

住民基本台帳とは，市町村がその個々の住民に関する記録を行う住民票

をもって構成される公簿である。住民票とは，住民の居住関係の公証，選挙人名簿の登録，その他住民に関する諸々の事務処理の基礎となる帳票である。住民基本台帳は市町村長が必ず備え付けておかなければならないものである（法1条，5条，6条，地方自治法13条の2）。

2 住民基本台帳の性格

住民基本台帳は，住民の住所やその異動など住所に関する事項，世帯など住所に関係ある生活関係，住民個人の同一性を明らかにする氏名，出生の年月日，男女の別，戸籍の表示等，住民の居住関係等を公証するための基礎となるものであり，市町村が行う行政事務を処理するために便宜上作成するものではなく，その一部の写しを住民票として閲覧に供したり，住民の居住関係を公に証明する効力を有したりするものである。

住民基本台帳はこのほかに，選挙，国民健康保険，後期高齢者医療，介護保険，国民年金，児童手当，印鑑登録，住民税，学齢簿の編成，生活保護，予防接種等行政事務の基礎として重要なものである。

3 住民基本台帳の正確性の確保

住民の権利，義務の正しい行使・履行のためにも，また市町村行政の適正な執行のためにも，住民基本台帳の記録が正確であることが要求される（法3条）。

このため，

(1) 住民に対して住民基本台帳の重要性について周知徹底を図るほか，あらゆる機会をとらえて正確な届出が行われるように措置しなくてはならない。

(2) 届出されたことについて厳正に審査する。

(3) あらゆる行政事務の処理に当たって，住民基本台帳の記録の誤りを発見し，是正する。

(4) 定期，不定期の実態調査を実施する。

(5) 住民からの住民票の誤記又は記載漏れへの申出を受付する。

住民基本台帳に記載された内容と住民の居住関係の事実が合致するため

22　第1章　概　　説

の措置が必要である。

第5　マイナンバー制度

1　マイナンバー制度の概要

　社会保障・税番号制度（以下，「マイナンバー制度」）とは，社会保障・税・災害対策の分野で効率的に情報を管理し，複数の機関が保有する個人の情報が同一人の情報であることを確認するために活用されるもので，行政を効率化し，国民の利便性を高め，公平・公正な社会を実現するための社会インフラを構築する土台となる制度である。

　平成25年5月31日に番号関連4法（※）が交付され，平成27年10月5日に番号法が施行された。まずマイナンバー，法人番号の通知が開始され，平成28年1月以降マイナンバーの利用が開始された。

　整備法により，住民基本台帳法や公的個人認証法の一部改正が行われた。

　住基法では，住民票記載事項及び本人確認情報にマイナンバーを追加，本人確認情報を利用できる者及び事務を規定している別表の改正などが行われ，公的個人認証法では，既存の電子証明書に加えて「電子利用者証明」の仕組みを創設する等の改正が行われた。

　マイナンバー制度では，民間事業者にも，税務署に提出する法定調書等への，従業員や株主等のマイナンバーの記載や，健康保険，雇用保険，年金に関して提出を要する書面に，従業員等のマイナンバーの記載などが要請されるようになった。

　国の行政機関や地方公共団体などでは，社会保障・税・災害対策の分野で保有する個人情報とマイナンバーとを紐づけて効率的に情報の管理を行い，マイナンバーを活用して，同一の者に関する個人情報を他の機関との間で迅速かつ確実にやり取り（情報連携）することができるようになった。

　※　番号関連4法
　　• 行政手続における特定の個人を識別するための番号の利用等に関する法律
　　　（平成25年法律第27号）

第5 マイナンバー制度 *23*

- 行政手続における特定の個人を識別するための番号の利用等に関する法律の施行に伴う関係法律の整備等に関する法律（平成25年法律第28号）
- 地方公共団体情報システム機構法（平成25年法律第29号）
- 内閣法等の一部を改正する法律（平成25年法律第22号）

2 マイナンバー制度と個人情報保護

マイナンバー制度では，マイナンバーを含む個人情報を「特定個人情報」と位置付け，各種の個人情報保護のための措置が講じられている。

(1) 制度面における保護措置

ア 特定個人情報の収集等の制限（番号法20条，28条）

番号法の規定によるものを除き，特定個人情報の収集・保管，特定個人情報ファイルの作成が禁止されている。

イ 情報提供ネットワークシステムを使用した特定個人情報の提供に限定（番号法19条7号）

特定個人情報の照会・提供は情報提供ネットワークシステムを使用して行い，その利用者も限定されている。

ウ 特定個人情報保護評価（番号法26条，27条）

特定個人情報ファイルを保有する行政機関や地方公共団体が特定個人情報ファイルを保有しようとするときは，そのファイルを保有する前に特定個人情報の取扱いについて自ら評価し，特定個人情報の漏えいその他の事態を発生させるリスクを分析，リスク軽減のための適切な措置を講ずる評価書を公表する。

エ 特定個人情報委員会による監視・監督（番号法33条〜38条）

第三者機関として設置された特定個人情報保護委員会が，特定個人情報の適正な取扱いを確保するため，その取扱いに関する監視・監督を行う。

オ 罰則の強化（番号法67条〜77条）

法律で定められた目的以外にむやみに他人にマイナンバーを提供することはできない。また，他人のマイナンバーを不正に入手した

24 第1章 概 説

り，他人のマイナンバーを取り扱っている人（マイナンバー関係事務実施者）が，特定個人情報ファイルを他人に不当に提供したりすると，処罰の対象となる。

自治体の職員等が，その職務の目的外で特定個人情報が記録された文書等を収集したときも処罰の対象となる。

このように番号法では，保護の対象となるマイナンバーの重要性から，個人情報保護法よりも罰則の種類が多く用意されており，また，法定刑も重いものとなっている。

カ マイナポータルによる情報提供等記録の確認（番号法附則6条5項）

情報提供ネットワークシステムを通じた行政機関等の自分の情報のやり取りの記録を確認できる。

(2) **システム面における保護措置**

ア 個人情報を一元化せずに，分散管理を実施

従来どおり個人情報は各行政機関等が保有し，他の機関の個人情報が必要となった場合には，番号法別表第二で定められているものに限り，情報提供ネットワークシステムを使用して，情報の照会・提供を行うことができる分散管理の方法をとっている。

イ マイナンバーを直接用いず，符号を用いた情報連携を実施

情報の照会にはマイナンバーを直接用いず，利用機関ごとに振り出された符号を利用することで芋づる式の情報漏えいを防止している。

ウ アクセス制御により，アクセスできる人の制限・管理を実施

情報連携は情報提供ネットワークシステムを使用して行うが，現在，このネットワークシステムを利用できるのは，行政機関，地方公共団体などに限られ，民間事業者は健康保険組合などを除き利用できない。

エ 通信の暗号化を実施

暗号等によってやり取りされる個人情報を容易に復元することができない通信の方法で情報連携が行われ，ネットワークシステムは総務大臣が設置・管理する。

3　マイナンバーの付番

市町村長は，住民票コードを記載したときは，速やかにマイナンバーを指定し，その者に対して当該マイナンバーを通知カードにより通知しなければならない（番号法7条）。

マイナンバーは12桁の数字で構成され，付番の対象となるのは，住民票に記載されている日本の国籍を有する者，中長期在留者，特別永住者等の外国人である。

所管は総務省，市町村の事務は法定受託事務となる。

マイナンバーの生成は，機構が市町村長からの求めにより住民票コードを変換して行う（番号法8条）。

市町村長は，機構から通知された番号をマイナンバーとして指定する。

また，マイナンバーが漏えいして不正に用いられる恐れがあると認められるときは，その者の請求又は職権により，従前のマイナンバーに代えて，新たなマイナンバーを指定し，通知カードにより通知しなければならない。この場合において，新たな番号を指定する原因となった通知カード又はマイナンバーカードの紛失等が本人の責めによるときは本人から再交付手数料を徴収することとなる。

出生や海外からの転入等新たにマイナンバーが付番される者には，上記の流れでマイナンバーが通知される。

法人に対して付番される法人番号は，国税庁長官が指定し，通知する（番号法58条）。法人番号は13桁の数字で構成されており，原則公開され，民間での自由な利用が可能である。

4　マイナンバーの利用範囲

番号法では，マイナンバーの利用範囲を社会保障・税・災害対策に限定しており（番号法9条），事業者はマイナンバー利用事務またはマイナン

26 第1章 概 説

バー関係事務を処理するために必要がある場合に限り，マイナンバーの提供を求めることができるとしている（番号法15条）。具体的には社会保障及び税に関する手続書類の作成事務を行う必要がある場合に限り，従業員などにマイナンバーの提供を求めることが可能とされている。また，事業者が特定個人情報を提供できるのは，社会保障，税及び災害対策に関する特定の事務のために従業員等の特定個人情報を行政機関等及び健康保険組合等に提供する場合等に限られる。

(1) **マイナンバー利用事務**（番号法2条10項）

行政機関，地方公共団体，独立行政法人等その他の行政事務を処理する者が，社会保障，税及び災害対策に関する特定の事務において，保有している特定個人情報を検索し，管理するために必要な限度でマイナンバーを利用して処理する事務のこと。

(2) **マイナンバー関係事務**（番号法2条11項）

社会保障及び税におけるマイナンバー利用事務に関して行われる他人のマイナンバーを必要な限度で利用して行う事務のこと。主として，事業者が法令に基づき従業員等のマイナンバーを給与所得の源泉徴収票，支払調書，健康保険・厚生年金保険被保険者資格取得等の書類に記載して，行政機関等及び健康保険組合等に提出する事務が該当する。

5 マイナンバー利用事務等の委託と委託先管理

番号法ではマイナンバー利用事務またはマイナンバー関係事務の全部または一部の委託をする者は，委託先において取り扱う特定個人情報について，委託者自らが果たすべき安全管理と同等の管理が図られるよう必要かつ適切な監督を行わなければならないとしている（番号法11条）。

また，マイナンバー利用事務またはマイナンバー関係事務の全部または一部の委託を受けた者は，委託者の承諾を得た場合に限り，その全部または一部を再委託することができる（番号法10条）。再委託先の監督義務は委託先にあるが，委託者の義務には委託先が再委託先に対して必要かつ適切な監督を行っているかどうかを監督することも含まれるため，委託者は再

委託先に対して間接的な監督義務を負うとされている。

6　通知カード及びマイナンバーカード

　市町村長は，通知カードやマイナンバーカードの作成等の事務を機構に委任することができる（番号法省令35条）。

(1)　通知カード

　市町村長は，住民票に住民票コードを記載したときは，速やかにマイナンバーを指定し，その者に対し当該マイナンバーを通知カードにより通知しなければならない。

　通知カードには，マイナンバー，氏名，住所，性別及び生年月日のほか，通知カードの発行の日及び通称が記載されているが，身分証として利用できず，マイナンバーカードの交付を受けるまでの間，行政機関の窓口等でマイナンバーの提供を求められた際に利用が可能である。ただし，番号法に基づく本人確認のためには，通知カードのほかに主務省令で定める書類（運転免許証等）の提示が必要となる。

(2)　マイナンバーカード

　市町村長は，その市町村の住民基本台帳に記録されているものに対し，その者の申請により，その者に係るマイナンバーカードを交付する（番号法17条1項）。

　マイナンバーカードにはIC チップが搭載されており，署名用電子証明書や利用者証明用電子証明書等の公的個人認証サービスが格納されているほか，空き領域を利用して市町村や都道府県は条例で定めるところ，国の機関や民間事業者等は政令で定めるところにより，総務大臣が定める安全基準に従って独自利用が可能である（番号法18条）。

　制度開始当初は，マイナンバーカードの申請に対して交付が追い付かない状況が全国的に発生し，その対策として平成28年5月30日付でマイナンバーカード交付促進支援チームからマイナンバーカード交付促進マニュアルが示され，各自治体にマイナンバーカード交付策の策定が求められた。

28　第1章　概　説

　また，内閣府・総務省から，各自治体に対してマイナンバーカード取得促進キャンペーンの実施やマイナンバーカードの利活用の推進が求められたところである。

7　マイナンバーの利用拡大

　番号法附則第6条に番号法施行後3年を目途として，マイナンバーの利用範囲を拡大することができるように所要の措置を講ずると規定されている。マイナンバーの利用範囲の拡大については，平成26年5月20日に高度情報通信ネットワーク社会推進戦略本部（IT総合戦略本部）新戦略推進専門調査会マイナンバー等分科会「中間とりまとめ」において，①戸籍事務，②旅券事務，③預貯金付番（口座名義人の特定・現況確認等に係る事務），④医療・介護・健康情報の管理・連携等に係る事務，⑤自動車の登録に係る事務について，制度の趣旨や個人情報の保護等に配慮しつつ，マイナンバーの利用範囲の拡大や制度基盤の活用を検討を進めるという方法性が示された。

　これを受け，平成27年9月9日に改正番号法が公布され，預貯金口座へのマイナンバー付番，医療等分野における利用範囲の拡充等，地方公共団体の要望を踏まえた利用範囲の拡充等について，公布の日から3年を超えない範囲内で政令が定める日（平成30年9月9日）までに所要の整備を行うこととなった。

　地方公共団体は，番号法第19条第8号に基づき，同法第9条第2項の条例で定める事務（独自利用事務）についても情報提供ネットワークシステムを使用して情報連携を行うことができることとなった。

8　マイナンバー制度の情報連携

　情報連携とは，番号法第19条第7号の規定に基づく情報照会及び同法第22条第1項に基づく情報提供を指し，情報提供ネットワークシステムを使用して，異なる行政機関の間でマイナンバーから生成された符号をもとに特定個人情報をやり取りすることで，各種手続きの際にマイナンバーを申請書等に記入することで，手続きの際に添付する必要のあった書類の提出を省略することができる。

第5 マイナンバー制度 *29*

　平成29年7月18日から申請者等に従来の添付書類の提出を求めつつ，情報提供ネットワークシステムを使用した情報連携を行う試行運用がはじまり，同年11月13日に本格運用が開始された。

9　マイナポータル

　マイナポータルは，政府が運営するオンラインサービスのことで，情報連携の本格運用の開始に伴い，平成29年11月13日から本格運用が始まった。

　マイナポータルを利用するには，利用者署名用電子証明書が登録されたマイナンバーカード，IC カードリーダライタ，マイナポータル AP をダウンロードしたパソコン等が必要となる。

　マイナポータルで提供される具体的なサービスは次のとおりである。

(1)　情報提供等記録表示（やりとり履歴）

　　情報提供ネットワークシステムを通じた住民の情報のやり取りの記録を確認できる。

(2)　自己情報表示（あなたの情報）

　　行政機関などが持っている自分の特定個人情報が確認できる。

(3)　お知らせ

　　行政機関などから個人に合ったきめ細やかなお知らせを確認できる。

(4)　民間送達サービスとの連携

　　行政機関や民間企業等からのお知らせなどを民間の送達サービスを活用して受けることができる。

(5)　子育てワンストップサービス

　　地方公共団体の子育てに関するサービスの検索やオンライン申請ができる。

(6)　公金決済サービス

　　マイナポータルのお知らせを使い，ネットバンキング（ペイジー）やクレジットカードでの公金決済ができる。

(7)　もっとつながる（外部サイト連携）

　　外部サイトを登録することで，マイナポータルから外部サイトへのロ

30 第1章 概　説

グインができる。

(8)　代理人メニュー

本人に代わり，代理人がマイナポータルの機能を使用できるように設定できる。代理で使用可能なサービスは(1)，(2)，(3)のみとなる。

第 2 章
基 本 用 語

第1 住 民

1 地方自治法上の住民

　住民とは，市町村の区域内に住所を有する者をいい，その者は，当該市町村及びその市町村を包括する都道府県の住民としての地位を有する。

　市町村の区域内に住所を有する者はすべて住民であり，自然人であると法人であるとを問わない。また，国籍，人種，性別，年齢等は住民であることの要件ではない（地方自治法10条1項）。

　地方公共団体を構成するいくつかの要素のなかでも，人的構成要素である住民こそが，地方公共団体を構成する基本であるとともに，その存立の目的そのものも住民の福祉増進のためであるだけでなく，地方自治運営の主体である。

2 住民基本台帳法上の住民

　地方自治法第10条第1項でいう住民には法人も含まれるが，本法の住民は，自然人のみをいうものであり法人は含まない。しかし，自然人であっても次の者は適用除外であり，したがって，住基法上の住民ではない（法39条）。

(1) 天皇及び皇族

　天皇及び皇族は，戸籍法に基づく戸籍簿が編製されず，その身分に関する事項は皇統譜に登録される。ただし皇族の身分を離れた者は，戸籍が編製され住民基本台帳に記録されることとなる（令33条）。

(2) 外 国 人

　法第30条の45の表の上欄に定める中長期在留者，特別永住者，一時庇護許可者，仮滞在者，出生による経過滞在者及び国籍喪失による経過滞在者以外の外国人には住基法は適用されない。

3 住民の権利義務

　住基法上の住民は，地方自治法の規定によって次のような権利と義務を有する。

34 第2章 基本用語

(1) 役務の提供を等しく受ける権利

地方公共団体の一切の利便，サービスの提供を，何人も同じ資格で平等に享受できる（地方自治法10条2項）。

(2) 負担を分任する義務

地方税を始めとして，その地方公共団体の活動に要するすべての経費を分かち合う義務をもつ（地方自治法10条2項）。

(3) 選挙に参与する権利

ア　選挙権

　　年齢満18年以上で，3か月以上継続して市町村の区域内に住所を有する者は，その属する普通地方公共団体の議会の議員と長の選挙権を有する（地方自治法18条）。

イ　被選挙権

　　普通地方公共団体の議会の議員については，その選挙権を有する満25年以上の者。都道府県知事については，満30年以上の者で，住所を要件としない。市町村長については，満25年以上の者で，住所を要件としない（憲法15条，地方自治法11条，19条）。

(4) 直接請求の権利

ア　条例の制定改廃の請求（地方自治法12条，74条）

イ　事務監査の請求（地方自治法75条）

ウ　議会の解散請求（地方自治法13条，76条）

エ　議員，長，主要公務員の解職請求（地方自治法80条，81条，86条）。

(5) その他の直接参政権

ア　住民投票権

　　憲法第95条の規定に基づいて，その団体のみに適用される特別法への住民投票権を有する（地方自治法261条）。

イ　住民監査請求及び住民訴訟

　　地方公共団体の長，委員会などの，違法，不当な財務管理上の行為によって，住民が損失を受けることのないようにする一種の住民

監査請求，住民訴訟の制度である（地方自治法242条，242条の２）。

第2　住　　所

1　住民の住所

　法第４条は，住民の住所を地方自治法第10条第１項に規定する住民の住所と同意義に解釈するものとしている。

2　住民の住所に関する法令

　住民の住所に関する法令には，次のようなものがある。

(1)　公職選挙法第９条第２項

(2)　地方税法第24条第１項第１号及び第294条第１項第１号

(3)　国民健康保険法第５条

(4)　学校教育法施行令第１条及び第２条

(5)　その他の地方公共団体の住民の住所に関するすべての法令

　　これらの各法令における住民の住所は，地方自治法及び住基法の趣旨にかんがみて，各種行政の中で一致した解釈をしなければならず，また民法第22条に規定する生活の本拠として理解されるので当然に一致すべきものである。

3　住所と居所

　居所とは，人が多少の時間継続して居住するが，その場所あるいは土地とその者の生活の結びつきが住所ほど密接でないもの，つまり生活の本拠であるというまでに至らない場所のことである。

　民法第23条第１項は，「居所を住所とみなす」として，住所がないとき又は不明のときに居所を住所とみなすとしているが住基法はこの立場をとっていない。

4　住所の認定

　住所は，その者の生活の本拠である。生活の本拠とは，その者の生活に最も関係の深い一般的な私的生活の場所であり，全生活の中心地であって，職務上の活動の中心地ではない。

36 第2章 基本用語

住所の認定に当たっては，客観的居住の事実を重視しつつも主観的な居住意思も総合して決定する。また，法第4条の趣旨からして市町村と住民との間に発生する種々の権利義務関係を考えると，住所は一つに限る。

認定の基準は次のとおりである。

(1) 居住の事実の有無は，そこに寝泊りしているか，親族等と同居しているかはもちろん，その他諸般の事情を考慮して客観的に認定する。

(2) しかし，本人の居住意思も無視することはできない。この場合の意思は，客観的に表現されているものであることが必要である。

(3) 通常，居住する場所が二つ以上ある場合には，どちらがその者の日常生活により密接に関係しているかを判断して一つをとる。

(4) 認定に疑義又は争いがあるときは，事実調査を行い，関係市町村とも協議をして真実の発見に努める。

(5) 認定し難いときは，法第31条の規定による助言又は勧告を求めることができる。この場合，他の市町村長と意見を異にしその協議が調わないときは，法第33条の規定による決定を求める旨申し出る。

5 住所認定の具体例

(1) 幼児，児童，生徒の住所

ア 冬期間だけ下宿する学生，生徒の住所

積雪のため通学が困難で，冬期間だけ学校所在地の市町村に下宿した学生，生徒の住所は親元にある（昭和46.1.12自治振第6号回答）。

イ 異動により親子が別居した場合の住所

両親と子供がA市で同居していたが，B市に転勤になったため，子供（幼稚園及び義務教育期間中の児童，生徒）だけをA市の親戚又は知人に下宿させて転出した場合の子供の住所はA市である（昭和46.1.12自治振第6号回答）。

ウ 修学のため郷里を離れて居住する学生，生徒の住所

勉学のため寮，下宿等に居住する者の住所は，その寮，下宿等が家族の居住地に近接する地にあり，休暇以外にもしばしば帰宅する

第2 住 所 **37**

必要がある等特殊の事情のある場合を除き，居住する寮，下宿等の所在地にある（昭和46.3.31自治振第128号通知）。

エ 入学のため便宜居所を住所とみなすことは違法

市外の小学校区域に居住する児童が市内の学校に入学するために市内の親類に預けられた場合，その居所を住所とみなして取り扱うことは違法である（昭和27.6.7民事甲第811号回答）。

オ 他家で養育されている幼児の住所

事情があって甲地にある者が，その幼児を乙地の某に預け養育方を依頼し，養育料を支払っている場合の幼児の住所は乙地の某にある。続柄は，「同居人」とする（昭和27.6.24民事甲第903号回答）。

(2) 職業のため居住する者の住所

ア 職業訓練所に入所し，家族と離れて寄宿舎に居住している訓練生の住所

特段の事情のない限り訓練期間が1年以上の者については，寄宿舎にある（昭和43.3.26自治振第41号通知）。

イ 合宿研修者の住所

1年以上研修を受けている場合には，家族と密接な生活関係がある等特段の事情のない限り研修所にある（昭和43.3.26自治振第41号通知）。

ウ 自衛隊員の住所

自衛隊員の住所の認定についても，一般の住民と何ら異なるところはないが，一般的には，次の取扱いをする。

(ア) 防衛庁長官が指定する集団居住場所に居住することを義務とされている隊員若しくは特に営舎内に居住することを命ぜられている隊員，又は船舶内に居住することを義務とされている隊員の住所は，原則として，それぞれ該当営舎又は船舶の定けい港所在地にあるものとする。ただし，営内居住者又は船舶乗組員のうち，その家族の住所が営舎又は船舶の定けい港所在地に近接する地に

あり，家族を扶養する等家族と密接な生活関係がある場合は，家族の居住地にあるものとする。

(イ) 営内居住者及び船舶乗組員以外の隊員の住所は，原則として，その者の居住地にあるものとする。

(ウ) 自衛隊の学校に入校中の隊員の住所は，入校前勤務機関におけるその者の居住の状態に応じ，(ア)又は(イ)に掲げるところに準ずる居住地にあるものとする。ただし，1年以上の入校を命ぜられている隊員の住所は，校外に居住する等特段の事情のない限り，当該学校の所在地にあるものとする（昭和43.3.26自治振第41号通知）。

エ 船員の住所

乗船している以外のときには，妻子その他の家族のもとに帰り生活している者の住所は，家族の居住地にある。下宿を借りて，そこを生活の本拠にしている者については，その下宿等を住所とする。また，こうした自宅，下宿等がなく，もっぱらその船内で居住している者については，その船の主たる定けい地にある。定けい港が二つ以上ある場合は，最もその者の生活と密接な関係にある一つの場所を住所とする（昭和46.3.31自治振第128号通知）。

オ 勤務のため家族と居住地を異にする者の住所

(ア) 勤務する事務所又は事業所との関係上，家族と離れている者の住所は勤務地にある。

(イ) しかし，家族と離れている場合でも，本人の日常生活関係，家族との連絡状況等の実情を調査確認して認定するものであるが，認定困難な者で，毎週土曜日，日曜日のように勤務日以外には家族のもとにおいて生活を共にする者については，家族の居住地にあるものとみなす。ただし遠隔地であることから飛行機を利用して月平均2回程度家族のもとにおいて生活を共にしていても，このことのみをもって住所が家族の居住地にあることにはならない（昭和46.3.31自治振第128号通知，昭和57.7.2愛知県地方課あて電話回

第2　住　　所　*39*

答)。

　カ　出稼人の住所

　　　期間が1年未満の一時的な出稼人の住所は，家族の居住地に，1年以上の者は出稼地にある。しかし，帰省日数，回数，配偶者，子等の家族との関係，その他諸般の事情等を考慮して，どちらがその者の日常生活と密接な関係にあるかを判断し，より密接な関係にある場所を住所とする（昭和14.1.27行政裁判所判決）。

　キ　飯場の賄係の住所

　　　居宅を有しない夫婦が飯場の賄係として工事場内に起居し，工事場の変更とともに転々として起居する場所を変更している者の住所は，現に起居している工事場内にあると認められる。したがって，当該工事場から他の工事場に移った場合は，住所の変更があったものと解する（昭和27.6.24民事甲第903号通達）。

(3)　**各種施設入所者の住所**

　ア　病院，療養所等に入院，入所している者の住所

　　　医師の診断により1年以上の長期かつ継続的な入院治療を要すると認められる場合を除き，原則として，家族の居住地にある（昭和46.3.31自治振第128号通知）。

　イ　児童福祉施設，老人福祉施設，知的障害者援護施設，身体障害者更生援護施設，婦人保護施設等の施設に入所する者の住所

　　(ア)　これらの施設に入所する場合，1年以上にわたって居住することが予想される者の住所は施設の所在地にある（昭和46.3.31自治振第128号通知問8）。

　　(イ)　児童福祉施設に入所する児童で，扶養義務者のある児童については，施設の所在地を住所とすることが著しく妥当性を欠く場合には，当該扶養義務者のもとに住所をおくなど実態に即した取扱いをする（昭和46.3.31自治振第128号通知，昭和47.3.31厚生省国保課長内かん）。

40 第2章 基本用語

ウ 受刑者の住所

刑務所に入所するまで家族と住所を一にしていた者の住所については，原則として家族の居住地とする。ただし死刑，無期懲役，無期禁錮の場合は刑務所とする。また単独で世帯を構成していた者の住所は刑務所の所在地にあると認められる（昭和46.3.31自治振第128号通知，昭和50.4.9兵庫県地方課あて電話回答）。

エ 老人ホームに入所していた者が精神病院に入院した場合の住所

単身者で老人ホームに入所していた者が精神病院に入院した場合，病状が入院，退院を短期間に繰り返すような軽度な者である場合は，老人ホームであるが，その他の場合は精神病院にある（昭和50.10.2山口県地方課あて電話回答）。

(4) 他の地番又は他の市町村の境界にまたがる場合の住所

ア 市町村の境界線上にまたがる場合の住所

個人の家屋が市町村の境界線上にまたがる場合の住所の認定については，諸般の客観的事実と本人の意思とを総合して行うが，家屋の玄関，居間等の主として利用している部分がどちらの区域に属するかということが判断の基礎となる（昭和49.11.28岡山県地方課あて電話回答）。

イ 数字，数地番にまたがっている住宅居住者の住所

住宅が数字又は数地番にまたがっている場合は，その一つを選択して住所としてよい（昭和27.6.24民事甲第903号通達）。

ウ 数地番にまたがっている個人住宅に居住する者の住所

個人家屋の敷地が数地番，数町にわたっている場合は，諸般の客観的事実と本人の意思を総合して一つの町名地番をその住所と認定するのが相当である（昭和30.10.13民事甲第2151号回答）。

エ 数地番にまたがっているアパートに居住する各人の住所の表示

数町，数地番にまたがっているアパートの場合で，家屋台帳は協定で一町に編入，選挙投票区の関係では一調査区設け，最寄りの投

票区に編入，就学校区関係はそれぞれの所定の区域で扱っている場合，各居住者が届出すべき住所は，家屋台帳によりその所属する町名にて代表地番一つを選び，全居住者を統一して取り扱うのが相当である（昭和30.10.13民事甲第2151号回答）。

オ　数地番にまたがっている中高層建物に居住する各人の住所の表示

　　数地番にまたがるマンション等の中高層建物については，１棟の建物につき一つの地番を選択し，マンション名及び居室番号等を付することを原則とする。

　　なお，地番の選択に際しては，各戸への主たる出入口の位置，地番の占める面積の割合等を勘案して決定すべきである（平成元.12.19神奈川県市町村課あて電話回答）。

カ　複数の地番にまたがる住居に居住する者の住所

　　複数の地番にまたがる場合の地番の選択に当たっては，住居への主たる出入口の位置，地番に占める面積の割合等の客観的事実を中心に決定するべきである（平成3.10.22東京都行政部指導課あて電話回答）。

キ　アパートに居住する者の住所

　　アパート内の各戸又は各室が一般に独立の住宅と認められるときは，各戸各室ごとに住所を定めるのが相当である。便所，廊下，洗たく場等ある程度の共同の施設を有するアパートの住所の表示もこれに準ずる。

　　独身アパートの場合も，各室で独立の生活を営み得るのであれば同様である。ただし，生活の諸設備が居室を除き全員の共用に付せられているような場合には，当該アパート全体を１個の住宅とみなし住所を定めるのが相当である。

　　社宅又はアパート等の居住者の住所の地番までの表示では住所を明確にすることができないものについては，何某方，何々アパート何棟何号室まで表示するのが相当である。現実に，アパート各１棟

につき一つの代表地番を選び，住所として取り扱っているものについてはそのままでよい（昭和34.11.6民事甲第2474号回答）。

(5) 海外在住の者の住所

渡航の期間が1年以上にわたる場合を除き，原則として家族の居住地にある。ただし，国外転出届を出して海外に住所を移している者や，永住の目的で海外に転出している者が，婚姻や印鑑登録，肉親の財産処分等のために一時帰国している場合，その期間が1年未満であるときは，住所は外国にある（昭和46.3.31自治振第128号通知，平成3.6.7厚生省保険局国民健康保険課あて電話回答）。

(6) 災害により避難した場合等の住所

火災，風水害等の災害による一時避難や家屋の老朽化等による改築中一時的に転居した場合などで，特別の事情によって長期間にわたる場合でないときは，一般的には住所を変更したものとはみなさない（昭和27.6.24民事甲第903号通達）。

ただし，自宅改築中において世帯全員が居所を移動している場合の住所は，一時的に転居した所にある。

(7) ネットカフェに滞在する者の住所

ネットカフェについては，個別具体の事案に即して生活の本拠となるかどうかを市町村長が総合的に判断するものである。①長期契約が締結され，長期にわたって滞在することが明確にされており，かつ②店舗の管理者が住民登録に同意している場合には，一時的な施設の利用ではなく，生活の本拠たる住所と認められる場合があると考えられる（平成21.3.24定額給付金給付事業Q＆A（その10））。

第3　世帯と世帯主

1　世　帯

一般的に世帯とは，居住及び生計をともにする者の集まり，又は単独で居住し，生計を維持する者をいう（昭和42.10.4民事甲第2671号通達）。

第3 世帯と世帯主 *43*

居住をともにするとは，一般的には，数人の者が一つの住宅を居住の場所としている場合をいう。しかしながら，必ずしも1棟の建物が1世帯の住居であることを要しない。例えば，アパートや一軒家の一部を間借りして各部屋で独立の生計が営まれているような場合には，住宅の各部屋がそれぞれ独立の居住の場所である。また，反対に2棟以上の建物が同一敷地内にあり1家族が使用している場合は，その2棟以上の建物をひとつの居住の場所としているとみるべきである。

生計をともにするとは，夫婦親子の家族が典型的事例であるが，必ずしも近親者だけで構成されるものではなく，住み込みの使用人，同居者なども世帯の構成員となることもある。また，これに反し学校や工場の寮，合宿所，下宿等の居住者は，居住をともにする場合であっても，生計を共にするとは認められないので，各人がそれぞれ1世帯を形成しており，単独世帯とすべきである。

2 世 帯 主

世帯を構成する者のうちで，その世帯を主宰する者が世帯主である。

「世帯を主宰する者」とは，「主としてその世帯の生計を維持する者であって，その世帯を代表する者として社会通念上妥当とみとめられる者」である（事務処理要領第1-4）。単独で住所を有し，独立して生計を営んでいる者は，当該単身者が世帯主である。また，厳格な意味では，世帯を主宰する者とはいえない場合でも，相対的に最もそれに近い地位にある者が世帯主であって，原則としては，世帯主のない世帯は認められない。

例外的に，世帯主のない世帯を構成するのは，養護施設に居住している児童である。養護施設に居住する児童は，同一世帯を構成しているものとして取扱い，住民票の世帯主欄の記載は空欄とする（昭和43.3.26自治振第41号通知問6）。

3 世帯，世帯主の認定

世帯の観念は実質的観念であって，これを認定するのに形式的標準はなく，個々の場合に生活の実質的関係に基づき，具体的に決するほかない。

44　第2章　基本用語

　世帯主の認定に当たっては，客観的にその生活態様を観察し，具体的事実に徴して判断すべきであるが，この場合に，経済的要素が最も主要な要素になることはむしろ当然であり（昭和38.8.22民事甲第2449号回答），併せてその世帯を代表する者として，社会通念上認められる者かどうか事実審査する（客観的基準）。また，判定に当たっては，当該世帯の構成員がどのように考えているか考慮しなければならない（主観的基準）。単に戸籍の筆頭者等であるからといって，必ずしも世帯主となるものではない。

4　世帯，世帯主認定の具体例

(1)　世帯主の一般的認定例

　世帯主の認定は，市町村が決定するものではない。その世帯を構成する者のうちこれを主宰する者として，社会一般の通念に照らしてふさわしい者であるかどうか（客観的基準），またその世帯の世帯員がどう考えているか（主観的基準）によって定まるものである。具体的認定例としては次のようなものがある。

　　ア　夫婦がともに世帯の生計を維持しているが，夫は勤務の都合上海外出張（数か月）することが多く不在がちなので，妻を世帯主とする旨の届出があった場合は，妻が世帯主

　　イ　夫が重度の障害等のため無収入で，妻が主として世帯の生計を維持している場合は，妻が世帯主

　　ウ　父親は少額の所得があるが，所得税法上長男の扶養親族となっており，長男が主として世帯の生計を維持している場合は，長男が世帯主

　　エ　兄弟の世帯においては，長幼にかかわらず，その中で主に生計を維持していると思われる者が世帯主

(2)　年少者である世帯主

　　ア　世帯主の年齢上の制約

　　　世帯主には年齢上の制限はないが，世帯主は独立して居住するか又は独立して生計を営むのが実情であるから，おのずから年齢上の

制約を受ける（昭和27.6.7民事甲第811号通達）。

　イ　年少者も単独世帯を構成し，世帯主となれる

　　　年少者（12歳の小児）であっても，独立の住居をもち，また独立の生計を営んでいる以上一つの世帯を構成するものと考えられるから，単独世帯（世帯主）として取り扱って差し支えない（昭和27.6.18民事甲第866号通達）。

(3)　住み込み使用人等の世帯主

　ア　同一世帯と認定できる場合

　　　住み込み店員等で，定まった給与の支給を受けず，子弟同様の待遇を受けている者については，同居の雇主と同一の地に住所があり，かつ当該世帯主と生計を一にしていると認められる場合は，同一の世帯を構成しているものと解される（昭和46.3.31自治振第128号通知問5）。

　イ　別個の世帯と認定できる場合

　　　住み込み使用者（雇人，見習い，家事使用人等を含む。）のうち，雇主と生計を異にすると認められる者については，単身者であっても，雇主と別個の世帯を構成するものとして取り扱って差し支えない（昭和36.9.8民事甲第2189号回答）。

(4)　単独世帯と世帯主

　ア　寮生の世帯主

　　　寮にある学生，生徒は，各人それぞれが世帯主である（昭和27.6.7民事甲第811号通達）。

　イ　老人ホーム等に入所している者の世帯主

　　　老人ホーム等に居住している者は，特別の事情がない限り単独世帯を構成する（昭和35.10.19民事甲第2465号回答）。

(5)　その他の場合

　ア　生計を維持する者が同居していない世帯の世帯主

　　　老人夫婦が，住所を異にする長男から生活費の全部の仕送りを受

46　第2章　基本用語

けている場合，その長男が老人夫婦と同世帯でないので，老人夫婦
の世帯の世帯主とは認められない（昭和43.3.26自治振第41号通知問
5）。

イ　生計が別になった世帯員は，別世帯とすることができる

同一の家屋に住んでいる世帯員が所得を得るようになり，事実，
生計を別にしていれば，世帯分離することは可能である（昭和
49.4.18東京都行政部指導課あて電話回答）。

ウ　同居している夫婦の世帯認定

同一の住所地で生活している夫婦については，民法第752条によ
り，夫婦間には協力扶助義務があることから，一般的には同一世帯
と考えらるが，夫婦間であっても，生計を別にしているという実態
があれば，世帯を分離することも可能である（平成12.7.14東京都行
政部指導課あて電話回答）。

エ　世帯主の死亡等により新世帯主が明らかな場合

世帯主の死亡・転出などにより，その世帯に属する者が一人に
なった場合にはその者が世帯主となる（令25条）。また二人以上の場
合でも，それが母と14歳以下の子であるなど，新たに世帯主となる
者が明らかなときは，その者が世帯主となる。

オ　実際に世帯主に該当する者が住基法の適用を受けない外国人であ
る場合，世帯員のうち世帯主に最も地位にあるものの氏名を世帯主
欄に記載する。

そして実際に世帯主に相当する外国人の氏名が確認できれば備考
として記載する。

第4　続　柄

1　続柄を記載する必要性

住民票には，「世帯主についてはその旨，世帯主でない者については世
帯主の氏名及び世帯主との続柄」を記載事項として規定している（法7条

4号)。これは，住民の日常生活は世帯を単位として営まれているのが一般的であり，行政の中には，生活保護など世帯を単位として処理するものもあるために，住所と関係のある生活関係ということで，住民個人の同一性を明らかにする氏名等とともに，居住関係を公証するのに必要な事項とされているからである。

2　続柄の記載方法

　住民票の記載は，居住の公証に利用できるものであるとともに，ある程度戸籍の代替としても利用できるものでもあるので，平成7年2月28日までは，世帯主との続柄は具体的に表示することが必要であるとされてきた。しかし，近年のプライバシー意識の高揚等の社会情勢の変化は，特に子どもの続柄の表記について嫡出子とそのほかの子どもとの区別，また嫡出子についても長幼，性別が明確になるような記載は避けるべきとの判断になり，平成7年3月1日以降，嫡出，特別養子，養子，非嫡出の別にかかわらず，一律に「子」と記載し，「長女」「二男」等の表記も行わないこととなった（平成6.12.15自治振第233号通知）。

　続柄は，原則としては世帯主を中心として，妻，子，父，母，妹，弟，子の妻，妻（未届），妻の子，縁故者，同居人等と記載する。また上述のように，世帯主の嫡出子，養子及び特別養子についてもすべて「子」と記載するものである（事務処理要領第2-1-(2)-エ-(オ)）。

3　続柄記載の具体例

(1)　内縁関係にある者の世帯の続柄

　　ア　内縁の夫婦の続柄

　　　　内縁の夫婦は，法律上の夫婦ではないが，準婚として各種の社会保障の面では法律上の夫婦と同じ扱いを受けているので，「夫（未届）」，「妻（未届）」と記載する（事務処理要領第2-1-(2)-エ-(オ)）。

　　イ　内縁の夫婦の子の続柄

　　　　内縁の夫婦の子の世帯主（夫）との続柄は，世帯主である父の認知がある場合には「子」と記載し，世帯主である父の認知がない場

48　第2章　基本用語

合には「妻（未届）の子」と記載する（事務処理要領第2-1-(2)-エ-(オ)）。

ウ　戸籍上の配偶者が現存している者が，他の者と事実上婚姻関係にある場合の続柄

戸籍上の配偶者が現存している者が，他の者と事実上婚姻をしている場合は，「縁故者」と記載し，この場合市町村長は，内縁の妻（夫）である旨の証明をすることはできない（昭和29.8.17民事甲第1734号回答）。

エ　離婚後100日以内の再婚禁止期間にある女性が，世帯主たる男性と同棲している場合の続柄

再婚禁止期間にある女性は，民法上妻として届出ができないものであり，このような者まで「妻（未届）」と記載すると，混乱を生ずるおそれがあるため「縁故者」と記載する。

オ　内縁当時に出生し，その後父が婚姻届のみを出して，認知届を出さない場合の子の続柄

夫が世帯主となっている場合には，続柄を「妻の子」と記載する（昭和36.9.15民事甲第2267号通達）。

カ　近親婚により事実上婚姻関係にある者の続柄

近親婚により世帯主と事実上婚姻関係にある者の続柄は，「妻（未届）」ではなく，「姉の子」のように親族関係を具体的に記載するか，「縁故者」と記載する（昭和39.2.13民事甲第320号回答）。

キ　婚姻適齢に達しない夫婦の続柄

婚姻適齢（民法731条）に達していない事実上の夫婦についてのその女性の世帯主との続柄は，近親婚（民法734条）や重婚（民法732条）などの場合と同様に「妻（未届）」と記載することなく「縁故者」と記載する（平成3.7.19広島県地方課あて電話回答）。

(3)　**縁故者**と同居人

ア　長男の死亡後の長男の妻，長男の妻の再婚した夫及び長男の子の

第4 続 柄 **49**

続柄

　長男の妻が長男の死亡後，妻の氏を称し再婚した場合，長男の子については後夫との間で入籍してあっても，世帯主との続柄は「子の子」であり，嫁夫婦が養親子関係にないときは，二人とも「縁故者」である（昭和46.1.12自治振第6号回答）。

　イ　民法第725条に規定する親族に属しない血縁関係者の続柄

　　民法第725条に規定する親族（六親等内の血族又は配偶者，三親等内の姻族）の範囲に属しない者については，血縁関係を詳細に記載する必要はなく，世帯主変更の場合等における便宜を考慮すれば，「縁故者」と記載する方が適当である（昭和27.6.24民事甲第903号通達）。

　ウ　養育料を支払って養育を依頼している幼児の続柄

　　事情があって甲地にある者が，その幼児を乙地の某方に預け，養育方を依頼し養育料を支払っている場合，幼児の続柄は乙地の某の「同居人」とするのが適当である（昭和27.6.24民事甲第903号通達）。

　エ　世帯主が再婚した場合の前妻の母との続柄

　　世帯主と同居している前妻の母の続柄については，姻族関係終了届を出している場合には「同居人」，そうでない場合は，「縁故者」と記載する（平成3.6.5広島県地方課あて電話回答）。

(4)　**民法第772条の嫡出推定規定により出生届の提出に至らない子**

　本人等からの住民票の記載の申立てを認め市町村長の職権で住民票を記載したときは，次のように続柄を記載する（平成24.7.25総行住75号通知）。

　ア　事実上の父との間で認知調停手続を行っていることが申立内容により確認できるときは，「子」と記載する。

　イ　確認できない場合で母が後夫と婚姻済みであるときは，「妻の子」と記載する。

　ウ　上記の場合で母が婚姻に至っていない場合は，「妻（未届）の子」

50　第2章　基本用語

と記載する。

エ　同様の場合でドメスティック・バイオレンス等の夫が離婚に応じ
ないため前婚が継続中であるときは，「同居人」と記載する。

第5　住民となった年月日と住所を定めた年月日

1　住民となった年月日

住民となった年月日は，日本国籍を有する者について同一市町村（指定
都市の場合もその市の区域を一単位として）に引き続き住むようになった最初
の年月日である。この日は，住民と市町村との間に権利義務の法律関係が
発生する日であり，住民の地位に関する基本的な事項である。

具体的には，次のようになる（事務処理要領第2-1-(2)-カ）。

(1)　転入した者は転入した年月日，出生した者は出生の年月日

(2)　市町村の廃置分合又は境界変更があったときは，その処分前の市町
村の区域内に最初に住民として住民票に記載された年月日

(3)　帰化した者は，外国人住民としての住民票に記載された年月日

2　住所を定めた年月日

当該市町村に住所を定めた年月日で，転入又は出生により住所を定めた
場合には，住民となった年月日と一致するものであり，記載を省略しても
よい。転居した者については，転居した日が住所を定めた日であるので，
住民票の住所を定めた年月日欄に記載する（事務処理要領第2-1-(2)-ク）。

戸籍と住民票を媒介して，両方の記載の正確性を確保する機能をもって
いる戸籍の附票には，住所地の市町村長の通知によって住所を定めた年月
日（出生の年月日又は転入，転居等をした年月日）を記載する。

第6　戸籍の表示

1　戸　　籍

戸籍制度は，日本国民を登録し，その国籍と身分関係を公に証明する制
度である。

戸籍は，市町村の区域内に本籍を定める一の夫婦及びこれと氏を同じくする子ごとに編製する（戸籍法6条）とされ，その筆頭に記載した者の氏名及び本籍で表示する（戸籍法9条）とされている。

2　本籍及び筆頭者

本籍とは，戸籍の所在場所をいうのであって，行政区画，土地の名称及び地番号，若しくは街区符号を用いて表している（戸籍法施行規則3条）。その本籍と定められた場所のある市町村を本籍地という。

筆頭者とは，戸籍の最初に記載されている者をいい，戸籍索出の利便のために設けられるものであるから，筆頭者個人が除籍になっても当該戸籍の筆頭者氏名欄の記載は変更されない。

なお，戸籍の表示とは，筆頭者氏名及び本籍をいう。

第7　住民票コード

1　住民基本台帳ネットワークシステムにおける住民票コードの役割

住民基本台帳法の一部を改正する法律が平成11年8月18日法律第133号をもって公布され，これにより市町村が行う各種行政事務処理の基礎であり，住民の居住関係を公証する制度である住民基本台帳が，全国規模でネットワーク化されることが決定した。平成14年8月5日より稼働した住基ネットは，地方公共団体共同のシステムとして，全国共通の本人確認ができる手段を提供しているが，そのシステムの基礎となっているのが，氏名・住所・生年月日・性別の基本4情報と，11桁の数字から構成される住民票コードである。特に住民票コードは，相互に重複しないコードとし乱数群からランダムに市町村が住民票に記載する番号で，居住関係の確認のためだけに利用設定され，全国共通の本人確認を可能としている。

2　住民票コードの付番と変更請求

住民票コードは，平成14年8月5日以降，住民票の記載事項とされ（法7条13号），市町村長より当該記載に係る者に対し，その旨及び当該住民票コードが書面により通知される（法30条の3第3項）。

52　第2章　基本用語

この住民票コードは，住所地の市町村長に申し出ることでいつでも，理由を問わず変更することが可能である（法30条の4第1項）。

3　住民票コードの利用制限

住民票コードについては，厳格な利用制限がなされている。特に民間部門が住民票コードを利用することは禁止され，住民票コードの記録されたデータベースを作成したり，契約に際し住民票コードの告知を要求したりすると都道府県知事より勧告を受ける（法30条の38）。

第8　個人番号（マイナンバー）

1　マイナンバー制度と個人番号

(1)　マイナンバー制度の導入

平成25年5月24日に番号法，整備法を含む番号法関連4法案が可決，成立し，同年5月31日に同法が公布された。

もともと各行政機関内では，住民票コード，基礎年金番号，健康保険被保険者番号など，それぞれの番号で個人の情報を管理していたが，機関をまたいだ情報のやり取りをする際には，氏名・住所などで個人の特定に時間と労力を要していた。

そこで，①行政の効率化，②国民の利便性の向上，③公平・公正な社会の実現を目的として，社会保障・税・災害対策の3分野について分野横断的な共通の番号が導入されることとなったのである。

(2)　マイナンバー

マイナンバーは住民票コードを変換して得られる番号（番号法2条5項）で，12桁の数字であり，以下の3つの性質がある。

ア　悉皆性：住民票を有する全員に付番する。

イ　唯一無二性：一人1番号で重複のないように付番する。

ウ　視認性：「民―民―官」の関係で流通させて利用できる。

付番対象は，住民票コードが住民票に記載されている日本の国籍を有する者及び法第30条の45の表の上欄に掲げる外国人住民とされる。

第8 個人番号（マイナンバー） *53*

　また，マイナンバーは住民票コードとは異なり，自由に変更すること
はできない。ただし，マイナンバーが漏えいして不正に用いられるおそ
れがあると認められるときは，マイナンバーを変更することができる
（番号法7条2項）。

(3) マイナンバーの利用場面

　ア　利用範囲

　　マイナンバーは，社会保障制度，税制，災害対策に関する分野に
おいて利用される。

　　利用できる事務は番号法の別表に記載されている事務に限られ，
それ以外の事務についてマイナンバーを利用することは原則として
できない（番号法9条1項）。

　　ただし別表に記載がない場合であっても，社会保障・税・災害対
策の事務やこれに類する事務については，各自治体の条例で定める
ことにより，マイナンバーの利用をすることが可能となる（番号法
9条2項）。

　イ　他者への提供について

　　マイナンバーは，マイナンバー利用事務を処理する等のために必
要な限度でのみ，他者に提供することが可能であり，それ以外の場
合に他者に提供することは禁じられている（番号法19条）。

第 3 章
日本人住民に係る住民票

第3章

第1 住民票

1 住民票の定義と作成単位

(1) 住民票の定義

　　住民票とは，個々の住民につきその住民に関する事項を記載する帳票をいう。政令で定めるところにより，磁気ディスクをもって調製することもできる（法6条3項，令2条）。

(2) 住民票の作成単位

　　住民票は個人を単位として作成し，世帯ごとに編成して管理することを原則とし（法6条1項），市町村長が適当と認めるときは，住民票の全部又は一部につき世帯を単位とすることができる（法6条2項）。

2 住民票の性格

　戸籍は日本の国籍を有する者にあっては，身分関係を公証する唯一の公簿であると同様に，個々の住民票をもって構成される住民基本台帳は住民の居住関係を公証する唯一の公簿である。

　住民票の写しは，公務員が職務上作成する文書であって，権利義務に関する事実を証明する効力を有するものであり，刑法第157条第1項にいう「権利，義務ニ関スル公正証書」に該当するものである（昭和36.6.20最高裁第三小法廷判決）。

3 居住関係の公証

　住民の居住関係の公証とは，市町村の住民の居住関係を公に証明することをいう。その証明方法は，住民票の写しをもって行う。

　住民は，地方自治法その他の法令に基づいて，その属する地方公共団体の住民として各種の権利と義務を有しているほか，住民の居住関係は法律上重要な意義を有している。例えば，

- 道路交通法第89条では，免許を受けようとする者は，その者の住所地を管轄する公安委員会の行う運転免許試験を受けなければならない
- 生活保護法第10条では，保護は世帯単位で行うこと

58　第3章　日本人住民に係る住民票

等，住所，世帯等の居住関係を基準として取扱いが決せられるものがある。

　また，住民が日常生活上住民としての地位，住所，世帯等について，公に証明を必要とするだけでなく，各種の行政処理上も，例えば，

- 自動車の運転免許の申請（道路交通法施行規則17条2項1号）
- 特許の申請（特許登録令35条）
- 不動産所有権の保存，又は移転の登記申請（不動産登記令別表4の項添付情報欄ニ・12の項同欄ニ・28の項同欄ニ・30の項同欄ロ）

等において，住民の居住関係を証明する書類が必要となる場合がある。

第2　住民票の様式と規格

1　住民票の様式

　住民票の様式は，法定されていないから，市町村において住民の利便を考慮し，簡明かつ平易な様式としてよい。

　原則として，個人又は世帯につき一葉とされることが望ましいが，法第7条第1号から第8号の2まで及び第13号に規定する事項（外国人住民にあっては，法7条1号から4号，7号から8号の2まで及び13号に規定する事項，通称，通称の記載及び削除に関する事項，国籍・地域，外国人住民となった年月日並びに法30条の45の表の下欄に掲げる事項）と法第7条第9号から第11号の2までに規定する事項（外国人住民にあっては法7条10号から11号の2までに規定する事項）とを，それぞれ別葉にする等複葉とすることも，それが統合管理されているものである限り差し支えない（事務処理要領第2-1-(1)）。

2　住民票の規格

　住民票の規格は法定されていないが，個人票は日本標準規格で定めるA6判以上A5判以内が，その利用上及び管理上適当である。なお，住民票の紙質は，その写しの作成方法との関連を考慮しつつ，できるだけ丈夫なものとする。

　また，法第6条第3項の規定により住民票を磁気ディスクをもって調製

する市町村における，当該住民票の仕様及び当該磁気ディスクの規格についても，特に法定されていないので，市町村において，事務処理の合理化の観点から適当なものとする。

市町村長は，事務処理の合理化を図る見地より住民票の様式若しくは規格又は住民票の仕様等を変更しようとする場合には，全部の住民票を一斉に改製することなく，新たに作成する住民票より逐次変更する取扱いとすることも差し支えない（事務処理要領第2－1－(1)）。

第3　住民票の記載事項

1　法定記載事項（法7条及び法30条の45）

　法に定められている記載事項は次のとおりである。

⑴　基本事項

　ア　氏名

　イ　出生の年月日

　ウ　男女の別

　エ　世帯主についてはその旨，世帯主でない者については世帯主の氏名及び世帯主との続柄

　オ　戸籍の表示（日本人のみ）

　カ　住民となった年月日（日本人のみ）

　キ　住所

　ク　住所を定めた年月日

　ケ　転入等をした者については，その届出の年月日（職権で記載した場合には，その年月日）

　コ　従前の住所

　サ　個人番号（マイナンバー）

　シ　住民票コード

　ス　国籍・地域（外国人のみ）

　セ　外国人住民となった年月日（外国人のみ）

60 第3章 日本人住民に係る住民票

　ス　法第30条の45の表の下欄に掲げる事項（外国人のみ）

　セ　通称（外国人のみ）

　ソ　通称の記載及び削除に関する事項（外国人のみ）

(2)　**個別事項**

　ア　選挙人名簿に登録されている旨

　　　選挙人名簿に登録されている者については，その旨

　イ　国民健康保険の被保険者の資格に関する事項

　　　国民健康保険の被保険者である者については，

　　(ア)　その資格を取得した年月日，又はその資格を喪失した年月日

　　(イ)　退職被保険者又はその被扶養者にあっては，その旨並びに退職
　　　　被保険者等となり，又は退職被保険者等でなくなった年月日

　ウ　後期高齢者医療の被保険者の資格に関する事項

　　　後期高齢者医療の被保険者である者については，その資格を取得
　　し た年月日又はその資格を喪失した年月日

　エ　介護保険の被保険者の資格に関する事項

　　　介護保険の被保険者である者については，介護保険の被保険者と
　　なった年月日，又は介護保険の被保険者でなくなった年月日

　オ　国民年金の被保険者の資格に関する事項

　　　国民年金の被保険者（法7条11号に規定する「国民年金の被保険者」
　　をいう。以下同じ。）である者については，

　　(ア)　国民年金の被保険者となった年月日若しくは，国民年金の被保
　　　　険者でなくなった年月日又は国民年金の被保険者の種別の変更が
　　　　あった年月日（令5条1号，2号）

　　(イ)　国民年金の被保険者の種別（令5条2号）

　　(ウ)　基礎年金番号（令5条3号）

　カ　児童手当の支給を受けている者の資格に関する事項

　　　児童手当の支給を受けている者については，その支給が始まり，
　　又は終った年月（令6条）

（3） **任意事項**

市町村長は，法第7条第14号及び令第6条の2の規定により，住民の福祉の増進に資する事項のうち，市町村長が住民に関する事務を管理し及び執行するために必要であると認めるもの（以下「任意事項」という。）を住民票に記載することができることとされているので，住民基本台帳に基づき各種行政事務を処理するため，次のような事項を記載する等の措置を講じ，積極的に活用されることが適当である。

　ア　国民健康保険の被保険者については，被保険者証の記号及び番号

　イ　国民健康保険の被保険者でない者については，現に加入している他の医療保険制度の名称

　ウ　後期高齢者医療の被保険者については，被保険者証の番号

　エ　介護保険の被保険者については，被保険者証の番号

　オ　国民年金（福祉年金を含む。）の受給者については，その受けている年金の名称

　カ　国民年金の被保険者でない者については，現に加入している公的年金の名称

2　その他の記載事項

その他，法定記載事項以外には次のようなものがある。

⑴　世帯変更の年月日

⑵　職権修正の年月日

⑶　法定記載事項以外の届出年月日

⑷　備考

62　第3章　日本人住民に係る住民票

第4　住民票各欄の呼称と記載

1　住民票の記載等

　市町村長は，住所及び世帯に関する事項で法の規定による届出があった
ときは，当該届出の内容が事実であるか否かを審査して，法の規定による
住民票の記載等を行う。住民票の記載等とは，「記載」，「消除」，「修正」
をいう（法8条）。

　「記載」とは，転入，出生，帰化，国籍の取得等により住民基本台帳に
新たに住民を記録するために，その者に係る住民票を新たに作成したり，
又は世帯票にあっては既に作成されている住民票中に当該者をその世帯に
属する者として記載することをいう（令7条）。

　「消除」とは，転出，死亡，国籍喪失等により住民基本台帳の記録から
除くべき事由が生じたときに，住民に関する記録を全部抹消するため，住
民票を除票とし，又は世帯票の場合にあっては，その世帯に属さなくなっ
た者に関する記載を消除することをいう（令8条）。

　「修正」とは，住民票に記載されている事項（住民票コードを除く。）に変
更があったときに，記載を修正することをいう（令9条）。

　帰化（又は国籍喪失）により，外国人住民（又は日本人住民）が日本人住民
（又は外国人住民）となった場合は，その者の「日本人住民としての住民票」
（又は，「外国人住民としての住民票」）を作成し，「外国人住民としての住民
票」（又は，「日本人住民としての住民票」）を消除する（令8条の2）。

　なお，転居や世帯変更を行った者がある場合において，必要があるとき
は，その者の住民票を作成し，又はその属することとなった世帯の住民票
にその者に関する記載をするとともに，その者の住民票を消除する（令10
条）。

　また，届出すべき事案で届出がないとき，戸籍に関する届出や，法第9
条第2項に基づく通知があったとき又は住民基本台帳の記録に誤りがある
とき（住民基本台帳に脱漏若しくは誤載，又は住民票に誤記若しくは記載漏れがあ

第4 住民票各欄の呼称と記載 **63**

ることを知ったとき）等は，職権で住民票の記載等を行う（法8条，令12条）。

2 記載の一般的注意

(1) 記載は，届出書又は職権記載書に基づいて正確に記載する。

(2) 文字は，楷書で正確に記載する。

(3) 数字は，アラビア数字をもって記載する。

(4) 届出年月日，住民となった年月日，住所を定めた年月日は，届出書や職権記載書のとおり記載する。

(5) 世帯票の場合の各人の記載順序は，「第3章—第4—4—(2)」（71頁参照）による。

(6) 戸籍の表示，氏名，出生年月日は，戸籍に記載されているとおり記載する。ただし，傍訓の記載は要しない（昭和32.12.11民事甲第2540号回答，昭和50.8.25自治振第235号通知）。

　　　本籍のない者及び本籍の明らかでない者については，「本籍なし」又は「本籍不明」と記載する。

(7) 男女の別は，該当する不動文字を○で囲む方法にしてもよい。

(8) 氏については，同氏であっても，氏の記載を省略することなく，各人個々に記載する。

(9) 続柄は，世帯主にはその旨，他の者には世帯主の氏名と世帯主との続柄を記載する。

(10) 本籍の表示は，地番及び街区番号を使用できるので，その区別を明確にする。

(11) 世帯票の場合，個人欄の第2欄以下への従前の住所，本籍，筆頭者等の記載は，第1欄と同じ場合には「1と同じ」と略記してよい（事務処理要領第2−1−(1)−(注)）。

(12) 住所の記載について

　　ア　番地は，土地台帳に記載されている番地を正確に記載する。

　　イ　住居表示が実施されている場合は，街区符号及び住居番号をもって記載する（事務処理要領第2−1−(2)−キ）。

64 第3章 日本人住民に係る住民票

【様式1】 個人票（日本人用）

縦書き（左側）: 住民票　東京都高尾市

ふりがな			生　年　月　日		男女の別	続　柄	住民となった年月日	
氏名	①		明治 大正 昭和 平成　年　月　日生		男女 ③	④	明治 大正 昭和 平成　年　月　日	⑤
世帯主	⑧		⑨		⑨		住民票コード	
住所	⑩			昭和　年 ⑪ 日届出			⑥	
	⑫	平成　年 ⑬ 日転居		平成　年 ⑭ 日届出			個人番号	
	⑫	平成　年 ⑬ 日転居		平成　年 ⑭ 日届出			⑦	
本籍	⑮		筆頭者の氏名	⑰			備　考	
	⑯			⑱			㉒	
前住所	昭和 平成　年　月　日	⑲			から 転入 転居			
転出	平成　年　月　日	⑳			へ転出 予定	平成　年 ㉓ 日届出		
	平成　年　月　日	㉑			へ転出	平成　年 ㉔ 日通知		

①	氏名欄	⑬	住所を定めた年月日欄
②	出生年月日欄	⑭	届出年月日欄の予備欄
③	男女の別欄	⑮	本籍欄
④	続柄欄	⑯	本籍欄の予備欄
⑤	住民となった年月日欄	⑰	筆頭者の氏名欄
⑥	住民票コード欄	⑱	筆頭者の氏名欄の予備欄
⑦	個人番号欄	⑲	前住所欄
⑧	世帯主欄	⑳	消除事由欄（予定欄）
⑨	世帯主欄の予備欄	㉑	消除事由欄の予備欄（確定欄）
⑩	住所欄	㉒	備考欄
⑪	届出年月日欄	㉓	消除備考欄（予定欄）
⑫	住所欄の予備欄	㉔	消除備考欄の予備欄（確定欄）

第4　住民票各欄の呼称と記載　　**65**

【様式２】　世帯票（日本人用）

東 京 都 高 尾 市			住 民 票	

世帯票の図（住民票様式）

- ① 世帯共通欄
- ② 世帯主欄
- ③ 世帯主欄の予備欄
- ④ 住所欄
- ⑤ 住所欄の予備欄
- ⑥ 住所を定めた年月日欄
- ⑦ 住所を定めた年月日欄の予備欄
- ⑧ 世帯共通備考欄
- ⑨ 個人欄
- ⑩ 氏名欄
- ⑪ 出生年月日欄
- ⑫ 男女の別欄
- ⑬ 続柄欄
- ⑭ 住民となった年月日欄
- ⑮ 住民票コード欄
- ⑯ 個人番号欄
- ⑰ 本籍欄
- ⑱ 本籍欄の予備欄
- ⑲ 筆頭者の氏名欄
- ⑳ 筆頭者の氏名欄の予備欄
- ㉑ 記載事由欄
- ㉒ 個人消除事由欄（予定欄）
- ㉓ 個人消除事由欄（確定欄）
- ㉔ 個人備考欄
- ㉕ 個人消除備考欄（予定欄）
- ㉖ 個人消除備考欄の予備欄（確定欄）

66　第3章　日本人住民に係る住民票

　　ウ　間借人等複合世帯で，別個に世帯を構成する場合は「何某方」と方書を記載する。

　　エ　団地，アパート等は，団地名，アパート名及び居室の番号まで記載する（事務処理要領第2－1－(2)－キ）。

　　オ　「何丁目」については原則漢数字で記載するが，横書の場合はアラビア数字を用いて記載して差し支えない（昭和38.7.9民事甲第1974号回答）。

⒀　マイナンバーの記載について

　　ア　新たに住民票コードを記載した場合，機構に対して電気通信回線を通じて当該者の住民票コード及びマイナンバーとすべき番号の生成を求める旨の情報を通知し，機構から通知されたマイナンバーとすべき番号を当該者のマイナンバーとして指定し，記載する。また，当該者に対して通知カードにより当該マイナンバーを通知する（番号法7条1項，8条1項，番号法施行令7条）。

　　イ　転入をした者については，転出証明書に記載されたマイナンバーを記載する。

　　ウ　以前にマイナンバーを記載されたことのある国外転出者が国内に転入する場合等は，機構から本人確認情報の提供を受け，以前に記載されたマイナンバーを確認した上で，当該マイナンバーを住民票に記載する。

　　エ　以前に住民票コードを記載されたことのある国外転出者が国内に転入する場合等は，機構から本人確認情報の提供を受け，以前に記載された住民票コードを確認した上でアに準じてマイナンバーとすべき番号の生成要求等を行い，当該者のマイナンバーとして指定し，記載する。また，当該者に対して通知カードにより当該マイナンバーを通知する（番号法附則3条2項）

⒁　住民票コードは，直近の住民票に記載のあった番号を記載する。

⒂　消除する場合は，該当部分に朱線を引き，又は見やすい場所に「除

第4　住民票各欄の呼称と記載　　*67*

票」の印を押す等住民票を消除したことが明確，かつ，消除された文字がなお明らかに読むことができるようにする。

　　また，法第6条第3項の規定により磁気ディスクをもって調製される住民票の消除は，住民票を消除したことが明確，かつ，消除された記録がなお明らかになる方法により行うこと。

⒃　修正は，従前の記載を一重線で消除するとともに，新たな記載をする。

⒄　記載等をしたときは，その事由，発生年月日，届出年月日等住民票の処理経過を備考欄に記載する。

⒅　記載等（法6条3項の規定により磁気ディスクをもって調製される住民票を除く。）は，墨汁，インキ，タイプライター等たい色，汚損のおそれのない良質のものを用いて行う。

3　個人票の記載（【様式1】個人票（日本人用）（64頁参照））

①　氏名欄（法7条1号）

　⑺　世帯主及び世帯員の氏名を記載する。

　⑷　氏名は戸籍に記載されている字体，字画で記載する。

　⑼　世帯員の氏が世帯主と同じであってもその氏は省略しない。

　㈢　芸名等は記載しない。

　㈣　本籍の不明な者又は無籍者等については，日常使用している氏名を記載する。

②　出生年月日欄（法7条2号）

　⑺　日本の国籍を有する者については，戸籍に記載されている出生の年月日を記載する。

　⑷　「明治，大正，昭和，平成」の年号を「明，大，昭，平」と，また，「10年10月10日」を「10.10.10」と略記することは差し支えない（事務処理要領第2－1－⑵－イ）。

③　男女の別欄（法7条3号）

　　男女と印刷しておき，該当文字を○で囲むこととしても差し支えな

68 第3章　日本人住民に係る住民票

い。

④　続柄欄（法7条4号）

　　世帯主との続柄は，当該世帯における世帯主と世帯員との関係をいう。

　㋐　世帯主については，「世帯主」と記載する。

　㋑　世帯員については，「妻」，「子」，「父」，「母」，「妹」，「弟」，「子の妻」，「妻（未届）」，「妻の子」，「縁故者」，「同居人」等と世帯主から見た続柄を記載する。また，世帯主の嫡出子，養子及び特別養子については全て「子」と記載し，長幼性別の区別はしない。

　　　続柄記載の具体例については，「第2章―第4―3」（47頁）参照。

⑤　住民となった年月日欄（法7条6号）

　㋐　当該市町村の住民となった年月日を記載する。

　㋑　他の市町村から転入してきた者については，転入した年月日を，出生当時から引き続き居住する場合は，出生の年月日を記載する。

　㋒　市町村の廃置分合または境界線変更があったときは，その処分前の市町村の区域内に最初に住所を定めた年月日をそのままとし，その処分により修正すべきではない（事務処理要領第2－1－(2)－カ）。

　㋓　外国人住民が日本国籍を有することとなった場合における住民となった年月日については，外国人住民に係る住民票に記載された外国人住民となった年月日を記載する（事務処理要領第2－1－(2)－カ）。

⑧　世帯主欄（法7条4号）

　㋐　世帯主の氏名を記載する。

　㋑　実際に世帯主に相当する者が法の適用を受けない外国人である場合

　　　世帯主に最も近い地位にあるものの氏名を世帯主として記載し，実際に世帯主に相当する外国人の氏名が確認できれば備考として記入する（事務処理要領第2－1－(2)－エ－㋓）。

　㋒　予備欄（⑨）は，世帯主変更があったときに新世帯主の氏名を記

載する。

⑩　住所欄（法7条7号）

　㋐　住民票左部に「東京都高尾市」の表示があるので，記載に際しては これを省略し，「○町○丁目○番地」又は「○町○丁目○番○号」と記載する。また，番地に符号又は枝番号があるときは，「○番地○」の例により記載する。

　㋑　間借人等複合世帯で別個に世帯を構成する者は，「何某（間貸人氏名）方」と記載する。

　㋒　団地，アパート等は，団地名，アパート名及び室番号まで記載する。

　㋓　住居表示が実施されている場合は，その表示で記載しなければならない（住居表示に関する法律6条）。

　㋔　予備欄（⑫）は，転居又は，職権による修正等により住所が変更した場合，変更後の住所を記載する。

⑪　届出年月日欄（法7条8号）

　㋐　他市町村から転入してきた者について，転入届出をした年月日を記載する。職権により記載した者については，その記載した年月日を記載する。

　㋑　予備欄（⑭）は，転居により住所が変更した場合に転居届出をした年月日を記載する。

⑬　住所を定めた年月日欄（法7条7号）

　　転居により住所が変更した場合，現在の住所に転居した年月日を記載する。転居をしたことがない者については，記載をする必要はない。

⑮　本籍欄（法7条5号）

　㋐　本籍は，戸籍に記載されているものを記載する（昭和32.12.11民事甲第2540号回答）。

　㋑　本籍のない者及び本籍の明らかでない者については，「本籍なし」又は「本籍不明」と記載する。

70　第3章　日本人住民に係る住民票

(ウ)　予備欄（⑯）は，転籍，婚姻等，本籍が転属した場合に記載する。

⑰　筆頭者の氏名欄（法7条5号）

(ア)　戸籍の筆頭者の氏名を記載する（昭和32.12.11民事甲第2540号回答）。

(イ)　本籍のない者及び本籍の明らかでない者については，「不明」又は「不詳」と記載する。

(ウ)　予備欄（⑱）は筆頭者に修正や変更が生じた場合に記載する。

⑲　前住所欄（法7条8号）

新たに転入してきた場合は，従前の住所及び転入した年月日を記載する。

⑳・㉑　消除事由欄

(ア)　転出，死亡等住民票が消除される原因となった事由及び年月日を記載する。

(イ)　確定欄は，転出の場合で転入通知により転出先住所を記載する。

㉒　備考欄

(ア)　住民票への記載，消除，修正等の事由とその年月日を記載する。

(イ)　実際に世帯主に相当する者が法の適用を受けない外国人である場合で実際に世帯主に相当する外国人の氏名が確認できた場合は記載する。

(ウ)　婚姻に伴い転入届と婚姻届を同時に提出した場合は，新住所の住民票の妻（夫）の氏の記載は新しい氏になるため「旧氏　○○」と記載する。

㉓・㉔　消除備考欄

(ア)　転出により住民票が消除される場合，転出の届出年月日を記載する。

(イ)　予備欄は，転入通知を受理した年月日を記載する。

○　個別事項欄（法7条9号～11号の2，14号）

(ア)　法定記載事項は，選挙事項，国民健康保険事項，後期高齢者医療事項，介護保険事項，国民年金事項及び児童手当の受給資格事項を

記載する。

(ｲ)　その他市町村が行政上必要とする事項を記載する（令6条の2）。

4　世帯票の記載（【様式2】世帯票（日本人用）（65頁参照））

(1)　「第3章—第4—3」（67頁参照）と同様である。

なお，世帯票の場合は，世帯共通欄と個人欄に区分され，世帯共通欄はその世帯の共通記載事項を記載し，個人欄にはその世帯に属する世帯主及び世帯員をそれぞれ記載する。

(2)　個人欄の記載順序

ア　世帯主，その家族，その他の世帯員の順とする。

イ　一つの世帯が一組の夫婦とその子の一団で構成されている場合は，世帯主，配偶者，子（年長順）の順とする。

ウ　一つの世帯が二組以上の夫婦とその子で構成されている場合は，世帯主夫婦とその子の一団を第1順位とし，他は夫の年長順による。この場合の記載方法は，第1順位についてはイと同様の順序による。他は夫，妻，子（年長順）とする。

エ　世帯主の家族で夫婦とその子の一団に属さないものは，イ，ウの記載をした後に続けて記載する。

オ　縁故者の場合は，イ，ウ，エの記載をした後に続けて記載する。

カ　同居人，家事使用人は末尾に記載し，これらの者が2人以上いるときは，各々の年長順による。

キ　一部転入，転居等により世帯に入る場合は末尾に記載する。

(3)　世帯票は世帯を単位として同一住民票に記載するので，転居や世帯変更等によって抹消したり，改めて別世帯票又は新たな世帯票へ記載する。

※　外国人住民の記載等については，第14章（645頁以下参照）に記載。

72　第3章　日本人住民に係る住民票

第5　通　　知

1　通知の必要性

　住民基本台帳は，住民の権利・義務の基本の台帳として，常に正確でなければならない。そのために法はまず第一に届出主義をとっている。しかし，届出によるだけでは必ずしも完璧に正確性が確保されるわけではない。そこで，身分事項については戸籍との関連をもたせ，住所事項については転出住所地の除住民票との継続性を確保することによって，住民の届出を正確に補完しようとしたのが市町村長間の通知である。

　戸籍と住民基本台帳との間に関連をもたせることは，一つは住民票に記載されている氏名，出生の年月日，本籍地等の記載の誤りを照合するとともに，もう一つには，戸籍と同一の住民票の記載事項の記載，消除，修正について戸籍の届出に基づいて行い，二重の届出を住民にさせずにすむという効果をもつものである。また，転出住所地の除住民票との継続性を確保することは，居住関係の証明の一貫性を保証している。

　法は，こうした住民基本台帳の正確性確保のための市町村長間の通知のほかに，さらに住民としての最も基本的で重要な権利である選挙権の行使を，住民基本台帳を基として行うように，選挙人名簿とのリンクも義務付けている。

　また，住基ネットの稼働により，従来住民票，その他の文書を利用して行っていた通知を，電子計算機から電気通信回線を通じて送受信することによって通知できるようになった（法9条3項，19条4項）。

2　通知の種類

　法に規定する通知は，他市町村の長に対して行うもの，他市町村の長以外に対して行うもの，住民に対して行うものに分けられる。

(1)　他市町村の長に対して行う通知

　　ア　転入通知（法9条1項）

　　イ　住民票記載事項通知（法9条2項）

第 5　通　　知　　*73*

　　　ウ　住民票の写し広域交付請求通知（法12条の4第2項）

　　　エ　住民票の写し広域交付通知（法12条の4第3項）

　　　オ　戸籍の附票記載事項通知（法19条1項）

　　　カ　戸籍照合通知（法19条2項）

　　　キ　本籍転属通知（法19条3項）

　　　ク　転出証明書情報請求通知（法24条の2第3項）

　　　ケ　転出証明書情報通知（法24条の2第4項）

　⑵　住民に対する通知

　　　ア　職権記載等通知（令12条4項）

　　　イ　住民票コード記載通知（法30条の3第3項）

　　なお，⑴のア・ウ・エ・オ・キ・ク・ケ及び⑶のイ・エ・オ・カ・キの通知は電気通信回線を通じて行うものとし，その他の通知は，住民票，届出書その他の文書の写しを利用して行う事が適当である。ただし，やむを得ない場合は，他の方法により行っても差し支えない。

　⑶　それ以外の通知

　　　ア　選挙人名簿の登録に関する通知（法10条，15条2項）

　　　イ　住民票コードの通知（法30条の2第1項）

　　　ウ　在外選挙人名簿の登録，抹消に関する通知（法17条の2第2項）

　　　エ　都道府県知事への本人確認情報の通知（法30条の6第1項）

　　　オ　転出確定通知（令13条3項）

　　　カ　カード運用状況通知（番号カード技術基準第4－1－⑵）

　　　キ　法務大臣からの通知（法30条の50）

3　通知の事由と通知事項

　⑴　市町村長間の通知

　　　ア　転入通知（法9条1項）

　　　　転入住所地の市町村長が転出住所地の市町村長に出す通知を「転入通知」という。

　　　　この通知は，市町村長の使用に係る電子計算機（入力装置を含む。）

74 　第3章　日本人住民に係る住民票

から電気通信回線を通じて，転出住所地の市町村長に通知する（法9条3項）。

　　転入通知には，おおむね，次の事項を記入する。

　(ア)　転入をした者の氏名

　(イ)　出生の年月日

　(ウ)　男女の別

　(エ)　転入地の住所及び転入をした年月日

　(オ)　転出地の住所

　(カ)　住民票コード

　　なお，転入通知は未届の住所地から転入した者については，最終住民登録地，未届地双方の市町村長に対して行うこととする。

イ　住民票記載事項通知（法9条2項）

　　当該市町村の住民以外の者についての戸籍に関する届書（出生，死亡，その他の住民票の記載事項の変更を伴うもの）を受理したり，又は職権で戸籍の記載若しくは記録をした市町村長が，その者の住所地の市町村長に出す通知を住民票記載事項通知という。

　　この通知は，戸籍の届出の内容を住民票に反映させる必要がある場合，住民が二重の届出をすることなしに，住民票の記載等が行えるようにするためのものである。

　　新戸籍編製等の場合には誤字や俗字を整理する扱いがなされ，誤字の場合は正字で記載し（平成2.10.20民二第5200号通達），俗字の場合はそのままの文字で記載する（平成6.11.16民二第7005号通達）ものとされている。氏名の文字は同一人の特定のために戸籍と住民票で同じ文字を使うことが要求されるので，この場合も，住民票記載事項通知を行って住民票の記載の修正を行うことになる。

　　なお，外国人住民に係る戸籍に関する届書にローマ字表記の氏名が付記されている場合，次の(ア)〜(ウ)に掲げる氏名には，当該ローマ字表記の氏名も含まれることに留意する必要がある。

住民票記載事項通知には，おおむね，次の事項を記入する。

(ア)　出生の場合

　　　a　出生した者の氏名及びふりがな

　　　b　出生の年月日

　　　c　男女の別

　　　d　世帯主の氏名及び世帯主との続柄

　　　e　本籍及び筆頭者の氏名（外国人住民を除く。）

　　　f　住所

(イ)　死亡の場合

　　　a　死亡した者の氏名

　　　b　死亡の年月日

　　　c　住所

(ウ)　その他の住民票の記載事項に変更があった場合

　　　a　本人の氏名

　　　b　変更した事項，その原因及びその変更の年月日

　　　c　住所

　　　㊟　日本の国籍を喪失した場合においては，a～cの事項に併せて国

　　　　　籍喪失を証すべき書面（訳文含む。）の写しを通知するものとする。

(エ)　申出により戸籍の再製が行われた場合

　　　a　本人の氏名

　　　b　戸籍の再製の原因等住民票の改製を行うために必要な事項及

　　　　びその再製の年月日

　　　c　住所

ウ　住民票の写し広域交付請求通知（法12条の4第2項）

　　住基ネットを活用して，全国の市町村間で住民票の情報のやり取

　りができるようになり，どの市町村からも住民票の写しの交付（戸

　籍の表示は記載することはできない。）が受けられるようになった。

　　このことにより，交付地市町村長は，住所地市町村長に対し住民

票情報の送信要求をすることになる。これを「住民票の写し広域交付請求通知」という。

交付地市町村長は住所地市町村長に次の事項を通知する（令15条の3第1項，30条の31）。

(ｱ) 広域交付住民票の写しの交付請求があった旨

(ｲ) 請求者の氏名及び住民票コード

(ｳ) 住民票の写しに記載する者（「請求者本人」，「請求者以外の世帯全員」又は「世帯全員」）

(ｴ) 世帯主の氏名及び世帯主との続柄の記載の請求，マイナンバーの記載の請求，住民票コードの記載の請求，国籍・地域の記載の請求並びに法第30条の45の表の下欄に掲げる事項の記載の請求の有無

エ　住民票の写し広域交付通知（法12条の4第3項）

ウの通知に対し，送信要求を受信した住所地市町村長は交付地市町村長へ住民票情報の送信をする。これを住民票の写し広域交付通知という。

住所地市町村長は，交付地市町村長に住民票の写しに記載する者に係る次の事項を通知する（令15条の3第2項，30条の26第7項，30条の31）。ただし，(ｸ)～(ｼ)については，請求があった場合に限り，通知する。

(ｱ) 氏名（通称が住民票に記載されている外国人住民にあっては，氏名及び通称）

(ｲ) 出生の年月日

(ｳ) 男女の別

(ｴ) 住民となった年月日（外国人住民を除く。）

(ｵ) 住所及び住所を定めた年月日

(ｶ) 新たに市町村の区域内に住所を定めた旨の届出の年月日及び従前の住所

第5　通　　知　　**77**

(キ)　外国人住民となった年月日（外国人住民に限る。）

(ク)　世帯主の氏名及び世帯主との続柄

(ケ)　マイナンバー

(コ)　住民票コード

(サ)　国籍・地域（外国人住民に限る。）

(シ)　法第30条の45の表の下欄に掲げる事項（外国人住民に限る。）

オ　戸籍の附票記載事項通知（法19条1項）

　　住所地の市町村長が，戸籍の附票に記載若しくは記録されている事項について住民票の記載等をしたとき，本籍地の市町村長に附票の当該事項の記載等を行うように出す通知を「戸籍の附票記載事項通知」という。

　　戸籍の附票は，住民の届出によらず，すべて市町村長の職権によって記載等を行うので，住所事項についての記載等は，住所地と本籍地が異なる場合にはこの通知によって附票の記載等を行うこととなる。

　　戸籍の附票記載事項通知は，次のような事由によって住所地市町村長が出す。

(ア)　転入届による住民票の記載

(イ)　国外への転出届による住民票の消除

(ウ)　職権により住民票の記載をしたとき

(エ)　転居届による住民票の修正

(オ)　行政区画や土地の名称の変更，住居表示の実施や地番の変更などによる住民票の修正

(カ)　実態調査等による住民票の職権消除

(キ)　転出により住民票を消除した後，転入通知が送付されてこないとき

(ク)　住民票の住所等に誤記や記載漏れがあり，住民票の住所の記載を修正したとき

78　第3章　日本人住民に係る住民票

　(ケ)　その他誤記等による住所事項の修正

　　戸籍の附票記載事項通知には，おおむね，次の事項を記入する。

　(ア)　住所を変更した者の氏名

　(イ)　本籍及び戸籍の筆頭者の氏名

　(ウ)　新住所及びその住所を定めた年月日

　(エ)　旧住所

　　なお，転出届に基づき住民票の消除をした場合にあっては，国外に転出した者についてのみ通知すればよい。

カ　戸籍照合通知（法19条2項）

　　本籍地の市町村長が住所地の市町村長あてに，氏名，本籍，筆頭者の氏名，出生の年月日等について，戸籍の記載若しくは記録と住民票のそれとが合わないときに出す通知を「戸籍照合通知」という。

　　戸籍照合通知は，戸籍の附票記載事項通知を受け取った本籍地の市町村長が，その内容を戸籍と照合し，その結果戸籍と一致しない事項があったときに出す。これによって，住民票の記載を常に戸籍の記載内容と合致させ，住民票の正確な記載が確保されることとなる。

　　戸籍照合通知には，おおむね，次の事項を記入する。

　(ア)　本人の氏名

　(イ)　本籍及び筆頭者の氏名

　(ウ)　住所

　(エ)　照合の結果

キ　本籍地転属通知（法19条3項）

　　転籍届等によって本籍地が転属したときに，原籍地の市町村長が戸籍の附票に記載されている事項を新本籍地の市町村長に知らせる通知を「本籍地転属通知」という。

　　本籍地転属通知には，おおむね，次の事項を記入する。

第5　通　知　*79*

(ア)　本人の氏名

(イ)　住所及びその住所を定めた年月日

(ウ)　在外選挙人名簿及び在外投票人名簿に登録された者については，
その旨及び当該登録された市町村名

ク　転出証明書情報請求通知（法24条の2第3項）

転入届の特例処理を行う場合に，転入地市町村長が住基カード若
しくはマイナンバーカードの交付を受けている者の転出届を受けて
いる転出地市町村長に対し，電子計算機から電気通信回線を通じて，
転出証明書情報の送信要求をする。これを「転出証明書情報請求通
知」という。

転入地市町村長は転出地市町村長に次の事項を通知する。

(ア)　住民票コード

(イ)　氏名

ケ　転出証明書情報通知（法24条の2第4項）

クの通知に対し，転出地市町村長が転入地市町村長に，電子計算
機から電気通信回線を通じて，転出証明書情報の送信をする。これ
を「転出証明書情報通知」という。

転出地市町村長は，転入地市町村長に当該転出届をした者に係る
次の事項を通知する（令24条の3，30条の26第7項，30条の27第3項，
30条の31，規則7条及び7条の2）。

(ア)　氏名（通称が住民票に記載されている外国人住民にあっては，氏名及
び通称），出生の年月日，男女の別及び住所

(イ)　世帯主の氏名及び世帯主との続柄

(ウ)　戸籍の表示（外国人住民を除く。）

(エ)　転出先，転出の予定年月日及び転出届をした年月日

(オ)　マイナンバー

(カ)　国民健康保険の被保険者である旨及び退職被保険者等である旨

(キ)　後期高齢者医療の被保険者である旨

80　第3章　日本人住民に係る住民票

　(ク)　介護保険の被保険者である旨

　(ケ)　国民年金の被保険者の種別及び基礎年金番号

　(コ)　児童手当の支給を受けている旨

　(サ)　住民票コード

　(シ)　マイナンバーカードの交付を受けている者については，その者のマイナンバーカードの管理情報

　(ス)　住基カードの交付を受けている者については，その者の住基カードの管理情報

　(セ)　国籍・地域（外国人住民に限る。）

　(ソ)　法第30条の45の表の下欄に掲げる事項（外国人住民に限る。）

　(タ)　通称の記載及び削除に関する事項（通称の記載及び削除に関する事項が住民票に記載されている外国人住民に限る。）

(2)　住民に対する通知

　ア　職権記載等通知（令12条4項，30条の26第5項）

　　市町村長は法の規定による届出に基づき，住民票の記載等をすべき場合において，届出がないことを知ったときは，その事実を確認し，職権で住民票の記載等をし，その旨を記載等に係る者に通知しなければならない。これを職権記載通知という。

　　市町村長が記載に係る本人に，おおむね，次の事項を通知する（外国人住民について，その通称を住民票に記載しておくことが居住関係の公証のために必要であると認められなくなったため，当該通称を消除した場合を含む。）。

　(ア)　本人の氏名

　(イ)　その他の職権で記載等をした内容

　イ　住民票コード記載通知（法30条の3第3項）

　　市町村長は，新たにその市町村の住民基本台帳に記録されるべき者について，いずれの市町村においても住民基本台帳に記録されたことがない時は，その者に係る住民票に住民票コードの記載をする。

第5 通 知 *81*

また，住民基本台帳に記録されているものが，住民票コードの記載
変更請求書を提出した場合，もしくは市町村長が住民票コードに係
る誤記や記載漏れがあることを知ったときは，住民票の記載の修正
をする。これらはいずれも，新たに記載された住民票コードを，本
人に書面により通知しなければならない。これを「住民票コード記
載通知」という。

　市町村長は住民票コードを記載したときは本人に，おおむね，次
の事項を速やかに通知する。

(ア)　氏名

(イ)　生年月日

(ウ)　性別

(エ)　住民票コード

(オ)　住民票コードを記載した旨

(3)　それ以外の通知

　ア　選挙人名簿の登録に関する通知

　　選挙人名簿の登録に関する通知，通報には，市町村長から当該市
町村の選挙管理委員会にするものと，選挙管理委員会から当該市町
村の長にするものとがある（法15条２項，10条，13条）。

　　市町村長から当該市町村の選挙管理委員会にする通知は，年齢満
17年以上の者（外国人住民を除く。）について住民票の記載等をした
ときに行う。また，選挙管理委員会から当該市町村の長にする通知
又は通報は，選挙人名簿の登録若しくは抹消をしたとき及び住民基
本台帳の記録が事実と相違することを知ったときに行うものである。

　　各々の通知，通報には，おおむね，次の事項を記入する。

(ア)　市町村長から当該市町村の選挙管理委員会への年齢満17年以上
の者（外国人住民を除く。）についての通知（公職選挙法施行令13条）

　　a　氏名

　　b　生年月日

82 第3章 日本人住民に係る住民票

c 男女の別

d 住所

e 本籍

f 届出年月日又は記載等を行った年月日

(イ) 住民基本台帳の記録が事実と相違することを知ったときの選挙管理委員会から当該市町村の長への通知

a 本人の氏名

b 住所

c 事実と相違する事項

d 選挙人名簿から抹消した年月日

イ 住民票コードの通知（法30条の2第1項）

　機構が市町村長ごとに，住民票に記載することのできる住民票コードを指定し，これを市町村長に通知するものである。この場合における指定は，機構が市町村の人口等を勘案し，住民票コードが重複しないよう調整を図った住民票コードのうちから無作為に抽出することにより行うものである。

　なお，市町村長は，住民票に記載することのできる住民票コードが不足すると見込まれるときは，機構に対し，当該不足すると見込まれる数の住民票コードについて指定及び通知を求めることができる（規則9条2項）。

ウ 在外選挙人名簿の登録，抹消に関する通知

　在外選挙人名簿の登録，抹消に関する通知は，選挙管理委員会が，在外選挙人名簿に登録したとき又は抹消したときに，その旨を本籍地の市町村長に通知を行うものである（法17条の2第2項）。

　本籍地の市町村長は，この通知に基づき，戸籍の附票の記載等を行う。

　在外選挙人名簿の登録に関する通知には次の事項を記入する。

(1) 登録の場合

(ｱ)　氏名

　　(ｲ)　生年月日

　　(ｳ)　性別

　　(ｴ)　登録年月日

　　(ｵ)　本籍

　(2)　抹消の場合

　　(ｱ)　氏名

　　(ｲ)　生年月日

　　(ｳ)　性別

　　(ｴ)　抹消年月日

　　(ｵ)　本籍

エ　都道府県知事への本人確認情報の通知（法30条の6）

　　住民票の記載，消除，又は氏名（通称が住民票に記載されている外国人住民にあっては，氏名及び通称），出生の年月日，男女の別，住所，マイナンバー若しくは住民票コードの全部又は一部についての記載の修正を行った場合には，本人確認情報を電気通信回線を通じて都道府県知事に通知する。これを「都道府県知事への本人確認情報の通知」という。

　　都道府県知事は，通知された本人確認情報を，電気通信回線を通じて機構に通知する（法30条の7）。

　　通知する本人確認情報は，次のとおりである。

　(1)　住民票の記載を行った場合

　　(ｱ)　氏名（通称が住民票に記載されている外国人住民にあっては，氏名及び通称），出生の年月日，男女の別，住所，マイナンバー及び住民票コード

　　(ｲ)　住民票の記載を行った旨（外国人住民にあっては，外国人住民に係る住民票の記載を行った旨）

　　(ｳ)　記載の事由（「転入等」，「出生」又は「職権記載等」）

84　第3章　日本人住民に係る住民票

　　　㈢　その事由が生じた年月日

　⑵　住民票の消除を行った場合

　　　㈠　氏名（通称が住民票に記載されている外国人住民にあっては，氏名
　　　　及び通称），出生の年月日，男女の別，住所，マイナンバー及び
　　　　住民票コード

　　　㈡　住民票の消除を行った旨（外国人住民にあっては，外国人住民に
　　　　係る住民票の消除を行った旨）

　　　㈣　消除の事由（「転出」，「死亡」又は「職権消除等」）

　　　㈢　その事由が生じた年月日

　⑶　氏名（通称が住民票に記載されている外国人住民にあっては，氏名及
　　び通称），出生の年月日，男女の別又は住所についての記載の修
　　正を行った場合

　　　㈠　住民票の記載の修正を行った旨（外国人住民にあっては，外国
　　　　人住民に係る住民票の記載の修正を行った旨）

　　　㈡　記載の修正の事由（「転居」，「軽微な修正」又は「職権修正等」）

　　　㈣　その事由が生じた年月日

　⑷　マイナンバーの記載の修正を行った場合

　　　㈠　住民票の記載の修正を行った旨（外国人住民にあっては，外国
　　　　人住民に係る住民票の記載の修正を行った旨）

　　　㈡　記載の修正の事由（「マイナンバーの変更請求」，「マイナンバー
　　　　の職権修正」又は「マイナンバーの職権記載等」）

　　　㈣　その事由が生じた年月日

　　　㈢　当該住民票の記載の修正前に記載されていたマイナンバー

　⑸　住民票コードの記載の修正を行った場合

　　　㈠　住民票の記載の修正を行った旨（外国人住民にあっては，外国
　　　　人住民に係る住民票の記載の修正を行った旨）

　　　㈡　記載の修正の事由（「住民票コードの記載の変更請求」又は「住民
　　　　票コードの職権記載等」）

㈦　その事由が生じた年月日

　　㈢　当該住民票の記載の修正前に記載されていた住民票コード

オ　転出確定通知（令13条3項）

　　転入通知を受けた市町村長は，電気通信回線を通じて都道府県知事に転入通知を受けた旨を通知する。これを転出確定通知という。

　　都道府県知事に対し，おおむね，次の事項を通知する。

　　㈦　住民票コード

　　㈠　転出したという事実

　　㈢　異動年月日

カ　カード運用状況通知

　　市町村町はマイナンバーカードのカード運用状況を運用中，一時停止又は廃止とした場合には，次の事項を都道府県知事に通知し，都道府県知事は，当該事項を機構に通知する。

　　㈦　マイナンバーカードのカード運用状況（「運用中」，「一時停止」又は「廃止」）

　　㈠　当該マイナンバーカードの交付を受けている者の住民票コード

　　なお，通知カード，マイナンバーカード，住基カードの関連事務に係る通知には以下のものがある。

①　通知カード・マイナンバーカード関連事務に係る通知（番号法省令36条）

　　市町村長は，通知カード及び，マイナンバーカードに関する以下の事項について，機構に通知する。

　(1)　通知カード，交付申請書の用紙，マイナンバーカード及びマイナンバーカード交付通知書に記載すべき事項

　(2)　通知カード等の発送先の住所等

　(3)　通知カードの作成及び発送等に関して，通知カードの返送を受けた場合にはその旨

　(4)　マイナンバーカード及びマイナンバーカード交付通知書の発

86   第3章　日本人住民に係る住民票

送先の住所等

(5)　マイナンバーカードの作成及び運用に関して以下の場合について，その旨

(ア)　マイナンバーカードを交付した場合

(イ)　マイナンバーカードを紛失した旨の届出（マイナンバーカードの利用の一時停止に係るものを除く。）を受けた場合

(ウ)　紛失したマイナンバーカードを発見した旨の届出を受けた場合

(エ)　マイナンバーカードがその効力を失ったことを知った場合

(オ)　マイナンバーカードの返納を受けた場合

(6)　その他通知カード・マイナンバーカード関連事務を実施するために必要な事項

②　住基カード関連事務に係る通知（整備法20条2項）

住基カードは，有効期間が満了した場合やその他政令で定める場合によって効力を失う時，又は申請によりマイナンバーカードの交付を受ける時まではマイナンバーカードとみなすためマイナンバーカードと同様に関連事務について機構へ通知する。

ただし住基カードについては新たに交付されることがないため，運用状況を一時停止又は廃止した場合に，その旨を通知する。

キ　法務大臣からの通知（法30条の50）

法務大臣は，入管法及び特例法に定める事務を管理し，又は執行するに当たって，外国人住民の氏名，出生の年月日，男女の別，国籍・地域，法第30条の45の表の下欄に掲げる事項に変更があったこと又は誤りがあることを知ったときは，遅滞なく，その旨を当該外国人住民が記録されている住民基本台帳を備える市町村の市町村長に通知しなければならないとされている。

第6　住民基本台帳の一部の写しの閲覧

　住民基本台帳は，住民に関する記録を正確かつ統一的に行うことによって，住民の居住関係を公証し，住民の日常生活の利便を図るとともに，国及び地方公共団体の住民に関する行政の基礎とし，かつ行政の適正簡易な処理に資することを目的としている（法1条）。

　法制定時においては，この目的に沿い，何人でも市町村長に対し，住民基本台帳の閲覧を請求することができた。

　しかしながら，時代の変化とともに，個人情報に関するプライバシー保護の要請が高まりを見せ，それを受けて，平成18年6月15日に従来何人でも閲覧できるとされていたものを，閲覧できる主体と目的を大きく制限するとした，閲覧制度の抜本的変更を主とする法改正が行われた。

1　閲覧制度の概要

(1)　閲覧の対象

　住民基本台帳に記載された情報のうち，氏名・住所・生年月日・性別の基本4情報のみが閲覧の対象とされている（法11条1項）。消除された住民票や戸籍の附票は昭和60年の法改正により閲覧の対象からはずれた。

(2)　閲覧の主体と目的

　ア　閲覧請求の場合

　　国又は地方公共団体の機関が法令で定める事務の遂行のために閲覧するもの（法11条1項）

　イ　閲覧申出の場合

　　個人又は法人が次に掲げる活動を行うために閲覧することが必要である旨の申出があり，かつ市町村長が当該申出を相当と認めるもの（法11条の2第1項）

　　①　統計調査，世論調査，学術研究その他の調査研究のうち，総務大臣が定める基準に照らして公益性が高いと認められるものの実施

88　第3章　日本人住民に係る住民票

　　②　公共的団体が行う地域住民の福祉の向上に寄与する活動のうち，公益性が高いと認められるものの実施

　　③　営利以外の目的で行う居住関係の確認のうち，訴訟の提起その他特別の事情による居住関係の確認として市町村長が定めるものの実施

2　閲覧請求の受理

(1)　請求の方法

　国又は地方公共団体の機関が閲覧請求を行う場合は，次に掲げる事項を公文書により明らかにさせなければならない（法11条2項，住民票省令1条）。

　なお，これらの事項は，事務の適正・迅速な処理に資するよう，定型的な請求様式を作成し，国又は地方公共団体の機関から求められた場合には，様式例として提示できるようにしておくことが望ましい。

　　ア　当該国又は地方公共団体の機関の名称

　　　具体的には，「○○省」「△△市長」などと明記させる。なお，国の機関には，国のすべての行政機関のほか，国会及び裁判所が含まれ，地方公共団体の機関には，執行機関，附属機関のほか，議会も含まれる。

　　イ　請求事由

　　　閲覧を請求する理由を具体的に明らかにさせる。それが明確でない場合には，必要に応じて請求者に対して質問等を行い確認する。確認した事項に関しては，請求書の余白等に記録しておくことが適当である。ただし，当該請求が犯罪捜査に関するものである等，その他特別の事情により請求事由を明らかにすることが事務の性質上困難なものである場合には，①法令で定める事務の遂行のために必要である旨，②当該法令の名称，及び③請求事由を明らかにすることが困難な理由を示すことで，請求事由を明らかにすることに代えることができる。

ウ　閲覧者の職名及び氏名

　　職名については，「□□課係長」などと明記させることが適当である。

エ　請求に係る住民の範囲

　　町・字の区域等により可能な限り限定する必要がある。

オ　法令で定める事務の責任者の職名及び氏名

　　閲覧請求を行う国又は地方公共団体の内部組織の長が該当し，具体的には「△△市□□課長」などと明記させることが適当である。

(2)　閲覧者の本人確認

　閲覧請求を行うに当たって，閲覧者は国又は地方公共団体の職員たる身分を示す身分証明書を提示しなければならない（住民票省令1条3項）。

　なお，本人確認を行う場合には，必要に応じ，口頭による質問で補足をする等慎重に行うことが適当であるとされる。

　また，提示された身分証明書に顔写真が貼付されていない場合や，口頭による補足質問が不十分な場合など，閲覧者が申請書に記載された閲覧者本人であることに疑わしい点があるときは，当該請求の主体である国又は地方公共団体に電話で照会する等の方法により確認を行うことが必要である。

(3)　閲覧状況の公表

　市町村長は，毎年少なくとも一回，閲覧（犯罪捜査等のための請求に係るものを除く。）の状況について，次に掲げる事項を公表しなければならない（法11条3項，住民票省令3条）。

ア　当該請求をした国又は地方公共団体の機関の名称

イ　請求事由の概要

ウ　閲覧の年月日

エ　閲覧に係る住民の範囲

　なお，公表の形式は，掲示板や広報誌など，適宜の形式によることとして差し支えない。

90　第3章　日本人住民に係る住民票

3　閲覧申出の受理

(1)　申出の方法

　個人又は法人が閲覧申出を行う場合には，次に掲げる事項を文書により明らかにせねばならない（法11条の2第2項，住民票省令2条）。

　なお，これらの事項は，事務の適正・迅速な処理に資するよう，定型的な様式を作成し，原則としてこれに記載させることとするのが適当である。

　ア　申出者の氏名及び住所（申出者が法人の場合には，その名称・代表者
　　又は管理人の氏名及び主たる事務所の所在地）

　　　氏名については，申出の意思を明らかにさせるため，自署又は押印を求めることが適当である。

　イ　閲覧事項（閲覧により知り得た事項のことをいう。以下同じ。）の利用
　　の目的

　　　閲覧を申し出る理由を具体的に明らかにさせ，それが明確でない場合には，必要に応じて質問等を行い確認する。確認した事項に関しては，請求書の余白等に記録しておくことが適当である。

　ウ　閲覧者の氏名及び住所

　エ　閲覧事項の管理方法

　　　閲覧事項の保管方法及び廃棄の方法・時期等を明らかにさせる。

　オ　閲覧事項を取り扱う者の範囲

　　　申出者が法人の場合には，閲覧事項を取り扱う者の範囲を，「○○部」「□□課」などの形で明らかにさせる必要がある。部署名を記載することが適当であるが，具体の個人名を列挙しても差し支えない。

　カ　閲覧の成果物の取扱い

　　　統計調査，世論調査，学術研究等を目的とする閲覧申出の場合に必要である。それらの調査研究の成果を公表するか否か，公表する場合には，その方法等を明らかにさせる。

キ　申出に係る住民の範囲

　　町・字の区域等により可能な限り限定する必要がある。

ク　活動の責任者の氏名及び住所

　　申出者が法人の場合にあっては，当該責任者の役職及び氏名を明記させる。

ケ　調査研究の実施体制

　　統計調査，世論調査，学術研究等を目的とする閲覧申出の場合に必要となる。それらの調査研究を行う部署名，人数等を明記させる。

コ　委託者の氏名又は名称及び住所

　　委託を受けて閲覧の申出を行う場合に必要である。なお，申出書に記載された事項を明らかとするため，市町村長の判断により以下のような書類を申出書に添付させることが適当であるとされる。

①　当該申出者である法人等の概要の分かる書類（法人登記，事業所概要等）

②　閲覧事項の利用目的の真実性を証明する書類（大学の委員会又は学部長による証明書等）

③　個人情報保護法を踏まえた事業者の対応の分かる書類（プライバシーマークが付与されていることを示す書類，プライバシーポリシー等）

④　申出事由に係る調査や案内等の内容の分かる資料（どういった成果物を予定しているかを含む。）

⑤　閲覧事項を，申出の際に明らかにした利用の目的以外に利用しないこと等を規定した誓約書

(2)　閲覧申出に係る閲覧者の本人確認

　　閲覧申出を行うに当たって，閲覧者は次に掲げるいずれかの書類を提示しなければならない（住民票省令2条3項）。

ア　官公署が発行した免許証，許可証若しくは資格証明書等（写真が貼付された有効期限内のもの）。

イ　閲覧者が本人であることを確認するため，郵便その他市町村長が

92　第3章　日本人住民に係る住民票

適当と認める方法により当該閲覧者に対して文書で照会したその回答書及び健康保険の被保険者証，各種年金手帳等市町村長が適当と認める書類。

なお，本人確認を行うに当たって，特に必要と判断される場合には，書類の提示のほか口頭での質問等を行うなど慎重な対応が必要である。

(3)　閲覧申出に係るその他の事項

　ア　閲覧事項取扱者

　　　申出者が個人である場合は，通常，申出者及び閲覧者のみが閲覧事項を取り扱うことができる。しかし，それ以外の者に閲覧事項の取扱いをさせる必要がある場合には，申出者に個人閲覧事項取扱者を指定することができる。その場合，申出者は，指定を受けようとする者の氏名及び住所を，市町村長に申し出なければならない。当該申出に相当の理由があると認める時は，市町村長はこれを承認することとなる（法11条の2第3項及び4項）。

　　　なお，申出者が法人である場合，閲覧者及び閲覧申出を行った際に明らかにした法人閲覧事項取扱者以外には，閲覧事項を取り扱わせることはできない（法11条の2第5項）。

　イ　申出者の適正管理義務

　　　申出者に対しては，閲覧者，閲覧事項取扱者による閲覧事項の漏えいの防止その他の閲覧事項の適切な管理のために必要な措置を講ずる義務が課されている。また，本人の事前の同意を得ることなしに，利用目的以外の目的に利用したり，他者に提供することはしてはならない（法11条の2第6項及び7項）。

　ウ　市町村長による勧告

　　　偽りその他不正の手段による閲覧，目的外利用・第三者提供の禁止に対する違反があった場合，法第50条の規定により過料が科されるが，その状態が放置されたり，さらなる違法行為が行われたりするおそれがあるときなど，個人の権利利益を保護するために必要が

あると認めるときには，市町村長は当該違反行為をした者に対して，閲覧事項が不正に取り扱われないようにするための措置を講ずることを勧告することができる。なお，勧告の対象には，当該違反行為をした者の他申出者も含まれる（法11条の2第8項）。

エ　市町村長による命令

　　勧告に正当な理由なくして従わない場合であって，個人の権利利益が不当に侵害されるおそれがあると認めるときは，市町村長はその者に対し，当該勧告に係る措置を講ずることを命ずることができる（法11条の2第9項）。当該命令は，勧告を経る時間的余裕がない場合などで，個人の権利利益を守るために特に必要と認められるときは，勧告を経ることなく直ちに発することができる（法11条の2第10項）。

　　なお，これらの命令に違反した場合は，6月以下の懲役又は30万円以下の罰金に処せられる（法45条）。

オ　報告徴収

　　市町村長は，閲覧事項の適切な管理がなされていないおそれがあるとき，目的外利用，第三者提供がなされているおそれがあるとき，勧告を行う前において現状を確認するとき，勧告に従ったかどうかを確認する必要があるとき，命令を行う前において現状を確認する必要があるときなどにおいては，申出者に対して必要な報告を求めることができる（法11条の2第11項）。なお，この報告をせず，若しくは虚偽の報告をした場合には，30万円以下の罰金に処せられる（法46条）。

カ　公表

　　市町村長は，毎年少なくとも1回，閲覧（特別の事情による居住関係の確認となる申出を除く。）の状況について，次に掲げる事項を公表しなくてはならない（法11条の2第12項，住民票省令3条）。

(ｱ)　申出者の氏名

(イ)　利用目的の概要

(ウ)　閲覧の年月日

(エ)　閲覧に係る住民の範囲

4　閲覧申出に係る支援措置

ドメスティック・バイオレンス，ストーカー行為等，児童虐待及びこれらに準ずる行為の被害者の保護を図る観点から，当該被害者から，加害者が閲覧等の制度を不当に利用して自己の住所を探索することを防止するための措置の実施を求める旨の申出（支援措置）があるときには，市町村長は，支援対象者に係る住民基本台帳の一部の写しの閲覧について，利用目的等について十分留意し，厳格な審査を行う。

加害者からの閲覧申出については法第11条の２第１項に掲げる活動に該当しないとして申出を拒否することとし，その他の第三者からの閲覧申出及び国又は地方公共団体からの閲覧請求の場合であっても閲覧者については厳格に本人確認を行うものとする。

詳細については「第３章—第８」（117頁以下）を参照のこと。

第７　住民票の写し等の交付

平成18年の閲覧制度の改正に続いて，平成19年６月６日には，何人でも住民票の写し等の交付を請求できるとされていた点を見直し，①自己又は自己と同一の世帯に属する者（以下「本人等」という。）からの請求，②国又は地方公共団体の機関による請求，③自己の権利行使や義務の履行等に必要な者からの申出の３つの類型のみを認めるとする交付制度の抜本的変更を主とする法改正が行われ，平成20年５月１日に施行された。

本改正により，住民票の写し等の交付請求（申出）時の本人確認書類の提示・提出が法制化された，代理人・使者等が請求（申出）の任に当たる場合，委任状等により代理権の確認を行うことが義務付けられた等，住民票の写しの交付制度は個人情報の保護により留意した制度となった。

1 住民票の写し等の交付制度の概要

(1) 交付の対象

ア　住民票

イ　除住民票

ウ　改製原住民票

　　　除住民票と改製原住民票については，法律上交付の対象ではないが，住民票の取扱いに準じて取り扱うことが適当であるとされる（事務処理要領第2－4－(5)）。

(2) 写し等の種類

ア　世帯全員の写し

　　　世帯全員の写しとは，請求のあった世帯内の全員についての写しをいう。世帯全員の写しを作成する際，世帯票で住民票を調整している市町村にあっては，消除された者を含めた写しを作成している場合が多いが，消除された者に関する部分については「消除された従前の表示」に該当するので，特別の請求（申出）がある場合を除き省略してもよいとされている事項である（事務処理要領第2－4－(1)－①－イ－(イ)－D）。

　　　その点をかんがみると，消除された者に関する部分については，住民票の写し等を交付する際に省略するのが適当であると考えられる。

　　　しかし，請求者と死亡した者が確かに生計を同じくしていたことを証明する必要がある場合等，手続によっては，消除された者に関する記載も住民票の写しに含まれた形の方が住民の利便性に資する場合もある。

　　　消除された者に関する部分の扱いについては，個人票とのバランス，住民及び住民であった者のプライバシー保護等の観点から，市町村において慎重に判断すべき事項であろう。

イ　世帯一部の写し

96　第3章　日本人住民に係る住民票

　　　世帯一部の写しとは，請求（申出）のあった世帯内の特定の者に
　　ついての写しをいう。

　　ウ　住民票記載事項証明書
　　　　住民票に記載した事項に関する証明書をいう。

(3)　交付請求（申出）の種類

　　ア　本人等による住民票の写し等の交付請求（法12条）

　　イ　国又は地方公共団体の機関による住民票の写し等の交付請求（法
　　　12条の2）

　　ウ　ア・イ以外の者からの住民票の写し等の交付申出（法12条の3）

2　本人等による住民票の写し等の交付請求

(1)　請求の方法

　　本人等が住民票の写し等の交付請求を行う場合，次に掲げる事項を文
書により明らかにしなければならない（法12条2項，住民票省令4条）。な
お，これらの事項は，事務の適正・迅速な処理に資するよう，定型的な
請求様式を作成し，原則としてこれに記載させることとするのが適当で
ある。

　　ア　請求者の氏名及び住所
　　　　請求者の氏名については，請求の意思を明らかにさせるため自署
　　　又は押印を求めることが適当である。ただし，代理人等（代理人・
　　　使者等，請求者とは異なる者を指す。以下同じ。）が請求の任に当たって
　　　いる場合には，代理人等が記載しても差し支えない。
　　　　また，請求書において，「本人」又は「本人と同一世帯に属する
　　　者」であることを明らかにさせる。

　　イ　現に請求の任に当たる者の氏名及び住所
　　　　当該請求の任に当たっているものが，請求者の代理人等である
　　　ときに必要である。自署又は押印を求める。
　　　　なお，請求者が請求の任に当たっている場合には省略させること
　　　が適当である。

第7　住民票の写し等の交付　　*97*

ウ　請求対象者の氏名

　　住所に関しては，請求者の住所と原則同一であるため省略することが可能であるが，請求の対象となる住民票が除票又は改製原住民票である場合等，請求者の現住所と対象となる住民票に記載された住所が異なる場合には，住所を明らかにすることなしには対象となる住民票を特定することができないため記載させることが適当である。

　　また，対象となる者の氏名（外国人住民にあっては，氏名又は通称）に加え索引の便に供するため，世帯主の氏名も明らかにさせることが適当である。

エ　請求の事由

　　本人等からの請求の場合，原則として請求事由の記載は必要ない。ただし，請求の対象となる者が支援措置の対象となっている場合等，市町村長が法第12条第6項の規定により請求を拒否するか否かを判断する必要があると認める場合には，請求事由を明らかにさせることが必要となる。

(2)　**本人確認の実施**

　住民票の写し等の交付請求を行うにあたって，請求者は次に掲げるいずれかの書類を提示しなければならない（法12条3項，住民票省令5条1号及び2号）。請求の任に当たっている者が，請求者の代理人であるときは，代理人について同様の書類を提示させるものとする。

ア　マイナンバーカード，住基カード，旅券，運転免許証その他官公署が発行した写真付きの免許証，許可証若しくは資格証明書等であって，現に請求の任に当たっている者が本人であることを確認するため市町村長が適当と認める書類（有効期間の定めがあるものは，有効期間内のものに限る。）。

イ　その他，健康保険証，年金手帳等，官公署が発行した写真付きでない書類及び民間会社の社員証，本人名義の預金通帳等，請求者が

98　第3章　日本人住民に係る住民票

本人であることを確認するため市町村長が適当と認めるもの。この場合には，市町村長の判断により複数の提示を求めることも考えられる。

なお，上記証明書の提示がない場合でも，当該請求を直ちに不受理とするのではなく，口頭による質問等を行い請求者の本人確認に努めるものとする。

さらに，これらの本人確認に併せて，特に必要と認められる場合には，現に請求の任に当たっている者が当該市町村の住民の場合，当該市町村の住民基本台帳と照合する，代理人等で当該市町村の住民でない場合，住基ネットの本人確認情報を利用する等の方法により，請求者等（現に請求に任に当たっている者を含む。以下同じ。）の本人確認に努めるものとする。

本人確認を行った際には，本人確認が行えた旨の記録を行うことが適当である。記録は，本人確認書類の写しを添付する，本人確認書類の種別を申請書の余白に控える等，任意の方法による。

(3)　代理権の確認

当該請求の任に当たる者が，請求者の代理人等であるときは，次のいずれかの方法により，請求者の依頼により又は法令の規定により当該請求の任に当たる者であることを明らかにしなければならない（法12条4項，住民票省令6条）。

ア　法定代理人が請求の任に当たる場合

　戸籍謄本，登記事項証明書等の資格を証明できる書類を提示・提出する方法

イ　任意代理人又は使者である場合

　請求者の自署又は押印のある委任状を提出する方法

　やむを得ない理由によりア又はイの書類を提示・提出することができない場合には，代理人又は使者であることを確約する書類を作成させ提出させる方法等，ア又はイの方法に準ずると市町村長が認

める方法により代理権の確認を行うこともできる。

　この場合で，特に必要と判断されるときは，適宜，電話等により請求者に依頼の事実を確認する，請求者本人に係る本人確認書類を提示させる等，ア又はイの方法と同水準の代理権限を有する旨の心証形成を図る必要がある（事務処理要領第２－４－(1)－①－ア－(ウ)－Ｃ）。

(4)　住民票の写し等の交付

　特別の請求がない限り，基礎証明事項（日本人住民は，氏名，生年月日，性別，住所，住民となった年月日，住定年月日，住所を定めた届出の年月日，前住所をいう。外国人住民は，氏名及び通称，生年月日，性別，住所，任定年月日，住所を定めた届出の年月日，前住所，外国人住民になった年月日をいう。以下同じ。）のみを表示した住民票の写し等を交付する（法12条５項）。また，個人番号には，提供の求めの制限（番号法15条），提供の制限（番号法19条）等に係る規定が設けられている点，及び，住民票コードには，告知要求の制限（法30条の37），利用制限（法30条の38）等に係る規定が設けられている点にかんがみ，個人番号及び住民票コードを記載した住民票の写しの交付請求については，本人又は本人と同一世帯に属する者からの請求により，これらの者に対してのみ交付することが適当であり，本人確認，利用目的・提出先等の確認をより慎重に行う必要がある。

　本人と同一の世帯に属する者以外の者が代理人等として請求の任に当たる場合には，代理権限を有することの確認を行い，適当と認められる場合には請求を受理する扱いとなるが，この場合，マイナンバー及び住民票コードの性格にかんがみ，代理人に直接交付するのではなく，請求者本人の住所あてに郵便等により送付する。

3　国又は地方公共団体の機関の請求による住民票の写し等の交付請求

(1)　請求の方法

　国又は地方公共団体の機関が住民票の写し等の交付請求を行う場合は，次に掲げる事項を公文書である請求書により明らかにしなければならない（法12条の２第２項，住民票省令８条）。

ア　請求をする国又は地方公共団体の機関の名称

　　具体的には，「○○省」「△△市長」などと明記させる。なお，国の機関には，国のすべての行政機関のほか，国会及び裁判所が含まれ，地方公共団体の機関には，執行機関，付属機関のほか，議会も含まれる。

イ　請求の任に当たる者の職名及び氏名

　　職名については，「□□市○○課長」などと明記させることが適当である。

ウ　請求対象者の氏名（外国人住民にあっては，氏名又は通称）及び住所

エ　請求の事由

　　遂行する法令で定める事務が何であるか等，住民票の写し等を請求する理由を具体的に明らかにさせる。それが明確でない場合には，必要に応じて請求の任に当たっている職員に対して質問等を行い確認し，その旨を記録する。ただし，当該請求が犯罪捜査に関するものである等，請求事由を明らかにすることが性質上困難なものである場合には，請求事由を明らかにすることが困難な理由，法令で定める事務の遂行のために必要である旨及びその根拠となる法令の名称を明らかにさせる。

(2)　本人確認の実施

　請求の任に当たる者は，国又は地方公共団体の機関の職員たる身分を示す身分証明書を提示しなければならない。やむを得ない理由により身分証明書を提示できない場合には，マイナンバーカード，住基カード，旅券，運転免許証等の官公署が発行した写真付きの免許証，許可証若しくは資格証明書等であって，現に請求の任に当たっている者が本人であることを確認するため，市町村長が適当と認める書類（有効期間の定めがあるものは，有効期間内のものに限る。）の提示を求める（法12条の２第３項，住民票省令９条１号，２号）。

　なお，請求者の記載等から職員の職名に疑わしい点がある場合等，特

に必要と認められる場合には，当該請求の主体である国又は地方公共団体の機関に電話で照会する等の方法により確認を行うことが必要である。

　本人確認を行った際には，本人確認が行えた旨の記録を行うことが適当である。記録は，本人確認書類の写しを添付する，本人確認書類の種別を申請書の余白に控える等，任意の方法による。

(3) 住民票の写し等の交付

　特別の請求がない限り，基礎証明事項のみを表示した住民票の写し等を交付する（法12条の2第4項）。請求者からマイナンバー及び住民票コードを除いたその他の事項について記載してほしい旨の請求がある場合にはこれに応じることができる。

4 本人等以外の者からの住民票の写し等の交付の申出

(1) 申出の主体

　市町村長は，下記に掲げる者で，本人等以外の者に係る住民票の写し等で基礎証明事項のみが表示されたものの交付申出があり，当該申出を相当と認める場合には，当該住民票の写し等を交付することができる（法12条の3第1項）。

　　ア　自己の権利を行使し，又は自己の義務を履行するために住民票の記載事項を確認する必要がある者

　　イ　国又は地方公共団体の機関に提出する必要がある者

　　ウ　その他住民票の記載事項を利用する正当な理由がある者

(2) 申出の方法

　本人等以外の者が，住民票の写し等の交付の申出を行う場合は，次に掲げる事項を文書により明らかにしなくてはならない（法12条の3第4項）。

　　ア　申出者の氏名及び住所（申出者が法人の場合には，その名称，代表者又は管理人の氏名及び主たる事務所の所在地）

　　　　氏名については，申出の意思を明らかにさせるため，自署又は押印を求めることが適当である。ただし，代理人等が申出の任に当

102　第3章　日本人住民に係る住民票

たっている場合は，代理人等が記載して差し支えない。

　申出者が法人である場合には，申出の意思を明らかにさせるため，法人の代表者印の押印等を求めることが適当である。

イ　現に申出の任に当たる者の氏名及び住所

　当該請求の任に当たっているものが，請求をするものの代理人等であるときに必要である。自署又は押印を求める。

ウ　申出対象者の氏名（外国人住民にあっては，氏名又は通称）及び住所

エ　利用の目的

　法第12条の3第1項各号に該当するか否かを判断するために明らかにさせる。単に，「○○のため」といった記述ではなく，住民票の記載事項中どの部分を何の目的のために利用するかに関しての記述を求める。法第12条の3第1項各号に該当すると認められる理由としては，例えば，次のようなものがある（事務処理要領第2－4－(3)－①－ア－(ア)－D）。

- 債権者が債権の回収のために債務者本人の住民票の写しを取得する場合
- 債務者が債務の履行のために債権者本人の住民票の写しを取得する場合
- 相続・訴訟等の手続の必要書類として関係人の住民票の写しを取得する場合
- 日本放送協会，日本下水道事業団等の特殊法人等の役員又は職員がその法人等の法令による事務を円滑に遂行するために関係者の住民票を取得する場合
- 特殊法人等が公共用地の取得のため関係人の住民票の写しを取得する場合
- 学術研究等を行う機関が，公益性のある目的のため住民票の写しを取得する場合
- 特定事務受任者が法令に基づく職務上の必要から，特定事務受任

者としてではなく自らの権限として住民票の写しを取得する場合

なお，当該申出の理由の真実性等の確認のため必要と認める場合には，市町村長は当該申出者に対して，疎明資料の提示・提出を求めることができる（住民票省令10条1項）。

(3) 本人確認の実施

2 －(2)に準ずる。

(4) 代理権の確認

当該申出の任に当たる者が，申出者の代理人等であるときは，次のいずれかの方法により，申出者の依頼により又は法令の規定により当該請求の任に当たる者であることを明らかにしなければならない（法12条の3第6項，住民票省令12条）。

ア 法定代理人が申出の任に当たる場合

戸籍謄本，登記事項証明書等の資格を証明できる書類を提示・提出する方法

イ 任意代理人又は使者である場合

申出者の自署又は押印のある委任状を提出する方法

やむを得ない理由によりア又はイの書類を提示・提出することができない場合には，代理人又は使者であることを確約する書類を作成させ提出させる方法等，ア又はイの方法に準ずると市町村長が認める方法により代理権の確認を行うこともできる。

この場合で，特に必要と判断されるときは，適宜，電話等により申出者に依頼の事実を確認する，申出者本人に係る本人確認書類を提示させる等，ア又はイの方法と同水準の代理権限を有する旨の心証形成を図る必要がある（事務処理要領第2－4－(3)－①－ア－(ウ)）。

ウ 申出者が法人の場合

現に申出の任に当たっているのが法人の代表者のときは代表者の資格証明書を，それ以外のときは，代表者が作成した委任状，社員証等を提示・提出する方法

104 第3章 日本人住民に係る住民票

なお，申出者が弁護士等の場合において，弁護士等の事務補助者又は弁護士等の事務所に所属する事務補助者であることを証する書類により，当該弁護士等と現に申出の任に当たっている者との関係が明らかな場合には，このような事務補助者証によって権限が確認されたものとして差し支えない。

(5) 住民票の写し等の交付

市町村長は，原則として基礎証明事項のみを表示した住民票の写し等を交付するものとする（法12条の3第1項）。

申出者から利用の目的を達成するため，マイナンバー及び住民票コードを除く基礎証明事項以外の事項が表示された住民票の写し等が必要である旨の申出があり，かつ，当該申出を相当と認める場合には，市町村長は，その住民票の写し等を交付することができる（法12条の3第7項，第8項）。

5 特定事務受任者からの住民票の写し等の交付申出

市町村長は，弁護士（弁護士法人を含む。），司法書士（司法書士法人を含む。），土地家屋調査士（土地家屋調査士法人を含む。），税理士（税理士法人を含む。），社会保険労務士（社会保険労務士法人を含む。），弁理士（特許業務法人を含む。），海事代理士又は行政書士（行政書士法人を含む。）の特定事務受任者から，受任している事件又は事務の依頼者が法第12条の3第1項各号に該当することを理由として，基礎証明事項のみを表示した住民票の写し等の交付申出が行われた場合で，当該申出を相当と認めるときは，住民票の写し等を交付することができる。

なお，申出者から利用の目的を達成するため，マイナンバー，住民票コードを除く基礎証明事項以外の事項を表示してほしい旨の申出があり，当該申出を相当と認めるときは，当該事項を記載した住民票の写し等を交付することができる。

(1) 申出の方法

特定事務受任者が交付の申出を行う場合には，「第3章—第7—4—

（2）」（101頁参照）に掲げる事項のほか，受任している事件又は事務についての資格及び業務の種類並びに依頼者の氏名又は名称（当該受任している事件又は事務についての業務が裁判手続又は裁判外手続における民事上若しくは行政上の紛争処理の手続についての代理業務その他の政令で定める業務であるときは，当該事件又は事務についての資格及び業務の種類）を明らかにする必要がある。

　ただし，受任している事件又は事務が，令第15条の2各号に定める事務に該当する場合，当該事件又は事務についての資格及び業務の種類を明らかにすれば，申出に際して依頼者の氏名や名称を明らかにすることを要しない。これは，令第15条の2各号に定める事務に紛争処理としての性格が認められるため，申出に際して依頼者の氏名や名称を明らかにすることにより，業務の遂行に支障が生じる，依頼者の保護すべき情報の存在が類推されてしまう等のおそれがあるからである。また，事件又は事務の性質上，依頼者の権利行使の意思は明確であり，関係する第三者に係る住民票の記載事項を利用して対外的に証明する必要性があることが明白だからである。

⑵　本人確認の実施

　申出の任に当たる者に関して，下記のア・イのいずれかの書類を提示させ，加えて特定事務受任者の所属する会が発行した住民票の写し等の交付を申し出る用紙に職印が押印されたものによって申し出る方法等により本人確認を行う必要がある（住民票省令11条）。

　　ア　マイナンバーカード，住基カード，旅券，運転免許証，官公署が
　　　発行した写真付きの免許証，許可証若しくは資格証明書等であって，
　　　現に請求の任にあたっている者が本人であることを確認するため，
　　　市町村長が適当と認める書類（有効期間の定めがあるものは，有効期
　　　間内のものに限る。）。

　　イ　特定事務受任者若しくはその補助者であることを証明する写真付
　　　き身分証明書（氏名，登録（会員）番号，事務所の名称及び所在地，発行

106   第3章　日本人住民に係る住民票

主体等が記載された有効期限内のもの）

なお，弁護士による申出の場合で，ア又はイの書類を提示できない場合には，弁護士記章による確認もやむを得ないが，その場合には，当該申出に当たる弁護士の氏名及び事務所の所在地が弁護士会のホームページ等により確認できることを要する。

(3)　代理権の確認

申出の任に当たる者が補助者の場合，補助者証の提示，特定事務受任者からの委任状の提出等により代理権の確認を行う（住民票省令12条）。

6　郵送等による住民票の写し等の交付請求（申出）

(1)　郵送による請求（申出）

①　本人等からの請求

本人等が法第12条第7項の規定に基づき，郵送により住民票の写し等の請求を行う場合でも，窓口における場合と同様の事項を明らかにしなければならない。送付された請求書の記載のみでは必要な事項が明らかではない場合は，電話等により確認を行ったうえで受理する扱いとするのが適当である。なお，本人確認を行うため，次のいずれかの書類（以下「本人確認書類」という。）の写しを添付させる（住民票省令5条3号，事務処理要領第2−4−(1)−②−ア−(イ)）。

ア　マイナンバーカード，住基カード，旅券，運転免許証等の官公署が発行した写真付き免許証，許可証若しくは資格証明書等であって，現に請求の任にあたっている者が本人であることを確認するため，市町村長が適当と認める書類（有効期間の定めがあるものは，有効期間内のものに限る。）。

イ　その他，健康保険証，年金手帳等，官公署が発行した写真付きでない書類及び民間会社の社員証，本人名義の預金通帳等，請求者が本人であることを確認するため市町村長が適当と認めるもの。この場合には，市町村長の判断により複数の確認とすることも考えられる。

交付は，原則として請求者の住所あて郵便にて行う。請求者の住所以外の場所に送付を求められた場合には，理由を厳格に審査し，請求者に直接手交した場合と同様に評価できると判断された場合にのみこれを認めることができる。この場合において特に必要と判断されるときは，送付場所を確認できる資料の提示・提出を求めることもできる。なお，送付場所の例としては，請求者の勤務先，代理人請求による代理人の住所等がある（事務処理要領第2－4－(1)－②－ア－(ア)）。

② 国又は地方公共団体の機関からの請求

国又は地方公共団体の機関が法12条の2第5項の規定に基づき，郵送により住民票の写し等の請求を行う場合でも，窓口における場合と同様の事項を明らかにさせる。加えて機関の事務所の所在地を明らかにさせる（事務処理要領第2－4－(2)－②－ア－(ア)）。送付された請求書の内容に疑義がある場合には，必要に応じて電話等にて確認を行うことが適当である。

なお，本人確認を行うため，職員であることを証する身分証明書，マイナンバーカード等の官公署が発行した顔写真付きの身分証明書等の写しを添付させる必要がある（住民票省令9条3号）が，請求書である公文書の記載内容等から現に請求の任に当たっている者について，本人確認書類の写しを添付した場合と同様の心証形成が得られると判断した場合には写しの添付を省略することもできる（事務処理要領第2－4－(2)－②－ア－(イ)）。

交付は，機関の事務所の所在地あて郵便にて行う（事務処理要領第2－4－(2)－②－ウ－(ア)）。

③ 本人等以外の者からの申出

本人等以外の者が法第12条の3第9項の規定に基づき，郵送にて住民票の写し等の交付請求を行う場合，明らかにすべき事項は窓口で申出を行う場合と同様の事項に加え，申出者の住所（申出者が法人である

場合には主たる事務所の所在地）以外の場所に送付を求めるときは，その理由及び送付すべき場所を明らかにさせる。また，申出の主体が個人，法人，特定事務受任者のいずれであるかによって本人確認の方法が異なる。

　ア　申出者が個人の場合

　　申出者が個人の場合には，本人確認書類の写しを添付させ，住民票の写しを現に申出の任に当たっている者の住所に送付すること等をもって本人確認を行う（住民票省令11条3号イ）。

　イ　申出者が法人の場合

　　申出者が法人の場合には，現に申出の任に当たっている当該法人の役職員又は構成員に係る本人確認書類の写し及び登記事項証明書，事務所の所在地の記載のある社員証等，当該法人の事務所の所在地を明らかにする書類の写しを添付させ，住民票の写し等を事務所の所在地に送付することをもって本人確認を行う（住民票省令11条3号ロ）。

　ウ　申出者が特定事務受任者の場合

　　申出者が特定事務受任者の場合には，特定事務受任者に係る本人確認書類の写し又は特定事務受任者であることを証明する書類の写し及び特定事務受任者の所属する会の発行した統一用紙に職印が押印されたものを使用して申出を行い，住民票の写し等を事務所の所在地に送付すること等をもって本人確認を行う。

　　ただし，特定事務受任者の所属する会がホームページ等において会員の氏名及び事務所の所在地を容易に確認することができる方法にて公表しているときは，上記のとおり本人確認書類の写しの送付を省略することができる（住民票省令11条4号）。

(2)　ファクシミリによって伝送された請求書による請求

　市町村長が住民票の写し等の請求を行えるものとしてあらかじめファクシミリを指定しており，かつ，当該請求が下記の要件を満たすもので

ある場合には，市町村長は，当該請求を受理することができる（事務処理要領第2－4－(1)－③）。

　ア　自己又は自己と同一世帯に属する者に係る住民票の写し等に関して行われた請求であること

　イ　請求書において，①請求者の氏名及び住所，②請求の対象となる住民の氏名が明らかにされていること

　ウ　手数料が確実に納入されること

　エ　ファクシミリによる請求のもととなった書類を市町村長が受け取ることができること

　　交付は，住民票に記載された請求者の住所あて郵便等にて行うことを原則とする。

(3)　請求者識別カードによる請求（自動交付機及びコンビニ交付）

　市町村長は，必要と認める場合は，請求者が市町村の電子計算機と電気通信回線で接続された端末機（自動交付機及びコンビニエンスストアのキオスク端末）に請求者識別カード（請求者を識別するための磁気又は集積回路を付したカードで，市町村長が申請に基づいて住民基本台帳に記録されている者に対して交付するものをいう。以下同じ。）及び請求者暗証番号（請求者識別カードの不正な使用を防止するために暗証として入力される番号で，請求者識別カードの交付を受ける者が市町村長に届け出たものをいう。）を使用して入力することによって行った，自己又は自己と同一世帯に属する者に係る住民票の写し等の請求を受理することができる（事務処理要領第2－4－(1)－④）。

　なお，番号法第18条により，当該市町村の条例において，マイナンバーカード及び住基カードを請求者識別カードとして利用できる旨を規定している場合は，マイナンバーカード及び住基カードを請求者識別カードとして利用することができる（番号法18条2項，整備法20条1項）。

　交付は，端末機からの出力による。

　また，自動交付機でマイナンバー入りの住民票の写しの交付請求をす

110 第3章　日本人住民に係る住民票

ることができる場合には，自動交付機の交付請求の画面上又は自動交付機の近くの場所に，マイナンバーの記載の請求の意思を確認するための注意喚起の表示を行うこと。

⑷　電子情報処理組織を使用した請求（申出）

　市町村長は，電子情報処理組織（市町村長の使用に係る電子計算機（入出力装置含む。以下同じ。）と請求（申出）者の使用に係る電子計算機とを電気通信回線で接続した電子情報処理組織をいう。以下同じ。）を使用して行われた住民票の写し等の交付請求（申出）が下記の要件を満たすものである場合，これを受理することができる（事務処理要領第2－4－⑴－⑤）。

　　ア　2－⑴に掲げる事項が，請求（申出）者の使用に係る電子計算機からの入力により明らかにされている。

　　イ　電子署名に併せて次に掲げるいずれかの電子証明書を送信させることにより，請求の意思を確認できる。

　　　①　公的個人認証法第3条第1項に規定する署名用電子証明書

　　　②　電子署名及び認証業務に関する法律第8条に規定する認定認証事業者が作成した電子証明書

　　　③　商業登記法第12条の2第1項及び第3項の規定に基づき登記官が作成した電子証明書

　　　交付は，請求（申出）者の住所あて郵便にて行う。

⑸　電話による交付請求

　電話による写しの交付請求は，原則として応じないこととするのが適当である（昭和61.2.4自治振第12号通知第1）。ただし，土曜閉庁の導入に伴い，住民サービスの維持向上を図る観点から，開庁時に電話により住民票の写しの交付の予約を受け付けて，閉庁時に受け取るという方式も考えられるが，この場合には次の点に留意すべきである。

　　ア　予約を受け付ける際には，住民票の記載事項を漏らすことのないよう住民のプライバシーの保護を図ること。

　　イ　予約は請求とは異なるものであるから，交付の際に請求書への記

入を求めること。

　ウ　電話予約の対象となる住民票は，本人又は同一世帯の者に限定すべきであり，交付する際には本人確認を十分に行うこと。

　エ　必要な範囲で取扱い要領を定めること。

7　作成時の留意点

(1)　住民票の写しを作成するに当たっては，特にその住民票が正確であることが要求される。したがって，次の点に留意せねばならない。

　ア　届出，通知等により修正，消除等をすべきところを未処理のまま，その住民票の写し等を交付しないよう留意する。

　イ　日本の国籍を有する者について，再製した住民票について戸籍と未照合であるため戸籍の表示の記載に誤りの疑いがある等の住民票については，調査をし，職権による修正等の措置を講じた上で交付するのが建前であるが，やむを得ない場合においては，その旨を付記して交付する。

(2)　住民票の写しは，特別の請求（申出）のある場合を除き，次の事項は省略して交付する。

　ア　日本の国籍を有する者にあっては，法第7条第4号，第5号及び第8号の2から第14号までに掲げる事項の全部又は一部

　イ　外国人住民にあっては，法第7条第4号，第8号の2及び第10号から第14号（通称を除く。）までに掲げる事項，国籍・地域並びに法第30条の45の表の下欄に掲げる事項の全部又は一部

　ウ　任意事項（住民の福祉の増進に資する事項で，個人の秘密を侵すおそれがないと認められるもののうち，市町村長が住民に関する事項を管理し及び執行するために必要であると認めるもの）及び法第7条に規定する記載事項以外の事項

　エ　消除された従前の表示

　　なお，マイナンバーについては，番号法第15条及び第19条において提供の求めの制限，特定個人情報の提供の制限に係る規定が，また住

112 第3章 日本人住民に係る住民票

民票コードについては，法第30条の37，第30条の38において，告知要求の制限，利用制限等に係る規定が設けられているところであり，慎重に取り扱うことが適当である。

(3) 住民票の写しは，事務処理の能率化及び誤記の防止の見地より，複写機又はプリンター等によることが便宜であるが，手書き又はタイプライターによっても差し支えない。なお，この場合において，法第6条第3項の規定により住民票を磁気ディスクをもって調製している市町村以外の市町村における用紙の様式は原本と同一とする。

 また，法第6条第3項の規定により，住民票を磁気ディスクをもって調製している市町村において作成する住民票の写しの様式は，法定されていないが，市町村において住民の利便を考慮し，簡明かつ平易な様式について創意工夫する必要がある。規格についても，法定されていないが，個人票は，日本標準規格で定めるＡ6判以上Ａ5判以内が，その利用上及び管理上適当であり，紙質は，その写しの作成方法との関連を考慮しつつ，できるだけ丈夫なものとする。

(4) 手書き又はタイプライターにより作成する場合で誤記又は遺漏による訂正，加入及び削除をした場合には，欄外に「何字訂正」，「何字加入」又は「何字削除」と明記してこれに職印を押す。

(5) 世帯に属する全部の者の住民票の写しの請求があった場合において，その住民票の写しが複葉にわたる場合には，当該複葉の住民票の写しの一体性を確保することができるよう適切な措置を講じる。磁気ディスクをもって調製していない市町村においては，毎葉のつづり目に，職印による契印又は契印用打抜機によるせん孔処理を行うことが適当である（平成18.1.24総行市第12号通知問2）。また，世帯票の場合で空白の世帯員欄があるものを手書き又はタイプライターにより写しを作成したときは，末尾に記載された者の下に「以下余白」と記入することが適当である。

(6) 世帯票の場合において，各人の記載事項を共通欄に記載することに

より省略したとき又は先順位者との共通記載事項を略記しているときは，その省略又は略記事項が明確に分かる方法で作成しなければならない。

(7)　住民票記載事項証明の様式及び規格については法定されていないが，市町村において住民の利便を考慮し，簡明かつ平易な様式について創意工夫されたい。なお，住民票記載事項証明書の交付を請求するものが自ら用紙を持参した場合については，原則としてこれに証明することとして差し支えない。

(8)　住民票記載事項証明書を作成する場合で誤記又は遺漏による訂正，加入及び削除をした場合には，(4)に準じて取り扱う。

(9)　住民票の写しの交付の請求があった場合においても，その請求事由等から住民票記載事項証明書によって十分その目的が達成できると判断される場合にあっては，請求者の了解を得た上でできるだけ住民票記載事項証明書により対処することが適当である。

(10)　外国人住民に係る住民票であって，通称の記載及び削除に関する事項の記載があるものの写しの請求があった場合において，その住民票の写しが複葉にわたる場合には当該複葉の住民票の写しの一体性を確保することができるよう適切な措置を講じる。

(11)　住民票の写しを交付する際には，その住民票の写しの末尾又は裏面に原本と相違ない旨の認証文を記載する。加えて，作成の年月日を記入して記名（市町村長名）押印（公印）をする。

　　なお，認証文は次の例によることが適当である。

　ア　世帯全員の場合

　「この写しは，世帯全員の住民票の原本と相違ないことを証明する。」

　イ　その他の場合

　「この写しは，住民票の原本と相違ないことを証明する。」

(12)　住民票記載事項証明書を交付する場合には，その証明書に記載され

114　第3章　日本人住民に係る住民票

た事項が住民票に記載された事項と相違ない旨を記載するとともに，作成の年月日を記入して記名（市町村長名）押印（公印）する。

⒀　認証を行う際に，電子計算機に公印の印影の画像を記録させたものを打ち出すことによって，公印の押印とすることとして差し支えない。ただし，次の点に留意する。

ア　公印に関する規則，規程等を整備すること。

イ　コピーによる偽造を防止するため，複写をすると「複写」等の文字が浮かび上がるような工夫を用紙に施す等の措置を講ずること。特に，カラーコピー機により複写をした場合にも，文字が浮かび出ることを確認すること。

ウ　市町村長から直接に住民票の写しの交付を受けた者でなくとも，当該住民票の写しが真正に作成されたものであることを推察することができるよう，用紙に模様を印刷する，すかしを入れる等の措置を講ずること。

エ　イ及びウの措置を講じた用紙の管理を適切に行うこと。

オ　公印の色は朱色であるという認識が一般的であることから，印影の色を黒色とする場合には，住民等の関係者に対してその旨の周知を図ること（平成2.7.30自治振第73号東京都行政部長あて回答）。

8　広域交付住民票

広域交付住民票とは，住所地市町村長以外の市町村長に対して行われた交付請求に基づき発行された住民票の写しをいう。当該請求の受理及び当該請求に基づく住民票の写しの作成・交付を行う場合には，次の点に注意する。

⑴　住民票の写しの記載内容

広域交付住民票の記載事項は，住所地市町村で記載される住民票の写しとほぼ同様になるが，戸籍の表示を記載することはできない。

⑵　請求の主体

自己又は自己と同一世帯に属する者のみが，広域交付住民票の交付請

求を行うことができる。ただし，本人以外の世帯員が代理人として請求を行う場合は，本人のマイナンバーカード及び住基カードを預かり，かつ，暗証番号の確認が行えた場合にのみ受理することが適当である。その他の代理人による請求，国又は地方公共団体の機関による請求及び本人等以外の者からの申出は受理することができない。

(3) **請求方法**

広域交付住民票の交付請求時に明らかにしなくてはならない事項は，次のとおりである。

　ア　請求者の氏名及び住所

　　　請求者の氏名については，請求の意思を明らかにさせるため自署又は押印を求める。

　イ　請求者の住民票コード又は請求者の生年月日及び性別

　　　請求者が，マイナンバーカード及び住基カードを提示した場合は，当該マイナンバーカード及び住基カードから住民票コードを読み出すので，請求者の住民票コードについては明らかにすることを要しない。この場合には，当該読み出した住民票コードを職員が請求書に記載する。

　ウ　請求に係る住民の氏名（外国人住民にあっては，氏名又は通称）及び住所

(4) **本人確認**

広域交付住民票の交付請求を行う場合，請求者は下記のいずれかの書類の提示をする必要がある（法12条の4第1項）。

　①　マイナンバーカード（有効期間内でカード運用状況が運用中のものに限る。）

　②　住基カード（様式はいずれのものでも可。ただし，有効期間内で，カード運用状況が運用中のものに限る。）

　③　旅券，運転免許証その他官公署が発行した写真付き免許証，許可証又は資格証明証等（有効期間の定めのあるものは，有効期間内のもの

116　第3章　日本人住民に係る住民票

に限る。）であって，当該請求者が本人であることを確認するため市町村長が適当と認める書類。

　①②の場合には，カード作成時にあらかじめ本人により設定された暗証番号の照合を行うことにより，本人確認を行う。

　なお，①②のカードの機能の不具合等により，暗証番号の確認が行えない場合には，③の場合と同じく，当該書類の表面記載事項により本人確認を行うこととなる。よって，その場合には，様式第1の住基カードは本人確認書類となり得ない点に注意する必要がある。

(5)　発行・交付

　交付地市町村は，当該請求の受理決定後，住民票の写し広域交付請求通知を住所地市町村に電気通信回線を通じて送付する（法12条の4第2項，5項）。

　この通知を受けた住所地市町村は，住民票の写しの記載に必要な事項の情報（住民票の写し広域交付通知）を，電気通信回線を通じて交付地市町村に通知する（法12条の4第3項，5項）。

　通知を受けた交付地市町村は，送付された情報が請求内容と一致しているか等の確認を行い，打ち出した住民票を認証し交付する（令15条の4第1項）。

　なお，認証文は，次の例によることが適当である。

　ア　世帯全員の場合

　　「この住民票の写しは，住所地市町村長から請求に係る住民票に記載されている世帯全員の事項が住民基本台帳法第12条の4第3項の規定により通知され，その通知に基づき作成されたものです。」

　イ　その他の場合

　　「この住民票の写しは，住所地市町村長から請求に係る住民票に記載されている事項が，住民基本台帳法第12条の4第3項の規定により通知され，その通知に基づき作成されたものです。」

9 罰 則

偽りその他不正の手段により住民票の写し等の交付を受けた者は，30万円以下の罰金に処される（法46条2項）。

10 住民票の写し等の交付請求（申出）に係る支援措置

ドメスティック・バイオレンス，ストーカー行為等，児童虐待及びこれらに準ずる行為の被害者の保護を図る観点から，当該被害者から支援措置の申出があるときには，市町村長は，支援対象者に係る住民票の写し等及び戸籍の附票の交付について，利用目的等について十分留意し，厳格な審査を行う。

加害者からの請求（申出）については法第12条第6項に基づき不当な目的があるものとして，若しくは，法第12条の3第1項の申出に該当しないとしてこれを拒否することとし，その他の第三者からの請求（申出）であってもより厳格に本人確認を行うものとする。

詳細については「第3章—第8」（本頁以下）を参照のこと。

11 手 数 料

市町村は，その条例の定めるところにより手数料を徴収することができる（地方自治法227条）。

手数料の額については，当該団体における他の手数料との均衡を考慮して，住民に不当な負担を課することがないように決定すべきである（昭和43.3.26自治振第41号通知問14）。

また，ファクシミリによる請求及び電子情報処理組織を使用した請求（申出）の場合の，写しの発送に係る郵便料は請求（申出）者の負担とする。

第8 ドメスティック・バイオレンス，ストーカー行為等，児童虐待及びこれらに準ずる行為の被害者の保護のための措置

1 支援措置について

住民基本台帳法では，法第1条に定める目的から，住民基本台帳の一部

の写しの閲覧，住民票の一部の写しの交付の請求（申出）を認めているものであるが，近年増加しているドメスティック・バイオレンス（配偶者からの暴力の防止及び被害者の保護等に関する法律（以下「配偶者暴力防止法」という。）第１条第１項に規定する配偶者からの暴力をいう。以下同じ。），ストーカー行為等（ストーカー行為等の規制等に関する法律（以下「ストーカー規制法」という。）第７条に規定するストーカー行為をいう。以下同じ。），児童虐待（児童虐待の防止等に関する法律（以下「児童虐待防止法」という。）第２条に規定する児童虐待をいう。以下同じ。）及びこれらに準ずる行為の被害者について保護を図る観点から，平成16年５月31日住民票省令，戸籍の附票省令及び住民基本台帳事務処理要領の一部が改正され，平成16年７月１日より被害者の保護のための措置が講じられることとなった。

　市町村長は，ドメスティック・バイオレンス，ストーカー行為等，児童虐待及びこれらに準ずる行為の加害者が，住民基本台帳の一部の写しの閲覧及び住民票の写し等の交付並びに戸籍の附票の写しの交付（以下「住民基本台帳の閲覧等」という。）の制度を不当に利用してそれらの行為の被害者の住所を探索することを防止し，もって被害者の保護を図ることを目的として，法第11条第１項及び第２項，第11条の２第１項及び第２項，第12条第１項から第４項まで及び第６項，第12条の２第１項から第３項まで，第12条の３第１項から第６項まで並びに第20条第１項から第４項までの規定並びに同条第５項において準用する法第12条第２項から第４項まで及び第６項，第12条の２第２項及び第３項並びに第12条の３第４項から第６項までの規定に基づき，次の措置を講ずるものとする（事務処理要領第５−10）。

(1)　住民基本台帳の一部の写しの閲覧の申出に係る支援措置

　　市町村長は，その判断により，閲覧申出において特別の申出がない場合には，支援対象者を除く申出あるとみなし，支援対象者に係る部分を除外又は抹消した住民基本台帳の一部の写しを閲覧に供することができる。なお，この場合，閲覧申出用紙に明記する等により，あらかじめその旨を申出者に明らかにする必要がある。

第8 ドメスティック・バイオレンス，ストーカー行為等，児童 119
虐待及びこれらに準ずる行為の被害者の保護のための措置

ただし，このような取扱いをする場合でも，国又は地方公共団体の機関による請求の場合及びその他の者による支援対象者に係る閲覧を求める特別の申出の場合には，以下のように取り扱う。

ア　加害者から申出がなされる場合（閲覧者，閲覧事項取扱者の中に，加害者が含まれている場合を含む。）

法第11条の2第1項各号に掲げる活動に該当しないとして申出を拒否する。

イ　支援対象者本人から申出がなされた場合

支援対象者本人からの閲覧の申出については，対象となる住民が氏名等により特定されているものであるため，閲覧ではなく，住民票の写しの交付により対応することが適当である。

ウ　その他の第三者から申出がなされた場合

加害者によるなりすましによる申出等を防ぐため，利用目的等について十分留意し，厳格な審査を行う。また，厳格な本人確認を行う。なお，加害者が国又は地方公共団体の機関の職員になりすまして閲覧を請求することも考えられるため，法第11条に基づく請求であっても，閲覧者については厳格に本人確認を行うものとする。

(2)　住民票の写し等及び戸籍の附票の写しの交付の請求又は申出に係る支援措置

市町村長は，支援対象者に係る住民票の写し等及び戸籍の附票の写しの交付について，以下のように取り扱う。

ア　加害者から請求（申出）がなされた場合

不当な目的があるものとして，若しくは法第12条の3第1項の各号に掲げる者に該当しないとして申出を拒否する。

ただし，請求事由又は利用目的をより厳格に審査した結果，請求（申出）に特別の必要があると認められる場合には，交付する必要がある機関等から請求を受ける，加害者の了解を得て交付する必要がある機関等に直接交付する，又は支援対象者から交付請求を受け

るなどの方法により，加害者に交付せず目的を達成することが望ましい。

イ　支援対象者本人から請求がなされた場合

加害者が支援対象者になりすまして行う請求に対する交付を防ぐため，より厳格に本人確認を行い，代理人若しくは使者又は郵送による請求を認めないこととする。ただし，特別の必要がある場合には，あらかじめ代理人又は使者を支援対象者と取り決める，支援対象者に確認を取る等の措置を講じた上で請求を認めることとする。

ただし，市町村長が当該措置を不要と認める者については，この限りではない。

ウ　その他の第三者から請求（申出）がなされた場合

加害者が第三者になりすまして請求（申出）を行うことを防ぐため，本人確認及び利用目的の審査をより厳格に行う。

ただし，市町村長が当該措置を不要と認める者については，この限りではない。

2　申出の受付

(1)　申 出 者

市町村長は，その備える住民基本台帳に記録又はその作成する戸籍の附票に記載されている者で，次に掲げる者から，1に掲げる支援措置の実施を求める旨の申出を受け付ける。

ア　配偶者暴力防止法第1条第2項に規定する被害者であり，かつ，暴力により，その生命又は身体に危害を受けるおそれがあるもの。

イ　ストーカー規制法第7条に規定するストーカー行為等の被害者であり，かつ，さらに反復して付きまとい等をされるおそれがあるもの。

ウ　児童虐待防止法第2条に規定する児童虐待を受けた児童である被害者であり，かつ，再び児童虐待を受けるおそれがあるもの又は監護等を受けることに支障が生じるおそれがあるもの。

エ　その他アからウまでに掲げるものに準ずるもの。

(2)　申請者と同一の住所を有する者

市町村長は，申出者が，その同一の住所を有する者について，申出者と併せて支援措置を実施することを求める場合には，その旨の申出を併せて受け付ける。

(3)　他の市町村に係る申出

最初に申出を受けた市町村長（以下「当初受付市町村長」という。）は，申出者が，他の市町村に対して，併せて支援措置を実施することを求める場合にはその申出について，併せて申出書に記載することを求める。

(4)　申出者の本人確認

当初受付市町村長は，申出者に対し，市町村の事務所への出頭を求め，マイナンバーカード等の写真が貼付された身分証明書の提示を求める等の方法により，本人確認を行う。

(5)　代理人の取扱い

代理人については，市町村の事務所への出頭を求め，法定代理人にあっては，戸籍謄本その他その資格を証明する書類を，任意代理人にあっては，指定の事実を確認するに足りる書類を提示させる等の方法により，その資格を確認するとともに，(4)に準じて代理人が本人であることを確認する。

なお，15歳未満の者及び成年被後見人については，法定代理人及び成年後見人のみを代理人とすることが適当である（平成16.5.31総行市第218号通知問3）。

また(1)－ウの被害者については，児童相談所長又は被害者の監護に当たる児童福祉施設の長，里親若しくはファミリーホーム事業（小規模住居型児童養育事業）を行う者を当該被害者の代理人として取り扱うことができるものとする。この場合において，児童相談所長，児童福祉施設の長，里親又はファミリーホーム事業を行う者（これらの職員

を含む。）に対し，市町村の事務所への出頭を求め，当該被害者の監護等をしている事実を確認するに足る書類を提示させるととともに，(4)に準じてこれらの者が本人であることを確認する。

3　支援の必要性の確認

⑴　申　出　者

　当初受付市町村長は，申出者が2－⑴に掲げる者に該当し，かつ，加害者が，当該申出者の住所を探索する目的で，住民基本台帳の閲覧等を行うおそれがあると認められるかどうかについて，警察，配偶者暴力相談支援センター，児童相談所等の意見を聴取し，又は裁判所の発行する保護命令決定書の写し若しくはストーカー規制法に基づく警告等実施書面等の提出を求めることにより確認する。

　この場合において，市町村長は，上記以外の適切な方法がある場合には，その方法により確認することとしても差し支えない。

ア　警察の意見の聴取は次のとおり行うことが適当である（平成16.5.31総行市第218号通知問4)。

㋐　申出者が事前に警察本部又は警察署（以下「警察署等」という。）に相談している場合

a　申出者について，警察署等から事前に電話等で閲覧制限等について連絡がなされている場合には，申出者が提出する申出書の警察等の意見欄で，警察の意見を確認する。

b　警察署等から事前に電話等の連絡がない場合にあっては，申出者の提出した申出書に警察等の意見が付されている場合には，当該警察署等に電話で当該意見が間違いないことを確認する。

c　警察等の意見欄には意見が付されていないが，申出者が相談先の欄に警察署等の連絡先を記入している場合には，当該警察署等に電話で連絡の上，申出書を警察署等に送付し，書面にて意見を聴取する。

　この際，警察に相談を行ってから相当期間（おおむね6か月）が

経過している申出人に対しては，警察に相談するように促すこと

（警察庁丙生企発37号通達，警視庁丁生企発第225号通知問16）。

　(イ)　申出者が，事前に警察署等に相談していない場合

　　　原則として申出者に警察への相談を促すとともに，事後，警察署等に申出書を送付して意見照会し，警察の意見を聴取する。

　　　なお，被害者の保護のため特に必要がある場合は，電話等により意見を聴取し，迅速に手続を進めることが適当である。

　イ　手続を円滑に進めるため，あらかじめ警察署等の連絡窓口の確認や申出書を警察署等に事前配布しておく等，警察と十分な連携を図っておくようにすること（平成16.5.31総行市第218号通知問4）。

　ウ　「警察の意見を聴く以外の適切な方法」とは，例えば，加害者が配偶者暴力防止法に規定する保護命令を受けている者であることを，裁判所の発行する証明書の提出を被害者から受けて確認する等の方法である。

　　　また，このほか，市町村長の判断により，配偶者暴力相談支援センター等公的な相談機関から，警察からの意見聴取と同様の方法により意見を聴き，確認することとして差し支えない（平成16.5.31総行市第218号通知問5）。

(2)　申出者と同一の住所を有する者

　　当初受付市町村長は，2−(2)の申出を受けている場合には，加害者が，申出者の住所を探索する目的で，当該申出者と同一の住所を有する者の住民基本台帳の閲覧等の請求を行うおそれがあると認められるかどうかについて，併せて警察の意見を聴く等の方法により確認する。

(3)　確認の結果の連絡

　　支援の必要性を確認した当初受付市町村長は，その結果を申出者に連絡する。

4　市町村間の連絡

(1)　他の市町村長への転送

124　第3章　日本人住民に係る住民票

　　3において支援の必要性があることを確認した当初受付市町村長は，申出者が，他の市町村に対して，併せて支援措置を実施することを求める場合には，2－(3)に基づき当該申出について併せて記載された申出書の写しを，当該他の市町村長に対して転送する。

　　なお，当初受付市町村長において支援の必要性がないものとした場合には，他の市町村長への転送は行わないこととしてよい（平成16.5.31総行市第218号通知問7)。

(2)　他の市町村における支援の必要性の確認及び確認結果の連絡

　　(1)の転送を受けた他の市町村長は，当初受付市町村長を経由して申出がなされたものとして，3の例により，支援の必要性を確認する。

　　なお，この場合，当該他の市町村長においては，原則として，当初受付市町村長が支援の必要性があることを確認したことをもって，当該他の市町村長における支援の必要性もあることとする取扱いとして差し支えない。

　　また，支援の必要性がないことを確認した場合には，その結果を，申出者に連絡する。

5　支援措置の期間等

(1)　支援措置の期間

　　支援措置の期間は，いずれの市町村における支援措置についても，3－(3)に基づき当初受付市町村長が確認の結果を申出者に連絡した日から起算して1年とする。

(2)　支援措置の延長

　　当初受付市町村長は，支援措置の期間終了の1月前から，支援措置の延長の申出を受けるものとし，申出があった場合には，3から4までの例により処理する。

　　延長後の支援措置の期間は，いずれの市町村における支援措置についても，延長前の支援措置の期間の終了日の翌日から起算して1年とする。

第8　ドメスティック・バイオレンス，ストーカー行為等，児童
虐待及びこれらに準ずる行為の被害者の保護のための措置　*125*

(3)　支援内容の変更等

ア　支援対象者である被害者が転出・転居する場合において，引き続き支援を希望する場合は，居住環境等の状況の変化に伴い，支援の必要性や支援内容に変化が生じることも考えられるため，改めて申出を受け付けることが適当である（平成16.5.31総行市第218号通知問10）。

イ　申出の内容に変更が生じた場合には，当初受付市町村長において，変更の申出を受け付ける。変更の申出を受け付けた当初受付市町村長は，必要に応じ，他の市町村長に転送を行う。

なお，変更の申出の内容が，申請者と同一の住所を有する者で併せて支援措置を実施する者を追加するものである場合には，当該追加を求める者について，3の例により，支援の必要性の確認が必要となる（平成16.5.31総行市第218号通知問11）。

(4)　支援措置の終了

市町村長は，次のいずれかに該当する場合には，支援措置を終了する。

ア　支援対象者から支援の終了を求める旨の申出を受けたとき

なお，当該終了の申出は，当初受付市町村長が2の例により受け付け，他の市町村長においても支援を行っている場合には，当該他の市町村長に支援の終了を求める旨の申出があった旨を連絡する。

イ　支援措置の期間を経過し，延長がなされなかったとき

ウ　その他市町村長が支援の必要性がなくなったと認めるとき

なお，他の市町村長においても支援を行っている場合には，当該他の市町村長に支援の必要性がなくなったと認めた旨を連絡する。

(5)　被害者と同一の住所を有する者に対する支援措置の延長・終了

被害者と同一の住所を有する者に対する支援措置は，被害者を保護するための措置であるから，原則として被害者に対する支援措置の延長・終了に伴い，延長・終了するものとして差し支えない。

126　第3章　日本人住民に係る住民票

(6)　関係部局との連携

　　支援の必要性があることを確認した市町村長は支援対象者（外国人住民を除く。）が記載されている選挙人名簿の抄本の閲覧についても支援措置と同様の措置が円滑に講じられるよう，選挙管理委員会と連携を取ることが適当である（「選挙人名簿の抄本の閲覧に関する留意事項について」平成17年3月25日総行選第7号総務省自治行政局選挙部選挙課長通知）。同様の趣旨から，当該市町村内の関係部局に，必要な情報を提供することにより，これらの部局との連携に努めることが必要である（事務処理要領第5－10－サ）。

第 4 章
住 基 ネ ッ ト

第4章

第1 住民基本台帳ネットワーク

住基ネットは，住民の利便の増進と国及び地方公共団体の行政の合理化に資するため，住民基本台帳をネットワーク化し，全国共通の本人確認ができるシステムである（住基ネットセキュリティ基準第1－1）。

1 住民基本台帳のネットワークシステム化の流れ

(1) 住民登録法から住民基本台帳法・住基ネットへ

住民登録法（住民基本台帳法以前の制度）の時代は，各種行政事務処理の基礎である住民情報に関する台帳が，行政事務ごとに作成されていた。この台帳の重複は情報の不統一なこともあり，市民にとっても行政にとっても大きな課題であった。

そのため昭和42年住民基本台帳法施行により，自治体のなかに複数存在した住民情報が，市民の利便の見地と行政の近代化及び能率化の見地から一つの台帳にまとめられた。

これにより各自治体内の共通の本人確認基盤が整備され，平成11年の住民基本台帳法改正による住基ネットで全国の各自治体単位で管理していた住民の基本情報を地方自治体共同の本人確認基盤を担う形に整理し，全国共通の本人確認基盤が整備されたのである。

(2) 平成11年8月18日「住民基本台帳法の一部を改正する法律」制定

これは，住基ネットの構築等を目的とする改正であり，その趣旨は，「住民サービスの向上」と「行政事務の効率化」を目的として，「市町村の区域を越えた住民基本台帳に関する事務の処理」「法律で定める国の行政機関等に対する本人確認情報（※1）の提供」「住民基本台帳カード（ICカード）の活用」という3つを実現するというものである。こうして，住民票の記載事項として新たに住民票コードを加え，住民票コードを基に市町村の区域を越えた住民基本台帳に関する事務の処理及び国の行政機関等に対する本人確認情報の提供を行うための体制を整備し，

130　第4章　住基ネット

あわせて住民の本人確認情報を保護するための措置を講ずるという住基
ネットの整備が進められることとなった。

> ※1　**本人確認情報**（法30条の6，令30条の5，規則11条，事務処理要領第
> 　　5－1－サ）
>
> 　　住基ネットにおいて都道府県，指定情報処理機関に記録，保存され，国の行
> 政機関等に提供される情報は，①氏名，②出生の年月日，③男女の別，④住所，
> ⑤マイナンバー（平成27年10月5日以降），⑥住民票コード，⑦付随情報（住
> 民票への記載，消除，修正を行った旨の事由，年月日等）に限られ，これらを
> 「本人確認情報」という。

(3)　平成14年8月5日法施行　住基ネット1次サービス開始

　①住民票コードの住民票への記載，②住民票コード入り住民票の写し
の交付制限，③本人からの住民票コードの記載の変更請求，④市町村長
から都道府県知事へ電気通信回線を通じて本人確認情報を通知，⑤都道
府県知事の法令に定める事務処理のために国の行政機関等への本人確認
情報の提供，⑥都道府県知事の本人確認情報の利用開始，⑦都道府県知
事の事務などを行わせるため，委任都道府県知事から指定情報処理機関
（※2）への本人確認情報の通知等を開始した。

　なお，①については，住民一人一人に11桁からなる住民票コードを付
番し，その通知を行うこととなった。

　⑤の都道府県知事の法令に定める事務処理のために国の行政機関等へ
の本人確認情報の提供により，パスポートの交付申請等多くの手続で，
住民票の写しの添付や証明を受ける必要がなくなっている。

> ※2　**指定情報処理機関**
>
> 　　都道府県知事の本人確認情報処理事務の一部を代わって行うため，旧法第30
> 条の10の規定に基づき総務大臣が指定していた機関。都道府県知事は，本人確
> 認情報処理事務の一部を指定情報処理機関に行わせることができた。指定情報
> 処理機関に事務を行わせることとした都道府県知事を委任都道府県知事と呼び，
> 区域内市町村及び国の行政機関の求めに応じて本人確認情報に関する資料（続

計資料に限定）の提供を除き，委任都道府県知事は，本人確認情報処理事務を
行わない。

　なお，平成11年11月，指定情報処理機関として，財団法人地方自治情報セン
ター（LASDEC）が指定されていたが，機構法の施行に伴い平成26年4月に
解散し，地方公共団体情報システム機構（J-LIS）へ承継された。

⑷　平成15年8月25日　住基ネット2次サービス開始

　①住民票の写しの交付の特例（広域交付），②住基カードの交付，③住
基カードの交付を受けている者又はそのものと同一の世帯員に関する届
出の特例（付記転出届），④転入通知の送受信を開始した。

⑸　平成16年1月29日　公的個人認証サービス開始

　インターネット等によるオンライン手続において，なりすまし，改ざ
ん等の危険性を防ぐための確かな本人確認手段といえる電子署名を，地
理的条件等による利用格差が生じないよう，住民基本台帳に記録されて
いる全国の住民に対して提供する，公的個人認証サービスが開始された。

　住基ネットは，この公的個人認証サービスに不可欠な基盤であり，住
基ネットの保有する情報が，①住民の電子証明書の発行時の本人確認，
②受付窓口端末への基本4情報の提供，③電子証明書の失効リスト作成，
に利用されており，公的個人認証サービスで提供される電子証明書と秘
密鍵（利用者署名符号）の格納媒体として，住基カード（平成28年1月以降
はマイナンバーカード）が利用されている。

⑹　平成24年7月9日　住基ネット利用拡大

　住基カード保有者が転出及び転入を行う際は原則，転入届の特例を受
ける。また，市町村をまたいだ異動を行った場合も原則住基カードを継
続して利用できることとなった。

⑺　平成25年7月8日　外国人住民への適用

　外国人住民についても，住基ネットに関する規定が適用されることに
なった。

⑻　平成27年10月5日　番号法施行

132　第4章　住基ネット

①マイナンバーの住民票への記載，②通知カードによるマイナンバーの通知，③本人からの請求又は職権によるマイナンバーの変更がまず開始された。

①のマイナンバーは，市町村長が住民票コードを機構に通知して番号の生成を求め，機構は住民票コードを変換して唯一無二の12桁の番号を生成し，市町村長に対して通知するものとされた。

(9)　平成28年1月1日　マイナンバーの利用開始

①マイナンバーの利用開始，②マイナンバーカードの交付，③公的個人認証に利用者証明用電子証明書を追加した。

①の利用範囲は番号法により厳しく制限され，まずは社会保障・税・災害対策分野での利用が開始された。

2　住基ネットの仕組み

(1)　個人情報保護が最優先課題

住基ネットは，市町村の区域を越えた住民基本台帳に関する事務の処理，及び国の機関等に対して本人確認情報を提供する仕組みであり，その制度設計からシステムの構築・運用の全段階において，個人情報保護が最優先課題であり続けている。

(2)　住基ネットの構成

住基ネットの整備にあたっては，住民の個人情報を適切に送受信するために，市町村，都道府県及び機構それぞれの組織の役割・業務を明確にし，高い信頼性・安全性を確保するために，最適なシステム機器をそれぞれの機関に導入している。

市町村ではCS（※3）が設置され，都道府県では都道府県サーバ，機構では，機構サーバ及びコールセンター（市町村及び都道府県からの住基ネットの障害連絡や問合せを一元的に受付け対応する施設）がそれぞれ設置されている。

※3　コミュニケーションサーバ（CS）

市町村にすでに設置されている住民基本台帳事務のためのコンピュータと住

基ネットとの橋渡しをするために設置されたコンピュータをコミュニケーショ
ンサーバ（CS）という。

3　住基ネットの業務

(1)　住民票の写しの交付の特例（広域交付）

「第4章—第4」（219頁以下）参照。

(2)　転入通知及び戸籍の附票記載事項通知の送受信

「第3章—第5」（72頁以下）参照。

(3)　転入届の特例

「第4章—第5」（234頁以下）参照。

(4)　マイナンバーカード

「第4章—第3—1」（150頁以下）参照。

(5)　通知カード

「第4章—第3—2」（151頁以下）参照。

(6)　国の行政機関等への本人確認情報の提供（法30条の7，30条の10，

30条の11，令30条の8〜30条の12，規則16条〜21条）

ア　法律や条例で本人確認情報の提供を受けることができる行政機関
等から，住民の居住関係の確認のため求めがあったときに限り，次
の方法により本人確認情報の提供を行う。

(ア)　電気通信回線を通じて，機構の電子計算機から国の行政機関等
の電子計算機に送信する方法

(イ)　機構から本人確認情報を記録した磁気ディスクを国の機関等に
送付する方法

(ウ)　提供の具体的な手法としては，一括提供方式と，端末から照会
条件を入力して即時に照会を実行する即時提供方式があり，一括
提供方式はさらに媒体交換と回線接続の形態に分かれる。

一括提供方式とは，国の行政機関等が，本人確認情報照会対象
者の情報をファイル化して要求を行い，結果についてもファイル
で一括して受け取る方式である。

134 第4章 住基ネット

　　媒体交換は，情報を磁気媒体（DAT等）により交換する形態であり，回線接続は，情報を電気通信回線により送受信する形態である。

　　なお，機構と国の行政機関等のサーバ間にファイアウォールを設置し，通信を暗号化するなど，セキュリティを確保したうえで，本人確認情報の提供は行われている。

イ　機構は，毎年少なくとも一回，本人確認情報の提供状況を公表しなければならず，この公表方法は，官報に掲載することをもって行われている。

(7)　**公的個人認証サービスへの情報提供等**（法30条の11，公的個人認証法3条，22条，認証業務技術的基準3条）

ア　統合端末による発行申請者の本人確認

イ　CS端末アプリケーションを用いて発行申請者の4情報のファイルを作成し，受付窓口端末アプリケーションに取り込む。

ウ　異動等失効情報の提供

　　この情報が電子証明書の失効リスト作成に利用される。

4　住基ネットの運用

(1)　**共通運用時間帯**（住基ネットセキュリティ基準第6－1）

住基ネットのサービスは，市町村，都道府県及び機構が連携してはじめて成り立つものであるため，それぞれに共通の運用時間帯を定める必要がある。その設定に当たっては，次の6つを条件としている。

ア　起動：「機構サーバ→都道府県サーバ→CS」の順とする。

　　停止：「CS→都道府県サーバ→機構サーバ」の順とする。

イ　市町村での広域サービス提供の窓口業務受付時間帯を「共通運用時間帯」として，全国統一する。

ウ　都道府県サーバのオンライン運用終了時刻は，各都道府県で設定する。

エ　CS，都道府県サーバ及び機構サーバでの日次処理は，オンライ

ン運用終了後に行う。

オ　土曜日，日曜日，祝祭日及び年末年始（12月29日～1月3日）は，共通運用時間帯の対象外とする。

カ　共通運用時間帯以外の運用（サービス時間の延長）として，以下の例外がある。

　(ア)　自市町村内で完結する事務処理

　(イ)　関係市町村と調整後の住民票の写しの広域交付

　(ウ)　都道府県と調整後の「本人確認」

(2)　**システム運用**

住基ネットの運用には，次の4つの運用管理機能が実現される。

ア　監視機能

　CS，都道府県サーバ，機構サーバ及びネットワーク機器を対象とした監視機能により高い信頼性，安全性を確保。

イ　ファイルデリバリ機能

　業務プログラムや各種ファイルを機構サーバからCSや都道府県サーバに自動配信可能。これにより，運用業務の大幅な削減を実現。

ウ　コールセンター機能

　市町村及び都道府県からの問合せや障害連絡を機構内に設けたコールセンターで一元的に受付，回答することにより，システムの利便性向上と効率的な運用管理業務を実現。

エ　ジョブスケジューラ機能

　CS，都道府県サーバ及び機構サーバを決められた時刻や順序でジョブを実行することにより，ジョブスケジュールを管理・実行。

(3)　**システム運用体制**（住基ネットセキュリティ基準第2）

運用体制は，市町村，都道府県及び機構が協力して運営することを前提としている。市町村や都道府県には，運用責任者として「システム管理者」を設置する。機構には，市町村や都道府県からの問合せや障害連絡を一元的に受付ける「コールセンター」を設置する。「コールセン

136 第4章 住基ネット

ター」では，受付や回答の内容をデータベース化して，過去の回答を参照しながら迅速かつ的確な対応が行えるため，市町村，都道府県及びコールセンター相互のシステム管理部門の事務処理の負担を軽減でき，効率化が図られる。

5 個人情報保護のための施策

住基ネットは，住民の大切な個人情報を取り扱うことから，個人情報の保護を最も重要な課題としている。このため，制度（法令），技術，運用の3つの側面から個人情報を保護する対策を講じている。

(1) 制度面からの対策

ア 記録する個人情報の限定

都道府県サーバ及び機構サーバが保有する情報は，本人確認情報に法律で限定している（法30条の5，30条の11）。

本人確認情報とは，基本4情報（氏名・住所・性別・生年月日），住民票コード，マイナンバーとこれらの変更情報（※4）を指す。過去150年間分を保存（令30条の6）し，保存期間経過後は，確実に消去することとなっている。

※4 変更情報

変更情報は異動事由（「転入等」「出生」「職権記載等」「転出」「死亡」「職権消除等」「転居」「軽微な修正」「職権修正等」「住民票コードの記載の変更請求」「住民票コードの職権記載等」のいずれか），異動年月日，異動前の本人確認情報。

イ 本人確認情報の利用及び提供の制限

(ア) 本人確認情報を提供できる国の行政機関等及び利用できる事務処理の内容を法律で規定している（法30条の9～30条の15，30条の25，別表1～6）。

(イ) 機構は，本人確認情報の提供先，提供年月，提供件数及び提供方法につき少なくとも年1回は報告書を作成し，公表しなければならない（法30条の16）。

第1　住民基本台帳ネットワーク　*137*

(ウ)　市町村長等以外の者は，第三者に対し，住民票コードの告知を求めてはならない。また，市町村長等以外の者は，業として，住民票コードの記録されたデータベースであって他に提供される予定のものを構成してはならない（法30条の38）。

都道府県知事は，違反行為を行った者に対し，勧告を行うことができる。この勧告に従わない者に対し，都道府県の審議会の意見を聴き，勧告に従うべきことを命ずることができる。この命令に違反したものには罰則が課せられる（法43条）。

ウ　本人確認情報の保護措置

(ア)　市町村及び都道府県の職員並びに機構の役員及び職員，本人確認情報の受領者等の職員若しくはそのような職にあった者は，本人確認情報処理等に関して知り得た秘密を漏らしてはならない。本人確認情報の電子計算機処理等の委託を受けた者若しくはその役員若しくは職員又はこれらの者であった者も同様である。また，違反した場合，罰則の加重もある（法30条の26，30条の30，42条）。

機構の役員及び職員は，みなし公務員規定がある（機構法21条）。

(イ)　市町村長，都道府県知事及び機構並びに本人確認情報の受領者及び本人確認情報の電算機処理等の委託を受けた者は，本人確認情報の漏えい，滅失，毀損の防止及びその他の本人確認情報の適切な管理のために必要な措置を講じなければならない（法30条の24，30条の28）。

エ　住基ネットセキュリティ基準（総務省告示）

住民基本台帳法施行規則（2条，3条，5条，5条の2，7条，12条～21条）に基づき総務大臣が定めた住基ネットセキュリティ基準により，各関係機関が分散管理しているシステム全体を安定運用するための責任体制，個人情報保護対策及び情報セキュリティ対策を義務付けている。

また，マイナンバーカードについては，番号法省令（34条）に基

138 第4章 住基ネット

づき総務大臣が定めた番号カード技術基準により，セキュリティ対策及び技術などが規定されている。

(2) 技術面からの対策

住基ネットにおける個人情報の漏えい，改ざん，破壊，なりすまし等，想定されるあらゆる脅威（リスク）に対し，システム（サーバ，端末及びそこで動くソフト等），ネットワーク（ルータ，ファイアウォールや通信回線等）及びマイナンバーカードのそれぞれに多重な技術的セキュリティ対策を講じている。

このことにより複数の機関により分散管理されている住基ネットを，全体として脅威の顕在化から多層的に防護しており，これらの情報セキュリティ対策の定期及び随時の見直しにより，脅威の変化などへの対応も怠り無く，続けられている。

ア　システムにおけるセキュリティ対策

市町村，都道府県及び機構では，システムセキュリティ対策として

(ア)　端末の不正利用・不正操作防止

- 操作者認証

    認証に生体認証を用いることにより，権限外の住基ネット利用・操作はできない仕組み

- アクセス制御，不審な業務パターンの常時監視，ログ取得と監査も(イ)と同様行われている。

(イ)　重要情報への不正アクセス防止

- アクセス制御

    住基ネットの重要な情報（データベース，ファイル）へのアクセス制御を行っている。また，住基ネットでは，システムが提供している不要なサービスなどは，セキュリティホール（コンピュータソフトウェアの欠陥（バグ，不具合）のひとつ。本来操作できないはずの操作（権限のないユーザが権限を超えた操作を実行できる等）ができてしまったり，見せるべきでない情報が，第三者に見え

てしまうような不具合をいう。) となる可能性があるため，システム上から削除するなどの対策を講じている。

- 不審な業務パターンの常時監視

通常の業務パターンとは異なる端末操作の有無を常時監視。異常があれば，その都度，システム管理者に報告するとともに情報の送信を抑止する。

- ログ取得と監査

不正の監視，早期発見のため各種アクセスログを保存。定期的な監査も実施している。

- 電磁波漏えい盗聴防止

電磁波漏えい対策の規格の機器を採用する等，ディスプレイ画面からの漏えい電磁波の屋外からの探知を防止している。

(ウ) 暗号鍵 (秘密鍵) の不正対策

CS，統合端末，都道府県サーバ，機構サーバ等には，認証，暗号化に使用する鍵の漏えい，改ざんを防止するため，耐タンパー性の高い専用装置 (耐タンパー装置) が装備されている。これにより暗号鍵を，秘匿保持している。この耐タンパー装置は，装置内を分析しようとする行為に対し，自己の内部情報を破壊するなどの手法により，強固に内部情報を秘匿する装置である。

(エ) コンピュータウィルス対策

ワクチンソフトを常時起動させ，コンピュータウィルスの侵入を，早期検知・除去している。このためのウィルス情報 (パターンファイル) は，定期に，また緊急の脅威については随時に，機構から，全国の地方自治体に配信する仕組みが，構築されている。

イ ネットワークにおけるセキュリティ対策

ネットワークは専用回線によって，他のネットワークとは直接接続していない形態である。地方自治体共通のネットワークであり，各機関とネットワークの接続個所には，ファイアウォールを設置し，不正

行為や不正侵入ができないよう制御している。

(ア) ネットワーク上の通信におけるセキュリティ対策

- 通信の暗号化

  通信を暗号化（公開鍵暗号方式により通信ごとに暗号鍵（共通鍵）を渡す方式）することで，盗聴・改ざんを防止

- 電子的記録媒体の暗号化

  格納するデータを暗号化することにより，漏えい・改ざんを防止

- 通信相手との相互認証

  通信相手と相互に認証（公開鍵暗号方式）

- 送信情報を経由するルータ等ネットワーク機器には情報を，保持しない仕様

  転入通知や住民票の写しの広域交付，転出届等は，市町村のCSから都道府県ネットワークを介し，または全国ネットワークを含めた住基ネットを介して各ネットワークの紐帯である専用交換装置を経由して直接，任意の二つのCS間で通信を行う。この通信では，情報によるが本籍情報や続柄等の情報も通信されるが，都道府県サーバや全国サーバは通過することも保有することもない構造となっている。また，専用交換装置は，通過する情報を保存しない仕組みとして独自開発されたものである。

(イ) ネットワークへの不正アクセス・不正侵入防止対策

- ネットワークの物理的又は論理的隔離

  専用回線を使用しているため，他のネットワークを経由した第三者の接続はできないため，不正アクセス・不正侵入を防止している。また，ネットワークへの地方自治体等からの接続個所はファイアウォールを設置。不正行為・不正侵入を防止

- ネットワーク機器による不正アクセス防止対策

  ルータ等のネットワーク機器は，適切なアクセス制御とセ

キュリティホール対策を継続的に施している。

- 不審な通信パターンの監視

　　全国センターに，侵入検知装置（IDS）を導入。不審な通信パターンを24時間体制にて監視している。

- ログ取得と監査

　　不正の監視，早期発見のため各種アクセスログを保存。定期的な監査も実施している。

ウ　マイナンバーカードにおけるセキュリティ対策

(ア)　カードの改造・改ざん，使用者のなりすまし防止対策

- 相互認証

　　カード利用時には必ずCSとの相互認証を行うことにより，カードの偽造，改ざんを防止

- パスワード照合・カードロック機能

　　カード利用時には必ずパスワード照合を行うことにより使用者のなりすましを防止。また，規定回数以上の照合失敗（累積で3回連続して暗証番号入力に失敗）は，カードを，ロックさせる仕組みとなっている。

- カードの一時停止措置

　　カード盗難，紛失等に対し，住民の届出によりカード交付管理システム上一時停止措置をとることが可能。これにより不正利用を防止

(イ)　カード偽造・改ざん防止対策

- 耐タンパー機構（タンパー（tamper）：干渉する；いじくる，いたずらする，勝手に変えるの意）

　　ISO/IEC 15408の認証を受けたカードを使用（番号カード技術基準第3―3）（「ISO/IEC 15408　ITセキュリティ評価基準」は，ITセキュリティの観点から，情報技術に関連した製品及びシステムが適切に設計され，その設計が正しく実装されているかどうかを評価する

142　第4章　住基ネット

ための基準）

　　ICチップは，カード内の情報を読み出そうとする各種の不正行為に対し，チップ自身が防御する対策を有し，こじあけ等の攻撃に対しても，メモリ内情報を読み出せない仕組みにより，情報漏えい・改ざんを防止

　・強制アクセス制御機能

　　　利用権限のない者からの，カードへのアクセスを禁止

　・パスワード設定によるカードの有効化

　　　住民自身によるパスワード設定（4桁の数字）が行われて初めて利用可能なカードとなる仕組み

(3)　**運用面からの対策**

　住基ネットの構築・運営について全地方自治体が取り組むべき，個人情報を保護する上で重要な体制，規程等の整備，監査体制の確立等について義務づけられている。

　ア　セキュリティ対策に関する指針

　　㈠　体制の整備

　　　　各地方自治体は，住基ネットの運営に係る責任体制，監査体制を確立するとともに，職員に対する教育・研修を継続することとが課せられている。

　　㈡　規程類の整備

　　　　各地方自治体は，セキュリティ組織規程，入退室管理規程，委託管理規程等住基ネットの運営に関し必要な規程類を整備しなければならない。

　　㈢　審議会，本人確認情報保護委員会

　　　　本人確認情報の保護に関する事項を調査審議するための組織として，都道府県に本人確認情報の保護に関する審議会。機構に本人確認保護委員会の設置が法律にて義務付けられている（法30条の40，機構法25条）。

第1　住民基本台帳ネットワーク　*143*

(エ)　機構の本人確認情報管理規程

　　総務大臣の認可を受けるためには，本人確認事務の実施にあたり「本人確認情報管理規程」を定めなければならない（法30条の17）。

・本人確認情報取扱規則

　　機構は，本人確認情報の電子計算機処理等を行う場合の遵守すべき事項を定めなければならない。

・入退室管理規則

　　機構は，本人確認情報の電子計算機処理等を行う施設の入退室管理のため必要な事項を定めなければならない。

(オ)　緊急時対応計画

　　万一の場合に備え，地方自治体と機構において，不正アクセスの徴候を発見した場合等における緊急時対応計画を作成するとともに，全地方自治体及び総務省に緊急連絡体制を確立。

(カ)　自己点検と外部監査

　　全地方自治体を対象とした「住民基本台帳ネットワークシステムセキュリティチェックリスト」による点検と，毎年100団体程度を対象とした監査法人等によるシステム運営監査を合わせて実施

(キ)　教育・研修

　　セキュリティ対策を中心に，地方自治体職員・本人確認情報の提供を受ける行政機関の職員向けの研修会を全国で実施。各地方自治体での同様の教育・研修の実施

(ク)　住基ネットの運営，個人情報保護措置，セキュリティ対策，地方自治体の体制などのあり方について幅広く調査審議を行い，総務大臣に意見を述べるため，学識経験者などの専門家や地方自治体の代表者からなる「住民基本台帳ネットワークシステム調査委員会」の設置

144 第4章 住基ネット

(ケ) 行政機関への本人確認情報の提供について，あらかじめ本人確認情報の適切な管理のための措置等について協議をして定めることとするなど，機構は慎重な取扱いを実施

第2 住民票コード

1 住民票コードとは

住民票コードは，住民の本人確認情報への確実で簡易なアクセスを目的としたコードである。そのため，住基ネット稼動時から，全住民に他の住民とは重複しない番号として住民票に記載される事項となった。この住民票コードをもとに市町村の区域を越えた住民基本台帳に関する事務の処理及び国の機関等に対する本人確認情報の提供を行う体制が住基ネットであるともいえる。

住民票コードにより一意に特定の住民の本人確認情報が特定できる実際としては，年金受給者の現況届の例が分かりやすい。厚生労働省及び日本年金機構情報が必ずしも本人確認情報と合致するとはいえない状況にある現在，厚生労働省及び日本年金機構からの現況届に対し住民票コードを記入すれば，それ以降の現況届は不要となる。これは，制度的に住基ネットから年金業務には本人確認情報を利用可能であり，住民票コードにて年金受給者の現況確認（生存確認）が可能だからである。

また，平成18年11月30日最高裁判決により，住民票コードの住民票への記載には，処分性がないとの司法判断が確定している。

(1) **住民票コードとは**（規則1条）

次に掲げる数字をその順序により組み合わせて定めるものとする。

① 無作為に作成された10桁の数字

② 1桁の検査数字（住民票コードを電子計算機に入力するときの誤りを検出することを目的として，総務大臣が定める算式により算出される数字をいう。）

(2) **住民票コードの記載**（法30条の3，令30条の2，事務処理要領第2－1－

第2 住民票コード **145**

(2)-ツ)

ア　直近に住民票の記載をした市町村長が，当該住民票に直近に記載した住民票コードを記載する。

イ　直近に記載した住民票コードが判明しないときは，都道府県知事から指定された住民票コードのうちから選択するいずれか一つの新たな住民票コードを記載する。

ウ　新たに住民基本台帳に記録される者がいずれの市町村においても住民基本台帳に記録されたことがないときは，都道府県知事から指定された住民票コードのうちから選択するいずれか一つの新たな住民票コードを記載する。

エ　以前住民票コードを記載されたことのある海外転出者が国内に転入する場合は，都道府県知事又は機構から本人確認情報の提供を受け，以前記載された住民票コードを確認し，その住民票コードを記載する。

オ　新たに住民票コードを記載したときは，速やかに，その者に対し，記載をした旨及びその住民票コードを書面により通知する。

　　この際，住民票コードが本人又は同一世帯の者以外の目に触れないよう考慮すべきである（平成14.7.12総行市第137号通知）。

　　住民から「住民票コード通知」の再発行を求められた場合の対応としては，住民票の写しの交付での対応とするか，再交付とするかは市町村判断となる（同通知）。

(3)　**住民票コードの記載修正**（令30条の4，事務処理要領第2-2-(5)）

ア　住民票に住民票コードに係る誤記又は記載漏れがあることを知ったときは，事実を確認し，職権でその住民票の修正を行い，職権により住民票コードの記載の修正をした旨及び修正をした年月日を記載する。

イ　住民票コードの記載の修正をしたときは，速やかに，その者に対し，記載の修正をした旨及び新たに記載された住民票コードを書面

146 第4章 住基ネット

により通知する。

　ウ　マイナンバーカードの交付を受けている者の場合は，「イ」の通知と合わせてそのカードの返納を求める。その後の処理は「第4章—第3—2—(2)」(152頁以下) 参照。

2　住民票コードの記載の変更請求 (法30条の4，令30条の3，規則9条の2，10条，事務処理要領第2－2－(4)，(5))

　住民基本台帳に記録されている者は，その市町村の市町村長に対し，理由の如何を問わず，住民票コードの記載の変更を請求することができる。したがって，職員は，変更理由を聴取してはならない。

(1)　請　求　者

　本人若しくは法定代理人 (未成年者及び成年被後見人) が住民票コード変更請求を行い，住民票コード変更通知書を郵送等で送付する場合は，本人に対して通知すること。

(2)　必要なもの

　ア　住民票コード変更請求書

　　　住民票コード変更請求書には請求者に必ず氏名，住所，住民票コードを記載させる。住民票コード欄が，空欄での受付はできない。

　　　ただし，マイナンバーカードを提示し暗証番号を照合した場合は，そのカードから住民票コードを読み出すので，職員が請求書に記載してもよい (事務処理要領第2－2－(4)－ア－(ア))。

　イ　本人確認書類 (令30条の3，規則9条，事務処理要領第2－2－(4)－ア－(イ))

　　　次に掲げるA，Bいずれかの書類 (有効期間の定めがあるものは，有効期間内のものに限る。)。法定代理人が請求する場合は，法定代理人に係るA，Bいずれかの書類及び以下の書類。

　　　未成年者：親権者であることが確認できる戸籍謄本等

　　　成年被後見人：成年後見人であることが確認できる資格書類

　　　ただし，市町村が法定代理人であることを確認できる場合は，市

町村の判断により，戸籍謄本等を省略することができる。

 A マイナンバーカード（有効期間内でカード運用状況が運用中であるもの）又は運転免許証，健康保険証，その他法律又はこれに基づく命令の規定により交付された書類（※5）

 ※5 その他法律又はこれに基づく命令の規定により交付された書類。

  海技免状，電気工事士免状，無線従事者免許証，動力車操縦者運転免許証，運航管理者技能検定合格証明書，猟銃・空気銃所持許可証，特種電気工事資格者認定証，認定電気工事従事者認定証，耐空検査員の証，航空従事者技能証明書，宅地建物取引士証，船員手帳，戦傷病者手帳，教習資格認定証，検定合格証，身体障害者手帳，療育手帳，精神障害者保健福祉手帳，各種年金証書，運転経歴証明書，在留カード，特別永住者証明書，一時庇護許可書，仮滞在許可書等

 B 市町村長が適当と認める書類

  Aの書類が更新中の場合に交付される仮証明書や引換証類，地方公共団体が交付する敬老手帳，生活保護受給者証等，又は交付請求者が本人であることを確認するため，郵便その他市町村長が適当と認める方法によりその請求者に対して文書で照会したその回答書，又は市町村長が総合的に勘案して書類の所持者が本人であると判断できるもの

(3)　請求方法

　窓口又は郵便等によることとなるが，郵便等の場合は(2)-イに掲げる本人確認書類（コピー含む。）等を添付させる。この場合，必要に応じ適宜，電話等により聴聞を行って補足する等慎重に行うことが適当である（事務処理要領第2-2-(4)-ウ）。

(4)　変更処理

 ア 従前記載されていた住民票コードに代えて都道府県知事から指定された住民票コードのうちから選択するいずれか一つの新たな住民

148　第4章　住基ネット

票コードを住民票に記載するとともに，住民票コードの記載の変更
をした旨及び記載の変更をした年月日を記入する。

イ　新たな住民票コードを記載したときは，速やかに，その者に対し，
記載の変更をした旨及び新たに記載された住民票コードを書面によ
り通知する。

ウ　マイナンバーカードの交付を受けている者の場合は，返納届（変
更請求書にマイナンバーカードを返納する旨を記載することにより返納届に
代えてもよい）を添えてマイナンバーカードを返納させ，そのカー
ド運用状況を廃止及び回収とする。返納がなかった場合は住民票
コードの記載の変更処理と連動してカード運用状況を廃止とする
（「第4章―第3―3―(2)」（154頁以下）参照）。

3　住民票コードを記載した住民票の写しの請求（法12条，事務処理要領第2―4―(1)）

(1)	請　求　者	本人又は同一世帯に属する者
(2)	必要なもの	本人確認書類（「第4章―第2―2」（146頁以下）に準ずる。）
(3)	請 求 方 法	窓口又は郵便等（「第4章―第2―2」（147頁以下）に準ずる。） 広域交付の請求は窓口のみ（「第4章―第4」（219頁以下）参照）
(4)	請求に制限	国若しくは地方公共団体の職員による職務上の請求又は弁護士，司法書士，土地家屋調査士，税理士，社会保険労務士，弁理士，海事代理士若しくは行政書士による職務上の請求であっても認められない。
(5)	交　　　付	法第30条の37及び第30条の38において住民票コードの告知要求制限，利用制限等に係る規定が設けられているところであり，住民票コードを記載した住民票の写しの交付にあたっては慎重に取り扱うことが

第2　住民票コード　　*149*

適当である。

(6) 第三者等が
関係する場
合の留意す
べき事項

ア　代理人又は使者から本人あて郵送等の方法での住
民票コード記載住民票の写し等の請求があった場合

代理人又は使者から，本人又は本人と同一世帯に
属する者に係る住民票コードを記載した住民票の写
し等を，本人あてに郵送等することにより交付する
請求があった場合の取扱いは，市町村長の判断によ
りこの請求に応じても良い。

法第30条の38第1項に，市町村長等以外の者は，
何人も，第三者に対し，「当該第三者又は当該第三
者以外の者に係る住民票に記載された住民票コード
を告知することを求めてはならない」と規定してい
る。これは，本人Aの住民票コードに関して，第
三者BがBに対し告知することを求めることを禁
止しているが，第三者BがAに対し告知すること
を求めることを禁止しているわけではないと解され
る。よって，請求者Aの代理人Bが，区市町村の
窓口において，住民票コードが記載された住民票を
Aに郵送するよう求めることは，法第12条第1項，
第30条の38第1項には抵触しない。

法第12条第7項に，郵送による住民票の写し等の
交付請求に関する規定があるが，これは，郵送での
交付請求に対し郵送により交付することについて定
めているものであり，窓口での交付請求に対し郵送
により交付することを定めたものではないと解され
る。よって，窓口での交付請求に対し郵送により交
付することを市町村長に対して義務付けるものでは
ないが，禁止するものでもない。よって，「市町村

の判断によりこの請求に応じることは差し支えない」ということになる。

　法第12条第7項を根拠として，郵送により法第12条第1項に規定する自己又は自己と同一世帯に属する者に係る住民票コードが記載された住民票の写し等の交付請求を行うことは可能である。

イ　法定代理人から住民票コード入り住民票の写し
　　等の交付請求があった場合

　住民票コードが記載された住民票の写しは，本人又は本人と同一の世帯に属する者のみが請求できるものであり，また，住民票コードについては，告知要求制限，利用制限等に係る規定（法30条の37，30条の38）が設けられ，秘密保持義務によって保護されていること等から，請求者が特別な請求を行った場合であっても，市町村長は，これらの規定の趣旨を請求者に十分説明し，その理解を得て，できる限り，住民票コードの記載を省略した写し等を交付することが適当であるとしているところである。したがって，代理人による請求は認めないこととするのが適当である。

　法定代理人が同一世帯員の場合は，同一の世帯に属する者として請求できるので，この限りではない。

第3　マイナンバー

1　マイナンバーとは（番号法1条）

　マイナンバーとは，複数の機関に存在する特定の個人の情報が同一人の情報であることを確認するための番号であり，行政の効率性・透明性を高め，国民の利便性の向上，さらに公平・公正な社会を実現する社会基盤で

第3　マイナンバー　　*151*

ある。平成27年10月以降，マイナンバーは日本国内に住民票を持つ全住民一人一人に付番されている。

マイナンバーは住民票コードを変換して得られる番号であって，他の者と重複することのない11桁の番号の後に1桁の検査用数字を付した12桁の番号により構成される。

2　通知カード

(1)　通知カードとは（番号法7条1項）

通知カードとは，住所地市町村長が指定したマイナンバーを当該者に通知するために紙製のカードである。有効期限はないが，身分証明書として扱うことはできず，マイナンバーの確認にのみ利用できる。

ア　様式及び規格

通知カードの様式及び規格については，番号法省令，番号カード技術基準において規定されているところであり，詳細については次のとおりである。

```
┌─────────────────────────────────────┐
│              通知カード               │
│   個人番号                           │
│   氏　名                             │
│                                      │
│   住　所                             │
│                                      │
│     年　　月　　日生　　性別　　交付地市町村長名  │
│   発行日　　年　　月　　日            │
└─────────────────────────────────────┘
```

備考1　大きさは、縦53.92mm 以上54.03mm 以下、横85.47mm 以上85.72mm 以下とする。
　　2　本人に係る住民票に住民基本台帳法施行令第三十条の二十六第一項に規定する通称が記載されている場合には，氏名／通称として，併せて記載する。
　　3　裏面には追記欄を設ける。

出典：番号法省令　別記様式第1（第9条関係）

イ　表面記載事項（番号法7条1項，番号法省令7条，9条）

(ア)　氏名（外国人住民において住民票に通称が記載されている場合には，

氏名及び通称），住所，生年月日，性別，マイナンバー，通知カードの発行日。

(イ)　(ア)のほか，通知カードである旨の表示，交付地市町村長名及び照合番号の一部として利用するための10桁の英数字を記載する。

(2)　各種手続

①　通知カードの交付

(ア)　通知カードは，郵便などにより送付される（番号法施行令2条2項）が，本人への到達の確実性を高める観点から，転送不要の簡易書留郵便等の信頼性の高い手段によるべきものとされる。

(イ)　通知カードが宛先なし等の理由で市町村に返戻されたときは，通知カード管理簿に記録し，住民票記載事項の確認，調査を行う。以下の場合は，通知カードの返還登録を行ったうえで，当該通知カードを物理的に廃棄する。

A　他の市町村への転出を確認した場合

B　住民票が消除されている場合

これ以外の場合には，返戻された通知カードを保管する。

交付については，本人又は代理人に来庁させること，職員が本人のもとへ出向くこと，再度簡易書留郵便等で本人に送付することにより行う。

なお，住民票記載事項の確認，調査を行った際に，転居，記載事項の変更事由を確認した場合は，当該通知カードの追記欄に変更事項を記載したうえで交付する。

病気，身体の障害その他のやむを得ない理由により本人の出頭が困難である場合などは，職員が本人のもとへ出向くこと，再度簡易書留郵便等で本人に送付することにより通知カードを交付することが望ましい。

(ウ)　返戻された通知カードを，本人来庁，又は職員が本人のもとへ出向き交付する場合，表Iに掲げるいずれかの書類の提示を受け，

本人確認を行う（書類については複写して保存する）。

　ただし，本人確認書類の複写を堅く拒まれる等，特段の場合については，市町村の判断により，提示された本人確認書類の種類並びに本人確認を実施した職員名及びその実施日時等を控えることなど，市町村の職員による厳格な本人確認を確実に実施した旨の記録を行うこととしても，差し支えない（平成28.5.17総行住第171号通知問1）。

　また，本人確認を行う場合には，必要に応じ，適宜，口頭で質問を行って補足する等慎重に行うことが適当である。

㈡　返戻された通知カードを，本人の代理人に交付する場合，表Ⅱに掲げる全ての書類を提示させ，代理人の本人確認及び代理権の確認を行う。また，本人確認を行う場合には，必要に応じ，適宜，口頭で質問を行って補足する等慎重に行うことが適当である。

㈢　返戻された通知カードの保存期間は一定期間（3月程度）とされている。

　しかし，マイナンバー制度が社会に浸透し，行政機関や勤務先等に対し通知カードを提出する場面が多くなっていくことが想定され，通知カードを確実に本人に交付する必要性が生じうることなどから，通知カードの物理的な保管場所の確保や窓口での業務に支障のない範囲において，返戻された通知カードを保管することが望ましい（平成28.3.23総行住第57号通知）。

　通知カードを廃棄する場合は一定期間（3月程度）が経った後，返還登録を行ったうえで，当該通知カードを物理的に廃棄する。ただし，死亡により通知カードが返戻された場合は即時に廃棄してよい（平成28.3.29事務連絡問23）。

154　第4章　住基ネット

• 通知カードの各業務における申請受付方法

出典：平成27年9月29日総行住第138号（最近改正：平成27年12月28日総行住第215号）を元に筆者作成

対象業務	申請者		提出書類	備　考
カード交付（交付時）	本人		• 総務省令等で定める書類（表I） （本人に来庁させ，又は職員が本人のもとへ出向き交付する場合）	通知カードが不達により返戻されたときは，他市町村へ転出している場合又は住民票が消除されている場合を除き，返戻された通知カードを一定期間（3月程度）保管する。なお，交付については，以下のいずれかの方法により行う。 • 本人又は代理人に来庁させ本人確認の上交付する。 • 職員が本人のもとに出向き本人確認の上交付する。 • 再度簡易書留郵便等で本人に送付する。
	代理人	法定代理人	• 総務省令等で定める書類（表II） （法定代理人に来庁させ交付する場合）	
		法定代理人以外の代理人	• 総務省令等で定める書類（表II） （法定代理人以外の代理人に来庁させ交付する場合）	
カード再交付（申請時）	本人		• 再交付申請書 • 総務省令等で定める書類（表I）	• 市町村の判断により，郵送等による再交付申請書の提出も可。 • 15歳未満の者及び成年被後見人の場合は，法定代理人が申請する。 • 本人の旧カードを返納させる。ただし，紛失・焼失による場合は除く。 • 旧カードを紛失・焼失・返納しているときは，住民基本台帳に記録されている個人番号及び個人識別事項を確認する。 〈カード再交付の具体的ケース〉 • 通知カードを紛失し，焼失し，又は著しく損傷した場合 • 通知カードの追記欄が満欄となった場合等
	代理人	法定代理人	• 再交付申請書 • 総務省令等で定める書類（表II）	
		法定代理人以外の代理人	• 再交付申請書 • 総務省令等で定める書類（表II）	
カード再交付（交付時）	本人		• 総務省令等で定める書類（表I） （→カード交付と同じとする）	通知カードが不達により返戻されたときは，他市町村へ転出している場合又は住民票が消除されている場合を除き，返戻された通知カードを一定期間（3月程度）保管する。なお，交付については，以下のいずれかの方法により行う。 • 本人又は代理人に来庁させ本人確認の上交付する。 • 職員が本人のもとに出向き本人確認の上交付する。 • 再度簡易書留郵便等で本人に送付する。
	代理人	法定代理人	• 総務省令等で定める書類（表II） （→カード交付と同じとする）	
		法定代理人以外の代理人	• 総務省令等で定める書類（表II） （→カード交付と同じとする）	
カード返納	本人又は法定代理人		• カード返納届 • 通知カード	• 郵送等又は法定代理人以外の代理人による届出も可。 • 15歳未満の者及び成年被後見人の場合は，法定代理人が届出を行う。

第3 マイナンバー **155**

表Ⅰ　本人に関する総務省令等で定める書類

次の①又は②に掲げるいずれかの書類

書　　　類	条　件　等
① A書類（注1）1点	
② B書類（注2）2点（当該書類の提示を受けるとともに当該書類の提示を行う者又はその者と同一の世帯に属する者に係る住民票の記載事項について申告を受けることその他市町村長が適当と認める措置を取ることにより当該書類の提示を行う者が当該書類に記載された個人識別事項により識別される特定の個人と同一の者であることが確認できる場合には，1点）	

表Ⅱ　代理人に関する総務省令等で定める書類

次に掲げる全ての書類

書　　　類	条　件　等
交付申請者に係る表Ⅰの①又は②に掲げる書類	
交付申請者の指定の事実を確認するに足る書類	法定代理人の場合： 戸籍謄本その他その資格を証明する書類（本籍地が管内であり，市町村が法定代理人であることを確認できる場合は，市町村長の判断により，書類の提示を省略可能。また，15歳未満の者が本人である場合で，本人と法定代理人とが同一世帯かつ親子の関係にあることが住民票により確認できる場合には，市町村長の判断により，法定代理人の氏名及び続柄を通知カード管理簿の備考欄に記載することにより，書類の提示を省略可能） 法定代理人以外の代理人の場合： 委任状等，本人が代理人を指定した事実を確認できる書類
代理人に係る表Ⅰの①又は②に掲げる書類	

注1　A書類としては，個人番号カード，住民基本台帳カード（写真付きのものに限る。），旅券，運転免許証，運転経歴証明書（平成24年4月1日以後に交付されたものに限る。），身体障害者手帳，療育手帳，精神障害者保健福祉手帳，在留カード，特別永住者証明書，一時庇護許可書，仮滞在許可書，海技免状，電気工事士免状，無線従事者免許証，動力車操縦者運転免許証，運航管理者技能検定合格証明書，猟銃・空気銃所持許可証，特種電気工事資格者認定証，認定電気工事従事者認定証，耐空検査員の証，航空従事者技能証明

156 第4章 住基ネット

書，宅地建物取引士証，船員手帳，戦傷病者手帳，教習資格認定証，検定合格証，官公署がその職員に対して発行した身分証明書等が考えられる。

注2 B書類としては，A書類が更新中の場合に交付される仮証明書や引換証類，地方公共団体が交付する敬老手帳，生活保護受給者証，健康保険の被保険者証，医療受給者証，各種年金証書，児童扶養手当証書，特別児童扶養手当証書等が考えられる。また，官公署発行の書類のみならず，住民名義の預金通帳，民間企業の社員証，学生証，学校名が記載された各種書類等が考えられる。

② 通知カードの再交付

ア 再交付申請書の受理

㋐ 再交付の事由

通知カード又はマイナンバーカードの交付を受けている者から，次に掲げる事由により再交付申請があった場合，その者に係る通知カードを再交付しなければならない（番号法省令11条1項）。

A 通知カードの交付を受けている場合

⒜ 通知カードを紛失し，焼失し，又は著しく損傷した場合

⒝ 通知カードの追記欄に余白がなくなった場合

⒞ 通知カードの交付又は通知カードの追記処理（追記欄等に変更に係る事項を記載し，これを返還する措置）が錯誤，過失によってされた場合において，当該通知カードの返還が命ぜられたことにより通知カードを返納した場合

⒟ 国外転出，住基法の適用を受けない者になった，住民票が消除されたことにより通知カードを返納した後，いずれかの市町村の備える住民基本台帳に記録された場合

B マイナンバーカードの交付を受けている場合

⒜ 下記によりマイナンバーカードを返納した場合

・マイナンバーカードの有効期限が満了したとき

第3 マイナンバー　*157*

- 転出届をした際に，最初の転入届を受けた市町村長にマイナンバーカードの提出を行うことなく，最初の転入届をした日から90日を経過し，又は当該市町村から転出したとき
- 住民票に記載されている住民票コードについて記載の修正が行われたとき
- 通知カードの交付又は通知カードの追記処理が錯誤，過失によってされた場合において，当該通知カードの返還が命ぜられたとき

⒝　任意にマイナンバーカードを返納した場合（番号法施行令15条4項）

⒞　国外転出，住基法の適用を受けない者になった，住民票が消除されたことによりマイナンバーカードを返納した後，いずれかの市町村の備える住民基本台帳に記録された場合

⒟　マイナンバーカードを紛失し，焼失し，若しくは著しく損傷したとき又はマイナンバーカードの機能が損なわれた場合（マイナンバーカードの再交付を求める場合を除く。）

⒠　マイナンバーカードの追記欄の余白がなくなった場合（新たなマイナンバーカードの交付を求める場合を除く。）

C　A及びBに掲げる場合のほか，住所地市町村長が特に必要と認める場合

⑷　再交付申請書の記載事項（番号法省令11条）

通知カードの再交付を受けようとする者に対し，次に掲げる事項を記載した再交付申請書を提出させる。

A　再交付を受けようとする旨及びその事由

B　再交付申請者の氏名及び住所

C　再交付申請者のマイナンバー又は生年月日及び性別

なお，交付申請者の連絡先を把握するため，交付申請者の電

158　第4章　住基ネット

話番号を併せて記載させることが望ましい。

再交付申請書の様式は，次に掲げるとおりとする。

出典：平成27年9月29日総行住第137号（最近改正：平成29年3月27日総行住第95号）

通知カード再交付申請書

△△△△長　様

平成　　年　　月　　日

個 人 番 号		生年月日 ※1		性別 ※1	男・女
氏　　　　名					㊞
住　　　　所					
電 話 番 号					
再交付を受 けようとす る 事 由 ※2					

※1　個人番号がわからない場合は，生年月日と性別を記載してください。
※2　再交付の事由が「紛失」の場合には，紛失した事実を証する書類等を添付して
　　ください。

代理人申請の場合は，下記に記入してください。

代 理 人		㊞	本人との関係	
住　　　　所				
電 話 番 号				

※事務処理記載欄

受付担当者	受付年月日
	平成　　年　　月　　日

（参考）　個人番号の記載がある場合は，生年月日と性別に加えて，住所の記載も省略
　　　することが可能です。

160　第4章　住基ネット

(ウ)　署名又は記名押印

　　再交付申請書には，交付申請者又はその法定代理人の署名又は記名押印を求める。

(エ)　郵便等又は代理人による再交付申請書の提出

　　郵便等又は代理人による再交付申請書の提出については，イ－(ア)から(ウ)までの方法により，再交付申請者が本人であることの確認を行うことが可能である場合には，市町村の判断により，その受理を行うことができる。

(オ)　電子情報処理組織を使用した再交付申請

　　電子情報処理組織を使用した再交付申請については，イ－(ア)から(ウ)までの方法により，再交付申請者が本人であることの確認を行うことが可能な場合には，市町村の判断により，その受理を行うことができる。当該申請については，入力する事項についての情報に電子署名を行わせ，当該電子署名を行った者を確認するために必要な事項を証する電子署名と併せてこれを送信させることにより，本人確認を行う（情報通信技術利用法3条1項，情報通信技術利用法施行規則3条，4条1項，2項）。

(カ)　二重交付の禁止

　　通知カードの再交付を受けようとするときは，再交付申請書の提出とあわせて，現に交付を受けている通知カード又はマイナンバーカードを返納させる（通知カード又はマイナンバーカードを紛失又は焼失した場合を除く。）（番号法省令11条2項）。

　　なお，通知カード又はマイナンバーカードを紛失又は焼失した場合において，通知カードを再交付するときは，その事実を疎明するに足りる書類を提出させる。当該事実を証明する書類としては，次に掲げるいずれかの書類とする。

A　遺失届を届け出た警察署及びその連絡先並びに遺失届受理番号が記載された通知カード紛失届又はマイナンバーカード

紛失届

　　Ｂ　消防署又は市町村の発行する罹災証明書

　　Ｃ　Ａ又はＢに掲げる書類の提出が困難な場合には，紛失又は
　　　焼失の経緯を記載した書類

　　　なお，Ａの書類が提出された場合にあっては，その場で当該
　　書類に記載された連絡先に連絡し，遺失届の届出の有無を確認
　　すること。

　　　マイナンバーカードの返納を受けた場合は，カード運用状況
　　を廃止及び回収とし，マイナンバーカードの返納を受けること
　　が出来ないと認められる場合は，カード運用状況を廃止とする。

イ　発行

　㋐　再交付申請者による再交付申請書の提出の受理の際に，再交
　　付申請者から表Ⅰに掲げるいずれかの書類の提示を受け（番号
　　法省令11条３項），再交付申請者が本人であることを確認する。

　㋑　代理人による再交付申請書の提出の受理の際には，代理人か
　　ら表Ⅱに掲げる全ての書類を提示させ，代理人の本人確認及び
　　代理権の確認を行う。

　㋒　再交付申請の受理の際に，再交付申請者が通知カード又はマ
　　イナンバーカードを紛失，焼失，又は返納している場合その他
　　これに準ずる場合には，住民基本台帳に記録されているその者
　　のマイナンバー及び個人識別事項を確認するものとする。

　㋓　再交付については通知カードの交付に準じて取り扱う。

③　通知カードの表面記載事項変更

　⑴　転入届の受理の際に講ずべき措置（番号法７条４項，番号法省令
　　10条）

　　ア　通知カードの交付を受けている者から転入届を受理する際に
　　は，当該通知カードを転入届と同時に提出させ，届出年月日及

び新たな住所を裏面の追記欄に記載し，「転入」と明記してこれに職印を押す。転入処理の完了後，住民記録システム又は統合端末によりマイナンバーカードの交付申請書の情報を更新し，登録する。

なお，この場合においては，統合端末から出力したマイナンバーカードの交付申請書（住民記録システムとCSが当該転入処理について即時に連携していない場合には，空白のマイナンバーカード交付申請書）を手交等することにより，マイナンバーカードの交付申請を行うよう案内することが望ましい。

イ　代理人から転入届を受理する際には，本人の通知カードを提示させ，委任状等を提出させることにより代理権の授与等を確認することが出来た場合には，アに準じて取り扱う。ただし，代理人が，本人と同一の世帯に属するものである場合には，委任状等の提出は必要ない。また，代理人が本人と同一の世帯に属するものでない場合には，マイナンバーの記載のある交付申請書を手交することはできない。

(2)　通知カード表面記載事項変更届（番号法7条5項，番号法省令10条）（165頁参照）

ア　市長村長は，通知カードの表面記載事項に変更を生じたときは，当該通知カードを添えて，通知カードの表面記載事項の変更内容並びにその者の氏名及び住所を記載した変更届を提出させる。

イ　通知カードの表面記載事項の変更届又は転入届の際に(1)の処理がされていない通知カードについて，当該処理に係る届出があった場合は，当該届出の届出年月日及び変更後の内容を裏面の追記欄に記載し，「転居」若しくは「職権修正」又は「転入」等と明記してこれに職印を押す。表面記載事項の変更処理の完了後，住民記録システム又は統合端末によりマイナンバーカー

ドの交付申請書の情報を更新し，登録する。

　なお，この場合においては，統合端末から出力したマイナンバーカードの交付申請書（住民記録システムと CS が当該変更処理について即時に連携していない場合には，空白のマイナンバーカードの交付申請書）を手交等することにより，マイナンバーカードの交付申請を行うよう案内することが望ましい。

ウ　代理人による変更届を受理する際には，本人の通知カードを提示させ，委任状等を提出させることにより代理権の授受等がなされていることを確認することができた場合には，(1)－アに準じて取り扱う。

エ　通知カードの追記欄への記載例

　(ア)　転入　東京都高尾市東町１丁目６番地１　平成30年○月○日　職印

　(イ)　転居　東京都高尾市西町２丁目３番地１　平成30年○月○日　職印

　(ウ)　転入　東京都高尾市東町２丁目１番地１　平成30年○月○日（前住所地未追記）　職印

　　※　転入届を受理した際に前住所地の追記がされていない通知カードが提出された場合

　(エ)　通称　山本　太郎　平成30年○月○日　職印

　　※　外国人住民に係る住民票に通称の記載を行う場合

　(オ)　通称削除　平成30年○月○日　職印

　　※　外国人住民に係る住民票に通称の削除を行う場合

　(カ)　平成30年○月○日　国外転出により返納　職印

　　※　国外への転出により通知カードの返納を受けた場合

　年月日は，通知カードの表面記載事項の変更届出の年月日（転入届又は転居届の際に通知カードが持参されなかった場合は，後日になされた表面記載事項の変更届出の年月日）を記載

164　第4章　住基ネット

する。職印としては，市町村長印，市町村印，組織の長（住民課長等）の印，組織（住民課等）の印，これらの略称印等が考えられる。

　なお，通知カードの追記欄への記載を誤った場合には，二重線を引き訂正印として職印を押下し，正しい事項を追記欄に追記する（平成28.3.29事務連絡問15）。

④　通知カードの紛失届（番号法7条6項）
　ア　通知カードの交付を受けている者は，通知カードを紛失したときは，直ちに，その旨を住所地市町村長に届け出なければならない。
　イ　電話又は窓口での口頭による届出も受理することとし，氏名，住所並びにマイナンバー又は生年月日及び性別等の申告を求め，本人確認を行う。
　　　また代理人による届出も受理することとし，本人確認とあわせて，通知カードの交付を受けている者との続柄等の申告を求め，代理権を授与した事実の確認を行う。
　ウ　通知カードを紛失した旨の届出の受理状況について，通知カード管理簿に記録して，管理する。
　エ　通知カード紛失届の様式は，166頁を参照。

第3　マイナンバー　　*165*

出典：平成27年9月29日総行住第137号（最近改正：平成29年3月27日総行住第95号）

通 知 カ ー ド
表面記載事項変更届

△△△△長　様

平成　　年　　月　　日

個 人 番 号		生年月日 ※1		性別 ※1	男・女
氏　　　　名					㊞
住　　　　所					
電 話 番 号					
変 更 理 由					

※　個人番号がわからない場合は，生年月日と性別を記載してください。

変更のある事項について以下に記入してください。

新しい生年月日		新しい性別	男・女
新しい氏名			
新しい住所			

通称に関する事項について届け出る場合は，以下のいずれかの□欄にチェックをつけてください。通称の記載にチェックをつけた場合は，その通称を記入してください。

通称の記載　□		通称の削除　□	

代理人による届出の場合は，下記に記入してください。

代 理 人		㊞	本人との関係	
住　　　　所				
電 話 番 号				

※事務処理記載欄

受付担当者	受付年月日
	平成　　年　　月　　日

（参考）　個人番号の記載がある場合は，生年月日と性別に加えて，住所の記載も省略することが可能です。

166　　第4章　住基ネット

出典：平成27年9月29日総行住第137号（最近改正：平成29年3月27日総行住第95号）

通知カード紛失届

△△△△長　様

平成　　年　　月　　日

個 人 番 号		生年月日 ※1		性別 ※1	男・女
氏　　　名				㊞	
住　　　所					
電 話 番 号					
紛失の経緯					
遺失届を 届け出た 警 察 署 ※2	（　　　　　　　　　　　）警察署 電話番号　（　　　）　　―				
遺 失 届 受理番号 ※2					

※1　個人番号がわからない場合は，生年月日と性別を記載してください。
※2　通知カードの再交付を希望しない場合は，遺失届を届け出た警察署及び遺失届
　　受理番号は記載不要です。

代理人による届出の場合は，下記に記入してください。

代　理　人	㊞	本人との関係	
住　　　所			
電 話 番 号			

⁝

※事務処理記載欄

受付担当者	受付年月日
	平成　　年　　月　　日

（参考）• 個人番号の記載がある場合は，生年月日と性別に加えて，住所の記載も省略
　　　　することが可能です。
　　　　• 本届出書の提出と同時に個人番号カードの交付申請を行う場合は，「遺失届
　　　　を届け出た警察署」及び「遺失届受理番号」の記載を省略することが可能です。

第3 マイナンバー 167

⑤ 紛失した通知カードを発見したとき（番号法省令12条）

通知カードを紛失した旨の届出をした者（通知カードの再交付を受けた者を除く。）から，紛失した通知カードを発見した旨の届出を受けたときは，通知カード管理簿に記録するとともに，本人確認書類及び発見した通知カードを提示させる。

⑥ 通知カードの返納

ア 通知カードの交付を受けている者が次のいずれかに該当した場合には，通知カード管理簿に記録するとともに，通知カード返納届出を添えて返納させる。

(ｱ) マイナンバーカードの交付を受けようとするとき。

(ｲ) 本人の請求又は職権による従前のマイナンバーに代わるマイナンバーの指定により通知カードの返納を求められたとき。

(ｳ) 通知カードの再交付を受けた場合において，紛失した通知カードを発見したとき。

(ｴ) 通知カードの交付又は通知カードの追記処理が錯誤に基づき，又は過失によってされた場合において，当該通知カードを返納させる必要があると認められ，当該通知カードの返納を命ぜられたとき。

イ 通知カードの交付を受けている者が次のいずれかに該当した場合には，通知カード管理簿に記録するとともに，該当したときの住所地市町村長（以下「直前の住所地市町村長」という。）は，当該通知カードに通知カード返納届を添えて返納させる。

(ｱ) 国外に転出したとき。

(ｲ) 住民基本台帳法の適用を受けないものとなったとき。

(ｳ) 住民票が消除されたとき（(ｱ)以外の転出，死亡，国籍取得若しくは国籍喪失をしたときを除く。）。

また，当該通知カードの交付を受けている者が(ｳ)に該当した場

合には，住所地市町村長において返納を受け付けても差し支えない。この場合は，当該通知カードを回収した旨を直前の住所地市町村に通知し，当該直前の住所地市町村長の了解のもと，住所地市町村において当該通知カードを廃棄する。

ウ　錯誤に基づき，又は過失により通知カードを交付した場合には，当該通知カードの廃棄を命ずることを決定した旨を通知し，又は公示する（番号法施行令6条1項，2項）。

　なお，ア又はイの場合において，他の届出等とあわせて通知カードの返納があったときは，当該届出等に通知カードを返納する旨を記載することにより，通知カード返納届に代えることができる。

　また，郵便等又は代理人による通知カードの返納についても，その受理を行うことができる。

　なお，死亡者の通知カードは返納を求める必要はない。また，死亡者の通知カードが紛失している場合でも，紛失届を提出させる必要はない（平成28.3.29事務連絡問16）。

　通知カード返納届の様式は，169頁を参照。

⑦　通知カードの廃棄

　通知カードの返納を受けた場合，物理的に廃棄する。

　なお，国外への転出により通知カードの返納を受けた場合には，通知カードの追記欄等に転出届の年月日及び「国外転出により返納」等と記載し，職印を押したうえで，返納した者に還付する。これは国外に居住している間，国外でマイナンバーを用いた手続きを行う場合に，自身のマイナンバーを確認できるようにするためである（平成28.2.19総行住第30号通知）。

第3 マイナンバー **169**

出典：平成27年9月29日総行住第137号（最近改正：平成29年3月27日総行住第95号）

通知カード返納届

△△△△長　様

平成　　年　　月　　日

個 人 番 号		生年月日 ※1		性別 ※1	男・女
氏　　　名					印
住　　　所					
電 話 番 号					
返 納 理 由					

※　個人番号がわからない場合は，生年月日と性別を記載してください。

代理人による届出の場合は，下記に記入してください。

代 理 人	印	本人との関係	
住　　　所			
電 話 番 号			

※事務処理記載欄

受付担当者	受付年月日
	平成　　年　　月　　日

（参考）　個人番号の記載がある場合は，生年月日と性別に加えて，住所の記載も省略
することが可能です。

3 参考事項

〔別表１〕通知カードの運用上の留意事項

出典：平成27年9月29日総行住第138号（最近改正：平成27年12月28日総行住第215号）

【注】 全市町村が通知カードの発行を地方公共団体情報システム機構に委任する前提の内容としている。

通知カード

（番号法総務省令第35条第１項の規定により通知カード・個人番号カード関連事務を委任する場合）

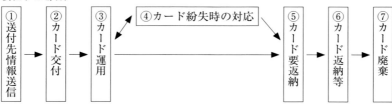

項　　目	概　　要
①送付先情報送信	市町村長は，住民票に新たに個人番号を記載する場合，申請又は職権により個人番号の記載を変更する場合には，送付先情報を作成して機構に送信する。機構は送付先情報に基づき通知カードを作成して，住民に送付する。 なお，紛失や追記欄が満欄となったこと等により，通知カードの再発行を行う場合も同様の手続きとする。
②カード交付 （別添図②参照）	通知カードが不達により返戻されたときは，他市町村へ転出している場合又は住民票が消除されている場合を除き，返戻された通知カードを一定期間（３月程度）保管する。なお，交付については，以下のいずれかの方法により行う。 ・本人又は代理人に来庁させ，本人確認の上交付する。 ・職員が本人のもとに出向き，本人確認の上交付する。 ・再度簡易書留郵便等で本人に送付する。
③カード運用	転入，転居等により通知カードの表面記載事項に変更が生じた場合には，追記欄への記載を行う。

第3　マイナンバー　　*171*

④カード紛失時の対応 （別添図③参照）	通知カードを紛失した旨の届出があった場合には，通知カード管理簿に記録して管理する。
⑤カード要返納	個人番号カードの交付を受ける場合など返納義務が生じているにもかかわらず返納されていない通知カードや新住所地で通知カードを受け取ったにもかかわらず返納されていない前住所地で受け取った通知カードについては，通知カード管理簿に記録して管理する。あわせて，折に触れて返納を促す。
⑥カード返納等	通知カードが返納された場合及び通知カードが不達となって返戻された場合は，通知カード管理簿に記録して管理する。
⑦カード廃棄	返納された通知カードを裁断等の物理的な方法により廃棄処分にする。 以下の理由により不達となって返戻されたカードについても，返還登録を行った上で同様とする。 • 他市町村へ転出している場合 • 住民票が消除されている場合 • 返戻後一定期間（3月程度）を経過しても通知カードの交付ができない場合

（※別添図①〜③は省略）

通知カードの各業務における申請受付方法

対象業務	申請者		提出書類	備　考
カード交付 （交付時）	本人		• 総務省令等で定める書類　　　　※1 （本人に来庁させ，又は職員が本人のもとへ出向き交付する場合）	通知カードが不達により返戻されたときは，他市町村へ転出している場合又は住民票が消除されている場合を除き，返戻された通知カードを一定期間（3月程度）保管する。なお，交付については，以下のいずれかの方法により行う。 • 本人又は代理人に来庁させ本人確認の上交付する。 • 職員が本人のもとに出向き本人確認の上交付する。 • 再度簡易書留郵便等で本人に送付する。
	代理人	法定代理人	• 総務省令等で定める書類　　　　※2 （法定代理人に来庁させ交付する場合）	
		法定代理人以外の代理人	• 総務省令等で定める書類　　　　※2 （法定代理人以外の代理人に来庁させ交付する場合）	
カード再交付 （申請時）	本人		• 再交付申請書 • 総務省令等で定める書	• 市町村の判断により，郵送等による再交付申請書の提出も可。

172　第4章　住基ネット

			類　　　　※1	• 15歳未満の者及び成年被後見人の場合は，法定代理人が申請する。 • 本人の旧カードを返納させる。ただし，紛失・焼失による場合は除く。 • 旧カードを紛失・焼失・返納しているときは，住民基本台帳に記録されている個人番号及び個人識別事項を確認する。 〈カード再交付の具体的ケース〉 • 通知カードを紛失し，焼失し，又は著しく損傷した場合 • 通知カードの追記欄が満欄となった場合等
	代理人	法定代理人	• 再交付申請書 • 総務省令等で定める書類　　　　※2	
		法定代理人以外の代理人	• 再交付申請書 • 総務省令等で定める書類　　　　※2	
カード再交付（交付時）	本人		• 総務省令等で定める書類　　　　※1 （→カード交付と同じとする）	通知カードが不達により返戻されたときは，他市町村へ転出している場合又は住民票が消除されている場合を除き，返戻された通知カードを一定期間（3月程度）保管する。なお，交付については，以下のいずれかの方法により行う。 • 本人又は代理人に来庁させ本人確認の上交付する。 • 職員が本人のもとに出向き本人確認の上交付する。 • 再度簡易書留郵便等で本人に送付する。
	代理人	法定代理人	• 総務省令等で定める書類　　　　※2 （→カード交付と同じとする）	
		法定代理人以外の代理人	• 総務省令等で定める書類　　　　※2 （→カード交付と同じとする）	
カード返納	本人又は法定代理人		• カード返納届 • 通知カード	• 郵送等又は法定代理人以外の代理人による届出も可。 • 15歳未満の者及び成年被後見人の場合は，法定代理人が届出を行う。

※1　本人に関する総務省令等で定める書類

次の①又は②に掲げるいずれかの書類

	書　　　類	条　件　等
①	A書類（注1）1点	
②	B書類（注2）2点（当該書類の提示を受けるとともに当該書類の提示を行う者又はその者と同一の世帯に属する者に係る住民票の記載事項について申告を受けることその他市町村長が適当と認める措置を取ることにより当該書類の提示を行う者が当該書類に記載された個人識別事項により識別される特定の個人と同一の者であることが確認できる場合には，1点）	

第3　マイナンバー　　*173*

※2　代理人に関する総務省令等で定める書類

次に掲げる全ての書類

書　　　類	条　件　等
交付申請者に係る※1の①又は②に掲げる書類	
交付申請者の指定の事実を確認するに足る書類	法定代理人の場合： 戸籍謄本その他その資格を証明する書類（本籍地が管内であり，市町村が法定代理人であることを確認できる場合は，市町村長の判断により，書類の提示を省略可能。また，15歳未満の者が本人である場合で，本人と法定代理人とが同一世帯かつ親子の関係にあることが住民票により確認できる場合には，市町村長の判断により，法定代理人の氏名及び続柄を通知カード管理簿の備考欄に記載することにより，書類の提示を省略可能) 法定代理人以外の代理人の場合： 委任状等，本人が代理人を指定した事実を確認できる書類
代理人に係る※1の①又は②に掲げる書類	

注1　A書類としては，個人番号カード，住民基本台帳カード（写真付きのものに限る。），旅券，運転免許証，運転経歴証明書（平成24年4月1日以後に交付されたものに限る。），身体障害者手帳，療育手帳，精神障害者保健福祉手帳，在留カード，特別永住者証明書，一時庇護許可書，仮滞在許可書，海技免状，電気工事士免状，無線従事者免許証，動力車操縦者運転免許証，運航管理者技能検定合格証明書，猟銃・空気銃所持許可証，特種電気工事資格者認定証，認定電気工事従事者認定証，耐空検査員の証，航空従事者技能証明書，宅地建物取引士証，船員手帳，戦傷病者手帳，教習資格認定証，検定合格証，官公署がその職員に対して発行した身分証明書等が考えられる。

注2　B書類としては，A書類が更新中の場合に交付される仮証明書や引換証類，地方公共団体が交付する敬老手帳，生活保護受給者証，健康保険の被保険者証，医療受給者証，各種年金証書，児童扶養手当証書，特別児童扶養手当証書等が考えられる。また，官公署発行の書類のみならず，住民名義の預金通帳，民間企業の社員証，学生証，学校名が記載された各種書類等が考えられる。

174　第4章　住基ネット

①　カード運用

項番	市町村窓口での発生事象	市町村窓口での対応案	関連項番	備　考
1	通知カードを持参して転入届又は転居届があった場合	通知カードの追記欄に「転入又は転居,（新住所）,（届出年月日）」を記載し,職印を押す。 職印としては,市町村長印,市町村印,組織の長（住民課長等）の印,組織（住民課等）の印,これらの略称印等が考えられる。 また,届出年月日は通知カードの表面記載事項の変更届出の年月日を記載する（転入届又は転居届の際に通知カードが持参されなかった場合は,後日になされた表面記載事項の変更届出の年月日を記載する）ものとし,表面記載事項の変更届出時に,同一事項について未記載の変更履歴が複数あった場合（転居を繰り返している場合等）は,最新の住民票の記載内容だけを変更後の内容として記載する。 なお,転入届を受理した際に前住所地の追記がされていない通知カードが提出された場合は,追記欄に「前住所地未追記」と明記する。 あわせて,転入処理又は転居処理の完了後,個人番号カードの作成に必要となる情報を最新にするために,統合端末において個人番号カードの交付申請書の情報を更新し,登録する。 この場合においては,統合端末から出力した個人番号カードの交付申請書（住民記録システムとコミュニケーションサーバが当該転入処理又は転居処理について即時に連携していない場合には,空白の個人番号カードの交付申請書）を手交等することにより,個人番号カードの交付申請を行うよう案内することが適当である。		（記載例） 転居　東京都千代田区霞が関二丁目一番二号 平成27年○月○日 職印 転入　東京都千代田区霞が関二丁目一番二号 平成27年○月○日 （前住所地未追記） 職印
2	同一世帯員の通知カードを持参して転入届又は転居届があった場合	同一世帯員の通知カードを持ってきた場合には,通知カードの追記欄の記載を行う。 また,転入又は転居により同一世帯となる場合における転入先又は転居先の世帯員からの届出や法定代理人による届出も可。		基本的な対応は項番1に同じ。
3	通知カードの表面記載事項についての職権修正等がなされ,その変更を行う必要が生じたことを市町村が知っている場合	市町村の判断により,届出等の際に通知カードの表面記載事項の変更届出を行うよう口頭で勧奨を行うことも考えられる。 （市町村に対し,届出を督促する通知を行う義務は課せられていない。） なお,本人確認情報の修正処理後,個人番号カードの作成に必要となる情報を最新にするために,統合端末において個人番号		

第3　マイナンバー　　*175*

項番		市町村窓口での対応案		
		カードの交付申請書の情報を更新し，登録する。		
4	市町村合併があった場合	通知カードは引き続き有効であり，市町村の判断により広報誌による表面記載事項（住所）の変更届出の勧奨等を行う。なお，交付地市町村名を変更する必要はない。		

②　カード要返納

項番	市町村窓口での 発生事象	市町村窓口での対応案	関連 項番	備　　考
5	通知カードの返納義務が生じたにもかかわらず，返納が行われない場合	市町村の判断により，届出等の際に口頭で返納勧奨を行う，又は，返納を督促する通知を行う等の対応を行う。（市町村に対し，通知カードの返納義務が生じた旨の通知や通知カードの返納を督促する通知を行う義務は課せられていない。）		
6	通知カードの交付を受けている者が死亡した場合	法令上返納義務はないが，市町村の判断により，遺族に対し返納を求めることも可。		

③　カード廃棄

項番	市町村窓口での 発生事象	市町村窓口での対応案	関連 項番	備　　考
7	通知カードの返納を求めた際，記念品としてカードを保有したい旨の申出があった場合	通知カードは，本来，個人番号の本人への通知及び個人番号の確認のために発行されるものであること等に鑑み，記念品としてカードを保有することはできない。		
8	返納を受けた通知カードを一定期間保存し，まとめて廃棄することが効率的であると認められる場合	盗難防止のための保管庫等で厳重な保管を行うことが可能である場合は，まとめて廃棄することも差し支えない。		

④　外国人住民に対するカード発行等

項番	市町村窓口での 発生事象	市町村窓口での対応案	関連 項番	備　　考
9	通知カードの交付を受けている外国人住民に係る住民票に通称の記載又は削除を行う場合	原則として，同日に通知カードの表面記載事項の変更届出を行う必要があることを案内し，カードを持参していない場合には，再度来庁するよう案内する。カードを持参していないが，申出日に通称の記載又は削	1	（記載例） 通称　総務太郎　平成27年○月○日　職印 通称削除　平成27年

| | | 除を行う必要があると市町村で判断を行った場合には，後日必ずカードを持参し，カードの表面記載事項の変更届出を行うよう案内する。
この場合において，通称の記載又は削除の申出書にカードの表面記載事項の変更届出を行う旨を記載することにより，変更届の提出に代えることができる。
通知カードの追記欄に「通称，（住民票に記載された通称），（届出年月日）」又は「通称削除，（届出年月日）」を記載し，職印を押す。
また，届出年月日は通知カードの表面記載事項の変更届出の年月日を記載する（住民票に通称の記載又は削除を行った年月日と同日が原則であるが，通称の記載又は削除をした際に通知カードが持参されなかった場合は，後日なされた表面記載事項の変更届出の年月日を記載する）。
あわせて，表面記載事項の変更処理の完了後，個人番号カードの作成に必要となる情報を最新にするために，統合端末において個人番号カードの交付申請書の情報を更新し，登録する。
この場合においては，統合端末から出力した個人番号カードの交付申請書（住民記録システムとコミュニケーションサーバが当該変更処理について即時に連携していない場合には，空白の個人番号カードの交付申請書）を手交等することにより，個人番号カードの交付申請を行うよう案内することが適当である。 | | ○月○日　職印 |
| 10 | 通知カードの交付を受けている外国人住民から，国外への転出届があった場合 | 転出届の際に，返納届を提出させ，通知カードを返納させる。
なお，転出届に通知カードを返納する旨を記載することにより，返納届の提出に代えることができる。
返納を受けた通知カードに国外への転出により返納を受けた旨を表示し，当該通知カードを返納した者に還付する。 | | 日本国籍を有する者の国外への転出届があった場合も同様とする。 |

⑤　通知カード（番号通知書類）再交付

項番	市町村窓口での発生事象	市町村窓口での対応案	関連項番	備　考
11	通知カードの紛失又は盗難により，通知カードのみ再交付する場合	個人番号カードの交付を勧奨し，交付の希望がある場合は統合端末で交付申請書を出力して手交する。 通知カードの再交付を希望する場合は再交付申請書を提出させ，送付先情報を作成し	13 14	住民の責による再交付の場合，再交付費用を徴収する市町村は再交付費用を徴収する。

		て機構に送信する。		機構からは通知カードのみを送付する。
12	番号通知書類一式を紛失し,書類一式の再交付の希望があった場合	統合端末で個人番号カード交付申請書を出力して手交し,個人番号カードの交付を勧奨する。 通知カードの再交付を希望する場合は再交付申請書を提出させ,送付先情報を作成して機構に送信する。このとき,個人番号カード交付申請書は統合端末で出力したものを手交しているので,再交付の対象は通知カードのみとする。	11	住民の責による再交付の場合,再交付費用を徴収する市町村は再交付費用を徴収する。 機構からは通知カードのみを送付する。
13	通知カードの追記欄の余白が無くなった場合	個人番号カードの交付を勧奨し,交付の希望がある場合は統合端末で交付申請書を出力して手交する。 通知カードの再交付を希望する場合は再交付申請書を提出させ,送付先情報を作成して機構に送信する。 なお,追記欄へのシール貼付による対応も可能である。	11 14	追記欄の余白がなくなった場合,手数料の徴収対象とはならない。 機構からは通知カードのみを送付する。
14	通知カードを焼失又は著しく損傷した場合	個人番号カードの交付を勧奨し,交付の希望がある場合は統合端末で交付申請書を出力して手交する。 通知カードの再交付を希望する場合は再交付申請書を提出させ,送付先情報を作成して機構に送信する。	11 13	住民の責による再交付の場合,再交付費用を徴収する市町村は再交付費用を徴収する。 機構からは通知カードのみを送付する。
15	個人番号の変更請求があり,市町村長が当該請求を受理した場合	既存住基システム又は統合端末から個人番号変更要求を行い,変更後の個人番号を住民票に記載する。本人確認情報の更新を行った後,送付先情報を作成して機構に送信する。 住民が保有している通知カード又は個人番号カードは返納してもらう。 なお,通知カード又は個人番号カードの返納があった場合には,個人番号カードの交付又は再交付を勧奨し,交付又は再交付の希望がある場合には,個人番号の変更処理の完了後,統合端末で交付申請書を出力して手交する。		
16	住民から通知カード再交付申請が提出された際に,現に保有している通知カードの取扱いについて,その場で返納すべきか尋ねられた場合	番号法総務省令第11条第2項において「現に交付を受けている通知カードを紛失し,又は消失した場合を除き,通知カードを返納すること」となっていることから,住民が再交付申請書を提出する際に,通知カードは窓口に返納させる。何らかの理由でその場で返納できない場合は,後日返納が必要である旨を説明し,回収を徹底する。 なお,通知カード再交付申請を受理する前に,個人番号カードの交付を勧奨すること。		

178 第4章 住基ネット

| 17 | 住民から通知カード再交付申請書が提出された際に，現に保有している通知カードを返却したくない旨を申し出た場合 | 通知カード及び個人番号カードを2枚所持することはできない旨を説明し，番号法総務省令第11条第2項において「現に交付を受けている通知カードを紛失し，又は消失した場合を除き，通知カードを返納すること」となっていることから，住民が再交付申請書を提出する際に，通知カードは窓口に返納させる。 | | |

⑥ 新規交付，その他

項番	市町村窓口での発生事象	市町村窓口での対応案	関連項番	備　考
18	出生，国外転入等により新たに住民票コードが記載された場合	送付先情報を作成して機構に送信する。		機構からは番号通知書類一式を送付する。
19	国外転出により通知カードの還付を受けた者が国内転入し，その後再び住民票の記載が行われた場合	個人番号カードの交付を勧奨し，交付の希望がある場合は統合端末で交付申請書を出力して手交する。通知カードの再交付を希望する場合は再交付申請書を提出させ，送付先情報を作成して機構に送信する。		手数料の徴収対象とはならない。機構からは通知カードのみを送付する。
20	通知カードを紛失等した住民から自らの個人番号の確認を求められた場合	住民に対して，個人番号を教示することは特定個人情報の提供に該当することから，市町村の任意の様式により個人番号を教示することはできない。住民から自らの個人番号の確認を求められた場合，個人番号カードの交付申請による対応が基本となる。また，個人番号をその内容に含む住民票の写し又は住民票記載事項証明書の特別請求により対応することとなる。		

⑦ その他

項番	市町村窓口での発生事象	市町村窓口での対応案	関連項番	備　考
21	虚偽の再交付申請書に基づき通知カードが交付されたことを確認した場合	通知カードを交付した市町村において，カードの交付を受けている者に対しカードの返納を命ずる。番号法第58条（6月以下の懲役又は50万円以下の罰金）に該当し，また刑法第246条（詐欺罪―10年以下の懲役）の罪に該当することも考えられるので，告発を行う。		番号法施行令第6条第1項の「錯誤」には，市町村側に過失がない場合を含む。
22	通知カードの表面記載事項が偽造されたことを確認した場合	刑法第155条（公文書偽造罪―3年以下の懲役又は20万円以下の罰金）の罪として告発を行う。		

第3　マイナンバー　　179

4　マイナンバーカード

(1)　**マイナンバーカードとは**（番号法17条1項，18条）

　住民基本台帳に記載されている者に対し，その者の申請により住所地市町村長が交付するカードで，券面やICチップ（半導体集積回路）に記録された情報や電子証明書により，公的な身分証明書として利用できるほか，住民票の広域交付や転入届の特例，条例で定める事務等に利用することができる。

　ア　様式及び規格

　　　マイナンバーカードの様式及び規格については，番号法省令，番号カード技術基準において規定されているところであり，詳細については次のとおりである。

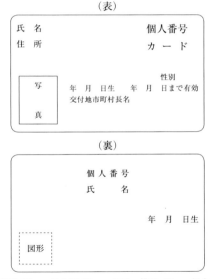

備考1　大きさは，縦53.92mm以上54.03mm以下，横85.47mm以上85.72mm以下とする。
　　2　半導体集積回路を組み込む。
　　3　本人に係る住民票に住民基本台帳法施行令第三十条の二十六第一項に規定する通称が記載されている場合には，氏名／通称として，併せて記載する。
　　4　表面には追記欄を設ける。
　　5　裏面中「図形」の部分については，総務大臣が定める技術的基準によるものとする。

出典：番号法省令　別記様式第2（第25条関係）

180　第4章　住基ネット

イ　券面記録事項・内部記載事項

(ｱ)　表面記載事項（番号法2条7項，番号法施行令1条，番号法省令25条）

① 　氏名（通称が住民票に記載されている外国人住民にあっては氏名及び通称）

② 　住所

③ 　生年月日

④ 　性別

⑤ 　マイナンバーカードの有効期間が満了する日

⑥ 　マイナンバーカードである旨の表示

⑦ 　交付地市町村長名

⑧ 　照合番号の一部として利用するための16桁の英数字及び4桁の数字

⑨ 　写真

　　なお，⑧の16桁の英数字は，マイナンバーカード作成の際に5枚単位で印字されるもので，将来，有効期限月日部分（4桁）と併せて，カード管理状況の問合せを行う際に利用することが想定されている。また，4桁の数字は，照合番号（14桁）として生年月日（6桁）と有効期限西暦部分（4桁）と併せて入力することにより，券面事項入力補助アプリケーションの活用や券面事項確認事項アプリケーションの確認を行うことを可能とするものである（平成27.9.29総行住第139号通知問26）。

　　上記事項を表面に，氏名，生年月日，マイナンバー，二次元コードを裏面に，それぞれ記載する。

　　氏名，通称又は住所の字数が多いため，マイナンバーカードの表面に記載できない部分があるときは，当該部分を表面の追記欄に記載し「何字加入」等と明記してこれに職印を押す。

(ｲ)　内部記録事項（番号法2条7項，番号法施行令1条，番号法省令17条，

18条)

　　ICチップに住民票コード，券面事項確認情報（(ア)の①から⑤，⑧，⑨及びマイナンバー），署名券面情報，相互認証を行うための情報，条例等で定める事務を処理するために必要な事項を記録する。その他，券面事項確認情報と署名券面情報の暗証番号，その読み取り又は解析を行うための照会番号及び発行市町村のコードを記録する。

ウ　有効期間（番号法省令26条，27条１項）

　(ア)　日本の国籍を有する者，中長期在留者（在留資格が高度専門職第２号又は永住者），特別永住者

　　①　発行の日において20歳以上の者

　　　発行の日から発行の日後10回目の誕生日まで。

　　　ただし，有効期間内の交付申請があった場合には，11回目の誕生日まで。

　　②　発行の日において20歳未満の者

　　　発行の日から発行の日後５回目の誕生日まで。

　　　ただし，有効期間内の交付申請があった場合には，６回目の誕生日まで。

　(イ)　中長期在留者（在留資格が高度専門職第２号又は永住者である者を除く。）

　　　発行の日から在留期間の満了の日まで。

　(ウ)　一時庇護許可者又は仮滞在許可者

　　　発行の日から上陸期間又は仮滞在期間を経過する日まで。

　(エ)　出生による経過滞在者又は国籍喪失による経過滞在者

　　　発行の日から出生日又は国籍喪失日から60日間を経過する日まで。

　　　なお，上記(イ)，(ウ)，(エ)に該当する外国人住民が，マイナンバーカードの交付を受けた後に在留期間の延長等がなされた場合には，

182 第4章 住基ネット

マイナンバーカードの有効期間について変更申請をすることができる。

エ 暗証番号

- 住基ネットに係るアプリケーションに関する暗証番号（住民基本台帳用暗証番号）については，数字4桁
- 券面事項入力補助アプリケーションに関する暗証番号（券面事項入力補助用暗証番号）については，数字4桁

なお，2種類の暗証番号が同一でも差し支えない。

電子証明書に関する暗証番号については187頁を参照。

(2) **各種手続**

① マイナンバーカードの交付

ア 交付申請書の受理

(ア) 交付申請書の記載事項（番号法施行令13条，番号法省令21条，22条）

マイナンバーカードの交付を受けようとするものに対し，次のA，B及びCの事項を記載した交付申請書を提出させ，Dの要件を満たす写真の添付を求める。

A．交付申請者の氏名及び住所

B．マイナンバー又は生年月日及び性別

C．交付申請者又はその法定代理人の署名又は記名押印

D．申請前6月以内に撮影した無帽，正面，無背景の写真であって裏面に氏名等を記載したもの（縦の長さ4.5cm，横の長さ3.5cmの大きさのもの）

ただし，(イ)のBの方法により交付申請書を提出する場合には，Cは不要（番号法省令20条）。

(イ) 交付申請書の提出

下記のいずれかの方法で提出することができる。

A．郵便又は代理人により申請する方法

第3　マイナンバー　*183*

　B．電子情報処理組織を使用した交付申請

　　①　交付申請書に付与されている二次元コードを使用して，スマートフォンその他の端末からマイナンバーカードの申請に係る機構のホームページを通じて申請する方法

　　②　二次元コードを使用して，自動証明写真機から電気通信回線を通じて申請する方法

　　③　交付申請者の使用に係るパソコン等からマイナンバーカードの申請に係る機構のホームページに交付申請書番号を入力して申請する方法

　　④　①から③以外の方法で，交付申請について，入力する事項についての情報に電子署名を行わせ，これを行った者を確認するために必要な事項を証する電子署名と併せてこれを送信することにより，本人確認を行う方法（情報通信技術利用法3条1項，2項）

　　また，住所地市町村長は，交付したマイナンバーカードに係る交付申請書を受理日から15年間保存する（番号法省令23条）。保存の方法は，原本や写しを保存する方法のほかに，電磁的方法によることとして差し支えない。

(ｳ)　住所地以外の市町村長を経由した交付申請書の提出

　　次に掲げる事情があるときは，住所地以外の市町村長を経由して交付申請書を提出することができる（番号法施行令13条1項後段，番号法省令22条の2）。

　A．法人の事務所，事業所その他これに準ずるものにおいて二以上の交付申請者に係る交付申請書を取りまとめることができること。

　B．交付申請者が東日本大震災の影響により交付申請者が記録されている住民基本台帳を備える市町村の区域外に避難することを余儀なくされていること。

C．交付申請者が，配偶者からの暴力による被害者であり，かつ，当該交付申請者が記録されている住民基本台帳を備える市町村の区域外に居住していること。

D．交付申請者が，ストーカー行為等に係る被害を受け，かつ，反復してつきまとい等をされるおそれがあり，かつ，当該交付申請者が記録されている住民基本台帳を備える市町村の区域外に居住していること。

E．交付申請者が児童虐待を受け，かつ，再び児童虐待を受けるおそれ又は監護，教育，懲戒その他18歳未満の児童の福祉のための必要な措置を受けることに支障をきたすおそれがあり，かつ，当該交付申請者が記録されている住民基本台帳を備える市町村の区域外に居住していること

F．BからEまでに掲げる事情に準ずると認められる事情があること。

㈔　二重交付の禁止（番号法省令24条）

　　既にマイナンバーカードの交付を受けている者がマイナンバーカードの交付を受けようとする場合，その者のカード運用状況が運用中又は一時停止であるときは，交付申請書を受理することはできない（再交付，有効期限内の交付の場合を除く。）。

㈕　交付申請書の情報の更新及び登録

　　マイナンバーカードの交付を受けていない者について，次に掲げる事項に変更があった場合には，当該情報を最新にするために，統合端末においてマイナンバーカードの交付申請書の情報を更新し，登録する。

A．氏名（氏名のふりがなを含む。），住所，生年月日，性別，マイナンバー，又は住民票コード

B．在留することができる期間（外国人住民において，法30条の45に規定する区分その他在留資格の変更があった場合に限る。）

第3　マイナンバー　*185*

　　なお，住民が現に来庁している場合には，統合端末から出力
したマイナンバーカードの交付申請書（Aに掲げる事項の変更が
あるときについて，その変更処理が即座に反映できないときは，空白
のマイナンバーカードの交付申請書）を手交付することにより，交
付申請を行うよう案内するのが適当である。

　(カ)　交付申請の取消し

　　マイナンバーカードの交付申請者から交付申請の取消しの申
出を受けた場合には，表Ⅲ（187頁）に掲げる書類により本人確
認を行い，統合端末よりマイナンバーカードの交付取りやめ処
理を行う。この場合において，交付申請取消申出書の提出を求
めることとして差し支えない。

　　電話，代理人による申出も受理する。電話による場合には，
本人確認情報の申告を求め本人確認を行う。代理人による場合
には，本人確認とあわせて交付申請者との続柄等の申告を求め，
代理権授与の事実の確認を行う。

　　申出の受理状況について，市区町村任意様式の記録簿を作成
し，管理する。

　　なお，統合端末においてマイナンバーカードの交付申請者の
情報を再登録する。

イ　発行

　(ア)　写真の取り違え等が生じることのないよう，券面記載事項及
び内部記録事項が正確であることに留意する。

　(イ)　住民票コードをその内部に記録した日から起算して，申請者
の区分に応じた有効期間を設定する（番号法省令26条，27条１項）。

　(ウ)　マイナンバーカードを発行した後，交付申請者に転送不要の
郵便物等の扱いとしてマイナンバーカード交付通知書を送付す
る（マイナンバーカード発行後，直ちにマイナンバーカードを交付す
る場合及び申請時来庁方式によりマイナンバーカードを交付する場合

186　第4章　住基ネット

を除く。)。

　ただし，申請者からやむを得ない理由（長期入院，自宅改築（新築）中，罹災等）により，一時的に転送の手続きがなされている旨の申し出があった場合，転送可能郵便としてマイナンバーカード交付通知書を送ることは差し支えない。この場合，当該理由に関する疎明資料（入院証明，建築確認書，罹災証明書等）の送付や提出を求め，また必要に応じて，転送先に電話等で連絡を行い，マイナンバーカードの交付申請が本人の意思に基づくものであることを確認するのが適当である。

ウ　交付

(ア)　交付申請者または法定代理人に交付する場合

　交付申請者に対し，市町村の窓口への出頭を求めて，マイナンバーカードを交付する。15歳未満の者及び成年被後見人が交付申請者である場合には，交付申請者及び法定代理人の出頭を求め，法定代理人に対してマイナンバーカードを交付する。

　交付に際しては，通知カードの返納を求め，交付申請者に交付する場合には表Ⅲに掲げるいずれかの書類，法定代理人に交付する場合には表Ⅳ（188頁）の書類の提示をしなければならない（番号法17条1項，番号法施行令13条2項本文，番号法施行規則1条2項）。

　なお，本人確認書類については，複写して交付申請書とともに保存する。

　この場合，マイナンバーカードに係る暗証番号の設定については，交付申請者又はその法定代理人自ら設定させる（番号法省令33条1項）。

　また，交付申請者が，住所地市町村長が指定する場所に出頭して交付申請書を提出したときは，名宛人本人に限り交付し，又は配達する方法によりマイナンバーカードを交付することが

できる（番号法施行令13条2項後段，番号法省令23条の2）。この場合，マイナンバーカードに係る暗証番号の設定については，暗証番号設定依頼書に記載させ，住所地市町村長に届出をさせたうえで，住所地市町村長の職員が当該暗証番号を設定する。経由市町村長を経由して交付申請書を提出するときにも準用する。

(イ)　代理人に交付する場合

　　病気，身体の障害等やむを得ない理由により交付申請者の出頭が困難であると認められるときは，代理人に対し市町村窓口への出頭を求め，マイナンバーカードを交付することができる。

　　代理人に対し，表Ⅳに掲げる全ての書類を提示させ，交付申請者の出頭が困難であること，代理人の代理権の存在，代理人が本人であること及び交付申請者が本人であることを確認する（番号法施行令13条3項，番号法規則13条から16条）。この場合，マイナンバーカードに係る暗証番号の設定については，マイナンバーカード交付通知書等の回答書に暗証番号を記載させ，届出をさせたうえで，市町村職員が当該暗証番号を設定する。

表Ⅲ　本人に関する番号法施行規則等で定める書類

出典：平成27年9月29日総行住第138号（最近改正：平成27年12月28日総行住第215号）を元に筆者作成

次の①から⑥までに掲げるいずれかの書類

書　類	条　件　等
①　個人番号カード（有効期間内であって，カード運用状況が運用中である個人番号カードに限る。以下同じ。）又は住民基本台帳カード（有効期間内であって，カード運用状況が運用中である顔写真付きの住民基本台帳カードに限る。以下同じ。）のうち1点	暗証番号を照合できた場合
②　個人番号カード，平成21年4月20日以後に交付された住民基本台帳カード，運転免許証，在留カード又は特別永住者証明書のうち1点	券面表示ソフトウェア等を使用して半導体集積回路に記録された情報（氏名，生年月日，有効期限，顔写真等）が券面事項と一致することを確認できた場合
③　個人番号カード，住民基本台帳カード，旅券，運転免許証，運転経歴証明書（平成24年4月1	同一世帯の住民基本台帳の記載事項（世帯構成，同一世帯の者の生年月日等）について口頭

188　第4章　住基ネット

③	日以降のものに限る。），身体障害者手帳，精神障害者保健福祉手帳，療育手帳，在留カード，特別永住者証明書，一時庇護許可書又は仮滞在許可書のうち1点	で陳述させること等により交付申請者等が本人であることを明らかに確認できた場合
④	③の書類2点	
⑤	③の書類1点かつ市町村長が適当と認める書類（注）1点	
⑥	郵便その他市町村長が適当と認める方法により交付申請者等に対して文書で照会したその回答書	
	③の書類1点又は市町村長が適当と認める書類（注）2点	

表Ⅳ　代理人に関する番号法施行規則等で定める書類

書　　類	条　件　等
郵便その他市町村長が適当と認める方法により交付申請者に対して文書で照会したその回答書	法定代理人の場合は市町村長が必要と認める場合に限る
交付申請者に係る市町村長が適当と認める書類	※2の③の書類2点
	※2の③の書類1点かつ市町村長が適当と認める書類（注）1点
	※2の市町村長が適当と認める書類（注）3点（交付申請者の写真が表示された書類1点以上含む。）
交付申請者の指定の事実を確認するに足る書類	法定代理人の場合：戸籍謄本その他の資格を証明する書類（本籍地が管内であり，市町村が法定代理人であることを確認できる場合は，市町村長の判断により，書類の提示を省略可能。また，15歳未満の者が本人である場合で，本人と法定代理人とが同一世帯かつ親子の関係にあることが住民票により確認できる場合には，市町村長の判断により，法定代理人の氏名及び続柄を通知カード返納届等に記載させることにより，書類の提示を省略可能）法定代理人以外の代理人の場合：委任状等，本人が代理人を指定した事実を確認できる書類（委任状は，交付通知書及び照会回答書と兼ねることとして差し支えない。）
代理人に係る※2の①から⑤までに掲げるいずれかの書類	
本人の出頭が困難であることを証する書類	

注　市町村長が適当と認める書類としては，海技免状，電気工事士免状，無線従事者免許証，動力車操縦者運転免許証，運航管理者技能検定合格証明書，猟

銃・空気銃所持許可証，特種電気工事資格者認定証，認定電気工事従事者認定証，耐空検査員の証，航空従事者技能証明書，宅地建物取引士証，船員手帳，戦傷病者手帳，教習資格認定証，検定合格証，官公署がその職員に対して発行した身分証明書，※2の③の書類が更新中の場合に交付される仮証明書や引換証類，地方公共団体が交付する敬老手帳，生活保護受給者証，健康保険又は介護保険の被保険者証，医療受給者証，各種年金証書，児童扶養手当証書，特別児童扶養手当証書等が考えられる。また，市町村長の判断により，官公署発行の書類のみならず，住民名義の預金通帳，民間企業の社員証，学生証，学校名が記載された各種書類等が考えられる。

② マイナンバーカードの再交付

　ア　再交付申請書の受理

　　　マイナンバーカードの交付を受けている者から，次に揚げる事由により再交付申請があった場合，その者に係るマイナンバーカードを再交付しなければならない（番号法省令28条1項）。再交付申請書の記載事項や再交付方法等については，交付の手続きに準ずる。あわせて交付申請書には再交付を受けようとするその旨及びその事由を記載させる。

　　(ア)　マイナンバーカードを紛失し，焼失し，または著しく損傷した場合

　　(イ)　マイナンバーカードの機能が損なわれた場合

　イ　二重交付の禁止

　　　交付を受けようとする者に対し，現に交付を受けているマイナンバーカードを紛失又は焼失した場合にはその事実を疎明するに足りる書類（2－(3)－(カ)－AからCに掲げるいずれか）を提出させ，それ以外の場合には再交付申請書の提出とあわせて，当該マイナンバーカードを返納させる（番号法省令28条2項，3項）。

　　　マイナンバーカードの返納を受けた場合は，カード運用状況を廃止及び回収とし，返納を受けることができないと認められる場合は，カード運用状況を廃止とする（番号法省令28条4項）。

190　第4章　住基ネット

③　マイナンバーカードの有効期間内の交付

ア　交付申請書の受理

　　マイナンバーカードの交付を受けている者から，次に揚げる事由により交付申請があった場合，現に交付を受けているマイナンバーカードと引き換えに，その者に係る新たなマイナンバーカードを交付する（番号法省令29条1項）。交付申請書の記載事項や交付方法等については，交付の手続きに準ずる。あわせて交付申請書にはその事由を記載させることが望ましい。

(ア)　マイナンバーカードの有効期間の満了する日までの期間が3月未満となった場合

(イ)　マイナンバーカードの表面の追記欄の余白がなくなった場合，その他市町村長が特に必要と認める場合

イ　二重交付の禁止

　　交付を受けようとする者に対し，交付申請書の提出とあわせて，現に交付を受けているマイナンバーカードを提示させる。

　　提示を受けたマイナンバーカードは当該者に返却し，交付に際して，新たに再交付を受けるマイナンバーカードと引換えに回収する。回収したマイナンバーカードは，その運用状況を廃止及び回収とする。

④　マイナンバーカードのその他の手続

ア　転入届出時の措置

(ア)　マイナンバーカードの交付を受けている者が法第24条の2第1項に規定する最初の転入届をする場合，当該マイナンバーカードを転入届と同時に提出させ，届出年月日及び新たな住所を表面追記欄に記載し「転入」と明記してこれに職印を押した上で，これを返還する。また，券面記載事項の変更に伴い，住民基本台帳用暗証番号の入力を経て，内部記録事項を変更する。

その際，変更後の内容が内部記録事項に正確に反映されていることに留意する（番号法17条2項，3項）。

(イ)　任意代理人が本人の代理で上記処理を申し出た場合，本人の住民基本台帳用暗証番号の照合が必要であるため，回答書等に本人によって暗証番号を記載させ，届出をさせたうえで，市町村職員が当該暗証番号を入力する。

なお代理人による最初の転入届については，本人のマイナンバーカードの提示，委任状等の提出により代理権の授与が確認できた場合又は授与等がなされていることをマイナンバーカードの住民基本台帳用暗証番号の照合により確認できた場合（代理人が本人と同一の世帯に属する者又は本人の法定代理人である場合に限る。）については，当該届出を受理しても差し支えない。

イ　券面記載事項の変更届出

(ア)　マイナンバーカードの券面記載事項に変更を生じたときは，当該マイナンバーカードを添えて，変更内容並びにその者の氏名，住所を記載した変更届出を提出させる（番号法17条4項）。このとき転居届出等に券面記載事項の変更届出を行う旨を記載することで，変更届の提出に代えることができる。

(イ)　マイナンバーカードの券面記載事項の変更届又は転入届の際に券面処理等がされていないマイナンバーカード（番号法施行令14条3号に該当していないもの。）について，当該処理に係る届出があった場合は，当該届出の年月日及び変更後の内容を表面追記欄に記載し「転居」若しくは「職権修正」又は「転入」と明記してこれに職印を押した上で，これを返還する。また，券面記載事項の変更に伴い，住民基本台帳用暗証番号の入力を経て，内部記録事項を変更する。その際，変更後の内容が内部記録事項に正確に反映されていることに留意する。任意代理人による暗証番号の入力については転入届出時の措置に準じて取り扱う。

192　第4章　住基ネット

ウ　在留期間更新に伴う有効期間の変更

　　マイナンバーカードの交付を受けた後に次に掲げる場合に該当することとなった外国人住民は，マイナンバーカードの有効期間について，次に定める期間とすることを求めることができる（番号法省令27条2項）。

(ア)　適法に本邦に在留できる期間が延長された場合，発行の日から延長された在留期間満了日まで。

　　ただし，日本国籍を有する者が適用される有効期間が満了する日（以下「仮定有効期間満了日」という。）が，延長された在留期間満了日よりも早い場合又はその者が高度専門職第2号，永住者若しくは特別永住者となった場合には，仮定有効期間満了日まで。

(イ)　在留期間満了後も引き続き本邦に在留することになった場合，発行の日から在留できる期間の満了日まで。

　　ただし，仮定有効期間満了日が，当該在留できる期間の満了日より早い場合には，仮定有効期間満了日まで。

　　なお，代理人による在留期間更新に伴う有効期間変更については，本人のマイナンバーカードを提示させ，委任状等により代理人への代理権の授与が確認できた場合，又は代理権の授与等がなされていることをマイナンバーカードの住民基本台帳用暗証番号の照合により確認できた場合（届出人が本人と同一の世帯に属する者又は法定代理人である場合に限る。）については，当該申請を受理しても差し支えない。

エ　マイナンバーカードの追記欄への記載例

(ア)　転入　東京都高尾市東町1丁目6番地1　平成30年○月○日　職印

(イ)　転居　東京都高尾市西町2丁目3番地1　平成30年○月○日　職印

第3　マイナンバー　　*193*

(ウ)　通称　山川　太郎　平成30年○月○日　職印

　　※　外国人住民に係る住民票に通称の記載を行う場合

(エ)　通称削除　平成30年○月○日　職印

　　※　外国人住民に係る住民票に通称の削除を行う場合

(オ)　氏名（券面から続く）　MACARAGE MACAPAGAL ARROYO　職印

　　　氏名／通称（券面から続く）　ARROYO ／山川　太郎　職印

　　※　氏名及び通称又は住所の字数が多いため，表面に記載できない部分がある場合

(カ)　有効期限を2019年4月1日に変更　平成30年○月○日　職印

　　※　外国人住民が在留期間更新に伴う有効期限変更を申し込んだ場合

(キ)　平成30年○月○日　国外転出により返納　職印

　　※　国外への転出により通知カードの返納を受けた場合

　　年月日は，マイナンバーカードの表面記載事項の変更届出の年月日（転入届又は転居届の際に通知カードが持参されなかった場合は，後日になされた表面記載事項の変更届出の年月日）を記載する。

オ　暗証番号の変更，再設定

　　マイナンバーカードの住基本台帳用暗証番号又は券面事項入力補助用暗証番号の変更又は再設定を行おうとする者に対し，新暗証番号の設定を行う。

(ア)　届出人

　　本人，法定代理人，任意代理人

(イ)　必要なもの

　　当該マイナンバーカード，本人の場合には表Ⅲの書類，代理人の場合には表Ⅳの書類

(ウ) 処理内容

（本人，法定代理人の場合）

　　氏名，住所を記載した暗証番号変更・再設定申請書に当該マイナンバーカードを添えて提出させ，本人又は法定代理人の署名又は記名押印を求める。本人又は法定代理人に，自ら旧暗証番号の入力（変更の場合）及び新暗証番号の設定をさせる。

（任意代理人の場合）

　　任意代理人が本人のマイナンバーカードを添えて暗証番号変更・再設定申請書を提出する場合は，転入届出時の措置に準じて取り扱う。回答書等に変更・再設定申請者によって旧暗証番号（変更の場合）及び新暗証番号を記載させ，届出をさせたうえで，市町村職員が暗証番号の変更・再設定を行う。

カ　マイナンバーカードの紛失届出（番号法17条5項）

　　マイナンバーカードの交付を受けている者から，マイナンバーカードを紛失した旨の届出を受けたときは，個人番号カードコールセンターに届け出るように案内する。届出を受けた個人番号カードコールセンターは，直ちにカード運用状況を一時停止とし，市町村に通知する。また，届出の受理状況についての市町村任意形式の記録簿を作成し，管理する。

(ア) 届出人

　　本人，法定代理人，任意代理人

(イ) 必要なもの

　　委任状（任意代理人の場合）

(ウ) 届出方法

　　個人番号カードコールセンターに届け出るように案内するが，本人の依頼に基づき，代わって個人番号カードコールセンターに連絡することとしてもよい。この場合，電話又は窓口での口頭での届出も受理する。氏名，住所，性別，マイナンバー又は

生年月日等の申告を求め本人確認を行う。代理人による届出は，本人確認とあわせて，マイナンバーカードの交付を受けている者との続柄等の申告を求め，代理権授与の事実確認を行う。

キ　紛失したマイナンバーカードを発見した旨の届出（番号法省令30条）

　　マイナンバーカードを紛失した旨の届出をした者（通知カード又はマイナンバーカードの再交付を受けたものを除く。）からマイナンバーカードを発見した旨の届出を受けた時はカード運用状況を運用中とする。この届出を受理する際には，発見したマイナンバーカード及び本人に対しては表Ⅲの書類，代理人に対しては表Ⅳの書類を提示させる。

ク　廃止または回収

　　次の場合にはマイナンバーカードの廃止又は回収を行う。

(ア)　マイナンバーカードの交付を受けている者から，マイナンバーカード返納届を添えて，マイナンバーカードの返納があった場合，カード運用状況を廃止及び回収とする。

(イ)　マイナンバーカードの交付を受けている者が次のいずれかに該当した場合には，直前の住所地市町村長は，当該マイナンバーカードにマイナンバーカード返納届を添えて返納させ，そのカード運用状況を廃止及び回収とする（番号法施行令15条3項）。

　　A．国外に転出をしたとき

　　B．最初の転入届を行うことなく，届け出た転出の予定日から30日を経過し，又は転入した日から14日を経過したとき

　　C．住民基本台帳法の適用を受けない者となったとき

　　D．住民票が消除されたとき（転出（国外に転出したときを除く。），国籍取得又は国籍喪失，死亡したとき及びA又はCに該当した時を除く。）

196   第4章　住基ネット

(ウ)　マイナンバーカードの交付を受けている者が次のいずれかに
該当した場合には，住所地市町村長は，当該マイナンバーカー
ドをマイナンバーカード返納届を添えて返納させ，そのカード
運用状況を廃止及び回収とする（番号法施行令15条2項，番号法
省令11条5項，28条5項）。

A．マイナンバーカードの有効期限が満了したとき

B．転出届をした際，当該転出届に係る最初の転入届を受けた
市町村長にマイナンバーカードの提出を行うことなく，最初
の転入届をした日から90日を経過し，又はその市町村から転
出をしたとき

C．住民票コードについてその記載に修正が行われたとき

D．本人の請求又は職権による従前のマイナンバーに代わるマ
イナンバーの指定によりマイナンバーカードの返納を求めら
れたとき

E．通知カード又はマイナンバーカードの再発行を受けた場合
において，紛失したマイナンバーカードを発見したとき

F．マイナンバーカードの交付又はマイナンバーカードの追記
処理が錯誤に基づき，又は過失によってされた場合において，
当該通知カードを返納させる必要があると認められ，当該通
知カードの返納を命ぜられたとき

なお，郵便等又は代理人によるマイナンバーカードの返納に
ついても，その受理を行うことができる。

(エ)　マイナンバーカードの交付を受けている者の住民票が消除さ
れたとき（転出又は国籍取得若しくは国籍喪失をした時を除く。）は
(ア)の場合を除き，カード運用状況を廃止とする（番号法施行令
14条4号から6号，令8条の2）。

(オ)　錯誤又は過失によりマイナンバーカードを交付した場合で
あって，当該マイナンバーカードの返納を命ずることが決定し

た旨を通知又は公示したときは，カード運用状況を廃止とする（番号法施行令14条10号，16条）。

ケ　廃棄（番号法施行令17条，番号法省令32条1項）

　　マイナンバーカードの返納を受けた場合，当該マイナンバーカードのICチップの裁断等を行ったうえで廃棄する。

　　なお，国外への転出によりマイナンバーカードの返納を受けた場合，マイナンバーカードの追記欄等に転出届の年月日及び「国外転出により返納」等と記載し，職印を押したうえで返納した者に還付する（番号法省令32条1項）。

198 第4章 住基ネット

5 参考事項

〔別表２〕個人番号カードの運用上の留意事項

出典：平成27年9月29日総行住第138号（最近改正：平成27年12月28日総行住第215号）

【注】 全市町村が個人番号カードの発行を地方公共団体情報システム機構に委任する前提の内容としている。

個人番号カード

（番号法総務省令第35条第1項の規定により通知カード・個人番号カード関連事務を委任する場合）

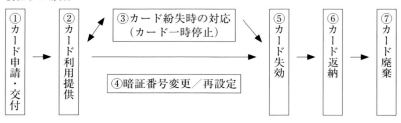

項　　目	概　　要
①カード申請・交付	交付申請書の取扱い 　交付申請書は，機構から住民に通知カードとともに送付されるものの他に，統合端末から出力したもの又は機構のウェブサイトからダウンロードしたものを用いることが可能。 　なお，統合端末から出力した交付申請書については，本人若しくはその代理人に来庁させ，又は職員が本人のもとへ出向き，本人確認の上手交することのほかに，転送不要の簡易書留郵便等で本人に送付することとしても差し支えない。
	交付方式 　A　交付時来庁方式（別添図①参照） 　　交付時来庁方式とは個人番号カードの交付時に，住所地の市町村に出頭し，本人確認を行った上でカードを交付する方式である。なお，交付申請は勤務先の事務所等で一括して取りまとめた上で行うことができる（勤務地一括申請方式（別添図②参照））。 　　住民は交付時に，自ら個人番号カード利用時

の暗証番号を設定する。なお，病気，身体の
障害その他のやむを得ない理由により交付申
請者の出頭が困難であると認められるとき
は，当該交付申請者の指定した者の出頭を求
め，本人確認書類等を提示させた上で交付す
る（カード運用状況「運用中」）。

B　申請時来庁方式（別添図③参照）
申請時来庁方式とは，個人番号カードの交付
申請時に，地域の集会所等住所地の市町村が
指定する場所に出頭した場合において，本人
確認が可能であるときには，交付時に出頭す
ることなく，本人が確実に受け取れる方法で
カードの交付を行う方式である。
住民は申請時に，個人番号カード利用時の暗
証番号の届出を行い，住所地の市町村職員が
当該個人番号カードに当該暗証番号を設定す
る（カード運用状況「運用中」）。

C　居所地経由申請方式（別添図④参照）・勤
務地等経由申請方式（別添図⑤参照）
居所地経由申請方式とは，東日本大震災の被
災者やDV被害者等の住所地の市町村の事務
所に出頭することが困難な者について，当該
者の居住地の属する市町村を経由して個人番
号カードの交付申請を行うことができる方式
である。
勤務地等経由申請方式とは，企業の従業者や
学校の学生等について，勤務先企業の事務所
や学校等が所在する市町村を経由して個人番
号カードの交付申請を行うことができる方式
である。
いずれも，個人番号カードの交付申請時に経
由する市町村が指定する場所において，本人
確認が可能であるときには，住所地の市町村
は交付時に出頭を求めることなく，本人が確
実に受け取れる方法でカードの交付を行うこ
とができる。
また，住民は申請時に，経由する市町村を経
由して個人番号カード利用時の暗証番号の届
出を行い，住所地の市町村職員が当該個人番
号カードに当該暗証番号を設定する（カード

	運用状況「運用中」)。
②カード利用提供	市町村長は個人番号カードを利用した住民票の写しの広域交付，転入転出手続等の利用提供を行う。 また，市町村，都道府県及び国の機関等において，住民基本台帳法別表に定める事務の手続を窓口で行う場合は，住民票コードの記載に代えて個人番号カードの提示を求めることができる。
③カード紛失時の対応 （カード一時停止） （別添図⑥参照）	住民から個人番号カードを紛失した旨の届出を受けた場合には，個人番号カードコールセンターに届け出るように案内する。また，本人の依頼に基づき，代わって個人番号カードコールセンターに連絡する。 カード発見時には，住民の届出により，一時停止解除を行う（カード運用状況「運用中」）。
④暗証番号変更／再設定	住民が暗証番号を変更したい場合，住所地市町村において旧暗証番号を住民が自ら入力した後，新暗証番号を住民が自ら設定する。 住民が暗証番号を忘却した場合，又は規定回数以上暗証番号の照合に失敗してカードが利用できない状態（ロック状態）となった場合，住民の申請に基づき，住所地市町村長は，本人確認の後，暗証番号の初期化を行い，住民が自ら暗証番号を再設定する。
⑤カード失効	国外転出，死亡等の場合，市町村長はシステム内でのカード利用が不可能な廃止状態とする（カード運用状況「廃止」）。
⑥カード返納	廃止状態となったカードが返納された場合には，システム内で回収状態とする（カード運用状況「回収」）。 なお，国外転出の場合は，当該個人番号カードに国外への転出により返納を受けた旨を表示し，返納した者に還付する。この場合，カード運用状況は「回収」としない（「廃止」のままとする）。
⑦カード廃棄	廃止及び回収としたカードのICチップ部の破損やカード裁断等の物理的な廃棄処分を行う。

（※別添図①～⑥は省略）

第3　マイナンバー　　*201*

個人番号カードの各業務における申請受付方法

対象業務		申請者	提出書	備考
カード交付（申請時）	交付時来庁方式	本人又は法定代理人	・交付申請書	・通常は機構に郵送で交付申請書が提出されるが，窓口に提出された場合は市町村が代わりに機構に郵送することとしても差し支えない。 ・15歳未満の者及び成年被後見人の場合は，法定代理人が申請する。
	申請時来庁方式	本人	・交付申請書 ・番号法施行規則等で定める書類※2 ・通知カード ・住民基本台帳カード（保有している場合）	・本人確認の後に申請者に暗証番号の届出をさせる。 ・交付申請者が暗証番号設定依頼書に暗証番号を記載し，当該暗証番号設定依頼書を市町村において保管する。暗証番号を入力する職員以外の者が当該暗証番号を知り得ることのないよう留意する。 ・15歳未満の者及び成年被後見人の場合は，法定代理人が申請する。
	居所地経由申請方式 勤務地等経由申請方式	本人	・交付申請書 ・番号法施行規則等で定める書類※2 ・通知カード ・住民基本台帳カード（保有している場合）	・本人確認の後に申請者に暗証番号の届出をさせる。 ・交付申請者が暗証番号設定依頼書に暗証番号を記載する。 ・経由する市町村は，通知カード，住民基本台帳カード（保有している場合），交付申請者の本人確認を行った旨を証する書類，本人確認書類の写し，交付申請書の写し及び暗証番号設定依頼書を住所地の市町村に送付する。なお，居所地経由申請方式においては，以上の書類に加え，居所に居住していることを証する書類及び個人番号カード送付先情報登録申請書を住所地の市町村に送付する。また，交付申請書の写しの送付については，交付申請書に申請IDが記載されていない場合には，電子メールに当該交付申請書の写し

_202_　第4章　住基ネット

				・を添付して，送信する方法により行う。 ・暗証番号設定依頼書は，住所地の市町村において保管する。暗証番号を入力する職員以外の者が当該暗証番号を知り得ることのないよう留意する。 ・15歳未満の者及び成年被後見人の場合は，法定代理人が申請する。
カード交付 （交付時）	交付時来庁方式	本人		・番号法施行規則等で定める書類 ※2 ・通知カード ・住民基本台帳カード（保有している場合）	・本人確認の後に暗証番号入力のために交付を受ける者にカードを手渡す。 ・暗証番号の入力は，交付を受ける者が行う。交付を受ける者が法定代理人以外の代理人の場合は，申請者が照会による回答書等に暗証番号を記載し，市町村職員が暗証番号を入力する。（必要に応じ，シールによる隠蔽を行う等，法定代理人以外の代理人等が当該暗証番号を知り得ることのないよう留意する。）
		代理人 ※1	法定代理人	・番号法施行規則等で定める書類 ※3 ・通知カード ・住民基本台帳カード（保有している場合）	
			法定代理人以外の代理人	・番号法施行規則等で定める書類 ※3 ・通知カード ・住民基本台帳カード（保有している場合）	
	申請時来庁方式	本人		―	・本人限定受取郵便等で本人にカードを交付する。 ・暗証番号の入力は，住所地の市町村職員が行う。
	居所地経由申請方式 勤務地等経由申請方式	本人		―	・本人限定受取郵便等で本人にカードを交付する。 ・暗証番号の入力は，住所地の市町村職員が行う。
カード再交付 （申請時）	交付時来庁方式	本人又は法定代理人		・再交付申請書 ・個人番号カード（本人用）	・市町村の判断により，郵送等又は法定代理人以外の代理人による再交付申請書の提出も可。 ・15歳未満の者及び成年被後見人の場合は，法定代理人が申請する。 ・本人の旧カードを返納させる。ただし，紛失・焼失に

			よる場合は除く。
			〈カード再交付の具体的ケース〉
			• 個人番号カードを紛失し，焼失し，又は著しく損傷した場合
			• 個人番号カードの機能が損なわれた場合
申請時来庁方式	本人	• 再交付申請書 • 個人番号カード（本人用） • 番号法施行規則等で定める書類※2	• 本人確認の後に申請者に暗証番号の届出をさせる。 • 交付申請者が暗証番号設定依頼書に暗証番号を記載し，当該暗証番号設定依頼書を市町村において保管する。暗証番号を入力する職員以外の者が当該暗証番号を知り得ることのないよう留意する。 • 15歳未満の者及び成年被後見人の場合は，法定代理人が申請する。 • 本人の旧カードを返納させる。ただし，紛失・焼失による場合は除く。 〈カード再交付の具体的ケース〉 • 個人番号カードを紛失し，焼失し，又は著しく損傷した場合 • 個人番号カードの機能が損なわれた場合
居所地経由申請方式 勤務地等経由申請方式	本人	• 再交付申請書 • 個人番号カード（本人用） • 番号法施行規則等で定める書類※2	• 本人確認の後に申請者に暗証番号の届出をさせる。 • 交付申請者が暗証番号設定依頼書に暗証番号を記載する。 • 経由する市町村は，通知カード，住民基本台帳カード（保有している場合），交付申請者の本人確認を行った旨を証する書類，本人確認書類の写し，交付申請書の写し及び暗証番号設定依頼書を住所地の市町村に送付する。なお，居所地経由申請方式においては，以上の書類に加え，居所に居住していることを証する書類及び個人番号カード送付先情報登録申請書を住所

					地の市町村に送付する。また，交付申請書の写しの送付については，交付申請書に申請書IDが記載されていない場合には，電子メールに当該交付申請書の写しを添付して，送信する方法により行う。 • 暗証番号設定依頼書は，住所地の市町村にて保管する。暗証番号を入力する職員以外の者が当該暗証番号を知り得ることのないよう留意する。 • 15歳未満の者及び成年被後見人の場合は，法定代理人が申請する。 • 本人の旧カードを返納させる。ただし，紛失・焼失による場合は除く。 〈カード再交付の具体的ケース〉 • 個人番号カードを紛失し，焼失し，又は著しく損傷した場合 • 個人番号カードの機能が損なわれた場合
カード再交付（交付時）	交付時来庁方式	本人		• 番号法施行規則等で定める書類 ※2 （→カード交付と同じとする）	• 本人確認の後に暗証番号入力のために交付を受ける者にカードを手渡す。 • 暗証番号の入力は，交付を受ける者が行う。交付を受ける者が任意代理人の場合は，申請者が照会による回答書等に暗証番号を記載し，市町村職員が暗証番号を入力する。（必要に応じ，シールによる隠蔽を行う等，任意代理人等が当該暗証番号を知り得ることのないよう留意する。）
		代理人 ※1	法定代理人	• 番号法施行規則等で定める書類 ※3 （→カード交付と同じとする）	
			法定代理人以外の代理人	• 番号法施行規則等で定める書類 ※3 （→カード交付と同じとする）	
	申請時来庁方式	本人		—	• 本人限定受取郵便等で本人にカードを交付する。 • 暗証番号の入力は，住所地の市町村職員が行う。
	居所地経由申請方式勤務地等経	本人		—	• 本人限定受取郵便等で本人にカードを交付する。 • 暗証番号の入力は，住所地

第3 マイナンバー **205**

由申請方式				の市町村職員が行う。
継続利用処理	本人		・個人番号カード（本人用）※券面事項と本人が一致することを確認	・本人又は法定代理人が暗証番号の入力ができない場合（暗証番号忘れ等）は，転入処理をした後に暗証番号再設定申請書を提出させ，暗証番号再設定を行った上で継続利用処理を行う。
	代理人	法定代理人	・個人番号カード（本人用）・番号法施行規則等で定める書類※3（→法定代理人が本人の暗証番号を入力）	・法定代理人以外の代理人が継続利用処理の届出を行う場合は，本人が照会による回答書等に暗証番号を記載し，市町村職員が暗証番号を入力する。（必要に応じ，シールによる隠蔽を行う等，法定代理人以外の代
		同時に転出した同一世帯員（暗証番号入力可能な者）	・市町村長が適当と認める書類（注）（→代理人が本人と同一世帯員であることを確認）・個人番号カード（本人用）※暗証番号を入力させること（→代理人が本人の暗証番号を入力）	理人が当該暗証番号を知り得ることのないよう留意する。）・15歳未満の者及び成年被後見人の場合は，法定代理人が届出を行う。
		法定代理人以外の代理人	・個人番号カード（本人用）・番号法施行規則等で定める書類※3（→市町村職員が回答書に基づき本人の暗証番号を入力）	
カード一時停止解除暗証番号再設定	本人		・カード一時停止解除届又は暗証番号変更・再設定申請書・番号法施行規則等で定める書類※2（→カード交付と同じとする）・個人番号カード（本人用）	・暗証番号再設定の場合は，暗証番号の入力は暗証番号再設定を申請する者が行う。暗証番号再設定を申請する者が法定代理人以外の代理人の場合は，申請者が照会による回答書等に暗証番号を記載し，市町村職員が暗証番号を入力する。（必要に応じ，シールによる隠蔽を行う等，法定代理人以外の代理人等が当該暗証番号を知り得ることのないよう留意する。）・15歳未満の者及び成年被後見人の場合は，法定代理人
	代理人※1	法定代理人	・カード一時停止解除届又は暗証番号変更・再設定申請書・番号法施行規則等	

			・で定める書類 ※3 （→カード交付と同じとする） ・個人番号カード（本人用）	が届出又は申請を行う。
		法定代理人以外の代理人	・カード一時停止解除届又は暗証番号変更・再設定申請書 ・番号法施行規則等で定める書類 ※3 （→カード交付と同じとする） ・個人番号カード（本人用）	
暗証番号変更	本人		・暗証番号変更・再設定申請書 ・個人番号カード（本人用）	・暗証番号の入力は，暗証番号変更を申請する者が行う。暗証番号変更を申請する者が法定代理人以外の代理人の場合は，申請者が照会による回答書等に暗証番号を記載し，市町村職員が暗証番号を入力する。（必要に応じ，シールによる隠蔽を行う等，法定代理人以外の代理人等が当該暗証番号を知り得ることのないよう留意する。）
	代理人 ※1	法定代理人	・暗証番号変更・再設定申請書 ・個人番号カード（本人用）	
		法定代理人以外の代理人	・暗証番号変更・再設定申請書 ・番号法施行規則等で定める書類 ※3 （→カード交付と同じとする） ・個人番号カード（本人用）	・15歳未満の者及び成年被後見人の場合は，法定代理人が申請する
カード廃止	本人又は法定代理人		・カード返納届 ・個人番号カード（本人用）	・郵送等又は法定代理人以外の代理人による届出も可。 ・15歳未満の者及び成年被後見人の場合は，法定代理人が届出を行う。 ・カードがある場合は，カードを回収する。

※1　病気，身体の障害等やむを得ない理由により，本人の出頭が困難であると認められるときは，本人の指定した者の出頭を求めて，個人番号カードを交付することができる。

※2　本人に関する番号法施行規則等で定める書類
　　　次の①から⑥までに掲げるいずれかの書類

第3　マイナンバー　　207

書　　類	条　件　等
① 個人番号カード（有効期間内であって，カード運用状況が運用中である個人番号カードに限る。以下同じ。）又は住民基本台帳カード（有効期間内であって，カード運用状況が運用中である顔写真付きの住民基本台帳カードに限る。以下同じ。）のうち1点	暗証番号を照合できた場合
② 個人番号カード，平成21年4月20日以後に交付された住民基本台帳カード，運転免許証，在留カード又は特別永住者証明書のうち1点	券面表示ソフトウェア等を使用して半導体集積回路に記録された情報（氏名，生年月日，有効期限，顔写真等）が券面事項と一致することを確認できた場合
③ 個人番号カード，住民基本台帳カード，旅券，運転免許証，運転経歴証明書（平成24年4月1日以降のものに限る。），身体障害者手帳，精神障害者保健福祉手帳，療育手帳，在留カード，特別永住者証明書，一時庇護許可書又は仮滞在許可書のうち1点	同一世帯の住民基本台帳の記載事項（世帯構成，同一世帯の者の生年月日等）について口頭で陳述させること等により交付申請者等が本人であることを明らかに確認できた場合
④ ③の書類2点	
⑤ ③の書類1点かつ市町村長が適当と認める書類（注）1点	
⑥ 郵便その他市町村長が適当と認める方法により交付申請者等に対して文書で照会したその回答書	
③の書類1点又は市町村長が適当と認める書類（注）2点	

※3　代理人に関する番号法施行規則等で定める書類

書　　類	条　件　等
郵便その他市町村長が適当と認める方法により交付申請者に対して文書で照会したその回答書	法定代理人の場合は市町村長が必要と認める場合に限る
交付申請者に係る市町村長が適当と認める書類	※2の③の書類2点
	※2の③の書類1点かつ市町村長が適当と認める書類（注）1点
	※2の市町村長が適当と認める書類（注）3点（交付申請者の写真が表示された書類1点以上含む。）
交付申請者の指定の事実を確認するに足る書類	法定代理人の場合： 戸籍謄本その他その資格を証明する書類（本籍地が管内であり，市町村が法定代理人であることを確認できる場合は，市町村長の判断により，書類の提示を省略可能。また，15歳未満の者が本人である場合で，本人と法定代理人とが同一世帯かつ親子の関係にあることが住民票により確認できる場合には，市町村長の判断により，法定代理人の氏名及び続柄を通知カード返

208　　第 4 章　住基ネット

	納届等に記載させることにより，書類の提示を省略可能） 法定代理人以外の代理人の場合： 委任状等，本人が代理人を指定した事実を確認できる書類（委任状は，交付通知書及び照会回答書と兼ねることとして差し支えない。）
代理人に係る※2の①から⑤までに掲げるいずれかの書類	
本人の出頭が困難であることを証する書類	

注　市町村長が適当と認める書類としては，海技免状，電気工事士免状，無線従
　　事者免許証，動力車操縦者運転免許証，運航管理者技能検定合格証明書，猟
　　銃・空気銃所持許可証，特種電気工事資格者認定証，認定電気工事従事者認
　　定証，耐空検査員の証，航空従事者技能証明書，宅地建物取引士証，船員手
　　帳，戦傷病者手帳，教習資格認定証，検定合格証，官公署がその職員に対し
　　て発行した身分証明書，※2の③の書類が更新中の場合に交付される仮証明
　　書や引換証類，地方公共団体が交付する敬老手帳，生活保護受給者証，健康
　　保険又は介護保険の被保険者証，医療受給者証，各種年金証書，児童扶養手
　　当証書，特別児童扶養手当証書等が考えられる。また，市町村長の判断によ
　　り，官公署発行の書類のみならず，住民名義の預金通帳，民間企業の社員
　　証，学生証，学校名が記載された各種書類等が考えられる。

①　カード申請・交付

共通：全方式共通　　方式A：交付時来庁方式　　方式B：申請時来庁方式
方式C：居所地経由申請方式・勤務地等経由申請方式

項番	市町村窓口での 発生事象	市町村窓口での対応案	関連 項番	備考
1 方式A	個人番号カード交付通知書を送付したが届かなかった場合	市町村の判断となるが，郵便局等への問い合わせや再送付を行う。虚偽申請の場合は，取消し等を行う。		
2 方式A	個人番号カード交付通知書を送付後，一定期間経過しても申請者がカードを受け取りに来ない場合	カード交付通知書を再度送付する。（あるいは，電話で申請者に連絡する。） さらに一定期間を経過しても申請者が個人番号カードを受け取りに来なかった場合は，その後も交付できないものと考えられるため，交付取りやめ処理及び個人番号カードの廃棄処理を行う。		再度送付するカード交付通知書については，市町村において用意する。 市町村判断により，交付取りやめ処理及び個人番号カードの廃棄処理を行うまでの期間を設定する。 （少なくとも90日間

第3 マイナンバー　*209*

			は保管しておくこと。)
3 方式B 方式C	本人限定受取郵便により個人番号カードを送付したが名義人に届かず，郵便局での保管期限も過ぎ，住所地市町村に個人番号カードが返戻された場合	再度本人限定受取郵便にて送付する。(あるいは，電話で申請者に連絡する。)さらに住所地市町村に個人番号カードが返戻され，カードの交付ができない場合は，その後も交付できないものと考えられるため，廃止処理及び個人番号カードの廃棄処理を行う。	市町村判断により，廃止処理及び個人番号カードの廃棄処理を行うまでの期間を設定する。(少なくとも90日間は保管しておくこと。)
4 方式A	法定代理人が回答書を持参した場合又は法定代理人以外の代理人が委任状とともに回答書を持参した場合	交付を受ける者が法定代理人の場合は，戸籍謄本その他その資格を証明する書類を提示させた上で，暗証番号の入力は，交付を受ける者（法定代理人）が行う。また，交付を受ける者が申請者（本人）の法定代理人以外の代理人の場合は，任意代理人の本人確認を運転免許証等により行った上で，申請者の照会による回答書等に申請者本人に暗証番号を記載させ，市町村職員が暗証番号の入力を行う。(必要に応じ，シールによる隠ぺいを行う等，法定代理人以外の代理人等が当該暗証番号を知り得ることのないよう留意する。)	
5 方式B 方式C	個人番号カード交付申請時に，住民が顔写真の添付を忘れた場合，又は印刷にふさわしくない顔写真が添付された場合	本人確認書類としてふさわしい顔写真を添付の上，申請するよう求める。また，市町村において，その場でデジタルカメラで撮影できるのであれば，必ずしも顔写真の提出は，必要としない。	申請前6月以内に撮影した無帽，正面，無背景の写真であれば，原則として，本人確認書類としてふさわしい顔写真と取り扱って差し支えない。
6 共通	個人番号カードの有効期間内交付又は再交付に際し，暗証番号の変更をしたい旨の申出があった場合	個人番号カードの有効期間内交付又は再交付に際し，暗証番号は自由に変更できる。	
7 共通	個人番号カードの交付申請受付後かつ交付前において，転居届等があり券面記載事項の変更が必要となる場合	ICチップに記録されている住所等を市町村において訂正し，追記欄に住所等が変更された旨を明記して交付する。	住民が希望する場合には，統合端末から交付申請書を出力する等により新たに交付申請を受け付けることも可能。この場合，既に発行した個人番号カードは廃棄する。
8 共通	個人番号カードの交付申請後かつ交付前において，転出届があった場合	その者の個人番号カードの発行状況について確認し，発行中止が可能であれば交付取りやめ処理を行い発行を中止する。不可能であれば，異動前のデータで交付通知書・	転出届受理時に，転入地市町村において再度個人番号カードの交付申請を行って

210　第4章　住基ネット

		個人番号カードが発行され，転出地市町村に送付されることとなるため，転出地市町村においてこれを破棄する。	いただくことを促す。
9 方式A	個人番号カードの交付時，本人の顔と写真の照合がとれず，交付不可能と判断された場合	統合端末で，個人番号カードの交付取りやめの処理を行い，交付できない個人番号カードは適切に廃棄する。 住民が，再度，個人番号カードの交付を希望した場合，統合端末より交付申請書を印刷，記入の上機構に送付させる。	
10 共通	住民基本台帳カードを所持している住民が個人番号カードの交付を受ける場合	個人番号カードの交付時，住民基本台帳カードを返納させ，統合端末で当該住民基本台帳カードの廃止処理を行い，その後，個人番号カードの交付処理を行う。	個人番号カードの交付時，住民が住民基本台帳カードを所持する場合，当該住基カードを廃止しなければ，個人番号カードの交付処理が行えない。
11 方式A	住民が個人番号カードの交付を受けるために来庁した際，住民基本台帳カードを持参し忘れた旨を申し出た場合	個人番号カード交付時に住民基本台帳カードについては返納してもらう必要がある旨を住民に説明し，住民基本台帳カード持参の上再来庁してもらうよう案内する。	住民基本台帳カードを廃止の上で個人番号カードを交付し，廃止した住民基本台帳カードは後日の来庁の際に持参又は郵送により返納するように教示することも考えられる。この際，廃止済みの住民基本台帳カードは確実に回収することが重要であるため，住民に対して返納義務に関する説明を適切に行うこと。
12 方式A	住民が個人番号カードの交付を受けるために来庁した際，住民基本台帳カードを紛失した旨を申し出た場合	住民基本台帳カードを紛失した旨の届出をさせたうえで，統合端末で当該住民に係る住民基本台帳カードの廃止処理を行い，その後，個人番号カードの交付処理を行う。	
13 共通	暗証番号に関する留意事項	住民に対し，暗証番号を失念しないよう，暗証番号を記入するメモを手交する。当該メモには，第三者に見られないように自宅で保管することを記載することが望ましい。 手交の際には，個人番号カードと暗証番号を記入したメモを一緒に保管したり，個人番号カードに暗証番号を記載したシールを貼ったりすることはしないように併せて教示すること。	

| 14 共通 | 住民から，個人番号カード交付申請書を失くした旨の申出があった場合 | 統合端末で個人番号カード交付申請書を出力して交付する。 なお，本人若しくはその代理人に来庁させ，又は職員が本人のもとへ出向き，本人確認の上手交することの他に，転送不要の簡易書留郵便等で本人に送付することとしても差し支えない。 | | 機構のウェブサイトから個人番号カード交付申請書のダウンロードができることを案内することも考えられる。 |

②　カード利用提供

項番	市町村窓口での発生事象	市町村窓口での対応案	関連項番	備　　考
15	個人番号カードによる本人確認時，個人番号カードの損傷により，個人番号カードの読み込みができなかった場合	他の本人確認書類（個人番号カードの券面記載事項を含む。）により本人確認を行う。個人番号カードについては，個人番号カード再交付申請により，住所地市町村で個人番号カードを再交付してもらうよう教示する。		
16	未成年者の個人番号カードによる本人確認を行う場合	法定代理人が代わって暗証番号の入力を行う。未成年者に意思能力があると認められるときは，未成年者本人が暗証番号の入力を行ってもよい。		
17	個人番号カードの交付を受けている者から，個人番号カードを持参して転入届又は転居届があった場合	個人番号カードの追記欄に「転入又は転居，（新住所），（届出年月日）」を記載し，職印を押す。併せて，券面事項確認情報及び券面事項入力補助情報を修正する。 職印としては，市町村長印，市町村印，組織の長（住民課長等）の印，組織（住民課等）の印，これらの略称印等が考えられる。 なお，届出年月日は個人番号カードの券面記載事項の変更届出の年月日を記載する（転入届又は転居届の際に個人番号カードが持参されなかった場合は，後日になされた券面記載事項の変更届出の年月日を記載する）ものとし，券面記載事項の変更届出時に，同一事項について未記載の変更履歴が複数あった場合（転居を繰り返している場合等。）は，最新の住民票の記載内容だけを変更後の内容として記載する。		（記載例）転入　東京都千代田区霞が関二丁目一番二号　平成28年〇月〇日　職印
18	同一世帯員の個人番号カードを持参して転入届又は転居届があった場合	同一世帯員の個人番号カードを持って来た場合には，個人番号カードの追記欄に「転入又は転居，（新住所），（届出年月日）」を記載し，職印を押す。併せて，券面事項確認情報及び券面事項入力補助情報を修正する。（この場合において，代理人に暗証番号の入力を行ってもらうこと等により，代理権の授与等がなされていることの確認を		

		行う。) なお，転入又は転居により同一世帯となる場合における転入先又は転居先の世帯員からの届出や法定代理人による届出も可。	
19	個人番号カードの券面記載事項についての職権修正等がなされ，その変更を行う必要が生じたことを市町村が知っている場合	市町村の判断により，届出等の際に個人番号カードの券面記載事項の変更届出を行うよう口頭で勧奨を行うことも考えられる。（市町村に対し，届出を督促する通知を行う義務は課せられていない。）	届出があった場合には，追記欄への記載に併せて，券面事項確認情報及び券面事項入力補助情報を修正する。
20	市町村合併があった場合	個人番号カードは引き続き有効であり，市町村の判断により，個人番号カードの交付を受けている者に対し，広報誌による券面記載事項（住所）の変更届出の勧奨等を行う。なお，交付地市町村名を変更する必要はない。	
21	個人番号カードにおける公的個人認証サービスの電子証明書を利用する場合（独自利用条例の必要性）	電子署名等に係る地方公共団体情報システム機構の認証業務に関する法律において，地方公共団体等が署名検証者又は利用者証明検証者として電子証明書により本人確認を行う場合には，特段の条例制定は求められていないため，独自利用条例を制定する必要はない。	
22	個人番号カードの磁気テープ又はICチップを利用して多目的利用を行う場合（独自利用条例の必要性）	独自利用条例を制定する必要がある。なお，券面記載事項及び添付された写真により，身分証明書（市民証等）として活用する場合には，特に独自利用条例を制定する必要はない。	独自利用条例の制定は，既存の条例（印鑑登録証明条例等）を改正し，必要な規定を追加する方式でも差し支えない。
23	住民より個人番号カードの有効期間内の交付の申請を受けた場合	有効期限の3ヶ月前から申請を受けることができる。統合端末で個人番号カード交付申請書を出力して交付する。	
24	個人番号カードの追記欄の余白がなくなった場合	個人番号カードを再発行する。 なお，個人番号カードは様々な方法により読み取ることが想定されるため，その券面に直接シールを貼付することで対応することはできない。	追記欄の余白がなくなった場合，手数料の徴収の対象とはならない。
25	外国人住民が在留期間更新に伴う個人番号カードの有効期限変更を申し込んできた場合	統合端末を用いて，個人番号カード内に保持している有効期限を変更する。その後，追記欄に新しい有効期限を記載して職印を押す。	（記載例） 有効期限を2018年4月1日に変更　平成28年4月1日　職印

第3 マイナンバー 213

③ カード紛失時の対応（カード一時停止）

項番	市町村窓口での発生事象	市町村窓口での対応案	関連項番	備考
26	電話による個人番号カードの一時停止の届出があった場合	市町村では一時停止を行うことができないので，個人番号カードコールセンターに届け出るように案内する。		本人の依頼に基づき，市町村が代わって連絡することとしても差し支えない。
27	電話による個人番号カードの一時停止解除の届出があった場合	一時停止解除は電話で届け出ることはできないため，来庁して届け出るように伝える。		
28	一時停止となっている個人番号カードが利用された場合	利用者に対し，運転免許証等の提示を求める。また，基本4情報等により本人確認を行う。 本人と確認された場合は，個人番号カードの交付を受けている者本人の運用ミスと考えられるので，住所地市町村において一時停止解除申請を行うように伝える。 本人以外と見られる場合は，個人番号カードの不正利用とみなされ，その者に対してカードの返納を要求する。この場合，刑法第246条（詐欺罪—10年以下の懲役）に該当することも考えられるので，告発を行う。		
29	個人番号カードを紛失した者から，廃止の申出があった場合	個人番号カード紛失・廃止届を提出してもらい，カード運用状況を「廃止」とする。なお，口頭による廃止の受付は適当ではなく，必ず個人番号カード紛失・廃止届を提出してもらう。		一度「廃止」とした場合，システム的に「運用中」に戻すことができないことについて説明を行う。
30	紛失した個人番号カードを発見した旨の届出の際の本人確認を当該個人番号カードにより行う場合	個人番号カードを本人確認書類として利用する場合は，カード券面で本人確認を行う。		

④ 暗証番号変更／再設定

項番	市町村窓口での発生事象	市町村窓口での対応案	関連項番	備考
31	個人番号カードが暗証番号を規定回数以上誤ったことによるカードロック（カード自体にロックがかかり解除しないと使用できない）の状態	カードロック状態になると，統合端末では「このカードはロックされています。カードを確認して下さい。」というメッセージが表示されるので，住所地市町村で，暗証番号再設定を行うよう教示する。なお，他の市町村等でカードロック状態になった個人番号カードの利用を試みないよ		暗証番号忘れの場合も，同様の教示を行う。

214　　第4章　住基ネット

項番	市町村窓口での発生事象	市町村窓口での対応案	関連項番	備考
	となった場合	う注意を促す。		
32	住所地市町村以外で暗証番号変更申請があった場合	不可。住所地市町村において暗証番号変更申請を行ってもらう。		

⑤　カード失効

項番	市町村窓口での発生事象	市町村窓口での対応案	関連項番	備考
33	再転入（転入地市町村で転入届等をせず再び同じ市町村に転入すること），転出取消等において個人番号カードが使用可能な場合	この場合の使用可能な個人番号カードの再利用は可。ただし，転出届時に個人番号カードを返納し，転出証明書による転出をした場合（転入届の特例を受けない場合）であって，既にカード運用状況が「廃止」又は「回収」となっている場合は再利用は不可。		一度「廃止」又は「回収」とした場合，システム的にも「運用中」に戻すことができない。
34	個人番号カードを廃止する際に対象者を誤った場合	電話連絡等により誤って廃止した旨の連絡と陳謝を行い，対象者に個人番号カードの交付申請を行ってもらう。		

⑥　カード返納

項番	市町村窓口での発生事象	市町村窓口での対応案	関連項番	備考
35	個人番号カードの返納義務が生じたにもかかわらず，返納が行われない場合	市町村の判断により，届出等の際に口頭で返納勧奨を行う，又は，返納を督促する通知を行う等の対応を行う。（市町村に対し，個人番号カードが失効した旨の通知や個人番号カードの返納を督促する通知を行う義務は課せられていない。）		
36	個人番号カードの交付を受けている者が死亡した場合	法令上返納義務はないが，市町村の判断により，遺族に対し返納を求めることも可。		

⑦　カード廃棄

項番	市町村窓口での発生事象	市町村窓口での対応案	関連項番	備考
37	個人番号カードの返納を求めた際，記念品としてカードを保有したい旨の申出があった場合	ICチップ部等にパンチで穴を開けること等により，記念品としてカードを保有することを認めることができる。なお，カード運用状況は「回収」としない。		
38	個人番号カードの返納を求めた際，条例等に規定する事務に	条例等に規定する事務に係る利用が引き続き可能であるとき又は可能と認められるときは，カードの継続使用を認めることがで		有効期限切れの個人番号カードについても，同様に取り扱う

第3 マイナンバー　215

項番	市町村窓口での発生事象	市町村窓口での対応案	関連項番	備　考
	係る利用について引き続きカードを使用したい旨の申出があった場合	きる。この場合において，ICチップ部，アンテナ部等を避けてパンチで穴を開けること等により，個人番号カードの券面記載事項が不正に利用されることのないようにする。 なお，カード運用状況は「回収」としない。		ことができる。
39	返納を受けた個人番号カードを一定期間保存し，まとめて廃棄することが効率的であると認められる場合	盗難防止のための保管庫等で厳重な保管を行うことが可能である場合は，まとめて廃棄することも差し支えない。 廃棄の方法としては，溶解，焼却，カードを切り刻む等，カード券面に記載された個人情報が読み取れないようにするとともに，ICチップ部の破砕等を確実に行う方法が考えられる。		

⑧　外国人住民に対するカード発行等

項番	市町村窓口での発生事象	市町村窓口での対応案	関連項番	備　考
40	住民票に通称が記載されている外国人住民から，券面に氏名又は通称のいずれか片方のみを記載する個人番号カードの交付を希望する申出があった場合	住民票に通称が記載されている場合にあっては，氏名及び通称が券面に記載されたカードが交付される旨を説明する。	17	
41	個人番号カードの交付を受けている外国人住民に係る住民票に通称の記載又は削除を行う場合	原則として，同日に個人番号カードの券面記載事項の変更届出を行う必要があることを案内し，カードを持参していない場合には，再度来庁するよう案内する。カードを持参していないが，申出日に通称の記載又は削除を行う必要があると市町村で判断を行った場合には，後日必ずカードを持参し，カードの券面記載事項の変更届出を行うよう案内する。 この場合において，通称の記載又は削除の申出書にカードの券面記載事項の変更届出を行う旨を記載することにより，変更届の提出に代えることができる。 個人番号カードの追記欄に「通称，（住民票に記載された通称），（届出年月日）」又は「通称削除，（届出年月日）」を記載し，職印を押す。併せて，券面事項確認情報及び券面事項入力補助情報を修正する。 なお，届出年月日は個人番号カードの券面記載事項の変更届出の年月日を記載する（住民票に通称の記載又は削除を行った年	17	（記載例） 通称　総務太郎　平成28年○月○日　職印 通称削除　平成28年○月○日　職印

216　第4章　住基ネット

		月日と同日が原則であるが，通称の記載又は削除をした際に個人番号カードが持参されなかった場合は，後日なされた券面記載事項の変更届出の年月日を記載する）。 なお，個人番号カードの追記欄への記載ではなく，券面記載事項に通称の追加又は削除を希望する場合には，カードの再交付の手続を案内する。		
42	個人番号カードの交付を受けようとする住民の氏名（／通称）としてカードに記載する文字数が券面に記載可能な文字数を超過している場合	個人番号カードの追記欄に超過分の氏名（／通称）を記載し，職印を押す。 なお，超過分が券面に記載されている氏名又は通称の続きであることが明確になるように記載を行う。	17	（記載例） 氏名（券面から続く）Ｍａｃａｒａｅｇ　Ｍａｃａｐａｇａｌ　Ａｒｒｏｙｏ　職印 氏名／通称（券面から続く）Ａｒｒｏｙｏ／総務太郎　職印 券面事項確認情報及び券面事項入力補助情報には，超過分は記録されない。
43	個人番号カードの交付申請があった者について，生年月日の全部又は一部が不明の場合	券面の生年月日は空欄となるので，交付時にその旨を説明する。		
44	個人番号カードの有効期間満了前に，在留期間の経過又は在留資格の取消し等に伴う法務大臣からの通知があった場合	住民票を消除し，カード運用状況を廃止とする。		
45	個人番号カードの交付を受けている外国人住民について，在留期間の更新又は在留資格の変更（3月以下の在留期間が決定された場合及び短期滞在等の在留資格へ変更された場合を除く。）に伴う法務大臣からの通知があった場合	本人からの申請により，番号法総務省令第27条第2項の規定に基づき，個人番号カードの有効期限を変更する。 申請者は，変更後の個人番号カードの有効期間が満了するまで，引き続き個人番号カードを利用することができる。		
46	個人番号カードの交付申請の時点で，有効期間を設定できないことが見込まれる場合	在留期間の更新等が許可されたあと，再度交付申請を行うよう案内する。		

第3　マイナンバー　　*217*

項番	市町村窓口での発生事象	市町村窓口での対応案	関連項番	備　考
	● 在留期間の満了の日が到来しているが，在留期間更新等許可申請中であることが在留カードから確認できる場合 ● 個人番号カードの交付予定日の前に在留期間の満了の日が到来することが見込まれる場合			
47	個人番号カードの交付を受けている外国人住民から，国外への転出届があった場合	転出届の際に，返納届を提出させ，個人番号カードを返納させる。 なお，転出届に個人番号カードを返納する旨を記載することにより，返納届の提出に代えることができる。 返納を受けた後，当該個人番号カードに国外への転出により返納を受けた旨を表示し，返納した者に還付する。		日本国籍を有する者の国外への転出届があった場合も同様とする。

⑨　その他

項番	市町村窓口での発生事象	市町村窓口での対応案	関連項番	備　考
48	虚偽の交付申請書に基づき個人番号カードが交付されたことを確認した場合	個人番号カードを交付した市町村において，カードの交付を受けている者に対しカードの返納を命ずる。 刑法第246条（詐欺罪―10年以下の懲役）又は番号法第58条（6月以下の懲役又は50万円以下の罰金）の刑罰規定に該当することも考えられるので，告発を行う。		番号法政令第16条第1項の「錯誤」には，市町村側に過失がない場合を含む。
49	個人番号カードの券面記載事項が偽造されたことを確認した場合	刑法第155条（公文書偽造罪―3年以下の懲役又は20万円以下の罰金）の罪として告発を行う。		個人番号カードと住基ネット端末は相互認証を行うので，偽造されたカードはシステム的に住基ネットでは利用することができない。
50	職員等が個人番号カードのカード運用状況についての情報を漏らした場合	カード運用状況についての情報は，本人確認情報と一体的に管理されているので，「本人確認情報に関する秘密」に該当し，住民基本台帳法第30条の26及び第30条の30の適用を受ける。		
51	転出届の際に届出者以外で，同時に転出する同一世帯員に個人番号カードの交付	転入届の特例を受けるためには，個人番号カードが必要不可欠であるため，同一世帯内のカード保有状況を同時に転出する同一世帯員に伝えることは問題ない。		

218　第4章　住基ネット

を受けている者がいることを確認したが，届出者から何も申告がない場合			

第4 住民票の写しの交付の特例（広域交付）

1 住民票の写しの交付の特例とは（法12条の4）

住民基本台帳に記録されている者は，その者が記録されている住民基本台帳を備える市町村の市町村長（以下「住所地市町村長」という。）以外の市町村長に対し，本人又は同一世帯に属する者の住民票の写しを請求することができる。

請求を受けた市町村長（以下「交付地市町村長」という。）は，住所地市町村長からの通知により住民票の写しを作成し，請求者に交付する。

この住民票の写しの交付の特例を「住民票の写しの広域交付」という。

2 住民票の写しの広域交付請求（法12条の4，令15条の3，15条の4，規則4条，5条，事務処理要領第2－4－(1)－⑥）

(1) 請求者

本人又は同一世帯に属する者

CSより本人確認情報を取得し，請求書に記載された事項を照合することにより請求者の本人確認を行う。

(2) 必要なもの

ア 住民票の写しの広域交付請求書

住民票の写しの広域交付請求書において，次の事項を明らかにする。

(ア) 請求者の氏名及び住所

氏名については，請求者の自署又は押印を求めることが適当である。

(イ) 請求者の住民票コード又は出生の年月日及び男女の別

マイナンバーカードを提示し暗証番号を照合した場合は明らかにしなくてよい。

(ウ) 請求に係る者の氏名（外国人住民にあっては氏名又は通称）及び住所

(エ)　世帯主，続柄，マイナンバー，住民票コード，外国人住民にあっては，国籍・地域及び法第30条の45の表の下欄に掲げる事項の記載の請求の有無

(オ)　請求事由

請求が認められるのは請求者が本人又は同一世帯に属する者に限られるため，請求事由については明らかにさせることを要しない。

ただし，支援措置により請求を拒むかどうか判断するため特に必要がある場合を除く。

不当な目的によることが明らかなときは，請求を拒むことができる（法12条の４第６項，住民票省令４条２項）。

イ　本人確認書類（有効期間の定めがあるものは，有効期間内のものに限る。）

マイナンバーカード（有効期間内でカード運用状況が運用中であるもの）又は総務省令で定める書類（※６）

マイナンバーカードでの本人確認については，「第４章―第３―４―(2)」（182頁）に準ずる。

※６　総務省令で定める書類

旅券，運転免許証，その他官公署が発行した免許証，許可証又は資格証明書等（本人の写真が貼付されたものに限る。）で，請求者が本人であることを確認するため市町村長が適当と認めるもの。

［海技免状，電気工事士免状，無線従事者免許証，動力車操縦者運転免許証，運航管理者技能検定合格証明書，猟銃・空気銃所持許可証，特種電気工事資格者認定証，認定電気工事従事者認定証，耐空検査員の証，航空従事者技能証明書，宅地建物取引士証，船員手帳，戦傷病者手帳，教習資格認定証，検定合格証，身体障害者手帳，療育手帳，精神障害者保健福祉手帳，運転経歴証明書，在留カード，特別永住者証明書，一時庇（ひ）護許可書，仮滞在許可書及び官公署がその職員に対して発行した身分証明書が考えら

第4　住民票の写しの交付の特例（広域交付）　*221*

れる。]

(3)　**請求方法**

窓口のみ

3　住民票の写しの広域交付の流れ（法12条の4，30条の51，令15条の3，15条の4，規則5条，住基ネットセキュリティ基準第6-4）

(1)　**交付地市町村長から住所地市町村長への通知**

交付地市町村長は，住所地市町村長へ次の事項をCSにより通知する。

ア　住民票の写しの広域交付請求があった旨

イ　請求者の氏名及び住民票コード

ウ　住民票の写しに記載する者

エ　世帯主，続柄，マイナンバー，住民票コードの記載の請求の有無

オ　外国人住民にあっては国籍・地域，法第30条の45規定区分，在留資格，在留カード等の番号，在留期間等，在留期間満了日の記載の有無

(2)　**住所地市町村にてCSと住民記録システムとの確認**

住民票が正確であるかどうかに留意し，届出，通知等により修正，消除等をすべき住民票が未処理のままである場合等においては，その旨を交付地市町村長に連絡することにより，その住民票の写しを交付することのないようにする。

請求内容を審査し，不当な目的等により請求を拒むかどうか判断するため特に必要がある場合においては，その旨を連絡する。

(3)　**住所地市町村長から交付地市町村長への通知**

住所地市町村長は，次の事項を住民記録システムから電気通信回線または磁気ディスクを介して（住民記録システムを有しない市町村にあっては手入力により）CSに入力し，交付地市町村長に通知する。

通知の際に，氏名・住所等に桁あふれ，外字等の事由により欠落部分が生じるときは，その部分を連絡する。

ア　氏名（通称が登録されている外国人住民にあっては，氏名及び通称）

222　第4章　住基ネット

イ　出生の年月日

ウ　男女の別

エ　住民となった年月日（外国人住民を除く。）

オ　住所及び同一市町村の区域内において新たに住所を変更した者についてはその住所を定めた年月日

カ　新たに市町村の区域内に住所を定めた者については，その住所を定めた旨の届出の年月日（職権で住民票の記載をした者についてはその年月日）及び従前の住所

キ　外国人住民となった日（外国人住民に限る。）

ク　世帯主についてはその旨，世帯主でない者については世帯主の氏名及び世帯主との続柄（記載の請求が有の場合）

ケ　マイナンバー（記載の請求が有の場合）

コ　住民票コード（記載の請求が有の場合）

サ　外国人住民にあっては，国籍・地域，法第30条の45規定区分，在留資格，在留カード等の番号，在留期間，在留期間満了日（記載の請求が有の場合）

⑷　交付地市町村にて住民票の写しの作成・交付

　交付地市町村長は，⑶の通知に基づき住民票の写しを作成し，交付する。

ア　様式及び規格

　　広域交付住民票の様式は，224頁を参照。

　　規格はA4判（210mm ×297mm）とする。

イ　作　　成

　　CSの端末画面等により請求内容の審査を行い，プリンタから打ち出して住民票の写しを作成する。氏名・住所等に桁あふれ，外字等の事由により欠落部分が生じるときは，その部分を補正し，手書きによる対応については「何字加入」等と明記してこれに職印を押す。空白の住民欄があるときは，末尾に記載された者の下に「以下

第4 住民票の写しの交付の特例（広域交付）　*223*

余白」と記入する。その他の要領については，「第3章―第7」（94
頁以下）に準ずる。

ウ　交　　付

次の事項を住民票の写しの末尾に記載し，交付する。

(ｱ)　住所地市町村長から請求に係る住民票に記載されている事項が
法第12条の4第3項の規定により通知され，その通知に基づき作
成されたものである旨

〈世帯全員の場合の記載例〉

「この住民票の写しは，住所地市町村長から請求に係る住民票
に記載されている世帯全員の事項が住民基本台帳法第12条の4第
3項の規定により通知され，その通知に基づき作成されたもので
す。」

〈その他の場合の記載例〉

「この住民票の写しは，住所地市町村長から請求に係る住民票
に記載されている事項が住民基本台帳法第12条の4第3項の規定
により通知され，その通知に基づき作成されたものです。」

(ｲ)　作成の年月日

(ｳ)　交付地市町村長の記名押印

224 第4章 住基ネット

日本の国籍を有する者に係る住民票の写しの様式例

出典：住民基本台帳事務処理要領第2－4－(2)を元に筆者作成

広域交付住民票

住　　　所	
世　帯　主	

	氏　　　名		住民票コード		
			個人番号		
			生年月日		
1	住所を定めた日		性別		続柄
	住所となった日		届出の年月日※		
	□□から転入※				
	氏　　　名		住民票コード		
			個人番号		
			生年月日		
2	住所を定めた日		性別		続柄
	住所となった日				
	氏　　　名		住民票コード		
			個人番号		
			生年月日		
3	住所を定めた日		性別		続柄
	住所となった日				
	氏　　　名		住民票コード		
			個人番号		
			生年月日		
4	住所を定めた日		性別		続柄
	住所となった日				

1　枚中　1　枚目

　　この住民票の写しは，住所地市町村長から請求に係る住民票に記載されている（世帯全員）の事項が住民基本台帳法第12条の4第3項の規定により通知され，その通知に基づき作成されたものです。

　　　　　　　平成　　年　　月　　日　　　　　　　　　　　　　　　　　　　印

　　　　　　　　　　　　　　　　　　　△△△△長

　　　　　　　　　　　　　　　　　　　○○　○○

※項目名を含め，出力しないことも可。

第4 住民票の写しの交付の特例（広域交付） 225

4 参考事項

〔別表3〕 住民票の写しの交付の特例（広域交付）

出典：平成27年9月29日総行住第138号（最近改正：平成27年12月28日総行住第215号）

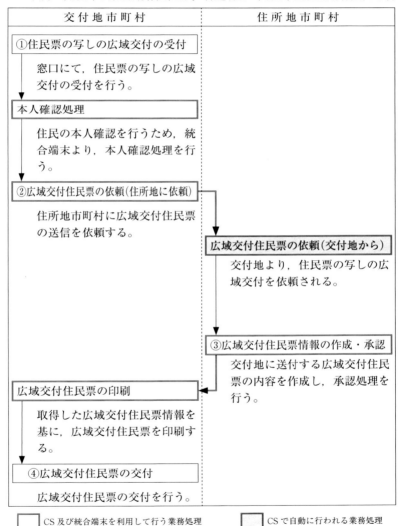

226　　第4章　住基ネット

①　各業務の留意事項

項番	市町村窓口での発生事象	市町村窓口での対応案	関連項番	備　考
68	個人番号カードによる交付請求時，請求者が規定の回数以上，個人番号カードの暗証番号を間違えた場合	以下の流れにより，交付可否を判定する。 カード使用 → 可 不可 ※1 政省令で定める書類の提示 → 無 有 住民票コードの記載 → 有 無 4情報による本人検索 → NG OK 本人確認要求・照合 判定結果 → NG → 却下 ※2		個人番号カードの破損，汚損により，カード情報が読み取れない場合は，個人番号カード又は基本4情報が記載されている住民基本台帳カードについては，カード券面で本人確認を行う。
69	個人番号カードが，一時停止の状態で交付請求があった場合	図中の注釈について ※1　暗証番号忘れ・カードロック，カード一時停止 ※2　請求を却下し，以下のいずれかの対応を行う。 　　　暗証番号忘れ・カードロック：住所地窓口で暗証番号再設定を行うよう指導 　　　カード一時停止の場合：住所地窓口で一時停止解除申請をするよう指導 　　なお，個人番号カードの交付を受けている者以外の者が個人番号カードを不正利用したと認められる場合は，その者に対して個人番号カードの返納を要求する等，必要な措置を講じる。		
70	個人番号カードの交付を受けていない者が，住民票の写しの広域交付の請求を行った場合	政省令で定める本人確認書類を基に，基本4情報による本人確認情報の検索を行う。本人確認を行った後は項番78〜81と同様に処理を行う。		
71	基本4情報による本人確認情報検索の際，該当無しとなる場合	本人に対する申請内容の再確認を行ってもなお該当無しとなる場合は，交付不可とし，住所地市町村で手続してもらう。		
72	請求者等の本人確認情報と請求書の内容が一致しない場合 ・住所地市町村に請求者の住民票情報が存在しない場合 ・氏名，住所等の内容が一致しない場合	(1)　本人の錯誤（勘違い，書き間違い等）の場合聞き取り調査をした上で，請求書を訂正してもらう。 (2)　住所地市町村（既存住基システム・CS）のデータに誤りがある場合（身分証明書等により本人申請に誤りがないことが判明した場合） 　　職員が住所地市町村へ電話連絡等を行い確認をした上で，住所地市町村側の対応を住民に伝える。 (3)　本人確認情報の更新が一括方式のため，「既存住基システムのデータ」と「本人確認情報（CS内のデータ）」とが不一致の場合		

		交付不可とし，翌日以降，再度請求してもらう。 (4) 職権消除 　職員が住所地市町村へ電話連絡等を行い確認をした上で，その旨を伝え，住所地市町村で手続してもらう。 (5) 戸籍（氏変更，出生等）の通知が未着の場合 　職員が住所地市町村へ電話連絡等を行い確認をした上で，住所地市町村側の対応を住民に伝える。 (6) 法務大臣からの通知（住民基本台帳法（昭和42年法律第81号）第30条の50の規定による通知をいう。項番152において同じ。）が未反映の場合 　職員が住所地市町村へ電話連絡等を行い確認をした上で，住所地市町村側の対応を住民に伝える。		
73	個人番号カードの記載内容が請求者等の本人確認情報の内容と異なる場合	広域交付の受付時に，本人確認書類として提示された個人番号カードの記載内容と本人確認情報の内容を照合確認し，不一致の場合は却下する。個人番号カードの継続利用処理が行われていない場合は，個人番号カードを住所地市町村に持参し，適切な処理を受けるよう伝える。 なお，別途本人確認情報と券面事項が一致している政省令で定める本人確認書類の提出があった場合には，申請を受け付ける。		
74	個人番号カードの交付を受けている請求者から，世帯全員の住民票の写しの交付請求があった場合	請求者以外の者については，本人確認不要。（世帯全員の場合は，請求書に全員の氏名を記載する必要は無く，住民票種別の世帯全員欄にチェックするのみで可とする。）本人確認情報照合画面で個人番号カードによる本人確認を行った上で，広域交付依頼入力画面に展開し，そのまま送信指示する。（新規に入力する項目なし。）	91 92 93 94	
75	個人番号カードの交付を受けている請求者から，請求者本人の住民票の写しの交付請求があった場合			
76	個人番号カードの交付を受けている請求者から，請求者本人を含む世帯の一部についての住民票の写しの交付請求があった場合			
77	個人番号カードの交付を受けている請求者から，請求者本人を含まない世帯の一			

第4章　住基ネット

	部についての住民票の写しの交付請求があった場合			
78	個人番号カードの交付を受けていない請求者から，同一世帯員の個人番号カードによる世帯全員の住民票の写しの交付請求があった場合	個人番号カードの交付を受けている者の代理人（同一世帯員に限る。）が当該個人番号カードを持参して行う住民票の写しの請求を受理する取扱いとする。（この場合において，暗証番号入力は代理人が行うこととする。） なお，この者が運転免許証等の本人確認書類を提示した場合には，当然であるが，本人請求としての取扱いになる。	91 92 93 95	個人番号カードの交付を受けている者の代理人が当該個人番号カードを持参して行う住民票の写しの請求を受理した場合は，交付地市町村において，世帯全員についての交付依頼を行い，代理人が同一世帯員であるかどうか確認を行う。 なお，請求が世帯の一部の場合は，請求に係る住民のみを選択記載して住民票の写しを交付する。
79	個人番号カードの交付を受けていない請求者から，同一世帯員の個人番号カードによる請求者本人の住民票の写しの交付請求があった場合			
80	個人番号カードの交付を受けていない請求者から，同一世帯員の個人番号カードによる請求者本人を含む世帯の一部について住民票の写しの交付請求があった場合			
81	個人番号カードの交付を受けていない請求者から，同一世帯員の個人番号カードによる請求者本人を含まない世帯の一部についての住民票の写しの交付請求があった場合			
82	操作ミスにより，誤った住民票の写しの交付依頼を行った場合 ・住所地市町村を間違えた場合 ・請求者等を間違えた場合	交付依頼先を間違えた場合は，その市町村に連絡し，依頼を無効にする。また，請求者等を間違えた場合は，住所地市町村に対して，再度，住民票の写しの交付依頼を行う。	80	
83	請求者に住民票の写しを交付後，同一内容での再請求があった場合（交付後の通数の変更等）	セキュリティ上，印刷を実行して詳細画面を閉じた段階で，交付地市町村のCSから広域交付住民票情報は削除されるので，住所地市町村に対して再度，住民票の写しの交付依頼を行う。		

第 4　住民票の写しの交付の特例（広域交付）　　*229*

| 84 | 1件の請求で，その内容が多様な場合（世帯全員で特別請求あり1通，特別請求なし1通，世帯の一部で特別請求あり2通等） | それぞれの請求内容に分けて，住所地市町村に対して交付依頼を行う。 | | |

②　広域交付住民票の依頼

項番	市町村窓口での発生事象	市町村窓口での対応案	関連項番	備　　考
85	交付依頼を行ったが，住所地市町村が既存住基システムとCSが媒体接続であるため，交付に時間がかかると予想される場合	交付地市町村において，あらかじめ請求者に対し交付に時間がかかる旨の説明を行う。		CSの広域交付依頼入力画面で住民票の広域交付依頼を行った際に，既存住基システムの接続形態（「住所地CS状態—既存住基媒体接続」又は「住所地CS状態—既存住基オンライン接続」）が表示される。
86	交付依頼を行ったが，住所地市町村の既存住基システムが停止しているため，交付ができないと予想される場合	交付地市町村において，すみやかに請求者に対し交付ができない旨の説明を行う。		住所地市町村の既存住基システムが停止している場合，CSの広域交付依頼入力画面で住民票の広域交付依頼を行った際に，「送信先サーバが業務または通信抑止中のため，処理することができません。送信先市町村に連絡してください。」というメッセージが表示される。
87	交付依頼を行ったが，住所地市町村のCS又はネットワーク機器が停止しているため，交付ができないと予想される場合	交付地市町村において，すみやかに請求者に対し交付ができない旨の説明を行う。		住所地市町村のCS又はネットワーク機器が停止している場合，CSの広域交付依頼入力画面で住民票の広域交付依頼を行った際に，「送信先サーバとの通信に失敗しました。システム管理者に連絡してください。」というメッセージが表示

230　第4章　住基ネット

					される。

③　広域交付住民票情報の作成・承認

項番	市町村窓口での 発生事象	市町村窓口での対応案	関連 項番	備　　考
88	既存住基システムで「転入前の住所」を把握できないため，広域交付住民票情報が編集できない場合	「転入前の住所」を設定しないで，交付地市町村に送信する。 この場合における広域交付住民票では，「転入前の住所」欄を設けないこととする。		
89	住民票を世帯票で管理している市町村において，「住所を定めた日」を世帯で一つしか管理しておらず，個人ごとには管理していないため，正確な内容が編集できない場合	世帯票で管理している市町村において「住所を定めた日」を世帯で一つしか管理していないときは，広域交付住民票の「住所を定めた日」を全員同じ日とするか，「不明」と表記するか，住所地市町村判断とする。		
90	世帯票で「世帯の全部の写し」において，消除者を含む場合	広域交付住民票は，現存者のみを対象とするため，現存者のみで住民票情報を編集する。		
91	個人番号カードの交付を受けている請求者から，世帯全員についての交付依頼を受信した場合	世帯全員の住民票の写しの情報を送信する。	74	
92	個人番号カードの交付を受けている請求者から，請求者本人についての交付依頼を受信した場合	請求者のみの住民票の写しの情報を送信する。	75	
93	個人番号カードの交付を受けている請求者から，請求者本人を含む世帯の一部についての交付依頼を受信した場合	世帯全員の住民票の写しの情報を送信する。受信した市町村において，請求者の請求に応じて該当者の住民票の写しを出力する。	76	
94	個人番号カードの交付を受けている請求者から，請求者本人を含まない世帯の一部についての交付依頼を受信した場合	請求者を除く世帯員の住民票の写しの情報を送信する。受信した市町村において，請求者の請求に応じて該当者の住民票の写しを出力する。	77	
95	住民票の写しの広域交付請求書と既存住	該当者が死亡していた場合は送信対象としない。該当者が異動処理中であった場合は	101	

第4　住民票の写しの交付の特例（広域交付）　　**231**

	基システムで作成された住民票の写しの情報が一致しない場合 • 一部の者が死亡していた場合 • 一部の者が異動処理中であった場合	「住基更新中」として送信する。		
96	請求者等が，いわゆる住民票発行注意者，住民票発行停止者等である場合	次のようなケースが想定されるが，対応は，住所地市町村の判断とする。 (1) 「世帯主未定」（世帯主が死亡したが，新しい世帯主の届出がない） 　→交付不可。ただし，特別通知事項（世帯主名／続柄，個人番号，住民票コード）の請求がない場合は，交付可能。 (2) 「虚偽転入のおそれ」等の発行注意者の場合 　→交付不可として送信する。 (3) 「手書き処理」（非常に長い名前，外字なし等のため既存住基システムにデータの一部が入っていない）の場合 　→メッセージ欄，ファックス等を利用して当該部分を交付地市町村に連絡し，交付地市町村において手書き補正の上で交付してもらう（職印の押印が必要）。ただし，住所地市町村において交付不可とすることもできる。		
97	交付地市町村側の操作ミスにより，誤った住民票の写しの交付依頼を受信した場合 • 住所地市町村に誤りがある場合 （本来，他市町村に送られるべきものが，誤って送られてきた場合） • 請求者等に誤りがある場合 （住所地市町村側では，正誤はわからない場合）	請求者等の指定ミス等の場合は，住所地市町村側では判断ができないため，要求された内容に基づいて編集した「住民票の写しの情報」をそのまま送信する。交付地市町村側で再度，交付依頼をし直す。	82	
98	住所地市町村側で，職員の操作ミスにより誤って承認処理を行った場合	交付地市町村に電話連絡をし，交付を差し止めてもらう。		
99	住所地市町村側で，職員の操作ミスにより誤って却下処理を	交付地市町村に電話連絡をし，再度交付依頼をしてもらう。		

232　第4章　住基ネット

| | 行った場合 | | | |

④　広域交付住民票の交付

項番	市町村窓口での発生事象	市町村窓口での対応案	関連項番	備　考
100	交付地市町村長が交付する住民票の写しが複葉にわたる場合	毎葉のつづり目に，職印で契印をする，せん孔処理する等の対応を行う。		
101	住民票の写しの情報が請求書の内容と一致しない場合 ・一部の者が死亡していた場合 ・世帯全員の請求で，一部の者について氏名が一致しない場合	住所地市町村からのメッセージ等を確認し，請求者に伝える。必要に応じて職員が，住所地市町村へ電話連絡等を行い確認をしたり，請求者に聞き取り調査等を行う。	95	
102	転出届をしている者から，住民票の写しの広域交付の請求があった場合	住所地市町村が交付可と判断すれば，交付可能。	24	
103	統合端末を設置していない支所等で広域交付住民票の受付を行う場合	①　住民票の写しの請求書と運転免許証等の確認書類を本庁にファックスで送信する。 ②　本庁では，基本4情報により広域交付の処理を行い，住民票を作成する。 ③　受付を行った支所等へ，住民票の写しをファックスで送信する。 ④　送信時にファックスの送信機能で電子公印を付加するか，支所・出張所で受信後に朱印を押印して交付する。 なお，請求者が基本4情報のうち氏名のみが記載されている住民基本台帳カードのみ持参していた場合には，本人確認ができないので，交付不可。		統合端末を設置していない支所等で広域交付住民票の受付を行うかどうかは，市町村の判断となる。なお，住民票を改ざん防止用紙以外に出力する作業が発生することが想定されることから，印字済み帳票を管理する基準等を定め，その遵守を図ること。
104	対象者を間違って住民票の写しを渡してしまった場合	交付地市町村において誤って交付した住民票の写しを回収し，再度住所地市町村に対して交付依頼を行う。		
105	プリンタのトラブル（紙詰まり等）により住民票の写しが正しく出力されなかった場合	セキュリティ上，印刷を実行して詳細画面を閉じた段階で，交付地市町村のCSから広域交付住民票情報は削除されるので，住所地市町村に対して再度，住民票の写しの交付依頼を行う。		
106	交付請求において住民票コードの請求があった場合	住民票コードの記載の請求があった場合は，告知要求の制限，利用制限等に係る規定が設けられていること，秘密保持義務によって保護されていること等から，請求者の理解を得て，できる限り住民票コードの		

第4 住民票の写しの交付の特例（広域交付）　　233

		記載を省略した住民票の写しを交付する。		
107	交付請求において個人番号の請求があった場合	交付請求において個人番号の請求があった場合は，特定個人情報の提供の求めの制限，特定個人情報の提供の制限等に係る規定が設けられていること等から，これらの規定の趣旨を請求者に十分説明し，これらの規定に抵触するおそれがある場合は，できる限り個人番号の記載を省略した住民票の写しを交付する。		
108	既存住基システムの編集ミスで住所地市町村から誤った情報が送信された場合 • 世帯全員の請求において，世帯員の一部しか編集されなかった場合（住基ネット内では世帯の把握ができないため，請求にしたがい「世帯全員の写しである」旨表記される。） • 他世帯の情報が編集された場合 • 誤った続柄が編集された場合	住基ネット上は，世帯情報については確認できないため，交付地市町村において住民から指摘があれば，住所地市町村へ電話連絡等を行い確認をする。住所地市町村ですぐに対応が可能な場合は，必要に応じて再度交付依頼を行う。		
109	住所地の編集内容は正しいが，続柄の表記が既存住基システムと異なることがあり，受取りを拒否された場合	広域交付住民票は，全国統一的に表示するため，表示が一部従来の住民票と異なっていることを説明する。		
110	住所地市町村の既存住基システム側の編集ミスにより，消除者を含む世帯情報が編集された場合	画面上消除者か否かは分からないため，交付地市町村において住民から指摘があれば，住所地市町村へ電話連絡等を行い確認をする。住所地市町村ですぐに対応が可能な場合は，必要に応じて再度交付依頼を行う。（住民の指摘を踏まえ，消除者を除外して再印刷することも可能であるが，この場合，「世帯全部」とは印字されない。）		
111	住所地市町村から通知された氏名，住所等において桁あふれ，外字等により明らかな欠落が生じている場合	住所地市町村へ電話連絡等を行い，ファックス等を利用して当該部分の連絡を受け，手書き補正の上で交付する（職印の押印が必要）。 なお，交付の承認を自動化していない市町村においては，メッセージ欄を利用して当該部分が連絡されることとなる。	住所地市町村において交付の承認を自動化している場合，「交付不可」として送信することとして差し支えない。	

234　第4章　住基ネット

第5　転入届の特例

1　転入届の特例（法24条の2，令24条の2，24条の3，規則6条，7条，7条
の2，住基ネットセキュリティ基準第6-6）

　マイナンバーカードの交付を受けている者等に関する転出の届出におい
て，最初の転入届の際に法第22条第2項（転出証明書の添付）の規定を適用
しない。

（1）　転入届の特例の適用を受ける者からの転出届の受理

　　ア　転入届の特例の適用を受ける者

　　（ア）　マイナンバーカードの交付を受けている者（届出時点で有効期間
　　　内であって，カード運用状況が運用中のものに限る。）

　　（イ）　マイナンバーカードの交付を受けている世帯主と併せて転出届
　　　をする場合，同一世帯に属するマイナンバーカードの交付を受け
　　　ていない者。

　　　　なお，この場合の世帯主については，転出をし転入をする際に
　　　は往々にして世帯主の変更があること等にかんがみ，同一世帯に
　　　属する者の全部又は一部が同時に転出をする場合でそのうちマイ
　　　ナンバーカードの交付を受けている者がある場合には，その交付
　　　を受けている者を世帯主とみなし転出届を受理してもよい。

　　　　ただし，転出届を受ける市町村長は，マイナンバーカードの交
　　　付を受けていない者から転出届があった場合は，同時に転出する
　　　同一世帯の者にマイナンバーカードの交付を受けている者がいた
　　　としても，転入届の特例を適用せず，転出証明書を交付しても差
　　　し支えない。その際には，転入届の際にマイナンバーカードの交
　　　付を受けている者のマイナンバーカードを提示し，継続利用の手
　　　続が必要である旨を説明する。

　　イ　届出方法

　　　転出地市町村長は，転出証明書の交付を受ける必要はないが，転

入届時にマイナンバーカードを提示し，暗証番号を入力する必要があることを説明する。

また，市町村判断により郵便又は電子情報処理組織にて届け出た者に対して，転出届を受理した旨を通知する。

(ア) 郵便等による届出

マイナンバーカードの交付を受けている旨，転出届をする者の連絡先電話番号等を届出書において明らかにさせる。

(イ) 電子情報処理組織を使用して行う届出

入力する事項についての情報に電子署名を行わせ，電子証明書と併せてこれを送信させる（情報通信技術利用法3条1項，総務省関係法令に係る行政手続等における情報通信の技術の利用に関する法律施行規則3条，4条1項，2項）。

この場合，マイナンバーカードの交付を受けている旨，転出届をする者の連絡先電話番号等を請求者の使用に係る電子計算機から入力して明らかにさせる。

ウ　転出証明書情報の登録・保持

転出届受理後直ちに，住民異動処理に基づき，転入地市町村長に通知する事項を住民記録システムから電気通信回線又は磁気ディスクを介して（住民記録システムを有しない市町村にあっては，手入力により）CSに入力する。

その情報は，転出の予定年月日から60日間保持することが適当である。

エ　その他

次の場合は通常の転出届として処理する。

(ア) 転出をした日から14日を経過した日以後に届出があった場合

(イ) 転出をする者のうちにマイナンバーカードの交付を受けている者がいない場合

(ウ) マイナンバーカードの運用状況が運用中でない場合又は有効期

236 第4章 住基ネット

間内でない場合

なお，転出届をする者が転出証明書の交付を希望する場合，相当な理由がある場合（※7）や同時に転出する同一世帯の者にマイナンバーカードの交付を受けている者がいるが，届出を行う者がマイナンバーカードの交付を受けていない場合は，転出証明書を交付しても差し支えない。

※7　相当な理由

相当な理由とは，転入届時にマイナンバーカードの交付を受けている者が海外出張等で出国する予定で，転入地市町村にマイナンバーカードを持参できない場合などが考えられる（「転入届の特例及び住民票の写しの広域交付の運用上の留意事項」項番4）。

(2)　転入地市町村長への通知

転出地市町村長は，転入地市町村長から転出届後最初の転入届があった旨通知を受けた場合，直ちに次の事項（転出証明書情報）をCSにより通知する。

ア　氏　　名（通称が記載されている外国人住民にあっては，氏名及び通称）

イ　出生の年月日

ウ　男女の別

エ　世帯主についてはその旨，世帯主でない者については，世帯主の氏名及び世帯主との続柄

オ　戸籍の表示（外国人住民を除く。本籍のない者及び本籍の明らかでない者についてはその旨）

カ　マイナンバー

キ　住民票コード

ク　転出前の住所

ケ　転出先，転出の予定年月日及び転出届をした年月日

コ　国民健康保険，後期高齢者医療の被保険者又は退職被保険者等である者については，その旨

第5 転入届の特例　*237*

　　サ　介護保険の被保険者である者については，その旨

　　シ　国民年金の被保険者である者については，国民年金の被保険者の
　　　　種別及び基礎年金番号

　　ス　児童手当の支給を受けている者については，その旨

　　セ　マイナンバーカードの交付を受けている者については，当該マイ
　　　　ナンバーカードの発行日，有効期間満了日，カードが真正であるこ
　　　　とを確認するための符号その他マイナンバーカードの管理のために
　　　　必要な事項

　　ソ　国籍・地域（外国人住民に限る。）

　　タ　法第30条の45の表の下欄に掲げる事項（外国人住民に限る。）

　　チ　通称の記載及び削除に関する事項（通称の記載及び削除に関する事
　　　　項が住民票に記載されている外国人住民に限る。）

2　転出届（転入届の特例の適用を受ける者からの転出届に限る。）**後の最初の
転入届**

　転出届後の最初の転入届をする場合，法第22条第2項（転出証明書の添
付）の規定を適用しない。

　最初の転入届とは，転出届後最初に行う転入届であって，マイナンバー
カード（届出時点でカード運用状況が運用中又は一時停止であるものに限る。）を
添えて行われるものをいう。

　なお，マイナンバーカードの交付を受けていない者が同時に転出した同
一世帯員のマイナンバーカードを持参して届出を行った場合には，マイナ
ンバーカードの交付を受けている者が行う転入届と同等の取扱いとする
（暗証番号の入力はマイナンバーカードを持参した者が行うこととする。）。また，
転入により同一世帯となる場合における転入先の世帯員や法定代理人が転
入者のマイナンバーカードを持参して届出を行うこともできる（「転入届
の特例及び住民票の写しの広域交付の運用上の留意事項」項番33）。

　(1)　**最初の転入届の受理**

　　ア　届出事項

238 第4章 住基ネット

法22条1項に掲げる事項のうち，住民票コードについては，暗証番号を照合したうえでマイナンバーカードから住民票コードを読み出すので明らかにさせることを要しない。同時に転入する同一世帯に属する者についても，転出証明書情報通知から住民票コードが明らかとなるので，同様に取り扱う。

イ　届出方法

(ア)　本人による届出の場合

マイナンバーカードを提示させ，暗証番号を照合したうえで本人確認情報を取得し，届出書に記載された事項と照合することにより，最初の転入届をする者が本人であることを確認する。ただし，マイナンバーカード等の機能の不具合等により本人確認を行うことができない場合は，その表面記載事項等に基づき本人確認情報を取得し，届出書に記載された事項と照合すること等により行うものとする。

(イ)　転出した同一世帯員以外の代理人（法定代理人を除く。）による届出の場合

本人のマイナンバーカードを提示させ，委任状等を提出させることにより，代理権の授与等がなされていることを確認できた場合には，この届出を受理しても差し支えない。暗証番号の入力は，本人から暗証番号を記載した書類を届出させたうえで，市町村職員が行う。

ウ　転出届後の最初の転入届として受理できない場合

(ア)　転出届がされてから最初の転入届がされるまでの間において，いずれかの市町村の住民基本台帳に記録されたことがある場合

(イ)　転出届に係る者のうち一部の者が最初の転入届をした後，最初の転入届をしなかった者が転入届をする場合

(ウ)　転出届により届け出た転出の予定年月日から30日を経過した日又は転入をした日から14日を経過した日のいずれか早い日以後に，

最初の転入届をする場合（ただし，転出地市町村長から転出証明書情報の通知を受けることができる場合は，転出証明書の添付を不要とすることとして差し支えない。）

　㈓　マイナンバーカードの運用状況が運用中又は一時停止でない場合

　㈔　マイナンバーカードの提出がなかった場合

(2)　**転出地市町村長への通知**

　転入地市町村長は，最初の転入届を受けた場合，直ちに転出地市町村長へ次の事項をCSにより通知する。

　　ア　住民票コード

　　イ　氏名

(3)　**転入処理**

　転出地市町村長から転出証明書情報を受信し，それに係る端末機画面又はプリンタ等から打ち出された書類を転入届と照合し，転入処理を行う。

(4)　**マイナンバーカードの継続利用処理**

　　ア　マイナンバーカードは，最初の転入届と同時に提出させる。

　　　転入地市町村長は，転入者のマイナンバーカードの表面の追記欄に，届出の年月日及び新たな住所を記載し「転入」と明記してこれに職印を押す。

　　　また，マイナンバーカードの表面記載事項の変更に伴い，暗証番号の入力を経て（本人と同一世帯に属する者以外の代理人（法定代理人を除く。）が届出を行う場合は，市町村職員が暗証番号の入力を行う。），内部記録事項を変更する。

　　　こうした措置を講じたうえで，転入者にカードを返還しなければならない。

　　イ　転入地市町村長は転入した者のうち，アの処理がされていないマイナンバーカードがあることを知った場合は，速やかに当該マイナ

ンバーカードの交付を受けている者に対し，転入届をした日から90日を経過したときは当該マイナンバーカードが失効する旨を伝え，当該処理を行うために転入地市町村の事務所へ出頭することを求めること。

3 参考事項

〔別表4〕 転入届の特例

出典：平成27年9月29日総行住第138号（最近改正：平成27年12月28日総行住第215号）

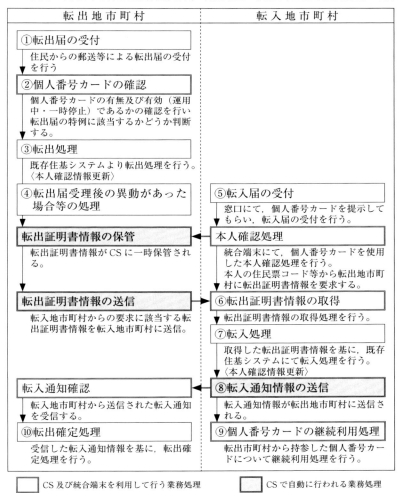

※本資料の記載対象は個人番号カードを一枚でも所有している世帯の転出・転入処理とする。（個人番号カード等を一枚も所有していない世帯の転出・転入処理は既存のままとする。）
※平成28年1月1日以降、有効である住民基本台帳カードの取扱いについては、「住民基本台帳カード等の運用上の留意事項について」（平成24年6月4日付け総行住第47号通知）の規定の例によることとする。

242　第4章　住基ネット

①　転出届の受付

項番	市町村窓口での発生事象	市町村窓口での対応案	関連番号	備　考
1	郵送等による転出届に記載漏れ，誤記等がある場合 • 転出先の文字に間違いがある（明らかな誤りがある）場合 • 転出予定日，転出先等が未記載の場合 郵送等による転出届に記載された内容と本人確認情報が一致しない場合 • 記載された内容と本人確認情報の内容（氏名，生年月日等）が一致しない場合 • 記載された異動者が存在しない場合	軽微な場合は必要な補正を行った上で転出届を受理し，それ以外の場合は本人に確認の電話連絡等をし，処理する。 なお，転出先が市町村名だけである場合，そのまま受理して差し支えない。 →電話連絡がとれない，連絡先がない場合等は1年間保存し，転入地市町村又は届出者から連絡がなければ廃棄する。 なお，転入地市町村から連絡があり，届出者本人の聞き取り等により処理が可能であれば，当該転出届を受理し転出処理を行うことも考えられる（この場合において，転出届を受理した日は当該届出内容が適切に転出地市町村で確認できた日とする。）。	37	転出届に連絡先電話番号等の記載を徹底するため，十分な広報を行う必要がある。
2	郵送等による転出届が転入届をした日までに転出地市町村に届かない場合	転入地市町村から問い合わせがあった際に転出届が未着の場合，当該届出を受け付けていない旨を伝える。 なお，転出届は受理したものの転出処理がされていない場合は，速やかに転出証明書情報を使用する転出処理を行う。	38	
3	転出をした日以降に転出届が転出地市町村に届いた場合	(1) 転出をした日の翌日から起算して14日以内の場合 →転出届を受理し，転出証明書情報を使用する転出処理を行う。 (2) 転出をした日の翌日から起算して14日を超えた場合 →転出をした日の翌日から起算して14日を超えた旨を注記して「転出証明書に準ずる証明書」又は「消除した住民票の写し」の郵送等を行う。		「転出をした日の翌日から起算して14日」が閉庁日の場合はその翌日まで転出届を受け付け，転出証明書情報を使用する転出処理を行う。また，消印の表示等から通常であれば14日以内に届いたと考えられる場合等は転出届を受け付け，転出証明書情報を使用する転出処理を行って差し支えない。 「転出証明書に準ずる証明書」又は「消除した住民票の写し」の郵送等を行う

第5 転入届の特例　243

項番	発生事象	対応案	備考
			場合，届出者本人に郵送料負担等を求める。
4	個人番号カードの交付を受けている者に対して転出証明書を交付する場合	転入届の特例を受けることができない相当な理由があれば認める。例えば，個人番号カードを紛失している旨の申出があった場合，転入届時に個人番号カードの交付を受けている者が海外出張等で出国する予定で，転入地市町村に個人番号カードを持参できない場合などが考えられる。	転出届を受理する際に，個人番号カードを紛失しており，発見した後に引き続き当該個人番号カードを利用したいという申出がある場合は，個人番号カードについては個人番号カードコールセンターに届け出るように案内する，又は本人の依頼に基づき，代わって個人番号カードコールセンターに連絡する。住民基本台帳カードについては一時停止処理を行う。この場合において，一時停止処理の完了を行った後に，転出処理を行うこと。

②　個人番号カードの確認

項番	市町村窓口での発生事象	市町村窓口での対応案		関連番号	備　考
		【転出届が郵送される場合】	【転出届が窓口に提出される場合】		
5	転出届の受付時点で転出者全員の個人番号カードが利用できない場合 ・個人番号カードの交付を受けていない場合 ・個人番号カードのカード運用状況が一時停止，廃止の場合 ・個人番号カードが有効期限切れの場合	転出届を受け付けた後，転出証明書情報を使用する転出処理はできない。その旨を注記して転出証明書の郵送等を行う。個人番号カードが未回収の場合は転入地市町村にて回収を行う。	転出証明書情報を使用する転出処理はできない。その旨を説明して転出証明書の交付を行う。一時停止の個人番号カードについては，一時停止解除を行うことにより転出証明書情報を使用する転出処理を行うことができる。個人番号カードが未回収の場合，個人番号カードを回収する（世帯員のカード含む。）。	29	個人番号カードが未交付，一時停止，廃止，有効期限切れの場合は，統合端末の本人確認情報照合画面の「カードの有無」欄が「無」になっている。一時停止であるかどうかは，個人番号カード（本人が住基APの暗証番号を入力する）等を使用した本人確認処理を行うことにより確認することができる。転出証明書の郵送等

244　第4章　住基ネット

項番	発生事象	対応案	対応案	関連番号	備考
		個人番号カードを持参しなかった場合は，転入地市町村にて回収を行う。			を行う場合，届出者本人に郵送料負担等を求める。一時停止の個人番号カードの継続利用を希望する場合は，転入地市町村で継続利用処理後に一時停止解除を行う。
6	転出届の際，個人番号カードを返納する場合	届出者に電話連絡等で，個人番号カードが無いと転入届の特例を受けることができない旨を説明し，その旨を注記して転出証明書の郵送等を行うとともに，個人番号カードは廃止・回収する。（郵送等による返送の受付は可能であるが，住民からカード返送要請があった場合は，カード破損のおそれがあるので返送は好ましくない。）なお，他の世帯員が個人番号カードの交付を受けている場合は，転出証明書情報を使用する転出処理が可能となる。	転出証明書を交付し，個人番号カードを廃止・回収する。	28	

③　転出処理

項番	市町村窓口での発生事象	市町村窓口での対応案		関連番号	備考
		【転出届が郵送される場合】	【転出届が窓口に提出される場合】		
7	A市→B市→C市と転出する場合において，B市からC市への転出の際，継続利用処理されていないA市の個人番号カードを所持していた場合（B市へ転入届をした日から90日以内で，B市からの転出	B市は，継続利用未処理の個人番号カードが存在することを住民に連絡し，継続利用の意思を確認する。・継続利用を希望した場合はB市に来庁してもらい個人番号カードの継続利用処理を行い，	B市は，継続利用未処理の個人番号カードが存在することを住民へ通知し，継続利用もしくは廃止・回収処理を行う。継続利用処理を行う場合は，転出証明書情報を使用する転出処理を行う。		B市での転入届出日から90日以上経過している場合は，継続利用ができないため，B市においてカードを廃止・回収する（この場合は，転出証明書を使用して転出処理を行う。）。ただし，B市は，B

No	事例	処理内容		参照	備考
	前に限る。)	転出証明書情報を使用する転出処理を行う。 •継続利用を希望しない場合は，B市において個人番号カードの廃止処理を実施し，転出証明書を郵送する。個人番号カードの回収は，B市又はC市において実施する。			市の閉庁日を考慮し，転入届日から90日経過した日が閉庁日であれば継続利用可能として処理を行うことができる。なお，個人番号カードの継続利用画面にて転入届出日から90日経過している場合は警告メッセージが表示される。
8	転出届の受付時点で世帯員に有効期限切れの個人番号カードを保有している者がいた場合	当該住民の個人番号カードはシステム上自動的に廃止となり，継続利用できないため，転入地市町村において回収を行う。	当該住民の個人番号カードはシステム上自動的に廃止となり，継続利用できないため，個人番号カードを持参していない場合は転入地市町村にて，個人番号カードを持参している場合は転出地市町村にて回収を行う。		転出届の受付時点で有効期限切れの個人番号カードは，転入予定地市町村に個人番号カードの管理情報が送信されない。
9	操作ミスにより，異動者の転入地市町村を間違えた場合	次の処理を行う。 ①既存住基システムより転出者全員を職権で回復させる。 ②CS上の転出証明書情報を直接削除する。 ③再度，処理対象者について個人番号カードの保有状況を確認する。 ④再度，既存住基システムで転出証明書情報を使用する転出処理を行う。		20 39 43	既存住基システムの対応により可能であれば，次の対応も考えられる。 ①既存住基システムで転出情報の修正を行う。(この情報は，CSに反映しない。) ②CS上で転出証明書情報を直接修正する。
10	操作ミスにより，処理対象者（異動者）を間違えた場合	次の処理を行う。 ①既存住基システムより転出者全員を職権で回復させる。 ②CS上の転出証明書情報を直接削除する。 ③再度，処理対象者について個人番号カードの保有状況を確認する。 ④再度，既存住基システムで転出証明書情報を使用する転出処理を行う。			既存住基システムの対応により可能であれば，次の対応も考えられる。 ①既存住基システムより誤って異動事由を転出で更新した者を職権で回復する。 ②CS上の転出証明書情報を直接削除する。 ③正しい異動者を追加し，異動事由を

246　第4章　住基ネット

				転出で更新を行う。 ④転出者全員の転出証明書情報を再作成し，CSに登録する。
11	転出届により，世帯主の転出で世帯主変更の必要があり，誰が世帯主となるか確認が必要な場合	現在の郵送等による転出届の処理と同様，本人に確認の連絡をとり処理する。または，残っている世帯員に確認する。		
12	いわゆる異動注意者，異動禁止者等からの転出届があった場合	現在の郵送等による転出届の処理と同様，本人に確認の連絡をとり処理する。		転出届を受理するか否かは市町村の判断となる。
13	交付済の転出証明書に記載されている異動者から，転出証明書を紛失したとして改めて転出届があった場合	【転出予定日前】 個人番号カードを一枚でも所有している世帯の場合，既存住基システム側で転出を取り消し（窓口での手続は不要），改めて個人番号カードの交付状況と届出者の意向を確認して，転出証明書情報を使用する転出処理を行うか，転出証明書の再交付を行う。 個人番号カードを一枚も所有していない世帯の場合，転出証明書の再交付を行う。 【転出予定日後】 転出証明書に準ずる証明書等の交付を行う。		
14	電話又は郵送等により転出届の取消しの申出があった場合	転出届の取消しを受け付けない。窓口での転出取消の申出を求める。		
15	転出届を誤って，転入地市町村その他に送付した場合	本人に転出地市町村に送付するように説明する。 市町村の判断により，転出地市町村に転出届を転送することも考えられる。		
16	転出処理を行ったものの，転入地市町村からの転出証明書情報の取得がない場合	転出予定日から30日を経過してもなお転入地市町村からの転出証明書情報の取得がない場合等において，なりすまし転出を防止する観点等から，転出届を受理したものの転入地市町村からの転出証明書情報の取得がない旨，また，転入の際に転出証明書に準ずる証明書が必要となる場合がある旨を転入地市町村に連絡することが望ましい。 なお，連絡にあたっては閉庁日等を考慮して対応することが望ましい。		
17	転出地市町村にて継続利用可能な個人番号カードを保有する	転入地市町村から転出証明書情報を作成するよう依頼があれば，既存住基システムより転出者全員を職権で回復した後，転出証	4 34	本事象が発生すると，転出地市町村では統合端末等に転出

第5 転入届の特例　*247*

	住民の転出届に対して，転出証明書を発行して転出処理している場合	明書情報を作成する（職権で回復しなくても転出証明書情報を作成できる場合は除く。）。 転入地市町村は項番34で示した対応を行う。	証明書情報が未作成である旨が通知される。 転入地市町村の既存住基システムによっては，転出証明書で転入処理を行っても，転入通知が即時に送信できず，カードの継続利用処理ができないことがあるため，転入地市町村は， • 統合端末に直接転入通知情報を入力する。 • 転出地市町村に対して転出証明書情報を作成するよう依頼する。 いずれかの対応を行うことが想定される（いずれかの対応を行うことにより，カードの継続利用に必要な情報を取得することができる）。
18	転出地市町村のCSが市町村合併等により一定期間停止している場合	転出届が郵送された時点で，既に転出地市町村のCSが停止しており，転出予定日までに復旧見込がない場合，本人に連絡をとり事情を説明した上で，その旨を注記して転出証明書の郵送等を行う。	41	

④　転出届受理後の異動があった場合等の処理

項番	市町村窓口での発生事象	市町村窓口での対応案	関連番号	備　考
19	転出届を受理し，転出証明書情報を使用する転出処理を行った後，異動者全員が転出を取りやめた場合	次の処理を行う。 ①窓口にて転出取消手続後，既存住基システムで異動者全員を転出取消処理又は職権で回復させる。（市町村により処理が異なる。） ②CS上の転出証明書情報を直接削除する。		
20	転出届を受理し，転出証明書情報を使用する転出処理を行った後，異動者の一部が転出を取りやめた	(1)　個人番号カードの交付を受けている者が転出を取りやめた場合 　(ア)　残りの転出者に個人番号カードの交付を受けている者がいる場合 　　→項番9で示した対応を行う。	9 43	(1)(ア)・(2)について，該当者の転取消を行うのみとし，転入地市町村が転入届にしたがって転入処理

248　第4章　住基ネット

	場合	(イ) 残りの転出者に個人番号カードの交付を受けている者がいない場合 →以下の処理を行う。 ①既存住基システムより転出者全員を職権で回復させる。 ②CS上の転出証明書情報を直接削除する。 ③既存住基システムより転出証明書を交付する転出処理を行う。 ④転出証明書の交付又は郵送を行う（この際，転出証明書情報を使用する転出処理ができない旨を注記する）。 (2) 個人番号カードの交付を受けていない者が転出を取りやめた場合 →項番9で示した対応を行う。		をすることも考えられる。
21	転出届を受理し，転出証明書情報を使用する転出処理を行った後，転入届までに異動者の死亡等の異動（減異動）があった場合	(1) 死亡日が転入をした日より前の場合 →転入をした日より前の死亡なので，転入地市町村において，死亡者の住民票の記載は行わない。ただし，転出地市町村において，CSに対し「死亡」（異動事由）で本人確認情報の更新を行う必要があるため，いったん該当者の転出取消を行い，既存住基システムで死亡処理を行う。 (2) 死亡日が転入をした日以降の場合 →転入地市町村において，転入処理又は職権記載処理後同日消除（死亡処理）を行う必要がある。（CSに対し「死亡」（異動事由）で本人確認情報の更新を行う必要がある。）	46 63	
22	転出届を受理し，転出証明書情報を使用する転出処理を行った後，転入届までに異動世帯に出生の異動（増異動）があった場合	転出証明書情報はそのままとし，転入地市町村で親の転入処理に併せて処理（出生転入又は転入）を行うことができる。	47 63	
23	転出届を受理し，転出証明書情報を使用する転出処理を行った後，転入届までに異動者の本人確認情報内容に変更があった場合	転入地市町村で処理を行う。	40 46	
24	転出届を受理し，転出証明書情報を使用する転出処理を行った後，転出予定日ま	次の条件を満たしていることを確認の上，交付可とする。 • 転入届を提出していないこと • 転出予定日に到達していないこと	102	

第5　転入届の特例　　*249*

	でに住民票の写しや印鑑証明書の請求があった場合	転出処理後は，転出証明書の提示を受けることによって，交付を可としている市町村も存在しており，このような場合，個人番号カードの提示を受けることにより，交付を可とすることも考えられる。	
25	転出届を受理し，転出証明書情報を使用する転出処理を行った後，転出予定日当日以降に住民票や印鑑証明書の請求があった場合	転出地市町村としては，既に消除者（除票）となっているため，交付不可とする（消除した住民票の写しのみ交付可）。転入地市町村に転入届を行い，そこで証明書の交付請求をするよう説明する。	
26	転出届を受理し，転出証明書情報を使用する転出処理を行った後，再度，転出届が届いた場合 • 前回のものと全く同じ記載内容で，届出人が異なるものが届いた場合（世帯主が届出した後，他の世帯員が同じ内容で届出を行った場合） • 前回のものと記載内容が異なるものが届いた場合（間違いに気付いて届出し直した場合）	異動者に電話連絡等を行い確認をした上で，必要があれば，次の処理を行う。 ①既存住基システムより転出者全員を職権で回復させる。 ②CS上の転出証明書情報を直接削除する。 ③再度，処理対象者について個人番号カードの保有状況を確認する。 ④再度既存住基システムで転出証明書情報を使用する転出処理を行う。	既存住基システムの対応により可能であれば，次の対応も考えられる。 ①既存住基システムより誤って異動事由を転出で更新した者を職権で回復する。 ②CS上の転出証明書情報を直接削除する。 ③正しい異動者を追加で異動事由を転出で更新を行う。 ④転出者全員の転出証明書情報を再作成し，CSに登録する。
27	転入届を受理した後，カード紛失等の連絡があった場合	届出者に電話連絡等で，個人番号カードが無いと転入届の特例を受けることができない旨を説明し，次の処理を行う。 • カードを紛失等した者以外の世帯員に個人番号カードの保有者がいない場合 ①既存住基システムより職権で転出者全員を回復させる。 ②CS上の転出証明書情報を直接削除する。 ③紛失等の連絡があった個人番号カードの一時停止処理を行う。 ④既存住基システムより転出証明書を交付する転出処理を行う。 ⑤転出証明書の交付又は郵送を行う。 • カードを紛失等した者以外の世帯員に個人番号カードの保有者がいる場合 ①既存住基システムより職権で転出者全員を回復させる。	一時停止した個人番号カードは，転入届から90日以内に見つかれば転入地市町村において継続利用処理を行うことができる。

250 第4章 住基ネット

		②CS上の転出証明書情報を直接削除する。 ③紛失等の連絡があった個人番号カードの一時停止処理を行う。 ④既存住基システムより転出証明書情報を使用する転出処理を行う。		
28	転出届を受理した後，カードが返納された場合	届出者に電話連絡等で，個人番号カードが無いと転出届の特例を受けることができない旨を説明し，個人番号カードを回収するとともに，次の処理を行う。 ・世帯員に個人番号カードの保有者がいない場合 ①既存住基システムより職権で回復させる。 ②CS上の転出証明書情報を直接削除する。 ③返納された個人番号カードの廃止処理を行う。 ④既存住基システムより転出証明書を交付する転出処理を行う。 ⑤転出証明書の交付又は郵送を行う。 ・世帯員に個人番号カードの保有者がいる場合 ①既存住基システムより職権で回復させる。 ②CS上の転出証明書情報を直接削除する。 ③返納された個人番号カードの廃止処理を行う。 ④既存住基システムより転出証明書情報を使用する転出処理を行う。	6	

⑤ 最初の転入届の受付

項番	市町村窓口での 発生事象	市町村窓口での対応案	関連 番号	備　考
29	転入届出時に，個人番号カードが使用できない場合の対応 (1) 個人番号カードの破損，汚損により，カード情報が読み取れない場合 (2) 有効期限切れの場合 (3) カードロックの場合（暗証番号忘	届出可。 (1) 個人番号カードの破損，汚損により，カード情報が読み取れない場合 →カード券面で本人確認し，転入処理を行う。 ※破損，汚損によりカード券面での本人確認が行えない場合は，運転免許証等の他の本人確認書類で本人確認を行う。転入処理後に廃止・回収処理を行う。 (2) 有効期限切れの場合	5 56	「運転免許証等の他の本人確認書類」とは，住民基本台帳事務処理要領第2－4－(1)－①－ア－(イ)－A又はBの書類をいう。 一時停止の場合は転入処理と継続利用処理を行い，廃止の場

第5　転入届の特例　*251*

項番	事例	転入地市町村の対応	項番	転出地市町村の対応
	れ含む） (4) 転出届時には運用中であったが、転出地に紛失の届出をしたことにより、一時停止の場合（発見した個人番号カードを持参している場合に限る。）	→転出時点で有効期限内であれば、個人番号カードが失効事由に該当していない限り転出届を受理することができ、その場合は、転入時点で有効期限切れであっても、転入処理を行う。 転入処理後に廃止・回収処理を行う。 (3)　カードロックの場合（暗証番号忘れを含む） →本人確認は(1)と同様の対応を行う。 転入処理を行った後に暗証番号再設定の届出を提出させ、暗証番号の再設定を行った上で継続利用処理を行う。また、届出者が本人又はその法定代理人以外の者である場合の暗証番号再設定の届出については、住民基本台帳事務処理要領第5−3−(3)に準じて取り扱うこと。 (4)　転出届時には運用中であったが、転出地市町村に紛失の届出をしたことにより、一時停止の場合（発見した個人番号カードを持参している場合に限る。） →転入届出時に紛失した個人番号カードを持参したが一時停止の場合は、当該個人番号カードで本人確認が行える場合は当該個人番号カードで本人確認を行い、それ以外の場合は、運転免許証等の他の本人確認書類で本人確認を行い、転入処理を行う。 継続利用処理後、一時停止解除処理を行う。		合は転入処理とカード回収処理を行う。 (4)については、項番27の「カードを紛失した者以外の世帯員に個人番号カードの保有者がいる場合」を想定しており、転入届の際に、紛失届をした方の（発見された）個人番号カードが窓口に持参された場合の取扱いである。
30	転入届出時に、届出人が転入届の特例を受けるための転出届をしているにもかかわらず、個人番号カードを持参しなかった場合	届出不可。個人番号カードを持参するよう説明する。	27	個人番号カードの紛失により持参しなかった場合は、届出人に転出地市町村に連絡するように説明する。 転出地市町村へは項番27の対応が必要であることを連絡する。
31	転出地市町村にて転出処理後に個人番号カードが廃止・回収された場合（転出予定日から30日を経過しており、最初の転入届時に個人番号カードがない場合）	届出不可。住民に転出証明書が必要である旨を説明する。	49	転出証明書情報表示画面表示時に警告メッセージが表示され、転出証明書情報を使用する転入は実施することができない。
32	転出届をせずに直接転入地市町村の窓口	届出不可。転出地市町村に転出届を提出してから再度来庁するよう、住民に説明す		

252 第4章 住基ネット

	に来て転入届を行う場合	る。個人番号カードの交付を受けている場合（個人番号カードが失効事由に該当していない場合に限る。）は，基本的に転出届を転出市町村に対して郵送すればよいが，詳細は転出地市町村に問い合わせるよう説明する。		
33	転入届出時に，個人番号カードの交付を受けていない者が同時に転出した同一世帯員の個人番号カードを持参して届出を行った場合	届出可。個人番号カードの交付を受けている者が個人番号カードを持参して行う転入届と同等の取扱いとする。（暗証番号の入力は個人番号カードを持参した者が行うこととする。同時に転出した同一世帯員以外の代理人（法定代理人を除く）が継続利用処理のため，暗証番号を入力する場合は，本人から暗証番号を記載した書類を届出させたうえで，市町村職員が暗証番号を入力することとする。この場合において，必要に応じ，適宜，同一の世帯に属する者以外の代理人が当該暗証番号を知り得ることのないよう留意すること。） なお，転入により同一世帯となる場合における転入先の世帯員や法定代理人が転入者の個人番号カードを持参して行う届出も可。		代理人が転入届に記載された異動者及び転出証明書情報の異動者と合致することを確認し，代理人の本人確認書類については，通知カード及び個人番号カードの交付等に関する事務処理要領第１－２－(5)－イに準じて取り扱うこと。また，代理人の住所が転入者の住所と合致すること等を確認できれば，同一世帯員と取り扱って差し支えない。
34	窓口で転出証明書と個人番号カードの両方を提出された場合	転出証明書の提出により届出可。 転出証明書による通常の転入処理を行った後，次の処理を行う。 ①転出地市町村に転入通知を送信することにより，カード管理情報を受信する。 ②個人番号カードの暗証番号を入力させる。 ③継続利用処理を行う。 また，転入地市町村は，転出地市町村へ転出証明書情報の作成を依頼し，項番17で示した対応により転出地市町村が転出証明書情報を作成した場合は，転出証明書情報による転入処理及びカードの継続利用処理を行ってもよい。その場合は，転出証明書を回収する。	17	転出地市町村が閉庁日の場合は，転出証明書で転入処理し，転出地市町村へ転入通知情報を送信すると，転出地市町村の開庁日に個人番号カードを継続利用するための情報が送信されてくる。
35	転出地市町村が閉庁日で転出地市町村のCSが停止している場合。	転出証明書情報が取得できる場合は届出可。届出人に転出証明書情報の内容が正しいか確認する。転入予定地市町村以外に転入する場合は，転出地市町村の開庁日に再度来庁するよう説明する。		転出地市町村が閉庁日である場合やCSが停止している場合等であっても，転入地市町村が転入予定地市町村であれば，転出証明書情報を使用することが可能。
36	転出届の受付時点で転入地市町村にて継	転出証明書情報を取得できる場合は届出可（個人番号カードが失効事由に該当してお		

第5　転入届の特例　　*253*

	続利用可能な個人番号カードを保有していたが，該当の個人番号カードを返納する場合	らず，カード運用状況が運用中のものに限る）。転入地市町村にて転入処理を有効に行い，個人番号カードを回収する。	

⑥　転出証明書情報の取得

項番	市町村窓口での発生事象	市町村窓口での対応案	関連番号	備　　考
37	転出届に記載漏れ等があるため，転出届が受理されていない（転出処理が行われていない）状態で，転入届があった場合	職員が転出地市町村へ電話連絡等を行い確認する。 なお，届出者本人の聞き取り等により処理が可能であれば，転出地市町村に転出証明書情報を使用する転出処理を行ってもらい，その後転入処理を行うことにより，当該転入届を受理することも考えられる。	1	事情により対処方法が異なるため，市町村間の協議による。転出地市町村が閉庁日の場合は，転出地市町村の開庁日に再度来庁するよう説明する。
38	郵送等による転出届が転出地市町村に届かず転出証明書情報を使用する転出処理がされていない状態で転入届があった場合	職員が転出地市町村へ電話連絡等を行い確認をした上で，再度転出届が必要であると転出地市町村が判断する場合は，届出者に再度転出届を転出地市町村に届け出て，転出地市町村で転出処理がされた後，再度転入届を行うよう説明する。	2	
39	転出証明書情報を使用する転出処理時の操作ミス（異動者の選択ミス）により，転入届に記載された内容と転出証明書情報が一致していない場合	転出地市町村に項番10の処理を行ってもらい，当該転入届を受理する。	9	
40	転入届に記載された異動者は複数であるが，個人番号カードにより取得した転出証明書情報の異動者が一人のみであった場合	転出地市町村の既存住基システムの仕様により，転出者一人について一件の転出証明書情報が作成されている場合があるため，他の者については基本4情報（氏名，生年月日，男女の別及び住所をいい，外国人住民に係る住民票に通称が記載されている場合にあっては，基本4情報及び通称をいう。）による本人確認を行い，転出証明書情報を取得する。		
41	転入地市町村のCSが，市町村合併等により一定期間停止している場合	転入地市町村において，転出地市町村に連絡し事実確認を行った上で，その後転入処理を行う（CS復旧後転出証明書情報を取得する）ことにより，転入届を受理する。	18	

254　　第4章　住基ネット

⑦　転入処理

項番	市町村窓口での発生事象	市町村窓口での対応案	関連番号	備　考
42	転入届出時に，異動者全員が転出届と異なる市町村に届出を行った場合 ・未届地経由，予定地の変更又は転出届の誤り等の場合	届出者に事情を確認し，問題がなければ転入処理する。	62	
43	転入届出時に，異動者の一部が転出届と異なる市町村に届出を行い，実際に転入する者以外は転入をとりやめた場合	(1) 実際に転入する者のうち一人でも個人番号カードを所有している場合 →転出地市町村に連絡し，項番9の対応を行うよう依頼する。 (2) 実際に転入する者のうち一人も個人番号カードを所有していない場合 →転出地市町村から転出証明書を取得するよう説明する。	9 20	既存住基システムにおいて，転出証明書情報を取り込む改造をしている場合は，異動者のみの情報を取り入れる。
44	転入届出時に，転出証明書情報と同じ住所地に転入する者以外は，他市町村に転入する予定の場合 （例） 　A市→B市 　　↘C市 10人世帯が異動する場合。（転入予定市町村はB市） A市→B市は8人転出 A市→C市は2人転出	たとえば，B市で10人分の転出証明書情報が取得された後に，C市において2人分の転出証明書情報を取得することができない。その場合は，C市に転入する者からA市に連絡し，A市から転出証明書に準ずる証明書等の交付又は郵送等を行ってもらう。	63	転出地市町村において転出者一人について一件の転出証明書情報が作成されている等により，他市町村で転出証明書情報の取得が可能なときは，個人番号カードの交付を受けている者及び当該者と同時に移動する者について，最初の転入届を受理することができる。
45	転入届出時に，転出証明書情報と同じ住所地に転入する者以外は，同一市町村内の他の住所に転入する予定の場合	同時に転入届を行う場合は，転入処理する。	62	同一政令指定都市内の他の区の住所に転入する場合には処理できない。
46	転出届を受理した後，転入届を行うまでの間に異動者の死亡等（減異動）があり，転出証明書情報の異動者と実際の転入届に記載された異動者が異なる場合（転出証明書情報に	届出者に事情を確認し，必要があれば転出地市町村にも連絡する。 問題がなければ当該転入届を受理する。	21 63	

	は存在するが，転入届には記載されていない者がいる場合等）				
47	転出届を受理した後，転入届を行うまでの間に異動世帯に出生の異動（増異動）があり，転出証明書情報の異動者と実際の転入届に記載された異動者が異なる場合	出生転入又は転入として処理する。（異動事由は，出生又は転入とする。）	22 63		
48	転出届を受理した後，転入届を行うまでの間に異動者の婚姻等による氏名変更等又は外国人住民の異動者の氏名や在留資格の変更等があり，異動者に係る転出証明書情報と転入届の際の情報が異なる場合	必要であれば，届出者より戸籍の受理証明書等又は在留カード，特別永住者証明書，仮滞在許可書若しくは一時庇護許可書を提示してもらい，戸籍の届出内容又は変更後の氏名や在留資格等を確認して，そのまま新しい内容（氏名，在留資格等）で受理する。	23 63		
49	転出予定日から30日を経過した後に転入届が行われた場合	(1) 転出証明書情報が取得できる場合 →転出証明書情報で転入手続を行う。 (2) 転出地市町村から転出証明書情報を取得することが出来ない場合 →住民に転出地市町村に連絡してから，再度来庁するように依頼する。 ①住民は，転出地市町村へ連絡して，転出証明書に準ずる証明書等を交付または郵送してもらい，転入地へ来庁する。 ②転入地市町村にて転出証明書に準ずる証明書を用いて，転入手続を行う。 【失効した個人番号カードの回収について】 ①により住民から連絡があった転出地は，失効した個人番号カードを回収すること。ただし，②の転入手続の際，転入地市町村が当該個人番号カードを回収しても差し支えない。	31 57	CS端末画面にて転出証明書情報を表示した場合に，転出予定日から30日以上，経過している旨のメッセージが出力される。なお，(1)の場合は，転入地での個人番号カードの継続利用が可能であるが，(2)の場合は転入地での個人番号カードの継続利用は不可能である。

256　　第4章　住基ネット

⑧　転入通知情報の送信（転入届の特例以外の場合も同様）

項番	市町村窓口での発生事象	市町村窓口での対応案	関連番号	備　考
50	異動者が未届地市町村を経て転入した場合	転入地市町村は転入通知情報を最終住登地市町村，未届地市町村双方に対し送信する。ただし，未届地市町村への転入通知情報の送信は省略しても差し支えない。また，転出予定日から30日を経過して転入届がされた場合，個人番号カードの継続利用はできない。	57 64	住所設定により最終住登地市町村へ転入通知情報を送信する場合は，特に住所設定である旨を記載しなくてもよいが，市町村の判断により，住所欄に「（住所設定）」と記載し送信して差し支えない。
51	転入処理時の操作ミスにより，転出地市町村を間違って入力し，転入通知情報を作成した場合	受信側では，誤って送信されたものか，未届地に送信したものか判断できない。したがって，転入通知情報の送信元市町村へ電話連絡し，正しい転入通知情報を送信する。 なお，転入地市町村において転入取消を行う際，必ず転出地市町村へその旨を連絡する。	66	連絡を受けた市町村は，CSから直接転入通知情報を削除する。転入通知情報を既存住基システムに取り込んでしまっている場合は，既存住基システム側での対応も必要となる。
52	転入処理時の操作ミスにより，異動者を間違って入力し，転入通知情報を作成した場合 •転出証明書情報上の転出予定者の一部のみの転入を全員の転入として処理した場合等			

⑨　個人番号カードの継続利用処理

項番	市町村窓口での発生事象	市町村窓口での対応案	関連番号	備　考
53	券面事項確認領域に記録されている情報を更新する際に，本人確認情報がまだCSに連携されていない場合	既存住基システムからCSに連携されるのを待つことで，継続利用処理は可能だが，本人確認情報の連携前でも，住所等4情報の一部を統合端末で手入力することで，継続利用処理が可能。本人確認情報の連携後は手入力は不要。		
54	転入時に届出人以外の個人番号カードを持参しなかった場合	届出人の個人番号カードは当日継続利用処理を行う。 持参しなかった住民については，個人番号カードを持参するように説明する。 継続利用の希望がない場合，後日カード持参時に個人番号カードの廃止・回収を行う。		
55	1人の住民がその住民の個人番号カードを複数持参した場合	券面を確認し，有効期限の一番長い個人番号カードを使用して，継続利用処理を行う。		

		その他の個人番号カードは回収する。ただし，外国人住民の場合は，在留資格の変更等により在留期間が短くなることがあるため，在留カード等により在留期間満了の日を確認して，その日付と有効期限が同じカードを使用して，継続利用処理を行う。		
56	継続利用対象の個人番号カードが使用できない場合 • 有効期限切れ • 破損，汚損 • 追記欄の余白がない場合 • カードロック（暗証番号忘れ含む）	(1) 有効期限切れ，破損，汚損又は追記欄の余白がない場合 　個人番号カードの廃止・回収を行い，住民の希望に応じて新規に交付を行う。 (2) カードロック（暗証番号忘れ含む）の場合 　カード券面で本人確認し，転入処理を行った後，暗証番号再設定処理を行う。	29	
57	転出予定日から30日を経過した場合	転出地市町村において，個人番号カードの廃止・回収を行う（回収は転入地市町村で行っても差し支えない）。ただし，転入地市町村は，自市町村の閉庁日を考慮し，転出予定日から30日経過した日が閉庁日であれば継続利用可能として処理を行うことができる。 転入をした日から14日以上経過してから転入届があった場合も同様とする。	49 50	個人番号カードの継続利用画面にて転出予定日から30日経過している場合は警告メッセージが表示される。
58	転入届出日から90日を経過した場合	転入地市町村において，個人番号カードの廃止・回収を行う。ただし，転入地市町村は，自市町村の閉庁日を考慮し，転入届出日から90日経過した日が閉庁日であれば継続利用可能として処理を行うことができる。		個人番号カード継続利用画面にて転入届出日から90日経過している場合は警告メッセージが表示される。
59	住民基本台帳法の一部を改正する法律（平成21年7月15日法律第77号）の施行日である平成24年7月9日以前に交付された住民基本台帳カードを保有する利用者が転入地市町村での条例利用を望む場合，望まない場合	(1) 利用者が転入地市町村で条例利用サービスを望む場合。 　利用者の住民基本台帳カードに当該転入地市町村の条例利用アプリケーションの搭載を試み， 　①搭載可であった場合 　　→継続利用可。 　②搭載不可であった場合 　　→継続利用不可。転入地市町村で個人番号カードを交付するなどの対応 (2) 利用者が転入地市町村で条例利用サービスを望まない場合（転入地市町村において条例利用サービスの提供を行っていない場合を含む。） 　　→継続利用可。		
60	継続利用された個人番号カードに引き続き公的個人認証の電子証明書を格納した	(1) 個人番号カードの場合 　署名用電子証明書は異動により失効するため，新たに申請が必要。 　利用者証明用電子証明書は引き続き利用		

258　第4章　住基ネット

項番	市町村窓口での発生事象	市町村窓口での対応案	関連番号	備　考
	いという申出があった場合	することが可能。 (2)　住民基本台帳カードの場合 　異動により電子証明書が失効する。 　平成28年1月以降は住民基本台帳カードに公的個人認証の電子証明書を格納することはできない。		
61	転出証明書を用いた転入処理が行われた後に，転入地市町村にて継続利用可能な個人番号カードを住民が保有していることに気付いた場合	住民へ継続利用可能な個人番号カードが存在する旨を連絡する。 継続利用を希望した場合，転入通知情報送信後に個人番号カードを持参するよう説明し，持参時に継続利用処理を行う。 継続利用の希望がない場合，転出地市町村と転入地市町村との間での転入通知情報の送受信を行った後に，廃止処理を実施し，後日個人番号カードの持参時にカード回収処理を実施する。		本事象が発生すると，転入地市町村では統合端末に継続利用可能な個人番号カードの継続利用処理が未処理である旨が通知される。

⑩　転出確定処理（転入届の特例以外の場合も同様）

項番	市町村窓口での発生事象	市町村窓口での対応案	関連番号	備　考
62	転出届に記載された（転出処理時の）転入地市町村とは異なる市町村から転入通知情報を受信した場合 • 異動者全員が転出届の転出先と異なる同一の住所地に転入した場合 • 異動者の一部が転出届の転出先と異なる住所地に転入した場合	受信した転入通知情報より，そのまま転出確定処理を行う。また，市町村の判断により，転入地市町村へ確認することも考えられる。	42 45	
63	転出届に記載された異動者情報と異なる者（氏名変更等含む）についての転入通知情報を受信または連絡を受けた場合 • 転出届から最初の転入届までの間の死亡 • 転出届から最初の転入届までの間の出生 • 転出届から最初の転入届までの間の婚姻，養子縁組等 • 転出届から最初の	(1)　死亡 　転入地市町村で転入処理又は職権記載処理後に死亡処理がされていれば，通常の転出確定処理となる。転入地市町村でこのような処理がされていなければ，転出地市町村でいったん該当者の転出取消を行い既存住基システムで死亡処理を行う。 　CSへ異動事由「死亡」による本人確認情報更新処理を行う。 (2)　出生 　転入通知には記載されないので，転出地市町村で行う処理はない。 (3)　婚姻，養子縁組等 　氏名が変わった場合でも，転出先の住所及び住民票コードが一致していれば，そ	21 22 23 44 46 47 48	

第5 転入届の特例　　259

項番		市町村窓口での発生事象	市町村窓口での対応案	関連番号	備考
		転入届までの間の外国人住民の氏名等の変更	のまま転出確定処理を行う。 (4) 地方入国管理局への届出による氏名等の変更 氏名等が変わった場合でも，転出先の住所及び住民票コードが一致していれば，そのまま転出確定処理を行う。		
64		住民票に記載のない者について，転入通知情報を受信した場合 ・未届地として転入通知情報を受信した場合	そのまま受信する。その後の対応は，市町村の判断による。	50	
65		転出届を行っていない者について，転入通知情報を受信した場合 ・転出届を受理していないにもかかわらず，転入届が行われ，転入地市町村で転入処理が行われた場合	転入処理の誤りと思われるので，転入通知情報の送信元市町村に連絡する。		
66		誤って作成，送信された転入通知情報を受信した場合 ・転入地市町村にて，転出地市町村を間違えて入力したため，全く存在しない者についての転入通知情報を受信した場合 ・転入地市町村にて，転出証明書情報の転出予定者の一部のみの転入を全員の転入として処理した場合	転入通知情報の送信元に確認の上，送信先誤りである場合はCS上の転入通知情報を直接削除する。 一部が転入している場合については，以下のいずれかの対応となる。 ・CS上の転入通知情報を直接削除して既存住基システムで該当者のみ転出確定を行う。 ・転入通知情報を既存住基システムに取り込んで，該当者のみ転出確定を行う。	51 52	

⑪ その他

項番	市町村窓口での発生事象	市町村窓口での対応案	関連番号	備　考
67	転入届の特例により，窓口に来ることが無く簡易に転出できることにより，税金や国民健康保険料等の滞納整理等の面で支障が生ずる場合	税金や国民健康保険料等の滞納は，転出届と別の問題であり，現在の郵送による転出届と同様の対応と考えられる。滞納の問題は，個別の対応（督促状，差押等）を行い，場合によっては，別途窓口に来るよう説明することが考えられる。		

260 第4章 住基ネット

第6 公的個人認証

　公的個人認証サービスとは，インターネット等によるオンライン手続きにおいて，なりすまし，改ざん等の危険性を防ぐための確かな本人確認手段を，地理的条件等による利用格差が生じないよう住民基本台帳に記録されている全国の住民に対して提供するサービスである。

1　制度の概要

　公的個人認証サービスの利用を希望する者は，署名用電子証明書及び利用者証明用電子証明書の2つの証明書の発行を受けることができる。

　署名用電子証明書とは，インターネットを通じたオンラインの申請や届け出を行う際，他人によるなりすましやデータの改ざんを防ぐために用いる本人確認の手段であり，署名用電子証明書を用いて申請書などの情報に電子署名を付すことにより，確かに本人が送付した情報であることを示すことができる。

　利用者証明用電子証明書とは，インターネット上に提供されるwebページに対するログイン認証をID／パスワードによるよりも安全に行うために用いる手段である。

　公的個人認証サービスでは，公開鍵暗号方式を電子署名のための技術として利用している。公開鍵暗号方式とは，対となる2つの暗号鍵である公開鍵と秘密鍵（鍵ペア）でそれぞれ暗号化・復号を行うものである。秘密鍵で暗号化した文書は，ペアである公開鍵以外では復号（元の文書に戻すこと）できない性質を持っており，逆に公開鍵で暗号化したものはそのペアの暗号鍵でしか復号することができない。つまり，秘密鍵で暗号化したものが，ある公開鍵で復号できれば，その公開鍵のペアである秘密鍵の所有者が暗号化したことを保証できることから，これを本人特定＝なりすまし防止，送信否認防止の技術として利用しているのである。

　しかし，ネットワーク経由での通信では通信相手を確認できないため，第三者が送信者に成りすまして公開鍵を送信する可能性がある。そのため

第6　公的個人認証　　*261*

公的個人認証サービスでは，機構が公開鍵の所有者に対して電子証明書を発行することにより，以下の2点について保証している。

(ア)　署名用電子証明書の公開鍵と所有者の基本4情報及び署名用電子証明書の発行の番号との結びつき

(イ)　利用者証明用電子証明書の公開鍵と利用者証明用電子証明書の発行の番号との結びつき

2　電子証明書の記録事項・有効期間

(1)　署名用電子証明書

ア　記録事項（公的個人認証法7条，公的個人認証法規則14条）

(ア)　署名用電子証明書の発行の番号

(イ)　発行年月日

(ウ)　有効期間の満了する日

(エ)　署名利用者検証符号

(オ)　基本4情報

(カ)　当該電子証明書を発行した者の名称（機構）　等

イ　有効期間（公的個人認証法規則13条）

発行の日から次に掲げる日のうちいずれか早い日まで。

(ア)　発行の日後の申請者の5回目の誕生日（有効期間が満了する日までの期間が3月未満となった場合に，発行の申請を行い新たな署名用電子証明書の発行を受けるときにあっては6回目）

(イ)　申請者が利用者証明用電子証明書の発行を受けている場合には，その有効期間が満了する日

(ウ)　当該署名用電子証明書が記録されたマイナンバーカードの有効期間が満了する日

ウ　暗証番号

英字及び数字で6文字以上16文字以下（英字と数字いずれも1文字以上必要。英字は大文字のみ。）

(2)　利用者証明用電子証明書

ア　記録事項（公的個人認証法26条，公的個人認証法規則50条）

(ｱ)　利用者証明用電子証明書の発行の番号

(ｲ)　発行年月日

(ｳ)　有効期間の満了する日

(ｴ)　利用者証明利用者検証符号

(ｵ)　当該電子証明書を発行した者の名称（機構）　等

イ　有効期間（公的個人認証法規則49条）

発行の日から次に掲げる日のうちいずれか早い日まで。

(ｱ)　発行の日後の申請者の5回目の誕生日（有効期間が満了する日までの期間が3月未満となった場合に，発行の申請を行い新たな利用者証明用電子証明書の発行を受けるときにあっては6回目）

(ｲ)　当該利用者証明用電子証明書が記録されたマイナンバーカードの有効期間が満了する日

ウ　暗証番号

数字で4文字

3　電子証明書の発行（公的個人認証法3条1項，22条1項）

(1)　申請要件

ア　申請できる者

本人又は法定代理人（未成年者及び成年被後見人）

署名用電子証明書については，原則として15歳未満の者又は成年被後見人に係るものは発行しない。利用者証明用電子証明書ついては，これらの者の法定代理人から申請を受け付ける。

イ　二重発行の禁止

申請時において既に交付を受けている電子証明書が有効な場合には，新たに行っている発行申請を中止するか，既存の電子証明書を失効する必要がある。

(2)　発行／更新申請書の受理

電子証明書の交付を受けようとする者に対し，次に掲げる事項を記載

第6　公的個人認証　　*263*

した発行／更新申請書を提出させる。提出は，受付窓口に直接出向いて行うほか，郵送，オンラインその他市区町村長が適当と認める方法による提出についても受付可とすることができる。

① 氏名

② 生年月日

③ 男女の別

④ 住所

⑤ 申請の年月日

⑥ 通称（住民票に通称の記載されている外国人住民のみ）

⑦ 電話番号

⑧ 申請する電子証明書の種類

⑨ 申請内容

⑩ 代替対象文字の有無

⑪ 代替対象文字とこれに対応する正字等の代替文字

　代理人が申請をする場合には，上記事項に加え，次に掲げる事項を記載させる。

⑫ 代理人の氏名

⑬ 本人との関係

⑭ 代理人の住所

⑮ 代理人の電話番号

(3)　**必要書類の受理**

ア　本人又は法定代理人の場合

　　本人又は法定代理人に対し，本人確認書類の提示又は提出を受け，申請書に記載された人物と同一であることを確認する。本人確認書類は，次の(A)から(D)に掲げるいずれかの書類又は(E)の書類とする（公的個人認証法3条3項，22条3項，公的個人認証法規則5条，41条，別表）。

　　提示された本人確認書類については，写真や基本4情報等が記載

264　第4章　住基ネット

されている部分を複写して保存すること（公的個人認証法規則80条）。

(A) 旅券，一時庇護許可書，在留カード，仮滞在許可書，特別永住者証明書（みなし特別永住者証明書を含む。）

(B) 免許証，許可証若しくは資格証明書等

　　（運転免許証，運転経歴証明書（平成24年4月1日以後に交付されたものに限る。），船員手帳，海技免状，小型船舶操縦免許証，猟銃・空気銃所持許可証，身体障害者手帳，戦傷病者手帳，宅地建物取引士証，電気工事士免状，無線従事者免許証，認定電気工事従事者認定証，特種電気工事資格者認定証，耐空検査員の証，航空従事者技能証明書，運航管理者技能検定合格証明書，動力車操縦者運転免許証，教習資格認定証，検定合格証）

(C) 住基カード（基本4情報が記載されているものに限る。）又はマイナンバーカード

(D) 官公庁がその職員に対して発行した身分を証明するに足りる文書で当該職員の写真を貼り付けたもの

(E) 電子証明書の発行の申請について，申請者／利用者が本人であること及び当該申請が本人の意思に基づくものであることを確認するため，郵便その他住所地市区町村長が適当と認める方法により当該申請者／利用者に対して文書で照会したその回答書及び住所地市区町村長が適当と認める書類

　　法定代理人は，他に戸籍謄本その他その資格を証明する書類。

イ　任意代理人の場合

　任意代理人に対し，次に掲げるすべての書類を提示又は提出させなければならない（公的個人認証法規則5条2項，41条2項）。

(A) 本人の署名又は記名押印がある委任状

(B) 申請者／利用者が本人であること及び当該申請が本人の意思に基づくものであることを確認するため，郵便その他住所地市区町村長が適当と認める方法により申請者／利用者に対して文書で照

会したその回答書及び住所地市区町村長が適当と認める書類

　　なお，回答書には本人により暗証番号を記載させ，代理人が当該暗証番号を知り得ることのないよう，暗証番号に隠蔽シールを貼付し又は回答書を封筒に封入・封緘する措置を講じさせる。

⒞　任意代理人の本人確認書類（ア－⒜から⒟に掲げるいずれかの書類）

　　提示された本人確認書類については，写真や基本４情報等が記載されている部分を複写して保存すること（公的個人認証法規則80条）。

⑷　マイナンバーカードの確認

　申請者／利用者のマイナンバーカードの提出を受け，申請書の記載事項とマイナンバーカードの券面記載事項を照合した上で，統合端末の操作者認証を行う。申請者／利用者に住民基本台帳用暗証番号（数字４桁）の照合を行わせ，本人のマイナンバーカードであることを確認する。

　代理人による申請の場合には，代理人よりマイナンバーカードの提出を受け，回答書に記載された暗証番号を受付窓口職員が代行入力することにより照合を行う。

　なお，マイナンバーカードの有効期間の満了が近い場合，新規発行／更新する電子証明書の有効期間がマイナンバーカードの有効期間と同じになる旨を申請者／利用者へ説明する。

⑸　暗証番号の指定

　申請者／利用者にタッチパネルを操作させ，新規発行対象の電子証明書に設定する暗証番号を指定させる。更新の場合には，従来の暗証番号を用いる。

　代理人による申請の場合には，回答書に記載された暗証番号をもって受付窓口職員が代行する。

⑹　鍵ペアの生成

　統合端末により，マイナンバーカードに有効な電子証明書が格納されていないかの確認を行う。更新の場合には，既存の電子証明書の有効期

266 第4章 住基ネット

間満了の日の3か月前から「電子証明書更新」機能の使用ができる。

　新規発行で有効な電子証明書が存在する場合や，有効期間満了の日の3か月より前に更新手続きを行っている場合には，申請者／利用者の希望に応じて適切な手続きを取ること。

鍵ペア生成装置において鍵ペアを生成する（※8）。

　　※8　鍵ペア生成

　　　鍵ペア生成については，公的個人認証法3条4項及び22条4項により，住所地市区町村長が鍵ペア生成装置を利用して鍵ペアを生成し，マイナンバーカードに記録することになっているが，公的個人認証法規則65条により機構に委任を行っているため，実際には機構が鍵ペアの生成を行う。

(7)　電子証明書の交付

　統合端末より申請者／利用者の電子証明書の発行要求を機構に送り，機構から取得した当該電子証明書の記載内容を確認する。申請者／利用者が希望する場合，電子証明書の写しを印刷して交付する。電子証明書に誤りがないと確認できたら，電子証明書及び鍵ペアをマイナンバーカードに格納する。

　申請者／利用者より所定の発行手数料を徴収し，マイナンバーカードを返却する。その際，電子証明書の利用方法等重要な事項についての説明を行うこと（公的個人認証法4条，23条，公的個人認証法規則10条，12条，46条，48条，認証業務技術的基準9条）。

4　その他の手続

(1)　失効

　利用者が自発的に電子証明書のサービスの利用を取りやめる場合，利用者の電子証明書の秘密鍵が漏えい，滅失又は毀損した（危殆化した）場合には，その旨を申請することにより失効することができる（公的個人認証法9条1項，10条1項，28条1項，29条1項）。

　ア　届出人　　本人，法定代理人，任意代理人

　イ　必要なもの　失効の届出書，本人確認書類，電子証明書が格納さ

第6　公的個人認証　　*267*

れたマイナンバーカード又は電子証明書のシリアル
番号を確認できる資料（なくても届出可）
任意代理人が届け出る場合には，委任状

ウ　届出方法　　　直接，受付窓口に出向く方法
自発的に利用を取りやめる場合には，利用者がオン
ラインにより申請することも可

(2)　暗証番号の変更／初期化

暗証番号の変更を申請する場合，また暗証番号を失念した等の理由により初期化（再設定を含む）を申請する場合は申請により変更する。

ア　届出人　　　　本人，法定代理人，任意代理人
イ　記載内容　　　氏名，生年月日，性別，住所，電話番号，申請日，
申請内容
ウ　必要なもの　　マイナンバーカード，本人確認書類（代理人の場合），
委任状（任意代理人の場合），本人に対して文書で照
会したその回答書（任意代理人の場合。暗証番号を記載
させ，代理人が暗証番号を知り得ることのないよう，隠蔽
シール貼付等の措置を講じたもの）
エ　入力　　　　　本人又は法定代理人が従来の暗証番号を入力した上
で，新しい暗証番号を設定する。初期化の場合には，
新しい暗証番号を設定する。
任意代理人の場合は，受付窓口職員が代理人が持参
した回答書に記載された暗証番号をもって代行する。

(3)　一時保留解除等

マイナンバーカードの紛失等により一時停止状態となると，それに伴い電子証明書も一時保留状態となる。このため，紛失したマイナンバーカードを発見した場合，利用者はマイナンバーカードの一時停止解除の申請とともに電子証明書の一時保留解除を窓口に申し出る必要がある。

ただし，署名用電子証明書に関しては一旦一時保留状態となったもの

は失効させる必要があるため，その旨を説明し，失効申請に基づいて失効を行う。

　　ア　届出人　　　本人，法定代理人，任意代理人
　　イ　必要なもの　発見したマイナンバーカード，本人確認書類，委任
　　　　　　　　　　状（任意代理人の場合）
　　ウ　届出方法　　窓口

第7　戸籍の附票の記載の修正のための通知について

（法19条4項，規則5条の2）

1　平成24年7月9日より，法第19条第1項の規定に基づく通知は，法第19条第4項に基づき住所地市町村から本籍地市町村に電気通信回線を通じて送信することにより行うものとなった。

　　ただし，電気通信回線の故障その他の事由により電気通信回線を通じた送信ができない場合は，この限りではない。

2　1の送信を受けた際の戸籍の附票への反映方法
　ア　オンライン回線による反映
　　　CSと戸籍の附票入力端末をオンライン回線でつなぎ，受信した法第19条第4項の通知を戸籍の附票入力端末に連携し，戸籍の附票に反映する方法
　イ　外部記憶媒体による反映
　　　受信した法第19条第4項通知を外部記憶媒体に出力し，戸籍の附票入力端末に当該外部記憶媒体から入力し，戸籍の附票に反映する方法
　ウ　手入力による反映
　　　受信した法第19条第4項通知を，印刷し手入力等により，戸籍の附票に反映する方法

第 5 章
届 出

第5章

第1　届出の必要性

　住民基本台帳は，住民の居住関係を公証することによって，住民の日常生活の利便を図るとともに各種行政事務の基礎資料となるものであるから，市町村長が住民の居住に関する事実を正確に把握し，その記録を整備しておくことが必要である。

　しかし，そのためには，住民からの届出によらなければ市町村長はこれらの事実を当然には知ることができないし，住民からの届出は，客観的居住の事実と当該居住者の主観的意思を総合して決定する住所の認定に当たって，重要な資料ともなる。また，住民の住所の変更等の一つの事実に基づいて発生する各種の届出を，一つの届出で足りるようにすることによって住民の利便を図る必要もある。

　そこで法第21条の規定により，住民としての地位の変更に関する届出は，すべて法第4章及び第4章の3に定める届出（転入，転居，転出，世帯変更，住所を有する者が中長期在留者となった場合の届出等）によって行うこととした。

第2　届出の種類及び届出書の様式と規格

1　届出の種類

　住民としての地位の変更に関する届出とは，住所の変更，世帯若しくは世帯主の変更等と，これに伴って発生する住民の権利・義務の異動について市町村長に対して行う届出をいい，戸籍法の規定によって行わなければならないものを除外して法で定められている。

　住民基本台帳法に定める住民としての地位の変更に関する届出とは，次のとおりである。

①　転入届（法22条）

②　転居届（法23条）

③　転出届（法24条，24条の2）

272　第5章　届　　出

④　世帯変更届（法25条）

⑤　法第30条の46による届出（法30条の46）

⑥　法第30条の47による届出（法30条の47）

⑦　法第30条の48による届出（法30条の48）

2　届出書の様式と規格

　届出書の様式・規格は法で定められていないので，市町村において住民の利便を考慮しつつ，簡明かつ平易な任意の様式で適当な規格のものを作成することができる。

　届出書の様式を定める場合には，次の点を留意して創意工夫すべきであろう。

①　届出人が記入しやすく，分かりやすいものであること。

②　一つの届出書で関連の各種届出をできるだけ兼ねて行えるものであること。

③　届出書の写しが，本籍地や従前の住所地の市町村長への通知・転出証明書，及び市町村内の内部連絡などに利用できるものであること。

④　各種届出ごとに異なった様式ではなく，共通のものとすること。

　なお，参考に届出書の例を示すと【様式3】のとおりである。本書では第5章以降に記載の具体例を収録しているが，この場合は市町村の内部連絡事項等を多少簡略化した【様式4】を使うこととする。

第3　届出の方法

1　届出の方法

　届出は市町村長に対して書面によって行わなければならず（法27条），口頭による届出は認められない。ただし，届出人が書面に記入できない者であるときには，職員が必要事項を届出人から聴取し，代わって届出書を記入するのが適当である。

　届出書には，届出人の住所，届出年月日を記入し，届出人が署名するか，又は記名押印しなければならない（令26条）。

第3 届出の方法 **273**

【様式3】 住民異動届

住 民 異 動 届

○○市（町村）長　殿

平　年　月　日

| 異動事由 | 1 転入 | 2 転居 | 3 転出 | 4 転居 | 5 世帯変更 | 6 世帯主変更 | 7 30条の47届出 | 8 続柄変更 |

異動事由 2 （同一世帯の全部又は一部が同時に転出する場合で、その者のうちに住民基本台帳カードの交付を受けて いる者があるときは、転出証明書の交付が必要となりません。この場合は、転入届の際に住民基本台帳カードの提示が必要となります。

異動年月日		住所			
	新				
	旧				

	ふりがな 氏名	生年月日	性別	住民票コード	住民基本台帳カード	国籍・地域	在留資格	在留カード等の番号 在留期間の満了の日	選挙登録	国民年金 基礎年金番号	国保資格	後期高齢資格	介護保険資格手当	児童手当	備考	職業	異動項目

世帯主

届出年月日 平成　年　月　日

届出の任に当たっている者の氏名
届出の任に当たっている者の住所

※届出の任に当たっている者本人による署名の場合、押印は、必要ありません。

世帯番号		
新		
旧		

※1 生年月日欄は外国人住民の方は西暦で記入してください。
※2 住民票コード欄は転入時のみ記載してください（住民基本台帳カードを提示する場合は記載の必要はありません）。
※3 外国人住民の方のみ記入してください。
※4 日本人住民の方のみ記入してください。

（事務処理記載欄）

274 第5章 届　　出

【様式4】　住民異動届

<table>
<tr>
<td colspan="7" style="text-align:center">住　民　異　動　届</td>
<td colspan="2">（※届出人本人による署名の場合、押印は必要ありません。）</td>
</tr>
<tr>
<td colspan="2" rowspan="2">東京都高尾市長　殿</td>
<td colspan="3">□申出書　　□職権記載書</td>
<td colspan="2"></td>
<td colspan="2">1．本人　2．世帯主　3．代理人（　　）</td>
</tr>
</table>

届出年月日	平成　　年　月　日	●住民票コードは、転入時のみ記入して下さい。 ●太枠内の事項をボールペン等ではっきりと記入し、○印をして下さい。						届出人	本人確認書類 1　運転免許証　2　パスポート　3　保険証 4　その他（　　　　　　　）
異動年月日	平成　　年　月　日	全部・一部	1 転入 2 転居 3 転出	4 世帯変更	5 職権記載 6 職権消除	7 職権修正	8 職権回復		ふりがな 氏　名　　　　　　　　　　㊞

これからの住所	都道府県　　　　郡市区	これからの世帯主	住所（代理人のみ）
いままでの住所	都道府県　　　　郡市区	いままでの世帯主	電話：自宅・呼出・勤務先・携帯
本　籍（※）	都道府県　　　　郡市区	筆頭者	

	氏　名	生年月日	性別	続柄	住民票コード	備　考
1	ふりがな	明・大・昭・平 ・・	男・女			
2	ふりがな	明・大・昭・平 ・・	男・女			
3	ふりがな	明・大・昭・平 ・・	男・女			
4	ふりがな	明・大・昭・平 ・・	男・女			
5	ふりがな	明・大・昭・平 ・・	男・女			

(※)　本籍欄以外の方がいる場合には、備考欄にその方の本籍地番と筆頭者名を記入してください。

　また，前述のように市町村において届出書の様式・規格を定めて備え付けておくのが通例であるが，届出事項に関する要件を満たした書類であれば，様式外の書面による届出も有効である。

2　届　出　人

　届出は本人がするのが原則であるが，世帯主は世帯員に代わって届出をすることができる（法26条1項）。また，世帯員が幼児等意思能力を欠く者であるときや，病気など不可抗力で届出をすることができないときは，世帯主が届け出なければならない（法26条2項）。

　未成年者や代理人による届出の場合には，次の諸点を留意する。

(1)　未成年者などによる届出

　未成年者や被保佐人及び被補助人も，意思能力を有する限りは本人が

第3　届出の方法　*275*

届出をすべきである。しかし，15歳未満である者，成年被後見人である
等の場合には，本人は意思能力を有していないため届出を行うことはで
きない。よって，本人の代わりに法定代理人が届出を行うこととなる。

(2)　**代理人，使者による届出**

　成年後見人，親権者等の法定代理人が届出の任に当たる場合には，登
記事項証明書，戸籍謄本等，法定代理人であることを確認できる書類を
提示・提出する必要がある。

　ただし，市町村が管理する戸籍簿にて法定代理人である事が確認でき
る場合は，必ずしも提出を求めなくてもよい。その際は，戸籍簿で確認
できた旨を届出書に記載することが適当である。

　任意代理人が届出の任に当たる場合には，本人の自署又は記名押印の
ある委任状等，資格を確認できる書類を提出する必要がある。ただし，
任意代理人が本人と同一世帯に属する者である場合には委任状等の提出
は要しない。親族や同一住所ではあるが別世帯の者による届出について
も，質問等の方法により同一の世帯に属する者と同様に取り扱うことが
できると認めた場合には，市町村判断により委任状等の提出を省略する
ことができる。

　また，使者による届出に関しても，任意代理人の場合と同様の点につ
いて確認を行う必要がある。

(3)　**届出義務者以外のものによる届出**

　届出が本人，世帯主，法定代理人等の届出義務者でないものからなさ
れた場合その届出を資料として職権で住民票の記載を行う。

　そのものが行方不明である等の理由から，届出を行うことも任意の第
三者に代理権を授与することも行えない場合（本人は意思能力を有しない
ので代理権の授与を行えないことはいうまでもない。）来庁した本人の親戚・
入所中の施設職員等による届出を資料として本人の居所を確認するなど
実態の把握に努めたうえで，職権にて住民票の消除，記載等を行う。

　住民基本台帳法の適用を受けない外国人は世帯主となることができな

276 第5章 届 出

いため，当該外国人が，混合世帯の意思能力のない日本人の親権者，成
年後見人等の法定代理人である場合，及び法上の世帯主等からの委任状
を持って任意代理人として届出を行う場合には，届出を受理し，当該届
出に基づき住民票の記載等を行うことができるが，そうでない場合には，
上記のように届出を資料として職権にて住民票の記載等を行うこととな
る。

3 届出期間

　転入，転居，世帯変更届については，住所を異動した日又は世帯に変更
のあった日から14日以内に届け出なければならない。なお，転入の届出は，
転出地市町村で転出証明書の交付を受けた日ではなく，実際に転入した日
から14日以内である。

　転出届は，転出することが決まったあと，その住所を去るまでの間にあ
らかじめ届出をしなければならない。しかし届出をすることができなかっ
た場合には，転出後できるだけ速やかに届け出なければならない。転出後
15日以上経過してなされた届出は，法第24条の転出届とはならない。

　届出期間の起算日は，法に別段の規定がないので，民法第140条の規定
によりその事実が発生した初日は算入せず，翌日から数える（昭和43.3.26
自治振第41号通知問16）。届出期間の末日が休日であるときには，その翌日
に期間が満了する（民法142条）。

　届出期間を経過している届出の場合であっても，それが事実に合致する
以上は，市町村長はこれに基づいて住民票の記載をすべきである。ただし，
届出期間を経過して届出を行った届出義務者には，「住民基本台帳期間経
過通知書」を記入してもらい，簡易裁判所に送付することとなる（詳しく
は，「第13章―第4」（618頁以下）参照）。なおこの場合は，届出書備考欄には
「期間経過通知済」等と記入しておくのが適当である。

4 届出書記入の一般的注意

　届出書の記入に当たっては，一般的に次の諸点に注意しなければならな
い。

第3　届出の方法　*277*

(1)　記入に当たって

　　ア　筆記用具は黒ボールペンを用いて記入させる。

　　イ　届出人には届出書の必要事項に記入させる。

　　ウ　イ以外の部分は，届出人より事情聴取して職員が記入する。

　　エ　氏名には「ふりがな」をつけさせる。

　　オ　文字は楷書で正確に記入させる。

　　カ　添付すべき書類が添付されているか，及び添付書類等の記載と相
　　　違点がないかどうか確認させる。

(2)　届出事項の記入

　　ア　旧住所欄は都道府県から記入させる。ただし，政令指定都市，県
　　　庁所在地で県名と市名が同一の市については，都道府県名を省略し
　　　てよい。

　　イ　番地は，登記簿に記載されている地番号を正確に記入させる。

　　ウ　住居表示に関する法律に基づく住居表示が実施されている地域で
　　　は，その表示を記入させる。

　　エ　間借人等，複合世帯で別個に世帯を構成する場合は，「○○方」
　　　と方書まで記入させる。

　　オ　団地，アパート等は，団地名，アパート名及び「何号棟何号室」
　　　等，室番号まで記入させる（事務処理要領第2－1－(2)－キ，平成
　　　23.6.17総行住第113号通知）。

　　カ　刑務所，精神病院などに入所，入院している者については，その
　　　方書は記入しない。

　　キ　戸籍の表示（本籍及び筆頭者の氏名），氏名，出生年月日は，戸籍
　　　に記載されているとおりに記入させる（昭和23.12.11民事甲第2540号
　　　回答）。ただし，傍訓は記入する必要はない（昭和50.8.25自治振第235
　　　号通知）。

　　　　なお，戸籍においても，名の傍訓は戸籍に記載しないものとされ，
　　　また移記を要しないものとされた（平成6.11.16民二第7005号通達）。

278　第5章　届　　出

　ク　男女の別は，該当する不動文字を○で囲む。

　ケ　氏については，同じ氏であっても省略することなく，各人個々に
　　　記入させる。

　コ　届出書の各人の記入順序は，「第3章―第4―4―(2)」(71頁参照)
　　　と同様の順序による。

　サ　続柄は，その属する世帯の世帯主との続柄を記入させる。なお，
　　　子の続柄については，戸籍とは異なり，全て「子」と記入させる。

　シ　届出年月日は，現に届出に来た日を記入させる。

　ス　届出年月日，異動年月日，及び届出人の署名については，後でト
　　　ラブルの要因にもなりやすいので，特に届出人に必ず記入させる。

　セ　「全部」「一部」等の区分を明確にする。

　ソ　該当する異動事由を○で囲む。

　タ　具体的な記入方法は，第6章以降の届出書記載例を参照。

5　届出書受理の注意

　提出された届出書は，内容を審査のうえ受理する。審査・受理に当たっ
ては，第三者による本人になりすました届出等を防止すること，併せて住
民基本台帳の正確な記録を確保することが必要である。

(1)　住民異動届の際の本人確認

　個人情報に対する住民意識の高まりと住民基本台帳に対する信頼性向
上を図るため，全国的に統一された本人確認手続の厳格な取り扱いが始
まった。第三者が本人になりすまして住民異動届出を行い，不正な印鑑
登録や国民健康保険への加入を行った後に，その証明書を悪用すると
いった事件を契機に，平成17年2月23日総行市174号で住民基本台帳事
務処理要領の改正（平成17年10月1日施行）がされ，市町村長が転入，転
出届等の住民異動届を受理する際，法第8条及び第34条第2項の規定に
基づき届出人（又はその代理人若しくは使者）が本人であることの確認手
続が行われることになった。

　平成19年6月6日に住民基本台帳法の一部を改正する法律（平成19年

第3 届出の方法 *279*

法律第75号）が公布され，住民基本台帳法（昭和42年法律第81号）の一部が改正され本人確認手続の厳格化が始まった。

ア　本人確認の対象となるもの

法第4章及び第4章の3の規定による転入届，転居届，転出届，世帯変更届出法第30条の46から48による届出をする者が対象である（法27条2項）。

イ　本人確認の方法

窓口に届出を持参した者に対して，その者の特定をするために必要な氏名その他の総務省令で定める事項を示す書類（オ（283頁）参照）の提示若しくは提出又はこれらの事項についての説明を求めるものとする（法27条2項）。

必要に応じて，聴聞，電話確認など市町村長が適当と認める方法により，なりすまし防止を図る現在の運用をもとに考えるのが適当と考えられる。

これらの本人確認方法に併せて，現に届出を行っている者につき，当該市町村の住民基本台帳あるいは住基ネットの本人確認情報を利用して本人確認を行うことも考えられる。

(ア)　本人・世帯主による届出

その届出が届出義務者（世帯主は，世帯員に代わって届出ができる。世帯員が届出ができないときは世帯主がしなければならない。）からの届出の場合は，届出を持参した者の本人確認をする。

(イ)　同一世帯員による届出

住民票の記載事項として世帯主との続柄が必要的記載事項となっており，世帯に変更があった場合には届出が義務付けられていること，また転出，転入等の届出が世帯主でない同一世帯員によりなされることも多く，それが大きな問題となっていないこと等を踏まえ一般的に届出義務者からの指定の事実を確認し，特段の事情のない限り，委任状の提示等にこだわる必要はない。届出

280 第5章 届 出

書を持参した者の本人確認を行う。

(ウ) 届出義務者の法定代理人に該当する者からの届出

　　届出書を持参した者の本人確認をする。さらに，戸籍謄本等により法定代理人であることを確認する必要がある。

(エ) (イ)，(ウ)の他親族，本人と同一住所であるが別世帯のものなどによる届出についても市町村長が同一世帯員や法定代理人と同様に取り扱ってよいと判断した場合には委任状の提示にこだわる必要はない。届出を持参した者の本人確認を行う。

(オ) 届出人が代理人，使者の場合は代理人又は使者について本人確認をする。また，委任状の提示そのほかこれに類する方法でその権限を明らかにする必要がある。代理人又は使者の場合の届出についての本人確認通知の運用は各自治体の要綱などによる。

　　転入を行うための前提となる転出届出については，住民基本台帳により公証することとされている居住関係そのものを移し変えるものであり，転出の届出を行った際に交付される転出証明書には基本情報以外の情報も基本的にはすべて記載されているため，代理人による届出について，代理人として認められる手続をより厳格化（届出の任に当たっている者に対し，総務省令で定めるところにより，届出をする者の依頼により又は法令の規定により当該届出の任に当たるものであることを明らかにするために必要な事項を示す書類の提示若しくは提出又は当該事項についての説明を求めるものとする。法27条3項）する必要がある。

　　郵送による転出届出を受理する場合には，届出人にかかるオの(ア)・(イ)に該当するものの写しを同封させる。

ウ 本人確認書類の提示等が十分でない場合の通知

　　オの(ア)の書類による本人確認ができなかった場合，郵便等により転出届が行われた場合，代理人又は使者による届出で指定の事実を特に確認する必要がある場合は，市町村長の判断により届出を受理

したうえで届出人本人に対して届出を受理した旨の通知（以下「住民異動届出受理通知」という。）をする。特に転出届出について本人確認ができなかった場合には住民異動届出受理通知をすることが適当である。

〈住民異動届受理通知について〉（事務処理要領第４－２－(2)－ア）

(ア) 内　容

届出年月日，届出名及び異動者の氏名並びに受理した旨を記載する（様式例＝282頁参照）。

(イ) 宛先等

届出人本人あてに，異動前住所に送付する。

(ウ) 通知手段

封書又は本人以外の者が内容を読み取ることができないような処理をした葉書により，転送不要の郵便物等の扱いとして送付する。

(エ) 返送された場合の処理

宛先不明等により返送された通知は再送することなく市区町村で保管する。保存期間は市区町村の住民異動届の保存期間と同じとする。

エ　本人確認の結果の記録

本人確認等の結果の記録について，次のような事項を届出書に記載することが適当である。

(ア) 本人確認ができた場合

本人確認ができた旨，本人確認の方法，提示させた証明書等の種類等を記載，又は提示させた証明書等を複写し貼付する。

(イ) 本人確認ができなかった場合

本人確認ができなかった旨を記載する。

(ウ) 住民異動届受理通知を送付した場合

通知した旨を記載する。

282　第5章　届　　出

（様式例）住民異動届受理通知

住民異動届受理通知

平成　　年　　月　　日

　　　　　　　様

市区町村長

　下記の内容の住民異動届を受理しましたので通知します。

　　届出年月日　　平成　　年　　月　　日

　　届　出　名　　＿＿＿＿＿＿＿＿＿＿＿

　　異動者氏名　　＿＿＿＿＿＿＿＿＿＿＿＿

　　　　　　　　　＿＿＿＿＿＿＿＿＿＿＿＿

　　　　　　　　　＿＿＿＿＿＿＿＿＿＿＿＿

　　　　　　　　　＿＿＿＿＿＿＿＿＿＿＿＿

　　　　　　　　　＿＿＿＿＿＿＿＿＿＿＿＿

　この通知は，第三者が本人になりすまして虚偽の住民異動届を行う事例が
発生していることを踏まえ，そのような虚偽の住民異動届の早期発見，ひい
ては予防の観点から異動前の住所にお送りしているものです。

　この通知に疑義のある方は，下記までご連絡下さい。

市区町村部課名＿＿＿＿＿＿

連絡先＿＿＿＿＿＿＿＿＿＿

第3　届出の方法　　*283*

オ　本人確認書類

(ｱ)　マイナンバーカード又は旅券，運転免許証その他官公署が発行
した免許証，許可証若しくは資格証明書等（本人の写真が貼付され
たものに限る。）であって，届出人が本人であることを確認するた
め市町村長が適当と認める書類（有効期間の定めがあるものは，有効
期間内のものに限る。）。

官公署が発行した免許証，許可証若しくは資格証明書等の例と
しては，海技免状，電気工事士免状，無線従事者免許証，動力車
操縦者運転免許証，運航管理者技能検定合格証明書，猟銃・空気
銃所持許可証，特種電気工事資格者認定証，認定電気工事従事者
認定証，耐空検査員の証，航空従事者技能証明書，宅地建物取引
士証，船員手帳，戦傷病者手帳，教習資格認定証，検定合格証，
身体障害者手帳，療育手帳，精神障害者保健福祉手帳，運転経歴
証明書，在留カード，特別永住者証明書，一時庇護許可書，仮滞
在許可書及び官公署がその職員に対して発行した身分証明書が考
えられる。

(ｲ)　そのほか市町村長が適当と認める書類。(ｱ)の書類が更新中の場
合に交付される仮証明書や引換証類，地方公共団体が交付する敬
老手帳，生活保護受給者証，健康保険の被保険者証，各種年金証
書等。また，市町村長の判断で官公署発行の書類のみならず，住
民名義の預金通帳，民間会社の社員証等。これらの書類について
は複数の提示を求めることも考えられる。

(ｳ)　上記証明書の提示がない場合，及び証明書の提示があった場合
でも必要と判断されるときは，本人であることを説明させる方法
により本人確認を行う。本人であることを説明させる方法として
は，同一世帯の住民基本台帳の記載事項（世帯構成，同一世帯の者
の生年月日等）について口頭で陳述させることなどがある。

284 第5章 届 出

6 付帯事務処理の注意

　法第4章及び第4章の3の規定による届出に伴い，単に住民票の住所事項に変更が起こるのみではなく，同時に，法第7条第9号から第11号の2の個別事項の変更がなされることが極めて多い。届出書の作成・受理に当たっては，こうした付帯事務についても同時に処理することとなる。

　付帯事務の処理に当たっては，一般的には次の点に注意をする必要がある。

(1)　異動者が国民健康保険，後期高齢者医療，介護保険及び国民年金の被保険者としての資格があるときは，政令で定める事項を付記する（法28条〜29条，令27条〜28条）。

　　また，異動者に係る国民健康保険又は後期高齢者医療の被保険者証若しくは被保険者資格証明書，介護保険の被保険者証，国民年金手帳の交付を受けているときは，これらを添えて届出をしなければならない（令30条）。

(2)　異動者が児童手当の支給を受けているときは，政令で定める事項を付記する（法29条の2，令29条）。

(3)　異動者の中に通学区域に変更のある学齢児童・生徒がいる場合には，転入学に必要な添付書類の持参の有無を確認し，所定の手続をとる。

(4)　年齢満18年以上の異動者については，法第15条第2項に基づく選挙管理委員会への通知のために，所要事項を記入する。

第 6 章
転　　　　　入

第6章

第1 転入とは

転入とは，新たに市町村の区域内に住所を定めることをいい，次の三つの場合がある。

(1) 他の市町村から住所を移した場合

(2) 国外から転入してきた場合

(3) 従来，定まった住所のなかった者が，新たに住所を定めた場合

なお，出生，帰化等，戸籍法によって届出が義務付けられているものは含まれない。

第2 届出事項と添付書類

1 届出事項

転入をした者は，転入をした日から14日以内に次の事項を届け出なければならない（法22条）。ただし届出の期間については，民法第140条の規定により転入をした日の翌日から数える。

(1) 氏名

(2) 住所

(3) 転入をした年月日

(4) 従前の住所

(5) 世帯主の氏名及び続柄

(6) 転入前の住民票コード

また国外から転入した者，又はどこの市町村の住民票にも記載されていなかった者，若しくは転出地の市町村の庁舎が災害等により，転出証明書の交付を受けることができなかった者は，前記(1)から(6)までの他に次の事項も届け出なければならない（令22条）。

(7) 出生の年月日

(8) 男女の別

(9) 戸籍の表示（本籍及び筆頭者の氏名）

288 第6章 転 入

2 添付書類

⑴ 転出証明書

転入した者は，転出住所地の市町村長が作成した転出証明書を添付し，転入届をしなければならない（法22条2項，令23条）。

転出住所地又は最終住民登録地において，既に住民票が職権消除となっている者は，「転入届に添付すべき書類として発行した」旨の記載のある「転出証明書に準ずる証明書」又は消除された住民票の写しを添付させる。

なお，日本の国籍を有する者について，国外から転入をした者及びいずれの市町村の住民基本台帳にも記録されていない者，若しくは転出住所地の市町村の庁舎が災害等のやむを得ない理由により，転出証明書を提出できない場合には，戸籍と照合し又は他市町村に本籍を有する者については，戸籍謄本等及び戸籍の附票の写しを添付させ，又は戸籍に記載又は記録がされている事項について本籍地の市町村に照会する等の方法により，その事実を確認する。

⑵ マイナンバーカード（転入届の特例による最初の転入届のとき）

最初の転入届があった場合には，マイナンバーカードを提示させ，暗証番号を照合したうえで本人確認情報を取得し，転出地市町村長から転出証明書に係る情報の通知を受ける。

⑶ 在留カード等（外国人住民）

外国人住民が転入届を行う場合，在留カード等の提示は義務ではないが，入管法及び入管特例法上，在留カード又は特別永住者証明書を提出して転入届をしたときは，法務大臣への住居地の届出とみなすこととされている（入管法19条の9第3項，入管特例法10条5項）ため，在留カード等の提出を促すことが望ましい。

⑷ 通知カード又はマイナンバーカード

通知カード又はマイナンバーカードの交付を受けている者から転入届を受理する際には，当該カードを提出させ，転入の際に講ずべき措置を

行う（190頁以下参照）。

第3　転入届出の受理

1　届出書記入の注意

⑴　異動日は，転入住所地に住み始めた年月日を記入させる。

⑵　転入住所地は，現在住んでいる所を正確に記入させる。

⑶　世帯主の氏名は，転入住所地における世帯主の氏名を記入させる。

⑷　転入する者全員の氏名，出生の年月日，男女の別，従前の住所と（その世帯主の氏名），転入前の住民票コードは，転出証明書どおり記入させる。

⑸　その他の記入上の注意については，「第5章—第3—4」（276頁以下）参照。

2　届出書受理の注意

　届出書が提出された場合は，転入届出書に記入されている事項が，転出証明書等の添付書類と一致しているかを確認するとともに，次の諸点を注意・確認のうえ受理しなければならない。なお，虚偽の届出等を防止する観点から，届出の任に当たっている者の本人確認を行う。ただし，本人確認できない場合でもそれだけをもって届出を拒むことはできないので，受理する際は届出人に対し，従前の住所地へ住民異動届受理通知を送付する。

⑴　届出日及び異動日を確認する。

⑵　住民となった年月日について

　　ア　原則的には，転出証明書の転出予定年月日と同じである。

　　イ　転出証明書の発行日が転出日より後の場合で，転入年月日が転出年月日と異なる場合には，届出人によく事情を聞き，実際の転入年月日を記入させる。

　　　　この場合届出書の備考欄に転入年月日が異なった理由を記入させる。

　　ウ　転出証明書の発行日が転出日より前の場合で，転入年月日が転出

290 第6章 転　入

年月日と異なるときは，実際の転入年月日を記入させる。

(3)　転入者が既存世帯に入るのか，新たに世帯を設けるのかを確認する。

(4)　一部転入で既存の世帯に入る場合は，既存の世帯の住民票を確認する。

(5)　転出住所地の世帯が同じ構成のまま転入した場合は，転出証明書と同じであるのかを確認する。

(6)　一部転入の場合，続柄は，転入住所地の世帯主との続柄を記入しているかを確認する。

(7)　転入者の中に戸籍の表示が異なる者（例えば，夫婦とその父母，未届の妻，離婚後母又は父の戸籍に入籍していない子等）がいる場合は，その者の戸籍の表示が備考欄に記入されているかを確認する。

(8)　転出証明書に記載されている本籍，氏名，出生の年月日等に間違いがある旨申出があった場合は，その旨を備考欄に記入し，本籍地へ戸籍照会を行う。

(9)　住所は公図又は既存の住民票により地番を確認することが望ましい。

(10)　方書がある場合は，その方書が正当であるか否かを管理会社，不動産業者等に確認したり，既存の住民票等で確認することが考えられる。

(11)　転出証明書に「1年以内に従前の住所地に転出する者」である旨の記載がある場合には，備考欄に「再転入」と記入する（昭和43.11.5自治振第179号通知）。

(12)　その他の注意については，「第5章―第3―5」（278頁以下）及び「第5章―第3―6」（284頁以下）参照。

第4　届出書の記入と住民票記載の具体例

1　全部転入

(1)　届出書の記入【記載例 No. 1】

記入上の注意は，「第6章―第3」（289頁以下）参照。

(2)　住民票の記載

第4　届出書の記入と住民票記載の具体例　　*291*

ア　個人票の場合【記載例 No.2】

(ア)　届出年月日欄には，転入届出の「年月日」を記載する。

(イ)　記載事由欄には届出書に記入されている旧住所を記載するが，その世帯主の氏名は記載を要しない。

(ウ)　戸籍の表示が異なる者が同時に転入する場合は，届出書の備考欄にその者の戸籍の表示が記入されているので，世帯主の戸籍の表示と間違えないようにする。

(エ)　その他の注意については，「第3章—第4」（62頁以下）参照。

イ　世帯票の場合【記載例 No.3】

(ア)　世帯共通備考欄には「○年○月○日転入届出」と記載するが，個人備考欄には記載を要しない。

(イ)　その他の注意は，(ア)に準ずる。

【記載例 No.1】

292 第6章 転　入

【記載例No.2】　世帯主の個人票

<table>
<tr><td rowspan="5">住民票</td><td colspan="7">
<table>
<tr><td>ふりがな</td><td colspan="2">やま　かわ　た　ろう</td><td colspan="2">生　年　月　日</td><td>男女の別</td><td>続　柄</td><td>住民となった年月日</td></tr>
<tr><td>氏
名</td><td colspan="2">山 川 太 郎</td><td colspan="2">明治
大正
昭和 55年4月1日生
平成</td><td>男
女</td><td>世帯主</td><td>明治
大正
昭和
平成 30年9月25日</td></tr>
<tr><td>世帯主</td><td colspan="4">山川太郎</td><td colspan="2">住民票コード
12345678901</td></tr>
<tr><td rowspan="3">住
所</td><td colspan="2">東町1丁目6番地1</td><td colspan="2">平成
30年10月 1 日届出</td><td colspan="2">個人番号
111122223333</td></tr>
<tr><td colspan="2">平成
年　月　日転居</td><td colspan="2">平成
年　月　日届出</td><td colspan="2" rowspan="2">備　考</td></tr>
<tr><td colspan="2">平成
年　月　日転居</td><td colspan="2">平成
年　月　日届出</td></tr>
</table>
</td></tr>
</table>

世帯主

東京都高尾市

| 本籍 | 東京都高尾市東町1丁目6番地1 | 筆頭者の氏名 | 山川太郎 |

| 前住所 | 昭和
平成 30年 9 月25日東京都陣馬市東山町3丁目260番地 | から 転入/転居 |

| 転出 | 平成　年　月　日 | へ転出予定 | 平成　年　月　日届出 |
| | 平成　年　月　日 | へ転出 | 平成　年　月　日通知 |

世帯員の個人票

<table>
<tr><td>ふりがな</td><td colspan="2">やま　かわ　はな　こ</td><td colspan="2">生　年　月　日</td><td>男女の別</td><td>続　柄</td><td>住民となった年月日</td></tr>
<tr><td>氏
名</td><td colspan="2">山 川 花 子</td><td colspan="2">明治
大正
昭和 57年6月3日生
平成</td><td>男
女</td><td>妻</td><td>明治
大正
昭和
平成 30年9月25日</td></tr>
<tr><td>世帯主</td><td colspan="4">山川太郎</td><td colspan="2">住民票コード
23456789012</td></tr>
<tr><td>住
所</td><td colspan="2">東町1丁目6番地1</td><td colspan="2">平成
30年10月 1 日届出</td><td colspan="2">個人番号
222233334444</td></tr>
</table>

住民票

東京都高尾市

| 本籍 | 東京都高尾市東町1丁目6番地1 | 筆頭者の氏名 | 山川太郎 |

| 前住所 | 昭和
平成 30年 9 月25日東京都陣馬市東山町3丁目260番地 | から 転入/転居 |

| 転出 | 平成　年　月　日 | へ転出予定 | 平成　年　月　日届出 |
| | 平成　年　月　日 | へ転出 | 平成　年　月　日通知 |

第4 届出書の記入と住民票記載の具体例 *293*

【記載例 No. 3】 世帯票

東 京 都 高 尾 市		住 民 票	

世帯主	山川太郎		平成30年10月1日 転入届出

住所 東町1丁目6番地1

| | 平成　　　年　月　日 | 転居 |
| | 平成　　　年　月　日 | 転居 |

1

やまかわ たろう

山川太郎

明治 大正 ㊐和 平成
55年4月1日生

男（○） 女

続柄
世帯主

住民となった年月日
明治 大正 昭和 ㊐平成 30年9月25日

住民票コード
12345678901

個人番号
111122223333

本籍 東京都高尾市東町1丁目6番地1

筆頭者の氏名 山川太郎

備考

昭和 ㊐平成 30年9月25日東京都陣馬市東山町3丁目260番地 から 転入（○）/転居

転居/転出予定 平成　年　月　日届出

平成　年　月　日 へ転出 平成　年　月　日通知

2

やまかわ はなこ

山川花子

明治 大正 ㊐和 平成
57年6月3日生

男 女（○）

続柄
妻

住民となった年月日
明治 大正 昭和 ㊐平成 30年9月25日

住民票コード
23456789012

個人番号
222233334444

本籍 東京都高尾市東町1丁目6番地1

筆頭者の氏名 山川太郎

備考

昭和 ㊐平成 30年9月25日東京都陣馬市東山町3丁目260番地 から 転入（○）/転居

転居/転出予定 平成　年　月　日届出

平成　年　月　日 へ転出 平成　年　月　日通知

3

	明治 大正 昭和 平成 　年　月　日生	男 女	続柄	住民となった年月日 明治 大正 昭和 平成　年　月　日	住民票コード 個人番号

本籍

筆頭者の氏名

備考

昭和 平成　年　月　日 から 転入/転居

転居/転出予定 平成　年　月　日届出

平成　年　月　日 へ転出 平成　年　月　日通知

294 第6章 転 入

2 一部転入

(1) 転出住所地の世帯全員，又は世帯員が転入住所地の既存の世帯
に入り，その世帯の世帯員となった場合

　ア　届出書の記入【記載例 No. 4】

　　(ア)　続柄は転入住所地の世帯主との続柄を記入させる。

　　(イ)　その他の記入上の注意は，「第6章―第3」(289頁以下) 参照。

　イ　住民票の記載【記載例 No. 5】

　　(ア)　記載事由欄には，住民となった年月日及び旧住所を記載する。

　　(イ)　その他の注意は，「第3章―第4」(62頁以下) 参照。

【記載例 No. 4】

第4 届出書の記入と住民票記載の具体例　　295

【記載例 No.5】 既存の世帯主の住民票

ふりがな	やま かわ いち ろう	生 年 月 日	男女の別	続 柄	住民となった年月日
氏 名	山川 一郎	明治 大正 ㊵昭和 平成 28年8月10日生	㊚男 女	世帯主	明治 大正 昭和 ㊵平成 11年6月10日
世帯主	山川一郎				住民票コード 34567890123
住	東町1丁目6番地1		平成 11年6月11日届出		個人番号 333344445555
所		平成　年　月　日転居	平成　年　月　日届出		
		平成　年　月　日転居	平成　年　月　日届出		備 考
本 籍	東京都多摩川市西山町1丁目1番地		筆頭者の氏名	山川一郎	
前住所	昭和 ㊵平成 11年6月10日東京都むさし市東3丁目4番5号			から ㊵転入 転居	
転	平成　年　月　日		へ転出 予定		平成　年　月　日届出
出	平成　年　月　日			へ転出	平成　年　月　日通知

（住民票　東京都高尾市）

世帯員となる者の住民票

ふりがな	やま かわ た ろう	生 年 月 日	男女の別	続 柄	住民となった年月日
氏 名	山川 太郎	明治 大正 ㊵昭和 平成 55年4月1日生	㊚男 女	子	明治 大正 昭和 ㊵平成 30年9月25日
世帯主	山川一郎				住民票コード 12345678901
住	東町1丁目6番地1		平成 30年10月1日届出		個人番号 111122223333
所		平成　年　月　日転居	平成　年　月　日届出		
		平成　年　月　日転居	平成　年　月　日届出		備 考
本 籍	東京都高尾市東町1丁目6番地1		筆頭者の氏名	山川太郎	
前住所	昭和 ㊵平成 30年9月25日東京都陣馬市東山町3丁目260番地			から ㊵転入 転居	
転	平成　年　月　日		へ転出 予定		平成　年　月　日届出
出	平成　年　月　日			へ転出	平成　年　月　日通知

（住民票　東京都高尾市）

296　第6章　転　入

ふりがな	やま　かわ　はな　こ	生　年　月　日	男女の別	続　柄	住民となった年月日
氏名	山川花子	明治 大正 ㊐昭和 平成　57年6月3日生	男 ㊛女	子の妻	明治 大正 昭和 ㊥平成　30年9月25日
世帯主	山川一郎				住民票コード
					23456789012
住所	東町1丁目6番地1	平成 30年10月1日届出			個人番号
	平成　年　月　日転居	平成　年　月　日届出			222233334444
	平成　年　月　日転居	平成　年　月　日届出			備考
本籍	東京都高尾市東町1丁目6番地1	筆頭者の氏名	山川太郎		
前住所	昭和 ㊥平成　30年9月25日東京都陣馬市東山町3丁目260番地		から　㊟転入 転居		
転出	平成　年　月　日		へ転出 予定		平成　年　月　日届出
	平成　年　月　日		へ転出		平成　年　月　日通知

住民票　東京都高尾市

(2)　転出住所地の世帯全員，又は世帯員が転入住所地の既存の世帯
に入り，その世帯の世帯主となった場合

　この場合は，旧住所地で世帯主又は世帯員であった者が，転入住所地
に転入すると同時に，その世帯の世帯主となった場合である。したがっ
て，この届出は法第22条の転入届と，法第25条の世帯変更届の二つを兼
ねた届出であって，本来ならば，転入届と世帯変更届の２件としてそれ
ぞれ別の届出書に記入して届出しなくてはならない事案であるが，原因
の発生の時が同時であり，しかも届出人が同一であるので，便宜的に１
通の届出書に記入して届出ができる。

　ア　届出書の記入【記載例 No.6】
　　(ア)　転入住所地の世帯主欄の世帯主の氏名は，転入住所地の今まで
　　　の世帯主氏名を記入させる。
　　(イ)　世帯主変更による続柄修正欄に，既存の住民票に記載されてい
　　　る者の続柄を新世帯主との続柄に修正する旨を記入する。
　　(ウ)　転入者の続柄は，新世帯主との続柄を記入させる。
　　(エ)　その他の記入上の注意は，「第６章─第３」（289頁以下）参照。
　イ　住民票の記載【記載例 No.7】
　　(ア)　世帯主欄等の記載
　　　a　既存の世帯の者については，世帯主欄の世帯主を新世帯主に，
　　　　及び続柄欄を新世帯主との続柄に修正する。
　　　b　新世帯主については，直接「世帯主」と記載する。
　　(イ)　備考欄の記載
　　　a　既存の者の備考欄には，「○年○月○日世帯主変更○年○月
　　　　○日届出により続柄修正」と記載する。ただし，世帯主は修正
　　　　されるが続柄の修正を要しない者の場合は，「○年○月○日世
　　　　帯主変更○年○月○日届出」と記載し，世帯主欄のみ修正する。
　　　b　新たに転入した者の続柄欄は，新世帯主との続柄を記載する。
　　(ウ)　その他の注意については，「第３章─第４」（62頁以下）参照。

298 第6章 転　入

【記載例 No.6】

住　民　異　動　届

(※届出人本人による署名の場合、押印は必要ありません。)

東京都高尾市長　殿

□申出書　□職権記載書

●住民票コードは、転入時のみ記入して下さい。
●太枠内の事項をボールペン等ではっきりと記入し、○印をして下さい。

届出人	①.本人　2.世帯主　3.代理人（　　）
氏　名　ふりがな　やまかわ　たろう	山川太郎 ㊞
住所（代理人のみ）	
電話（自宅）呼出・勤務先・携帯　042-123-4567	

届出年月日	平成 30年10月1日
異動年月日	平成 30年9月25日

全部・一部　| 1 転入 | 2 転居 | 3 転出 | 4 世帯変更 | 5 職権記載 | 6 職権消除 | 7 職権修正 | 8 職権回復 | （世帯主変更）

		これからの世帯主
これからの住所	東京 ㊞都道府県 高尾 ㊞郡市区 東町1丁目6番地1	山川松子
いままでの住所	東京 ㊞都道府県 むさし ㊞郡市区 東3丁目4番5号	いままでの世帯主 山川太郎
本籍（※）	東京 ㊞都道府県 高尾 ㊞郡市区 東町1丁目6番地1	筆頭者 山川太郎

	氏　名	生年月日	性別	続柄	住民票コード	備　考
1	ふりがな　やま　かわ　た　ろう　山川太郎	明・大・㊐・平 55・4・1	⑭男・女	世帯主	12345678901	
2	ふりがな　やま　かわ　はな　こ　山川花子	明・大・㊐・平 57・6・3	男・⑭女	妻	23456789012	
3	ふりがな	明・大・昭・平 ・・	男・女			
4	ふりがな	明・大・昭・平 ・・	男・女			
5	ふりがな	明・大・昭・平 ・・	男・女			

(※) 本籍欄以外の方がいる場合には、備考欄にその方の本籍地番と筆頭者名を記入して下さい。

世帯主変更による続柄修正

	氏　名	旧	新
1	山川松子	世帯主	母
2			
3			
4			
5			

【記載例 No. 7】 既存世帯の世帯主であった者の住民票

住民票　東京都高尾市

ふりがな	やま かわ まつ こ	生年月日	男女の別	続柄	住民となった年月日
氏名	山川松子	明治 大正 [昭和] 平成 30年7月15日生	男 [女]	母 ~~世帯主~~	明治 大正 昭和 [平成] 11年11月10日
世帯主	~~山川松子~~	山川太郎			住民票コード 45678901234
住所	東町1丁目6番地1		平成 11年11月15日届出		個人番号 444455556666
		平成 年 月 日転居	平成 年 月 日届出		備考 平成26年9月25日世帯主変更平成26年10月1日届出により続柄修正
		平成 年 月 日転居	平成 年 月 日届出		
本籍	東京都多摩川市西山町1丁目1番地	筆頭者の氏名	山川一郎		
前住所	昭和 [平成] 11年11月10日東京都陣馬市東山町3丁目260番地		から [転入] 転居		
転出	平成 年 月 日		へ 転出予定		平成 年 月 日届出
	平成 年 月 日		へ転出		平成 年 月 日通知

転入により世帯主となる者の住民票

住民票　東京都高尾市

ふりがな	やま かわ た ろう	生年月日	男女の別	続柄	住民となった年月日
氏名	山川太郎	明治 大正 [昭和] 平成 55年4月1日生	[男] 女	世帯主	明治 大正 昭和 [平成] 30年9月25日
世帯主	山川太郎				住民票コード 12345678901
住所	東町1丁目6番地1		平成 30年10月1日届出		個人番号 111122223333
		平成 年 月 日転居	平成 年 月 日届出		備考
		平成 年 月 日転居	平成 年 月 日届出		
本籍	東京都高尾市東町1丁目6番地1	筆頭者の氏名	山川太郎		
前住所	昭和 [平成] 30年9月25日東京都むさし市東3丁目4番5号		から [転入] 転居		
転出	平成 年 月 日		へ 転出予定		平成 年 月 日届出
	平成 年 月 日		へ転出		平成 年 月 日通知

300　　第6章　転　入

住民票　東京都高尾市

ふりがな	やま　かわ　はな　こ		生　年　月　日	男女の別	続　柄	住民となった年月日
氏名	山川花子		明治 大正 <u>昭和</u> 平成 57年6月3日生	男 <u>女</u>	妻	明治 大正 昭和 <u>平成</u> 30年9月25日
世帯主	山川太郎					住民票コード
						23456789012
住	東町1丁目6番地1		平成 30年10月1日届出			個人番号
		平成　　年　　月　　日転居	平成　　年　　月　　日届出			222233334444
所		平成　　年　　月　　日転居	平成　　年　　月　　日届出			備　考
本 籍	東京都高尾市東町1丁目6番地1		筆頭者の氏名	山川太郎		
前住所	昭和 <u>平成</u> 30年9月25日東京都むさし市東3丁目4番5号			から	<u>転入</u> 転居	
転 出	平成　　年　　月　　日				へ転出 予定	平成　　年　　月　　日届出
出	平成　　年　　月　　日				へ転出	平成　　年　　月　　日通知

第4　届出書の記入と住民票記載の具体例　　*301*

3　未届転入

（1）　従前の住所地において，転入届をしていなかった者が転入し世帯を新設した場合

　　ア　届出書の記入【記載例 No.8】

　　　（ア）　旧住所欄の記入

　　　　a　転入住所地へ来る直前の「未届地」を記入させ，末尾に「(未届)」と記入する。

　　　　b　転々としていた場合でも，正確な住所が答えられたら転入する直前の未届地を記入させる。

　　　（イ）　備考欄には，最終住民記録地及び世帯主の氏名並びに未届期間を記入する。

　　　（ウ）　その他の注意については，「第6章—第3」（289頁以下）参照。

【記載例 No.8】

302　第6章　転　　入

イ　住民票の記載【記載例 No. 9】

(ア)　記載事由欄には，「○年○月○日○○（未届）から転入」と記載する。この場合，未届の従前の住所と最終住民記録地を間違えないように注意する。

(イ)　その他の注意については，「第3章―第4」（62頁以下）参照。

【記載例 No. 9】　未届転入者の住民票

<table>
<tr><td rowspan="2">住　民　票　東京都高尾市</td><td>ふりがな
氏
名</td><td colspan="2">やま　かわ　た　ろう
山 川 太 郎</td><td colspan="2">生 年 月 日
明治
大正
昭和
平成　55年4月1日生</td><td>男女の別
男
女</td><td>続　柄
世帯主</td><td>住民となった年月日
明治
大正
昭和
平成　30年9月25日</td></tr>
<tr><td>世帯主</td><td colspan="2">山川太郎</td><td colspan="2"></td><td></td><td></td><td>住民票コード
12345678901</td></tr>
<tr><td></td><td>住</td><td colspan="3">東町1丁目6番地1</td><td colspan="2">平成
30年10月1日届出</td><td></td><td>個人番号
111122223333</td></tr>
<tr><td></td><td rowspan="2">所</td><td colspan="3">平成
　年　月　日転居</td><td colspan="2">平成
　年　月　日届出</td><td></td><td rowspan="2">備　考</td></tr>
<tr><td></td><td colspan="3">平成
　年　月　日転居</td><td colspan="2">平成
　年　月　日届出</td><td></td></tr>
<tr><td></td><td>本</td><td colspan="3" rowspan="2">東京都高尾市東町1丁目6番地1</td><td>筆頭者の氏名</td><td colspan="2">山川太郎</td><td></td></tr>
<tr><td></td><td>籍</td><td></td><td colspan="2"></td><td></td></tr>
<tr><td></td><td>前住所</td><td colspan="5">昭和
平成　30年9月25日東京都多摩川市西山町5丁目3番4号（未届）から</td><td>転入
転居</td><td></td></tr>
<tr><td></td><td>転</td><td colspan="4">平成
　年　月　日</td><td colspan="2">へ転出
予定</td><td>平成
　年　月　日届出</td></tr>
<tr><td></td><td>出</td><td colspan="4">平成
　年　月　日</td><td colspan="2">へ転出</td><td>平成
　年　月　日通知</td></tr>
</table>

第4　届出書の記入と住民票記載の具体例　　*303*

(2)　(1)の事例で転入者が既存の世帯に転入した場合

　ア　届出書の記入【記載例 No. 10】

　　　届出書の記入は，新住所の世帯主氏名及び世帯主との続柄欄を除いて，ほぼ前掲(1)の事例と同様である。

　イ　住民票の記載【記載例 No. 11】

　　(ア)　記載事由欄には，「○年○月○日○○（未届）から転入」と記載する。この場合，未届の従前の住所と最終住民記録地を間違えないように注意する。

　　(イ)　続柄欄は，既存世帯主との続柄を記載する。

　　(ウ)　転入者の届出年月日欄には，転入届出の「年月日」を記載する。

　　(エ)　その他の注意については，「第3章―第4」（62頁以下）参照。

【記載例 No. 10】

【記載例 No. 11】　既存世帯の世帯主の住民票

住民票　東京都高尾市

ふりがな	やま かわ いち ろう	生年月日	男女の別	続柄	住民となった年月日
氏名	山川 一郎	明治 大正 [昭和] 平成 28年8月10日生	[男] 女	世帯主	明治 大正 昭和 [平成] 13年10月10日
世帯主	山川一郎				住民票コード 34567890123
住所	東町1丁目6番地1		平成 13年10月15日届出		個人番号 333344445555
		平成 年 月 日転居	平成 年 月 日届出		備考
		平成 年 月 日転居	平成 年 月 日届出		
本籍	東京都高尾市東町1丁目6番地1	筆頭者の氏名	山川一郎		
前住所	昭和 [平成] 13年10月10日東京都むさし市東3丁目4番5号			から [転入] 転居	
転出	平成 年 月 日			へ転出予定	平成 年 月 日届出
	平成 年 月 日			へ転出	平成 年 月 日通知

既存世帯の世帯員の住民票

住民票　東京都高尾市

ふりがな	やま かわ まつ こ	生年月日	男女の別	続柄	住民となった年月日
氏名	山川 松子	明治 大正 [昭和] 平成 30年7月15日生	男 [女]	妻	明治 大正 昭和 [平成] 13年10月10日
世帯主	山川一郎				住民票コード 45678901234
住所	東町1丁目6番地1		平成 13年10月15日届出		個人番号 444455556666
		平成 年 月 日転居	平成 年 月 日届出		備考
		平成 年 月 日転居	平成 年 月 日届出		
本籍	東京都高尾市東町1丁目6番地1	筆頭者の氏名	山川一郎		
前住所	昭和 [平成] 13年10月10日東京都むさし市東3丁目4番5号			から [転入] 転居	
転出	平成 年 月 日			へ転出予定	平成 年 月 日届出
	平成 年 月 日			へ転出	平成 年 月 日通知

第4　届出書の記入と住民票記載の具体例　　*305*

未届転入者（世帯員）の住民票

ふりがな	やま かわ た ろう	生年月日		男女の別	続柄	住民となった年月日
氏名	山 川 太 郎	明治 大正 ㊙昭和 平成　55年4月1日生		㊙男 女	子	明治 大正 昭和 ㊙平成　30年9月25日
世帯主	山川一郎					住民票コード
						12345678901
住	東町1丁目6番地1		平成 30年10月1日届出			個人番号
所		平成　年　月　日転居	平成　年　月　日届出			111122223333
		平成　年　月　日転居	平成　年　月　日届出			備考
本籍	東京都高尾市東町1丁目6番地1		筆頭者の氏名	山川一郎		
前住所	㊙昭和 平成　30年9月25日東京都多摩川市西山町5丁目3番4号（未届） から　㊙転入 転居					
転出	平成　年　月　日			へ転出 予定	平成　年　月　日届出	
	平成　年　月　日			へ転出	平成　年　月　日通知	

306 第6章 転 入

(3) 転入住所地で転入届をせず，再び1年以内に転出住所地へ転入
してきた場合

ア 届出書の記入【記載例 No. 12】

(ア) 異動事由欄の（ ）内に「再転入」と明記する。

(イ) 備考欄に最終住民記録地である当該市町村の住所，その世帯主
氏名及び未届期間を記入する。

(ウ) その他の記入上の注意は，「第6章―第3」（289頁以下）参照。

【記載例 No. 12】

住 民 異 動 届

（※届出人本人による署名の場合，押印は必要ありません。）

東京都高尾市長　殿

□申出書　　□職権記載書
○住民票コードは，転入時のみ記入して下さい。
○太枠内の事項をボールペン等ではっきりと記入し，○印をして下さい。

届出年月日	平成 30年10月1日	
異動年月日	平成 30年9月20日	

（全部・一部）｜①転入｜2 転居｜3 転出｜4 世帯変更｜5 職権記載｜6 職権消除｜7 職権修正｜8 職権回復｜（再転入）

これからの住所	東京〈都道府県〉高尾〈郡市区〉	東町1丁目6番地1
いままでの住所	東京〈都道府県〉深大寺〈郡市区〉	北山町1丁目5番10号（未届）
本籍（※）	東京〈都道府県〉多摩川〈郡市区〉	西山町1丁目1番地

届出人
① 本人　2.世帯主　3.代理人（ ）
ふりがな　やま かわ うめ お
氏 名　山川梅男 ㊞
住所（代理人のみ）
電話（自宅）呼出・勤務先・携帯
042-123-4567

これからの世帯主	山 川 梅 男
いままでの世帯主	山 川 梅 男
筆頭者	山 川 一 郎

	氏 名	生年月日	性別	続柄	住民票コード
1	ふりがな　やま かわ うめ お　山川梅男	明・大・㊺・平 58・3・6	男・女	世帯主	56789012345
2	ふりがな	明・大・昭・平	男・女		
3	ふりがな	明・大・昭・平	男・女		
4	ふりがな	明・大・昭・平	男・女		
5	ふりがな	明・大・昭・平	男・女		

備 考

最終住民記録地
東京都高尾市東町1丁目6
番地1
世帯主：山川梅男
未届期間
H30.6.6 ～ H30.9.19

（※）本籍地以外の方がいる場合には，備考欄にその方の本籍地番と筆頭者名を記入して下さい。

第4　届出書の記入と住民票記載の具体例　　*307*

イ　住民票の記載

(ｱ)　除住民票の記載【記載例 No. 13】

　　最終住民記録地が当該市町村であるため，この届出書を転入通知に代えて次の処理をする。

　a　消除事由欄に記載されている転入住所地の末尾に「（未届）」と記載のうえ一重線で消除し，当該市町村の転入住所地を，「○年○月○日○○へ再転入」と記載する。

　b　備考欄には，「○年○月○日職権により消除事由欄修正」と記載する。

(ｲ)　新住民票の記載【記載例 No. 11】

【記載例 No. 13】再転入した者の住民票

	ふりがな	やま かわ うめ お		生 年 月 日	男女の別	続 柄	住民となった年月日
氏 名		山 川 梅 男		明治 大正 ⑭昭和 平成 58年3月6日生	⑲男 女	世帯主	明治 大正 昭和 ⑭平成 15年4月10日
世帯主		山川梅男					住民票コード
							56789012345
住 所		東町1丁目6番地1		平成 15年4月10日届出			個人番号
			平成 年 月 日転居	平成 年 月 日届出			555566667777
			平成 年 月 日転居	平成 年 月 日届出			備 考
本 籍		東京都多摩川市西山町1丁目1番地			筆頭者の氏名	山川一郎	平成30年6月6日消除 ［除 票］ 平成30年10月1日職権により消除事由欄修正
前住所		昭和 ⑭平成 15年4月10日東京都むさし市東3丁目4番5号				から⑲転入 転居	
転 出		平成 30年6月6日東京都深大寺市北山町1丁目5番10号（未届）				⑲転出 予定 ／転出	平成 30年10月1日届出
		平成 30年9月20日東京都高尾市東町1丁目6番地1				再転入 へ転出	平成 年 月 日通知

住　民　票　　東京都高尾市

308   第6章　転　　入

4　国外からの転入

(1)　届出書の記入【記載例 No. 14】

　ア　旧住所欄に国外の住所を漢字若しくはカタカナで記入させる。

　イ　住民となった年月日は，原則的には帰国した年月日であるが，
　　　ケースごとに次のように認定する。

　　(ア)　帰国後直ちに住所を定めた場合，及び妻子等が転入住所地に
　　　　残っていた場合には，住民となった年月日は帰国の日であり，転
　　　　出住所地は国外の住所である。

　　(イ)　単身者や世帯全員の転入で，帰国後一定の日数を経ているとき，
　　　　その間の所在場所が住所と認定できる場合の住民となった年月日
　　　　は，当該市町村に住み始めた日であり，転出住所地は，転入直前

【記載例 No. 14】

(※)　本籍欄以外の方がいる場合には，備考欄にその方の本籍地番と筆頭者名を記入して下さい。

第4　届出書の記入と住民票記載の具体例　　**309**

の国内の住所を未届地として記入する。この場合，国外の住所と
帰国年月日を備考欄に記入する。

(ウ)　前項の場合で，帰国から当該市町村へ転入するまでの間を，住
所として認定し難い場合の住民となった年月日は(イ)と同様当該市
町村に住み始めた日であるが，転出住所地は国外の住所となる。

ウ　備考欄に「パスポート（No.○○）による転入」などと具体的に確
認した資料名を記入する。

エ　その他の記入上の注意は，「第6章―第3」（289頁以下）参照。

(2)　住民票の記載【記載例 No.15】

本記載例は，妻と共に帰国後直ちに住所を定めた事例である。

【記載例 No.15】 国外から転入し世帯主となる者の住民票

			生　年　月　日		男女の別	続　柄	住民となった年月日	
氏名	ふりがな	やま　かわ　た　ろう 山 川 太 郎	明治 大正 **昭和** 平成 55年4月1日生		**男** 女	世帯主	明治 大正 昭和 **平成** 30年9月30日	
世帯主		山川太郎					住民票コード	
							12345678901	
住所		東町1丁目6番地1		平成 30年10月1日届出			個人番号	
			平成 　年　月　日転居	平成 　年　月　日届出			111122223333	
			平成 　年　月　日転居	平成 　年　月　日届出			備　考	
本籍		東京都高尾市東町1丁目6番地1		筆頭者の氏名		山川太郎		
前住所		昭和 **平成** 30年9月30日 米国カリフォルニア州ハリウッド市10番街6から			**転入** 転居			
転出		平成 　年　月　日			へ転出 予定		平成 　年　月　日届出	
		平成 　年　月　日			へ転出		平成 　年　月　日通知	

住　民　票　東京都高尾市

310　第6章　転　入

世帯員となる者の住民票

ふりがな	やま かわ はな こ	生 年 月 日	男女の別	続 柄	住民となった年月日
氏名	山川花子	明治 大正 昭和 平成 57年6月3日生	男 女	妻	明治 大正 昭和 平成 30年9月30日
世帯主	山川太郎				住民票コード 23456789012
住所	東町1丁目6番地1	平成 30年10月1日届出			個人番号 222233334444
		平成 年 月 日転居	平成 年 月 日届出		
		平成 年 月 日転居	平成 年 月 日届出		備 考
本籍	東京都高尾市東町1丁目6番地1	筆頭者の氏名	山川太郎		
前住所	昭和 平成 30年9月30日米国カリフォルニア州ハリウッド市10番街6			から	転入 転居
転出	平成 年 月 日		へ転出 予定	平成 年 月 日届出	
	平成 年 月 日		へ転出	平成 年 月 日通知	

（左欄外）住　民　票　東京都高尾市

5　戸籍の変動を伴う転入

(1)　転入届と同時に婚姻届があった場合

ア　届出書の記入【記載例 No. 16】

　(ア)　戸籍の表示欄には，婚姻届が受理されたものとして新戸籍の表示を記入させる。

　(イ)　氏及び続柄についても，新たな氏及び続柄を記入させる。

　(ウ)　旧世帯主欄には，転入者の氏が婚姻により変更しても，その者が転出住所地で世帯主であった場合には，旧氏で記入させる。

　(エ)　備考欄には，転出証明書と，氏，戸籍の表示が異なるので「同日婚姻届出　旧氏○○　旧戸籍の表示○○」と記入する。

　(オ)　その他の記入上の注意は，「第6章―第3」（289頁以下）参照。

イ　住民票の記載【記載例 No. 17】

　(ア)　夫（妻）となる者の戸籍の表示に変更がある場合は，婚姻届書により修正する。この場合，その者の備考欄に「○年○月○日戸

籍届出により戸籍の表示修正」と記載する。

㈠　婚姻により氏を変わる者（この場合，妻）の備考欄に「○年○月○日戸籍届出（旧氏○○）」と記載する。

㈢　その他の注意については，「第3章—第4」(62頁以下) 参照。

【記載例 No. 16】

住 民 異 動 届

(※届出人本人による署名の場合、押印は必要ありません。)

東京都高尾市長　殿

□申出書　　□職権記載書

◎住民票コードは、転入時のみ記入して下さい。
◎太枠内の事項をボールペン等ではっきりと記入、○印をして下さい。

届出年月日	平成30年10月1日	全部・(一部)入	1 転居	2 転入	3 転出	4 世帯変更	5 職権記載	6 職権消除	7 職権修正	8 職権回復
異動年月日	平成30年9月30日								

届出人	①本人　2.世帯主　3.代理人（　）
	ふりがな　やま かわ はな こ
	氏 名　山 川 花 子　㊞
	住所（代理人のみ）
	電話（自宅）呼出・勤務先・携帯　042-123-4567

これからの住所	東京 ㊞道府県 高尾 ㊞郡市区 東町1丁目6番地1	これからの世帯主	山 川 太 郎
いままでの住所	東京 ㊞道府県 陣馬 ㊞郡市区 東山町3丁目260番地	いままでの世帯主	国 分 花 子
本籍（※）	東京 ㊞道府県 高尾 ㊞郡市区 東町1丁目6番地1	筆頭者名	山 川 太 郎

	氏　名	生年月日	性別	続柄	住民票コード	備　考
1	ふりがな　やま かわ はな こ 山 川 花 子	明・大・㊿・平 57・6・3	男・㊛	妻	23456789012	同日婚姻届出 旧氏：国分 旧戸籍の表示 東京都陣馬市東山町3丁目260番地国分二郎
2	ふりがな	明・大・昭・平　・　・	男・女			
3	ふりがな	明・大・昭・平　・　・	男・女			
4	ふりがな	明・大・昭・平　・　・	男・女			
5	ふりがな	明・大・昭・平　・　・	男・女			

(※) 本籍欄以外の方がいる場合には、備考欄にその方の本籍地番と筆頭者名を記入して下さい。

312　第6章　転　入

【記載例 No. 17】　婚姻に伴い世帯主となる者の住民票

ふりがな	やま かわ た ろう	生 年 月 日	男女の別	続 柄	住民となった年月日
氏名	山 川 太 郎	明治 大正 **昭和** 平成 55年4月1日生	**男** 女	世帯主	明治 大正 昭和 **平成** 15年1月13日
世帯主	山川太郎				住民票コード
					12345678901
住所	東町1丁目6番地1		平成 15年1月13日届出		個人番号
		平成　年　月　日転居	平成　年　月　日届出		111122223333
		平成　年　月　日転居	平成　年　月　日届出		備考
本籍	東京都多摩川市西山町1丁目1番地	筆頭者の氏名	~~山川一郎~~		平成30年10月1日戸籍届出により戸籍の表示修正
	東京都高尾市東町1丁目6番地1		山川太郎		
前住所 転出	昭和 **平成** 15年1月13日東京都むさし市東3丁目4番5号	から **転入** 転居			
	平成　年　月　日		へ転出 予定	平成　年　月　日届出	
	平成　年　月　日		へ転出	平成　年　月　日通知	

住民票　東京都高尾市

婚姻に伴い氏を変更した者の住民票（世帯員）

ふりがな	やま かわ はな こ	生 年 月 日	男女の別	続 柄	住民となった年月日
氏名	山 川 花 子	明治 大正 **昭和** 平成 57年6月3日生	男 **女**	妻	明治 大正 昭和 **平成** 30年9月30日
世帯主	山川太郎				住民票コード
					23456789012
住所	東町1丁目6番地1		平成 30年10月1日届出		個人番号
		平成　年　月　日転居	平成　年　月　日届出		222233334444
		平成　年　月　日転居	平成　年　月　日届出		備考
本籍	東京都高尾市東町1丁目6番地1	筆頭者の氏名	山川太郎		平成30年10月1日戸籍届出（旧氏国分）
前住所 転出	昭和 **平成** 30年9月30日東京都陣馬市東山町3丁目260番地	から **転入** 転居			
	平成　年　月　日		へ転出 予定	平成　年　月　日届出	
	平成　年　月　日		へ転出	平成　年　月　日通知	

住民票　東京都高尾市

第4 届出書の記入と住民票記載の具体例 **313**

(2) 当該市町村に婚姻届が既に出されている者から転入届があった場合

　ア　届出書の記入【記載例 No. 18】

　　(ア)　備考欄に「○年○月○日婚姻届出　旧氏○○　旧戸籍の表示○○」と記入する。

　　(イ)　その他記入方法は，【記載例 No. 16】（311頁）参照。

　イ　住民票の記載【記載例 No. 17】

　　　住民票の記載方法は，前例とほぼ同様である。

(3) **婚姻届受理証明書，又は戸籍謄本等を添付した転入届があった場合**

　ア　届出書の記入

　　(ア)　備考欄に「婚姻届受理証明書添付　旧氏○○　旧戸籍の表示○

【記載例 No. 18】

314 第6章 転　入

○○」と記入する。

　　(イ)　その他記入方法は，【記載例 No.16】（311頁）参照。

　イ　住民票の記載

　　(ア)　夫（妻）となる者の戸籍の表示に変更がある場合は，職権により修正する。

　　(イ)　その他記載方法は，【記載例 No.17】（312頁）参照。

(4)　転入届と同時に転籍届があった場合

　ア　届出書の記入【記載例 No.19】

　　(ア)　本籍欄には新本籍を記入させる。

　　(イ)　備考欄に「同日転籍届出　旧本籍○○○」と記入する。

　　(ウ)　その他の記入上の注意は，「第6章—第3」（289頁以下）参照。

【記載例 No.19】

第4　届出書の記入と住民票記載の具体例　*315*

　　イ　住民票の記載

　　　記載方法は，「第6章―第4―1―イ」(291頁) 参照。

⑸　父母の転入届と同時に，転出住所地で出生した子の出生届が出
　　された場合

　　例えば，転出住所地であるA市において，9月25日B市に転出すると
　して，9月20日に転出届をした。このため父母のみが記載されている転
　出証明書によって，10月1日B市に転入届をした。同時に子の出生届
　(9月22日出生) が出された場合である。

　　本来，出生した子については，9月22日から9月24日まではA市に住
　所があるので，出生届によりA市の住民票に一度記載し，父母と共に転
　出したとして消除すべきであるが，国民健康保険等の利害関係が生じる
　場合を除き，転出住所地の住民票に記載する必要がないので，直接B市
　に父母と共に転入したものとして住民票に記載することができる。

　　ア　届出書の記入【記載例 No. 20】

　　　(ア)　届出書に子も記入し，備考欄に「同日出生届出」と記入する。

　　　(イ)　その他の記入上の注意は，「第6章―第3」(289頁以下) 参照。

　　イ　住民票の記載【記載例 No. 21】

　　　(ア)　住民となった年月日欄は，通常の場合は出生年月日と同一であ
　　　　　るが，子が転出住所地で出生し，父母と共に転入した場合には，
　　　　　転入の年月日を記載する (昭和35.5.9民事甲第1104号回答)。

　　　(イ)　出生子の記載事由欄は住民となった年月日をもって「○年○月
　　　　　○日転入」と記載し，「から転入・転居」の不動文字を消除する。

　　　(ウ)　備考欄に「○年○月○日戸籍届出により記載」と記載する。

　　　(エ)　その他記載方法は，「第6章―第4―1―イ」(291頁) 参照。

316　第6章　転　入

【記載例 No. 20】

住 民 異 動 届

（※届出人本人による署名の場合、押印は必要ありません。）

東京都高尾市長　殿

□申出書　□職権記載書

●住民票コードは、転入時のみ記入して下さい。
●太枠内の事項をボールペン等ではっきりと記入し、○をして下さい。

	①.本人　2.世帯主　3.代理人（　　）
届出人	ふりがな　やまかわ　たろう
	氏　名　山 川 太 郎　㊞
	住所（代理人のみ）
	電話（自宅）呼出・勤務先・携帯　042-123-4567

届出年月日	平成 30年10月 1 日	（全部・一部）① 転入　1 2 3 4 5 6 7 8 転居 転出 世帯変更 職権記載 職権消除 職権修正 職権回復
異動年月日	平成 30年 9 月25日	

これからの住所	東京 ㊞都道府県 高尾 ㊞郡市区 東町1丁目6番地1	これからの世帯主	山 川 太 郎
いままでの住所	東京 都道府県 陣馬 ㊞郡市区 東山町3丁目260番地	いままでの世帯主	山 川 太 郎
本籍（※）	東京 ㊞都道府県 高尾 ㊞郡市区 東町1丁目6番地1	筆頭者	山 川 太 郎

	氏　名	生年月日	性別	続柄	住民票コード	備考
1	ふりがな やまかわ た ろう 山川太郎	明・大・昭・平 55・4・1	男 女	世帯主	12345678901	同日出生届出
2	ふりがな やまかわ はな こ 山川花子	明・大・昭・平 57・6・3	男 女	妻	23456789012	
3	ふりがな やま かわ きょう こ 山川京子	明・大・昭・平 30・9・22	男 女	子	67890123456	
4	ふりがな	明・大・昭・平	男 女			
5	ふりがな	明・大・昭・平	男 女			

（※）本籍欄以外の方がいる場合には、備考欄にその方の本籍地番と筆頭者名を記入して下さい。

【記載例 No. 21】　転入により世帯主となる父の住民票

住民票 東京都高尾市	ふりがな やま かわ た ろう		生 年 月 日		男女の別	続 柄	住民となった年月日
	氏名 山 川 太 郎		明治 大正 昭和 平成 55年4月1日生		男 女	世帯主	明治 大正 昭和 平成 30年9月25日
	世帯主 山川太郎						住民票コード
							12345678901
	住所	東町1丁目6番地1		平成 30年10月1日届出			個人番号
		平成 年 月 日転居		平成 年 月 日届出			111122223333
		平成 年 月 日転居		平成 年 月 日届出			備考
	本籍	東京都高尾市東町1丁目6番地1		筆頭者の氏名	山川太郎		
	前住所	昭和 平成 30年9月25日東京都陣馬市東山町3丁目260番地		から 転入 転居			
	転	平成 年 月 日		へ 転出 予定			平成 年 月 日届出
	出	平成 年 月 日		へ転出			平成 年 月 日通知

第4　届出書の記入と住民票記載の具体例　　*317*

世帯員である母の住民票

ふりがな	やま かわ はな こ	生 年 月 日	男女の別	続 柄	住民となった年月日
氏名	山川花子	明治 大正 ㊐昭和 平成 57年6月3日生	男 ㊛女	妻	明治 大正 昭和 ㊥平成 30年9月25日
世帯主	山川太郎				住民票コード
					23456789012
住所	東町1丁目6番地1		平成 30年10月1日届出		個人番号
		平成　年　月　日転居	平成　年　月　日届出		222233334444
		平成　年　月　日転居	平成　年　月　日届出		備 考
本籍	東京都高尾市東町1丁目6番地1		筆頭者の氏名	山川太郎	
前住所	昭和 ㊥平成 30年9月25日 東京都陣馬市東山町3丁目260番地			から ㋨転入 転居	
転	平成　年　月　日		㋫転出 予定	平成　年　月　日届出	
出	平成　年　月　日		㋫転出	平成　年　月　日通知	

住民票　東京都高尾市

転出住所地で出生した子の住民票

ふりがな	やま かわ きょう こ	生 年 月 日	男女の別	続 柄	住民となった年月日
氏名	山川京子	明治 大正 昭和 ㊥平成 30年9月22日生	男 ㊛女	子	明治 大正 昭和 ㊥平成 30年9月25日
世帯主	山川太郎				住民票コード
					67890123456
住所	東町1丁目6番地1		平成 30年10月1日届出		個人番号
		平成　年　月　日転居	平成　年　月　日届出		666677778888
		平成　年　月　日転居	平成　年　月　日届出		備 考
本籍	東京都高尾市東町1丁目6番地1		筆頭者の氏名	山川太郎	平成30年10月1日 戸籍届出により記載
前住所	昭和 ㊥平成 30年9月25日　転 入			から ㋨転入 転居	
転	平成　年　月　日		㋫転出 予定	平成　年　月　日届出	
出	平成　年　月　日		㋫転出	平成　年　月　日通知	

住民票　東京都高尾市

318　第6章　転　入

(6)　転出証明書に記載のない出生届出済の子が，父母と共に転入した場合

届出書は「職権記載書」に✓印をし，異動事由の転入と職権記載を○で囲む。

ア　子の出生年月日が，父母の住民となった年月日より前の場合

(ア)　届出書の記入【記載例 No. 22】

a　出生子を含めて転入者全員の氏名を記入させる。

b　備考欄に「○○により③の出生の事実確認　○年○月○日出生」と記入し，戸籍謄本等，出生届受理証明書，母子手帳等の確認資料名を記入する。

c　その他の記入上の注意は，「第6章―第3」（289頁以下）参照。

(イ)　住民票の記載【記載例 No. 23】

a　出生子の記載方法は，【記載例 No. 21】（316頁参照）。

b　出生子の備考欄に「○年○月○日職権記載」と記載する。

c　その他記載方法は，「第6章―第4―1―イ」（291頁以下）参照。

イ　子の出生年月日が，父母の住民となった年月日より後の場合

(ア)　届出書の記入【記載例 No. 24】

a　出生子を含めて転入者全員の氏名を記入させる。

b　備考欄に「○○により③の出生の事実確認　○年○月○日出生」と記入し，戸籍謄本等，出生届受理証明書，母子手帳等の確認資料名を記入する。

c　その他の記入上の注意は，「第6章―第3」（289頁以下）参照。

(イ)　住民票の記載【記載例 No. 25】

a　出生子の住民となった年月日欄は，出生年月日を記載する。

b　出生子の記載事由欄に「○年○月○日出生」と記載し，「から転入・転居」の不動文字を消除する。

c　出生子の備考欄に「○年○月○日職権記載」と記載する。

d　その他記載方法は，「第6章―第4―1―イ」（291頁以下）参照。

第4　届出書の記入と住民票記載の具体例　　*319*

【記載例 No. 22】

住民異動届

（※届出人本人による署名の場合、押印は必要ありません。）

東京都高尾市長　殿

□申出書　☑職権記載書

届出年月日	平成 30年10月 1 日	●住民票コードは、転入時のみ記入して下さい。 ●太枠内の事項をボールペン等ではっきりと記入、○印をして下さい。
異動年月日	平成 30年 9 月25日	（全部・一部）　1転入　2転居　3転出　4世帯変更　⑤職権記載　6職権消除　7職権修正　8職権回復

① 本人　2.世帯主　3.代理人（　　）	
ふりがな　やま かわ　た ろう	
氏　名	山 川 太 郎　㊞
住所（代理人のみ）	
電話（自宅）呼出・勤務先・携帯　042-123-4567	

					これからの世帯主	山 川 太 郎
これからの住所	東京 （都）府県	高尾 （郡）市区	東町1丁目6番地1		いままでの世帯主	山 川 太 郎
いままでの住所	東京 （都）府県	陣馬 （郡）市区	東山町3丁目260番地		筆頭者	山 川 太 郎
本　籍（※）	東京 （都）府県	高尾 （郡）市区	東町1丁目6番地1			

	氏　名	生年月日	性別	続柄	住民票コード	備　考
1	ふりがな　やま かわ　た ろう 山 川 太 郎	明・大・㊴・平 55・4・1	⑲男 女	世帯主	12345678901	母子手帳により③の出生の事実確認 平成30年 9 月10日出生
2	ふりがな　やま かわ　はな こ 山 川 花 子	明・大・㊴・平 57・6・3	男 ⑳女	妻	23456789012	
3	ふりがな　やま かわ　きょう こ 山 川 京 子	明・大・昭・㉚ 30・9・10	男 ⑳女	子	67890123456	
4	ふりがな	明・大・昭・平	男 ・ 女			
5	ふりがな	明・大・昭・平	男 ・ 女			

（※）本籍欄以外の方がいる場合には、備考欄にその方の本籍地番と筆頭者名を記入して下さい。

【記載例 No. 23】　転入により世帯主となる父の住民票

	ふりがな　やま かわ　た ろう	生 年 月 日	男女の別	続 柄	住民となった年月日
	氏 名　山 川 太 郎	明治 大正 昭和 平成　55年4月1日生	⑳男 女	世帯主	明治 大正 昭和 ㉚平成　30年9月25日
住民票	世帯主　山川太郎				住民票コード 12345678901
	住 所　東町1丁目6番地1	平成 30年10月 1 日届出			個人番号 111122223333
	平成　年　月　日転居	平成　年　月　日届出			備　考
	平成　年　月　日転居	平成　年　月　日届出			

東京都高尾市

本籍	東京都高尾市東町1丁目6番地1	筆頭者の氏名　山川太郎
前住所	昭和 ㉚平成 30年 9 月25日 東京都陣馬市東山町3丁目260番地	から ㊀転入 転居
転出	平成　年　月　日	へ転出予定　平成　年　月　日届出
	平成　年　月　日	へ転出　平成　年　月　日通知

320　第6章　転　入

世帯員である母の住民票

ふりがな	やま　かわ　はな　こ	生　年　月　日	男女の別	続　柄	住民となった年月日
氏名	山川花子	明治 大正 昭和 平成　57年6月3日生	男 女	妻	明治 大正 昭和 平成　30年9月25日
世帯主	山川太郎				住民票コード
					23456789012
住所	東町1丁目6番地1		平成 30年10月1日届出		個人番号
		平成　　年　月　日転居	平成　　年　月　日届出		222233334444
		平成　　年　月　日転居	平成　　年　月　日届出		備　考
本籍	東京都高尾市東町1丁目6番地1		筆頭者の氏名	山川太郎	
前住所	昭和 平成　30年9月25日 東京都陣馬市東山町3丁目260番地			から 転入 転居	
転出	平成　　年　月　日			へ転出 予定	平成　　年　月　日届出
	平成　　年　月　日			へ転出	平成　　年　月　日通知

転出証明書に記載のない出生届出済の子の住民票

ふりがな	やま　かわ　きょう　こ	生　年　月　日	男女の別	続　柄	住民となった年月日
氏名	山川京子	明治 大正 昭和 平成　30年9月10日生	男 女	子	明治 大正 昭和 平成　30年9月25日
世帯主	山川太郎				住民票コード
					67890123456
住所	東町1丁目6番地1		平成 30年10月1日届出		個人番号
		平成　　年　月　日転居	平成　　年　月　日届出		666677778888
		平成　　年　月　日転居	平成　　年　月　日届出		備　考 平成30年10月1日 職権記載
本籍	東京都高尾市東町1丁目6番地1		筆頭者の氏名	山川太郎	
前住所	昭和 平成　30年9月25日　　転入			から 転入 転居	
転出	平成　　年　月　日			へ転出 予定	平成　　年　月　日届出
	平成　　年　月　日			へ転出	平成　　年　月　日通知

住民票　東京都高尾市

【記載例 No. 24】

住民異動届

（※届出人本人による署名の場合、押印は必要ありません。）

東京都高尾市長　殿

□申出書　☑職権記載書

◎住民票コードは、転入時のみ記入して下さい。
◎太枠内の事項をボールペン等ではっきりと記入、○印をして下さい。

届出年月日	平成 30年10月１日	[全部]・一部	①転入　2 転居　3 転出　4 世帯変更　⑤職権記載　6 職権消除　7 職権修正　8 職権回復　（　　）
異動年月日	平成 30年９月25日		

届出人	
	[1]. 本人　2. 世帯主　3. 代理人（　　）
ふりがな	やま　かわ　た　ろう
氏名	山川太郎　㊞
住所（代理人のみ）	
電話	[自宅]・呼出・勤務先・携帯　042-123-4567

これからの住所	東京 [都]道府県 高尾 郡[市]区 東町1丁目6番地1	これからの世帯主	山川太郎
いままでの住所	東京 [都]道府県 陣馬 郡[市]区 東山町3丁目260番地	いままでの世帯主	山川太郎
本籍（※）	東京 [都]道府県 高尾 郡[市]区 東町1丁目6番地1	筆頭者	山川太郎

	氏名	生年月日	性別	続柄	住民票コード	備考
1	ふりがな　やま　かわ　た　ろう 山川太郎	明・大・[昭]・平 55・4・1	[男]・女	世帯主	12345678901	母子手帳により③の出生の事実確認 平成30年９月28日出生
2	ふりがな　やま　かわ　はな　こ 山川花子	明・大・[昭]・平 57・6・3	男・[女]	妻	23456789012	
3	ふりがな　やま　かわ　きょう　こ 山川京子	明・大・昭・[平] 30・9・28	男・[女]	子	67890123456	
4	ふりがな	明・大・昭・平 ・　・	男・女			
5	ふりがな	明・大・昭・平 ・　・	男・女			

（※）本籍欄以外の方がいる場合には、備考欄にその方の本籍地番と筆頭者名を記入して下さい。

【記載例 No. 25】　転入により世帯主となる父の住民票

住民票　東京都高尾市

ふりがな	やま　かわ　た　ろう	生年月日	男女の別	続柄	住民となった年月日
氏名	山川太郎	明治・大正・[昭和]・平成 55年４月１日生	[男]・女	世帯主	明治・大正・昭和・[平成] 30年９月25日
世帯主	山川太郎				住民票コード 12345678901
住所	東町1丁目6番地1		平成 30年10月１日届出		個人番号 111122223333
		平成　年　月　日転居	平成　年　月　日届出		備考
		平成　年　月　日転居	平成　年　月　日届出		
本籍	東京都高尾市東町1丁目6番地1	筆頭者の氏名	山川太郎		
前住所	昭和・[平成] 30年９月25日東京都陣馬市東山町3丁目260番地　から[転入]・転居				
転出	平成　年　月　日　へ転出予定				平成　年　月　日届出
	平成　年　月　日　へ転出				平成　年　月　日通知

322 第6章 転 入

世帯員である母の住民票

ふりがな	やま かわ はな こ	生 年 月 日	男女の別	続 柄	住民となった年月日
氏名	山川花子	明治 大正 昭和 平成 57年6月3日生	男 女	妻	明治 大正 昭和 平成 30年9月25日
世帯主	山川太郎				住民票コード
					23456789012
住所	東町1丁目6番地1		平成 30年10月1日届出		個人番号
		平成 年 月 日転居	平成 年 月 日届出		222233334444
		平成 年 月 日転居	平成 年 月 日届出		備考
本籍	東京都高尾市東町1丁目6番地1	筆頭者の氏名	山川太郎		
前住所	昭和 平成 30年9月25日東京都陣馬市東山町3丁目260番地		から 転入 転居		
転出	平成 年 月 日		へ転出 予定	平成 年 月 日届出	
	平成 年 月 日		へ転出	平成 年 月 日通知	

住民票　東京都高尾市

転出証明書に記載のない出生届出済の子の住民票

ふりがな	やま かわ きょう こ	生 年 月 日	男女の別	続 柄	住民となった年月日
氏名	山川京子	明治 大正 昭和 平成 30年9月28日生	男 女	子	明治 大正 昭和 平成 30年9月28日
世帯主	山川太郎				住民票コード
					67890123456
住所	東町1丁目6番地1		平成 30年10月1日届出		個人番号
		平成 年 月 日転居	平成 年 月 日届出		666677778888
		平成 年 月 日転居	平成 年 月 日届出		備考 平成30年10月1日 職権記載
本籍	東京都高尾市東町1丁目6番地1	筆頭者の氏名	山川太郎		
前住所	昭和 平成 30年9月28日　　出生		から 転入 転居		
転出	平成 年 月 日		へ転出 予定	平成 年 月 日届出	
	平成 年 月 日		へ転出	平成 年 月 日通知	

住民票　東京都高尾市

第4　届出書の記入と住民票記載の具体例　　*323*

(7)　転出証明書をとった後世帯員が死亡し，その後転入届があった場合

　ア　死亡日が住民となった年月日より後であって，転入届と死亡届が同時に出された場合

　　(ア)　届出書の記入【記載例 No. 26】

　　　　a　死亡者を含めて転入者全員の氏名を記入させる。

　　　　b　備考欄に「③は，○年○月○日死亡　○年○月○日死亡届出」と記入する。

　　　　c　その他の記入上の注意は，「第6章—第3」(289頁以下) 参照。

　　(イ)　住民票の記載【記載例 No. 27】

　　　　a　死亡者については，記載のうえ同日死亡届により消除する。

　　　　b　その他記載方法は，「第6章—第4—1—イ」(291頁以下) 参照。

　イ　死亡日が住民となった年月日より後であって，死亡届が既に当該市町村に出された後に転入届があった場合

　　　届出書及び住民票の記載方法は，前記アの例と同様である。

　ウ　死亡日が住民となった年月日より後であって，死亡届が既に他市町村に出された後に転入届があった場合

　　(ア)　届出書の記入【記載例 No. 28】

　　　　a　届出書は「職権記載書」に✓印をし，異動事由の転入と職権消除を丸で囲む。

　　　　b　死亡者を含めて転入者全員の氏名を記入させる。

　　　　c　備考欄に「○○により③の死亡の事実確認　○年○月○日死亡」と記入する。

　　　　d　その他の記入上の注意は，「第6章—第3」(289頁以下) 参照。

　　(イ)　住民票の記載【記載例 No. 29】

　　　　a　死亡者については，記載のうえ同日消除する。

　　　　b　その他記載方法は，「第6章—第4—1—イ」(291頁以下) 参照。

【記載例 No. 26】

住民異動届

（※届出人本人による署名の場合、押印は必要ありません。）

東京都高尾市長　殿

□申出書　□職権記載書

◎住民票コードは、転入時のみ記入して下さい。
◎太枠内の事項をボールペン等ではっきりと記入、○印をして下さい。

届出年月日	平成 30年10月1日	[全部]・一部	[1] 転入　2 転居　3 転出　4 世帯変更　5 職権記載　6 職権消除　7 職権修正　8 職権回復
異動年月日	平成 30年9月20日		

届出人	
	[1]. 本人　2. 世帯主　3. 代理人（　　）
ふりがな	やまかわ　たろう
氏名	山川太郎　㊞
住所（代理人のみ）	
電話	[自宅]・呼出・勤務先・携帯　042-123-4567

これからの住所	東京 [都]道府県 高尾 郡[市]区 東町1丁目6番地1	これからの世帯主	山川太郎
いままでの住所	東京 [都]道府県 むさし 郡[市]区 東3丁目4番5号	いままでの世帯主	山川太郎
本籍（※）	東京 [都]道府県 高尾 郡[市]区 東町1丁目6番地1	筆頭者	山川太郎

	氏名	生年月日	性別	続柄	住民票コード
1	ふりがな やまかわ たろう 山川太郎	明・大・[昭]・平 55・4・1	[男]・女	世帯主	12345678901
2	ふりがな やまかわ はなこ 山川花子	明・大・[昭]・平 57・6・3	男・[女]	妻	23456789012
3	ふりがな やまかわ たけお 山川竹夫	明・大・昭・[平] 14・10・4	[男]・女	子	78901234567
4	ふりがな	明・大・昭・平 ・・	男・女		
5	ふりがな	明・大・昭・平 ・・	男・女		

備考
③は平成30年9月30日死亡、平成30年10月1日死亡届出

（※）本籍欄以外の方がいる場合には、備考欄にその方の本籍地番と筆頭者名を記入して下さい。

【記載例 No. 27】　転入により世帯主となる者の住民票

住民票　東京都高尾市

ふりがな	やま かわ　た ろう	生年月日	男女の別	続柄	住民となった年月日
氏名	山川太郎	明治・大正・[昭和]・平成 55年4月1日生	[男]・女	世帯主	明治・大正・昭和・[平成] 30年9月20日
世帯主	山川太郎				住民票コード 12345678901
住所	東町1丁目6番地1	平成30年10月1日届出			個人番号 111122223333
	平成　年　月　日転居	平成　年　月　日届出			備考
	平成　年　月　日転居	平成　年　月　日届出			
本籍	東京都高尾市東町1丁目6番地1	筆頭者の氏名	山川太郎		
前住所	昭和・[平成] 30年9月20日東京都むさし市東3丁目4番5号から[転入]・転居				
転出	平成　年　月　日へ転出予定				平成　年　月　日届出
	平成　年　月　日へ転出				平成　年　月　日通知

第4　届出書の記入と住民票記載の具体例　　325

世帯員の住民票

	ふりがな	やま かわ はな こ	生 年 月 日	男女の別	続 柄	住民となった年月日
住民票　東京都高尾市	氏名	山川花子	明治 大正 昭和 平成　57年6月3日生	男 女	妻	明治 大正 昭和 平成　30年9月20日
	世帯主	山川太郎				住民票コード 23456789012
	住所	東町1丁目6番地1		平成 30年10月1日届出		個人番号 222233334444
			平成　年　月　日転居	平成　年　月　日届出		備考
			平成　年　月　日転居	平成　年　月　日届出		
	本籍	東京都高尾市東町1丁目6番地1	筆頭者の氏名		山川太郎	
	前住所	昭和 平成　30年9月20日東京都むさし市東3丁目4番5号		から 転入 転居		
	転出	平成　年　月　日		へ転出 予定		平成　年　月　日届出
		平成　年　月　日		へ転出		平成　年　月　日通知

死亡した者の除票となる住民票

	ふりがな	やま かわ たけ お	生 年 月 日	男女の別	続 柄	住民となった年月日
住民票　東京都高尾市	氏名	山川竹夫	明治 大正 昭和 平成　14年10月4日生	男 女	子	明治 大正 昭和 平成　30年9月20日
	世帯主	山川太郎				住民票コード 78901234567
	住所	東町1丁目6番地1		平成 30年10月1日届出		個人番号 777788889999
			平成　年　月　日転居	平成　年　月　日届出		備考 平成30年10月1日 戸籍届出により消除 除 票
			平成　年　月　日転居	平成　年　月　日届出		
	本籍	東京都高尾市東町1丁目6番地1	筆頭者の氏名		山川太郎	
	前住所	昭和 平成　30年9月20日東京都むさし市東3丁目4番5号		から 転入 転居		
	転出	平成　30年9月30日　　死亡		へ転出 予定		平成　年　月　日届出
		平成　年　月　日		へ転出		平成　年　月　日通知

【記載例 No. 28】

住民異動届

（※届出人本人による署名の場合、押印は必要ありません。）

東京都高尾市長　殿

□申出書　☑職権記載書

◎住民票コードは、転入時のみ記入して下さい。
◎太枠内の事項をボールペン等ではっきりと記入、○印をして下さい。

届出年月日	平成 30年10月1日	[全部]・一部	(1)転入　2 転居　3 転出　4 世帯変更　5 職権記載　(6)職権消除　7 職権修正　8 職権回復
異動年月日	平成 30年9月20日		

届出人	
	(1).本人　2. 世帯主　3. 代理人（　　）
ふりがな	やま かわ た ろう
氏名	山川太郎　㊞
住所（代理人のみ）	
電話	[自宅]・呼出・勤務先・携帯　042-123-4567

これからの住所	東京[都]道府県 高尾 郡[市]区 東町1丁目6番地1	これからの世帯主	山川太郎
いままでの住所	東京[都]道府県 陣馬 郡[市]区 東山町3丁目260番地	いままでの世帯主	山川太郎
本籍（※）	東京[都]道府県 高尾 郡[市]区 東町1丁目6番地1	筆頭者	山川太郎

	氏名	生年月日	性別	続柄	住民票コード
1	ふりがな やま かわ た ろう 山川太郎	明・大・[昭]・平 55・4・1	[男]・女	世帯主	12345678901
2	ふりがな やま かわ はな こ 山川花子	明・大・[昭]・平 57・6・3	男・[女]	妻	23456789012
3	ふりがな やま かわ きょう こ 山川京子	明・大・昭・[平] 14・10・3	男・[女]	子	67890123456
4	ふりがな	明・大・昭・平 ・　・	男・女		
5	ふりがな	明・大・昭・平 ・　・	男・女		

備考
埋火葬許可証の写しにより③の死亡の事実確認
平成30年9月24日死亡

（※）本籍欄以外の方がいる場合には、備考欄にその方の本籍地番と筆頭者名を記入して下さい。

【記載例 No. 29】　転入により世帯主となる者の住民票

住民票　東京都高尾市

ふりがな	やま かわ た ろう	生年月日	男女の別	続柄	住民となった年月日
氏名	山川太郎	明治・大正・[昭和]・平成 55年4月1日生	[男]・女	世帯主	明治・大正・昭和・[平成] 30年9月20日
世帯主	山川太郎				住民票コード 12345678901
住所	東町1丁目6番地1		平成 30年10月1日届出		個人番号 111122223333
		平成　年　月　日転居	平成　年　月　日届出		備考
		平成　年　月　日転居	平成　年　月　日届出		
本籍	東京都高尾市東町1丁目6番地1	筆頭者の氏名	山川太郎		
前住所	昭和・[平成] 30年9月20日東京都陣馬市東山町3丁目260番地 から [転入]・転居				
転出	平成　年　月　日　へ転出予定				平成　年　月　日届出
	平成　年　月　日　へ転出				平成　年　月　日通知

第4 届出書の記入と住民票記載の具体例 **327**

世帯員の住民票

	ふりがな	やま かわ はな こ	生 年 月 日	男女の別	続 柄	住民となった年月日
住 民 票　東京都高尾市	氏名	山川花子	明治 大正 ㊡昭和 平成 57年6月3日生	男 ㊛女	妻	明治 大正 昭和 ㊡平成 30年9月20日
	世帯主	山川太郎				住民票コード 23456789012
	住所	東町1丁目6番地1	平成 30年10月1日届出			個人番号 222233334444
		平成 年 月 日転居	平成 年 月 日届出			備 考
		平成 年 月 日転居	平成 年 月 日届出			
	本籍	東京都高尾市東町1丁目6番地1	筆頭者の氏名		山川太郎	
	前住所	昭和 ㊡平成 30年9月20日 東京都陣馬市東山町3丁目260番地		から	㊡転入 転居	
	転出	平成 年 月 日			へ転出 予定	平成 年 月 日届出
		平成 年 月 日			へ転出	平成 年 月 日通知

死亡した者の除票となる住民票

	ふりがな	やま かわ きょう こ	生 年 月 日	男女の別	続 柄	住民となった年月日
住 民 票　東京都高尾市	氏名	山川京子	明治 大正 昭和 ㊡平成 14年10月3日生	男 ㊛女	子	明治 大正 昭和 ㊡平成 30年9月20日
	世帯主	山川太郎				住民票コード 67890123456
	住所	東町1丁目6番地1	平成 30年10月1日届出			個人番号 666677778888
		平成 年 月 日転居	平成 年 月 日届出			備 考
		平成 年 月 日転居	平成 年 月 日届出			平成30年10月1日 職権消除 除 票
	本籍	東京都高尾市東町1丁目6番地1	筆頭者の氏名		山川太郎	
	前住所	昭和 ㊡平成 30年9月20日 東京都陣馬市東山町3丁目260番地		から	㊡転入 転居	
	転出	平成 30年9月24日 死亡			へ転出 予定	平成 年 月 日届出
		平成 年 月 日			へ転出	平成 年 月 日通知

328　第6章　転　　入

エ　死亡日が住民となった年月日より前であって，転入届と死亡届が
　同時に出された場合

(ア)　届出書の記入【記載例 No. 30】

a　死亡者を除いた転入者全員の氏名を記入させる。

b　備考欄に「○○は，○年○月○日死亡　○年○月○日死亡届
　出」と記入する。

c　その他の記入上の注意は，「第6章―第3」（289頁以下）参照。

(イ)　住民票の記載

　　記載方法は，「第6章―第4―1―イ」（291頁）と同様である。

オ　死亡日が住民となった年月日より前であって，死亡届が既に当該
　市町村に出された後に転入届があった場合

　　届出書及び住民票の記載方法は，前述エと同様である。

【記載例 No. 30】

カ　死亡日が住民となった年月日より前であって，死亡届が既に他市町村に出された後に転入届があった場合

(ア)　届出書の記入【記載例 No. 31】

a　死亡者を除いた転入者全員の氏名を記入させる。

b　備考欄に「○○により○○の死亡の事実確認　○年○月○日死亡」と記入する。

c　その他の記入上の注意は，「第６章―第３」(289頁以下) 参照。

(イ)　住民票の記載

記載方法は，「第６章―第４―１―イ」(291頁) と同様である。

(8)　転入届と同時に特別養子縁組届があった場合

ア　届出書の記入【記載例 No. 32】

【記載例 No. 31】

住　民　異　動　届

(※届出人本人による署名の場合、押印は必要ありません。)

東京都高尾市長　殿

□申出書　□職権記載書

◎住民票コードは、転入時のみ記入して下さい。
◎太枠内の事項をボールペン等ではっきりと記入、○印をして下さい。

届出年月日	平成 30年10月１日	[全部]・一部　[1] 転入　2 転居　3 転出　4 世帯変更　5 職権記載　6 職権消除　7 職権修正　8 職権回復	届出人：[1]. 本人　2. 世帯主　3. 代理人（　　） ふりがな　やま かわ た ろう 氏名　山川太郎 [印] 住所（代理人のみ） 電話：[自宅]・呼出・勤務先・携帯　042-123-4567
異動年月日	平成 30年９月28日		

これからの住所	東京 [都]道府県 高尾 郡[市]区 東町1丁目6番地1	これからの世帯主	山　川　太　郎
いままでの住所	東京 [都]道府県 陣馬 郡[市]区 東山町3丁目260番地	いままでの世帯主	山　川　太　郎
本籍（※）	東京 [都]道府県 高尾 郡[市]区 東町1丁目6番地1	筆頭者	山　川　太　郎

	氏名	生年月日	性別	続柄	住民票コード	備考
1	ふりがな　やま かわ た ろう 山川太郎	明・大・[昭]・平 55・4・1	[男]・女	世帯主	12345678901	埋火葬許可証の写しにより山川京子の死亡の事実確認 平成30年９月15日死亡
2	ふりがな　やま かわ はな こ 山川花子	明・大・[昭]・平 57・6・3	男・[女]	妻	23456789012	
3	ふりがな	明・大・昭・平 ・・	男・女			
4	ふりがな	明・大・昭・平 ・・	男・女			
5	ふりがな	明・大・昭・平 ・・	男・女			

(※) 本籍欄以外の方がいる場合には、備考欄にその方の本籍地番と筆頭者名を記入して下さい。

330　　第6章　転　　入

　　(ア)　戸籍の表示欄には，特別養子縁組届が受理されたものとして新
　　　　戸籍の表示を記入させる。

　　(イ)　氏は新たな氏とし，続柄は「子」と記入させる。

　　(ウ)　備考欄には，転出証明書と氏，戸籍の表示が異なるので，「同
　　　　日特別養子縁組届出　旧氏○○　旧戸籍の表示○○」と記入する。

　　(エ)　その他の記入方法は，「第6章―第4―2―(1)―ア」（294頁）
　　　　参照。

　イ　住民票の記載【記載例 No. 33】

　　(ア)　記載事由欄には転入日のみ記載し，従前の住所は記載せず，空
　　　　欄とする。

【記載例 No. 32】

住民異動届

東京都高尾市長　殿

□申出書　　□職権記載書

（※届出人本人による署名の場合，押印は必要ありません。）

※住民票コードは，転入時のみ記入して下さい。
※太枠内の事項をボールペン等ではっきりと記入，○印をして下さい。

届出年月日	平成 30年10月 1日	
異動年月日	平成 30年 9月30日	

全部・一部　　1 転入　2 転居　3 転出　4 世帯変更　5 職権記載　6 職権消除　7 職権修正　8 職権回復　（　）

届出人：
①本人　2.世帯主　3.代理人（　）
ふりがな　やまかわ　たろう
氏名　山川太郎　㊞
住所（代理人のみ）
電話（自宅）・呼出・勤務先・携帯　042-123-4567

これからの住所	東京 都道府県 高尾 郡市区 東町1丁目6番地1		これからの世帯主	山川太郎
いままでの住所	東京 都道府県 陣馬 郡市区 東山町3丁目260番地		いままでの世帯主	国分二郎
本籍（※）	東京 都道府県 高尾 郡市区 東町1丁目6番地1		筆頭者	山川太郎

	氏名	生年月日	性別	続柄	住民票コード
1	ふりがな　やまかわ　きょうこ　山川京子	明・大・昭・平 30・9・28	男・女	子	67890123456
2	ふりがな	明・大・昭・平	男・女		
3	ふりがな	明・大・昭・平	男・女		
4	ふりがな	明・大・昭・平	男・女		
5	ふりがな	明・大・昭・平	男・女		

備考
同日特別養子縁組届出
旧氏：国分
旧戸籍の表示
　東京都陣馬市東山町
　3丁目260番地
　国分二郎

（※）本籍欄以外の方がいる場合には，備考欄にその方の本籍地番と筆頭者名を記入して下さい。

第4　届出書の記入と住民票記載の具体例　　*331*

(イ)　備考欄は，特別養子縁組制度の趣旨にかんがみて特別養子縁組
届があった旨の表示及び旧氏の表示はしない。

(ウ)　その他の記載方法は，「第6章―第4―2―(1)―イ」(294頁)
参照。

(9)　転入届と同時に世帯主との養子縁組届，及びその世帯主の子との婚姻届があった場合

ア　届出書の記入【記載例 No.34】

(ア)　戸籍の表示欄には，養子縁組届及び婚姻届が受理されたものとして新戸籍の表示を記入させる。

(イ)　氏は新たな氏とし，続柄は，世帯主との親子関係及び世帯主の子との婚姻関係がわかるように「子（子の夫）」と記入させる。

(ウ)　旧世帯主欄には，転入者の氏が養子縁組届及び婚姻届により変更しても，その者が転出住所地で世帯主であった場合には，旧氏で記入させる。

(エ)　備考欄には，転出証明書と氏，戸籍の表示が異なるので，「同日養子縁組及び婚姻届出　旧氏○○　旧戸籍の表示○○」と記入する。

(オ)　その他の記入方法は，「第6章―第4―2―(1)―ア」(294頁)参照。

イ　住民票の記載【記載例 No.35】

(ア)　妻（夫）となる者の戸籍の表示に変更がある場合には，婚姻届書により修正する。この場合，その者の備考欄に「○年○月○日戸籍届出により戸籍の表示修正」と記載する。

(イ)　養子縁組届と婚姻届により氏を変わる者（この場合，夫）の備考欄に「○年○月○日戸籍届出（旧氏○○）」と記載する。

(ウ)　その他の記載方法は，「第6章―第4―2―(1)―イ」(294頁)参照。

332 第6章 転　入

【記載例 No. 33】

	ふりがな やま かわ きょう こ	生　年　月　日	男女の別	続　柄	住民となった年月日
氏名	山川京子	明治 大正 **昭和** 平成　57年6月3日生	男 **女**	子	明治 大正 **昭和** 平成　57年6月10日
世帯主	山川太郎				住民票コード
					67890123456
住所	東町1丁目6番地1		昭和 57年6月10日届出		個人番号
		平成　年　月　日転居	平成　年　月　日届出		666677778888
		平成　年　月　日転居	平成　年　月　日届出		備　考
本籍	東京都高尾市東町1丁目6番地1	筆頭者の氏名	山川太郎		
前住所	昭和 **平成** 30年9月30日	（空欄）		から **転入** 転居	
転出	平成		転出へ予定	平成　年　月　日届出	
	平成		再転入へ転出	平成　年　月　日通知	

住民票　東京都高尾市

【記載例 No. 34】

住　民　異　動　届

（※届出人本人による署名の場合、押印は必要ありません。）

東京都高尾市長　殿

□申出書　□職権記載書

◎住民票コードは、転入時のみ記入して下さい。
◎太枠内の事項をボールペン等ではっきりと記入し、○印をして下さい。

			全部・一部	1 転入	2 転居	3 転出	4 世帯変更	5 職権記載	6 職権消除	7 職権修正	8 職権回復		届出人	①本人 2.世帯主 3.代理人（　）
届出年月日	平成 30年10月1日													ふりがな　やま かわ たけ お
異動年月日	平成 30年9月30日												氏　名	山川竹夫 ㊞

							住所（代理人のみ）	
これからの住所	東京 （都）道府県	高尾 （市）郡区	東町1丁目6番地1		これからの世帯主	山川太郎	電話（自宅）呼出・勤務先・携帯 042-123-4567	
いままでの住所	東京 （都）道府県	陣馬 （市）郡区	東山町3丁目260番地		いままでの世帯主	国分竹夫		
本籍（※）	東京 （都）道府県	高尾 （市）郡区	東町1丁目6番地1		筆頭者	山川竹夫		

	氏　名 ふりがな　やま かわ たけ お	生年月日	性別	続柄	住民票コード	備　考
1	山川竹夫	明・大・昭・**平** 56・12・21	**男**・女	子 （子の夫）	78901234567	同日養子縁組・婚姻届出
2	ふりがな	明・大・昭・平 ・・	男・女			旧氏：国分
3	ふりがな	明・大・昭・平 ・・	男・女			旧戸籍の表示 東京都陣馬市東山町3丁目260番地
4	ふりがな	明・大・昭・平 ・・	男・女			国分二郎
5	ふりがな	明・大・昭・平 ・・	男・女			

（※）本籍欄以外の方がいる場合には、備考欄にその方の本籍地番と筆頭者名を記入して下さい。

【記載例 No. 35】　婚姻届により妻となる者の住民票

住民票　東京都高尾市

ふりがな	やま かわ きょう こ	生年月日	男女の別	続柄	住民となった年月日
氏名	山川京子	明治 大正 [昭和] 平成 57年6月3日生	男 [女]	子	明治 大正 [昭和] 平成 57年6月3日
世帯主	山川太郎				住民票コード 67890123456
住所	東町1丁目6番地1		平成 年 月 日届出		個人番号 666677778888
		平成 年 月 日転居	平成 年 月 日届出		
		平成 年 月 日転居	平成 年 月 日届出		備考 昭和57年6月10日戸籍届出により記載 平成30年10月1日戸籍届出により戸籍の表示修正
本籍	東京都高尾市東町1丁目6番地1	筆頭者の氏名	~~山川太郎~~ 山川竹夫		
前住所	[昭和] 平成 57年6月3日	出生	から [転入] 転居		
転出	平成 年 月 日		へ 転出予定		平成 年 月 日届出
	平成 年 月 日		へ転出		平成 年 月 日通知

養子縁組届と同時に婚姻届により氏を変更した者の住民票

住民票　東京都高尾市

ふりがな	やま かわ たけ お	生年月日	男女の別	続柄	住民となった年月日
氏名	山川竹夫	明治 大正 [昭和] 平成 56年12月21日生	[男] 女	子（子の夫）	明治 大正 昭和 [平成] 30年9月30日
世帯主	山川太郎				住民票コード 78901234567
住所	東町1丁目6番地1		平成 30年10月1日届出		個人番号 777788889999
		平成 年 月 日転居	平成 年 月 日届出		
		平成 年 月 日転居	平成 年 月 日届出		備考 平成30年10月1日戸籍届出（旧氏国分）
本籍	東京都高尾市東町1丁目6番地1	筆頭者の氏名	山川竹夫		
前住所	昭和 [平成] 30年9月30日	東京都陣馬市東山町3丁目260番地	から [転入] 転居		
転出	平成 年 月 日		へ 転出予定		平成 年 月 日届出
	平成 年 月 日		へ転出		平成 年 月 日通知

334 第6章 転 入

⑽ 婚姻中の夫婦の養子縁組届と同時に，養親夫婦が養子夫婦の世帯員として転入した場合

ア 届出書の記入【記載例 No. 36】

(ア) 新住所の世帯主の氏は，養子縁組届が受理されたものとして新しい氏を記入させる。

(イ) 続柄は「父」「母」と記入させる。

(ウ) 備考欄に「同日養子縁組届出新世帯主及び妻の旧氏○○」と記入する。

(エ) その他の記載方法は，「第6章—第4—2—⑴—イ」(294頁)参照。

イ 住民票の記載

(ア) 養子である新世帯主及び妻の住民票は，「第10章—第3—8」

【記載例 No. 36】

住 民 異 動 届

（※届出人本人による署名の場合，押印は必要ありません。）

東京都高尾市長　殿

□申出書　□職権記載書

○住民票コードは，転入時のみ記入して下さい。
○太枠内の事項をボールペン等ではっきりと記入し，○印をして下さい。

届出人	①本人 2.世帯主 3.代理人（　）
ふりがな	やまかわ　た　ろう
氏　名	山川太郎 ㊞
住所（代理人のみ）	
電話（自宅）呼出・勤務先・携帯 042-123-4567	

届出年月日	平成 30年10月 1日	全部 一部	①転入 居	2転出	3転居	4世帯変更	5職権記載	6職権消除	7職権修正	8職権回復	
異動年月日	平成 30年 9月30日									

これからの住所	東京（都道府県）高尾（郡市区）東町1丁目6番地1	これからの世帯主	山川竹夫
いままでの住所	東京（都道府県）陣馬（郡市区）東山町3丁目260番地	いままでの世帯主	山川太郎
本籍（※）	東京（都道府県）高尾（郡市区）東町1丁目6番地1	筆頭者	山川太郎

	氏 名 ふりがな	生年月日	性別	続柄	住民票コード	備 考
1	やまかわ　た　ろう 山川太郎	明・大・昭・平 10・1・3	男・女	父	12345678901	同日養子縁組届出新世帯主及び妻の旧氏 国分
2	やまかわ　はな　こ 山川花子	明・大・昭・平 15・9・15	男・女	母	23456789012	
3	ふりがな	明・大・昭・平 ・・	男・女			
4	ふりがな	明・大・昭・平 ・・	男・女			
5	ふりがな	明・大・昭・平 ・・	男・女			

（※）本籍欄以外の方がいる場合には，備考欄にその方の本籍地番と筆頭者名を記入して下さい。

（492頁以下）に準じて記載する。

　　　(ｲ)　転入してきた養父と養母は，届書どおり続柄を「父」「母」として，「第6章―第4―2―(1)―イ」（294頁）に準じて記載する。

　ウ　その他

　　　この場合，養子夫婦が養親夫婦の世帯員になるときには，(9)の場合と同様，世帯主との親子関係とともに養子同士の婚姻関係が明らかとなるように，養子夫婦の続柄をそれぞれ「子」とし，その一方に「（子の夫）」又は「（子の妻）」と括弧書きを付記する。

6　その他の転入

(1)　転入届未済のまま市内で転々と転居していた者からの転入届があった場合

　このような場合は，まず転入届出をさせ，その後転居届出をさせるべきところであるが，事務処理の簡素化の見地から，便宜上転入，転居届を併合処理する。

　ア　届出書の記入【記載例 No. 37】

　　　(ｱ)　異動の日欄には，現在居住している住所への異動の日を記入させる。

　　　(ｲ)　新住所欄には，現在居住している住所を記入させる。

　　　(ｳ)　旧住所欄には，現在居住している住所へ転居した直前の住所を記入させる。

　　　(ｴ)　備考欄には，転入時より現在居住している住所の直前の住所までの経過を具体的に記入する。

　　　(ｵ)　各々の事件発生日が，法第53条第2項に該当する場合には，期間経過申述書（通知書）を各々の事件ごとに提出させる。

　　　(ｶ)　その他の記入上の注意は，「第6章―第3」（289頁以下）参照。

　イ　住民票の記載【記載例 No. 38】

　　　(ｱ)　初めに全部転入として，住民票を作成する。

　　　(ｲ)　届出書に記入されている経過により，転入から現在居住してい

336 第6章 転　入

【記載例 No. 37】

住　民　異　動　届

（※届出人本人による署名の場合、押印は必要ありません。）

東京都高尾市長　殿

□申出書　□職権記載書

□住民票コード　□職権記載書

① 本人　2.世帯主　3.代理人（　　）	
ふりがな　やまかわ うめ お	
氏　名　山川梅男 ㊞	

●住民票コードは、転入時のみ記入して下さい。
●太枠内の事項をボールペン等ではっきりと記入、○印をして下さい。

届出年月日	平成 30年10月1日	1 全部 2 一部	転入	転居	世帯変更	職権記載	職権消除	職権修正	職権回復
異動年月日	平成 30年9月10日								

住所（代理人のみ）

電話 （自宅）・呼出・勤務先・携帯　042-123-4567

これからの住所	東京 ㊞都道府県 高尾 ㊞市区町村 東町1丁目6番地1	これからの世帯主　山川　梅　男
いままでの住所	東京 ㊞都道府県 高尾 ㊞市区町村 南町1丁目20番3号	いままでの世帯主　山川　梅　男
本　籍（※）	東京 ㊞都道府県 多摩川 ㊞市区町村 西山町1丁目1番地	筆頭者　山川　一　郎

	氏　名	生年月日	性別	続柄	住民票コード	備　考
1	ふりがな　やま かわ うめ お 山 川 梅 男	明・大・昭・平 58・3・6	男・女	世帯主	56789012345	平成29年4月3日東京都むさし市東3丁目4番5号（旧世帯主 山川梅男）から東京都高尾市西町3丁目15番2号へ転入 平成30年1月10日東京都高尾市南町1丁目20番3号へ転居
2	ふりがな	明・大・昭・平 ・・	男・女			
3	ふりがな	明・大・昭・平 ・・	男・女			
4	ふりがな	明・大・昭・平 ・・	男・女			
5	ふりがな	明・大・昭・平 ・・	男・女			

（※）本籍欄以外の方がいる場合には、備考欄にその方の本籍地番と筆頭者名を記入して下さい。

【記載例 No. 38】　転入届未済の者の住民票

ふりがな	やま かわ うめ お	生 年 月 日	男女の別	続　柄	住民となった年月日	
氏名	山 川 梅 男	明治 大正 昭和 平成 58年3月6日生	男・女	世帯主	明治 大正 昭和 平成 29年4月3日	

住　民　票　東京都高尾市

世帯主	山川梅男			住民票コード 56789012345	
住所	西町3丁目15番2号		平成30年10月1日届出	個人番号 5555566667777	
	南町1丁目20番3号	平成30年1月10日転居	平成30年10月1日届出	備　考	
	東町1丁目6番地1	平成30年9月10日転居	平成30年10月1日届出		
本籍	東京都多摩川市西山町1丁目1番地		筆頭者の氏名	山川一郎	
前住所	昭和 平成 29年4月3日東京都むさし市東3丁目4番5号			から 転入・転居	
転出	平成　年　月　日			へ転出予定	平成　年　月　日届出
	平成　年　月　日			へ転出	平成　年　月　日通知

第4　届出書の記入と住民票記載の具体例　　*337*

る住所までの転居処理を行う。

(2)　**最終住民記録地が不明で，短期間ごとに転々と異動し，従前の住所のいずれもが住所と認定し難い場合**

　ア　届出書の記入【記載例 No. 39】

　　(ア)　異動の日欄に新たに住所を定めた年月日を記入させる。

　　(イ)　新住所欄に，転入住所地を記入させる。

　　(ウ)　新世帯主欄に，本人の属する世帯の世帯主氏名を記入させる。

　　(エ)　旧住所欄に「住所設定」と記入する。

　　(オ)　旧世帯主は空欄とする。

　　(カ)　その他の記入上の注意は，「第6章─第3」(289頁以下) 参照。

　イ　住民票の記載【記載例 No. 40】

　　(ア)　記載事由欄は定まった従前の住所がないので「○年○月○日住所不明」等と記載し，「から転入・転居」の不動文字を消除する。

　　(イ)　その他記載方法は，「第6章─第4─1─イ」(291頁) に準ずる。

(3)　**養護施設への転入の場合**

　ア　届出書の記入【記載例 No. 41】

　　(ア)　新住所欄に方書の施設名までを含めて記入させる。

　　(イ)　新世帯主欄及び続柄欄は空欄とする。

　　(ウ)　その他の記入上の注意は，「第6章─第3」(289頁以下) 参照。

　イ　住民票の記載【記載例 No. 42】

　　(ア)　世帯主欄及び続柄欄は空欄とする。

　　(イ)　その他の注意については，「第3章─第4」(62頁以下) 参照。

338 第6章 転　入

【記載例 No. 39】

住民異動届

（※届出人本人による署名の場合、押印は必要ありません。）

東京都高尾市長　殿

□申出書　□職権記載書

- ※住民票コードは、転入時のみ記入して下さい。
- ※太枠内の事項をボールペン等ではっきりと記入し、印をして下さい。

届出年月日	平成 30年10月 1日
異動年月日	平成 30年 9月20日

全部　一部
1 転入居　2 転出　3 世帯変更　4 職権記載　5 職権消除　6 職権修正　7 8 職権回復

届出人	①本人　2.世帯主　3.代理人（　　）
ふりがな	やま かわ うめ お
氏名	山川梅男 ㊞
住所	（代理人のみ）
電話（自宅）呼出・勤務先・携帯 042-123-4567	

これからの住所	東京 ㊔府県 高尾 ㊂郡 東町1丁目6番地1
いままでの住所	住所設定
本籍（※）	東京 ㊔府県 多摩川 ㊂郡 西山町1丁目1番地

これからの世帯主	山川梅男
いままでの世帯主	
筆頭者	山川一郎

	氏名	生年月日	性別	続柄	住民票コード	備考
1	ふりがな　やま かわ うめ お　山川梅男	明・大・㊛・平 58・3・6	㊚女	世帯主	56789012345	
2	ふりがな	明・大・昭・平	男・女			
3	ふりがな	明・大・昭・平	男・女			
4	ふりがな	明・大・昭・平	男・女			
5	ふりがな	明・大・昭・平	男・女			

（※）本籍欄以外の方がいる場合には、備考欄にその方の本籍地番と筆頭者名を記入して下さい。

【記載例 No. 40】　前住所不明の者の住民票

住　民　票　東京都高尾市

ふりがな	やま かわ うめ お	生年月日	男女の別	続柄	住民となった年月日
氏名	山川梅男	明治 大正 ㊛昭和 平成 58年3月6日生	㊚女	世帯主	明治 大正 昭和 ㊛平成 30年9月20日
世帯主	山川梅男				住民票コード 56789012345
住所	東町1丁目6番地1	平成 年 月 日転居	平成 30年10月1日届出 平成 年 月 日届出		個人番号 555566667777
		平成 年 月 日転居	平成 年 月 日届出		備考
本籍	東京都多摩川市西山町1丁目1番地		筆頭者の氏名	山川一郎	
前住所	昭和 ㊛平成 30年9月20日 住所不明			から 転入転居	
転出	平成 年 月 日			へ 転出予定	平成 年 月 日届出
	平成 年 月 日			へ転出	平成 年 月 日通知

【記載例 No. 41】

住民異動届

（※届出人本人による署名の場合、押印は必要ありません。）

東京都高尾市長　殿

□申出書　□職権記載書

◎住民票コードは、転入時のみ記入して下さい。

◎太枠内の事項をボールペン等ではっきりと記入、○印をして下さい。

届出年月日	平成 30年10月1日	全部・[一部]　[1]転入　2 転居　3 転出　4 世帯変更　5 職権記載　6 職権消除　7 職権修正　8 職権回復	届出人：[1].本人　2.世帯主　3.代理人（　）／ふりがな　たかお　たろう／氏名　高尾太郎 [印]／住所（代理人のみ）／電話：[自宅] 呼出・勤務先・携帯　042-123-4567
異動年月日	平成 30年9月25日		

これからの住所	東京[都]道府県 高尾[市]郡区 東町1丁目6番地1高尾学園	これからの世帯主	
いままでの住所	東京[都]道府県 陣馬[市]郡区 東山町3丁目260番地	いままでの世帯主	山川太郎
本籍（※）	東京[都]道府県 陣馬[市]郡区 東山町3丁目260番地	筆頭者	山川太郎

	氏名	生年月日	性別	続柄	住民票コード	備考
1	ふりがな　やまかわきょうこ 山川京子	明・大・昭・[平] 22・5・5	男・[女]	／	67890123456	
2	ふりがな	明・大・昭・平 ・・	男・女			
3	ふりがな	明・大・昭・平 ・・	男・女			
4	ふりがな	明・大・昭・平 ・・	男・女			
5	ふりがな	明・大・昭・平 ・・	男・女			

（※）本籍欄以外の方がいる場合には、備考欄にその方の本籍地番と筆頭者名を記入して下さい。

【記載例 No. 42】　養護施設に入る者の住民票

住民票　東京都高尾市

ふりがな	やまかわきょうこ	生年月日	男女の別	続柄
氏名	山川京子	明治 大正 昭和 [平成] 22年5月5日生	男・[女]	
世帯主				
住所	東町1丁目6番地1　高尾学園	平成30年10月1日届出		
		平成　年　月　日転居	平成　年　月　日届出	
		平成　年　月　日転居	平成　年　月　日届出	
本籍	東京都陣馬市東山町3丁目260番地	筆頭者の氏名	山川太郎	
前住所	昭和 [平成] 30年9月25日東京都陣馬市東山町3丁目260番地 から [転入] 転居			
転出	平成　年　月　日 へ 転出予定			
	平成　年　月　日 へ 転出			

住民となった年月日	明治 大正 昭和 [平成] 30年9月25日
住民票コード	67890123456
個人番号	666677778888
備考	
	平成　年　月　日届出
	平成　年　月　日通知

340 第6章 転 入

(4) 転出予定で交付された転出証明書に記載されている世帯員の一部の者が，当該予定市町村に転入せず他市町村に転入した場合

転出証明書に記載されている一部の者が，他市町村に転入することとなったような場合は，原則的には記載内容と事実が異なることとなるので，転出証明書を取り直した後に転入手続をさせるべきである。しかし，このような場合，そのような手続をとらせると，どうしても届出をしなくなるおそれがある。したがって，当初交付された転出証明書により，便宜当該市町村に居住した者について転入届を受け，転入済みの者を朱線で消除し，他市町村に居住することになった者については，転出証明書に「○○○は，当市に転入せず，○○市へ転入する旨申出あり」と記載した付箋を添付し，認証のうえ該当する市町村へ転入届をするように指導し，申請人に返す。なお，当該市町村に転入する者については，転出証明書の写しを届出書に添付し，届出書の備考欄にその旨を記入する。

ア　届出書の記入【記載例 No. 43】

(ア)　備考欄に「転出証明書中○○は，当市に転入せず」と記入する。

(イ)　その他の記入上の注意は，「第6章―第3」（289頁以下）参照。

イ　住民票の記載

記載方法は，「第6章―第4―1―イ」（291頁）参照。

(5) ある世帯に世帯員として転入した者が，転入届未済のままその世帯と共に数回転居した後転入届をした場合

この場合の処理方法は，本来一部転入扱いとして既存世帯に入れ，その後全部転居となるわけであるが，転入届が出た時には，既存世帯は既に転居届出により処理済みとなっているので，住所の移転の経過を明確にするため，便宜上転入者だけの全部転入として住民票を作成した後に全部転居扱いをし，最後に本来入るべき世帯に一部転居させる。

ア　届出書の記入【記載例 No. 44】

(ア)　異動事由は，転入と転居を○で囲む。

(イ)　異動の日欄には，現在居住している住所へ転居した直前の住所

第4　届出書の記入と住民票記載の具体例　*341*

への異動の日を記入させる。

㈦　新住所欄には，現在居住している住所へ転居した直前の住所を記入させる。

㈣　旧住所欄には，新住所欄に記入した住所へ転居した直前の住所を記入させる。

㈥　備考欄には，「転入時より旧住所欄の住所までの経過」及び「同日一部転居届出」と記入する。

㈹　各々の事件発生日が，法第53条第2項に該当する場合は，期間経過通知書を各々の事件ごとに提出させる。

㈭　その他の記入上の注意は，「第6章―第3」(289頁以下)，及び「第7章―第3」(348頁以下)，「第7章―第4―1」(350頁以下)参照。

イ　届出書の記入【記載例 No. 45】

㈠　備考欄には，「同日全部転入，転居届出」と記入する。

㈡　その他の注意は，「第7章―第3」(348頁以下)，及び「第7章―第4―2」(363頁以下)参照。

ウ　住民票の記載【記載例 No. 46】

㈠　初めに全部転入として，住民票を作成する。

㈡　届出書の備考欄に記入されている経過により，全部転居の転居処理を行う。

㈢　次に一部転居として，住民票の修正を行う。

【記載例 No. 43】

住 民 異 動 届

（※届出人本人による署名の場合、押印は必要ありません。）

東京都高尾市長　殿

□申出書　□職権記載書

◎住民票コードは、転入時のみ記入して下さい。
◎太枠内の事項をボールペン等ではっきりと記入、○印をして下さい。

届出年月日	平成 30年10月1日	[全部]・一部　[1]転入　2 転居　3 転出　4 世帯変更　5 職権記載　6 職権消除　7 職権修正　8 職権回復	届出人：[1].本人　2.世帯主　3.代理人（　　） ふりがな　やまかわ　たろう 氏名　山川太郎　㊞ 住所（代理人のみ） 電話：[自宅]・呼出・勤務先・携帯　042-123-4567
異動年月日	平成 30年9月25日		

これからの住所	東京[都]道府県 高尾郡[市]区 東町1丁目6番地1	これからの世帯主	山川太郎
いままでの住所	東京[都]道府県 むさし郡[市]区 東3丁目4番5号	いままでの世帯主	山川太郎
本籍（※）	東京[都]道府県 高尾郡[市]区 東町1丁目6番地1	筆頭者	山川太郎

	氏名	生年月日	性別	続柄	住民票コード
1	ふりがな やまかわ たろう 山川太郎	明・大・[昭]・平 55・4・1	[男]・女	世帯主	12345678901
2	ふりがな やまかわ はなこ 山川花子	明・大・[昭]・平 57・6・3	男・[女]	妻	23456789012
3	ふりがな	明・大・昭・平 ・　・	男・女		
4	ふりがな	明・大・昭・平 ・　・	男・女		
5	ふりがな	明・大・昭・平 ・　・	男・女		

備考：転出証明書中弟「山川梅男（昭和58年3月6日生）」は当市に転入せず。

（※）本籍欄以外の方がいる場合には、備考欄にその方の本籍地番と筆頭者名を記入して下さい。

【記載例 No. 44】

住 民 異 動 届

（※届出人本人による署名の場合、押印は必要ありません。）

東京都高尾市長　殿

□申出書　□職権記載書

◎住民票コードは、転入時のみ記入して下さい。
◎太枠内の事項をボールペン等ではっきりと記入、○印をして下さい。

届出年月日	平成 30年10月1日	[全部]・一部　[1]転入　[2]転居　3 転出　4 世帯変更　5 職権記載　6 職権消除　7 職権修正　8 職権回復	届出人：[1].本人　2.世帯主　3.代理人（　　） ふりがな　やまかわ　はなこ 氏名　山川花子　㊞ 住所（代理人のみ） 電話：[自宅]・呼出・勤務先・携帯　042-123-4567
異動年月日	平成 30年5月16日		

これからの住所	東京[都]道府県 高尾郡[市]区 西町3丁目15番2号	これからの世帯主	山川花子
いままでの住所	東京[都]道府県 高尾郡[市]区 南町1丁目20番3号	いままでの世帯主	山川花子
本籍（※）	東京[都]道府県 高尾郡[市]区 東町1丁目6番地1	筆頭者	山川太郎

	氏名	生年月日	性別	続柄	住民票コード
1	ふりがな やまかわ はなこ 山川花子	明・大・[昭]・平 57・6・3	男・[女]	世帯主	23456789012
2	ふりがな	明・大・昭・平 ・　・	男・女		
3	ふりがな	明・大・昭・平 ・　・	男・女		
4	ふりがな	明・大・昭・平 ・　・	男・女		
5	ふりがな	明・大・昭・平 ・　・	男・女		

備考：平成30年1月10日東京都陣馬市東山町3丁目260番地（旧世帯主山川花子）から東京都高尾市南町1丁目20番3号へ転入
同日一部転居届出

（※）本籍欄以外の方がいる場合には、備考欄にその方の本籍地番と筆頭者名を記入して下さい。

第4 届出書の記入と住民票記載の具体例　　**343**

【記載例 No. 45】

住 民 異 動 届

(※届出人本人による署名の場合、押印は必要ありません。)

東京都高尾市長　殿

□申出書　□職権記載書

●住民票コードは、転入時のみ記入して下さい。
●太枠内の事項をボールペン等ではっきりと記入、○印をして下さい。

届出年月日	平成 30年10月 1日	全部・一部	① 転入 ② 転居 ③ 転出 ④ 世帯変更 ⑤ 職権記載 ⑥ 職権消除 ⑦ 職権修正 ⑧ 職権回復	
異動年月日	平成 30年 9月20日			

届出人	
① 本人　2.世帯主　3.代理人（　）	
ふりがな　やま かわ はな こ 氏　名　**山川花子** 印	
住所（代理人のみ）	
電話（自宅）呼出・勤務先・携帯 042-123-4567	

	これからの住所	これからの世帯主
これからの住所	東京 都(府県) 高尾 (市)区 東町1丁目6番地1	山 川 太 郎
いままでの住所	東京 都(府県) 高尾 (市)区 西町3丁目15番2号	いままでの世帯主　山 川 花 子
本籍（※）	東京 都(府県) 高尾 (市)区 東町1丁目6番地1	筆頭者　山 川 太 郎

	氏　名	生年月日	性別	続柄	住民票コード	備考
1	ふりがな やま かわ はな こ **山川花子**	明・大・(昭)・平 57・6・3	男・(女)	妻	23456789012	同日全部転入、転居届出
2	ふりがな	明・大・昭・平 ・・	男・女			
3	ふりがな	明・大・昭・平 ・・	男・女			
4	ふりがな	明・大・昭・平 ・・	男・女			
5	ふりがな	明・大・昭・平 ・・	男・女			

(※) 本籍欄以外の方がいる場合には、備考欄にその方の本籍地番と筆頭者名を記入して下さい。

【記載例 No. 46】　既存世帯の世帯主の住民票

ふりがな やま かわ た ろう 氏名 **山 川 太 郎**	生 年 月 日 明治 大正 (昭和) 平成 55年4月1日生	男女の別 (男)女	続 柄 世帯主	住民となった年月日 明治 大正 昭和 (平成) 29年11月10日

住民票　東京都高尾市

世帯主	山川太郎		住民票コード 12345678901
住所	~~南町1丁目20番3号~~	平成 29年11月15日届出	個人番号 111122223333
	~~西町3丁目15番2号~~ 平成30年5月16日転居	平成 30年 5月20日届出	
	東町1丁目6番地1 平成30年9月20日転居	平成 30年 9月20日届出	備考
本籍	東京都高尾市東町1丁目6番地1	筆頭者の氏名	山 川 太 郎
前住所	昭和(平成)29年11月10日東京都むさし市東3丁目4番5号		から (転入) 転居
転出	平成　年　月　日		へ転出 予定	平成　年　月　日届出
	平成　年　月　日		へ転出	平成　年　月　日通知

344　　第6章　転　入

転入した世帯員の住民票

ふりがな	やま　かわ　はな　こ	生　年　月　日	男女の別	続　柄	住民となった年月日	
氏名	山川花子	明治 大正 ⑲昭和 平成　57年6月3日生	男 ⑲女	妻 ~~世帯主~~	明治 大正 昭和 ⑲平成　30年1月10日	
世帯主	~~山川花子~~　　山川太郎				住民票コード 23456789012	
住所	~~南町1丁目20番3号~~		平成 30年10月1日届出		個人番号 222233334444	
	~~西町3丁目15番2号~~	平成 ~~30年5月16日転居~~	平成 30年10月1日届出			
	東町1丁目6番地1	平成 30年9月20日転居	平成 30年10月1日届出	備考		
本籍	東京都高尾市東町1丁目6番地1		筆頭者の氏名	山川太郎		
前住所	昭和 ⑲平成　30年1月10日東京都陣馬市東山町3丁目260番地			から　⑲転入 　　　転居		
転出	平成 　　年　月　日			へ転出 予定	平成 　　年　月　日届出	
	平成 　　年　月　日			へ転出	平成 　　年　月　日通知	

住民票　東京都高尾市

第 7 章
転　　　　居

第7章

第1 転居とは

1 転居の定義

　転居とは，同一の市町村の区域内において住所を変更することをいう。この場合の住所の変更とは，居住の場所を異動することであり，かつ，住居の表示が変わることである。

　例えば，「1丁目2番地」に住所のある者が「3丁目4番地」に引っ越した場合，又は，「10番地の1」に居住していた者が，隣の「10番地の2」に移った場合である。また，アパート・寮等の居住者で住所に「○○アパート○号棟○号室」又は「○寮○号室」と方書の記載のあるときに，その者が同一のアパート内又は寮内で部屋が変わった場合である（昭和34.5.13民事甲第940号回答，昭和34.9.10民事甲第2003号回答）。

　したがって，アパート・寮等であっても部屋に定まった番号がない場合で，隣の部屋に移ったようなとき，又は同一地番内で居住の場所が変わったようなとき，若しくは住居表示の実施地域において同一住居番号内で住居が異動したときは，住居の表示は変わることはないので，便宜転居届は省略して差し支えない。ただし，同一地番内に数十世帯又は数百世帯が居住しているため，市町村で便宜設けた行政区域がある場合には，その行政区域の通称名を住民票に記載することになっているが，そのような場合で行政区域名の異なる他の場所へ住所を異動した場合には，転居届をしなければならない（昭和36.12.22民事二発第575号回答）。

2 転居の区分

　転居は，新住所地で新たな世帯を設けるか，既存の世帯に入りその世帯の構成員となるかによって全部と一部の区分をする方法（転入方式）と，旧住所地の世帯全員が異動するか，その世帯の構成員の一部が異動するかによって全部と一部の区分をする方法（転出方式）がある。本書では，転入方式により区分する。

348　第7章　転　　居

(1)　全部転居

　　ア　旧住所地の世帯の全員が，新住所地に転居をし世帯を設けた場合

　　イ　旧住所地の世帯構成員の一部が，転居をして新住所地で新たに世帯を設けた場合

(2)　一部転居

　　ア　旧住所地の世帯の全員が転居をし，新住所地の既存の世帯に入り，世帯主又は世帯員となった場合

　　イ　旧住所地の世帯構成員の一部が転居をし，新住所地の既存の世帯に入り，世帯主又は世帯員となった場合

第2　届出事項

　転居をした者は，転居をした日から14日以内に次の事項を届け出なければならない（法23条）。ただし届出の期間については，民法第140条の規定により転居をした日の翌日から数える。

　(1)　氏名

　(2)　住所

　(3)　転居をした年月日

　(4)　従前の住所

　(5)　世帯主についてはその旨，世帯主でない者については世帯主の氏名及び世帯主との続柄

第3　転居届出の受理

1　届出書記入の注意

　(1)　住所を定めた年月日は，転居後の住所に住み始めた年月日を記入させる。

　(2)　転居した者全員の氏名を記入させる。

　(3)　その他の注意については，「第5章―第3―4」（276頁以下）参照。

2　届出書受理の注意

届出書を受理する場合には，次の諸点を注意・確認する。なお，虚偽の届出等を防止する観点から，届出の任に当たっている者の本人確認を行う。ただし，本人確認できない場合でもそれだけをもって届出を拒むことはできないので，受理する際は届出人に対し，従前の住所地へ住民異動届受理通知を送付する。

(1)　転居したのが世帯の全員か，世帯の一部の者かを確認する。

(2)　新住所に家族等世帯を同じくする者がいないかどうかを確認し，全部転居か一部転居かを区別する。

(3)　一部転居で既存の世帯に入る場合は入るべき世帯の住民票を確認する。

(4)　新住所は，公図又は既存の住民票により地番を確認することが望ましい。

(5)　方書がある場合は，その方書が正当であるか否かを，同一の住所の他の住民票等で確認する等の方法が考えられる。

(6)　届出書と住民票を照合し，世帯主及び世帯員の氏名，出生年月日，男女の別，続柄，旧住所等について，住民票の記載内容と同一かどうかを確認修正し，必要とあれば住民票の記載内容に関して本籍地に照会する。

(7)　続柄は，新住所の世帯主からみての続柄を記入する。

(8)　転居届と同時に世帯主変更を伴う場合は，所定の手続を行う。

(9)　転居届と同時に戸籍届出が出された場合には，「第6章―第4―5」（310頁以下）参照。

(10)　転入届未済の者の転居届については，第6章【記載例 No. 37】（336頁）と同様である。

(11)　その他の注意については，「第5章―第3―5」（278頁以下）及び「第5章―第3―6」（284頁以下）参照。

350 第7章 転 居

第4 届出書の記入と住民票記載の具体例

1 全部転居

(1) 世帯の全員が，そのままの構成で新住所地に世帯を設けた場合

ア 届出書の記入【記載例 No. 47】

(ア) 世帯主の氏名は，新旧住所における世帯主が同一であるので，新旧世帯主とも住民票に記載されている世帯主の氏名を正確に記入する。

(イ) その他の注意については，「第7章—第3」（348頁以下）参照。

イ 住民票の記載【記載例 No. 48, 49】

(ア) 住所は，届出書に記入されている新住所を住所欄の予備欄に正確に記載する。

(イ) 住所を定めた年月日は，届出書に記入されている転居の年月日を正確に記載する。

(ウ) 新住所の記載をしたときは，旧住所を一重線で消除する。

(エ) 届出年月日欄には，届出書の転居届出の「年月日」を記載する。

(オ) 世帯票の場合は，世帯共通備考欄に「○年○月○日転居届出」と記載し，個人備考欄には，記載を要しない。

(カ) その他の注意については，「第3章—第4」（62頁以下）参照。

【記載例 No. 47】

住民異動届

（※届出人本人による署名の場合、押印は必要ありません。）

東京都高尾市長　殿

□申出書　□職権記載書

◎住民票コードは、転入時のみ記入して下さい。
◎太枠内の事項をボールペン等ではっきりと記入、○印をして下さい。

届出年月日	平成 30年10月1日
異動年月日	平成 30年9月20日

[全部]・一部

1 転入　[2] 転居　3 転出　4 世帯変更　5 職権記載　6 職権消除　7 職権修正　8 職権回復

届出人	
[1].本人　2.世帯主　3.代理人（　　）	
ふりがな	やまかわ　たろう
氏名	山川太郎　[印]
住所（代理人のみ）	
電話	[自宅]・呼出・勤務先・携帯　042-123-4567

これからの住所	東京[都]道府県　高尾[市]郡区　西町1丁目20番3号	これからの世帯主	山川太郎
いままでの住所	東京[都]道府県　高尾[市]郡区　東町1丁目6番1	いままでの世帯主	山川太郎
本籍（※）	東京[都]道府県　高尾[市]郡区　東町1丁目6番1	筆頭者	山川太郎

	ふりがな / 氏名	生年月日	性別	続柄	住民票コード	備考
1	やまかわ　たろう / 山川太郎	明・大・[昭]・平 55・4・1	[男]・女	世帯主		
2	やまかわ　はなこ / 山川花子	明・大・[昭]・平 57・6・3	男・[女]	妻		
3	やまかわ　たけお / 山川竹夫	明・大・昭・[平] 14・10・14	[男]・女	子		
4	ふりがな	明・大・昭・平 ・ ・	男・女			
5	ふりがな	明・大・昭・平 ・ ・	男・女			

（※）本籍欄以外の方がいる場合には、備考欄にその方の本籍地番と筆頭者名を記入して下さい。

【記載例 No. 48】

住民票　東京都高尾市

ふりがな	やまかわ　たろう	生年月日	男女の別	続柄	住民となった年月日
氏名	山川太郎	明治・大正・[昭和]・平成 55年4月1日生	[男]・女	世帯主	明治・大正・昭和・[平成] 16年4月1日
世帯主	山川太郎				住民票コード 12345678901
住所	~~東町1丁目6番地1~~		平成 16年4月1日届出		個人番号 111122223333
	西町1丁目20番3号	平成 30年9月20日転居	平成 30年10月1日届出		備考
		平成　年　月　日転居	平成　年　月　日届出		
本籍	東京都高尾市東町1丁目6番地1	筆頭者の氏名	山川太郎		
前住所	昭和・[平成] 16年4月1日東京都陣馬市東山町3丁目260番地から[転入]・転居				
転出	平成　年　月　日　へ転出予定		平成　年　月　日届出		
	平成　年　月　日　へ転出		平成　年　月　日通知		

352 第7章 転 居

ふりがな	やま かわ はな こ	生 年 月 日	男女の別	続 柄	住民となった年月日
氏名	山川花子	明治 大正 (昭和) 平成 57年6月3日生	男 (女)	妻	明治 大正 昭和 (平成) 16年4月1日
世帯主	山川太郎				住民票コード
					23456789012
住所	東町1丁目6番地1		平成 16年4月1日届出		個人番号
	西町1丁目20番3号	平成 30年9月20日転居	平成 30年10月1日届出		222233334444
		平成 年 月 日転居	平成 年 月 日届出		備 考
本籍	東京都高尾市東町1丁目6番地1		筆頭者の氏名	山川太郎	
前住所	昭和 (平成) 16年4月1日東京都陣馬市東山町3丁目260番地			から (転入) 転居	
転出	平成 年 月 日			へ転出 予定	平成 年 月 日届出
	平成 年 月 日			へ転出	平成 年 月 日通知

ふりがな	やま かわ たけ お	生 年 月 日	男女の別	続 柄	住民となった年月日
氏名	山川竹夫	明治 大正 昭和 (平成) 14年10月14日生	(男) 女	子	明治 大正 昭和 (平成) 16年4月1日
世帯主	山川太郎				住民票コード
					78901234567
住所	東町1丁目6番地1		平成 16年4月1日届出		個人番号
	西町1丁目20番3号	平成 30年9月20日転居	平成 30年10月1日届出		777788889999
		平成 年 月 日転居	平成 年 月 日届出		備 考
本籍	東京都高尾市東町1丁目6番地1		筆頭者の氏名	山川太郎	
前住所	昭和 (平成) 16年4月1日東京都陣馬市東山町3丁目260番地			から (転入) 転居	
転出	平成 年 月 日			へ転出 予定	平成 年 月 日届出
	平成 年 月 日			へ転出	平成 年 月 日通知

住民票 東京都高尾市

第4 届出書の記入と住民票記載の具体例　　353

【記載例 No. 49】　転居した世帯の住民票（世帯票）

東京都高尾市　　　　　　　　　　　　住　民　票

世帯主	山川太郎	平成16年4月1日 転入届出 平成30年10月1日 転居届出

| 住所 | 東町1丁目6番地1
西町1丁目20番3号 | 平成
30年9月20日 | 転居 |
| | | 平成
　　年　月　日 | 転居 |

	やま かわ た ろう 山川太郎	明治 大正 昭和 平成 55年4月1日生	男 女	続柄 世帯主	住民となった年月日 明治 大正 昭和 平成 16年4月1日	住民票コード 12345678901
1	本籍	東京都高尾市東町1丁目6番地1		筆頭者の氏名	山川太郎	個人番号 111122223333 備考
	昭和 平成 16年4月1日東京都陣馬市東山町3丁目260番地			から	転入 転居	
	平成　　年　月　日			へ 転出予定	転居	平成 　年　月　日届出
	平成　　年　月　日				へ転出	平成 　年　月　日通知

	やま かわ はな こ 山川花子	明治 大正 昭和 平成 57年6月3日生	男 女	続柄 妻	住民となった年月日 明治 大正 昭和 平成 16年4月1日	住民票コード 23456789012
2	本籍	東京都高尾市東町1丁目6番地1		筆頭者の氏名	山川太郎	個人番号 222233334444 備考
	昭和 平成 15年4月1日東京都陣馬市東山町3丁目260番地			から	転入 転居	
	平成　　年　月　日			へ 転出予定	転居	平成 　年　月　日届出
	平成　　年　月　日				へ転出	平成 　年　月　日通知

	やま かわ たけ お 山川竹夫	明治 大正 昭和 平成 14年10月14日生	男 女	続柄 子	住民となった年月日 明治 大正 昭和 平成 16年4月1日	住民票コード 78901234567
3	本籍	東京都高尾市東町1丁目6番地1		筆頭者の氏名	山川太郎	個人番号 777788889999 備考
	昭和 平成 16年4月1日東京都陣馬市東山町3丁目260番地			から	転入 転居	
	平成　　年　月　日			へ 転出予定	転居	平成 　年　月　日届出
	平成　　年　月　日				へ転出	平成 　年　月　日通知

354　　第7章　転　居

(2)　世帯主のみが住所を異動し，新住所地に世帯を設けた場合

　ア　届出書の記入【記載例 No. 50】

　　(ア)　転居届と世帯主変更届の併合処理とし，異動事由はその両方を
　　　　○で囲む。

　　(イ)　届出書の「世帯主変更による続柄修正欄」に転居した者を除き
　　　　全員の氏名，新旧の続柄を記入する。

　　(ウ)　その他の注意については，「第7章―第3」（348頁以下）参照。

【記載例 No. 50】

第4　届出書の記入と住民票記載の具体例　*355*

イ　住民票の記載

　(ア)　個人票の場合

　　a　旧住所地で世帯員であった者の住民票【記載例 No. 51】

　　　(a)　世帯主欄の旧世帯主氏名を一重線で消除の上，予備欄に新世帯主の氏名を記載する。

　　　(b)　続柄を届出書のとおり修正し，備考欄に「○年○月○日世帯主変更○年○月○日届出により続柄修正」と記載する。

　　b　新住所の住民票

　　【記載例 No. 48】（351頁参照）と同様である。

　(イ)　世帯票の場合

　　a　旧住民票の記載【記載例 No. 52】

　　　(a)　転居した者の消除事由欄に「○年○月○日○町○丁目○番○号へ転居」と記載する。

　　　(b)　転居した者の個人備考欄には，「○年○月○日転居届出により消除」と記載し，当該個人欄を一重線で交差のうえ消除する。

　　　(c)　世帯主変更届出により世帯主欄の旧世帯主氏名を一重線で消除の上，予備欄に新世帯主の氏名を記載する。

　　　(d)　世帯共通備考欄に「○年○月○日世帯主変更○年○月○日届出」と記載する。

　　　(e)　続柄を届出書のとおり修正し，個人備考欄に「○年○月○日続柄修正」と記載する。

　　　(f)　その他の注意については，「第3章―第4」（62頁以下）参照。

　　b　新住民票の記載【記載例 No. 53】

　　　(a)　住民となった年月日は，旧住所の住民票に記載されている年月日をそのまま移記する。

　　　(b)　記載事由欄には，転居した年月日（住所を定めた年月日）及び旧住所を「○年○月○日○町○丁目○番○号から転居」と記

356 　第7章　転　居

【記載例 No. 51】　既存世帯の世帯主となる者の住民票

ふりがな	やま かわ はな こ	生 年 月 日	男女の別	続 柄	住民となった年月日
氏名	山 川 花 子	明治 大正 昭和 平成 57年6月3日生	男 ⓦ	世帯主 妻	明治 大正 昭和 平成 16年4月1日
世帯主	山川太郎　　山川花子				住民票コード 23456789012
住所	東町1丁目6番地1		平成 16年4月1日届出		個人番号 222233334444
		平成　年　月　日転居	平成　年　月　日届出		備考 平成30年9月20日世帯主変更平成30年10月1日届出により続柄修正
		平成　年　月　日転居	平成　年　月　日届出		
本籍	東京都高尾市東町1丁目6番地1	筆頭者の氏名	山川太郎		
前住所	昭和 平成 16年4月1日東京都陣馬市東山町3丁目260番地			から 転入 転居	
転出	平成　年　月　日		へ転出 予定		平成　年　月　日届出
	平成　年　月　日		へ転出		平成　年　月　日通知

（住民票　東京都高尾市）

既存世帯の世帯員の住民票

ふりがな	やま かわ たけ お	生 年 月 日	男女の別	続 柄	住民となった年月日
氏名	山 川 竹 夫	明治 大正 昭和 平成 14年10月14日生	ⓜ 女	子	明治 大正 昭和 平成 16年4月1日
世帯主	山川太郎　　山川花子				住民票コード 78901234567
住所	東町1丁目6番地1		平成 16年4月1日届出		個人番号 777788889999
		平成　年　月　日転居	平成　年　月　日届出		備考 平成30年9月20日世帯主変更平成30年10月1日届出
		平成　年　月　日転居	平成　年　月　日届出		
本籍	東京都高尾市東町1丁目6番地1	筆頭者の氏名	山川太郎		
前住所	昭和 平成 16年4月1日東京都陣馬市東山町3丁目260番地			から 転入 転居	
転出	平成　年　月　日		へ転出 予定		平成　年　月　日届出
	平成　年　月　日		へ転出		平成　年　月　日通知

（住民票　東京都高尾市）

第4　届出書の記入と住民票記載の具体例　　**357**

【記載例 No.52】　世帯票の場合（既存世帯）

東 京 都 高 尾 市		住　民　票	
世帯主	山川太郎　　山川花子		平成16年4月1日 転入届出 平成30年9月20日 世帯主変更平成30 年10月1日届出
住 所	東町1丁目6番地1	平成　　年　月　日 転居 平成　　年　月　日 転居	

	やま かわ た ろう 山川太郎	明治 大正 昭和 平成 55年4月1日生	続柄 男 女 世帯主	住民となった年月日 明治 大正 昭和 平成 16年4月1日	住民票コード 12345678901
1	本籍	東京都高尾市東町1丁目6番地1		筆頭者の氏名 山川太郎	個人番号 111122223333
	昭和 平成 16年4月1日東京都陣馬市東山町3丁目260番地			から 転入 転居	平成30年10月1日 転居届出により消除
	平成 30年9月20日西町1丁目20番3号			転居 転出予定	平成30年10月1日届出
	平成　　年　月　日			へ転出	平成　　年　月　日通知

	やま かわ はな こ 山川花子	明治 大正 昭和 平成 57年6月3日生	続柄 男 女 世帯主 妻	住民となった年月日 明治 大正 昭和 平成 16年4月1日	住民票コード 23456789012
2	本籍	東京都高尾市東町1丁目6番地1		筆頭者の氏名 山川太郎	個人番号 222233334444
	昭和 平成 16年4月1日東京都陣馬市東山町3丁目260番地			から 転入 転居	平成30年10月1日 続柄修正
	平成　　年　月　日			転居 転出予定	平成　　年　月　日届出
	平成　　年　月　日			へ転出	平成　　年　月　日通知

	やま かわ たけ お 山川竹夫	明治 大正 昭和 平成 14年10月14日生	続柄 男 女 子	住民となった年月日 明治 大正 昭和 平成 16年4月1日	住民票コード 78901234567
3	本籍	東京都高尾市東町1丁目6番地1		筆頭者の氏名 山川太郎	個人番号 777788889999
	昭和 平成 16年4月1日東京都陣馬市東山町3丁目260番地			から 転入 転居	
	平成　　年　月　日			転居 転出予定	平成　　年　月　日届出
	平成　　年　月　日			へ転出	平成　　年　月　日通知

358 第7章 転 居

【記載例 No.53】 新住所地で世帯を設けた者の住民票（世帯票）

東 京 都 高 尾 市			住 民 票	
世帯主 山川太郎			平成30年10月1日 転居届出	

住所	西町1丁目20番3号			
		平成　　　年　月　日		転居
		平成　　　年　月　日		転居

	やま かわ た ろう 山川太郎	明治 大正 ㊐昭和 平成 55年 4 月 1 日生	㊚男 女	続 柄 世帯主	住民となった年月日 明治 大正 昭和 ㊡平成 16年 4 月 1 日	住民票コード 12345678901
1	本籍	東京都高尾市東町1丁目6番地1			筆頭者の氏名 山川太郎	個人番号 111122223333
	昭和 ㊡平成 30年 9 月20日　東町1丁目6番地1				から 転入 ㊤転居	
	平成　　　年　月　日				へ 転居 転出予定	平成　　　年　月　日届出
	平成　　　年　月　日				へ転出	平成　　　年　月　日通知

		明治 大正 昭和 平成 　年　月　日生	男 女	続 柄	住民となった年月日 明治 大正 昭和 平成 　年　月　日	住民票コード
2	本籍				筆頭者の氏名	個人番号
	昭和 平成　　　年　月　日				から 転入 転居	
	平成　　　年　月　日				へ 転居 転出予定	平成　　　年　月　日届出
	平成　　　年　月　日				へ転出	平成　　　年　月　日通知

		明治 大正 昭和 平成 　年　月　日生	男 女	続 柄	住民となった年月日 明治 大正 昭和 平成 　年　月　日	住民票コード
3	本籍				筆頭者の氏名	個人番号
	昭和 平成　　　年　月　日				から 転入 転居	
	平成　　　年　月　日				へ 転居 転出予定	平成　　　年　月　日届出
	平成　　　年　月　日				へ転出	平成　　　年　月　日通知

第4　届出書の記入と住民票記載の具体例　*359*

載する。

(c)　世帯共通備考欄には，「○年○月○日転居届出」と記載する。

(d)　その他の注意は，「第3章―第4」（62頁以下）参照。

(3)　世帯員が住所を異動し，新住所地に世帯を設けた場合

　ア　届出書の記入【記載例 No. 54】

(ア)　旧世帯主の氏名欄には，従前の世帯主の氏名を記入し，新世帯主の氏名欄には，新たに世帯主となった者の氏名を記入する。

(イ)　転居した世帯員が複数のときには，続柄は新世帯主からみた続柄を記入する。

(ウ)　その他の注意は，「第7章―第3」（348頁以下）参照。

【記載例 No. 54】

住 民 異 動 届

（※届出人本人による署名の場合，押印は必要ありません。）

東京都高尾市長　殿

□申出書　□職権記載書

①.本人　2.世帯主　3.代理人（　　　）
ふりがな　やま かわ はな こ
氏　名　山川花子 ㊞

住所（代理人のみ）

電話 (自宅)・呼出・勤務先・携帯
042-123-4567

届出年月日	平成 30年10月1日	（全部）転入　転居　転出　世帯変更　職権記載　職権消除　職権修正　職権回復				
異動年月日	平成 30年9月20日	一部				

●住民票コードは，転入時のみ記入して下さい。
●太枠内の事項をボールペン等ではっきりと記入，○印をして下さい。

		これからの世帯主	
これからの住所	東京 (都)道府県 高尾 (市)郡区 西町1丁目20番3号	これからの世帯主	山川花子
いままでの住所	東京 (都)道府県 高尾 (市)郡区 東町1丁目6番地1	いままでの世帯主	山川太郎
本　籍（※）	東京 (都)道府県 高尾 (市)郡区 東町1丁目6番地1	筆頭者	山川太郎

	氏　名	生年月日	性別	続柄	住民票コード	備　考
1	ふりがな やま かわ はな こ 山川花子	明・大・昭・平 57・6・3	男・(女)	世帯主		
2	ふりがな やま かわ たけ お 山川竹夫	明・大・昭・(平) 14・10・14	(男)・女	子		
3	ふりがな	明・大・昭・平 ・　・	男・女			
4	ふりがな	明・大・昭・平 ・　・	男・女			
5	ふりがな	明・大・昭・平 ・　・	男・女			

（※）本籍欄以外の方がいる場合には，備考欄にその方の本籍地番と筆頭者名を記入して下さい。

【記載例 No.55】 新住所地で世帯主となる者の住民票

ふりがな	やま かわ はな こ	生 年 月 日	男女の別	続 柄	住民となった年月日
氏名	山川花子	明治 大正 ㊔昭和 平成 57年6月3日生	男 ㊛女	世帯主 妻	明治 大正 昭和 ㊞平成 16年4月1日

住民票 東京都高尾市

世帯主	~~山川太郎~~ 山川花子	住民票コード 23456789012

住所	~~東町1丁目6番地1~~	平成 16年4月1日届出	個人番号 222233334444
	西町1丁目20番3号	平成 30年9月20日転居	平成 30年10月1日届出	
	平成 年 月 日転居	平成 年 月 日届出	備考

本籍	東京都高尾市東町1丁目6番地1	筆頭者の氏名	山川太郎

前住所	昭和 ㊞平成 16年4月1日 東京都陣馬市東山町3丁目260番地	から ㊞転入 転居

転出	平成 年 月 日	へ転出 予定	平成 年 月 日届出
	平成 年 月 日	へ転出	平成 年 月 日通知

新住所地で世帯員となる者の住民票

ふりがな	やま かわ たけ お	生 年 月 日	男女の別	続 柄	住民となった年月日
氏名	山川竹夫	明治 大正 昭和 ㊞平成 14年10月14日生	㊚男 女	子	明治 大正 昭和 ㊞平成 16年4月1日

住民票 東京都高尾市

世帯主	~~山川太郎~~ 山川花子	住民票コード 78901234567

住所	~~東町1丁目6番地1~~	平成 16年4月1日届出	個人番号 777788889999
	西町1丁目20番3号	平成 30年9月20日転居	平成 30年10月1日届出	
	平成 年 月 日転居	平成 年 月 日届出	備考

本籍	東京都高尾市東町1丁目6番地1	筆頭者の氏名	山川太郎

前住所	昭和 ㊞平成 16年4月1日 東京都陣馬市東山町3丁目260番地	から ㊞転入 転居

転出	平成 年 月 日	へ転出 予定	平成 年 月 日届出
	平成 年 月 日	へ転出	平成 年 月 日通知

第4　届出書の記入と住民票記載の具体例　　*361*

イ　住民票の記載【記載例 No. 55】

　㋐　世帯主欄の旧世帯主氏名を一重線で消除の上，予備欄に新世帯
　　　主の氏名を記載する。

　㋑　続柄を届出書のとおり修正する。

　㋒　その他の注意は，「第3章―第4」（62頁以下）参照。

⑷　世帯全員が同じ住居表示番号内でその部屋号数の変更を伴う転
　居を行った場合

　　アパート等同一住居表示内であっても，その各戸，各室が独立の住宅
　と認められる場合には，各戸各室ごとに住所を定めることとされている。
　したがって，同一住居表示番号内であっても，例えば，5号室から1号
　室に転居したような場合には，通常の転居届が必要である。

　　ア　届出書の記入【記載例 No. 56】

【記載例 No. 56】

（※）本籍欄以外の方がいる場合には，備考欄にその方の本籍地番と筆頭者名を記入して下さい。

362 第7章 転　居

【記載例 No. 57】

ふりがな	やま かわ た ろう	生年月日		男女の別	続柄	住民となった年月日
氏名	山川太郎	明治 大正 ㊐昭和 平成 55年4月1日生		㊚男 女	世帯主	明治 大正 昭和 ㊐平成 16年4月1日
世帯主	山川太郎					住民票コード 12345678901
住所	東町1丁目6番地1 草木荘5号室	平成 16年4月1日届出				個人番号
	東町1丁目6番地1 草木荘1号室	平成 30年9月20日転居	平成 30年10月1日届出			111122223333
		平成 年 月 日転居	平成 年 月 日届出			備考
本籍	東京都陣馬市東山町3丁目260番地	筆頭者の氏名	山川太郎			
前住所	昭和 ㊐平成 16年4月1日東京都陣馬市東山町3丁目260番地				から ㊐転入 転居	
転出	平成 年 月 日				へ転出 予定	平成 年 月 日届出
	平成 年 月 日				へ転出	平成 年 月 日通知

住民票　東京都高尾市

ふりがな	やま かわ はな こ	生年月日		男女の別	続柄	住民となった年月日
氏名	山川花子	明治 大正 ㊐昭和 平成 57年6月3日生		男 ㊛女	妻	明治 大正 昭和 ㊐平成 16年4月1日
世帯主	山川太郎					住民票コード 23456789012
住所	東町1丁目6番地1 草木荘5号室	平成 16年4月1日届出				個人番号
	東町1丁目6番地1 草木荘1号室	平成 30年9月20日転居	平成 30年10月1日届出			222233334444
		平成 年 月 日転居	平成 年 月 日届出			備考
本籍	東京都陣馬市東山町3丁目260番地	筆頭者の氏名	山川太郎			
前住所	昭和 ㊐平成 16年4月1日東京都陣馬市東山町3丁目260番地				から ㊐転入 転居	
転出	平成 年 月 日				へ転出 予定	平成 年 月 日届出
	平成 年 月 日				へ転出	平成 年 月 日通知

住民票　東京都高尾市

第4 届出書の記入と住民票記載の具体例 *363*

　　　(ア)　新旧住所欄はアパート等の名称，部屋番号まで記入する。

　　　(イ)　その他の注意については，「第7章─第3」（348頁以下）参照。

　イ　住民票の記載【記載例 No. 57】

　　　(ア)　通常の転居届と同様，新住所を省略することなく，アパート等
　　　　の名称，部屋番号まで記載する。

　　　(イ)　その他の記載方法は，「第7章─第4─1」（350頁以下）参照。

2　一部転居

(1)　旧住所地の世帯全員が転居をし，新住所地の既存の世帯に入り，
　　そのうちの一人が新世帯主となった場合

　ア　届出書の記入【記載例 No. 58】

　　　(ア)　転居届と世帯主変更届の併合処理とし，異動事由は，その両方
　　　　を○で囲む。

　　　(イ)　新住所の世帯主欄の氏名は，住民票を検索する必要から，新住
　　　　所の既存の世帯主氏名を記入する。

　　　(ウ)　転居した者の世帯主との続柄は，変更後の新世帯主との続柄を
　　　　記入する。

　　　(エ)　届出書の「世帯主変更による続柄修正欄」に転居した者を除き
　　　　全員の氏名，新旧の続柄を記入する。

　　　(オ)　その他の注意については，「第7章─第3」（348頁以下）参照。

　イ　住民票の記載【記載例 No. 59】

　　　(ア)　転居した者の住民票中住所は，届出書に記入されている新住所
　　　　を住所欄の予備欄に正確に記載し，旧住所を一重線で消除する。

　　　(イ)　住所を定めた年月日は，届出書に記入されている転居の年月日
　　　　を正確に記載する。

　　　(ウ)　届出年月日欄には，届出書の転居届出の「年月日」を記載する。

　　　(エ)　既存の世帯の者については，世帯主欄を修正し，新世帯主氏名
　　　　を記載する。また，続柄を新世帯主との続柄に修正し，備考欄に
　　　　「○年○月○日世帯主変更○年○月○日届出により続柄修正」と

記載する。

(オ)　その他の注意については，「第３章―第４」（62頁以下）参照。

【記載例 No. 58】

住民異動届

（※届出人本人による署名の場合、押印は必要ありません。）

東京都高尾市長　殿

□申出書　□職権記載書

◎住民票コードは、転入時のみ記入して下さい。
◎太枠内の事項をボールペン等ではっきりと記入、○印をして下さい。

届出年月日	平成 30年10月１日	[全部]・一部　1 転入　[2] 転居　3 転出　[4] 世帯変更　5 職権記載　6 職権消除　7 職権修正　8 職権回復
異動年月日	平成 30年９月20日	

届出人	
	[1]. 本人　2. 世帯主　3. 代理人（　）
ふりがな	やまかわ　たろう
氏名	山川太郎　[印]
住所（代理人のみ）	
電話	[自宅]・呼出・勤務先・携帯　042-123-4567

これからの住所	東京[都]道府県　高尾郡[市]区　西町1丁目20番3号	これからの世帯主	山川一郎
いままでの住所	東京[都]道府県　高尾郡[市]区　東町1丁目6番地1	いままでの世帯主	山川太郎
本籍（※）	東京[都]道府県　高尾郡[市]区　東町1丁目6番地1	筆頭者	山川太郎

	氏名	生年月日	性別	続柄	住民票コード	備考
1	ふりがな　やまかわ　たろう 山川太郎	明・大・[昭]・平 55・4・1	[男]・女	世帯主		
2	ふりがな　やまかわ　はなこ 山川花子	明・大・[昭]・平 57・6・3	男・[女]	妻		
3	ふりがな	明・大・昭・[平] ・　・	男・女			
4	ふりがな	明・大・昭・平 ・　・	男・女			
5	ふりがな	明・大・昭・平 ・　・	男・女			

（※）本籍欄以外の方がいる場合には、備考欄にその方の本籍地番と筆頭者名を記入して下さい。

世帯主変更による続柄修正

	氏名	旧	新
1	山川一郎	世帯主	父
2	山川松子	妻	母
3			
4			
5			

第4 届出書の記入と住民票記載の具体例　**365**

【記載例 No. 59】　転居により新世帯主となる者の住民票

	ふりがな	やま かわ た ろう	生 年 月 日	男女の別	続 柄	住民となった年月日
	氏名	山 川 太 郎	明治 大正 ㊭昭和 平成　55年4月1日生	㊚男 女	世帯主	明治 大正 昭和 ㊭平成　16年4月1日
住	世帯主	山川太郎				**住民票コード**
						12345678901
民	住	東町1丁目6番地1		平成 16年4月1日届出		**個人番号**
		西町1丁目20番3号	平成 30年9月20日転居	平成 30年10月1日届出		111122223333
票	所		平成　年　月　日転居	平成　年　月　日届出		備　考
	本	東京都高尾市東町1丁目6番地1	筆頭者の氏名	山川太郎		
東	籍					
京	前住所	昭和 ㊭平成　16年4月1日東京都陣馬市東山町3丁目260番地	から　㊭転入 転居			
都	転	平成　年　月　日		へ転出 予定	平成　年　月　日届出	
高		平成　年　月　日		へ転出	平成　年　月　日通知	
尾	出					
市						

新世帯主と共に転居した者の住民票

	ふりがな	やま かわ はな こ	生 年 月 日	男女の別	続 柄	住民となった年月日
	氏名	山 川 花 子	明治 大正 ㊭昭和 平成　57年6月3日生	男 ㊛女	妻	明治 大正 昭和 ㊭平成　16年4月1日
住	世帯主	山川太郎				**住民票コード**
						23456789012
民	住	東町1丁目6番地1		平成 16年4月1日届出		**個人番号**
		西町1丁目20番3号	平成 30年9月20日転居	平成 30年10月1日届出		222233334444
票	所		平成　年　月　日転居	平成　年　月　日届出		備　考
	本	東京都高尾市東町1丁目6番地1	筆頭者の氏名	山川太郎		
東	籍					
京	前住所	昭和 ㊭平成　16年4月1日東京都陣馬市東山町3丁目260番地	から　㊭転入 転居			
都	転	平成　年　月　日		へ転出 予定	平成　年　月　日届出	
高		平成　年　月　日		へ転出	平成　年　月　日通知	
尾	出					
市						

第7章 転居

既存世帯の世帯主であった者の住民票

ふりがな	やま かわ いち ろう	生 年 月 日	男女の別	続 柄	住民となった年月日
氏名	山 川 一 郎	明治 大正 昭和 平成 28年8月10日生	男 女	父 世帯主	明治 大正 昭和 平成 11年10月10日

住民票　東京都高尾市

世帯主	山川一郎　山川太郎				住民票コード 34567890123
住所	西町1丁目20番3号		平成 11年10月15日届出		個人番号 333344445555
		平成 年 月 日転居	平成 年 月 日届出		
		平成 年 月 日転居	平成 年 月 日届出		備 考
本籍	東京都多摩川市西山町1丁目1番地	筆頭者の氏名	山川一郎		平成30年9月20日世帯主変更平成30年10月1日届出により続柄修正
前住所	昭和 平成 11年10月10日東京都むさし市東3丁目4番5号		から 転入 転居		
転出	平成 年 月 日		へ 転出 予定		平成 年 月 日届出
	平成 年 月 日		へ転出		平成 年 月 日通知

既存世帯の世帯員であった者の住民票

ふりがな	やま かわ まつ こ	生 年 月 日	男女の別	続 柄	住民となった年月日
氏名	山 川 松 子	明治 大正 昭和 平成 30年7月15日生	男 女	母 妻	明治 大正 昭和 平成 11年10月10日

住民票　東京都高尾市

世帯主	山川一郎　山川太郎				住民票コード 45678901234
住所	西町1丁目20番3号		平成 11年10月15日届出		個人番号 444455556666
		平成 年 月 日転居	平成 年 月 日届出		
		平成 年 月 日転居	平成 年 月 日届出		備 考
本籍	東京都多摩川市西山町1丁目1番地	筆頭者の氏名	山川一郎		平成30年9月20日世帯主変更平成30年10月1日届出により続柄修正
前住所	昭和 平成 11年10月10日東京都むさし市東3丁目4番5号		から 転入 転居		
転出	平成 年 月 日		へ 転出 予定		平成 年 月 日届出
	平成 年 月 日		へ転出		平成 年 月 日通知

第4 届出書の記入と住民票記載の具体例　367

(2) 旧住所地の世帯全員が転居をし，新住所地の既存の世帯に入り，世帯員となった場合

　　ア　届出書の記入【記載例 No. 60】

　　　(ア)　新世帯主欄は，新住所の世帯主氏名を記入する。

　　　(イ)　続柄は，新住所の世帯主との続柄を記入する。

　　　(ウ)　その他の注意については，「第7章─第3」（348頁以下）参照。

　　イ　住民票の記載【記載例 No. 61】

　　　(ア)　既存の世帯の住民票については，何ら変更はない。

　　　(イ)　転居した者の住民票中住所は，届出書に記入されている新住所を住所欄の予備欄に正確に記載し，旧住所を一重線で消除する。

　　　(ウ)　世帯主欄の旧世帯主氏名を一重線で消除の上，予備欄に新世帯主の氏名を記載する。

【記載例 No. 60】

368 第7章 転 居

【記載例 No. 61】 既存の世帯の世帯主の住民票

ふりがな	やま かわ いち ろう	生 年 月 日	男女の別	続 柄	住民となった年月日
氏名	山 川 一 郎	明治 大正 昭和 平成 28年8月10日生	男 女	世帯主	明治 大正 昭和 平成 11年10月10日
世帯主	山川一郎				住民票コード 34567890123
住所	西町1丁目20番3号	平成 11年10月15日届出			個人番号
	平成 年 月 日転居	平成 年 月 日届出			333344445555
	平成 年 月 日転居	平成 年 月 日届出			備 考
本籍	東京都多摩川市西山町1丁目1番地	筆頭者の氏名	山川一郎		
前住所	昭和 平成 11年10月10日東京都むさし市東3丁目4番5号		から 転入 転居		
転出	平成 年 月 日		へ転出 予定		平成 年 月 日届出
	平成 年 月 日		へ転出		平成 年 月 日通知

住民票 東京都高尾市

転居により既存の世帯の世帯員となる者の住民票（元世帯主）

ふりがな	やま かわ た ろう	生 年 月 日	男女の別	続 柄	住民となった年月日
氏名	山 川 太 郎	明治 大正 昭和 平成 55年4月1日生	男 女	子 世帯主	明治 大正 昭和 平成 16年4月1日
世帯主	~~山川太郎~~ 山 川 一 郎				住民票コード 12345678901
住所	~~東町1丁目6番地1~~	平成 16年4月1日届出			個人番号
	西町1丁目20番3号 平成 30年9月20日転居	平成 30年10月1日届出			111122223333
	平成 年 月 日転居	平成 年 月 日届出			備 考
本籍	東京都高尾市東町1丁目6番地1	筆頭者の氏名	山川太郎		
前住所	昭和 平成 16年4月1日東京都陣馬市東山町3丁目260番地		から 転入 転居		
転出	平成 年 月 日		へ転出 予定		平成 年 月 日届出
	平成 年 月 日		へ転出		平成 年 月 日通知

住民票 東京都高尾市

転居により既存の世帯の世帯員となる者の住民票（元世帯員）

住民票　東京都高尾市

ふりがな	やま かわ はな こ	生 年 月 日	男女の別	続 柄	住民となった年月日
氏名	山 川 花 子	明治 大正 [昭和] 平成 57年6月3日生	男 [女]	子の妻 ~~妻~~	明治 大正 昭和 [平成] 16年4月1日
世帯主	~~山川太郎~~	山川一郎			住民票コード 23456789012
住所	~~東町1丁目6番地1~~		平成16年4月1日届出		個人番号 222233334444
	西町1丁目20番3号	平成30年9月20日転居	平成30年10月1日届出		備考
		平成 年 月 日転居	平成 年 月 日届出		
本籍	東京都高尾市東町1丁目6番地1	筆頭者の氏名	山川太郎		
前住所	昭和 [平成] 16年4月1日東京都陣馬市東山町3丁目260番地から [転入] 転居				
転出	平成 年 月 日		へ転出予定		平成 年 月 日届出
	平成 年 月 日		へ転出		平成 年 月 日通知

住民票　東京都高尾市

ふりがな	やま かわ たけ お	生 年 月 日	男女の別	続 柄	住民となった年月日
氏名	山 川 竹 夫	明治 大正 昭和 [平成] 14年10月14日生	[男] 女	子の子 ~~子~~	明治 大正 昭和 [平成] 16年4月1日
世帯主	~~山川太郎~~	山川一郎			住民票コード 78901234567
住所	~~東町1丁目6番地1~~		平成16年4月1日届出		個人番号 777788889999
	西町1丁目20番3号	平成30年9月20日転居	平成30年10月1日届出		備考
		平成 年 月 日転居	平成 年 月 日届出		
本籍	東京都高尾市東町1丁目6番地1	筆頭者の氏名	山川太郎		
前住所	昭和 [平成] 16年4月1日東京都陣馬市東山町3丁目260番地から [転入] 転居				
転出	平成 年 月 日		へ転出予定		平成 年 月 日届出
	平成 年 月 日		へ転出		平成 年 月 日通知

370　第7章　転　居

　　　㈢　続柄を届出書のとおり新世帯主からみての続柄に修正する。備
　　　　考欄には，記載を要しない。

(3)　世帯主だけが住所を異動し，新住所地の既存の世帯に入り，そ
　　の世帯の世帯主となった場合

　　ア　届出書の記入【記載例 No. 62】

　　　㈠　転居届と世帯主変更届の併合処理とし，異動事由は，その両方
　　　　を○で囲む。

　　　㈡　新住所の世帯主欄の氏名は，住民票を検索する必要から，新住
　　　　所の既存の世帯主氏名を記入する。

　　　㈢　転居した者の世帯主との続柄は，直接「世帯主」と記入する。

　　　㈣　備考欄に，旧住所の住民票に記載されている者のうち，転居し
　　　　た者を除く全員の氏名，新旧の続柄を記入する。

　　　㈤　届出書の「世帯主変更による続柄修正欄」に転居した者を除き
　　　　新住所の全員の氏名，新旧の続柄を記入する。

　　　㈥　その他の注意については，「第7章─第3」(348頁以下) 参照。

　　イ　住民票の記載【記載例 No. 63】

　　　㈠　転居した者の住民票（この場合，山川太郎）は，届出書に記入さ
　　　　れている新住所を住所欄の予備欄に正確に記載し，旧住所を一重
　　　　線で消除する。

　　　㈡　新旧住所の既存の世帯の者について，届出書に記入されている
　　　　新世帯主氏名に世帯主欄を修正する。また，続柄を新世帯主との
　　　　続柄に修正し，備考欄に「○年○月○日世帯主変更○年○月○日
　　　　届出により続柄修正」と記載する。

　　　㈢　その他の注意については，「第3章─第4」(62頁以下) 参照。

第4　届出書の記入と住民票記載の具体例　　*371*

【記載例 No. 62】

住 民 異 動 届

（※届出人本人による署名の場合，押印は必要ありません。）

東京都高尾市長　殿

□申出書　　□職権記載書

◎住民票コードは、転入時のみ記入して下さい。
◎太枠内の事項をボールペン等ではっきりと記入、○印をして下さい。

届出年月日	平成 30年10月1日
異動年月日	平成 30年9月20日

全部 ・ （一部）	1 転 入	② 転 居	3 転 出	④ 世帯変更	5 職権記載	6 職権消除	7 職権修正	8 職権回復

	①本人　2.世帯主　3.代理人（　）
届出人	ふりがな　やまかわ　たろう
	氏名　山川太郎　㊞
	住所（代理人のみ）
	電話（自宅）呼出・勤務先・携帯　042-123-4567

これからの住所	東京（都道府県）高尾（郡市区）西町1丁目20番3号	これからの世帯主	山 川 一 郎
いままでの住所	東京（都道府県）高尾（郡市区）東町1丁目6番地1	いままでの世帯主	山 川 太 郎
本籍（※）	東京（都道府県）高尾（郡市区）東町1丁目6番地1	筆頭者	山 川 太 郎

	氏　名	生年月日	性別	続柄	住民票コード	備　考
1	ふりがな　やまかわ　たろう　山 川 太 郎	明・大・㊼・平 55・4・1	ⓜ男 女	世帯主		旧住所の世帯の続柄をつぎのとおり修正する 山川花子（妻）→（世帯主） 山川竹夫（子）→（子）
2	ふりがな	明・大・昭・平 ・・	男 女			
3	ふりがな	明・大・昭・㊛ ・・	男 女			
4	ふりがな	明・大・昭・平 ・・	男 女			
5	ふりがな	明・大・昭・平 ・・	男 女			

（※）本籍欄以外の方がいる場合には、備考欄にその方の本籍地番と筆頭者名を記入して下さい。

世 帯 主 変 更 に よ る 続 柄 修 正		旧	新
	氏　　　名	旧	新
1	山 川 一 郎	世帯主	父
2	山 川 松 子	妻	母
3			
4			
5			

372 第7章 転 居

【記載例 No. 63】 旧住所で世帯主となる者の住民票

ふりがな	やま かわ はな こ		生 年 月 日	男女の別	続 柄	住民となった年月日
氏名	山川花子		明治 大正 昭和 ㊪57年6月3日生	男 ㊛	世帯主 妻	明治 大正 昭和 ㊩ 16年4月1日
世帯主	~~山川太郎~~	山川花子				住民票コード
						23456789012
住所	東町1丁目6番地1			平成16年4月1日届出		個人番号
		平成 年 月 日転居		平成 年 月 日届出		222233334444
		平成 年 月 日転居		平成 年 月 日届出		備 考
本籍	東京都高尾市東町1丁目6番地1	筆頭者の氏名	山川太郎			平成30年9月20日世帯主変更平成30年10月1日届出により続柄修正
前住所	昭和 ㊩16年4月1日東京都陣馬市東山町3丁目260番地			から ㊠転居		
転出	平成 年 月 日			へ転出予定		平成 年 月 日届出
	平成 年 月 日			へ転出		平成 年 月 日通知

旧住所で世帯主名が変わる者の住民票

ふりがな	やま かわ たけ お		生 年 月 日	男女の別	続 柄	住民となった年月日
氏名	山川竹夫		明治 大正 昭和 ㊪14年10月14日生	㊚ 女	子	明治 大正 昭和 ㊩ 16年4月1日
世帯主	~~山川太郎~~	山川花子				住民票コード
						78901234567
住所	東町1丁目6番地1			平成16年4月1日届出		個人番号
		平成 年 月 日転居		平成 年 月 日届出		777788889999
		平成 年 月 日転居		平成 年 月 日届出		備 考
本籍	東京都高尾市東町1丁目6番地1	筆頭者の氏名	山川太郎			平成30年9月20日世帯主変更平成30年10月1日届出
前住所	昭和 ㊩16年4月1日東京都陣馬市東山町3丁目260番地			から ㊠転居		
転出	平成 年 月 日			へ転出予定		平成 年 月 日届出
	平成 年 月 日			へ転出		平成 年 月 日通知

第4 届出書の記入と住民票記載の具体例　373

既存の世帯に入り世帯主となる者の住民票

住民票　東京都高尾市

ふりがな	やま かわ た ろう	生 年 月 日	男女の別	続 柄	住民となった年月日
氏名	山 川 太 郎	明治 大正 ㊙昭和 平成　55年4月1日生	㊚男 女	世帯主	明治 大正 昭和 ㊙平成　16年4月1日
世帯主	山川太郎				住民票コード
					12345678901
住所	東町1丁目6番地1		平成 16年4月1日届出		個人番号
	西町1丁目20番3号	平成 30年9月20日転居	平成 30年10月1日届出		111122223333
		平成　年 月 日転居	平成　年 月 日届出		備考
本籍	東京都高尾市東町1丁目6番地1		筆頭者の氏名	山川太郎	
前住所	昭和 ㊙平成　16年4月1日東京都陣馬市東山町3丁目260番地			から ㊙転入 転居	
転出	平成　年 月 日			へ転出 予定	平成　年 月 日届出
	平成　年 月 日			へ転出	平成　年 月 日通知

既存の世帯で世帯主であった者の住民票

住民票　東京都高尾市

ふりがな	やま かわ いち ろう	生 年 月 日	男女の別	続 柄	住民となった年月日
氏名	山 川 一 郎	明治 大正 ㊙昭和 平成　28年8月10日生	㊚男 女	父 世帯主	明治 大正 昭和 ㊙平成　11年10月10日
世帯主	~~山川一郎~~　山川太郎				住民票コード
					34567890123
住所	西町1丁目20番3号		平成 11年10月15日届出		個人番号
		平成　年 月 日転居	平成　年 月 日届出		333344445555
		平成　年 月 日転居	平成　年 月 日届出		備考
本籍	東京都多摩川市西山町1丁目1番地		筆頭者の氏名	山川一郎	平成30年9月20日世帯主変更平成30年10月1日届出により続柄修正
前住所	昭和 ㊙平成　11年10月10日東京都むさし市東3丁目4番5号			から ㊙転入 転居	
転出	平成　年 月 日			へ転出 予定	平成　年 月 日届出
	平成　年 月 日			へ転出	平成　年 月 日通知

既存の世帯で世帯員であった者の住民票

住民票

東京都高尾市

ふりがな	やま　かわ　まつ　こ	生年月日	男女の別	続柄	住民となった年月日
氏名	山川松子	明治 大正 [昭和] 平成 30年7月15日生	男 [女]	母 ~~妻~~	明治 大正 昭和 [平成] 11年10月10日
世帯主	~~山川一郎~~	山川太郎			住民票コード 45678901234
住所	西町1丁目20番3号		平成 11年10月15日届出		個人番号 444455556666
住所		平成 年 月 日転居	平成 年 月 日届出		備考 平成30年9月20日世帯主変更平成30年10月1日届出により続柄修正
住所		平成 年 月 日転居	平成 年 月 日届出		
本籍	東京都多摩川市西山町1丁目1番地	筆頭者の氏名	山川一郎		
前住所	昭和 [平成] 11年10月10日東京都むさし市東3丁目4番5号	から [転入] 転居			
転出	平成 年 月 日	へ転出予定			平成 年 月 日届出
転出	平成 年 月 日	へ転出			平成 年 月 日通知

第4　届出書の記入と住民票記載の具体例　*375*

⑷　世帯主だけが住所を異動し，新住所地の既存の世帯に入り，その世帯の世帯員となった場合

　　ア　届出書の記入【記載例 No. 64】

　　　㈠　転居届と世帯主変更届の併合処理とし，異動事由は，その両方を○で囲む。

　　　㈢　新世帯主欄は，新住所の世帯主氏名を記入する。

　　　㈣　続柄は，新住所の世帯主との続柄を記入する。

　　　㈤　届出書の「世帯主変更による続柄修正欄」に転居した者を除き全員の氏名，新旧の続柄を記入する。

　　　㈥　その他の注意については，「第7章—第3」(348頁以下)参照。

　　イ　住民票の記載【記載例 No. 65】

　　　㈠　転居した者の住民票は，届出書に記入されている新住所を住所欄の予備欄に正確に記載し，旧住所を一重線で消除する。

　　　　　また，世帯主欄を既存の世帯の世帯主に，続柄欄を既存の世帯の世帯主との続柄にそれぞれ修正するが，この場合に備考欄には，何ら記載を要しない。

　　　㈢　旧住所の既存の世帯の者について，世帯主欄を修正し，新世帯主氏名を記載する。また，備考欄に「○年○月○日世帯主変更○年○月○日届出により続柄修正」と記載する。

　　　㈣　新住所地の既存の世帯の住民票には，何ら変更はない。

　　　㈤　その他の注意については，「第3章—第4」(62頁以下)参照。

376 第7章 転 居

【記載例 No.64】

住 民 異 動 届

(※届出人本人による署名の場合、押印は必要ありません。)

東京都高尾市長　殿

□申出書　□職権記載書

●住民票コードは、転入時のみ記入して下さい。
●太枠内の事項をボールペン等ではっきりと記入、○印をして下さい。

届出年月日	平成 30年10月1日		
異動年月日	平成 30年9月20日		

全部	1	2 転入	3 転居	4 転出	5 世帯変更	6 職権記載	7 職権消除	8 職権修正	職権回復
一部		②							

届出人	①.本人 2.世帯主 3.代理人（　）
ふりがな	やまかわ たろう
氏名	山川太郎 ㊞
住所（代理人のみ）	
電話 白宅・呼出・勤務先・携帯 042-123-4567	

これからの住所	東京 ⑩道府県 高尾 ⑩市区 西町1丁目20番3号	これからの世帯主	山川一郎
いままでの住所	東京 ⑩道府県 高尾 ⑩市区 東町1丁目6番地1	いままでの世帯主	山川太郎
本籍（※）	東京 ⑩道府県 高尾 ⑩市区 東町1丁目6番地1	筆頭者	山川太郎

	氏名	生年月日	性別	続柄	住民票コード	備考
1	ふりがな やまかわ たろう 山川太郎	明・大・㉟・平 55・4・1	㊚ 女	子		
2	ふりがな	明・大・昭・平 ・・	男・女			
3	ふりがな	明・大・昭・平 ・・	男・女			
4	ふりがな	明・大・昭・平 ・・	男・女			
5	ふりがな	明・大・昭・平 ・・	男・女			

(※) 本籍欄以外の方がいる場合には、備考欄にその方の本籍地番と筆頭者名を記入して下さい。

世 帯 主 変 更 に よ る 続 柄 修 正			
	氏　　名	旧	新
1	山川花子	妻	世帯主
2	山川竹夫	子	子
3			
4			
5			

第4　届出書の記入と住民票記載の具体例　377

【記載例 No. 65】　転居して世帯員となった者の住民票

ふりがな	やま かわ た ろう	生 年 月 日	男女の別	続 柄	住民となった年月日
氏名	山川太郎	明治 大正 ⑲昭和 平成 55年4月1日生	⑨男 女	子 世帯主	明治 大正 昭和 ⑲平成 16年4月1日
世帯主	~~山川太郎~~　　山川一郎				住民票コード
					12345678901
住所	~~東町1丁目6番地1~~		平成 16年4月1日届出		個人番号
	西町1丁目20番3号	平成 30年9月20日転居	平成 30年10月1日届出		111122223333
		平成　年　月　日転居	平成　年　月　日届出		備　考
本籍	東京都高尾市東町1丁目6番地1		筆頭者の氏名	山川太郎	
前住所	昭和 ⑲平成 16年4月1日東京都陣馬市東山町3丁目260番地			から ⑲転入 転居	
転出	平成　年　月　日		へ 転出 予定		平成　年　月　日届出
	平成　年　月　日		へ転出		平成　年　月　日通知

住民票　東京都高尾市

旧住所の既存の世帯で世帯主となる者の住民票

ふりがな	やま かわ はな こ	生 年 月 日	男女の別	続 柄	住民となった年月日
氏名	山川花子	明治 大正 ⑲昭和 平成 57年6月3日生	男 ⑨女	世帯主 ~~妻~~	明治 大正 昭和 ⑲平成 16年4月1日
世帯主	~~山川太郎~~　　山川花子				住民票コード
					23456789012
住所	東町1丁目6番地1		平成 16年4月1日届出		個人番号
		平成　年　月　日転居	平成　年　月　日届出		222233334444
		平成　年　月　日転居	平成　年　月　日届出		備　考
本籍	東京都高尾市東町1丁目6番地1		筆頭者の氏名	山川太郎	平成30年9月20日世帯主変更平成30年10月1日届出により続柄修正
前住所	昭和 ⑲平成 16年4月1日東京都陣馬市東山町3丁目260番地			から ⑲転入 転居	
転出	平成　年　月　日		へ 転出 予定		平成　年　月　日届出
	平成　年　月　日		へ転出		平成　年　月　日通知

住民票　東京都高尾市

378 第7章 転 居

旧住所の既存の世帯の世帯員の住民票

<table>
<tr><td rowspan="9">住 民 票　東京都高尾市</td><td>ふりがな</td><td colspan="2">やま かわ たけ お</td><td colspan="2">生 年 月 日</td><td>男女の別</td><td>続 柄</td><td>住民となった年月日</td></tr>
<tr><td>氏
名</td><td colspan="2">山 川 竹 夫</td><td colspan="2">明治
大正
昭和
（平成）14年10月14日生</td><td>（男）
女</td><td>子</td><td>明治
大正
昭和
（平成）16年4月1日</td></tr>
<tr><td>世帯主</td><td colspan="2">山川太郎</td><td colspan="2">山川花子</td><td colspan="2"></td><td>住民票コード
78901234567</td></tr>
<tr><td rowspan="3">住
所</td><td colspan="2">東町1丁目6番地1</td><td colspan="2"></td><td colspan="2">平成
16年4月1日届出</td><td rowspan="2">個人番号
777788889999</td></tr>
<tr><td colspan="2"></td><td colspan="2">平成
　年　月　日転居</td><td colspan="2">平成
　年　月　日届出</td></tr>
<tr><td colspan="2"></td><td colspan="2">平成
　年　月　日転居</td><td colspan="2">平成
　年　月　日届出</td><td>備 考
平成30年9月20日世帯
主変更平成30年10月1
日届出</td></tr>
<tr><td>本
籍</td><td colspan="3">東京都高尾市東町1丁目6番地1</td><td>筆頭者の氏名</td><td colspan="2">山川太郎</td><td></td></tr>
<tr><td>前住所</td><td colspan="5">昭和
（平成）16年4月1日東京都陣馬市東山町3丁目260番地</td><td colspan="2">から（転入）
転居</td></tr>
<tr><td>転
出</td><td colspan="4">平成
　年　月　日</td><td colspan="2">へ転出
予定</td><td>平成
　年　月　日届出</td></tr>
</table>

第4　届出書の記入と住民票記載の具体例　*379*

(5)　世帯員が住所を異動し，新住所地の既存の世帯に入り，その世帯の世帯主となった場合

　ア　届出書の記入【記載例 No. 66】

　　(ア)　転居届と世帯主変更届の併合処理とし，異動事由は，その両方を○で囲む。

　　(イ)　新住所の世帯主欄の氏名は，住民票を検索する必要から，新住所の既存の世帯主氏名を記入する。

　　(ウ)　続柄は，直接「世帯主」と記入する。

　　(エ)　届出書の「世帯主変更による続柄修正欄」に転居した者を除き全員の氏名，新旧の続柄を記入する。

　　(オ)　その他の注意については，「第7章—第3」(348頁以下) 参照。

　イ　住民票の記載【記載例 No. 67】

　　(ア)　転居した者の住民票は，届出書に記入されている新住所を住所欄の予備欄に正確に記載し，旧住所を一重線で消除する。

　　(イ)　世帯主欄を修正し，予備欄に新世帯主氏名を記載する。また，続柄の変更する者については続柄欄を修正する。この場合に，備考欄への記載は要しない。

　　(ウ)　新住所の既存の世帯の者について，届出書に記入されている新世帯主氏名に世帯主欄を修正する。また，続柄欄を新世帯主との続柄に修正する。

　　(エ)　備考欄に「○年○月○日世帯主変更○年○月○日届出により続柄修正」と記載する。

　　(オ)　その他の注意については，「第3章—第4」(62頁以下) 参照。

380　第7章　転　居

【記載例 No.66】

住 民 異 動 届

（※届出人本人による署名の場合、押印は必要ありません。）

東京都高尾市長　殿

□申出書　□職権記載書

●住民票コードは、転入時のみ記入して下さい。
●太枠内の事項をボールペン等ではっきりと記入、○印をして下さい。

届出年月日	平成 30年10月1日	
異動年月日	平成 30年9月20日	

1 全部・一部	2 転入	3 転居	転出	4 世帯変更	5 職権記載	6 職権消除	7 職権修正	8 職権回復	世帯主変更

届出人　①本人　2.世帯主　3.代理人（　　）

ふりがな　やま かわ はな こ
氏　名　山川花子　㊞

住所（代理人のみ）

電話（自宅）呼出・勤務先・携帯
042-123-4567

これからの住所	東京 ㊟都府県 高尾 ㊟市区郡 西町1丁目20番3号	これからの世帯主　山川一郎
いままでの住所	東京 ㊟都府県 高尾 ㊟市区郡 東町1丁目6番地1	いままでの世帯主　山川太郎
本　籍（※）	東京 ㊟都府県 高尾 ㊟市区郡 東町1丁目6番地1	筆頭者　山川太郎

	氏　名	生年月日	性別	続柄	住民票コード	備考
1	ふりがな　やま かわ はな こ 山川花子	明・大・㊛・平 57・6・3	男・㊛	世帯主		
2	ふりがな　やま かわ たけ お 山川竹夫	明・大・昭・㊛ 14・10・14	㊚・女	子		
3	ふりがな	明・大・昭・平	男・女			
4	ふりがな	明・大・昭・平	男・女			
5	ふりがな	明・大・昭・平	男・女			

（※）本籍欄以外の方がいる場合には、備考欄にその方の本籍地番と筆頭者名を記入して下さい。

世 帯 主 変 更 に よ る 続 柄 修 正			
	氏　　　名	旧	新
1	山川一郎	世帯主	夫の父
2	山川松子	妻	夫の母
3			
4			
5			

第4　届出書の記入と住民票記載の具体例　**381**

【記載例 No. 67】　転居により世帯主となる者の住民票

ふりがな	やま　かわ　はな　こ	生年月日		男女の別	続柄	住民となった年月日
氏名	山川花子	明治 大正 ㊽昭和 平成　57年6月3日生		男 ㊛女	世帯主 妻	明治 大正 昭和 ㊿平成　16年4月1日
世帯主	山川太郎　　山川花子					住民票コード
						23456789012
住所	東町1丁目6番地1		平成 16年4月1日届出			個人番号
	西町1丁目20番3号	平成 30年9月20日転居	平成 30年10月1日届出			222233334444
		平成　年　月　日転居	平成　年　月　日届出			備考
本籍	東京都高尾市東町1丁目6番地1			筆頭者の氏名	山川太郎	
前住所	昭和 ㊽平成　16年4月1日東京都陣馬市東山町3丁目260番地				から　㊄転入 転居	
転出	平成　年　月　日			㊄転出 予定		平成　年　月　日届出
	平成　年　月　日				㊄転出	平成　年　月　日通知

世帯主となる者と共に転居した世帯員の住民票

ふりがな	やま　かわ　たけ　お	生年月日		男女の別	続柄	住民となった年月日
氏名	山川竹夫	明治 大正 昭和 ㊿平成　14年10月14日生		㊚男 女	子	明治 大正 昭和 ㊿平成　16年4月1日
世帯主	山川太郎　　山川花子					住民票コード
						78901234567
住所	東町1丁目6番地1		平成 16年4月1日届出			個人番号
	西町1丁目20番3号	平成 30年9月20日転居	平成 30年10月1日届出			777788889999
		平成　年　月　日転居	平成　年　月　日届出			備考
本籍	東京都高尾市東町1丁目6番地1			筆頭者の氏名	山川太郎	
前住所	昭和 ㊽平成　16年4月1日東京都陣馬市東山町3丁目260番地				から　㊄転入 転居	
転出	平成　年　月　日			㊄転出 予定		平成　年　月　日届出
	平成　年　月　日				㊄転出	平成　年　月　日通知

住民票　東京都高尾市

382　第7章　転　居

既存の世帯の世帯主であった者の住民票

ふりがな	やま かわ いち ろう		生　年　月　日	男女の別	続　柄	住民となった年月日
氏名	山　川　一　郎		明治 大正 <u>昭和</u> 平成 28年8月10日生	<u>男</u> 女	夫の父 ~~世帯主~~	明治 大正 昭和 <u>平成</u> 11年10月10日
世帯主	~~山川一郎~~	山川花子				住民票コード
						34567890123
住所	西町1丁目20番3号		平成 11年10月15日届出			個人番号
		平成　年　月　日転居	平成　年　月　日届出			333344445555
		平成　年　月　日転居	平成　年　月　日届出			備　考
本籍	東京都多摩川市西山町1丁目1番地		筆頭者の氏名	山川一郎		平成30年9月20日世帯主変更平成30年10月1日届出により続柄修正
前住所	昭和 <u>平成</u> 11年10月10日東京都むさし市東3丁目4番5号			から <u>転入</u> 転居		
転出	平成　年　月　日			へ転出予定		平成　年　月　日届出
	平成　年　月　日			へ転出		平成　年　月　日通知

住民票　東京都高尾市

既存の世帯の世帯員の住民票

ふりがな	やま かわ まつ こ		生　年　月　日	男女の別	続　柄	住民となった年月日
氏名	山　川　松　子		明治 大正 <u>昭和</u> 平成 30年7月15日生	男 <u>女</u>	夫の母 ~~妻~~	明治 大正 昭和 <u>平成</u> 11年10月10日
世帯主	~~山川一郎~~	山川花子				住民票コード
						45678901234
住所	西町1丁目20番3号		平成 11年10月15日届出			個人番号
		平成　年　月　日転居	平成　年　月　日届出			444455556666
		平成　年　月　日転居	平成　年　月　日届出			備　考
本籍	東京都多摩川市西山町1丁目1番地		筆頭者の氏名	山川一郎		平成30年9月20日世帯主変更平成30年10月1日届出により続柄修正
前住所	昭和 <u>平成</u> 11年10月10日東京都むさし市東3丁目4番5号			から <u>転入</u> 転居		
転出	平成　年　月　日			へ転出予定		平成　年　月　日届出
	平成　年　月　日			へ転出		平成　年　月　日通知

住民票　東京都高尾市

第4　届出書の記入と住民票記載の具体例　　*383*

(6)　世帯員が住所を異動し，新住所地の既存の世帯に入り，その世帯の世帯員となった場合

ア　届出書の記入【記載例 No. 68】

(ア)　新世帯主欄は，新住所の世帯主氏名を記入する。

(イ)　続柄は，新住所の世帯主との続柄を記入する。

(ウ)　その他の注意については，「第7章—第3」（348頁以下）参照。

【記載例 No. 68】

384 第7章 転 居

イ 住民票の記載【記載例 No. 69】

(ア) 新住所地の既存の世帯の住民票には，何ら記載を要しない。

(イ) 転居した者の住民票中住所は，届出書に記入されている新住所
を住所欄の予備欄に正確に記載し，旧住所を一重線で消除する。

(ウ) 世帯主欄の旧世帯主氏名を一重線で消除の上，予備欄に新世帯
主の氏名を記載する。

(エ) 続柄を届出書のとおり修正する。この場合に，備考欄への記載
は要しない。

(オ) その他の注意については，「第3章—第4」(62頁以下) 参照。

【記載例 No. 69】 新住所地の既存の世帯の住民票

第4　届出書の記入と住民票記載の具体例　　385

転居した者の住民票

ふりがな	やま かわ はな こ	生　年　月　日	男女の別	続　柄	住民となった年月日
氏名	山川花子	明治 大正 ㊐昭和 平成 57年6月3日生	男 ㊛女	子の妻 ~~妻~~	明治 大正 ㊐昭和 平成 16年4月1日

住民票　東京都高尾市

世帯主	~~山川太郎~~　　山川一郎		住民票コード　23456789012
住所	~~東町1丁目6番地1~~	平成 16年4月1日届出	個人番号
	西町1丁目20番3号　平成30年9月20日転居	平成30年10月1日届出	222233334444
	平成　年　月　日転居	平成　年　月　日届出	備　考
本籍	東京都高尾市東町1丁目6番地1	筆頭者の氏名　山川太郎	
前住所	昭和 ㊐平成 16年4月1日東京都陣馬市東山町3丁目260番地	から ㊉転入 転居	
転出	平成　年　月　日	へ転出 予定	平成　年　月　日届出
	平成　年　月　日	へ転出	平成　年　月　日通知

ふりがな	やま かわ たけ お	生　年　月　日	男女の別	続　柄	住民となった年月日
氏名	山川竹夫	明治 大正 昭和 ㊐平成 14年10月14日生	㊚男 女	子の子 子	明治 大正 昭和 ㊐平成 16年4月1日

住民票　東京都高尾市

世帯主	~~山川太郎~~　　山川一郎		住民票コード　78901234567
住所	~~東町1丁目6番地1~~	平成 16年4月1日届出	個人番号
	西町1丁目20番3号　平成30年9月20日転居	平成30年10月1日届出	777788889999
	平成　年　月　日転居	平成　年　月　日届出	備　考
本籍	東京都高尾市東町1丁目6番地1	筆頭者の氏名　山川太郎	
前住所	昭和 ㊐平成 16年4月1日東京都陣馬市東山町3丁目260番地	から ㊉転入 転居	
転出	平成　年　月　日	へ転出 予定	平成　年　月　日届出
	平成　年　月　日	へ転出	平成　年　月　日通知

386　第7章　転　居

3　その他の転居

(1)　世帯の全員が，転居届未済のまま同一市町村内を転々とした後転居届があった場合

　ア　住所継続の認定ができる場合

　　(ア)　届出書の記入【記載例 No. 70】

　　　a　異動の日欄には，現在居住している住所への異動の日を記入する。

　　　b　新住所欄には，現在居住している住所を記入する。

　　　c　旧住所欄には，現在居住している住所の直前の住所を記入する。

　　　d　備考欄には，最終住民記録地から旧住所欄へ記入した住所までの転居の経過を，「○年○月○日○町○丁目○番地から○町○丁目○番○号へ転居」と具体的に記入する。

　　　e　その他の注意については，「第7章―第3」（348頁以下）参照。

　　(イ)　住民票の記載

　　　　届出書の転居の経過に従い，順を追って現在の住所地までの転居処理をする。処理方法は，【記載例 No. 48】（351頁）参照。

　イ　住所継続の認定ができない場合

　　　転々としていた場所が不明確で，当該市町村内に居住していたと認定できない場合は，職権消除をした後職権記載する。

第4 届出書の記入と住民票記載の具体例 **387**

【記載例 No. 70】

住 民 異 動 届

(※届出人本人による署名の場合、押印は必要ありません。)

東京都高尾市長　殿

□申出書　□職権記載書

●住民票コードは、転入時のみ記入して下さい。
●太枠内の事項をボールペン等ではっきりと記入、○印をして下さい。

	届 出 人	
① 本人　2.世帯主　3.代理人（　　）		
ふりがな　やま かわ た ろう		
氏　名	山 川 太 郎	印
住所（代理人のみ）		
電話（自宅）・呼出・勤務先・携帯 042-123-4567		

届出年月日	平成 30年10月 1 日
異動年月日	平成 30年 9 月20日

（全部・一部）	1 転入	②転居	3 転出	4 世帯変更	5 職権記載	6 職権消除	7 職権修正	8 職権回復	（　　）

これからの住所	東京 (都)道府県	高尾 (市)郡区	北町4丁目156番地	これからの世帯主	山 川 太 郎
いままでの住所	東京 (都)道府県	高尾 (市)郡区	西町1丁目20番3号	いままでの世帯主	山 川 太 郎
本籍（※）	東京 (都)道府県	高尾 (市)郡区	東町1丁目6番地1	筆頭者	山 川 太 郎

	氏　名	生年月日	性別	続柄	住民票コード	備　考
1	ふりがな　やま かわ た ろう 山 川 太 郎	明・大・(昭)・平 55・4・1	(男)・女	世帯主		平成29年6月15日東京都高尾市東町1丁目6番地1から東京都高尾市西町1丁目20番3号へ転居
2	ふりがな　やま かわ はな こ 山 川 花 子	明・大・(昭)・平 57・6・3	男・(女)	妻		
3	ふりがな　やま かわ たけ お 山 川 竹 夫	明・大・昭・(平) 14・10・14	(男)・女	子		
4	ふりがな	明・大・昭・平 ・・	男・女			
5	ふりがな	明・大・昭・平 ・・	男・女			

(※) 本籍欄以外の方がいる場合には、備考欄にその方の本籍地番と筆頭者名を記入して下さい。

388　第7章　転　居

(2)　世帯の全員が，転居届未済のまま同一市町村内を転々としていたため，既に住民票から職権消除された後転居届があった場合

ア　届出書の記入【記載例 No. 71】

(ア)　「職権記載書」に✓印をし，異動事由は，転居と職権回復の両方を○で囲む。

(イ)　職権消除された日以前に転居し，その後引き続いて同じ市町村内に居住している事実を，ガス，電気，水道料金等の領収書や，家屋の貸借契約書等によって確認し，備考欄に，その資料名及び住民票に記載されている職権消除年月日を記入する。

(ウ)　その他の記入方法は，【記載例 No. 70】に準ずる。

(エ)　その他の注意については，「第7章―第3」（348頁以下）参照。

【記載例 No. 71】

第4　届出書の記入と住民票記載の具体例　　*389*

イ　住民票の記載

(ア)　除住民票の記載【記載例 No. 72, 73, 74】

a　備考欄については，「○年○月○日職権消除」の記載を一重線で消除し，「○年○月○日転居届出により職権消除事項消除のうえ回復」と記載する。

b　「除票」の記載を消除する。

c　届出書に基づき，順を追って転居の記載処理をする。

d　住民票を改製する場合は，備考欄に「○年○月○日改製により消除」と記載し，「改製原住民票」の表示をさせる。

e　その他の注意については，「第3章—第4」（62頁以下）参照。

(イ)　改製により作成される住民票の記載については，「第10章—第8—1」（548頁以下）参照。

【記載例 No. 72】

	ふりがな	やま かわ た ろう	生 年 月 日	男女の別	続 柄	住民となった年月日
住民票 東京都高尾市	氏名	山 川 太 郎	明治 大正 **昭和** 平成　55年4月1日生	**男** 女	世帯主	明治 大正 昭和 **平成**　16年4月1日
	世帯主	山川太郎				住民票コード
						12345678901
	住所	~~東町1丁目6番地1~~		平成 16年4月1日届出		個人番号
						111122223333
		~~西町1丁目20番3号~~	平成 29年6月15日転居	平成 30年10月1日届出		備　考
		北町4丁目156番	平成 30年9月20日転居	平成 30年10月1日届出		~~平成29年12月15日実態調査により平成29年12月20日職権消除~~
	本籍	東京都高尾市東町1丁目6番地1		筆頭者の氏名	山川太郎	~~除　票~~ 平成30年10月1日転居届出により職権消除事項消除のうえ回復 平成30年10月1日改製により消除
	前住所	昭和 **平成**　16年4月1日東京都陣馬市東山町3丁目260番地			から **転入** 転居	改製原住民票
	転出	平成　　年　月　日			へ転出 予定	平成　　年　　月　　日届出
		平成　　年　月　日			へ転出	平成　　年　　月　　日通知

【記載例 No. 73】

住民票　東京都高尾市

ふりがな	やま かわ はな こ	生年月日	男女の別	続柄	住民となった年月日
氏名	山川花子	明治 大正 [昭和] 平成 57年6月3日生	男 [女]	妻	明治 大正 昭和 [平成] 16年4月1日
世帯主	山川太郎				住民票コード 23456789012
住所	~~東町1丁目6番地1~~		平成16年4月1日届出		個人番号 222233334444
	~~西町1丁目20番3号~~	平成29年6月15日転居	平成30年10月1日届出		備考 ~~平成29年12月15日実態調査により平成29年12月20日職権消除~~ ~~[除票]~~ 平成30年10月1日転居届出により職権消除事項消除のうえ回復 平成30年10月1日改製により消除 [改製原住民票]
	北町4丁目156番地	平成30年9月20日転居	平成30年10月1日届出		
本籍	東京都高尾市東町1丁目6番地1	筆頭者の氏名	山川太郎		
前住所	昭和 [平成] 16年4月1日東京都陣馬市東山町3丁目260番地 から [転入] 転居				
転出	平成 年 月 日 へ転出予定				平成 年 月 日届出
	平成 年 月 日 へ転出				平成 年 月 日通知

【記載例 No. 74】

住民票　東京都高尾市

ふりがな	やま かわ たけ お	生年月日	男女の別	続柄	住民となった年月日
氏名	山川竹夫	明治 大正 昭和 [平成] 14年10月14日生	[男] 女	子	明治 大正 昭和 [平成] 16年4月1日
世帯主	山川太郎				住民票コード 78901234567
住所	~~東町1丁目6番地1~~		平成16年4月1日届出		個人番号 777788889999
	~~西町1丁目20番3号~~	平成29年6月15日転居	平成30年10月1日届出		備考 ~~平成29年12月15日実態調査により平成29年12月20日職権消除~~ ~~[除票]~~ 平成30年10月1日転居届出により職権消除事項消除のうえ回復 平成30年10月1日改製により消除 [改製原住民票]
	北町4丁目156番地	平成30年9月20日転居	平成30年10月1日届出		
本籍	東京都高尾市東町1丁目6番地1	筆頭者の氏名	山川太郎		
前住所	昭和 [平成] 16年4月1日東京都陣馬市東山町3丁目260番地 から [転入] 転居				
転出	平成 年 月 日 へ転出予定				平成 年 月 日届出
	平成 年 月 日 へ転出				平成 年 月 日通知

第 8 章

第 8 章
転　　　　出

第1 転出とは

1 転出の定義

転出とは，市町村の区域外に住所を移すことをいい，国外に移住する場合も含まれる（法24条）。また，指定都市の区域内で行政区間を異動した場合も，転出入の取扱いを受ける（法38条）。

（旧）住民登録法においては，国外に移住する場合にのみ転出地の市町村に対する届出義務を課していた。しかし，実際上，住民が転出する場合には，国民健康保険，国民年金，選挙人名簿等それぞれの行政ごとに届出が必要とされていた。

住民基本台帳法においては，転出という同一の原因に基づく各種届出を統一する目的から，転出の制度を設け，転出届があったときは，転出証明書を交付することとし，住民の利便を図るとともに，住民基本台帳の正確性を確保することとした。

2 転出の区分

(1) 全部転出

世帯を構成している全員が，そのまま他の市町村又は国外へ住所を移す場合

(2) 一部転出

世帯を構成している全員の中から，一部の者が他の市町村又は国外へ住所を移す場合

第2 届出事項と届出期間

転出をする者は，あらかじめ，その氏名，転出先及び転出の予定年月日を市町村長に届け出なければならない（法24条）。

「あらかじめ」とは，転出することが確定した後その住所を去るまでの間をいい，事情により住所を異動するまでの間に届出を行うことができない場合等には，転出をした日から14日以内に限り転出届を受理することが

394 第8章 転 出

できる。

第3 転出届出の受理

1 届出書記入の注意

(1) 住所，転出先及び各々の住所での世帯主氏名を正確に記入させる。

(2) 転出する者全員の氏名，出生の年月日，男女の別，世帯主との続柄を住民票記載のとおり記入させる。

(3) 異動年月日

　ア　転出予定であらかじめ届出にきた場合，その予定年月日を記入させる。

　イ　既に転出した者が届出にきた場合，異動年月日は実際に転入住所地に住み始めた年月日を記入させる。

(4) 転出届と同時に，戸籍に関係する届出がされている場合は，その届出が受理されたものとして戸籍の表示等変更後のものを記入させる。

(5) その他の注意については，「第5章─第3─4」（276頁以下）参照。

2 届出書受理の注意

届出書を受理する場合には，次の諸点を注意・確認する。なお，虚偽の届出等を防止する観点から，届出の任に当たっている者の本人確認を行う。ただし，本人確認できない場合でもそれだけをもって届出を拒むことはできないので，受理したうえで届出人本人に対し，従前の住所地へ住民異動届受理通知を送付する。

(1) 届出書と住民票を照合し，住所，氏名，出生の年月日，男女の別，世帯主との続柄に，誤記，記入漏れがないか確認する。

(2) 市内で未届のまま転居していた者は，転居届の処理後転出届をさせる。

(3) 世帯主の転出により世帯主変更を伴う場合は，世帯主変更による続柄修正欄にその旨を記入する。

(4) 転出届と同時に戸籍に関係する届出がされている場合は，戸籍の届

書と照合，確認する。

(5)　全部転出か，一部転出かの異動区分を確認する。

(6)　転出予定年月日（転出年月日）と届出年月日との関係で，発行する証明書が異なるので，転出予定年月日（転出年月日）には，特に注意する。「第8章─第4─3」（398頁以下）参照。

(7)　転出後15日以上経過している者から届出があった場合は，備考欄に同日職権消除した旨を記入する。

(8)　既に職権消除になっている者から届出があった場合は，備考欄に職権消除された年月日を記入する。

(9)　1年以内に従前の住所地に転出する者については，転出証明書にその旨を記入する（昭和43.11.5自治振第179号通知）。

⑽　転出届は郵送によることもできる。この場合，その者が介護保険，国民健康保険及び後期高齢者医療保険の被保険者証の交付を受けている者であり，かつ転出届に被保険者証の添付がない場合には，届出人に被保険者証の返還を求める措置を講じることが必要である。

⑾　その他の注意は，「第5章─第3─5」（278頁以下）及び「第5章─第3─6」（284頁以下）参照。

第4　転出証明書

市町村長は，転出届があったときは，以下の場合を除いて転出証明書を交付しなければならない（令24条1項）。

(1)　同一の世帯に属する者の全部又は一部が同時に転出をする場合であって，そのうちにマイナンバーカードの交付を受けている者がある場合（転入届の特例）

(2)　国外に転出する場合

転出証明書とは，転出するまでの間及び転出後14日以内に届出された転出届に基づいて，転出地（前住所地）の市町村長が作成した住民の住所の異動に関する文書をいう。

396 第8章 転 出

1 転出証明書の記載事項

転出証明書には，次の事項を記載しなければならない（令23条2項）。

(1) 氏名

(2) 出生の年月日

(3) 男女の別

(4) 世帯主についてはその旨，世帯主でない者については世帯主の氏名及び世帯主との続柄

(5) 戸籍の表示。ただし，本籍のない者及び本籍の明らかでない者については，その旨

(6) 住民票コード及びマイナンバー

(7) 住所

(8) 転出先及び転出の予定年月日

(9) 国民健康保険の被保険者である者については，その旨

(10) 後期高齢者医療の被保険者である者については，その旨

(11) 介護保険の被保険者である者については，その旨

(12) 国民年金の被保険者である者については，国民年金の被保険者の種別及び基礎年金番号

(13) 児童手当の支給を受けている者については，その旨

2 転出証明書の作成

(1) 住民記録システムから出力して作成

届出書に基づいて転出先及び転出予定年月日，届出年月日等を住民記録システムに入力したのち，転出証明書を作成するのが一般的であるが【様式5】（次頁参照），次のような方法でも作成することができる。

(2) 届出書の複写による作成

届出書を受理した後，転出証明書に必要な事項を必要に応じて補記することにより，当該届出書の複写を転出証明書として用いることができる。

転出証明書には，転出証明書である旨の表示をするとともに，その末

第4　転出証明書　　*397*

尾等に転出の届出があった旨の記載をし，市町村長の記名，押印をする。

　　転入をした日から14日以内に転出証明書を添えて，転入した市町村に
転入届を行う旨の注記等をする。

(3)　住民票の写しによる作成

　　届出書に基づいて住民票に転出先及び転出予定年月日，届出年月日等

【様式5】　転出証明書（システム出力によるもの）

☑ 転　　出　　証　　明　　書
□ 転出証明書に準ずる証明書

届 出 日	平成30年10月1日	異 動 日	平成30年10月3日	異動事由	全 部 転 出
新 住 所	東京都深大寺市北山町1丁目5番10号			世 帯 主	山 川　太 郎
旧 住 所	東京都高尾市東町1丁目6番地1			世 帯 主	山 川　太 郎

1	氏　　　　名	生 年 月 日	性 別	続 柄	住民票コード	個人番号
	山 川　太 郎	昭和55年4月1日	男	世帯主	12345678901	111122223333
	本　籍　東京都高尾市東町1丁目6番地1			筆 頭 者　　　　山 川　　太 郎		
	国民健康保険／後期高齢者医療／介護資格／国民年金（種別／基礎年金番号）／児童手当／備　考					
	有　　無　　無　　1　　1234-567890　　有					

2	氏　　　　名	生 年 月 日	性 別	続 柄	住民票コード	個人番号
	山 川　花 子	昭和57年6月3日	女	妻	23456789012	222233334444
	本　籍　東京都高尾市東町1丁目6番地1			筆 頭 者　　　　山 川　　太 郎		
	国民健康保険／後期高齢者医療／介護資格／国民年金（種別／基礎年金番号）／児童手当／備　考					
	有　　無　　無　　1　　4321-098765　　無					

　　☑ 上記の者は，当市から転出する旨の届出があったことを証明します。
　　□ この書類は，転入届に添付すべきものとして発行したものです。

　　　　平成 ○ ○ 年 ○ ○ 月 ○ ○ 日

　　　　　　　　　　　東京都高尾市長 ○ ○ ○ ○ 印

398　第8章　転　　出

を記載，あるいは消除する等の処理を行った後，行政欄も含めた当該住民票の写しを作成し，【様式6】を添付して転出証明書とすることがで

【様式6】　転出証明書（住民票によるもの）

転 出 証 明 書

　別添住民票の写しのとおり転出届出があったことを証明する。

　　平成○○年○○月○○日

東京都高尾市長　　○　○　○　○　　　印

住民票の写し　と切り離さないでください。

※　1　転入した日から14日以内に転入地の市区町村長に必ず届け出てください。
　　2　国民年金手帳等をお持ちの方は，転入届の際必ず提出してください。

きる。この場合，住民票の写しと別紙とに必ずしも割印は必要でない。

世帯票の場合には，転出する者を明確にするため，世帯の全員が転出する時は，世帯共通欄の備考欄に「全部転出」の朱印を，また世帯の一部が転出するときは，転出する者の個人備考欄に「転出者」の朱印を押印する。

または，別紙を添付する方法に代えて，当該住民票の写しに転出証明書である旨の表示をするとともに，その裏面等に転出の届出があった旨の記載をし，市町村長の記名，押印をする。

3　転出証明書に準ずる証明書

転出後15日以上経過している者，又は既に住民票が除かれている者から転出の届出があった場合には，これを転出届として受理することができないので，転出証明書を交付することもできない。この場合は，職権で住民票を削除し，転出証明書の代わりに，転入届に添付すべき書類として発行した旨を記載の上，転出証明書に準ずる証明書を交付する【様式7】（400頁参照）。

なお，消除された住民票の写しを用いる場合には，住民票の認証をした上，転入届に添付すべき書類として発行した旨の記載をし，交付する【様式8】（401頁参照）。

4　転出証明書の再交付

(1)　転出証明書の再交付

転出証明書の交付を受けた者は，転出証明書を亡失し，滅失し，汚損し，又は破損したときは，その再交付を受けることができる（令24条2項）。

再交付に当たっては，次の点に注意する。

ア　再交付する場合は，発行日以外は転出証明書の内容を変更せずに交付する。

イ　転出証明書の再交付をすることができるのは，転出届出の日から転出予定年月日までの間である。

400　第8章　転　　出

ウ　再交付されたものである旨を表示する。

エ　住民票の消除後は，転出証明書の再交付はできないので，この場
合「転出証明書に準ずる証明書」を交付する。

【様式7】転出証明書に準ずる証明書

□　転　出　証　明　書

☑　転出証明書に準ずる証明書

届出日	平成30年10月1日	異動日	平成30年10月3日	異動事由	全　部　転　出
新住所	東京都深大寺市北山町1丁目5番10号			世帯主	山川　太郎
旧住所	東京都高尾市東町1丁目6番地1			世帯主	山川　太郎

1	氏　名	生年月日	性別	続柄	住民票コード	個人番号
	山川　太郎	昭和55年4月1日	男	世帯主	12345678901	111122223333
	本籍　東京都高尾市東町1丁目6番地1			筆頭者　山川　太郎		

国民健康保険	後期高齢者医療	介護資格	国民年金 種別	国民年金 基礎年金番号	児童手当	備考
有	無	無	1	1234-567890	有	

2	氏　名	生年月日	性別	続柄	住民票コード	個人番号
	山川　花子	昭和57年6月3日	女	妻	23456789012	222233334444
	本籍　東京都高尾市東町1丁目6番地1			筆頭者　山川　太郎		

国民健康保険	後期高齢者医療	介護資格	国民年金 種別	国民年金 基礎年金番号	児童手当	備考
有	無	無	1	4321-098765	無	

□　上記の者は，当市から転出する旨の届出があったことを証明します。

☑　この書類は，転入届に添付すべきものとして発行したものです。

平成　○○　年　○○　月　○○　日

東京都高尾市長　○　○　○　○　㊞

第4　転出証明書　　*401*

【様式8】転出証明書に準ずる証明書（除票の写し）

	ふりがな　おお　やま　だい　すけ	生　年　月　日	男女の別	続　柄	住民となった年月日	
氏名	大　山　大　助	明治 大正 **昭和**　61年6月1日生 平成	⊕男 女	縁故者	明治 大正 昭和 **平成**　14年3月1日	
世帯主	山川太郎				住民票コード	
住所	東町1丁目6番地1		平成 14年3月10日届出		89012345678	
		平成 　年　月　日転居	平成 　年　月　日届出		個人番号 888899991111	
		平成 　年　月　日転居	平成 　年　月　日届出		備　考	
本籍	東京都多摩川市南本町1丁目8番地	筆頭者の氏名	大山　新太郎		平成30年8月10日実態 調査により平成30年8 月13日職権消除 　除　票	
前住所	昭和 **平成**　14年3月1日東京都陣馬市東山町3丁目260番地			から　転入 　　　転居		
転出	平成 30年5月15日東京都深大寺市北山町1丁目5番10号			へ　転出 　　予定	平成 30年10月1日届出	
	平成 　年　月　日			へ　転出 　　予定	平成 　年　月　日通知	

（住民票　東京都高尾市）

（裏面）

　この写しは転入届に添付すべき書類として発行したものです。

　この写しは，住民票の原本と相違ないことを証明する。

　　　平成30年10月1日

　　　　　　　東京都高尾市長　○　○　○　○　印

402 第8章 転　　出

⑵　再交付に伴う住民票の記載

住民票に記載されている転出先，転出予定年月日には手を加えない。

第5　住民票の消除

転出届出に基づく，住民票の記載及び消除等は次の要領で行う（令13条）。

1　消除事由欄の記載

個人票の場合は，全部，一部にかかわらず当該個人票の消除事由欄に，世帯票の全部転出の場合は，世帯共通消除事由欄に，一部転出の場合は，当該個人消除事由欄に，転出予定年月日（転出年月日），転出先を記載する。

事前の届出のあったものは「転出予定」の不動文字を○で囲み，同日又は転出後に届出のあったものは，「転出」の不動文字を○で囲む。

2　備考欄の記載

個人票の場合は，全部，一部にかかわらず当該個人票の備考欄に，世帯票の全部転出の場合は，世帯共通備考欄に，一部転出の場合は，当該個人備考欄に次のように記載する。

⑴　事前の届出の場合は，「○年○月○日転出届出」と記載する。

⑵　同日又は転出後14日以内の届出の場合は，「○年○月○日転出届出により消除」と記載する。

⑶　転出後15日以上経過している者から届出があった場合は，「○年○月○日届出により職権消除」と記載する。

⑷　既に職権消除されている者から届出があった場合は，「○年○月○日届出により消除事由欄記載」と記載する。

3　消除の時期及び方法

事前に転出の届出があったものは，転出予定年月日をもって備考欄に「○年○月○日消除」と記載し，消除する。また，同日若しくは転出後に届出のあったものは，届出年月日をもって消除する。

個人票の場合は，全部，一部の別なくそれぞれの住民票に「除票」の表示をする。

世帯票の場合，全部転出は，住民票欄外左上部余白等に「除票」の表示をし，一部転出は当該個人欄を一重線で交差する。

4　除票の一時保管

個人票及び全部転出の世帯票は，転出の届出日から転出予定日までの間は，除票として一時保管する。

世帯票で一部転出の住民票は，除票として一時保管することができないので，当該住民票に一部転出がある旨の表示を明示するなどして，保管することが適当である。

第6　転出の取消し

1　転出予定計画の中止による転出の取消し

転出証明書を交付した後，転出予定が変更し，当該市町村に引き続き居住するようになった場合には，転出取消しの申出に基づき，転出届出事項を消除する。

転出予定年月日を経過している場合には，転出した事実がないことを確認したうえで，転出取消しの申出を受理し，転出届出事項消除のうえ住民票を回復する。

いったん転出したことが判明した場合，又は転出後の届出により転出証明書が交付されている場合には，転出取消しということはあり得ないので，再度転入届をさせる。

前住所は未届地となり，1年以内に転出元住所地へ転入してきた場合は再転入の扱いになる。

いずれの場合も交付した転出証明書等は返戻させる。

2　虚偽の届出のため職権による転出の取消し

転出の事実について疑わしいときには実態調査等を行い，虚偽の届出であったことが判明した場合には，当該転出届を無効として住民票を職権で回復する。

交付した転出証明書等及びそれに基づいて行われた転入届は無効である

404　第8章　転　　出

旨を当該届出人及び転入届をした市町村長に通知する。

　市町村長は，虚偽の届出を行った者を，法第53条第1項の規定により簡
易裁判所へ通知する。

3　錯誤の届出のため職権による転出の取消し

　1年未満の海外出張や改築，出産等の生活の拠点が移らないような一時
的な異動を，住所の異動と誤って届け出た旨の申し出があった場合には，
実態調査等を行ってその事実を確認した上，当該転出届を職権で無効とす
る。なお，交付した転出証明書等は返戻させる。

第7　届出書の記入と住民票記載の具体例

1　全部転出

(1)　転出予定日前に届出された場合

　ア　届出書の記入【記載例 No. 75】

　　(ア)　異動の日欄に転出の予定年月日を記入させる。

　　(イ)　住所，転出先及び各々の住所での世帯主氏名を正確に記入させる。

　　(ウ)　転出する者全員の氏名，出生の年月日，男女の別，世帯主との
　　　　続柄，戸籍の表示を住民票記載のとおり記入させる。

　　(エ)　その他の注意については，「第8章—第3」（394頁以下）参照。

　イ　住民票の記載

　　(ア)　個人票の場合【記載例 No. 76】

　　　a　世帯全部転出，一部転出の別にかかわりなく，個人別に消除
　　　　され，転出者の住民票は，常に除票となる。

　　　b　消除事由欄に，転出予定年月日，転出先を記載する。

　　　c　消除備考欄に，転出届出の「年月日」を記載する。

　　　d　住民票の消除は，転出予定年月日をもって，備考欄に「○年
　　　　○月○日消除」と記載し，消除事由欄の「転出予定」のうち，
　　　　「転出」の文字を○で囲む。さらに備考欄に「除票」の表示を
　　　　する。

第7　届出書の記入と住民票記載の具体例　　405

(イ)　世帯票の場合【記載例 No. 77】

　a　世帯共通消除事由欄に，転出予定年月日，転出先を記載し，「転出予定」の不動文字を○で囲む。

　b　世帯共通備考欄に，「○年○月○日転出届出」と記載する。

　c　住民票の消除は，転出予定年月日をもって，世帯共通備考欄に「○年○月○日消除」と記載し，消除事由欄の○で囲んである「転出予定」のうち，「予定」の文字を一重線で消し，欄外に「除票」の表示をする。

【記載例 No. 75】

住　民　異　動　届

（※届出人本人による署名の場合、押印は必要ありません。）

東京都高尾市長　殿

□申出書　　□職権記載書

※住民票コードは、転入時のみ記入して下さい。
※太枠内の事項をボールペン等ではっきりと記入、○印をして下さい。

	①本人　2.世帯主　3.代理人（　　）
届出人	ふりがな　やまかわ　たろう
	氏名　山川太郎　㊞
	住所（代理人のみ）
	電話（自宅）呼出・勤務先・携帯 042-123-4567

届出年月日	平成 30年10月1日	1　2　3　4　5　6　7　（　　）
異動年月日	平成 30年10月12日	（全部 ・一部）転入　転出　転居　世帯変更　職権記載　職権消除　職権修正　職権回復

これからの住所	東京 ㊞道府県 深大寺 ㊞市町村 北山町1丁目5番10号	これからの世帯主	山川太郎
いままでの住所	東京 ㊞道府県 高尾 ㊞市町村 東町1丁目6番地1	いままでの世帯主	山川太郎
本籍（※）	東京 ㊞道府県 高尾 ㊞市町村 東町1丁目6番地1	筆頭者	山川太郎

	氏名	生年月日	性別	続柄	住民票コード	備考
1	ふりがな　やまかわ　たろう 山川太郎	明・大・㊐・平 55・4・1	㊚女	世帯主		
2	ふりがな　やまかわ　はなこ 山川花子	明・大・㊐・平 57・6・3	男㊛	妻		
3	ふりがな	明・大・昭・平	男・女			
4	ふりがな	明・大・昭・平	男・女			
5	ふりがな	明・大・昭・平	男・女			

（※）本籍欄以外の方がいる場合には、備考欄にその方の本籍地番と筆頭者名を記入して下さい。

406 第8章 転　　出

【記載例 No. 76】

	ふりがな	やま　かわ　た　ろう	生　年　月　日		男女の別	続　柄	住民となった年月日
住民票　東京都高尾市	氏名	山川太郎	明治 大正 **昭和** 平成　55年4月1日生		**男** 女	世帯主	明治 大正 昭和 **平成**　16年4月1日
	世帯主	山川太郎					住民票コード
							12345678901
	住所	東町1丁目6番地1			平成 16年4月10日届出		個人番号
			平成　　年　月　日転居		平成　　年　月　日届出		111122223333
			平成　　年　月　日転居		平成　　年　月　日届出		備考 平成30年10月12日 消除 除票
	本籍	東京都高尾市東町1丁目6番地1		筆頭者の氏名	山川太郎		
	前住所	昭和 **平成**　16年4月1日 東京都陣馬市東山町3丁目260番地			から **転入** 転居		
	転出	平成　30年10月12日 東京都深大寺市北山町1丁目5番10号			へ **転出** 予定		平成 30年10月1日届出
		平成　　年　月　日			へ 転出 予定		平成　　年　月　日通知

	ふりがな	やま　かわ　はな　こ	生　年　月　日		男女の別	続　柄	住民となった年月日
住民票　東京都高尾市	氏名	山川花子	明治 大正 **昭和** 平成　57年6月3日生		男 **女**	妻	明治 大正 昭和 **平成**　16年4月1日
	世帯主	山川太郎					住民票コード
							23456789012
	住所	東町1丁目6番地1			平成 16年4月10日届出		個人番号
			平成　　年　月　日転居		平成　　年　月　日届出		222233334444
			平成　　年　月　日転居		平成　　年　月　日届出		備考 平成30年10月12日 消除 除票
	本籍	東京都高尾市東町1丁目6番地1		筆頭者の氏名	山川太郎		
	前住所	昭和 **平成**　16年4月1日 東京都陣馬市東山町3丁目260番地			から **転入** 転居		
	転出	平成　30年10月12日 東京都深大寺市北山町1丁目5番10号			へ **転出** 予定		平成 30年10月1日届出
		平成　　年　月　日			へ 転出 予定		平成　　年　月　日通知

第7 届出書の記入と住民票記載の具体例　　**407**

【記載例 No. 77】

東京都 高尾市	除 票	住 民 票	
世帯主	山川太郎		平成16年4月10日 転入届出
住所	東町1丁目6番地1	平成 年 月 日 転居	平成30年10月1日 転出届出
	昭和・平成 30年10月12日 東京都深大寺市北山町1丁目5番10号 転居・転出予定		平成30年10月12日 消除

	やまかわ たろう 山川太郎	明治・大正・昭和・平成 55年4月1日生	男・女	続柄 世帯主	住民となった年月日 明治・大正・昭和・平成 16年4月1日	住民票コード 12345678901
1	本籍	東京都高尾市東町1丁目6番地1			筆頭者の氏名 山川太郎	個人番号 111122223333
						備考
	昭和・平成 16年4月1日 東京都陣馬市東山町3丁目260番地			から 転入・転居		
	平成 年 月 日			へ転出予定	平成 年 月 日届出	
	平成 年 月 日			へ転出	平成 年 月 日通知	

	やまかわ はなこ 山川花子	明治・大正・昭和・平成 57年6月3日生	男・女	続柄 妻	住民となった年月日 明治・大正・昭和・平成 16年4月1日	住民票コード 23456789012
2	本籍	東京都高尾市東町1丁目6番地1			筆頭者の氏名 山川太郎	個人番号 222233334444
						備考
	昭和・平成 16年4月1日 東京都陣馬市東山町3丁目260番地			から 転入・転居		
	平成 年 月 日			へ転出予定	平成 年 月 日届出	
	平成 年 月 日			へ転出	平成 年 月 日通知	

		明治・大正・昭和・平成 年 月 日生	男・女	続柄	住民となった年月日 明治・大正・昭和・平成 年 月 日	住民票コード
3	本籍				筆頭者の氏名	個人番号
						備考
	昭和・平成 年 月 日			から 転入・転居		
	平成 年 月 日			へ転出予定	平成 年 月 日届出	
	平成 年 月 日			へ転出	平成 年 月 日通知	

408 第8章 転　　出

(2) 転出後14日以内に届出された場合

ア 届出書の記入【記載例 No.78】

(ア) 異動の日欄に，実際に転出した年月日を記入させる。

(イ) 住所，転出先及び各々の住所での世帯主氏名を正確に記入させる。

(ウ) 転出した者全員の氏名，出生の年月日，男女の別，世帯主との続柄，戸籍の表示を住民票記載のとおり記入させる。

(エ) その他の注意については，「第8章―第3」（394頁以下）参照。

イ 住民票の記載【記載例 No.79】

(ア) 消除事由欄に，転出年月日，転出先を記載し，「転出」の不動文字を○で囲む。

(イ) 消除備考欄に，転出届出の「年月日」を記載する。

【記載例 No.78】

【記載例 No. 79】

ふりがな	やま かわ た ろう	生 年 月 日	男女の別	続 柄	住民となった年月日
氏名	山 川 太 郎	明治 大正 ㊐昭和 平成 55年4月1日生	㊚男 女	世帯主	明治 大正 昭和 ㊢平成 16年4月1日
世帯主	山川太郎				住民票コード
住	東町1丁目6番地1	平成16年4月10日届出			12345678901
		平成 年 月 日転居	平成 年 月 日届出		個人番号
所		平成 年 月 日転居	平成 年 月 日届出		111122223333
本籍	東京都高尾市東町1丁目6番地1	筆頭者の氏名	山川太郎		備考 平成30年10月1日 消除 ┌除 票┐
前住所	昭和 ㊢平成 16年4月1日東京都陣馬市東山町3丁目260番地		㊟転入 転居から		
転出	平成 30年9月20日東京都深大寺市北山町1丁目5番10号		㊟転出 予定へ		平成 30年10月1日届出
	平成 年 月 日		転出 予定へ		平成 年 月 日通知

住民票 東京都高尾市

ふりがな	やま かわ はな こ	生 年 月 日	男女の別	続 柄	住民となった年月日
氏名	山 川 花 子	明治 大正 ㊐昭和 平成 57年6月3日生	男 ㊛女	妻	明治 大正 昭和 ㊢平成 16年4月1日
世帯主	山川太郎				住民票コード
住	東町1丁目6番地1	平成16年4月10日届出			23456789012
		平成 年 月 日転居	平成 年 月 日届出		個人番号
所		平成 年 月 日転居	平成 年 月 日届出		222233334444
本籍	東京都高尾市東町1丁目6番地1	筆頭者の氏名	山川太郎		備考 平成30年10月1日 消除 ┌除 票┐
前住所	昭和 ㊢平成 16年4月1日東京都陣馬市東山町3丁目260番地		㊟転入 転居から		
転出	平成 30年9月20日東京都深大寺市北山町1丁目5番10号		㊟転出 予定へ		平成 30年10月1日届出
	平成 年 月 日		転出 予定へ		平成 年 月 日通知

住民票 東京都高尾市

410　第8章　転　　出

(ウ)　備考欄に「○年○月○日消除」と記載し,「除票」の表示をする。

(3)　転出後15日以上経過して届出された場合

ア　届出書の記入【記載例 No. 80】

(ア)　「申出書」に✓印をし,異動事由は転出と職権消除を○で囲む。

(イ)　異動の日欄に,実際に転出した年月日を記入させる。

(ウ)　住所,転出先及び各々の住所での世帯主氏名を正確に記入させる。

(エ)　転出した者全員の氏名,出生の年月日,男女の別,世帯主との続柄,戸籍の表示を住民票記載のとおり記入させる。

(オ)　その他の注意については,「第8章―第3」(394頁以下)参照。

イ　住民票の記載【記載例 No. 81】

(ア)　消除事由欄に,転出年月日,転出先を記載し,「転出」の不動

【記載例 No. 80】

文字を〇で囲む。

(イ)　消除備考欄に，転出届出の「年月日」を記載する。

【記載例 No. 81】

ふりがな	やま かわ た ろう	生年月日	男女の別	続柄	住民となった年月日
氏名	山川太郎	明治 大正 ㊪昭和 平成 55年4月1日生	㊚男 女	世帯主	明治 大正 昭和 ㊴平成 16年4月1日
世帯主	山川太郎				住民票コード
					12345678901
住	東町1丁目6番地1		平成 16年4月1日届出		個人番号
		平成　年　月　日転居	平成　年　月　日届出		111122223333
所		平成　年　月　日転居	平成　年　月　日届出		備考
本籍	東京都高尾市東町1丁目6番地1		筆頭者の氏名	山川太郎	平成30年10月1日職権消除 ［除票］
前住所	昭和 ㊴平成 16年4月1日東京都陣馬市東山町3丁目260番地		から ㊟転入 転居		
転出	平成 30年9月12日東京都深大寺市北山町1丁目5番10号		へ ㊟転出 予定	平成 30年10月1日届出	
	平成　年　月　日		へ 転出 予定	平成　年　月　日通知	

ふりがな	やま かわ はな こ	生年月日	男女の別	続柄	住民となった年月日
氏名	山川花子	明治 大正 ㊪昭和 平成 57年6月3日生	男 ㊛女	妻	明治 大正 昭和 ㊴平成 16年4月1日
世帯主	山川太郎				住民票コード
					23456789012
住	東町1丁目6番地1		平成 16年4月1日届出		個人番号
		平成　年　月　日転居	平成　年　月　日届出		222233334444
所		平成　年　月　日転居	平成　年　月　日届出		備考
本籍	東京都高尾市東町1丁目6番地1		筆頭者の氏名	山川太郎	平成30年10月1日職権消除 ［除票］
前住所	昭和 ㊴平成 16年4月1日東京都陣馬市東山町3丁目260番地		から ㊟転入 転居		
転出	平成 30年9月12日東京都深大寺市北山町1丁目5番10号		へ ㊟転出 予定	平成 30年10月1日届出	
	平成　年　月　日		へ 転出 予定	平成　年　月　日通知	

住民票　東京都高尾市

412　第8章 転　出

　　　(ウ)　備考欄に,「○年○月○日職権消除」と記載し,「除票」の表示
　　　　をする。
　　ウ　その他
　　　　転出証明書に代えて,「転出証明書に準ずる証明書」を交付する。
　(4)　転出後15日以上経過しており, 既に職権消除されている世帯か
　　ら届出された場合
　　ア　届出書の記入【記載例 No. 82】
　　　(ア)　「申出書」に✓印をし, 異動事由は転出を○で囲む。備考欄に
　　　　は住民票に記載されている「○年○月○日実態調査により○年○
　　　　月○日職権消除」の事項を記入する。
　　　(イ)　異動の日欄に, 実際に転出した年月日を記入させる。
　　　(ウ)　住所, 転出先及び各々の住所での世帯主氏名を正確に記入させ

【記載例 No. 82】

（※）本籍欄以外の方がいる場合には、備考欄にその方の本籍地番と筆頭者名を記入して下さい。

第7　届出書の記入と住民票記載の具体例　　*413*

る。

　㈍　旧住所欄は，職権消除されている最終住民記録地を記入させ，

　　　新住所欄は，その直後の転出地住所を記入させる。

　㈎　転出した者全員の氏名，出生の年月日，男女の別，世帯主との

　　　続柄，戸籍の表示を住民票記載のとおり記入させる。

　㈏　その他の注意については，「第8章―第3」（394頁以下）参照。

イ　住民票の記載【記載例 No. 83】

　㈠　消除事由欄に，転出年月日，転出先を記載し，「転出」の不動

　　　文字を○で囲む。

　㈡　消除備考欄に，転出届出の「年月日」を記載する。

ウ　その他

　　　転出証明書は交付できないので，転出証明書に準ずる証明書を交

　　付する。

【記載例 No. 83】

ふりがな	やま　かわ　た　ろう	生　年　月　日	男女の別	続　柄	住民となった年月日
氏名	山 川 太 郎	明治 大正 ㊐昭和 平成 55年4月1日生	㊚男 女	世帯主	明治 大正 昭和 ㊶平成 16年4月1日

住民票　東京都高尾市

世帯主	山川太郎		住民票コード 12345678901
住所	東町1丁目6番地1	平成 16年4月1日届出	個人番号 111122223333
		平成　　年　　月　　日転居	平成　　年　　月　　日届出	
		平成　　年　　月　　日転居	平成　　年　　月　　日届出	備　考
本籍	東京都高尾市東町1丁目6番地1	筆頭者の氏名 山川太郎	平成30年8月10日実態調査により平成30年8月13日職権消除 除　票
前住所	昭和 ㊶平成 16年4月1日東京都むさし市東3丁目4番5号	から ㊞転入 転居	
転出	平成 30年5月15日東京都氷川市西本町1丁目1番1号	へ ㊞転出 予定	平成 30年10月1日届出
	平成　　年　　月　　日	へ 転出 予定	平成　　年　　月　　日通知

414 第8章 転 出

2 一部転出

(1) 転出予定日前に世帯主の転出届がされた場合

ア 届出書の記入【記載例 No. 84】

(ア) 転出届と世帯主変更届の併合処理とし，異動事由の転出と世帯
変更を○で囲み変更の事由を明記する。

(イ) 異動の日欄に，転出の予定年月日を記入させる。

(ウ) 住所，転出先及び各々の住所での世帯主氏名を正確に記入させ
る。

(エ) 転出する者全員の氏名，出生の年月日，男女の別，世帯主との
続柄を住民票記載のとおり記入させる。

(オ) 届出書の「世帯主変更による続柄修正欄」に転出する者を除き
全員の氏名，新旧の続柄を記入する。

(カ) その他の注意については，「第8章—第3」（394頁以下）参照。

イ 住民票の記載【記載例 No. 85】

(ア) 転出する者の住民票については，消除事由欄に，転出予定年月
日，転出先を記載する。

(イ) 消除備考欄に，転出届出の「年月日」を記載する。

(ウ) 住民票の消除は，転出予定年月日をもって，備考欄に「○年○
月○日消除」と記載し，消除事由欄の「転出予定」のうち，「転
出」の文字を○で囲み，備考欄に「除票」の表示をする。

(エ) 既存の世帯の者について，届出書に記入されている新世帯主氏
名に世帯主欄を修正する。また続柄を新世帯主との続柄に修正し，
備考欄に「○年○月○日世帯主変更○年○月○日届出により続柄
修正」と記載する。

(オ) この場合の続柄修正年月日は，転出予定年月日とする。ただし，
事後の届出の場合には，届出年月日をもって処理する。

第7 届出書の記入と住民票記載の具体例　　**415**

【記載例 No. 84】

住 民 異 動 届

（※届出人本人による署名の場合，押印は必要ありません。）

東京都高尾市長　殿

□申出書　□職権記載書

●住民票コードは，転入時のみ記入して下さい。
●太枠内の事項をボールペン等ではっきりと記入，○印をして下さい。

届出年月日	平成 30年10月1日								
異動年月日	平成 30年10月8日	全部・一部	1 転入	2 転居	③ 転出	④ 世帯変更	5 職権記載	6 職権消除	7 職権修正	8 職権回復	（世帯主変更）

届出人	①.本人　2.世帯主　3.代理人（　　）
	ふりがな　やま かわ　た ろう
氏名	山川太郎 ㊞
住所（代理人のみ）	
電話（自宅）呼出・勤務先・携帯　042-123-4567	

これからの住所	東京 都道府県 深大寺 郡市区 北山町1丁目5番10号	これからの世帯主	山川太郎
いままでの住所	東京 都道府県 高尾 郡市区 東町1丁目6番地1	いままでの世帯主	山川太郎
本籍（※）	東京 都道府県 高尾 郡市区 東町1丁目6番地1	筆頭者	山川太郎

	氏　名	生年月日	性別	続柄	住民票コード	備考
1	ふりがな　やま かわ　た ろう 山川太郎	明・大・㊼・平 55・4・1	⑨男・女	世帯主		
2	ふりがな	明・大・昭・平 ・・	男・女			
3	ふりがな	明・大・昭・平 ・・	男・女			
4	ふりがな	明・大・昭・平 ・・	男・女			
5	ふりがな	明・大・昭・平 ・・	男・女			

（※）本籍欄以外の方がいる場合には，備考欄にその方の本籍地番と筆頭者名を記入して下さい。

世帯主変更による続柄修正			
	氏　　名	旧	新
1	山川花子	妻	世帯主
2	山川一郎	父	夫の父
3			
4			
5			

416 第8章 転 出

【記載例 No. 85】

ふりがな	やま かわ た ろう	生 年 月 日	男女の別	続 柄	住民となった年月日
氏名	山 川 太 郎	明治 大正 ㊵昭和 平成 55年4月1日生	㊚男 女	世帯主	明治 大正 昭和 ㊵平成 16年4月1日
世帯主	山川太郎				住民票コード
					12345678901
住所	東町1丁目6番地1	平成 16年4月1日届出			個人番号
		平成　年　月　日転居	平成　年　月　日届出		111122223333
		平成　年　月　日転居	平成　年　月　日届出		備考
本籍	東京都高尾市東町1丁目6番地1	筆頭者の氏名	山川太郎		平成30年10月8日 消除
					除 票
前住所	昭和 ㊵平成 16年4月1日東京都陣馬市東山町3丁目260番地		から ㊵転入 転居		
転出	平成 30年10月8日東京都深大寺市北山町1丁目5番10号		へ ㊵転出 予定		平成 30年10月1日届出
	平成　年　月　日		へ 転出 予定		平成　年　月　日通知

既存の世帯の住民票

ふりがな	やま かわ はな こ	生 年 月 日	男女の別	続 柄	住民となった年月日
氏名	山 川 花 子	明治 大正 ㊵昭和 平成 57年6月3日生	男 ㊛女	世帯主 妻	明治 大正 昭和 ㊵平成 16年4月1日
世帯主	~~山川太郎~~ 山川花子				住民票コード
					23456789012
住所	東町1丁目6番地1	平成 16年4月1日届出			個人番号
		平成　年　月　日転居	平成　年　月　日届出		222233334444
		平成　年　月　日転居	平成　年　月　日届出		備考
本籍	東京都高尾市東町1丁目6番地1	筆頭者の氏名	山川太郎		平成30年10月8日世帯 主変更平成30年10月1 日届出により続柄修正
前住所	昭和 ㊵平成 16年4月1日東京都陣馬市東山町3丁目260番地		から ㊵転入 転居		
転出	平成　年　月　日		へ 転出 予定		平成　年　月　日通知
	平成　年　月　日		へ 転出 予定		平成　年　月　日通知

住民票　東京都高尾市

第7 届出書の記入と住民票記載の具体例　**417**

ふりがな	やま かわ いち ろう	生　年　月　日	男女の別	続　柄	住民となった年月日
氏名	山川一郎	明治 大正 昭和 平成 28年8月10日生	男 女	夫の父 父	明治 大正 昭和 平成 16年4月1日
世帯主	山川太郎　山川花子				住民票コード
					34567890123
住所	東町1丁目6番地1		平成 16年4月1日届出		個人番号
		平成 年 月 日転居	平成 年 月 日届出		333344445555
		平成 年 月 日転居	平成 年 月 日届出		備　考
本籍	東京都多摩川市西山町1丁目1番地		筆頭者の氏名	山川一郎	平成30年10月8日世帯主変更平成30年10月1日届出により続柄修正
前住所	昭和 平成 16年4月1日東京都陣馬市東山町3丁目260番地			転入 から 転居	
転出	平成 年 月 日			へ 転出予定	平成 年 月 日通知
	平成 年 月 日			へ 転出予定	平成 年 月 日通知

住民票　東京都高尾市

3　国外への転出

（1）　世帯の全員が国外に転出した場合

ア　届出書の記入【記載例 No. 86】

(ア)　異動の日欄に出国の予定年月日を記入させる。

(イ)　転出先は，国外の住所であっても国内の住所記載と異なることなく外国の住所を漢字，若しくはカタカナで具体的に記入させる。

　　　なお，国名の記載の方法は通称名でもよいとされ，例えば，アメリカ合衆国を「米国」，中華人民共和国を「中国」と記載しても差し支えない。

(ウ)　住所及びその世帯主氏名を正確に記入させる。

(エ)　転出する者全員の氏名，出生の年月日，男女の別，世帯主との続柄を住民票記載のとおり記入させる。

(オ)　その他の注意については，「第8章—第3」（394頁以下）参照。

418   第8章 転　出

【記載例 No. 86】

住 民 異 動 届

（※届出人本人による署名の場合、押印は必要ありません。）

□申出書　□職権記載書

●住民票コードは、転入時のみ記入して下さい。
●太枠内の事項をボールペン等ではっきりと記入、○印をして下さい。

東京都高尾市長　殿

届出年月日	平成 30年10月1日	
異動年月日	平成 30年10月12日	

1 全部 一部	2 転入	③ 転居	4 転出	5 世帯変更	6 職権記載	7 職権消除	8 職権修正	職権回復

	届出人	①本人　2.世帯主　3.代理人（　　）
	ふりがな	やまかわ　たろう
	氏名	山川太郎　㊞
	住所（代理人のみ）	
	電話（自宅）呼出・勤務先・携帯　042-123-4567	

これからの住所	米国カリフォルニア 都道府県	ハリウッド 郡市区	10番街6	これからの世帯主	山川太郎
いままでの住所	東京 道府県	高尾 郡市区	東町1丁目6番地1	いままでの世帯主	山川太郎
本籍（※）	東京 道府県	高尾 郡市区	東町1丁目6番地1	筆頭者	山川太郎

	氏名	生年月日	性別	続柄	住民票コード	備考
1	ふりがな やまかわ　たろう 山川太郎	明・大・昭・平 55・4・1	男・女	世帯主		
2	ふりがな やまかわ　はなこ 山川花子	明・大・昭・平 57・6・3	男・女	妻		
3	ふりがな	明・大・昭・平	男・女			
4	ふりがな	明・大・昭・平	男・女			
5	ふりがな	明・大・昭・平	男・女			

（※）本籍欄以外の方がいる場合には、備考欄にその方の本籍地番と筆頭者名を記入して下さい。

イ　住民票の記載【記載例 No. 87】

　㋐　消除事由欄に，転出予定年月日，転出先を記載する。

　㋑　消除備考欄に，転出届出の「年月日」を記載する。

　㋒　住民票の消除は，転出予定年月日をもって，備考欄に「○年○月○日消除」と記載し，消除事由欄の「転出予定」のうち，「転出」の文字を○で囲み，備考欄に「除票」の表示をする。

ウ　その他

　㋐　国外への転出の場合には，転出証明書（令24条１項）及び転出証明書に準ずる証明書の交付は要しない。

　㋑　本籍地に国外へ転出した旨を通知する（法19条１項）。

第7 届出書の記入と住民票記載の具体例　　*419*

【記載例 No. 87】

ふりがな	やま かわ た ろう	生 年 月 日	男女の別	続 柄	住民となった年月日
氏 名	山 川 太 郎	明治 大正 ㊇昭和 平成 55年4月1日生	㊚男 女	世帯主	明治 大正 昭和 ㊉平成 16年4月1日
世帯主	山川太郎				住民票コード
					12345678901
住 所	東町1丁目6番地1	平成 16年4月1日届出			個人番号
		平成　年　月　日転居	平成　年　月　日届出		111122223333
		平成　年　月　日転居	平成　年　月　日届出		備 考
本 籍	東京都高尾市東町1丁目6番地1	筆頭者の氏名	山川太郎		平成30年10月12日 消除　　　　［除 票］
前住所	昭和 ㊉平成 16年4月1日東京都陣馬市東山町3丁目260番地		から ㊉転入 転居		
転	平成 30年10月12日米国カリフォルニア州ハリウッド市10番街6		へ ㊉転出 予定	平成 30年10月1日届出	
出	平成　年　月　日		へ 転出 予定	平成　年　月　日通知	

ふりがな	やま かわ はな こ	生 年 月 日	男女の別	続 柄	住民となった年月日
氏 名	山 川 花 子	明治 大正 ㊇昭和 平成 57年6月3日生	男 ㊛女	妻	明治 大正 昭和 ㊉平成 16年4月1日
世帯主	山川太郎				住民票コード
					23456789012
住 所	東町1丁目6番地1	平成 16年4月1日届出			個人番号
		平成　年　月　日転居	平成　年　月　日届出		222233334444
		平成　年　月　日転居	平成　年　月　日届出		備 考
本 籍	東京都高尾市東町1丁目6番地1	筆頭者の氏名	山川太郎		平成30年10月12日 消除　　　　［除 票］
前住所	昭和 ㊉平成 16年4月1日東京都陣馬市東山町3丁目260番地		から ㊉転入 転居		
転	平成 30年10月12日米国カリフォルニア州ハリウッド市10番街6		へ ㊉転出 予定	平成 30年10月1日届出	
出	平成　年　月　日		へ 転出 予定	平成　年　月　日通知	

住民票　東京都高尾市

420　第8章　転　　出

4　戸籍の変動を伴う転出

(1)　出生届出済みで出生日よりも過去にさかのぼった転出日で届出された場合

ア　届出書の記入【記載例 No. 88】

(ア)　「申出書」に✓印をし，異動事由は転出と職権消除を○で囲む。

(イ)　異動の日欄に，実際に転出した年月日を記入させる。

(ウ)　住所，転出先及び各々の住所での世帯主氏名を正確に記入させる。

(エ)　子が既に住民票に記載されている場合には，出生届による記載は誤りであるので，職権消除した上，子を除く転出した者全員の氏名，出生年月日，男女の別，世帯主との続柄，戸籍の表示を住民票記載のとおり記入させ，備考欄に「○○は，○年○月○日出生○年○月○日出生届出（通知）」と記入する。

(オ)　他市町村に出生届出をした等の理由により住民票に記載のない場合は，母子手帳等出生を証明する書類を添付し，転入届を行うよう指導する。この場合，届出書には子の記入は要しない。

(カ)　その他の注意については，「第8章—第3」（394頁以下）参照。

イ　住民票の記載【記載例 No. 89】

(ア)　既に記載されている子の住民票については，備考欄に「○年○月○日職権消除」と記載し，「除票」の表示をする。

(イ)　転出する者の消除事由欄に，転出年月日，転出先を記載し，「転出」の不動文字を○で囲む。

(ウ)　消除備考欄に，転出届出の「年月日」を記載する。

(エ)　備考欄に，転出後14日以内の届出ならば「○年○月○日消除」，転出後15日を経過している場合は「○年○月○日職権消除」と記載し，「除票」の表示をする。

ウ　その他

転出証明書は交付できないので，転出証明書に準ずる証明書を交付する。

第7 届出書の記入と住民票記載の具体例 **421**

【記載例 No. 88】

住 民 異 動 届

(※届出本人による署名の場合、押印は必要ありません。)

東京都高尾市長　殿　　☑申出書 □職権記載書

	1.本人 2.世帯主 3.代理人（　）
届出人	ふりがな　やま かわ　た ろう
	氏名　山 川 太 郎　㊞
	住所（代理人のみ）
	電話（自宅）呼出・勤務先・携帯 042-123-4567

※住民票コードは、転入時のみ記入して下さい。
※太枠内の事項をボールペン等ではっきりと記入し、㊞をして下さい。

届出年月日	平成 30年10月1日	異動年月日	平成 30年9月5日

1 全部 一部	2 転入	3 転居	4 転出	5 世帯変更	6 職権記載	7 職権消除	8 職権回復

これからの住所	東京（都道府県）氷川（郡市区）西本町1丁目1番1号	これからの世帯主	山 川 太 郎
いままでの住所	東京（都道府県）高尾（郡市区）東町1丁目6番地1	いままでの世帯主	山 川 太 郎
本籍（※）	東京（都道府県）高尾（郡市区）東町1丁目6番地1	筆頭者	山 川 太 郎

	氏名	生年月日	性別	続柄	住民票コード	備考
1	ふりがな やま かわ た ろう 山 川 太 郎	明・大・㊵・平 55・4・1	ⓜ女	世帯主		長女「山川京子」は平成30年9月15日出生 平成30年9月20日出生届出
2	ふりがな やま かわ はな こ 山 川 花 子	明・大・㊵・平 57・6・3	男・ⓦ	妻		
3	ふりがな	明・大・昭・平	男・女			
4	ふりがな	明・大・昭・平	男・女			
5	ふりがな	明・大・昭・平	男・女			

(※) 本籍欄以外の方がいる場合には、備考欄にその方の本籍地番と筆頭者名を記入して下さい。

【記載例 No. 89】

	ふりがな	やま かわ た ろう	生 年 月 日	男女の別	続 柄	住民となった年月日
	氏名	山 川 太 郎	明治 大正 ㊋ 平成 55年4月1日生	ⓜ女	世帯主	明治 大正 昭和 ㋐ 16年4月1日

住 民 票　東京都高尾市

世帯主	山 川 太 郎				住民票コード
					12345678901
住所	東町1丁目6番地1		平成 16年4月1日届出		個人番号
		平成　年 月 日転居	平成　年 月 日届出		111122223333
		平成　年 月 日転居	平成　年 月 日届出		備考 平成30年10月1日 職権消除
本籍	東京都高尾市東町1丁目6番地1		筆頭者の氏名	山 川 太 郎	除 票
前住所	昭和 ㋐ 16年4月1日 東京都陣馬市東山町3丁目260番地			から 転入 転居	
転出	平成 30年9月5日 東京都氷川市西本町1丁目1番1号			へ 転出予定	平成 30年10月1日届出
	平成　年 月 日			へ 転出予定	平成　年 月 日通知

住民票　東京都高尾市

ふりがな	やま　かわ　はな　こ	生年月日	男女の別	続柄	住民となった年月日
氏名	山川花子	明治 大正 昭和 平成　昭和57年6月3日生	男 女	妻	明治 大正 昭和 平成　16年4月1日
世帯主	山川太郎				住民票コード　23456789012
住所	東町1丁目6番地1	平成16年4月1日届出			個人番号　222233334444
		平成　年月日転居	平成　年月日届出		
		平成　年月日転居	平成　年月日届出		備考　平成30年10月1日職権消除
本籍	東京都高尾市東町1丁目6番地1	筆頭者の氏名	山川太郎		除票
前住所	昭和 平成16年4月1日東京都陣馬市東山町3丁目260番地			から 転入 転居	
転出	平成30年9月5日東京都氷川市西本町1丁目1番1号			へ 転出予定	平成30年10月1日届出
	平成　年月日			へ 転出予定	平成　年月日通知

既に記載されている子の住民票

住民票　東京都高尾市

ふりがな	やま　かわ　きょう　こ	生年月日	男女の別	続柄	住民となった年月日
氏名	山川京子	明治 大正 昭和 平成30年9月15日生	男 女	子	明治 大正 昭和 平成　30年9月15日
世帯主	山川太郎				住民票コード　67890123456
住所	東町1丁目6番地1	平成30年9月20日届出			個人番号　666677778888
		平成　年月日転居	平成　年月日届出		
		平成　年月日転居	平成　年月日届出		備考　平成30年9月20日戸籍届出により記載
本籍	東京都高尾市東町1丁目6番地1	筆頭者の氏名	山川太郎		平成30年10月1日職権消除
前住所	昭和 平成30年9月15日　　出生			から 転入 転居	除票
転出	平成　年月日			へ 転出予定	平成　年月日通知
	平成　年月日			へ 転出予定	平成　年月日通知

第7 届出書の記入と住民票記載の具体例　*423*

(2)　**死亡届出済みで死亡日よりも過去にさかのぼった転出日で届出された場合**

　ア　届出書の記入【記載例 No. 90】

　　(ア)　異動の日欄に，実際に転出した年月日を記入させる。

　　(イ)　住所，転出先及び各々の住所での世帯主氏名を正確に記入させる。

　　(ウ)　死亡した者を含む転出した者全員の氏名，出生の年月日，男女の別，世帯主との続柄を住民票記載のとおり記入させ，備考欄に「○○は，○年○月○日死亡○年○月○日死亡届出（通知）」と記入する。

　　(エ)　その他の注意については，「第8章―第3」（394頁以下）参照。

【記載例 No. 90】

住 民 異 動 届

（※届出人本人による署名の場合、押印は必要ありません。）

東京都高尾市長　殿

□申出書　□職権記載書

①本人　2.世帯主　3.代理人（　）
ふりがな　やま かわ　た ろう
届出人　氏 名　山川太郎　㊞
住所（代理人のみ）
電話（自宅）呼出・勤務先・携帯　042-123-4567

届出年月日	平成 30年10月1日	※住民コードは、転入時のみ記入して下さい。※太枠内の事項をボールペン等ではっきりと記入、○印をして下さい。
異動年月日	平成 30年9月18日	

全部・一部 / 転入 / 転居 / 転出 / 世帯変更 / 職権記載 / 職権消除 / 職権修正 / 職権回復

これからの住所	東京(都道府県) 深大寺(郡市区) 北山町1丁目5番10号	これからの世帯主　山川太郎
いままでの住所	東京(都道府県) 高尾(郡市区) 東町1丁目6番地1	いままでの世帯主　山川太郎
本籍(※)	東京(都道府県) 高尾(郡市区) 東町1丁目6番地1	筆頭者　山川太郎

	氏　名	生年月日	性別	続柄	住民票コード	備　考
1	ふりがな　やま かわ　た ろう　山川太郎	明・大・昭・平 55・4・1	男・女	世帯主		③の本籍東京都多摩川市西山町1丁目1番地筆頭者山川一郎③は平成30年9月20日死亡平成30年9月22日死亡届出
2	ふりがな　やま かわ　はな こ　山川花子	明・大・昭・平 57・6・3	男・女	妻		
3	ふりがな　やま かわ　いち ろう　山川一郎	明・大・昭・平 28・8・10	男・女	父		
4	ふりがな	明・大・昭・平	男・女			
5	ふりがな	明・大・昭・平	男・女			

（※）　本籍欄以外の方がいる場合には、備考欄にその方の本籍地番と筆頭者名を記入して下さい。

424 第8章 転　出

イ　住民票の記載【記載例 No. 91】

(ア)　死亡で消除されている者の住民票中，消除事項を消除し，転出
年月日，転出先を記載したうえ「転出」の不動文字を○で囲む。
また備考欄に，「○年○月○日転出届出により消除事項修正」と
記載する。

(イ)　死亡者以外の住民票については，消除事由欄に，転出年月日，
転出先を記載し，「転出」の不動文字を○で囲む。

(ウ)　消除備考欄に，転出届出の「年月日」を記載する。

(エ)　備考欄に，「○年○月○日消除」と記載し，「除票」の表示をす
る。

【記載例 No. 91】

ふりがな	やま かわ た ろう	生 年 月 日	男女の別	続 柄	住民となった年月日
氏名	山 川 太 郎	明治 大正 **昭和** 平成　55年4月1日生	**男** 女	世帯主	明治 大正 昭和 **平成**　16年4月1日
世帯主	山川太郎				住民票コード
					12345678901
住所	東町1丁目6番地1		平成 16年4月1日届出		個人番号
		平成　年　月　日転居	平成　年　月　日届出		111122223333
		平成　年　月　日転居	平成　年　月　日届出		備考
本籍	東京都高尾市東町1丁目6番地1		筆頭者の氏名	山川太郎	平成30年10月1日 消除
					除票
前住所	昭和 **平成**　16年4月1日東京都陣馬市東山町3丁目260番地		から	**転入** 転居	
転出	平成　30年9月18日東京都深大寺市北山町1丁目5番10号		**転出** 予定	平成　30年10月1日届出	
	平成　年　月　日			へ転出	平成　年　月　日通知

住　民　票　　東京都高尾市

死亡届出済の者の住民票 — 上段参考例

住民票 東京都高尾市				
ふりがな	やま かわ はな こ	生 年 月 日	男女の別	続 柄	住民となった年月日
氏名	山川花子	明治 大正 ㊐昭和 平成 57年6月3日生	男 ㊛女	妻	明治 大正 昭和 ㊛平成 16年4月1日
世帯主	山川太郎				住民票コード 23456789012
住所	東町1丁目6番地1	平成16年4月1日届出			個人番号 222233334444
		平成 年 月 日転居	平成 年 月 日届出		
		平成 年 月 日転居	平成 年 月 日届出		
本籍	東京都高尾市東町1丁目6番地1	筆頭者の氏名 山川太郎			備考 平成30年10月1日 消除 [除票]
前住所	昭和 ㊛平成 16年4月1日東京都陣馬市東山町3丁目260番地 から	[転入]転居			
転出	平成30年9月18日東京都深大寺市北山町1丁目5番10号へ[転出]予定				平成30年10月1日届出
	平成 年 月 日 へ転出				平成 年 月 日通知

死亡届出済の者の住民票

住民票 東京都高尾市				
ふりがな	やま かわ いち ろう	生 年 月 日	男女の別	続 柄	住民となった年月日
氏名	山川一郎	明治 大正 ㊐昭和 平成 28年8月10日生	㊚男 女	父	明治 大正 昭和 ㊛平成 16年4月1日
世帯主	山川太郎				住民票コード 34567890123
住所	東町1丁目6番地1	平成16年4月1日届出			個人番号 333344445555
		平成 年 月 日転居	平成 年 月 日届出		
		平成 年 月 日転居	平成 年 月 日届出		
本籍	東京都多摩川市西山町1丁目1番地	筆頭者の氏名 山川一郎			備考 平成30年9月22日 戸籍届出により消除 [除票] 平成30年10月1日 転出届出により消除 事項修正
前住所	昭和 ㊛平成 16年4月1日東京都陣馬市東山町3丁目260番地 から	[転入]転居			
転出	平成30年9月18日 20日 東京都深大寺市北山町1丁目5番10号へ転出 ~~死亡~~ [転出]予定				平成 年 月 日届出
	平成 年 月 日 へ転出				平成 年 月 日通知

426　　第8章　転　　出

5　その他の転出

(1)　世帯主と他の世帯員が同日に，それぞれ異なる市町村へ転出する場合

　ア　届出書の記入【記載例 No. 92, 93】

　　(ア)　世帯主と同一市町村へ転出する者は全部転出として，その他の世帯員は一部転出として届出書を記入させ，一部転出の届出を先に受理する。

　　(イ)　事後の届出についても，それぞれのケースの全部転出，一部転出に準ずる。

　　(ウ)　全部転出者の備考欄には「同日一部転出」，一部転出者の備考欄には「同日全部転出」と記入する。

【記載例 No. 92】　世帯主並びに共に転出する者の転出届

第7　届出書の記入と住民票記載の具体例　　*427*

【記載例 No. 93】　世帯員の転出届

住 民 異 動 届

（※届出人本人による署名の場合，押印は必要ありません。）

東京都高尾市長　殿

□申出書　　□職権記載書

◎住民票コードは，転入時のみ記入して下さい。

◎太枠内の事項をボールペン等ではっきりと記入、○印をして下さい。

届出年月日	平成 30年10月 1 日	全部・一部	1 転入	2 転居	③転出	4 世帯変更	5 職権記載	6 職権消除	7 職権修正	8 職権回復
異動年月日	平成 30年10月12日	（入居）								

				届出人	① 本人　2.世帯主　3.代理人（　）
これからの住所	東京 ㊟都府県 氷川 ㊞郡市区 西本町1丁目1番1号	これからの世帯主	山 川 一 郎	ふりがな	やま かわ いち ろう
				氏名	山川一郎 ㊞
いままでの住所	東京 ㊟都府県 高尾 ㊞郡市区 東町1丁目6番地1	いままでの世帯主	山 川 太 郎	住所（代理人のみ）	
本籍（※）	東京 ㊟都府県 多摩川 ㊞郡市区 西山町1丁目1番地	筆頭者	山 川 一 郎	電話（自宅）呼出・勤務先・携帯 042-123-4567	

	氏名 ふりがな	生年月日	性別	続柄	住民票コード	備考
1	やま かわ いち ろう 山 川 一 郎	明・大・㊐・平 28・8・10	⑨男・女	父		同日全部転出
2	ふりがな	明・大・昭・平 ・・	男・女			
3	ふりがな	明・大・昭・平 ・・	男・女			
4	ふりがな	明・大・昭・平 ・・	男・女			
5	ふりがな	明・大・昭・平 ・・	男・女			

（※）本籍欄以外の方がいる場合には、備考欄にその方の本籍地番と筆頭者名を記入して下さい。

428　第8章　転　　出

　イ　住民票の記載【記載例 No. 94】

　　㈠　世帯全部転出，一部転出の別にかかわりなく，個人別に消除さ
　　　れ，転出者の住民票は，常に除票となる。

　　㈡　消除事由欄に，転出予定年月日，転出先を記載する。

　　㈢　消除備考欄に，転出届出の「年月日」を記載する。

　　㈣　住民票の消除は，転出予定年月日をもって，備考欄に「○年○
　　　月○日消除」と記載し，消除事由欄の「転出予定」のうち，「転
　　　出」の文字を○で囲む。さらに備考欄に「除票」の表示をする。

【記載例 No. 94】

ふりがな	やま　かわ　た　ろう	生　年　月　日	男女の別	続　柄	住民となった年月日
氏名	山川太郎	明治 大正 ㊙昭和 平成　55年4月1日生	㊚男 女	世帯主	明治 大正 昭和 ㊙平成　16年4月1日
世帯主	山川太郎				住民票コード
					12345678901
住所	東町1丁目6番地1		平成 16年4月10日届出		個人番号
		平成　　年　月　日転居	平成　　年　月　日届出		111122223333
		平成　　年　月　日転居	平成　　年　月　日届出		備　考
本籍	東京都高尾市東町1丁目6番地1		筆頭者の氏名	山川太郎	平成30年10月12日 消除
					除票
前住所	昭和 ㊙平成　16年4月1日東京都陣馬市東山町3丁目260番地 から 転入 転居				
転出	平成　30年10月12日東京都深大寺市北山町1丁目5番10号 ㋖転出 予定 へ				平成 30年10月1日届出
	平成　　年　月　日 へ転出				平成　　年　月　日通知

住　民　票　東京都高尾市

第7　届出書の記入と住民票記載の具体例　　**429**

	ふりがな	やま　かわ　はな　こ	生　年　月　日	男女の別	続　柄	住民となった年月日
住民票　東京都高尾市	氏名	山川花子	明治 大正 ㊐昭和 平成 57年6月3日生	男 ㊛女	妻	明治 大正 昭和 ㊨平成 16年4月1日
	世帯主	山川太郎				住民票コード 23456789012
	住所	東町1丁目6番地1	平成16年4月10日届出			個人番号 222233334444
		平成　年　月　日転居	平成　年　月　日届出			
		平成　年　月　日転居	平成　年　月　日届出			備　考 平成30年10月12日 消除
	本籍	東京都高尾市東町1丁目6番地1	筆頭者の氏名	山川太郎		
						［除票］
	前住所	昭和 ㊨平成 16年4月1日東京都陣馬市東山町3丁目260番地	から転入 転居			
	転出	平成30年10月12日東京都深大寺市北山町1丁目5番10号	㊨転出 予定		平成30年10月1日届出	
		平成　年　月　日	へ転出		平成　年　月　日通知	

	ふりがな	やま　かわ　いち　ろう	生　年　月　日	男女の別	続　柄	住民となった年月日
住民票　東京都高尾市	氏名	山川一郎	明治 大正 ㊐昭和 平成 28年8月10日生	㊚男 女	父	明治 大正 昭和 ㊨平成 16年4月1日
	世帯主	山川太郎				住民票コード 34567890123
	住所	東町1丁目6番地1	平成16年4月10日届出			個人番号 333344445555
		平成　年　月　日転居	平成　年　月　日届出			
		平成　年　月　日転居	平成　年　月　日届出			備　考 平成30年10月12日 消除
	本籍	東京都多摩川市西山町1丁目1番地	筆頭者の氏名	山川一郎		
						［除票］
	前住所	昭和 ㊨平成 16年4月1日東京都陣馬市東山町3丁目260番地	から転入 転居			
	転出	平成30年10月12日東京都氷川市西本町1丁目1番1号	㊨転出 予定		平成30年10月1日届出	
		平成　年　月　日	へ転出		平成　年　月　日通知	

430 第8章 転 出

(2) 錯誤修正を伴う転出届がされた場合

ア 届出書の記入【記載例 No. 95】

(ア) 「申出書」に✓印をし，異動事由は転出と職権修正を○で囲み修正事項を明記する。

(イ) 届出書の各欄には，正しく記入させ，備考欄に修正事項を具体的に記入する。

(ウ) その他の記入方法は，【記載例 No. 75】（405頁参照）に準ずる。

イ 住民票の記載【記載例 No. 96】

(ア) 職権により当該事項を修正したうえで，転出の処理をする。

(イ) その他の記載方法は，【記載例 No. 76】（406頁参照）に準ずる。

【記載例 No. 95】

住 民 異 動 届

（※届出人本人による署名の場合、押印は必要ありません。）

東京都高尾市長　殿 　　☑申出書　　□職権記載書

①.本人　2.世帯主　3.代理人　（　）	
ふりがな　　やま かわ　た ろう	届出人
氏 名　　山 川 太 郎 印	
住所（代理人のみ）	
電話（自宅）呼出・勤務先・携帯　　042-123-4567	

●住民票コードは、転入時のみ記入して下さい。
●太枠内の事項をボールペン等ではっきりと記入して下さい。○印をして下さい。

		1 全部・一部	2 転入	3 転居	4 世帯変更	5 職権記載	6 職権消除	7 職権修正	8 職権回復	（住 所）
届出年月日	平成 30年10月1日									
異動年月日	平成 30年10月12日									

これからの住所	東京 都 深大寺 市 北山町1丁目5番10号	これからの世帯主	山 川 太 郎
いままでの住所	東京 都 高尾 市 東町1丁目6番地1	いままでの世帯主	山 川 太 郎
本籍（※）	東京 都 高尾 市 東町1丁目6番地1	筆頭者	山 川 太 郎

	氏 名	生年月日	性別	続柄	住民票コード
1	ふりがな やまかわ たろう 山 川 太 郎	明・大・昭・平 55・4・1	男・女	世帯主	
2	ふりがな やまかわ はなこ 山 川 花 子	明・大・昭・平 57・6・3	男・女	妻	
3	ふりがな	明・大・昭・平	男・女		
4	ふりがな	明・大・昭・平	男・女		
5	ふりがな	明・大・昭・平	男・女		

備 考

旧住所「東京都高尾市東町1丁目6番地11」は誤りにつき「東京都高尾市東町1丁目6番地1」と修正（公図により確認）

（※）本籍欄以外の方がいる場合には、備考欄にその方の本籍地番と筆頭者名を記入して下さい。

第7　届出書の記入と住民票記載の具体例　　**431**

【記載例 No. 96】

ふりがな	やま かわ た ろう	生 年 月 日	男女の別	続 柄	住民となった年月日
氏名	山 川 太 郎	明治 大正 ㊻昭和 平成 55年4月1日生	㊚男 女	世帯主	明治 大正 昭和 ㊝平成 16年4月1日
世帯主	山川太郎				住民票コード
					12345678901
住	東町1丁目6番地1		平成 16年4月10日届出		個人番号
		平成 年 月 日転居	平成 年 月 日届出		111122223333
所		平成 年 月 日転居	平成 年 月 日届出		備考
本	東京都高尾市東町1丁目6番地1		筆頭者の氏名	山川太郎	平成30年10月1日職権により住所修正
籍					平成30年10月12日消除
前住所	昭和 ㊝平成 16年4月1日東京都陣馬市東山町3丁目260番地		から ㊣転入 転居		除　票
転	平成 30年10月12日東京都深大寺市北山町1丁目5番10号		へ㊳転出 予定		平成 30年10月1日届出
出	平成 年 月 日		へ転出		平成 年 月 日通知

住民票　東京都高尾市

ふりがな	やま かわ はな こ	生 年 月 日	男女の別	続 柄	住民となった年月日
氏名	山 川 花 子	明治 大正 ㊻昭和 平成 57年6月3日生	男 ㊛女	妻	明治 大正 昭和 ㊝平成 16年4月1日
世帯主	山川太郎				住民票コード
					23456789012
住	東町1丁目6番地1		平成 16年4月10日届出		個人番号
		平成 年 月 日転居	平成 年 月 日届出		222233334444
所		平成 年 月 日転居	平成 年 月 日届出		備考
本	東京都高尾市東町1丁目6番地1		筆頭者の氏名	山川太郎	平成30年10月1日職権により住所修正
籍					平成30年10月12日消除
前住所	昭和 ㊝平成 16年4月1日東京都陣馬市東山町3丁目260番地		から ㊣転入 転居		除　票
転	平成 30年10月12日東京都深大寺市北山町1丁目5番10号		へ㊳転出 予定		平成 30年10月1日届出
出	平成 年 月 日		へ転出		平成 年 月 日通知

住民票　東京都高尾市

432　第8章　転　　出

(3)　転居届未済の者から転出届がされた場合

　住民票が消除されていない場合には，【記載例 No. 72】（389頁参照）の例に倣って転居処理を行った後，転出の処理をする。

　既に住民票が職権消除されていて，転出届があらかじめの届出である場合には，【記載例 No. 73】，【記載例 No. 74】（390頁参照）に倣って住民票を回復の上，転出の処理をする。

　住民票が職権消除されていて，転出届が転出後に出された場合には，既に当該市町村の区域内に住所を有しないので，回復をするまでもなく次のように処理する。

　ア　届出書の記入【記載例 No. 97】

　　(ア)　「申出書」に✓印をし，異動事由は転出と職権修正を○で囲み修正事項を明記する。

　　(イ)　新住所欄には，転出後の現在居住している住所，世帯主氏名を記入させる。

　　(ウ)　旧住所欄には，新住所欄に記入した住所の直前の住所を記入させる。

　　(エ)　異動の日欄には，実際に転出した年月日を記入させる。

　　(オ)　転出した者全員の氏名，出生の年月日，男女の別，世帯主との続柄，戸籍の表示を住民票記載のとおり記入させる。

　　(カ)　備考欄に，住民票に記載されている職権消除年月日を記入するとともに，消除された住所から転出直前の住所までの経過を具体的に記入する。

　　(キ)　その他の注意については，「第8章—第3」（394頁以下）参照。

　イ　住民票の記載【記載例 No. 98】

　　(ア)　届出書備考欄に記入された経過に従い住所の修正を行う。

　　(イ)　消除事由欄に転出年月日，転出先を記載する。

　　(ウ)　備考欄に，「○年○月○日届出により転居事項記載」，及び「○年○月○日届出により消除事由欄記載」と記載する。

第7 届出書の記入と住民票記載の具体例　　*433*

ウ　その他

　　転出証明書は交付できないので，転出証明書に準ずる証明書を交付する。

【記載例 No. 97】

住 民 異 動 届

（※届出人本人による署名の場合，押印は必要ありません。）

東京都高尾市長　殿

☑申出書　　□職権記載書

◎住民票コードは、転入時のみ記入して下さい。

	①. 本人　2. 世帯主　3. 代理人（　）
届出人	ふりがな　やま かわ　た ろう
	氏名　山 川 太 郎　㊞
	住所（代理人のみ）
	電話（自宅）呼出・勤務先・携帯 042-123-4567

届出年月日	平成 30年10月1日	◎太枠内の事項をボールペン等ではっきりと記入、○印をして下さい。
異動年月日	平成 30年9月12日	

	1 全部・一部	2 転入	③ 転出	4 世帯変更	5 職権記載	6 職権消除	⑦ 職権修正	8 （住所）

これからの住所	東京 （都）道府県　深大寺（郡）市区　北山町1丁目5番10号	これからの世帯主	山 川 太 郎
いままでの住所	東京 （都）道府県　高尾（郡）市区　東町1丁目6番地1	いままでの世帯主	山 川 太 郎
本籍（※）	東京 （都）道府県　高尾（郡）市区　東町1丁目6番地1	筆頭者	山 川 太 郎

	氏　名	生年月日	性別	続柄	住民票コード	備考
1	ふりがな　やま かわ　た ろう 山 川 太 郎	明・大・㊼・平 55・4・1	⑨男・女	世帯主		平成29年3月15日職権消除
2	ふりがな　やま かわ　はな こ 山 川 花 子	明・大・㊼・平 57・6・3	男・⑨女	妻		平成29年2月1日「東京都高尾市南町1丁目20番3号」から「東京都高尾市東町1丁目6番地1」へ転居
3	ふりがな	明・大・昭・平	男・女			
4	ふりがな	明・大・昭・平	男・女			
5	ふりがな	明・大・昭・平	男・女			

（※）本籍欄以外の方がいる場合には、備考欄にその方の本籍地番と筆頭者名を記入して下さい。

【記載例 No. 98】

住民票　東京都高尾市

ふりがな	やま　かわ　た　ろう	生　年　月　日	男女の別	続　柄	住民となった年月日
氏名	山川太郎	明治 大正 [昭和] 平成 55年4月1日生	[男] 女	世帯主	明治 大正 昭和 [平成] 16年4月1日
世帯主	山川太郎				住民票コード 12345678901
住所	~~南町1丁目20番3号~~		平成 16年4月10日届出		個人番号 111122223333
	東町1丁目6番地1	平成 29年2月1日転居	平成 30年10月1日届出		備考 平成29年3月1日実態調査により平成29年3月15日職権消除 [除票] 平成30年10月1日届出により転居事項記載 平成30年10月1日届出により消除事由欄記載
		平成 年　月　日転居	平成 年　月　日届出		
本籍	東京都高尾市東町1丁目6番地1	筆頭者の氏名	山川太郎		
前住所	昭和 [平成] 16年4月1日東京都陣馬市東山町3丁目260番地から [転入] 転居				
転出	平成 30年9月12日東京都深大寺市北山町1丁目5番10号へ 転出 予定				平成 30年10月1日届出
	平成 年　月　日へ転出				平成 年　月　日通知

住民票　東京都高尾市

ふりがな	やま　かわ　はな　こ	生　年　月　日	男女の別	続　柄	住民となった年月日
氏名	山川花子	明治 大正 [昭和] 平成 57年6月3日生	男 [女]	妻	明治 大正 昭和 [平成] 16年4月1日
世帯主	山川太郎				住民票コード 23456789012
住所	~~南町1丁目20番3号~~		平成 16年4月10日届出		個人番号 222233334444
	東町1丁目6番地1	平成 29年2月1日転居	平成 30年10月1日届出		備考 平成29年3月1日実態調査により平成29年3月15日職権消除 [除票] 平成30年10月1日届出により転居事項記載 平成30年10月1日届出により消除事由欄記載
		平成 年　月　日転居	平成 年　月　日届出		
本籍	東京都高尾市東町1丁目6番地1	筆頭者の氏名	山川太郎		
前住所	昭和 [平成] 16年4月1日東京都陣馬市東山町3丁目260番地から [転入] 転居				
転出	平成 30年9月12日東京都深大寺市北山町1丁目5番10号へ [転出] 予定				平成 30年10月1日届出
	平成 年　月　日へ転出				平成 年　月　日通知

第7 届出書の記入と住民票記載の具体例 **435**

(4) 転出届出に際し，転入先で特別養子縁組届を出す旨の申出が
あった場合

ア 届出書の記入

(ア) 記入上の注意は「第8章―第3」（394頁以下）参照。

イ 住民票の記載【記載例 No. 99】

(ア) 消除事由欄には転出日のみ記載し，転出先住所は記載せず，空
欄とする。

ウ その他

転出証明書を住民票の写しにより作成している場合には，住民票
に転出先住所が記載されず，転出証明書の要件を満たさないことと
なるので，この場合のみ届出書の複写によって転出証明書を作成す
る等の工夫が必要である。

【記載例 No. 99】

	ふりがな	やま かわ みち こ	生 年 月 日	男女の別	続 柄	住民となった年月日
住 民 票 東京都高尾市	氏 名	山 川 道 子	明治 大正 昭和 (平成) 17年10月10日生	男 (女)	子	明治 大正 昭和 (平成) 17年10月10日
	世帯主	山川太郎				住民票コード 98765432109
	住 所	東町1丁目6番地1		平成 17年10月15日届出		個人番号 999988887777
			平成 年 月 日転居	平成 年 月 日届出		備 考 平成17年10月15日戸 籍届出により記載 平成30年10月1日消除
			平成 年 月 日転居	平成 年 月 日届出		
	本 籍	東京都高尾市東町1丁目6番地1		筆頭者の氏名	山川太郎	除 票
	前住所	昭和 (平成) 17年10月10日　　出 生			から (転入) 転居	
	転	平成 30年9月30日　　（空欄）			へ (転出) 予定	平成 30年10月1日届出
	出	平成 年 月 日			へ転出	平成 年 月 日通知

436 第8章 転 出

6 転出証明書の再交付申請

(1) 届出書の記入【記載例 No.100】

ア 届出日，転出予定日，転出先，転出者等については，最初の届出のとおり記入させる。

イ 備考欄に，「○年○月○日再交付申請」と記入し，異動事由は転出を○で囲み，「再交付」と明記する。

ウ その他の注意については，「第8章─第4─4」（399頁以下）参照。

(2) 住民票の記載

住民票には一切手を加えない。

【記載例 No.100】

住 民 異 動 届

（※届出人本人による署名の場合、押印は必要ありません。）

東京都高尾市長　殿

□申出書　□職権記載書

※住民票コードは、転入時のみ記入して下さい。
◎太枠内の事項をボールペン等ではっきりと記入し、○印をして下さい。

届出年月日	平成 30年10月 1日	（全部・一部）（転入）（転居）（転出） 1 2 3 世帯変更 4 職権記載 5 職権消除 6 職権修正 7 職権回復 8 （再交付）
異動年月日	平成 30年10月20日	

①本人 2.世帯主 3.代理人（　）
ふりがな　やま かわ　た ろう
氏　名　山川太郎 印
住所（代理人のみ）
電話（自宅）呼出・勤務先・携帯
042-123-4567

これからの住所	東京（都道府県）氷川（郡市区）西本町1丁目1番1号	これからの世帯主	山 川 太 郎
いままでの住所	東京（都道府県）高尾（郡市区）東町1丁目6番地1	いままでの世帯主	山 川 太 郎
本籍（※）	東京（都道府県）高尾（郡市区）東町1丁目6番地1	筆頭者	山 川 太 郎

	氏　名	生年月日	性別	続柄	住民票コード	備考
1	ふりがな　やま かわ　た ろう 山川太郎	明・大・昭・平 55・4・1	男・女	世帯主		平成30年10月15日再交付申請
2	ふりがな　やま かわ　はな こ 山川花子	明・大・昭・平 57・6・3	男・女	妻		
3	ふりがな	明・大・昭・平 ・・	男・女			
4	ふりがな	明・大・昭・平 ・・	男・女			
5	ふりがな	明・大・昭・平 ・・	男・女			

（※）本籍欄以外の方がいる場合には、備考欄にその方の本籍地番と筆頭者名を記入して下さい。

7 転出予定計画の変更による転出取消し

(1) 転出予定日前に転出取消しをした場合

ア 申出書の記入【記載例 No. 101】

(ア) 「申出書」に✓印をし，異動事由欄には「転出取消し」と明記する。

(イ) 異動の日，旧住所及び戸籍の表示は空欄とする。

(ウ) 新住所欄は，転出届の時点に記録されていた住所を記入させる。

(エ) 転出を予定した者全員の氏名，出生年月日，男女の別，世帯主との続柄を住民票記載のとおり記入させる。

(オ) 備考欄に「〇年〇月〇日転出届出」と記入する。

(カ) その他の注意については，「第8章—第6」（403頁以下）参照。

イ 住民票の記載【記載例 No. 102】

(ア) 記載されている転出予定年月日，転出先を一重線で消除する。

(イ) 備考欄に，「〇年〇月〇日転出取消により転出事項消除」と記載する。

(2) 転出予定日経過後に転出取消しをした場合

この場合は，転出予定日経過により消除された住民票を職権回復する。「第10章—第7—3—(1)」（544頁）参照。

438　　第8章　転　　出

【記載例 No. 101】

住 民 異 動 届

（※届出人本人による署名の場合、押印は必要ありません。）

東京都高尾市長　殿

☑申出書　　□職権記載書

●住民票コードは、転入時のみ記入して下さい。
●太枠内の事項をボールペン等ではっきりと記入し、○印をして下さい。

		1	2	3	4	5	6	7	8	
届出年月日	平成 30年10月15日	全部・一部	転入居	転出	転居	世帯変更	職権記載	職権消除	職権修正	職権回復	転出取消し
異動年月日	平成　年　月　日									

届出人	1.本人　2.世帯主　3.代理人（　）
	ふりがな　やまかわ　たろう
氏　名	山川太郎　㊞
住所（代理人のみ）	
電話（自宅）・呼出・勤務先・携帯 042-123-4567

これからの住所	東京 ㊞道府県 高尾 郡㊞村 東町1丁目6番地1
これからの世帯主	山 川 太 郎

いままでの住所	都道府県　　郡市区
いままでの世帯主	

本　籍（※）	都道府県　　郡市区
筆頭者	

		氏　名	生年月日	性別	続柄	住民票コード	備　考
1	ふりがな	やまかわ　たろう	明・大・㊞・平 55・4・1	㊚女	世帯主		平成30年10月1日転出届出
		山川太郎					
2	ふりがな	やまかわ　はなこ	明・大・㊞・平 57・6・3	男・㊛	妻		
		山川花子					
3	ふりがな		明・大・昭・平	男・女			
4	ふりがな		明・大・昭・平	男・女			
5	ふりがな		明・大・昭・平	男・女			

（※）本籍欄以外の方がいる場合には、備考欄にその方の本籍地番と筆頭者名を記入して下さい。

【記載例 No. 102】

			生年月日	男女の別	続柄	住民となった年月日
	ふりがな	やまかわ　たろう	明治 大正 昭和 平成	㊚女	世帯主	明治 大正 昭和 平成 16年4月1日
氏 名		山 川 太 郎	55年4月1日生			

住 民 票 東 京 都 高 尾 市

世帯主	山川太郎			住民票コード 12345678901
住 所	東町1丁目6番地1		平成 16年4月10日届出	個人番号 111122223333
	平成　年　月　日転居	平成　年　月　日届出		
	平成　年　月　日転居	平成　年　月　日届出		備　考 平成30年10月15日転出取消により転出事項消除
本 籍	東京都高尾市東町1丁目6番地1		筆頭者の氏名 山川太郎	
前住所	昭和 平成 16年4月1日東京都陣馬市東山町3丁目260番地		から 転入転居	平成 30年10月1日届出
転 出	30年10月25日東京都深大寺市北山町1丁目5番10号		へ転出予定	
	平成　年　月　日		へ転出	平成　年　月　日通知

住民票　東京都高尾市

ふりがな	やま　かわ　はな　こ	生　年　月　日	男女の別	続　柄
氏名	山川花子	明治 大正 (昭和) 平成 57年6月3日生	男 (女)	妻

住民となった年月日：明治 大正 昭和 (平成) 16年4月1日

世帯主：山川太郎

住民票コード：23456789012

個人番号：222233334444

住所		
東町1丁目6番地1		平成16年4月10日届出
	平成　年　月　日転居	平成　年　月　日届出
	平成　年　月　日転居	平成　年　月　日届出

本籍：東京都高尾市東町1丁目6番地1

筆頭者の氏名：山川太郎

前住所：昭和 (平成) 16年4月1日東京都陣馬市東山町3丁目260番地から (転入) 転居

備考：平成30年10月15日転出取消により転出事項消除

転出	
平成 ~~30年10月25日東京都深大寺市北山町1丁目5番10号へ転出予定~~	平成 ~~30年10月1日届出~~
平成　年　月　日　へ転出	平成　年　月　日通知

第 9 章
世 帯 変 更

第9章

第1　世帯変更とは

1　世帯変更の定義

　世帯変更とは，住所の異動を伴わずにその属する世帯に変更のあった場合，及び既存世帯の世帯主に変更のあった場合をいう。

　前者には，世帯分離，世帯合併，世帯（構成）変更があり，後者には，世帯主変更がある。

2　世帯変更の種類

(1)　属する世帯の変更

　　ア　世帯分離

　　　　甲世帯の世帯員が，住所を異動せず新たに乙世帯を設けた場合

　　イ　世帯合併

　　　　甲世帯の全員が，住所を異動せず乙世帯に入り，一つの世帯を構成した場合

　　ウ　世帯（構成）変更

　　　　甲世帯の世帯員が，住所を異動せず乙世帯の世帯員となった場合

(2)　世帯主の変更

　　甲世帯の世帯主Ａの死亡，転入，転出，転居，又は世帯の主宰者たる地位の喪失等により，世帯員であったＢが世帯主となった場合

第2　届出事項

　世帯変更のあった者は，変更のあった日から14日以内に次の事項を届け出なければならない（法25条）。ただし届出の期間については，民法第140条の規定により変更のあった日の翌日から数える。

　(1)　変更があった者の氏名

　(2)　変更があった事項

　(3)　変更があった年月日

444 第9章 世帯変更

第3 世帯変更届出の受理

1 届出書記入の注意
(1) 異動事由の世帯変更を○で囲み，変更の種類を明記する。
(2) 異動年月日は，世帯に変更のあった年月日を記入させる。特に事由等がない場合は，届出日を世帯変更日とする。
(3) 住所は，新住所欄に記入し，戸籍の表示は，記入する必要はない。
(4) 新世帯主の氏名は，変更により新たに世帯主となった者，又は新たに所属することとなった世帯の世帯主の氏名を記入させる。
(5) 旧世帯主の氏名は，変更前の世帯主の氏名を記入させる。
(6) 世帯変更に該当する者全員の氏名を記入させる。
(7) 続柄は，すべて新世帯主との続柄を記入させる。
(8) その他の注意については，「第5章—第3—4」(276頁以下) 参照。

第4 届出書の記入と住民票記載の具体例

1 世帯員が新たに世帯を設けた場合 (世帯分離)
(1) 届出書の記入 【記載例 No. 103】
(2) 住民票の記載
　　ア 個人票の場合 【記載例 No. 104】
　　　(ア) 続柄を届出書に従って修正する。
　　　(イ) 旧世帯主の氏名を一重線で消除し，世帯主予備欄に新世帯主の氏名を記載する。
　　　(ウ) 備考欄に，「○年○月○日世帯分離○年○月○日届出」と記載する。
　　イ 世帯票の場合
　　　旧住民票の記載 【記載例 No. 105】
　　　(ア) 新世帯の世帯主となった者の消除事由欄に「○年○月○日世帯分離」と記載する。

(イ)　新世帯の世帯員となった者の消除事由欄に「○年○月○日世帯分離（○○方）」と記載する。

(ウ)　変更のあった各個人備考欄に「○年○月○日変更届出により消除」と記載する。

新住民票の記載【記載例 No. 106】

(ア)　世帯主欄は，世帯分離により世帯主となった者の氏名を記載する。

(イ)　住所欄は，旧住民票に記載されている住所をそのまま移記する。

【記載例 No. 103】

住　民　異　動　届

(※届出人本人による署名の場合、押印は必要ありません。)

東京都高尾市長　殿

□申出書　□職権記載書

◎住民票コードは、転入時のみ記入して下さい。
◎太枠内の事項をボールペン等ではっきりと記入、○印をして下さい。

届出年月日	平成 30年10月1日	全部・一部　1 転入　2 転居　3 転出　[4] 世帯変更　5 職権記載　6 職権消除　7 職権修正　8 職権回復　(世帯分離)
異動年月日	平成 30年9月20日	

届出人：[1]. 本人　2. 世帯主　3. 代理人（　　）
ふりがな　やまかわ　たろう
氏名　山川太郎 [印]
住所（代理人のみ）
電話 [自宅]・呼出・勤務先・携帯　042-123-4567

これからの住所	東京 [都]道府県 高尾 郡[市]区 東町1丁目6番地1	これからの世帯主	山川太郎
いままでの住所	都道府県　郡市区	いままでの世帯主	山川一郎
本籍（※）	都道府県　郡市区	筆頭者	

	氏名	生年月日	性別	続柄	住民票コード	備考
1	ふりがな やまかわ たろう 山川太郎	明・大・[昭]・平 55・4・1	[男]・女	世帯主		
2	ふりがな やまかわ はなこ 山川花子	明・大・[昭]・平 57・6・3	男・[女]	妻		
3	ふりがな	明・大・昭・平 ・・	男・女			
4	ふりがな	明・大・昭・平 ・・	男・女			
5	ふりがな	明・大・昭・平 ・・	男・女			

(※) 本籍欄以外の方がいる場合には、備考欄にその方の本籍地番と筆頭者名を記入して下さい。

446   第9章　世帯変更

(ウ)　世帯共通備考欄は，「世帯分離○年○月○日届出」と記載する。

(エ)　変更のあった各個人の氏名，出生の年月日，男女の別，住民と
なった年月日，本籍，筆頭者の氏名については，旧住民票に記載
されているとおりに移記する。ただし，修正された事項について
は移記する必要はない。

(オ)　続柄については，世帯分離後の新世帯主との続柄を記載する。

(カ)　記載事由欄については，当該人の現在の住所の直前の住所を記
載する。

【記載例 No. 104】

住民票　東京都高尾市

ふりがな	やま かわ た ろう	生年月日	男女の別	続柄	住民となった年月日
氏名	山川太郎	明治 大正 [昭和] 平成 55年4月1日生	[男] 女	世帯主 ~~子~~	明治 大正 昭和 [平成] 16年4月1日
世帯主	~~山川一郎~~	山川太郎			住民票コード 12345678901
住所	~~西町1丁目20番3号~~		平成 16年4月1日届出		個人番号 111122223333
	東町1丁目6番地1	平成 16年2月5日転居	平成 16年5月9日届出		備考 平成30年9月20日 世帯分離 平成30年10月1日届出
		平成 年 月 日転居	平成 年 月 日届出		
本籍	東京都高尾市東町1丁目6番地1	筆頭者の氏名	山川太郎		
前住所	昭和 [平成] 16年4月1日東京都陣馬市東山町3丁目260番地	から [転入] 転居			
転出	平成 年 月 日	へ転出予定			平成 年 月 日届出
	平成 年 月 日	へ転出			平成 年 月 日通知

住民票　東京都高尾市

ふりがな	やま かわ はな こ	生年月日	男女の別	続柄	住民となった年月日
氏名	山川花子	明治 大正 [昭和] 平成 57年6月3日生	男 [女]	妻 ~~子の妻~~	明治 大正 昭和 [平成] 16年4月1日
世帯主	~~山川一郎~~	山川太郎			住民票コード 23456789012
住所	~~西町1丁目20番3号~~		平成 16年4月1日届出		個人番号 222233334444
	東町1丁目6番地1	平成 16年5月5日転居	平成 16年5月9日届出		備考 平成30年9月20日 世帯分離 平成30年10月1日届出
		平成 年 月 日転居	平成 年 月 日届出		
本籍	東京都高尾市東町1丁目6番地1	筆頭者の氏名	山川太郎		
前住所	昭和 [平成] 16年4月1日東京都陣馬市東山町3丁目260番地	から [転入] 転居			
転出	平成 年 月 日	へ転出予定			平成 年 月 日届出
	平成 年 月 日	へ転出			平成 年 月 日通知

448 第9章 世帯変更

【記載例 No.105】

東 京 都 高 尾 市		住 民 票	

世帯主	山川一郎			平成11年10月15日 転入届出 平成16年 5 月 9 日 転居届出

住 所	西町1丁目20番3号			
	東町1丁目6番地1	平成 16年 5 月 5 日	転居	
		平成 　年　月　日	転居	

	やま かわ いち ろう 山川一郎	明治 大正 (昭和) 平成 28年 8 月10日生	(男) 女	続　柄 世帯主	住民となった年月日 明治 大正 昭和 (平成) 11年10月10日	住民票コード 34567890123
1 本 籍	東京都多摩川市西山町1丁目1番地				筆頭者の氏名　山川一郎	個人番号 333344445555 備　考
	昭和 (平成) 11年10月10日東京都むさし市東3丁目4番5号				から (転入) 転居	
	平成　　年　月　日				へ転出 予定	
	平成　　年　月　日				へ転出	

	やま かわ まつ こ 山川松子	明治 大正 (昭和) 平成 30年 7 月15日生	男 (女)	続　柄 妻	住民となった年月日 明治 大正 昭和 (平成) 11年10月10日	住民票コード 45678901234
2 本 籍	東京都多摩川市西山町1丁目1番地				筆頭者の氏名　山川一郎	個人番号 444455556666 備　考
	昭和 (平成) 11年10月10日東京都むさし市東3丁目4番5号				から (転入) 転居	
	平成　　年　月　日				へ転出 予定	
	平成　　年　月　日				へ転出	

	やま かわ た ろう 山川太郎	明治 大正 (昭和) 平成 55年 4 月 1 日生	(男) 女	続　柄 子	住民となった年月日 明治 大正 昭和 (平成) 16年 4 月 1 日	住民票コード 12345678901
3 本 籍	東京都高尾市東町1丁目6番地1				筆頭者の氏名　山川太郎	個人番号 111122223333 備　考 平成16年 4 月 1 日 転入届出
	昭和 (平成) 16年 4 月 1 日東京都陣馬市東山町3丁目260番地				から (転入) 転居	平成30年10月 1 日 変更届出により消除
	平成 30年 9 月20日　　　　世帯分離				へ転出 予定	
	平成　　年　月　日				へ転出	

第4 届出書の記入と住民票記載の具体例　449

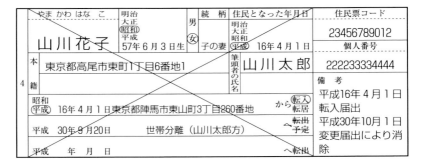

450 第9章 世帯変更

【記載例 No.106】

東 京 都 高 尾 市		住 民 票	
世帯主 山川太郎			平成30年9月20日 世帯分離平成30年 10月1日届出

住所	東町1丁目6番地1		
		平成　年　月　日	転居
		平成　年　月　日	転居

	やま かわ た ろう 山川太郎	明治 大正 ⊗昭和 平成 55年4月1日生	⊗男 女	続 柄 世帯主	住民となった年月日 明治 大正 昭和 ⊗平成 16年4月1日	住民票コード 12345678901 個人番号
1	本籍	東京都高尾市東町1丁目6番地1			筆頭者の氏名 山川太郎	111122223333 備考
	昭和 ⊗平成 16年5月5日		西町1丁目20番3号		から 転入 ⊗転居	
	平成　年　月　日				へ転出 予定	
	平成　年　月　日				へ転出	

	やま かわ はな こ 山川花子	明治 大正 ⊗昭和 平成 57年6月3日生	男 ⊗女	続 柄 妻	住民となった年月日 明治 大正 昭和 ⊗平成 16年4月1日	住民票コード 23456789012 個人番号
2	本籍	東京都高尾市東町1丁目6番地1			筆頭者の氏名 山川太郎	222233334444 備考
	昭和 ⊗平成 16年5月5日		西町1丁目20番3号		から 転入 ⊗転居	
	平成　年　月　日				へ転出 予定	
	平成　年　月　日				へ転出	

第4　届出書の記入と住民票記載の具体例　　*451*

2　甲世帯の全員が乙世帯に入った場合（世帯合併）

(1)　届出書の記入【記載例 No. 107】

【記載例 No. 107】

住 民 異 動 届

（※届出人本人による署名の場合、押印は必要ありません。）

東京都高尾市長　殿

□申出書　　□職権記載書

●住民票コードは、転入時のみ記入して下さい。
●太枠内の事項をボールペン等ではっきりと記入、㊞をして下さい。

届出年月日	平成 30年10月 1日	全部 一部	1 転入 2 転居 3 転出 ④世帯変更 5 職権記載 6 職権消除 7 職権修正 8 職権回復 （世帯合併）	
異動年月日	平成 30年 9月20日			

届出人	①. 本人　2. 世帯主　3. 代理人（　　）
	ふりがな　やま　かわ　いち　ろう
	氏　名　　山川一郎　㊞
	住所（代理人のみ）
	電話（自宅）呼出・勤務先・携帯　042-123-4567

これからの住所	東京（都道府県）高尾（郡市区）東町1丁目6番地1	これからの世帯主	山 川 太 郎
いままでの住所	都道府県　　郡市区	いままでの世帯主	山 川 一 郎
本籍（※）	都道府県　　郡市区	筆頭者	

	氏　名	生年月日	性別	続柄	住民票コード	備考
1	ふりがな　やま　かわ　いち　ろう 山川一郎	明・大・㊐・平 28・8・10	⑨男・女	父		
2	ふりがな	明・大・昭・平	男・女			
3	ふりがな	明・大・昭・平	男・女			
4	ふりがな	明・大・昭・平	男・女			
5	ふりがな	明・大・昭・平	男・女			

（※）本籍欄以外の方がいる場合には、備考欄にその方の本籍地番と筆頭者名を記入して下さい。

452　第9章　世帯変更

(2)　住民票の記載

　ア　個人票の場合【記載例 No. 108】

　　(ア)　続柄を届出書に従って修正する。

　　(イ)　旧世帯主の氏名を一重線で消除し，世帯主予備欄に新世帯主の
　　　　氏名を記載する。

　　(ウ)　備考欄に，「○年○月○日世帯合併○年○月○日届出」と記載
　　　　する。

　イ　世帯票の場合

　　旧住民票の記載【記載例 No. 109】

　　(ア)　世帯共通消除事由欄に，「○年○月○日世帯合併」と記載する。

　　(イ)　世帯共通備考欄に，「○年○月○日世帯変更届出により消除」
　　　　と記載する。

【記載例 No. 108】

	ふりがな	やま かわ いち ろう	生 年 月 日	男女の別	続 柄	住民となった年月日
住民票 東京都高尾市	氏名	山 川 一 郎	明治 大正 昭和 平成 28年8月10日生	男 女	父 ~~世帯主~~	明治 大正 昭和 平成 11年10月10日
	世帯主	~~山川一郎~~　山川太郎				住民票コード 34567890123
	住所	~~西町1丁目20番3号~~		平成 11年10月15日届出		個人番号 333344445555
		東町1丁目6番地1	平成 16年3月10日転居	平成 16年3月16日届出		
			平成　年　月　日転居	平成　年　月　日届出		備　考 平成30年9月20日世帯合併 平成30年10月1日届出
	本籍	東京都多摩川市西山町1丁目1番地		筆頭者の氏名	山川一郎	
	前住所	昭和 平成 11年10月10日 東京都むさし市東3丁目4番5号			から 転入 転居	
	転出	平成　年　月　日			へ転出 予定	平成　年　月　日届出
		平成　年　月　日			へ転出	平成　年　月　日通知

第4 届出書の記入と住民票記載の具体例　　*453*

【記載例 No. 109】

東京都高尾市	除票	住民票	
世帯主	山川一郎		平成11年10月15日 転入届出

住所	~~西町1丁目20番3号~~					
	東町1丁目6番地1		平成 16年 3月10日	転居	平成16年 3月16日 転居届出
			平成 年 月 日	転居	平成30年10月 1日 変更届出により消除

	やま かわ いち ろう	明治 大正 ㊞昭和 平成	続柄	住民となった年月日	住民票コード
	山川一郎	28年 8月10日生	㊚男 女	明治 大正 昭和 ㊞平成 11年10月10日	34567890123
			世帯主		個人番号
1	本籍	東京都多摩川市西山町1丁目1番地		筆頭者の氏名 山川一郎	333344445555
					備考
	昭和 ㊞平成 11年10月10日東京都むさし市東3丁目4番5号			から ㊞転入 転居	
	平成 30年 9月20日　　　　世帯合併			→転出 予定	
	平成 年 月 日			へ転出	

新住民票の記載【記載例 No. 110】

㋐　変更のあった各個人の氏名，出生年月日，男女の別，住民と
なった年月日，本籍，筆頭者の氏名については，旧住民票に記載
されているとおりに移記する。ただし，修正された事項について
は移記する必要はない。

㋑　続柄については，世帯合併後の新世帯主との続柄を記載する。

㋒　記載事由欄については，当該人の現在の住所の直前の住所を記
載する。

㋓　変更のあった各個人備考欄に，「○年○月○日世帯合併○年○
月○日届出」と記載する。

454 第9章 世帯変更

【記載例 No. 110】

東京都高尾市			住 民 票		
世帯主	山川太郎			平成16年4月1日 転入届出	

住所 東町1丁目6番地1

| | | 平成　　年　月　日 | 転居 |
| | | 平成　　年　月　日 | 転居 |

	やま かわ た ろう	明治 大正 ㊐昭和 平成		続 柄	住民となった年月日	住民票コード
1	山川太郎	55年4月1日生	男／女	世帯主	明治 大正 昭和 ㊐平成 16年4月1日	12345678901
	本籍 東京都高尾市東町1丁目6番地1			筆頭者の氏名	山川太郎	個人番号 111122223333
						備考
	昭和 ㊐平成 16年4月1日 東京都陣馬市東山町3丁目260番地				から 転入／転居	
	平成　　年　月　日				へ転出 予定	
	平成　　年　月　日				へ転出	

	やま かわ はな こ	明治 大正 ㊐昭和 平成		続 柄	住民となった年月日	住民票コード
2	山川花子	57年6月3日生	男／㊛	妻	明治 大正 昭和 ㊐平成 16年4月1日	23456789012
	本籍 東京都高尾市東町1丁目6番地1			筆頭者の氏名	山川太郎	個人番号 222233334444
						備考
	昭和 ㊐平成 16年4月1日 東京都陣馬市東山町3丁目260番地				から 転入／転居	
	平成　　年　月　日				へ転出 予定	
	平成　　年　月　日				へ転出	

	やま かわ いち ろう	明治 大正 ㊐昭和 平成		続 柄	住民となった年月日	住民票コード
3	山川一郎	28年8月10日生	㊚／女	父	明治 大正 昭和 ㊐平成 11年10月10日	34567890123
	本籍 東京都多摩川市西山町1丁目1番地			筆頭者の氏名	山川一郎	個人番号 333344445555
						備考 平成30年9月20日 世帯合併平成30年 10月1日届出
	昭和 ㊐平成 16年3月10日 西町1丁目20番3号				から 転入／転居	
	平成　　年　月　日				へ転出 予定	
	平成　　年　月　日				へ転出	

第4　届出書の記入と住民票記載の具体例　　455

3　甲世帯の世帯員が乙世帯の世帯員となった場合（世帯構成変更）

（1）　届出書の記入【記載例 No. 111】

【記載例 No. 111】

住　民　異　動　届

（※届出人本人による署名の場合、押印は必要ありません。）

東京都高尾市長　殿

□申出書　　□職権記載書

※住民票コードは、転入時のみ記入して下さい。
※太枠内の事項をボールペン等ではっきりと記入、○印をして下さい。

届出年月日	平成　30年10月1日
異動年月日	平成　30年9月20日

1	2	3	④	5	6	7	8	
全部・一部	転入	転居	転出	世帯変更	職権記載	職権消除	職権修正	職権回復	成世帯変構更

届出人	①.本人　2.世帯主　3.代理人（　　　）
氏　名	ふりがな　やま　かわ　まつ　こ　山川松子 ㊞
住所（代理人のみ）	
電話（自宅）呼出・勤務先・携帯　042-123-4567	

これからの住所	東京（都道府県）高尾（郡市区）東町1丁目6番地1	これからの世帯主　山川一郎
いままでの住所	都道府県　　郡市区	いままでの世帯主　山川太郎
本籍（※）	都道府県　　郡市区	筆頭者

	氏　名	生年月日	性別	続柄	住民票コード	備　考
1	ふりがな　やま かわ まつ こ　山川松子	明・大・昭・平　30・7・15	男・女	妻		
2	ふりがな	明・大・昭・平　・・	男・女			
3	ふりがな	明・大・昭・平　・・	男・女			
4	ふりがな	明・大・昭・平　・・	男・女			
5	ふりがな	明・大・昭・平　・・	男・女			

（※）本籍欄以外の方がいる場合には、備考欄にその方の本籍地番と筆頭者名を記入して下さい。

456 第9章 世帯変更

(2) 住民票の記載

ア 個人票の場合【記載例 No. 112】

(ア) 続柄を届出書に従って修正する。

(イ) 旧世帯主の氏名を一重線で消除し，世帯主予備欄に新世帯主の氏名を記載する。

(ウ) 備考欄に，「○年○月○日世帯構成変更○年○月○日届出」と記載する。

【記載例 No. 112】

ふりがな	やま かわ まつ こ		生 年 月 日	男女の別	続 柄	住民となった年月日
氏名	山川 松子		明治 大正 昭和 平成 30年7月15日生	男 女	妻 母	明治 大正 昭和 平成 30年4月1日
世帯主	~~山川太郎~~	山川一郎				住民票コード 45678901234
住所	東町1丁目6番地1		平成 30年4月1日届出			個人番号 444455556666
	平成 年 月 日転居		平成 年 月 日届出			
	平成 年 月 日転居		平成 年 月 日届出			備 考 平成30年9月20日世帯構成変更平成30年10月1日届出
本籍	東京都多摩川市西山町1丁目1番地	筆頭者の氏名	山川一郎			
前住所	昭和 平成 30年4月1日東京都むさし市東3丁目4番5号		から 転入 転居			
転出	平成 年 月 日		へ転出 予定		平成 年 月 日届出	
	平成 年 月 日		へ転出		平成 年 月 日通知	

住民票 東京都高尾市

イ 世帯票の場合

旧住民票の記載【記載例 No. 113】

(ア) 新世帯の世帯員となった者の消除事由欄に，「○年○月○日世帯構成変更」と記載する。

(イ) 変更のあった各個人備考欄に，「○年○月○日変更届出により消除」と記載する。

第4 届出書の記入と住民票記載の具体例　　**457**

【記載例 No. 113】

東　京　都　高　尾　市		住　民　票	
世帯主　山川太郎			平成30年4月1日 転入届出

住	東町1丁目6番地1			
所		平成　　年　月　日	転居	
		平成　　年　月　日	転居	

	やま かわ た ろう 山川太郎	明治 大正 **昭和** 平成 55年4月1日生	続　柄 **男** 女 世帯主	住民となった年月日 明治 大正 昭和 **平成**　30年4月1日	住民票コード 12345678901
1	本 籍　東京都高尾市東町1丁目6番地1			筆頭者 の氏名　山川太郎	個人番号 111122223333
	昭和 **平成**　30年4月1日東京都陣馬市東山町3丁目260番地			から　**転入** 転居	備　考
	平成　　年　月　日			へ転出 予定	
	平成　　年　月　日			へ転出	

	やま かわ はな こ 山川花子	明治 大正 **昭和** 平成 57年6月3日生	続　柄 男 **女** 妻	住民となった年月日 明治 大正 昭和 **平成**　30年4月1日	住民票コード 23456789012
2	本 籍　東京都高尾市東町1丁目6番地1			筆頭者 の氏名　山川太郎	個人番号 222233334444
	昭和 **平成**　30年4月1日東京都陣馬市東山町3丁目260番地			から　**転入** 転居	備　考
				転出	
	平成　　年　月　日			へ転出	

	やま かわ まつ こ 山川松子	明治 大正 **昭和** 平成 30年7月15日生	続　柄 男 **女** 母	住民となった年月日 明治 大正 昭和 **平成**　30年4月1日	住民票コード 45678901234
3	本 籍　東京都多摩川市西山町1丁目1番地			筆頭者 の氏名　山川一郎	個人番号 444455556666
	昭和 **平成**　30年4月1日東京都むさし市東3丁目4番5号			から　**転入** 転居	備　考 平成30年10月1日 変更届出により消 除
	平成　30年9月20日山川一郎方へ世帯構成変更			へ転出 予定	
	平成　　年　月　日			へ転出	

458　第9章　世帯変更

新住民票の記載【記載例 No. 114】

(ア)　変更のあった各個人の氏名，出生の年月日，男女の別，住民と
なった年月日，本籍，筆頭者の氏名については，旧住民票に記載
されているとおりに移記する。ただし，修正された事項について
は移記する必要はない。

(イ)　続柄については，世帯構成変更後の新世帯主との続柄を記載す
る。

(ウ)　記載事由欄については当該人の現在の住所の直前の住所を記載
する。

(エ)　変更のあった各個人備考欄に，「○年○月○日世帯構成変更○
年○月○日届出」と記載する。

第4　届出書の記入と住民票記載の具体例　　**459**

【記載例 No. 114】

東京都高尾市			住　民　票	
世帯主 山川一郎				平成30年6月9日 転入届出

住 所	東町1丁目6番地1			
		平成 　　年　月　日	転 居	
		平成 　　年　月　日	転 居	

	やま かわ いち ろう 山川一郎	明治 大正 ㊻昭和 平成 28年8月10日生	男 女	続　柄 世帯主	住民となった年月日 明治 大正 昭和 ㋐平成 30年5月30日	住民票コード 34567890123
1	本 籍	東京都多摩川市西山町1丁目1番地			筆頭者の氏名 山川一郎	個人番号 333344445555
	昭和 ㋐平成 30年5月30日東京都むさし市東3丁目4番5号			から ㋐転入 転居		備　考
	平成　　年　月　日			へ転出 予定		
	平成　　年　月　日			へ転出		

	やま かわ まつ こ 山川松子	明治 大正 ㊻昭和 平成 30年7月15日生	男 ㋗女	続　柄 妻	住民となった年月日 明治 大正 昭和 ㋐平成 30年4月1日	住民票コード 45678901234
2	本 籍	1と同じ			筆頭者の氏名 1と同じ	個人番号 444455556666
	昭和 ㋐平成 30年4月1日　　　　　1と同じ			から ㋐転入 転居		備　考 平成30年9月20日 山川太郎方から世
	平成　　年　月　日			へ転出 予定		帯構成変更平成30
	平成　　年　月　日			へ転出		年10月1日届出

460　　第9章　世帯変更

4　世帯構成員の間で世帯主変更があった場合

(1)　届出書の記入【記載例 No. 115】

　　この事例は，世帯の主宰者たる地位の喪失等により世帯員であった者が世帯主となった場合である。ただし，世帯主が転居若しくは転出をしたため世帯主を変更する場合は，【記載例 No. 66】(380頁)，【記載例 No. 84】(415頁) 参照，又は新たに転入若しくは転居により世帯構成員となった者が同時に世帯主となる場合については，【記載例 No. 6】(298頁)，【記載例 No. 64】(376頁) 参照。

　　なお，世帯主が父から子に変更したときに，その世帯に父に認知されている嫡出でない子がある場合，その続柄は「弟」等のように兄弟姉妹として記載する。

【記載例 No. 115】

第4　届出書の記入と住民票記載の具体例　　*461*

(2)　住民票の記載

ア　個人票の場合【記載例 No. 116】

(ア)　続柄を届出書に従って修正する。

(イ)　旧世帯主の氏名を一重線で消除し，世帯主予備欄に新世帯主の氏名を記載する。

(ウ)　備考欄に，「○年○月○日世帯主変更○年○月○日届出」と記載する。

【記載例 No. 116】

ふりがな	やま かわ た ろう	生　年　月　日	男女の別	続　柄	住民となった年月日
氏名	山 川 太 郎	明治 大正 ⑳昭和 平成　55年4月1日生	⑳男 女	世帯主 子	明治 大正 昭和 ⑳平成　16年4月1日
世帯主	~~山川一郎~~　　山川太郎				住民票コード　12345678901
住 所	東町1丁目6番地1		平成 16年4月1日届出		個人番号　111122223333
		平成　　年　月　日転居	平成　　年　月　日届出		
		平成　　年　月　日転居	平成　　年　月　日届出		備　考
本 籍	東京都高尾市東町1丁目6番地1		筆頭者の氏名	山川太郎	平成30年9月20日世帯主変更平成30年10月1日届出
前住所	昭和 ⑳平成　16年4月1日東京都陣馬市東山町3丁目260番地			から　㋑転入 転居	
転	平成　　年　月　日			へ転出 予定	平成　　年　月　日届出
出	平成　　年　月　日			へ転出	平成　　年　月　日通知

住 民 票　東 京 都 高 尾 市

462　第9章　世帯変更

ふりがな	やま　かわ　いち　ろう	生年月日	男女の別	続柄	住民となった年月日
氏名	山川一郎	明治 大正 昭和 平成 28年8月10日生	男 女	父 ~~世帯主~~	明治 大正 昭和 平成 11年10月10日

住民票　東京都高尾市

世帯主	~~山川一郎~~　山川太郎		住民票コード 34567890123
住所	東町1丁目6番地1	平成11年10月15日届出	個人番号 333344445555
	平成　年　月　日転居	平成　年　月　日届出	
	平成　年　月　日転居	平成　年　月　日届出	備考
本籍	東京都多摩川市西山町1丁目1番地	筆頭者の氏名　山川一郎	平成30年9月20日世帯主変更平成30年10月1日届出
前住所	昭和 平成 11年10月10日東京都むさし市東3丁目4番5号から	転入 転居	
転入	平成　年　月　日	へ転出予定	平成　年　月　日届出
出	平成　年　月　日	へ転出予定	平成　年　月　日通知

ふりがな	やま　かわ　まつ　こ	生年月日	男女の別	続柄	住民となった年月日
氏名	山川松子	明治 大正 昭和 平成 30年7月15日生	男 女	母 ~~妻~~	明治 大正 昭和 平成 11年10月10日

住民票　東京都高尾市

世帯主	~~山川一郎~~　山川太郎		住民票コード 45678901234
住所	東町1丁目6番地1	平成11年10月15日届出	個人番号 444455556666
	平成　年　月　日転居	平成　年　月　日届出	
	平成　年　月　日転居	平成　年　月　日届出	備考
本籍	東京都多摩川市西山町1丁目1番地	筆頭者の氏名　山川一郎	平成30年9月20日世帯主変更平成30年10月1日届出
前住所	昭和 平成 11年10月10日東京都むさし市東3丁目4番5号から	転入 転居	
転	平成　年　月　日	へ転出予定	平成　年　月　日通知
出	平成　年　月　日	へ転出予定	平成　年　月　日通知

イ　世帯票の場合【記載例 No. 117】

　(ア)　世帯主欄の旧世帯主の氏名を新世帯主の氏名に修正する。

　(イ)　世帯共通備考欄に，「○年○月○日世帯主変更○年○月○日届出」と記載する。

　(ウ)　続柄を届出書のとおりに修正する。

　(エ)　続柄修正をした者の備考欄に，「○年○月○日続柄修正」と記載する。

464 第9章 世帯変更

【記載例 No.117】

東京都高尾市		住 民 票		
世帯主	~~山川一郎~~　山川太郎			平成11年10月15日 転入届出 平成30年9月20日 世帯主変更平成30 年10月1日届出
住 所	東町1丁目6番地1			
		平成 　　年　月　日	転居	
		平成 　　年　月　日	転居	

	やま かわ いち ろう 山川一郎	明治 大正 ⑱昭和 平成 28年8月10日生	⑲男 女	続　柄 父 世帯主	住民となった年月日 明治 大正 昭和 ㉚平成　11年10月10日	住民票コード 34567890123
1	本 籍	東京都多摩川市西山町1丁目1番地			筆頭者の氏名 山川一郎	個人番号 333344445555
	昭和 ㉚平成　11年10月10日東京都むさし市東3丁目4番5号			から ㉚転入 転居		備　考 平成30年10月1日 続柄修正
	平成　　年　月　日			へ転出 予定		
	平成　　年　月　日			へ転出		

	やま かわ まつ こ 山川松子	明治 大正 ⑱昭和 平成 30年7月15日生	男 ㊛女	続　柄 母 妻	住民となった年月日 明治 大正 昭和 ㉚平成　11年10月10日	住民票コード 45678901234
2	本 籍	東京都多摩川市西山町1丁目1番地			筆頭者の氏名 山川太郎	個人番号 444455556666
	昭和 ㉚平成　11年10月10日東京都むさし市東3丁目4番5号			から ㉚転入 転居		備　考 平成30年10月1日 続柄修正
	平成　　年　月　日			へ転出 予定		
	平成　　年　月　日			へ転出		

	やま かわ た ろう 山川太郎	明治 大正 ⑱昭和 平成 55年4月1日生	⑲男 女	続　柄 世帯主 子	住民となった年月日 明治 大正 昭和 ㉚平成　16年4月1日	住民票コード 12345678901
3	本 籍	東京都高尾市東町1丁目6番地1			筆頭者の氏名 山川太郎	個人番号 111122223333
	昭和 ㉚平成　16年4月1日東京都陣馬市東山町3丁目260番地			から ㉚転入 転居		備　考 平成16年4月1日 転入届出 平成30年10月1日 続柄修正
	平成　　年　月　日			へ転出 予定		
	平成　　年　月　日			へ転出		

第 10 章
職 権 記 載

第10章

第1　職権記載等とは

　法第8条には，「住民票の記載，消除又は記載の修正……は，政令で定めるところにより，第4章若しくは第4章の3の規定による届出に基づき，又は職権で行うものとする。」と規定されている。これは住民票の記載の主な内容が，居住関係を記録公証するものであるから，住民からの届出によって記載することがより正確であり，かつ，市町村の処理も効率化されるため，第一義的に届出によることとされたものである。しかし，住民に届出義務を課しても，届出を履行しない場合には，住民票の正確性が失われるので，第二義的に市町村が法第34条の規定により事実調査を行い，令第12条第1項の規定によって職権をもって記載等をすることとされている。

　住民基本台帳事務と戸籍事務の一元的処理によって，住民の届出義務の負担を軽減するとともに，住民票の記載と戸籍の記載の不一致を防止し，住民票の正確性を保持するため，出生，死亡等による居住関係の発生，消滅，及び婚姻，離婚，縁組等身分関係の変動，又は転籍等戸籍の異動に伴う住民票の記載事項の変更については，市町村長の職権をもって記載等をしなければならない（令12条2項）とされている。また，住民票の記載事項に誤記又は記載漏れがある場合にも，市町村長は職権で記載等をしなければならない（令12条3項）。

第2　実態調査による職権記載

　法第22条から第25条までの規定により届出を要するものは，転入，転居，転出，世帯変更の4種であるが，これらの届出がない場合には，住民票の正確性を確保するため，その居住の事実に一致させる必要があるので，法第34条の実態調査を行った後，届出義務者に対して届出の催告をし，それに応じない場合，若しくは届出義務者が不明等で催告ができない場合には，令第12条によって職権記載等を行う。なお，市町村長が職権記載等を行った場合は，令第12条第4項の規定により，その旨を当該人に通知しなけれ

468 第10章 職権記載

ばならない。この場合において，通知を受けるべき者の住所及び居所が明らかでないとき，その他通知することが困難であるときは，その旨を公示する。

1 居住の事実を確認し，職権記載する場合

(1) 職権記載書の記入【記載例 No. 118】

ア 住民異動届の「職権記載書」に✓印をし，異動事由の職権記載を〇で囲む。

イ 作成年月日を届出年月日欄に記入する。

ウ 異動年月日欄は，現在居住している住所に住み始めた年月日を記入する。

エ これからの住所欄には，現在居住している住所，いままでの住所欄には，現在居住している住所の直前の住所を記入し，各々の世帯主氏名を記入する。

オ 職権記載する者全員の氏名，出生の年月日，男女の別，世帯主との続柄，本籍，筆頭者を各欄に記入する。

カ 備考欄に，実態調査の年月日を記入し，調査の資料を添付する。

キ 作成した者の職・氏名を届出人欄に記入する。

(2) 住民票の記載【記載例 No. 119】

ア 当該備考欄に，「〇年〇月〇日職権記載」と記載する。

イ その他の記載方法は，「第7章―第4」（350頁以下）参照。

第2　実態調査による職権記載　469

【記載例 No. 118】

住民異動届

東京都高尾市長　殿

（※届出人本人による署名の場合、押印は必要ありません。）

□申出書　☑職権記載書

◎住民票コードは、転入時のみ記入して下さい。
◎太枠内の事項をボールペン等ではっきりと記入し、○印をして下さい。

	届出人
	1. 本人　2. 世帯主　3. 代理人（　　）
	ふりがな　たかおたろう
	氏名　主事　高尾太郎　㊞
	住所（代理人のみ）
	電話：自宅・呼出・勤務先・携帯

届出年月日　平成30年10月2日
異動年月日　平成30年3月30日

（全部・一部）1転入　2転居　3転出　4世帯変更　5職権記載　6職権消除　7職権修正　8職権回復

これからの住所	東京（都道府県）高尾（郡市区）東町1丁目6番地1	これからの世帯主	山川太郎
いままでの住所	東京（都道府県）多摩川（郡市区）西山町5丁目3番4号（未届）	いままでの世帯主	山川太郎
本籍（※）	東京（都道府県）高尾（郡市区）東町1丁目6番地1	筆頭者	山川太郎

	氏名	生年月日	性別	続柄	住民票コード	備考
1	ふりがな　やまかわたろう　山川太郎	明・大・昭・平　55・4・1	男・女	世帯主	12345678901	平成30年10月1日実態調査
2	ふりがな　やまかわはなこ　山川花子	明・大・昭・平　57・6・3	男・女	妻	23456789012	
3	ふりがな	明・大・昭・平	男・女			
4	ふりがな	明・大・昭・平	男・女			
5	ふりがな	明・大・昭・平	男・女			

（※）本籍欄以外の方がいる場合には、備考欄にその方の本籍地番と筆頭者名を記入して下さい。

【記載例 No. 119】

住民票　東京都高尾市

ふりがな	やまかわたろう	生年月日	明治・大正・昭和・平成　55年4月1日生	男女の別	男・女	続柄	世帯主	住民となった年月日	明治・大正・昭和・平成　30年3月30日
氏名	山川太郎								

世帯主	山川太郎	住民票コード	12345678901

住所	東町1丁目6番地1	平成30年10月2日届出	個人番号 111122223333
	平成　年　月　日転居	平成　年　月　日届出	備考
	平成　年　月　日	平成　年　月　日届出	平成30年10月2日職権記載

本籍	東京都高尾市東町1丁目6番地1	筆頭者の氏名	山川太郎

前住所	昭和・平成30年3月30日　東京都多摩川市西山町5丁目3番4号（未届）から	転入・転居

転出	平成　年　月　日	へ転出予定	平成　年　月　日届出
	平成　年　月　日	へ転出	平成　年　月　日通知

住民票　東京都高尾市

ふりがな	やま　かわ　はな　こ	生　年　月　日	男女の別	続　柄	住民となった年月日
氏名	山川花子	明治 大正 [昭和] 平成 57年6月3日生	男 [女]	妻	明治 大正 昭和 [平成] 30年3月30日
世帯主	山川太郎				住民票コード 23456789012
住所	東町1丁目6番地1		平成 30年10月2日届出		個人番号 222233334444
		平成　年　月　日転居	平成　年　月　日届出		備考 平成30年10月2日職権記載
		平成　年　月　日転居	平成　年　月　日届出		
本籍	東京都高尾市東町1丁目6番地1	筆頭者の氏名	山川太郎		
前住所	昭和 [平成] 30年3月30日東京都多摩川市西山町5丁目3番4号(未届)から [転入] 転居				
転出	平成　年　月　日　へ転出予定				平成　年　月　日届出
	平成　年　月　日　へ転出				平成　年　月　日通知

2　転居の事実を確認し，職権記載する場合

(1)　職権記載書の記入【記載例 No. 120】

ア　住民異動届の「職権記載書」に✓印をし，異動事由の職権記載を○で囲み，記載事項を明記する。

イ　作成年月日を届出年月日欄に記入する。

ウ　異動年月日欄は，現在居住している住所に住み始めた年月日を記入する。

エ　これからの住所欄には，現在居住している住所，いままでの住所欄には，現在居住している住所の直前の住所を記入し，各々の世帯主氏名を記入する。

オ　職権記載する者全員の氏名，出生の年月日，男女の別，世帯主との続柄，戸籍の表示を各欄に記入する。

カ　備考欄に実態調査の年月日を記入し，調査の資料を添付する。

キ　作成した者の職・氏名を届出人欄に記入する。

第2 実態調査による職権記載　　*471*

【記載例 No. 120】

住　民　異　動　届

（※届出人本人による署名の場合、押印は必要ありません。）

東京都高尾市長　殿

□申出書　☑職権記載書

届出年月日	平成 30年10月2日
異動年月日	平成 29年8月1日

●住民票コードは、転入時のみ記入して下さい。
●太枠内の事項をボールペン等ではっきりと記入、○印をして下さい。

（全部・一部）	1 転入	2 転居	3 転出	4 世帯変更	5 職権記載	6 職権消除	7 職権修正	8 職権回復	（転居）

届出人	1.本人　2.世帯主　3.代理人（　　）
ふりがな	たかおたろう
氏名 主事	高尾太郎 ㊞
住所（代理人のみ）	
電話：自宅・呼出・勤務先・携帯	

これからの住所	東京 ㊞都道府県 高尾 ㊞郡市区 南町1丁目20番3号
いままでの住所	東京 ㊞都道府県 高尾 ㊞郡市区 東町1丁目6番地1
本籍（※）	東京 ㊞都道府県 高尾 ㊞郡市区 東町1丁目6番地1

これからの世帯主	山川太郎
いままでの世帯主	山川太郎
筆頭者	山川太郎

	氏名	生年月日	性別	続柄	住民票コード
1	ふりがな　やまかわ　たろう 山川太郎	明・大・㊐昭・平 55・4・1	㊚男 女	世帯主	
2	ふりがな　やまかわ　はなこ 山川花子	明・大・㊐昭・平 57・6・3	男 ㊛女	妻	
3	ふりがな	明・大・昭・平 ・・	男・女		
4	ふりがな	明・大・昭・平 ・・	男・女		
5	ふりがな	明・大・昭・平 ・・	男・女		

備考

平成30年10月1日実態調査

（※）本籍欄以外の方がいる場合には、備考欄にその方の本籍地番と筆頭者名を記入して下さい。

(2)　住民票の記載【記載例 No. 121】

　(ア)　住所欄の旧住所を一重線で消除し，新住所及び住所予備欄に住所を定めた年月日を記載する。

　(イ)　備考欄に，「○年○月○日実態調査により○年○月○日転居事項職権記載」と記載する。

472 第10章 職権記載

【記載例 No. 121】

ふりがな	やま かわ た ろう	生 年 月 日	男女の別	続 柄	住民となった年月日
氏名	山 川 太 郎	明治 大正 昭和 平成 55年4月1日生	男 女	世帯主	明治 大正 昭和 平成 16年4月1日
世帯主	山川太郎				住民票コード
					12345678901
住所	東町1丁目6番地1		平成 16年4月10日届出		個人番号
	南町1丁目20番3号	平成 29年8月1日転居	平成 30年10月2日届出		111122223333
		平成 年 月 日転居	平成 年 月 日届出		備 考
本籍	東京都高尾市東町1丁目6番地1		筆頭者の氏名	山川太郎	平成30年10月1日実態調査により平成30年10月2日転居事項職権記載
前住所	昭和 平成 16年4月1日東京都多摩川市西山町5丁目3番4号 から			転入 転居	
転出	平成 年 月 日		へ転出 予定		平成 年 月 日届出
	平成 年 月 日		へ転出		平成 年 月 日通知

住民票 東京都高尾市

ふりがな	やま かわ はな こ	生 年 月 日	男女の別	続 柄	住民となった年月日
氏名	山 川 花 子	明治 大正 昭和 平成 57年6月3日生	男 女	妻	明治 大正 昭和 平成 16年4月1日
世帯主	山川太郎				住民票コード
					23456789012
住所	東町1丁目6番地1		平成 16年4月10日届出		個人番号
	南町1丁目20番3号	平成 29年8月1日転居	平成 30年10月2日届出		222233334444
		平成 年 月 日転居	平成 年 月 日届出		備 考
本籍	東京都高尾市東町1丁目6番地1		筆頭者の氏名	山川太郎	平成30年10月1日実態調査により平成30年10月2日転居事項職権記載
前住所	昭和 平成 16年4月1日東京都多摩川市西山町5丁目3番4号 から			転入 転居	
転出	平成 年 月 日		へ転出 予定		平成 年 月 日届出
	平成 年 月 日		へ転出		平成 年 月 日通知

住民票 東京都高尾市

第2 実態調査による職権記載　　*473*

3　不現住の事実を確認し，職権消除する場合

(1)　職権記載書の記入【記載例 No. 122】

ア　住民異動届の「職権記載書」に✓印をし，異動事由の職権消除を〇で囲む。

イ　作成年月日を届出年月日欄に記入する。

ウ　異動年月日，これからの住所及びこれからの世帯主の各欄については空欄とする。

エ　いままでの住所欄には，最終住民記録地を記入する。

オ　いままでの世帯主欄には，いままでの世帯主氏名を記入する。

カ　職権消除する者全員の氏名，出生の年月日，男女の別，世帯主との続柄，本籍，筆頭者を各欄に記入する。

キ　備考欄に実態調査の年月日を記入し，調査の資料を添付する。

【記載例 No. 122】

474　第10章　職権記載

　　ク　作成した者の職・氏名を届出人欄に記入する。

(2)　住民票の記載【記載例 No. 123】

　　ア　異動の日及び消除事由欄には何らの記載を要しない。ただし，調
　　　　査の結果，転出先，転出年月日等が判明した場合には，「○年○月
　　　　○日○○県○○郡○○町○○番地へ転出」と記載して差し支えない
　　　　(昭和34．8．28民事甲第1834号通達)。

　　イ　備考欄に，「○年○月○日実態調査により○年○月○日職権消除」
　　　　と記載する。

　　ウ　海難等による行方不明者を実態調査により，その事実を知り得た
　　　　場合において，死亡又は失踪の届出があるまでは，備考欄にその旨
　　　　を記載するにとどめ，住民票を職権消除することは適当ではない。

【記載例 No. 123】

ふりがな	やま かわ た ろう	生 年 月 日	男女の別	続 柄	住民となった年月日
氏名	山 川 太 郎	明治 大正 **昭和** 平成 55年4月1日生	**男** 女	世帯主	明治 大正 昭和 **平成** 16 年 4 月 1 日
世帯主	山川太郎			住民票コード	
				12345678901	
住所	東町1丁目6番地1	平成 16年 4 月10日届出	個人番号		
	平成　　年　月　　日転居	平成　　年　月　　日届出	111122223333		
	平成　　年　月　　日転居	平成　　年　月　　日届出	備　考		
本籍	東京都高尾市東町1丁目6番地1	筆頭者の氏名	山川太郎	平成30年10月1日実態調査により平成30年10月2日職権消除 除 票	
前住所	昭和 **平成** 16 年 4 月 1 日東京都多摩川市西山町5丁目3番4号 から 転入・転居				
転出	平成　　年　月　　日	へ転出予定	平成　　年　月　　日届出		
	平成　　年　月　　日	へ転出	平成　　年　月　　日通知		

住民票　東京都高尾市

第2　実態調査による職権記載　*475*

ふりがな	やま　かわ　はな　こ	生　年　月　日	男女の別	続　柄	住民となった年月日
氏名	山川花子	明治 大正 ㊐昭和 平成 57年6月3日生	男 ⓦ女	妻	明治 大正 昭和 ㊤平成 16年4月1日
世帯主	山川太郎				住民票コード
					23456789012
住所	東町1丁目6番地1		平成16年4月10日届出		個人番号
	平成　年　月　日転居		平成　年　月　日届出		222233334444
	平成　年　月　日転居		平成　年　月　日届出		備　考
本籍	東京都高尾市東町1丁目6番地1		筆頭者の氏名	山川太郎	平成30年10月1日実態調査により平成30年10月2日職権消除
					［ 除 票 ］
前住所	昭和 ㊤平成 16年4月1日東京都多摩川市西山町5丁目3番4号 から				㊤転入 転居
転出	平成　年　月　日		へ転出予定		平成　年　月　日届出
	平成　年　月　日		へ転出		平成　年　月　日通知

住民票　東京都高尾市

4　世帯変更の事実を確認し，職権修正する場合

⑴　職権記載書の記入【記載例 No. 124】

ア　住民異動届の「職権記載書」に✓印をし，異動事由の職権修正を○で囲み，修正事項を明記する。

イ　作成年月日を届出年月日欄に記入する。

ウ　異動年月日欄は，変更のあった年月日を記入するが，特に事由等がない場合は，職権記載日を記入する。

エ　住所はこれからの住所欄に記入し，いままでの住所欄及び本籍，筆頭者欄は記入する必要はない。

オ　これからの世帯主の氏名は，変更により新たに世帯主となった者の氏名を記入する。

カ　いままでの世帯主の氏名は，変更前の世帯主の氏名を記入する。

キ　当該世帯に属する者全員の氏名，出生の年月日，男女の別，新しい世帯主との続柄を各欄に記入する。

476　第10章　職権記載

　　ク　備考欄に，職権で世帯主変更をする原因を明記する。

　　ケ　作成した者の職・氏名を届出人欄に記入する。

　(2)　住民票の記載【記載例 No. 125】

　　ア　世帯主欄の予備欄に新世帯主の氏名を記載する。

　　イ　備考欄に，「○年○月○日世帯主変更○年○月○日職権により世
　　　　帯主，続柄修正」と記載する。

　　ウ　続柄を職権記載書のとおりに修正する。

【記載例 No. 124】

第2　実態調査による職権記載　　**477**

【記載例 No. 125】

	ふりがな	やま　かわ　はな　こ	生　年　月　日	男女の別	続　柄	住民となった年月日
住民票　東京都高尾市	氏名	山川花子	明治　大正　⑱昭和　平成　57年6月3日生	男　⑲女	世帯主　~~妻~~	明治　大正　昭和　⑲平成　16年3月30日
	世帯主	~~山川太郎~~　山川花子				住民票コード　23456789012
	住所	東町1丁目6番地1		平成　16年4月1日届出		個人番号　222233334444
		平成　年　月　日転居		平成　年　月　日届出		
		平成　年　月　日転居		平成　年　月　日届出		備考
	本籍	東京都高尾市東町1丁目6番地1	筆頭者の氏名	山川太郎		平成30年8月27日世帯主変更平成30年10月1日職権により世帯主、続柄修正
	前住所	昭和　⑲平成　16年3月30日東京都多摩川市西山町5丁目3番4号	から	⑲転入　転居		
	転出	平成　年　月　日		へ転出予定		平成　年　月　日届出
		平成　年　月　日		へ転出		平成　年　月　日通知

	ふりがな	やま　かわ　まつ　こ	生　年　月　日	男女の別	続　柄	住民となった年月日
住民票　東京都高尾市	氏名	山川松子	明治　大正　⑱昭和　平成　30年7月15日生	男　⑲女	夫の母　~~母~~	明治　大正　昭和　⑲平成　16年3月30日
	世帯主	~~山川太郎~~　山川花子				住民票コード　45678901234
	住所	東町1丁目6番地1		平成　16年4月1日届出		個人番号　444455556666
		平成　年　月　日転居		平成　年　月　日届出		
		平成　年　月　日転居		平成　年　月　日届出		備考
	本籍	東京都多摩川市西山町1丁目1番地	筆頭者の氏名	山川一郎		平成30年8月27日世帯主変更平成30年10月1日職権により世帯主、続柄修正
	前住所	昭和　⑲平成　16年3月30日東京都多摩川市西山町5丁目3番4号	から	⑲転入　転居		
	転出	平成　年　月　日		へ転出予定		平成　年　月　日届出
		平成　年　月　日		へ転出		平成　年　月　日通知

478 第10章　職権記載

第3　戸籍の届出に基づく職権記載

　戸籍の届出に基づく職権記載等の場合，戸籍届書又は法第9条第2項の通知にて住民票の記載等を行うため，職権記載書の作成は要しない。

　なお，婚姻等により新しい戸籍を編製し，又は入籍する場合に，市町村長が職権で戸籍における氏又は名の記載に用いられた誤字を正字に改めたときには，本人への告知を行うとともに，その戸籍の届書に基づいて住民票の記載の修正を行うほかに，住民票記載事項通知・戸籍の附票の記載の修正等の処理も行うことになっている。この場合，誤字を訂正した者が同一氏の世帯主の世帯員であっても世帯主と別の戸籍にあるときには，その誤字の訂正は世帯主には及ばない（平成2.12.14自治振第118号通知）。

1　出生の届出があった場合【記載例 No. 126, 127】

(1)　氏名，出生年月日，男女の別，本籍，筆頭者の氏名の各欄は，出生届書に記載されているとおりに記載する。このとき，親の氏に誤字がある場合でも，戸籍簿では出生子の父欄は正字で記載されるが，住民票では戸籍の筆頭者が正字に訂正されない限り誤字のまま記載する。

(2)　続柄については戸籍と異なり，世帯主の子はすべて「子」と記載する。

(3)　住民となった年月日欄

　ア　通常の場合は出生の年月日を記載する。

　イ　子が転出住所地で出生し，父母と共に転入している場合には転入の日を記載する（【記載例 No. 19】（314頁）参照）。

(4)　記載事由欄

　ア　「○年○月○日出生」と記載する。

　イ　子が転出住所地で出生し，父母と共に転入，転居している場合の記載例については，【記載例 No. 21】（316頁），【記載例 No. 71】（388頁）参照。

(5)　備考欄には，「○年○月○日戸籍届出により記載」と記載する。

(6)　子の母が戸籍の筆頭者又はその配偶者である場合は，母については何ら手を加える必要はないが，そうでない場合は子の出生により母につき

第3　戸籍の届出に基づく職権記載　　**479**

【記載例 No. 126】

ふりがな	やま　かわ　きょう　こ	生　年　月　日	男女の別	続　柄	住民となった年月日
氏名	山 川 京 子	明治 大正 昭和 ㊈ 29 年 9 月 20 日生	男 ㊛	子	明治 大正 昭和 ㊛ 30 年 9 月 20 日
世帯主	山川太郎				住民票コード
					67890123456
住	東町1丁目6番地1		平成 30 年 10 月 1 日届出		個人番号
		平成　　年　　月　　日転居	平成　　年　　月　　日届出		666677778888
所		平成　　年　　月　　日転居	平成　　年　　月　　日届出		備　考
本	東京都高尾市東町1丁目6番地1	筆頭者の氏名	山川太郎		平成30年10月1日戸籍届出により記載
籍					
前住所	昭和 ㊛ 30 年 9 月 20 日	出　生		から 転入 転居	
転	平成　　年　　月　　日		へ 転出 予定		平成　　年　　月　　日届出
出	平成　　年　　月　　日			へ転出	平成　　年　　月　　日通知

住民票　東京都高尾市

【記載例 No. 127】子の出生により母につき新戸籍が編製された場合

ふりがな	やま　かわ　よう　こ	生　年　月　日	男女の別	続　柄	住民となった年月日
氏名	山 川 洋 子	明治 大正 ㊛ 平成 57 年 10 月 10 日生	男 ㊛	世帯主	明治 大正 昭和 ㊛ 16 年 10 月 5 日
世帯主	山川洋子				住民票コード
					21345678902
住	東町1丁目6番地1		平成 16 年 10 月 15 日届出		個人番号
		平成　　年　　月　　日転居	平成　　年　　月　　日届出		222211113333
所		平成　　年　　月　　日転居	平成　　年　　月　　日届出		備　考
本	東京都多摩川市西山町1丁目1番地	筆頭者の氏名	~~山川一郎~~		平成30年10月1日戸籍届出により本籍、筆頭者修正
籍	東京都高尾市東町1丁目6番地1		山川洋子		
前住所	昭和 ㊛ 16 年 10 月 5 日東京都むさし市東3丁目4番5号			から 転入 転居	
転	平成　　年　　月　　日		へ 転出 予定		平成　　年　　月　　日届出
出	平成　　年　　月　　日			へ転出	平成　　年　　月　　日通知

住民票　東京都高尾市

480　第10章　職権記載

ふりがな	やま　かわ　うめ　こ	生　年　月　日	男女の別	続　柄	住民となった年月日
氏名	山川梅子	明治 大正 昭和 ㋹平成 30年9月20日生	男 ㋭女	子	明治 大正 昭和 ㋹平成 30年9月20日
世帯主	山川洋子				住民票コード 32145678903
住所	東町1丁目6番地1	平成30年10月1日届出			個人番号 333322224444
	平成　年　月　日転居	平成　年　月　日届出			
	平成　年　月　日転居	平成　年　月　日届出			備　考 平成30年10月1日戸籍届出により記載
本籍	東京都高尾市東町1丁目6番地1	筆頭者の氏名	山川洋子		
前住所	昭和 ㋹平成 30年9月20日　出生			から 転入 転居	
転入	平成　年　月　日	へ転出 予定			平成　年　月　日届出
転出	平成　年　月　日	へ転出			平成　年　月　日通知

住民票　東京都高尾市

　　新戸籍が編製される（戸籍法17条）ので，母の戸籍の表示を修正するとともに，その備考欄に「○年○月○日戸籍届出により戸籍の表示修正」，若しくは「○年○月○日戸籍届出により本籍，筆頭者修正」と記載する（【記載例No.127】（479頁）参照）。

⑺　出生届出がなされた子の親の氏に誤字があった場合，戸籍における当該子の父欄の氏は正字で記載されることとなるが，住民票における子の氏については，戸籍の筆頭者の氏が正字に訂正されない限り，誤字をそのまま用いる（平成3.1.22自治振第14号回答）。

2　日本人男性が胎児認知した外国人女性の嫡出でない子について，母が住所地の市町村長に出生の届出をする場合

　　血統主義国の日本では，外国人（法30条の45の表の上欄に掲げるものを除く。以下，この2において同じ。）女性の産んだ嫡出でない子には，日本の国籍が与えられないが，日本人男性が胎児認知をしている場合には，その出生のときに，父が日本人と確定しているので，出生により日本国籍を取得する（国籍法2条1号）。

第3　戸籍の届出に基づく職権記載　　*481*

　この場合に，出生子について住民票の記載をすることになるが，日本人父と外国人母が同居していない場合には，出生子について新たに単独で住民票を作成することとなる。

住民票の記載【記載例 No. 128】

(1)　氏名，生年月日，男女の別の各欄は，出生届に記載されているとおりに記載する。

(2)　母が外国人住民でない場合，母は住民票に記載されないため，世帯主欄は，出生子の氏名を記載する。

(3)　続柄欄は「世帯主」と記載する。

(4)　住民となった年月日欄は，出生の年月日を記載する。

(5)　本籍，筆頭者の氏名欄は，父母が婚姻していないため日本人父の戸籍には入籍しないので，出生届のその他欄に記載された子の氏と新本籍を記載する。

(6)　記載事由欄は（本事例では前住所欄），「○年○月○日出生」と記載し，「から転入転居」の不動文字を横線で消除する。

(7)　備考欄に，「○年○月○日戸籍の届出により記載」「事実上の世帯主母○○」と記載する。

(8)　なお，父と母が既に同居している場合には，世帯主欄は父の氏名を記載し，続柄欄は「子」と記載する。

482 第10章 職権記載

【記載例 No. 128】

ふりがな	やま かわ いち ろう	生 年 月 日	男女の別	続 柄	住民となった年月日
氏名	山 川 一 郎	明治 大正 昭和 (平成) 30 年10月 1 日生	(男) 女	世帯主	明治 大正 昭和 (平成) 30年10月 1 日
世帯主	山川一郎				**住民票コード** 34567890123
住所	戸倉1丁目6番地1		平成 30年10月10日届出		**個人番号** 333344445555
		平成 年 月 日転居	平成 年 月 日届出		
		平成 年 月 日転居	平成 年 月 日届出		備考 平成30年10月10日戸籍 届出により記載 事実上の世帯主 母〇〇・〇〇
本籍	東京都高尾市戸倉1丁目6番地1	筆頭者の氏名	山川一郎		
前住所	昭和 (平成) 30年10月 1 日 出生		から 転入 転居		
転出	平成 年 月 日		へ 転出 予定		平成 年 月 日届出
	平成 年 月 日		へ転出		平成 年 月 日通知

住 民 票　東京都高尾市

第3 戸籍の届出に基づく職権記載 **483**

3 婚姻の届出があった場合【記載例 No. 129】

婚姻届のケースとしては，既に同居している者からの婚姻届，又は転入，転居と同時に出される婚姻届が主たるものであるが，ここでは前者について夫の氏を称する婚姻届の処理方法を述べる（後者については，【記載例No. 17】（312頁）参照）。

(1) 夫の戸籍の表示を届書のとおり修正するとともに，備考欄に「○年○月○日戸籍届出により戸籍の表示修正」，若しくは「○年○月○日戸籍届出により本籍，筆頭者修正」と記載する。

(2) 妻となるべきものの氏，続柄，戸籍の表示を修正し，備考欄に「○年○月○日戸籍届出により氏，続柄，本籍，筆頭者修正」と記載する。

4 子が認知又は父母の婚姻により嫡出子の身分を取得した場合

従来，認知の届出又は婚姻の届出により嫡出子の身分を取得した子については，直ちに父母の戸籍に入籍させる取扱いであったが，昭和62年の民法の改正により，父又は母が氏を改めたことにより父母と氏を異にすることとなった子は，父母が婚姻中に限り，家庭裁判所の許可を得ることなく，届出により父母の氏を称することができることとされた。

そのため，本事例のような準正嫡出子については，当然には父母の氏を称しないものとされ（昭和62.10.1民二第5000号通達），こうした子が父母の氏を称するには，戸籍法第98条に規定する入籍の届出をしなければならない。

そこで，婚姻準正，認知準正された子につき，それぞれ戸籍法第98条による入籍の届出がされた場合の住民票の取扱いは，次のとおりである。

484 第10章 職権記載

【記載例 No. 129】

<table>
<tr><td rowspan="7">住 民 票　東京都高尾市</td><td colspan="8">
<table>
<tr><td>ふりがな</td><td colspan="2">やま かわ た ろう</td><td colspan="2">生 年 月 日</td><td>男女の別</td><td>続 柄</td><td>住民となった年月日</td></tr>
<tr><td>氏
名</td><td colspan="2">山 川 太 郎</td><td colspan="2">明治
大正
<u>昭和</u>
平成 55年4月1日生</td><td>㊚
女</td><td>世帯主</td><td>明治
大正
昭和
<u>平成</u> 29年11月1日</td></tr>
<tr><td>世
帯
主</td><td colspan="4">山川太郎</td><td colspan="2"></td><td>住民票コード
12345678901</td></tr>
<tr><td rowspan="3">住

所</td><td colspan="3">東町1丁目6番地1</td><td colspan="2">平成
29年11月10日届出</td><td>個人番号</td></tr>
<tr><td colspan="3">平成
　年　月　日転居</td><td colspan="2">平成
　年　月　日届出</td><td rowspan="2">111122223333</td></tr>
<tr><td colspan="3">平成
　年　月　日転居</td><td colspan="2">平成
　年　月　日届出</td></tr>
<tr><td colspan="8"></td></tr>
</table>
</td></tr>
</table>

本籍
東京都多摩川市西山町1丁目1番地（抹消）
東京都高尾市東町1丁目6番地1
筆頭者の氏名　山川一郎（抹消）　山川太郎

備考
平成30年10月1日戸籍届出により本籍、筆頭者修正

前住所
昭和・（平成）29年11月1日東京都むさし市東3丁目4番5号から（転入）転居

転出
平成　年　月　日　　へ転出予定
平成　年　月　日　　へ転出
平成　年　月　日届出
平成　年　月　日通知

氏名
ふりがな（そくぶ→）やまかわはなこ
山 川（国 分 抹消）花 子
生年月日　明治・大正・（昭和）・平成 57年6月3日生
男女の別　男・（女）
続柄　妻（妻（未届）抹消）
住民となった年月日　明治・大正・昭和・（平成）30年4月1日

世帯主　山川太郎
住民票コード　23456789012

住所　東町1丁目6番地1　平成30年4月10日届出
個人番号　222233334444

備考
平成30年10月1日戸籍届出により氏、続柄、本籍、筆頭者修正

本籍
東京都陣馬市東山町3丁目260番地（抹消）
東京都高尾市東町1丁目6番地1
筆頭者の氏名　国分二郎（抹消）　山川太郎

前住所
昭和・（平成）30年4月1日東京都陣馬市東山町3丁目260番地から（転入）転居

転出
平成　年　月　日　　へ転出予定
平成　年　月　日　　へ転出
平成　年　月　日届出
平成　年　月　日通知

住 民 票　東京都高尾市

⑴　父から認知されていた子の母が，子の父と婚姻し，父母から戸
　籍法第98条による入籍の届出がされた場合【記載例 No. 130】

　　婚姻準正により嫡出子の身分を取得した子について，戸籍法第98条に
規定する入籍の届出があったときは，子は父母の戸籍に入籍すること と
なるので，住民票についても当該人の氏，本籍，筆頭者の氏名を修正し，
備考欄には「○年○月○日戸籍届出により氏，本籍，筆頭者修正」と記
載する。続柄については，平成6年12月15日自治振第233号通知によっ
て，嫡出子であるか否かにかかわらず認知された子については，「子」
と記載がされているので，修正する必要はない。

【記載例 No. 130】婚姻準正子の母の住民票

住民票　東京都高尾市

ふりがな	~~こくぶ~~ やまかわはなこ	生年月日	男女の別	続柄	住民となった年月日
氏名	山川 ~~国分~~ 花子	明治 大正 [昭和] 平成 57年6月3日生	男 [女]	妻 ~~妻(未届)~~	明治 大正 昭和 [平成] 17年11月10日
世帯主	山川太郎				住民票コード 23456789012
住所	東町1丁目6番地1		平成 17年11月20日届出		個人番号 222233334444
		平成 年 月 日転居	平成 年 月 日届出		
		平成 年 月 日転居	平成 年 月 日届出		備考 平成30年10月1日戸籍届出により氏、続柄、本籍、筆頭者修正
本籍	~~東京都陣馬市東山町3丁目260番地~~	筆頭者の氏名	~~国分花子~~		
	東京都高尾市東町1丁目6番地1		山川太郎		
前住所	昭和 [平成] 17年11月10日東京都陣馬市東山町3丁目260番地		から [転入] 転居		
転出	平成 年 月 日		へ 転出予定		平成 年 月 日届出
	平成 年 月 日		へ転出		平成 年 月 日通知

入籍した婚姻準正子の住民票

住民票　東京都高尾市

ふりがな	~~こくぶ~~ やまかわたけお	生年月日	男女の別	続柄	住民となった年月日
氏名	山川 ~~国分~~ 竹夫	明治 大正 昭和 [平成] 14年10月4日生	[男] 女	子	明治 大正 昭和 [平成] 17年11月10日
世帯主	山川太郎				住民票コード 78901234567
住所	東町1丁目6番地1		平成 17年11月20日届出		個人番号 777788889999
		平成 年 月 日転居	平成 年 月 日届出		
		平成 年 月 日転居	平成 年 月 日届出		備考 平成30年10月1日戸籍届出により氏、本籍、筆頭者修正
本籍	~~東京都陣馬市東山町3丁目260番地~~	筆頭者の氏名	~~国分花子~~		
	東京都高尾市東町1丁目6番地1		山川太郎		
前住所	昭和 [平成] 17年11月10日東京都陣馬市東山町3丁目260番地		から [転入] 転居		
転出	平成 年 月 日		へ 転出予定		平成 年 月 日届出
	平成 年 月 日		へ転出		平成 年 月 日通知

第3 戸籍の届出に基づく職権記載　**487**

(2)　父母の婚姻前に出生した子につき父母の婚姻後父の認知届と共に戸籍法第98条に規定する入籍届がされた場合【記載例 No. 131】

　　子は認知準正により嫡出子となるが，入籍の届出により父母の戸籍に入籍することとなる場合には，当該人の氏，続柄，本籍，筆頭者の氏名を修正し，備考欄には「○年○月○日戸籍届出により氏，続柄，本籍，筆頭者修正」と記載する。

　　なお，(1)，(2)の場合に入籍の届出がないときは，当該住民票中続柄のみを修正することとなる。

【記載例 No. 131】入籍した認知準正子の住民票

	ふりがな	いしかわ かじょはるお	生年月日	男女の別	続柄	住民となった年月日
氏名		~~加除~~ 石川春夫	明治 大正 昭和 ㊤平成 27年10月4日生	㊚男 女	~~子~~ ~~妻の子~~ 妻(未届)の子	明治 大正 昭和 ㊤平成 29年11月10日

住民票　東京都高尾市	世帯主	加除三郎			住民票コード 43215678904
	住所	東町1丁目6番地1		平成29年11月20日届出	個人番号 444433335555
			平成 年 月 日転居	平成 年 月 日届出	備考 平成30年5月10日職権により続柄修正
			平成 年 月 日転居	平成 年 月 日届出	
	本籍	~~東京都陣馬市東山町3丁目260番地~~ 東京都高尾市東町1丁目6番地1	筆頭者の氏名	~~石川花子~~ 加除三郎	平成30年10月1日戸籍届出により氏、続柄、本籍、筆頭者修正
	前住所	昭和 ㊤平成 29年11月10日東京都陣馬市東山町3丁目260番地	から 転入 転居		
	転出	平成 年 月 日	へ転出予定	平成 年 月 日届出	
		平成 年 月 日	へ転出	平成 年 月 日通知	

488　第10章　職権記載

5　離婚の届出があった場合【記載例 No. 132】

　離婚の届出があった場合には，夫婦の住民票中，婚姻により氏を改めた者（この事例では妻）について当該人の氏，本籍，筆頭者の氏名を修正するとともに，続柄を修正し，備考欄に「〇年〇月〇日戸籍届出により氏，続柄，本籍，筆頭者修正」と記載する。

【記載例 No. 132】

ふりがな	やまーかわ　こくぶはなこ	生　年　月　日	男女の別	続　柄	住民となった年月日
氏名	国分 ~~山川~~ 花子	明治 大正 ㊐和 平成 57年6月3日生	男 ㊛	同居人 ~~妻~~	明治 大正 昭和 ㊥成 16年3月30日

世帯主	山川太郎		住民票コード
			23456789012

住所	東町1丁目6番地1	平成 16年4月10日届出	個人番号
	平成　　年　月　　日転居	平成　　年　月　　日届出	222233334444
	平成　　年　月　　日転居	平成　　年　月　　日届出	備　考 平成30年10月1日戸籍届出により氏、続柄、本籍、筆頭者修正

本籍	~~東京都高尾市東町1丁目6番地1~~ 東京都陣馬市東山町3丁目260番地	筆頭者の氏名	~~山川太郎~~ 国分二郎

前住所	昭和 ㊥成 16年3月30日東京都多摩川市西山町5丁目3番4号 から	㊥入 転居

転出	平成　　年　月　　日	へ転出 予定	平成　　年　月　　日届出
	平成　　年　月　　日	へ転出	平成　　年　月　　日通知

住民票　東京都高尾市

第3　戸籍の届出に基づく職権記載　　**489**

6　戸籍法第77条の2（離婚の際に称していた氏を称する届）の届出があった場合

⑴　離婚の届出と同時に戸籍法第77条の2の届出があった場合

　　離婚の届出と同時に戸籍法第77条の2の届出があった場合には，離婚前の夫婦の住民票中婚姻により氏を改めた者の本籍，筆頭者の氏名，世帯主との続柄を修正することとなる。

　　住民票の記載【記載例 No. 133】

　　ア　離婚の届出と同時に戸籍法第77条の2の届出があった場合には，当該人の氏を修正することなく続柄，本籍，筆頭者の氏名を修正する。本籍の記載は，届書に記入された「離婚の際に称していた氏を称した後の本籍」を記載する。

　　イ　備考欄に「○年○月○日戸籍届出により続柄，本籍，筆頭者修正」と記載する。

【記載例 No. 133】

490 第10章 職権記載

⑵ 離婚により従前戸籍に復籍している者から戸籍法第77条の２の届出があった場合

戸籍法第77条の２の届出は離婚後３か月以内に限り届出することができる（民法767条２項）。本事例は，既に転出により，住民票異動後の妻の新住民票の修正事例である。

住民票の記載【記載例 No. 134】

ア 氏名欄，世帯主欄中の氏を離婚の際に称していた氏に修正する。

イ 本籍を別に定めた場合には，新しい本籍を記載する（本事例は，同一本籍地に新本籍を定めた場合である。）。

ウ 筆頭者の氏名を本人の氏名に修正する。

エ 備考欄に「○年○月○日戸籍届出により氏，筆頭者修正」と記載する。

【記載例 No. 134】

ふりがな	そ←→ぶ やまかわはなこ	生 年 月 日	男女の別	続 柄	住民となった年月日	
氏 名	山 川 ~~国 分~~ 花 子	明治 大正 ㊐昭和 平成 57年6月3日生	男 ㊛女	世帯主	明治 大正 昭和 ㊟平成 30年9月1日	

住民票 東京都高尾市

世帯主	山 川 ~~国 分~~ 花 子			住民票コード 23456789012
住 所	東町1丁目6番地1	平成 30年9月10日届出		個人番号 222233334444
	平成 年 月 日転居	平成 年 月 日届出		
	平成 年 月 日転居	平成 年 月 日届出		備 考 平成30年10月1日戸籍届出により氏、世帯主、筆頭者修正
本 籍	東京都高尾市東町1丁目6番地1	筆頭者の氏名	~~国分二郎~~ 山川花子	
前住所	昭和 ㊟平成 30年9月1日東京都多摩川市西山町5丁目3番4号 から 転入 転居			
転 入	平成 年 月 日	へ転出予定		平成 年 月 日届出
転 出	平成 年 月 日	へ転出		平成 年 月 日通知

第3　戸籍の届出に基づく職権記載　　*491*

(3)　離婚により新戸籍を編製している者から戸籍法第77条の２の届
　　出があった場合

　　⑵との違いは，筆頭者の氏名が既に本人の婚姻前の氏名になっている
　点だけである。

　　　住民票の記載【⑵・記載例 No. 134】

　　　ア　氏名欄，世帯主欄並びに筆頭者氏名欄中その氏を，離婚の際に称
　　　　していた氏に修正する。前例では「国分」から「山川」に修正する。

　　　イ　備考欄に「○年○月○日戸籍届出により氏修正」と記載する。

7　死亡の届出があった場合【記載例 No. 135】

(1)　当該人の消除事由欄（本事例では転出欄）には，「○年○月○日死亡」
　　と記載する。

(2)　当該人の備考欄に，「○年○月○日戸籍届出により消除」と記載する。

【記載例 No. 135】

	ふりがな	やま　かわ　た　ろう	生　年　月　日	男女の別	続　柄	住民となった年月日
氏名		山 川 太 郎	明治 大正 昭和 平成　55年4月1日生	㊚ 女	世帯主	明治 大正 昭和 平成　16年3月30日
世帯主		山川太郎				住民票コード
						12345678901
住所		東町1丁目6番地1	平成 16年4月10日届出			個人番号
		平成　　年　　月　　日転居	平成　　年　　月　　日届出			111122223333
		平成　　年　　月　　日転居	平成　　年　　月　　日届出			備　考
本籍		東京都高尾市東町1丁目6番地1	筆頭者の氏名		山川太郎	平成30年10月1日戸籍届出により消除 〔除　票〕
前住所		昭和 平成　16年3月30日東京都多摩川市西山町5丁目3番4号 から		転入 転居		
転出		平成　30年9月27日　　　死亡		へ転出予定		平成　　年　　月　　日届出
		平成　　年　　月　　日		へ転出		平成　　年　　月　　日通知

住民票　東京都高尾市

492　第10章　職権記載

8　養子縁組（離縁）の届出があった場合

(1)　同居の単身者を養子とする縁組届があった場合【記載例 No.136】

　　本事例は，同居している妻の子（妻の先夫との子）を養子とした場合の事例である。当該養子の氏，続柄，本籍，筆頭者の氏名を修正し，備考欄に「○年○月○日戸籍届出により氏，続柄，本籍，筆頭者修正」と記載する。

(2)　婚姻中の夫婦を養子とする縁組届があった場合【記載例 No.137】

　　ア　夫婦の氏，本籍，筆頭者の氏名を修正し，また養親と同一の住民票に記載されている場合は，続柄も修正する。

　　イ　備考欄には，「○年○月○日戸籍届出により氏，本籍，筆頭者修正」と記載する。また，修正した者が世帯主の場合，既存の世帯の者の世帯主を修正し，備考欄に「○年○月○日戸籍届出により世帯主の氏（名）修正」と記載する。

　　ウ　当該夫婦に子がいる場合は，子の入籍届出等がなければ子は養子縁組（離縁）前の夫婦の戸籍に残っているので，子の戸籍の表示は修正しない。

【記載例 No. 136】

住民票　東京都高尾市

ふりがな	~~こくぶ~~ やまかわたけお	生年月日	男女の別	続柄	住民となった年月日
氏名	山川 ~~国分~~ 竹夫	明治 大正 昭和 [平成] 14年10月14日生	[男] 女	子 ~~妻の子~~	明治 大正 昭和 [平成] 16年3月30日
世帯主	山川太郎				住民票コード 78901234567
住所	東町1丁目6番地1		平成 16年4月10日届出		個人番号 777788889999
		平成 年　月　日転居	平成 年　月　日届出		
		平成 年　月　日転居	平成 年　月　日届出		備考 平成30年10月1日戸籍届出により氏、続柄、本籍、筆頭者修正
本籍	~~東京都陣馬市東山町3丁目260番地~~ 東京都高尾市東町1丁目6番地1	筆頭者の氏名	~~国分花子~~ 山川太郎		
前住所	昭和 [平成] 16年3月30日東京都多摩川市西山町5丁目3番4号から [転入] 転居				
転出	平成 年　月　日	へ転出予定			平成 年　月　日届出
	平成 年　月　日	へ転出			平成 年　月　日通知

【記載例 No. 137】

住民票　東京都高尾市

ふりがな	~~やま　かわ~~ こくぶたろう	生年月日	男女の別	続柄	住民となった年月日
氏名	国分 ~~山川~~ 太郎	明治 大正 [昭和] 平成 55年4月1日生	[男] 女	世帯主	明治 大正 昭和 [平成] 16年3月30日
世帯主	国分 ~~山川~~太郎				住民票コード 12345678901
住所	東町1丁目6番地1		平成 16年4月10日届出		個人番号 111122223333
		平成 年　月　日転居	平成 年　月　日届出		
		平成 年　月　日転居	平成 年　月　日届出		備考 平成30年10月1日戸籍届出により氏、本籍、筆頭者修正
本籍	~~東京都高尾市東町1丁目6番地1~~ 東京都陣馬市東山町3丁目260番地	筆頭者の氏名	~~山川太郎~~ 国分太郎		
前住所	昭和 [平成] 16年3月30日東京都多摩川市西山町5丁目3番4号から [転入] 転居				
転出	平成 年　月　日	へ転出予定			平成 年　月　日届出
	平成 年　月　日	へ転出			平成 年　月　日通知

住民票　東京都高尾市

ふりがな	~~やま かわ~~ こくぶはなこ	生　年　月　日	男女の別	続　柄	住民となった年月日
氏名	国分 ~~山川~~花子	明治 大正 [昭和] 平成　57年6月3日生	男 [女]	妻	明治 大正 昭和 [平成]　16年3月30日
世帯主	国分 ~~山川~~太郎				住民票コード 23456789012
住所	東町1丁目6番地1		平成 16年4月10日届出		個人番号 222233334444
		平成 年　月　日転居	平成 年　月　日届出		
		平成 年　月　日転居	平成 年　月　日届出		備　考
本籍	~~東京都高尾市東町1丁目6番地1~~ 東京都陣馬市東山町3丁目260番地	筆頭者の氏名	~~山川太郎~~ 国分太郎		平成30年10月1日戸籍届出により氏、本籍、筆頭者修正 平成30年10月1日職権により世帯主修正
前住所	昭和 [平成]16年3月30日東京都多摩川市西山町5丁目3番4号から[転入]転居				
転出	平成 年　月　日			へ転出予定	平成 年　月　日届出
	平成 年　月　日			へ転出	平成 年　月　日通知

⑶　婚姻中の夫婦の一方を養子とする縁組届があった場合【⑵・記載例 No. 137】

民法等の改正（昭和62年法律第101号）により，夫婦共同縁組の原則が改められ，夫婦の一方のみとの養子縁組ができることとなった。この場合の養子の氏については，養子が婚姻の際自己の氏を称して婚姻している場合（筆頭者）には養親の氏に変更し，配偶者も当然に変更するが，婚姻の際氏を改めた者（配偶者）が養子となった場合には，養親の氏への変更はない。したがって，

ア　自己の氏を称して婚姻した者（筆頭者）が単身で養子となった場合には，⑵の【記載例 No. 137】と同様の処理となる。

イ　婚姻により氏を改めた者（配偶者）が単身で養子となった場合には，婚姻関係が継続中はもとより配偶者の死亡により婚姻が解消しても住民票上何ら修正を要しない。

9　特別養子縁組の届出があった場合

民法等の改正（昭和62年法律第101号）に伴い特別養子縁組制度が設けら

れた。特別養子についての戸籍記載方法は，まず養子について養親の氏で従前の本籍地に新戸籍を編製した上，直ちにその新戸籍から養親の戸籍に入籍させることとされている。養親戸籍中の養子の記載方法は，実子と同じ扱いを受け，続柄は，長男，長女，二男，二女，等と記載される。

　特別養子縁組の成立には，養親となる者が養子となる者を6か月以上の間監護しなければならないとされており，したがって，この縁組の届出の際には，通常，養子は養親の住民票に記載されているものである。

　住民票の記載【記載例 No. 138】

ア　養子の縁組前の氏「国分」を養親の氏「山川」に修正する。

イ　ふりがな欄をアと同様「やまかわ」と修正する。

ウ　続柄も修正するが，戸籍とは異なり「子」と記載する。

エ　本籍欄を新本籍に修正する。

オ　筆頭者の氏名については，従前の本籍地で作成された養子の単独戸籍について，その記載を要するかが問題となるが，事務処理の簡素化の観点から，記載を省略して差し支えないとされているので，従前の筆頭者氏名を新筆頭者氏名に修正する。

カ　備考欄に，「○年○月○日戸籍届出により氏，続柄，本籍，筆頭者修正」と記載する。

キ　修正後の住民票について，改製すべきか否かが問題となる。特別養子制度の趣旨からかんがみれば，改製すべきである。

ク　なお，養子がいまだ養親の住民票に記載されておらず，戸籍の届出と同時に転入届のあった場合には，改製後の住民票と同様の記載となる。

ケ　実親・養親間で互いに戸籍の表示が分かることのないようにすることが適当であると考えられることから，子に係る住民票における従前の住所欄については，特別養子制度の意義にかんがみ，空欄とすべきである。また同様に，消除された住民票における転出先の住所欄も空欄とすべきである。

496 第10章 職権記載

【記載例 No. 138】

	ふりがな	~~こくぶ~~ やまかわたけお	生 年 月 日	男女の別	続 柄	住民となった年月日
住民票	氏名	山 川 ~~国 分~~ 竹 夫	明治 大正 昭和 (平成) 14年10月14日生	(男) 女	子 ~~同居人~~	明治 大正 昭和 (平成) 30年1月14日
	世帯主	山川太郎				住民票コード 78901234567
	住所	東町1丁目6番地1	平成 30年1月20日届出			個人番号 777788889999
			平成 年 月 日転居	平成 年 月 日届出		
			平成 年 月 日転居	平成 年 月 日届出		備 考 平成30年10月1日戸籍 届出により氏、続柄、 本籍、筆頭者修正 平成30年10月1日改製 により消除 改製原住民票
東京都高尾市	本籍	~~東京都陣馬市東山町3丁目260番地~~ 東京都高尾市東町1丁目6番地1	筆頭者の氏名	~~国分梅子~~ 山川太郎		
	前住所	昭和 (平成)30年1月14日東京都陣馬市東山町3丁目260番地		から 転居 (転入)		
	転出	平成 年 月 日	へ転出 予定	平成 年 月 日届出		
		平成 年 月 日	へ転出	平成 年 月 日通知		

	ふりがな	やま かわ たけ お	生 年 月 日	男女の別	続 柄	住民となった年月日
住民票	氏名	山 川 竹 夫	明治 大正 昭和 (平成) 14年10月14日生	(男) 女	子	明治 大正 昭和 (平成) 30年1月14日
	世帯主	山川太郎				住民票コード 78901234567
	住所	東町1丁目6番地1	平成 年 月 日届出			個人番号 777788889999
			平成 年 月 日転居	平成 年 月 日届出		
			平成 年 月 日転居	平成 年 月 日届出		備 考 平成30年10月1日改製
東京都高尾市	本籍	東京都高尾市東町1丁目6番地1	筆頭者の氏名	山川太郎		
	前住所	昭和 (平成)30年1月14日 (空 欄)		から 転居 (転入)		
	転出	平成 年 月 日	へ転出 予定	平成 年 月 日届出		
		平成 年 月 日	へ転出	平成 年 月 日通知		

10　戸籍法第73条の2（離縁の際に称していた氏を称する届）の届出があった場合

　縁組の日から7年を経過した後に離縁により縁組前の氏に復する者は，離縁後3か月以内に届け出ることによって離縁の際に称していた氏を称することができる（民法816条2項）。

　この場合の住民票の記載については，「第10章―第3―6」（489頁以下）（【記載例No.133】（489頁），【記載例No.134】（490頁）参照）と同様であるが，ここでは参考に，離縁により既に新戸籍を編製している単身者から戸籍法第73条の2の届出があった場合の記載例を掲げる。

　住民票の記載　【記載例No.139】

　　ア　氏名欄，世帯主欄，筆頭者氏名欄中の氏を縁組中の氏に修正する。

　　イ　備考欄に「○年○月○日戸籍届出により氏，本籍，筆頭者修正」
　　　　と記載する。

【記載例No.139】

498 第10章 職権記載

11 名の変更届出があった場合【記載例 No. 140】

当該人の名を届書のとおり修正し，備考欄に「○年○月○日戸籍届出により名修正」と記載する。

当該人が世帯主で，その世帯に世帯員がある場合には，その者の世帯主名を修正する。その場合，その者の備考欄には「○年○月○日届出により世帯主修正」と記載する。

【記載例 No. 140】

12　氏の変更届出があった場合【記載例 No. 141】

当該戸籍内の者全員の氏を届書のとおり修正し，各人の備考欄に「○年○月○日戸籍届出により氏修正」と記載する。

【記載例 No. 141】

住民票　東京都高尾市

ふりがな	~~いちのや~~ やまかわたろう	生年月日	男女の別	続柄	住民となった年月日
氏名	山川 ~~市の谷~~ 太郎	明治 大正 [昭和] 平成 55年4月1日生	[男] 女	世帯主	明治 大正 昭和 [平成] 16年3月30日
世帯主	山川 ~~市の谷~~太郎				住民票コード 12345678901
住所	東町1丁目6番地1		平成 16年4月10日届出		個人番号 111122223333
		平成 年　月　日転居	平成 年　月　日届出		備考 平成30年10月１日戸籍届出により氏、世帯主、筆頭者修正
		平成 年　月　日転居	平成 年　月　日届出		
本籍	東京都高尾市東町1丁目6番地１	筆頭者の氏名	山川 ~~市の谷~~太郎		
前住所	昭和 [平成] 16年３月30日東京都多摩川市西山町5丁目3番4号から [転入] 転居				
転出	平成 年　月　日　へ転出予定				平成 年　月　日届出
	平成 年　月　日　へ転出				平成 年　月　日通知

13　復氏の届出があった場合【記載例 No. 142】

当該復氏した者の氏，本籍，筆頭者の氏名を修正し，備考欄に「○年○月○日戸籍届出により氏，本籍，筆頭者修正」と記載する。

【記載例 No. 142】

住民票　東京都高尾市

<table>
<tr><td>ふりがな</td><td colspan="2">~~やま　かわ~~　こくぶはなこ</td><td>生　年　月　日</td><td>男女の別</td><td>続　柄</td><td>住民となった年月日</td></tr>
<tr><td>氏名</td><td colspan="2">国分
~~山川~~花子</td><td>明治 大正 [昭和] 平成 57年6月3日生</td><td>男 [女]</td><td>世帯主</td><td>明治 大正 昭和 [平成] 16年3月30日</td></tr>
<tr><td>世帯主</td><td colspan="2">国分
~~山川~~花子</td><td colspan="3"></td><td>住民票コード
23456789012</td></tr>
<tr><td rowspan="3">住所</td><td colspan="2">東町1丁目6番地1</td><td colspan="3">平成 16年4月10日届出</td><td>個人番号
222233334444</td></tr>
<tr><td></td><td>平成 年 月 日転居</td><td colspan="3">平成 年 月 日届出</td><td rowspan="4">備　考
平成30年10月1日戸籍届出により氏、本籍、筆頭者修正</td></tr>
<tr><td></td><td>平成 年 月 日転居</td><td colspan="3">平成 年 月 日届出</td></tr>
<tr><td>本籍</td><td colspan="2">~~東京都高尾市東町1丁目6番地1~~
東京都陣馬市東山町3丁目260番地</td><td>筆頭者の氏名</td><td colspan="2">~~山川太郎~~
国分二郎</td></tr>
<tr><td>前住所</td><td colspan="5">昭和 [平成] 16年3月30日東京都多摩川市西山町5丁目3番4号から [転入] 転居</td></tr>
<tr><td rowspan="2">転出</td><td colspan="5">平成 年 月 日 へ転出予定</td><td>平成 年 月 日届出</td></tr>
<tr><td colspan="5">平成 年 月 日 へ転出</td><td>平成 年 月 日通知</td></tr>
</table>

14　転籍の届出があった場合【記載例 No. 143】

⑴　本籍欄の旧本籍を新本籍に修正する。

⑵　備考欄に「○年○月○日戸籍届出により本籍修正」と記載する。

⑶　同一戸籍内の者の場合も，本籍欄を修正し，当該備考欄に「○年○月○日戸籍届出により本籍修正」と記載する。

【記載例 No. 143】

住民票　東京都高尾市

ふりがな	やま　かわ　た　ろう	生　年　月　日	男女の別	続　柄	住民となった年月日
氏名	山　川　太　郎	明治 大正 ㊐昭和 平成 55年4月1日生	㊚ 女	世帯主	明治 大正 昭和 ㊐平成 16年3月30日
世帯主	山川太郎				住民票コード 12345678901
住所	東町1丁目6番地1		平成16年4月10日届出		個人番号 111122223333
		平成　年　月　日転居	平成　年　月　日届出		
		平成　年　月　日転居	平成　年　月　日届出		備考 平成30年10月1日戸籍届出により本籍修正
本籍	~~東京都多摩川市西山町1丁目1番地~~ 東京都高尾市東町1丁目6番地1	筆頭者の氏名	山川太郎		
前住所	昭和 ㊐平成 16年3月30日東京都多摩川市西山町5丁目3番4号から ㊐転入 転居				
転出	平成　年　月　日	へ転出予定			平成　年　月　日届出
	平成　年　月　日	へ転出			平成　年　月　日通知

502 第10章 職権記載

15 入籍の届出があった場合【記載例 No. 144】

当該入籍した者の氏，本籍，筆頭者の氏名を修正し，備考欄に「○年○月○日戸籍届出により氏，本籍，筆頭者修正」と記載する。

【記載例 No. 144】

ふりがな	やま かわ こくぶたけお	生 年 月 日	男女の別	続 柄	住民となった年月日
氏名	国 分 ~~山 川~~ 竹 夫	明治 大正 昭和 ㊟平成 14年10月14日生	㊟男 女	子	明治 大正 昭和 ㊟平成 16年3月30日

世帯主	国分花子		住民票コード

住民票

東京都高尾市

住所	東町1丁目6番地1	平成 16年4月10日届出	住民票コード 78901234567
		平成 年 月 日転居	平成 年 月 日届出	個人番号 777788889999
		平成 年 月 日転居	平成 年 月 日届出	備 考

本籍	東京都高尾市東町1丁目6番地1	筆頭者の氏名	~~山川太郎~~	平成30年10月1日戸籍届出により氏、本籍、筆頭者修正
	東京都陣馬市東山町3丁目260番地		国分花子	

前住所	昭和 ㊟平成 16年3月30日東京都多摩川市西山町5丁目3番4号 から ㊟転入 転居		
転出	平成 年 月 日	へ転出 予定	平成 年 月 日届出
	平成 年 月 日	へ転出	平成 年 月 日通知

16　分籍の届出があった場合【記載例 No. 145】

当該人の本籍，筆頭者の氏名を修正し，備考欄に「○年○月○日戸籍届出により本籍，筆頭者修正」と記載する。

【記載例 No. 145】

住民票　東京都高尾市

ふりがな	やま　かわ　うめ　お	生　年　月　日	男女の別 / 続　柄	住民となった年月日
氏名	山川梅男	明治 大正 [昭和] 平成 58年3月6日生	[男] 女 / 世帯主	明治 大正 昭和 [平成] 16年3月30日
世帯主	山川梅男			住民票コード 56789012345
住所	東町1丁目6番地1		平成16年4月10日届出	個人番号 555566667777
		平成　年　月　日転居	平成　年　月　日届出	
		平成　年　月　日転居	平成　年　月　日届出	備考 平成30年10月１日戸籍届出により本籍、筆頭者修正
本籍	~~東京都多摩川市西山町1丁目1番地~~ / 東京都高尾市東町1丁目6番地1	筆頭者の氏名	~~山川一郎~~ / 山川梅男	
前住所	昭和 [平成] 16年3月30日東京都むさし市東3丁目4番5号		から [転入] 転居	
転出	平成　年　月　日		へ転出予定	平成　年　月　日届出
	平成　年　月　日		へ転出	平成　年　月　日通知

504 第10章 職権記載

17 就籍の届出があった場合【記載例 No. 146】

(1) 新たに住民票を作成することになるので，住所欄は就籍届書に記載されている住所を記載する。

(2) 氏名，出生の年月日，男女の別，続柄，本籍，筆頭者の氏名の各欄は，就籍届書に記載されているとおり記載する。

(3) 住民となった年月日欄には，就籍届書に記載されている「就籍許可の年月日」を記載する。

(4) 記載事由欄（本事例では前住所欄）には，現在の住所を定めた年月日のみを記載し，従前の住所及びその事由を記載する必要はない。

(5) 備考欄に「○年○月○日就籍，○年○月○日戸籍届出により記載」と記載する。

【記載例 No. 146】

ふりがな	やま かわ た ろう	生 年 月 日	男女の別	続 柄	住民となった年月日
氏名	山 川 太 郎	明治 大正 昭和 平成 55年4月1日生	男 女	世帯主	明治 大正 昭和 平成 30年3月25日
世帯主	山川太郎				住民票コード
					12345678901
住所	東町1丁目6番地1		平成 30年3月30日届出		個人番号
		平成　年　月　日転居	平成　年　月　日届出		111122223333
		平成　年　月　日転居	平成　年　月　日届出		備 考
本籍	東京都高尾市東町1丁目6番地1		筆頭者の氏名	山川太郎	平成30年3月25日就籍 平成30年3月30日戸籍届出により記載
前住所	昭和 平成 30年3月25日			から 転入 転居	
転	平成　年　月　日			へ転出予定	平成　年　月　日届出
出	平成　年　月　日			へ転出	平成　年　月　日通知

住 民 票 東京都高尾市

第3 戸籍の届出に基づく職権記載 *505*

18 失踪宣告の裁判が確定し，その届出があった場合【記載例 No. 147】

(1) 消除事由欄（本事例では転出欄）に，失踪期間が満了した日をもって「○年○月○日死亡とみなされる」と記載する。

(2) 備考欄に「○年○月○日戸籍届出により消除」と記載する。

【記載例 No. 147】

ふりがな	やま かわ うめ お		生 年 月 日		男女の別	続 柄	住民となった年月日
氏名	山 川 梅 男		明治 大正 ㊅昭和 平成 58年3月6日生		㊚男 女	弟	明治 大正 昭和 ㊅平成 11年5月10日

住民票

東京都高尾市

世帯主	山川太郎				住民票コード
					56789012345
住所	東町1丁目6番地1		平成 12年5月15日届出		個人番号
	平成 年 月 日転居		平成 年 月 日届出		555566667777
	平成 年 月 日転居		平成 年 月 日届出		備考
本籍	東京都多摩川市西山町1丁目1番地	筆頭者の氏名	山川一郎		平成30年10月1日戸籍届出により消除
					除 票
前住所	昭和 ㊅平成 11年5月10日東京都むさし市東3丁目4番5号		から ㊉転入 転居		
転出	平成 30年9月25日 死亡とみなされる		←転出予定	平成 年 月 日届出	
	平成 年 月 日		へ転出	平成 年 月 日通知	

506　第10章　職権記載

19　失踪宣告取消しの届出があった場合【記載例 No. 148】

　失踪宣告を受けた者でも，現に生存し，住所を有する場合には，その者を住民基本台帳に記録しなければならない。

　そのような者の住民票を記載した場合は，当該人の備考欄に「失踪宣告中」である旨の記載をしておくことが適当である。

⑴　失踪宣告取消しの届出に基づいて，戸籍事項に修正のない場合は，当該人の備考欄に「○年○月○日戸籍届出」と記載する。

⑵　修正のある場合は，当該事項を修正し，備考欄に「○年○月○日戸籍届出により○○修正」と記載する。

⑶　失踪宣告取消届の届書に記載されている住所に住民票のない場合は，実態調査等により居住の事実を確認し，居住していれば転入届の催告をし，それに応じない場合は職権で住民票を記載する。

【記載例 No. 148】

	ふりがな	やま　かわ　うめ　お	生　年　月　日	男女の別	続　柄	住民となった年月日
住民票 東京都高尾市	氏名	山川梅男	明治 大正 昭和 平成 58年3月6日生	男 女	世帯主	明治 大正 昭和 平成 16年3月30日
	世帯主	山川梅男				住民票コード 56789012345
	住所	東町1丁目6番地1	平成 16年4月10日届出			個人番号 555566667777
			平成　年　月　日転居	平成　年　月　日届出		
			平成　年　月　日転居	平成　年　月　日届出		備　考 失踪宣告中 平成30年10月1日戸籍届出
	本籍	東京都多摩川市西山町1丁目1番地	筆頭者の氏名	山川一郎		
	前住所	昭和 平成 16年3月30日東京都多摩川市西山町5丁目3番4号(未届) から 転入 転居				
	転出	平成　年　月　日	へ転出予定			平成　年　月　日届出
		平成　年　月　日	へ転出			平成　年　月　日通知

20　戸籍訂正に基づく住民票の記載【記載例 No. 149】

戸籍訂正とは，戸籍の記載が不適法又は真実に反し，若しくは錯誤及び遺漏がある場合に，その記載を正当な記載に訂正することである。市町村長が戸籍訂正申請を受理した場合には，その申請に基づいて住民票の処理をする。

住民票の修正方法は，戸籍訂正の結果更正又は訂正された部分を，訂正後の事項に修正する。その場合は当該人の備考欄に「○年○月○日戸籍届出により○○修正（消除）」と記載する。

【記載例 No. 149】

住民票　東京都高尾市

ふりがな	やま　かわ　た　ろう	生年月日	男女の別	続柄	住民となった年月日
氏名	山川太郎	明治 大正 (昭和) 平成 55年 ~~3~~ 4 月 ~~6~~ 1 日生	(男) 女	世帯主	明治 大正 昭和 (平成) 16年3月30日
世帯主	山川太郎				住民票コード 12345678901
住所	東町1丁目6番地1		平成16年4月10日届出		個人番号 111122223333
		平成　年　月　日転居	平成　年　月　日届出		備考 平成30年10月1日戸籍届出により出生年月日修正
		平成　年　月　日転居	平成　年　月　日届出		
本籍	東京都高尾市東町1丁目6番地1	筆頭者の氏名	山川太郎		
前住所	昭和 (平成) 16年3月30日東京都むさし市東3丁目4番5号		から (転入) 転居		
転出	平成　年　月　日		へ転出予定		平成　年　月　日届出
	平成　年　月　日		へ転出		平成　年　月　日通知

508 第10章 職権記載

21 住民につき誤字解消のための戸籍の記載を行った場合

【記載例 No. 150】

　市町村長は，誤字解消のための戸籍の記載をしたときは，令第12条第2項第1号の規定に基づいて，住民票の記載の修正を行う必要がある（平成2.12.14自治振第118号通知）。

　通常，戸籍届出により新しい戸籍を編製し，又は入籍する場合に修正されるので，戸籍届書に市町村長が修正する旨の明記を行い，それに基づき住民票の修正を行うものである。

　しかし，戸籍の受理の時点で確認できず，戸籍の記載の時点で修正を要することが判明した場合は，職権で住民票の記載の修正を行う。

　この場合の本人への告知については，戸籍において記載の事前又は事後に通知でその旨を告知することとされているので，住民票記載の修正の段階では不要である。ただし，戸籍においても，届書の届出人署名欄に正字で署名してある場合には，告知を要しないとされている（平成6.11.16民二第7005号通達）。

　住民票の記載の修正は，次のとおりである。

(1)　当該人の氏又は名の文字を，戸籍の氏又は名の訂正のとおりに修正する。

(2)　備考欄に，「○年○月○日戸籍の文字訂正により氏（名）修正」と記載する。これは，処理経過を明らかにしておくためである（平成2.12.14自治振第118号通知2−(3)）。

(3)　なお，本籍地市町村長より，誤字解消に伴う法第9条第2項通知（住民票の記載等のための市町村長間の通知）を受け取ったときは，市町村長は，この通知に基づき当該人の住民票を修正する必要がある。

　　この場合も，本事例と同様の処理を行うが，備考欄には「○年○月○日文字訂正通知により氏（名）修正」と記載すればよい。

【記載例 No. 150】

住民票　東京都高尾市

ふりがな	つち　だ　た　ろう	生　年　月　日	男女の別	続　柄	住民となった年月日
氏名	土田 ~~圡田~~太郎	明治 大正 [昭和] 平成　55年8月1日生	[男] 女	世帯主	明治 大正 昭和 [平成] 16年3月30日
世帯主	土田 ~~圡田~~太郎				住民票コード 76543218907
住所	東町1丁目6番地1			平成 16年4月10日届出	個人番号 777766668888
		平成 年　月　日転居		平成 年　月　日届出	備　考
		平成 年　月　日転居		平成 年　月　日届出	平成30年9月25日戸籍届出により筆頭者修正
本籍	東京都高尾市東町1丁目6番地1	筆頭者の氏名	~~圡田一郎~~ 土田 ~~圡田~~太郎		平成30年10月1日戸籍の文字訂正により氏、世帯主、筆頭者修正
前住所	昭和 [平成] 16年3月30日東京都むさし市東3丁目4番5号　から			[転入] 転居	
転出	平成 年　月　日			へ転出予定	平成 年　月　日届出
	平成 年　月　日			へ転出	平成 年　月　日通知

帰化の届出，国籍取得の届出，国籍喪失の届出については，第14章「外国人住民に係る住民基本台帳事務」参照。

510　第10章　職権記載

第4　申出に基づく職権記載

　住民基本台帳に脱漏，若しくは誤載があり，又は住民票に誤記，若しく
は記載漏れがあることを知ったときは，当該事実を確認して，市町村長は
職権で住民票の記載等をしなければならない（令12条３項）。

　したがって，市町村では法第34条に規定する実態調査又は各種行政事務
の台帳及びその資料等によって住民票の記載が事実と一致しないことを発
見したときは，職権でその誤記又は記載漏れを修正しなければならないが，
そればかりでは，その誤記又は記載漏れを知ることができない場合がある。
このような場合に，市町村の職権発動を促すために，届出人又は関係人は，
当該市町村長に対してその旨を申出することができる。そのことが住民基
本台帳の正確性の確保につながるのである。

　その申出は口頭によってもすることができるが，書面をもってすること
が適当である。また，申出をする場合は，その申出事項が真正であること
を証するための疎明資料を添付するか，又は提示させる。もし，添付等が
できない場合には，市町村長において事実調査等の方法によって，その申
出事項が真正であることを確認した後に住民票の処理をする。

１　転入，転居等届出の際に誤記又は記載漏れ等があった場合の申出

　転入，転居の際に，届出書に事実と相違した記載をしたために住民票の
記載が誤った場合には，申出により住民票の修正をしなければならない。
この場合の処理方法は，戸籍事項に関するものと住所事項に関するものと
がある。

⑴　戸籍事項に誤記又は記載漏れがある場合の申出

　氏名，出生年月日，戸籍の表示，続柄は，本来であれば転入，転居に
より住民票を作成した場合に本籍地への通知又は従前の住所地への通知
によって誤りが発見され，本籍地若しくは従前の住所地からの通知によ
り住民票の記載事項は修正されなければならない。

　しかし，本籍地，又は従前の住所地でその通知の発送を遺漏した場合，

又は誤記を発見しなかった場合等により住民票の記載と戸籍の記載が一致しない場合がある。このようなときに，届出人又は関係人からの申出によって住民票の記載を修正することとなる。ただし，続柄については必ずしも戸籍の記載と一致しない場合もあるので事実関係に基づき，世帯主からみた続柄に修正する。

(2) **住所事項に誤記又は記載漏れがある場合の申出**

　ア　住所に誤記又は記載漏れがある場合

　　転入，転居をした場合に，家主又は近隣者から住所の表示を誤って教えられた等，土地の名称又は地番号を誤って認識し届出をしたため，住民票の記載に事実と反する記載がなされる場合がある。このような場合に，住民票の記載を正しく修正する旨届出人又は関係人から申出があったときは，その申出に基づいて住所の表示を修正する。

　　(ア)　申出書の記入【記載例 No. 151】

　　　a　住民異動届の「申出書」に✓印をし，異動事由の職権修正を○で囲み，修正事項を明記する。

　　　b　申出の年月日を届出年月日欄に記入させる。

　　　c　異動年月日欄の記入は要しない。

　　　d　これからの住所欄には，正しい住所及びこれからの世帯主欄に世帯主氏名を記入させる。

　　　e　いままでの住所欄には，従前の住所が他市町村であった場合にのみ転出住所地に通知するため，その住所を記入させる。

　　　f　当該世帯に属するもの全員の氏名，出生年月日，男女の別，続柄，本籍，筆頭者を各欄に記入させる。

　　　g　備考欄に，「○○により確認」と記入し，家主若しくは家屋管理人の証明書等，その申出事項が真正であることを確認した資料名と修正事項の旧表示を記入する。

512　第10章　職権記載

【記載例 No. 151】

住 民 異 動 届

（※届出人本人による署名の場合、押印は必要ありません。）

東京都高尾市長　殿

☑申出書　□職権記載書

◎住民票コードは、転入時のみ記入して下さい。
◎太枠内の事項をボールペン等ではっきりと記入、○印をして下さい。

届出年月日	平成 30年10月1日	
異動年月日	平成　年　月　日	

	1 全部・一部	2 転入	3 転出	4 世帯変更	5 職権記載	6 職権消除	⑦ 職権修正	8 職権回復	（　住　所　）

これからの住所	東京 ㊞都府県 高尾 ㊞郡市区 東町1丁目6番地1	これからの世帯主　山 川 太 郎
いままでの住所	東京 ㊞都府県 陣馬 ㊞郡市区 東山町3丁目260番地	いままでの世帯主　山 川 太 郎
本籍（※）	東京 ㊞都府県 高尾 ㊞郡市区 東町1丁目6番地1	筆頭者　山 川 太 郎

届出人	① 本人　2.世帯主　3.代理人（　）
	ふりがな　やま かわ　た ろう
	氏　名　山 川 太 郎 ㊞
	住所（代理人のみ）
	電話（自宅）・呼出・勤務先・携帯 042-123-4567

	氏　名	生年月日	性別	続柄	住民票コード	備　考
1	ふりがな やま かわ た ろう 山 川 太 郎	明・大・㊛・平 55・4・1	㊚ 女	世帯主		公図により確認
2	ふりがな やま かわ はな こ 山 川 花 子	明・大・㊛・平 57・6・3	男 ㊛	妻		誤った住所 「東京都高尾市東町1丁目6番地11」
3	ふりがな	明・大・昭・平	男 女			
4	ふりがな	明・大・昭・平	男 女			
5	ふりがな	明・大・昭・平	男 女			

（※）本籍欄以外の方がいる場合には、備考欄にその方の本籍地番と筆頭者名を記入して下さい。

　　　㈠　住民票の記載【記載例 No. 152】

　　　　　a　誤りのある部分を消除し、その上部に正しい土地の名称又は
　　　　　　地番号を記載する。

　　　　　b　備考欄に「○年○月○日職権により住所修正」と記載する。

　　イ　住民となった年月日、住所を定めた年月日、従前の住所等の記載
　　　に誤記又は記載漏れがある場合

　　　　届出人及び関係者から修正の申出があった場合は、その申出事項
　　　が真正であることを確認したうえで修正しなければならない。ただ
　　　し、住所を定めた年月日を修正する場合で、その年月日が届出年月
　　　日より14日を超えてさかのぼるときは、法第52条第2項に該当する
　　　ので期間経過通知書に記入してもらい簡易裁判所に送付する。

なお，住民となった年月日が修正される場合には，従前市町村との権利関係の問題が発生するため，留意する必要がある。

【記載例 No. 152】

住民票　東京都高尾市

ふりがな	やま　かわ　た　ろう	生年月日	男女の別	続柄	住民となった年月日
氏名	山川太郎	明治 大正 [昭和] 平成 55年4月1日生	[男] 女	世帯主	明治 大正 昭和 [平成] 21年3月30日
世帯主	山川太郎				住民票コード 12345678901
住所	東町1丁目6番地~~11~~ 1		平成21年4月10日届出		個人番号 111122223333
		平成　年　月　日転居	平成　年　月　日届出		備考 平成30年10月1日職権により住所修正
		平成　年　月　日転居	平成　年　月　日届出		
本籍	東京都高尾市東町1丁目6番地1	筆頭者の氏名	山川太郎		
前住所	昭和 [平成] 21年3月30日東京都陣馬市東山町3丁目260番地		から [転入] 転居		
転出	平成　年　月　日		へ転出予定		平成　年　月　日届出
	平成　年　月　日		へ転出		平成　年　月　日通知

住民票　東京都高尾市

ふりがな	やま　かわ　はな　こ	生年月日	男女の別	続柄	住民となった年月日
氏名	山川花子	明治 大正 [昭和] 平成 57年6月3日生	男 [女]	妻	明治 大正 昭和 [平成] 21年3月30日
世帯主	山川太郎				住民票コード 23456789012
住所	東町1丁目6番地~~11~~ 1		平成21年4月10日届出		個人番号 222233334444
		平成　年　月　日転居	平成　年　月　日届出		備考 平成30年10月1日職権により住所修正
		平成　年　月　日転居	平成　年　月　日届出		
本籍	東京都高尾市東町1丁目6番地1	筆頭者の氏名	山川太郎		
前住所	昭和 [平成] 21年3月30日東京都陣馬市東山町3丁目260番地		から [転入] 転居		
転出	平成　年　月　日		へ転出予定		平成　年　月　日届出
	平成　年　月　日		へ転出		平成　年　月　日通知

514 第10章 職権記載

(ア) 申出書の記入【記載例 No. 153】

  a 住民異動届の「申出書」に✓印をし，異動事由の職権修正を○で囲み，修正事項を明記する。

  b 申出の年月日を届出年月日欄に記入させる。

  c 異動年月日欄は，異動事由の発生年月日を修正する場合に正しい年月日を記入し，その他の場合は記入を要しない。

  d これからの住所欄には，現在居住している住所及びこれからの世帯主欄に世帯主氏名を記入させる。

  e いままでの住所欄には，正しい従前の住所及びいままでの世帯主欄に旧世帯主氏名を記入させる。

  f 当該世帯に属する者全員の氏名，出生の年月日，男女の別，続柄，本籍，筆頭者の氏名を各欄に記入させる。

  g 備考欄に「○○により確認」と記入し，その事実を確認した資料名と修正事項の旧表示を記入する。

(イ) 住民票の記載【記載例 No. 154】

  a 誤りのある部分を朱線1本で消除し，その上部に正しく記載する。

  b 備考欄に「○年○月○日申出により○○修正」と記載する。

第4　申出に基づく職権記載　　**515**

【記載例 No. 153】

住　民　異　動　届

（※届出人本人による署名の場合、押印は必要ありません。）

東京都高尾市長　殿

☑申出書　□職権記載書

	①.本人　2.世帯主　3.代理人（　　）	
届出人	ふりがな　やま かわ　た ろう	
	氏　名　**山 川 太 郎**　㊞	
	住所（代理人のみ）	
	電話（自宅）呼出・勤務先・携帯 042-123-4567	

◎住民コードは、転入時のみ記入して下さい。
◎太枠内の事項をボールペン等ではっきりと記入、○印をして下さい。

届出年月日	平成 30年10月 1 日	全部・一部	1 転入	2 転居	3 転出	4 世帯変更	5 職権記載	6 職権消除	⑦ 職権修正	8 職権回復	平定住 月んの所 日だを	
異動年月日	平成 20年 1 月30日											

これからの住所	東京 ㊞道府県　高尾 郡㊞区　東町1丁目6番地1	これからの世帯主	山 川 太 郎
いままでの住所	東京 ㊞道府県　陣馬 郡㊞区　東山町3丁目260番地	いままでの世帯主	山 川 一 郎
本籍（※）	東京 ㊞道府県　高尾 郡㊞区　東町1丁目6番地1	筆頭者	山 川 太 郎

	氏　名	生年月日	性別	続柄	住民票コード	備　考
1	ふりがな　やま かわ　た ろう **山 川 太 郎**	明・大・㊐・平 55・4・1	㊔女	世帯主		家主の申述書により 確認 誤った住所を定めた 年月日 「平成20年 3 月30日」
2	ふりがな	明・大・昭・平 ・・	男・女			
3	ふりがな	明・大・昭・平 ・・	男・女			
4	ふりがな	明・大・昭・平 ・・	男・女			
5	ふりがな	明・大・昭・平 ・・	男・女			

（※）本籍欄以外の方がいる場合には、備考欄にその方の本籍地番と筆頭者名を記入して下さい。

【記載例 No. 154】

	ふりがな　やま かわ　た ろう	生 年 月 日	男女の別	続 柄	住民となった年月日
氏名	**山 川 太 郎**	明治 大正 昭和 平成　55年4月1日生	㊚女	世帯主	明治 大正 昭和 ㊞　20 年 3 月 30 日

住　民　票　東京都高尾市

世帯主	山川太郎		
住所	東町1丁目6番地1	平成 20年 4 月10日届出	
	平成　年　月　日転居	平成　年　月　日届出	
	平成　年　月　日転居	平成　年　月　日届出	

住民票コード
12345678901
個人番号
111122223333

本籍	東京都高尾市東町1丁目6番地1	筆頭者の氏名	山川太郎	備　考 平成30年10月 1 日申出 により住所を定めた年 月日修正

前住所	昭和 ㊞　20年 3 月30日東京都陣馬市東山町3丁目260番地	から	転入 転居	
転出	平成 　　年　月　日	へ転出 予定	平成 　　年　月　日届出	
	平成 　　年　月　日	へ転出	平成 　　年　月　日通知	

516　第10章　職権記載

2　法第９条第２項通知未着のために申出があった場合

　　婚姻，離婚等戸籍の届出に基づく住民票の記載は，届書又は法第９条第
２項通知によって記載するが，それらがなかった場合には届出人又は関係
人からの申出により住民票の記載等をすることができる。戸籍謄抄本や受
理証明書等の疎明資料の添付があればそれに基づいて住民票の記載を行う
が，ない場合は本籍地や届出地への照会等を行い住民票の記載を行う。

(1)　出生についての申出があった場合

ア　申出書の記入【記載例 No. 155】

　　(ア)　住民異動届の「申出書」に✓印をし，異動事由の職権記載を○
　　　で囲む。

　　(イ)　申出年月日を届出年月日欄に記入させる。

　　(ウ)　異動年月日欄は，現在居住している住所に住み始めた年月日を
　　　記入させる。

　　(エ)　これからの住所欄には，現在居住している住所，これからの世
　　　帯主欄に世帯主氏名を記入させ，いままでの住所欄は空欄とする。

　　(オ)　出生した者の氏名，出生の年月日，男女の別，世帯主との続柄，
　　　本籍，筆頭者を各欄に記入させる。

　　(カ)　備考欄の記入

　　　　出生の場合は，「○○により記載」と記入し，戸籍謄抄本，出
　　　生届受理証明書，母子手帳等の確認資料名を記入する。

イ　住民票の記載

　　住民票の記載は，備考欄の記載を除き，すべて届出のあった場合
　の処理と同様の処理をする（【記載例 No. 126】，【記載例 No. 127】（479
　頁）参照）。

　　出生の場合は，当該人の備考欄に「○年○月○日職権記載」と記
　載する。

第4　申出に基づく職権記載　　*517*

【記載例 No. 155】

住 民 異 動 届

（※届出人本人による署名の場合、押印は必要ありません。）

東京都高尾市長　殿

☑申出書　□職権記載書

●住民票コードは、転入時のみ記入して下さい。
●太枠内の事項をボールペン等ではっきりと記入、○印をして下さい。

届出年月日	平成 30年10月 1 日
異動年月日	平成 20年10月 4 日

全部・一部

1 転入	2 転居	3 転出	4 世帯変更	⑤ 職権記載	6 職権消除	7 職権修正	8 職権回復

届出人	1.本人　②.世帯主　3.代理人（　　）
	ふりがな　やま かわ　た ろう
	氏　名　　山 川 太 郎　㊞
	住所（代理人のみ）
	電話（自宅）呼出・勤務先・携帯　042-123-4567

これからの住　所	東京 ⑩道府県 高尾 ⑪郡市区 東町1丁目6番地1		これからの世帯主	山 川 太 郎
いままでの住　所	都道府県　　郡市区		いままでの世帯主	
本　籍（※）	東京 ⑩道府県 多摩川 ⑪郡市区 西山町1丁目1番地		筆頭者	山 川 太 郎

	氏　名	生年月日	性別	続柄	住民票コード	備　考
1	ふりがな やま かわ たけ お 山 川 竹 夫	明・大・昭㉒ 14・10・14	⑩男 女	子		母子手帳により記載
2	ふりがな	明・大・昭・平 ・　・	男・女			
3	ふりがな	明・大・昭・平 ・　・	男・女			
4	ふりがな	明・大・昭・平 ・　・	男・女			
5	ふりがな	明・大・昭・平 ・　・	男・女			

（※）本籍欄以外の方がいる場合には、備考欄にその方の本籍地番と筆頭者名を記入して下さい。

518 第10章 職権記載

(2) 死亡についての申出があった場合

　ア　申出書の記入【記載例 No. 156】

　　(ア)　住民異動届の「申出書」に✓印をし，異動事由の職権消除を○
　　　で囲む。

　　(イ)　申出年月日を届出年月日欄に記入させる。

　　(ウ)　異動年月日欄は，消除されるべき事由の発生した年月日を記入
　　　させる。

　　(エ)　いままでの住所欄に，現在記録されている住所，いままでの世
　　　帯主欄に世帯主氏名を記入させる。

　　(オ)　死亡した者の氏名，出生の年月日，男女の別，世帯主との続柄，
　　　本籍，筆頭者を各欄に記入させる。

　　(カ)　備考欄に「○○により消除」と記入し，戸籍謄抄本等その事実
　　　を確認した資料名を記入する。

　イ　住民票の記載

　　住民票の記載は，当該人の備考欄に「○年○月○日職権消除」と
　記載することを除いては，戸籍の届出のあった場合と同様の処理で
　ある（【記載例 No. 135】（491頁）参照）。

第4　申出に基づく職権記載　　519

【記載例 No. 156】

<table>
<tr><th colspan="6">住 民 異 動 届</th><th colspan="2">(※届出人本人による署名の場合，押印は必要ありません。)</th></tr>
</table>

東京都高尾市長　殿　　☑申出書　□職権記載書

届出年月日	平成 30年10月1日		1. 本人　2. 世帯主　3. 代理人（　）		

●住民票コードは，転入時のみ記入して下さい。
●太枠内の事項をボールペン等ではっきりと記入，○印をして下さい。

届出年月日	平成 30年10月1日	全部・一部	1 転入	2 転居	3 転出	世帯変更	6 職権記載	7 職権消除	8 職権修正	職権回復
異動年月日	平成 30年9月3日									

届出人　1. 本人　②. 世帯主　3. 代理人（　）
ふりがな　やま かわ　た ろう
氏　名　山 川 太 郎　㊞
住所（代理人のみ）
電話（自宅）呼出・勤務先・携帯　042-123-4567

	都道府県	郡市区		これからの世帯主	
これからの住所					
いままでの住所	東京 ㊞道府県	高尾 郡市㋕	東町1丁目6番地1	いままでの世帯主	山 川 太 郎
本籍（※）	東京 ㊞道府県	多摩川 郡市㋕	西山町1丁目1番地	筆頭者	山 川 一 郎

	氏　名	生年月日	性別	続柄	住民票コード	備　考
1	ふりがな　やま かわ いち ろう 山 川 一 郎	明・大・㊵・平 28・8・10	⑨男 女	父		埋火葬許可証の写し により消除
2	ふりがな	明・大・昭・平 ・　・	男 ・ 女			
3	ふりがな	明・大・昭・平 ・　・	男 ・ 女			
4	ふりがな	明・大・昭・平 ・　・	男 ・ 女			
5	ふりがな	明・大・昭・平 ・　・	男 ・ 女			

(※) 本籍欄以外の方がいる場合には，備考欄にその方の本籍地番と筆頭者名を記入して下さい。

(3)　婚姻，縁組等についての申出があった場合

　ア　申出書の記入【記載例 No. 157】

　　(ア)　住民異動届の「申出書」に✓印をし，異動事由の職権修正を○
　　　で囲み，修正事項を明記する。

　　(イ)　申出年月日を届出年月日欄に記入させる。

　　(ウ)　異動年月日欄の記入は要しない。

　　(エ)　これからの住所欄には，現在居住している住所，これからの世
　　　帯主欄には世帯主氏名を記入させ，いままでの住所欄は空欄とす
　　　る。

　　(オ)　婚姻，縁組等をした者の氏名，出生の年月日，男女の別，世帯
　　　主との続柄，本籍，筆頭者を，修正されるべき新しい表示で各欄
　　　に記入させる。

520　第10章　職権記載

　　㈹　備考欄に「○○により確認」と記入し，戸籍謄抄本等，その事

　　　実を確認した資料名と修正事項の旧表示を記入する。

　イ　住民票の記載

　　　住民票の記載は，当該人の備考欄に「○年○月○日職権により○

　　○修正」と記載することを除き，戸籍の届出があった場合と同様の

　　処理である（【記載例 No.128】（482頁），【記載例 No.135】（491頁）参照）。

【記載例 No.157】

| 住　民　異　動　届 | (※届出人本人による署名の場合，押印は必要ありません。) |

東京都高尾市長　殿

□申出書　□職権記載書

届出人	① 本人　2.世帯主　3.代理人（　）
	ふりがな　やまかわ　たろう
	氏　名　山川太郎　㊞
	住所（代理人のみ）
	電話（自宅）呼出・勤務先・携帯　042-123-4567

※住民票コードは，転入時のみ記入して下さい。
※太枠内の事項をボールペン等ではっきりと記入し，○印をして下さい。

| | 1 転入 | 2 転居 | 3 転出 | 4 世帯変更 | 5 職権記載 | 6 職権消除 | ⑦ 職権修正 | 8 職権回復 |
| 全部・一部 | | | | | | | | |

| 届出年月日 | 平成 30年10月1日 |
| 異動年月日 | 平成　年　月　日 |

これからの住所	東京 都道府県 高尾 郡市区 東町1丁目6番地1	これからの世帯主	山川太郎
いままでの住所	都道府県　　市区	いままでの世帯主	
本籍（※）	東京 都道府県 高尾 郡市区 東町1丁目6番地1	筆頭者	山川太郎

	氏　名	生年月日	性別	続柄	住民票コード	備考
1	ふりがな　やまかわ　たろう　山川太郎	明・大・昭・平 55・4・1	男・女	世帯主		婚姻届受理証明書により確認
2	ふりがな　やまかわ　はなこ　山川花子	明・大・昭・平 57・6・3	男・女	妻		①の旧戸籍の表示「東京都多摩川市西山町1丁目1番地　山川一郎」
3	ふりがな	明・大・昭・平	男・女			②の旧氏「国分」
4	ふりがな	明・大・昭・平	男・女			②の旧続柄「妻（未届）」 ②の旧戸籍の表示
5	ふりがな	明・大・昭・平	男・女			「東京都陣馬市東山町3丁目260番地　国分二郎」

（※）本籍欄以外の方がいる場合には，備考欄にその方の本籍地番と筆頭者名を記入して下さい。

世帯主変更による続柄修正			
	氏　名	旧	新
1			
2			
3			
4			
5			

3　離婚後300日以内に生まれ，出生届の提出に至らない子について，本人等から住民票の記載の申出があった場合 （平成20.7.7総行市第143号通知，平成24.7.25総行住第74号通知）

　本来，住民票の記載に関する基本的な考え方としては，記載の正確性の確保及び二重登録の防止などの観点から，戸籍と住民票は，相互の連携・一致が基本であり，出生があった場合の住民票の記載には，戸籍法に基づく出生届の受理が必要とされるが，民法第772条の嫡出推定の規定の関係上，出生届の提出に至らず，結果として，住民票が作成されない事例が生じており，住民サービスの円滑な提供の観点から，このような取扱いがされたものである。

　そこで，民法第772条の嫡出推定の規定の関係上出生届の提出に至らない子について，本人又は母若しくはその他の法定代理人から，住民票の記載の申出があったときは，次の要点を確認し，市町村長の判断により職権で記載することができる。

①　民法第772条の嫡出推定の規定が働くことに関連して，出生届の提出に至らないこと。

②　認知調停手続など外形的に子の身分関係を確定するための手続が進められていること。

③　書面により申出があること。

　(1)　住民票の記載を申し出る手続

　ア　申出書の記載

　　申出書には，以下の事項を記載させる。

　　㋐　申出人の氏名及び住所

　　㋑　申出の趣旨

　　　民法第772条の規定に基づく嫡出推定が働いているため，現在，認知調停等の手続を申立中であり，出生届の提出に至っていない者について，住民票の作成を求める旨の記載があれば足りる。

　　㋒　出生届の申出に至らない理由

522　第10章　職権記載

　　　　民法第772条の規定に基づく嫡出推定が働くことに関連して，出
　　　生届の提出に至らない理由を記載。必要に応じて，記載内容を証す
　　　るための関係書類を添付させる。

　　　　なお，家庭裁判所に提出又は陳述した認知調停等の申立理由書等
　　　がある場合は，その概要を記載させるか，必要に応じて，当該申立
　　　理由書等の写しを添付させる。

　㈔　住民票に記載を求める事項

　　a　氏名（法7条1号）

　　　　出生届に記載された氏名を申出人に記載させる。ただし，外国
　　　人住民としての住民票を作成する子の場合には，ローマ字表記の
　　　氏名の付記を求めること。また，日本人住民としての住民票を作
　　　成する子の「氏」については認知調停や氏の変更許可の申立てが
　　　認められた場合の「氏」を記載する。

　　b　出生の年月日（同条2号）

　　c　男女の別（同条3号）

　　d　世帯主の氏名及びその続柄（同条4号）

　　　　「続柄」については，認知調停手続等における申立て内容が認
　　　められた場合の世帯主との身分関係と齟齬が生じないよう，申出
　　　人において記載する。この場合は「子」と記載する。

　　e　住所（同条7号）

　　f　母の氏名，生年月日及び戸籍の表示（母が外国人である場合に
　あっては，母の氏名，生年月日及び国籍・地域）

　　g　その他，住民票の記載のため市区町村において必要と認める事
　項

イ　添付書類

　申出書には，次の書類を添付させる。

　㈠　本人の出生証明書

　　　出生証明書は，本人に係る出生の事実関係を確認するために必要

とされる。なお，後日行われることが予定される出生届に必要なため，内容を確認したうえで，裏面又は欄外余白に，市区町村長名で「○年○月住民票を作成した」旨を記載し，申出人に対し還付する。

(イ)　認知調停手続，親子関係不存在確認手続を家庭裁判所に申立中であることを証する書類

　　これにより外形的に戸籍の記載のための手続を進めていることを確認する。基本的には，家庭裁判所に対する申立てが受理されたことを証する書類を添付させる。

(ウ)　その他，市町村において住民票の記載に必要と認める書類

(2)　**住民票への記載及び事後の取扱い**

ア　職権記載書の記入【記載例 No. 158】

(ア)　住民異動届の「職権記載書」に✓印をし，異動事由の記載を○で囲む。

(イ)　作成年月日を届出年月日欄に記入する。

(ウ)　異動年月日欄は，通常は出生の日を記載する。世帯主に係る「住民となった年月日」を参考に，異動日が確認できた場合はその年月日を記載する。十分な確認ができない場合は，申出があった年月日とする。

(エ)　住所はこれからの住所欄に記載し，いままでの住所欄及び本籍，筆頭者欄は記入する必要はない。

(オ)　申立ての内容から事実上の父との間で認知調停手続を行っていると認められるときは，世帯主との続柄を，「子」と記載する。

　　なお，認知手続を行っていると認められない場合には，世帯の実態に合わせ次のように記載する。

ⅰ　母と後夫とが婚姻済みであるときは「妻の子」と記載する。

ⅱ　ⅰにおいて母が婚姻に至っていないときは「妻（未届）の子」と記載する。

ⅲ　夫が離婚に応ぜず前婚が継続しているときは「同居人」と記載

524　第10章　職権記載

【記載例 No. 158】

住　民　異　動　届

(※届出人本人による署名の場合、押印は必要ありません。)

東京都高尾市長　殿

□申出書　☑職権記載書

●住民票コードは、転入時のみ記入して下さい。
●太枠内の事項をボールペン等ではっきりと記入し、○印をして下さい。

届出年月日	平成 30年10月1日	全部・（一部）	1　2　3 転　転　転 入　居　出	⑤職権記載
異動年月日	平成 25年8月30日		4世帯変更	6職権消除　7職権修正　8職権回復

届出人
1.本人　②世帯主　3.代理人（　）
ふりがな　やまかわ はなえ
氏　名　山川花恵　㊞
住所（代理人のみ）
電話（自宅）呼出・勤務先・携帯　042-123-4567

これからの住所	東京（都道府県）高尾（都市区町村）戸倉1丁目3番地6	これからの世帯主	
いままでの住所		いままでの世帯主	山 川 花 恵
本籍（※）	な　　　　し	筆頭者	な　　し

	氏　名	生年月日	性別	続柄	住民票コード	備　考
1	ふりがな　やまかわ たろう 山 川 太 郎	明・大・昭・㊵ 14・10・14	⑨男・女	子		民法772条の規定に基づく嫡出推定が働くため、平成30年10月1日現在出生届未済。認知調停中。出生証明書、母の戸籍謄本、認知調停調書により確認
2	ふりがな	明・大・昭・平	男・女			
3	ふりがな	明・大・昭・平	男・女			
4	ふりがな	明・大・昭・平	男・女			
5	ふりがな	明・大・昭・平	男・女			

(※) 本籍欄以外の方がいる場合には、備考欄にその方の本籍地番と筆頭者名を記入して下さい。

【記載例 No. 159】

			生　年　月　日	男女の別	続　柄	住民となった年月日
住 民 票 東 京 都 高 尾 市	氏 名	ふりがな　やま かわ た ろう 山 川 太 郎	明治 大正 昭和 （平成）14年10月14日生	⑨男 女	子	明治 大正 昭和 （平成）25年8月30日
	世帯主	山川花恵				住民票コード 89012345678
	住 所	東京都高尾市戸倉1丁目3番地6	平成30年10月1日届出			個人番号 777788889999
			平成　年月日転居	平成　年　月　日届出		備　考 平成30年10月1日現在出生届未済・認知調停申立中
			平成　年　月　日転居	平成　年　月　日届出		
	本 籍	な　　　し	筆頭者の氏名	な　　し		
	前住所転出	昭和 平成　年月日			から転居	
		平成　年　月　日		へ転出予定		平成　年　月　日届出
		平成　年　月　日		へ転出		平成　年　月　日通知

する。

(カ) 備考欄に「出生証明書，母の戸籍謄本，認知調停調書により確認」と記載する。

イ　住民票の記載【記載例 No. 159】

(ア) 氏名欄には出生証明書の氏名を記載する。その場合に，名前については出生届に使える文字であるかどうかを確認する。

(イ) 世帯主との続柄欄については，住民異動届の職権記載書のとおり「子」と記載する。

(ウ) 日本人住民として住民票を作成する子の場合，戸籍の表示については，本籍欄，筆頭者欄ともに「なし」と記載する。

(エ) 外国人住民として住民票を作成する子の場合，国籍・地域については，出生による経過滞在者の場合は空欄，中長期在留者等である場合は在留カード等に記載されている国籍・地域を記載する。

(オ) 従前の住所は記載しない。

(カ) 備考欄には出生届が提出に至っていない旨及び認知調停申立中である旨記載する。

ウ　事後の取扱い

住民票の記載後の取扱いは，以下のとおりである。

(ア) 認知調停等の手続が確定した場合においては，速やかに戸籍の届出が行われることとなるが，住所地市町村は，令第12条第2項第1号の規定に基づき，職権で必要事項を記載（修正）する。この場合において，前項(オ)により行った備考欄の記載を併せて削除する。

(イ) 認知調停等の手続が確定したにもかかわらず，戸籍の届出が速やかに行われないため住民票の記載が修正されないときは，住所地市町村は，申出人に対し，必要な戸籍の届出を促し，戸籍と住民票の連携・一致を速やかに図るものとする。

526 第10章 職権記載

（参考）住民票に記載を求めるための申出書様式例

住民票に記載を求めるための申出書

高尾市長　殿 　平成　　年　月　日	申出人（又は法定 代理人）の署名押 印又は記名押印	印

申出本人	住　　所	〒　　－　　　　　　　　電話　　（　　　）	
	フリガナ		
	氏　　名		

法定代理人	住　　所	〒　　－　　　　　　　　電話　　（　　　）	
	フリガナ		大正
	氏　　名		昭和　　　年　　　月　　　日生 平成

申出の趣旨	【例示】民法第772条の規定に基づく嫡出推定が働いているため，現在，認知調停等の手続を申立中であり，出生届の提出に至っていない○○（対象となる者の氏名）について，住民票の作成を求める。（書ききれない場合は，別紙提出でも結構です。）

出生届の提出に至らなかった理由	【説明】民法第772条の規定に基づく嫡出推定が働くことに関連して，出生届の提出に至らない理由を記載願います。記載内容を証するための関係書類を添付願います。（ない場合は結構です。）なお，家庭裁判所に提出又は陳述した認知調停等の申立理由書等がある場合は，その概要を記載するか当該申立理由書等の写しの添付で足ります。（書ききれない場合は，別紙提出でも結構です。）

添付書類	なし・あり（認知調停申立理由書の写し，　　　　　　　　　　　　　　）

住民票に記載を求める事項	項　目	記　入　欄	説　　明
	フリガナ		出生証明書に記載の氏名 「氏」については，認知調停等で申出内容が認められた場合の「氏」でも結構です。
	氏　　名		
	出生の年月日	昭和・平成　　年　月　日	
	男女の別	男　・　女	
	世帯主の氏名		
	続　　柄		氏同様申立内容が認められた場合の関係
	住　　所		

お母さまの情報	項　　目	記　　入　　欄	
	フ リ ガ ナ		
	氏　　　名		
	生 年 月 日	大正・昭和・平成　　年　　月　　日	
	戸 籍 の 表 示		
その他			

添付が必要な書類

書　類　名	説　　　明	事務処理欄
出生証明書	出生証明書は，本人に係る出生の事実関係を確認するために必要です。後日行われることが予定される出生届に必要なため，内容を確認した上で，裏面又は欄外余白に，高尾市長名で「○年○月住民票を作成した」旨を記載し，申出人にお返しします。	☐
母の戸籍抄本等	お母様が，日本国籍を有する者であることを確認し，本人も日本国籍を有する旨を明らかにするために必要です。	☐
認知調停手続，親子関係不存在確認の調停手続などの手続を申し立てている旨を証する書類	外形的に戸籍の記載のための手続を進めていることを確認するために必要です。基本的には，家庭裁判所に対する申立てが受理されたことを証する書類を添付で結構です。	☐
その他	個別ケースで異なります。	☐

（住民基本台帳事務手引書作成委員会作成）

528　第10章　職権記載

第5　行政区画，土地の名称及び地番号の変更に基づく職権記載

　住民票の住所の表示は，行政区画，土地の名称及び地番号，又は住居表示に関する法律による表示によって記載することとなっているが，これらの事項が変更した場合には，市町村長は職権をもって修正し，備考欄に修正事由及び修正年月日を記載しなければならない。この場合，住民異動届の職権記載書の作成は必要としない。また，住所地と本籍地が同一の者については，本籍の記載も同時に修正するとともに，附票上の記載も修正する。この場合，住所地と本籍地が異なる場合は，本籍地に変更した旨を通知する。

1　行政区画が変更した場合

　行政区画とは，一般に地方自治法でいうところの市町村名を指しており，土地の名称変更とは区別されている。したがって，行政区画の変更とは市町村名が変更することであり，地方自治体の名称変更，市町村の廃置分合及び境界変更があった場合，又は町村を市とし，若しくは市を町村とする処分がなされた場合等である。

第5　行政区画，土地の名称及び地番号の変更に基づく職権記載　　*529*

住民票の記載【記載例 No. 160】

(1)　変更のあった行政区画の名称を新しい名称に修正する。

(2)　備考欄に「○年○月○日行政区画変更により本籍修正」と記載する。

(3)　消除された住民票及び改製原住民票については修正しない。

【記載例 No. 160】

	ふりがな	やま　かわ　た　ろう	生　年　月　日	男女の別	続　柄	住民となった年月日
住民票	氏名	山 川 太 郎	明治 大正 昭和 平成 55年4月1日生	男 女	世帯主	明治 大正 昭和 平成 16年3月30日
	世帯主	山川太郎				住民票コード
						12345678901
	住所	東町1丁目6番地1		平成16年4月10日届出		個人番号
		平成　年　月　日転居		平成　年　月　日届出		111122223333
		平成　年　月　日転居		平成　年　月　日届出		備　考
	本籍	東京都高尾市 東京都三多摩郡高尾町東町1丁目6番地1		筆頭者の氏名	山川太郎	平成30年10月1日行政区画変更により本籍修正
	前住所	昭和 平成 16年3月30日東京都陣馬市東山町3丁目260番地		から 転入 転居		
	転出	平成　年　月　日		へ転出予定		平成　年　月　日届出
		平成　年　月　日		へ転出		平成　年　月　日通知

東京都三多摩郡高尾町

東京都高尾市

530 第10章 職権記載

2 土地の名称が変更した場合

土地の名称変更とは，地方自治法第260条及び同法施行令第179条の規定によって市町村の区域内の町，若しくは字の区域を新たに画し，若しくはこれを廃止し，又はその名称を変更することである。

住民票の記載【記載例 No. 161】

(1) 変更のあった土地の名称を新しい名称に修正する。

(2) 備考欄に「○年○月○日土地の名称変更により住所修正」と記載する。

(3) 同時に本籍を修正する場合は，備考欄に「○年○月○日土地の名称変更により本籍修正」と記載する。

(4) 消除された住民票及び改製原住民票については修正しない。

【記載例 No. 161】

住民票 東京都高尾市	**氏名** ふりがな やま かわ た ろう 山 川 太 郎	**生 年 月 日** 明治 大正 昭和 平成 55年 4月 1日生	**男女の別** 男 女	**続 柄** 世帯主	**住民となった年月日** 明治 大正 昭和 平成 16年 3月 30日

住民票コード 12345678901 個人番号 111122223333

（住所）東町1丁目 野中4丁目6番地1　平成16年 4月10日届出

（本籍）東京都高尾市 東町1丁目 野中4丁目6番地1　筆頭者の氏名 山川太郎

（前住所）昭和 平成 16年 3月30日 東京都陣馬市東山町3丁目260番地 から 転入 転居

備考 平成30年10月1日土地の名称変更により住所、本籍修正

世帯主 山川太郎

第5　行政区画，土地の名称及び地番号の変更に基づく職権記載　　*531*

3　地番号が変更した場合

地番号とは，不動産登記法の規定によって登記所が一筆ごとの土地に対して付した土地の番号である。地番号の変更とは，土地の分筆，合筆，又は区画整理等によって土地の地番が変更することである。

住民票の記載【記載例 No.162】

(1)　変更のあった地番号を新しい地番号に修正する。

(2)　備考欄に「○年○月○日地番号変更により住所修正」と記載する。

(3)　同時に本籍を修正する場合は，備考欄に「○年○月○日地番号変更により本籍修正」と記載し修正する。

(4)　消除された住民票及び改製原住民票については修正しない。

【記載例 No.162】

	ふりがな	やま　かわ　た　ろう	生　年　月　日	男女の別	続　柄	住民となった年月日
住民票　東京都高尾市	氏名	山川太郎	明治 大正 昭和 平成　55年4月1日生	男 女	世帯主	明治 大正 昭和 平成　16年3月30日
	世帯主	山川太郎				住民票コード 12345678901
	住所	6番地1 東町1丁目333番地	平成 16年4月10日届出			個人番号 111122223333
			平成　　年　　月　　日転居	平成　　年　　月　　日届出		
			平成　　年　　月　　日転居	平成　　年　　月　　日届出		備　考
	本籍	6番地1 東京都高尾市東町1丁目333番地		筆頭者の氏名	山川太郎	平成30年10月1日地番号変更により住所、本籍修正
	前住所	昭和 平成　16年3月30日東京都練馬市東山町3丁目260番地			から　転入 転居	
	転出	平成　　年　　月　　日			へ転出 予定	平成　　年　　月　　日届出
		平成　　年　　月　　日			へ転出	平成　　年　　月　　日通知

532　第10章　職権記載

4　住居表示に関する法律による表示を実施した場合

　住居表示に関する法律による表示を実施した場合は，その区域に居住する者について，住民票の住所の表示を市町村長の職権で修正する。

　住民票の記載 【記載例 No. 163】

⑴　住所欄の旧表示を新表示に修正する。

⑵　備考欄に「○年○月○日住居表示実施により住所修正」と記載する。

⑶　消除された住民票及び改製原住民票については修正しない。

【記載例 No. 163】

					生年月日	男女の別	続柄	住民となった年月日
住民票 東京都高尾市	氏名	ふりがな やま かわ た ろう 山川太郎			明治 大正 昭和 平成 55年4月1日生	男 女	世帯主	明治 大正 昭和 平成 16年3月30日
	世帯主	山川太郎						住民票コード
	住所	6番1号 東町1丁目333番地			平成 16年4月10日届出			12345678901
			平成 　年　月　日転居		平成 　年　月　日届出			個人番号
			平成 　年　月　日転居		平成 　年　月　日届出			111122223333
	本籍	東京都高尾市東町1丁目333番地		筆頭者の氏名	山川太郎			備考 平成30年10月1日住居表示実施により住所修正
	前住所	昭和 平成 16年3月30日東京都陣馬市東山町3丁目260番地				から 転入 転居		
	転出	平成 　年　月　日				へ転出 予定		平成 　年　月　日届出
		平成 　年　月　日				へ転出		平成 　年　月　日通知

第6 通知に基づく職権記載 *533*

第6 通知に基づく職権記載

1 転入通知に基づく記載【記載例 No. 164, 165】

転出地市町村は，転入地市町村からの転入通知（法9条1項）に基づいて，住民票の記載等を行う。

(1) 消除事由欄に転入通知に基づいて記載する欄を設けている場合には，転入通知によりその旨記載する。

(2) 消除事由欄に転入通知に基づいて記載する欄を設けていない場合，転出年月日，転出先に修正等がなければ，備考欄に「○年○月○日転入通知」の記載だけを行う。

(3) 転出年月日，転出先に修正等があれば，備考欄に「○年○月○日転入通知」と記載し，消除事由欄の転出年月日，転出先を修正する。

(4) 転出先未届で転々とした後に他市町村へ転入した場合は，転出先末尾に（未届）と記載した上，備考欄に「○年○月○日転入通知」と記載し，さらに転入した住所及び転入日を記載する。なお，再転入の場合は，「第6章─第4─3─(3)─イ」（307頁）参照。

534　第10章　職権記載

【記載例 No. 164】　消除事由欄に転入通知に基づいて記載する欄を設けている場合

ふりがな	やま　かわ　た　ろう		生　年　月　日	男女の別	続　柄	住民となった年月日
氏名	山 川 太 郎		明治 大正 昭和 平成　55年 4 月 1 日生	⑱男 女	世帯主	明治 大正 昭和 ⑲平成　16 年 3 月 30 日
世帯主	山川太郎					住民票コード
						12345678901
住所	東町1丁目6番地1		平成 16年 4 月10日届出			個人番号
						111122223333
		平成　　年　月　日転居	平成　　年　月　日届出			備　考
		平成　　年　月　日転居	平成　　年　月　日届出			平成30年 9 月17日 消除
本籍	東京都高尾市東町1丁目6番地1		筆頭者の氏名	山川太郎		除　票
前住所	昭和 ⑲平成　16年 3 月30日東京都陣馬市東山町3丁目260番地			から 転入 転居		平成 30年 9 月15日届出
転出	平成　30年 9 月17日東京都深大寺市北山町1丁目10番5号　へ転出 予定					平成
	平成　30年 9 月17日東京都深大寺市北山町1丁目5番10号　へ転出					30年10月 1 日通知

住民票　東京都高尾市

【記載例 No. 165】　転入通知に基づいて記載する欄を設けていない場合

ふりがな	やま　かわ　た　ろう		生　年　月　日	男女の別	続　柄	住民となった年月日
氏名	山 川 太 郎		明治 大正 昭和 平成　55年 4 月 1 日生	⑱男 女	世帯主	明治 大正 昭和 ⑲平成　16 年 3 月 30 日
世帯主	山川太郎					住民票コード
						12345678901
住所	東町1丁目6番地1		平成 16年 4 月10日届出			個人番号
						111122223333
		平成　　年　月　日転居	平成　　年　月　日届出			備　考
		平成　　年　月　日転居	平成　　年　月　日届出			平成10年 4 月10日転入 届出
本籍	東京都高尾市東町1丁目6番地1		筆頭者の氏名	山川太郎		平成30年 9 月15日転出 届出 平成30年 9 月17日消除 平成30年10月 1 日転入 通知
前住所	昭和 ⑲平成　16年 3 月30日東京都陣馬市東山町3丁目260番地			から 転入 転居		除　票
転出	平成　30年 9 月17日東京都深大寺市北山町1丁目10番地5号　へ転出 予定					平成 30年 9 月15日届出

住民票　東京都高尾市

2 住民票記載事項通知に基づく記載

戸籍の届書等を受理した市町村長から，その者の住所地の市町村長へ住民票記載事項通知が送付された場合には，住所地市町村長は，この通知（法9条2項）に基づいて，住民票の記載等を行う。備考欄に「○年○月○日通知により記載（消除，○○修正）」と記載する。また，通知による誤字の解消の取扱いの適用により住民票の記載の修正を行ったときは，処理経過を明らかにしておくために備考欄に「○年○月○日戸籍の文字訂正（通知）により氏（名）修正」，「○年○月○日戸籍氏名の文字訂正」等と記載する。事由の生じた年月日とは，戸籍に関する届書等を受理した日又は法第9条第2項通知を受けた日のことである（平成2.12.14自治振第118号通知）。他の具体的な記載等は，「第10章—第3」（478頁以下）の各例参照。

3 戸籍照合通知に基づく記載

本籍地市町村長から，住所地市町村長に戸籍事項の不一致があった場合に送付されてきた戸籍照合通知（法19条2項）に基づいて住民票の記載等を行う。備考欄に「○年○月○日通知により○○修正」と記載する。他の具体的な記載等は，「第10章—第4」（510頁以下）の各例参照。

第7 その他の職権記載

虚偽の届出，二重記録，転出取消等により職権で住民票を消除，又は回復する場合には，実態調査等により居住の事実を確認し，調査資料に基づいて職権記載書を作成し，住民票の処理をする。住民票の処理に当たって必要と認める場合には，当該人から陳述書等を提出させる。

1 虚偽の届出をしている者を発見した場合

運転免許証の取得，越境入学，銀行ローン，登記等の事情で住所を有していない者が住民基本台帳に記録されていることを発見した場合には，実態調査等により虚偽の届出であったことを確認し，調査資料に基づいて職権記載書を作成する。住民票の処理をした後，その旨を関係市町村長に通知する。

536　第10章　職権記載

　虚偽の転入届出であることが判明した場合，住民票を職権により消除する。虚偽の転出届出であることが判明した場合，住民票を職権により回復する。虚偽の転居届出であることが判明した場合，住所事項を修正する。又は新住所の住民票を職権により消除し，旧住所の住民票を職権により回復する。

　届出を受理する際に虚偽の届出であることを発見したときは，届出を受理しない。刑法第157条に違反すると思われる場合は，住所地を管轄する警察署に通報し，被害届を提出する。さらに事案の性質，軽重等を考慮した上，必要とあれば告発することも考えられる。その際の取扱いは慎重に行わなければならない。

（1）　虚偽の転入届出であることが判明した場合

　　ア　職権記載書の記入【記載例 No. 166】

　　　㋐　住民異動届の「職権記載書」に✓印をし，異動事由の職権消除を○で囲む。

　　　㋑　作成年月日を届出年月日欄に記入する。

　　　㋒　異動年月日，これからの住所及びこれからの新世帯主の各欄については空欄とする。

　　　㋓　いままでの住所欄には，最終住民記録地を記入する。

　　　㋔　いままでの世帯主欄には，いままでの世帯主氏名を記入する。

　　　㋕　職権消除する者全員の氏名，出生の年月日，男女の別，世帯主との続柄，本籍，筆頭者を各欄に記入する。

　　　㋖　備考欄に実態調査の年月日を記入し，転入届出が虚偽であったこと，及び現在居住している住所を明記の上，調査の資料を添付する。

　　　㋗　作成した者の職・氏名を届出人欄に記入する。

　　イ　住民票の記載【記載例 No. 167】

　　　㋐　異動の日及び消除事由欄には，何らの記載を要しない。

　　　㋑　備考欄に「○年○月○日虚偽の転入届出により職権消除」と記

【記載例 No. 166】

住 民 異 動 届

(※届出人本人による署名の場合、押印は必要ありません。)

東京都高尾市長　殿

□申出書　☑職権記載書

◎住民票コードは、転入時のみ記入して下さい。
◎太枠内の事項をボールペン等ではっきりと記入、○印をして下さい。

届出年月日	平成 30年10月1日	[全部]・一部　1 転入　2 転居　3 転出　4 世帯変更　5 職権記載　[6] 職権消除　7 職権修正　8 職権回復
異動年月日	平成 年 月 日	

届出人	
	1.本人　2.世帯主　3.代理人（　　）
ふりがな	たか お た ろう
氏名	主事　高尾太郎 ㊞
住所（代理人のみ）	
電話：自宅・呼出・勤務先・携帯	

これからの住所	都道府県　郡市区	これからの世帯主	
いままでの住所	東京[都]道府県　高尾郡[市]区　東町1丁目6番地1	いままでの世帯主	山川花子
本籍（※）	東京[都]道府県　高尾郡[市]区　東町1丁目6番地1	筆頭者	山川太郎

	氏名	生年月日	性別	続柄	住民票コード
1	ふりがな やま かわ はな こ 山川花子	明・大・[昭]・平 57・6・3	男・[女]	世帯主	
2	ふりがな	明・大・昭・平 ・　・	男・女		
3	ふりがな	明・大・昭・平 ・　・	男・女		
4	ふりがな	明・大・昭・平 ・　・	男・女		
5	ふりがな	明・大・昭・平 ・　・	男・女		

備考

平成30年9月25日実態調査の結果運転免許の取得のため虚偽の転入届出であることが判明した。現在居住している住所「東京都陣馬市東山町3丁目260番地世帯主山川花子」

(※) 本籍欄以外の方がいる場合には、備考欄にその方の本籍地番と筆頭者名を記入して下さい。

【記載例 No. 167】

住民票　東京都高尾市

ふりがな	やま かわ はな こ	生年月日	男女の別	続柄
氏名	山川花子	明治 大正 [昭和] 平成 57年6月3日生	男・[女]	世帯主
世帯主	山川花子			

住民となった年月日
明治 大正 昭和 [平成] 30年8月1日
住民票コード
23456789012
個人番号
222233334444

住所	東町1丁目6番地1		平成 30年8月10日届出
		平成 年 月 日転居	平成 年 月 日届出
		平成 年 月 日転居	平成 年 月 日届出
本籍	東京都高尾市東町1丁目6番地1	筆頭者の氏名	山川太郎
前住所	昭和 [平成] 30年8月1日東京都陣馬市東山町3丁目260番地	から [転入] 転居	
転出	平成 年 月 日	へ 転出予定	平成 年 月 日届出
	平成 年 月 日	へ転出	平成 年 月 日通知

備考

平成30年10月1日虚偽の転入届出により職権消除

[除票]

538 第10章 職権記載

載する。

(2) 虚偽の転出届出であることが判明した場合

ア 職権記載書の記入【記載例 No. 168】

(ア) 住民異動届の「職権記載書」に✓印をし，異動事由の職権回復を○で囲む。

(イ) 作成年月日を届出年月日欄に記入する。

(ウ) 異動年月日欄は空欄とする。

(エ) これからの住所欄には，回復すべき住民票に記録されている住所を記入する。

(オ) いままでの住所欄は空欄とする。

(カ) 回復すべき者全員の氏名，出生の年月日，男女の別，世帯主との続柄，本籍，筆頭者を各欄に記入する。

(キ) 備考欄に実態調査の年月日を記入し，転出届出が虚偽であったこと，及び届出された転出先住所を明記の上，調査の資料を添付する。

(ク) 作成した者の職・氏名を届出人欄に記入する。

イ 住民票の記載【記載例 No. 169】

(ア) 備考欄に，「○年○月○日虚偽の転出届出により転出事項消除のうえ回復」と記載する。

(イ) 消除事由欄の転出予定年月日，転出先及び消除備考欄の転出届出年月日を消除する。また，転入通知に基づいて記載した消除事由欄の転出先及び消除備考欄の日付も消除する。

(ウ) 備考欄の「○年○月○日消除」を消除する。

ウ その他

虚偽の転入届出による転入届無効通知により，転出届は虚偽であることが判明したが，不現住である場合には，備考欄に「○年○月○日実態調査により転出事項消除のうえ○年○月○日職権消除」と記載し，消除備考欄に記載されている「○年○月○日転出届出」等

第7　その他の職権記載　　539

【記載例 No. 168】

住 民 異 動 届

（※届出人本人による署名の場合、押印は必要ありません。）

東京都高尾市長　殿

□申出書　☑職権記載書

●住民票コードは、転入時のみ記入して下さい。
●太枠内の事項をボールペン等ではっきりと記入、○印をして下さい。

届出年月日	平成 30年10月1日
異動年月日	平成　　年　　月　　日

	（全部・一部）	1 転入	2 転居	3 転出	4 世帯変更	5 職権記載	6 職権消除	7 職権修正	⑧ 職権回復

届出人	1.本人 2.世帯主 3.代理人（　　）
氏名	ふりがな　たかお たろう　高尾太郎 ㊞
住所	（代理人のみ）
	電話：自宅・呼出・勤務先・携帯

これからの住所	東京 都道府県 高尾 郡市区 東町1丁目6番地1	これからの世帯主	山川梅男
いままでの住所	都道府県 市区	いままでの世帯主	
本籍（※）	東京 都道府県 多摩川 郡市区 西山町1丁目1番地	筆頭者	山川一郎

	氏名	生年月日	性別	続柄	住民票コード	備考
1	ふりがな　やま かわ うめ お　山川梅男	明・大・㊐・平 58・3・6	⑨男・女	世帯主	＊	平成30年9月25日実態調査の結果運転免許取得のため虚偽の転出届出であることが判明した。
2	ふりがな	明・大・昭・平 ・・	男・女			平成30年8月10日転出届出
3	ふりがな	明・大・昭・平 ・・	男・女			平成30年8月15日転出予定
4	ふりがな	明・大・昭・平 ・・	男・女			転出先一東京都氷川市西本町1丁目1番1号
5	ふりがな	明・大・昭・平 ・・	男・女			

（※）本籍欄以外の方がいる場合には、備考欄にその方の本籍地番と筆頭者名を記入して下さい。

【記載例 No. 169】

	ふりがな やま かわ うめ お	生 年 月 日	男女の別	続 柄	住民となった年月日
氏名	山川梅男	明治 大正 ㊐昭和 平成 58年3月6日生	⑨男 女	世帯主	明治 大正 昭和 ㉠平成 16年11月5日

世帯主	山川梅男		住民票コード
			56789012345

住民票　東京都高尾市

住所	東町1丁目6番地1	平成16年11月10日届出	個人番号
	平成　年　月　日転居	平成　年　月　日届出	555566667777
	平成　年　月　日転居	平成　年　月　日届出	備考

本籍	東京都多摩川市西山町1丁目1番地	筆頭者の氏名 山川一郎	平成30年8月15日消除
前住所	昭和㊟平成 16年11月5日 東京都陣馬市東山町3丁目260番地　から 転入転居		【除票】 平成30年10月1日虚偽の転出届出により転出事項消除のうえ回復
転出	平成30年8月15日 東京都氷川市西本町1丁目1番1号　へ 転出予定	平成30年8月10日届出	
	平成30年8月15日 東京都氷川市西本町1丁目1番1号　へ転出	平成30年8月30日通知	

540 第10章 職権記載

の文字，消除事由欄の転出予定年月日，転出先を消除する。

(3) 虚偽の転居届出であることが判明した場合

ア 職権記載書の記入【記載例 No. 170】

(ア) 住民異動届の「職権記載書」に✓印をし，異動事由の職権記載を○で囲む。

(イ) 作成年月日を届出年月日欄に記入する。

(ウ) 異動年月日欄は空欄とする。

(エ) これからの住所欄には，現在記録されている直前の住所，これからの世帯主欄に世帯主氏名を記入する。

(オ) いままでの住所欄は空欄とする。

(カ) 職権記載する者全員の氏名，出生の年月日，男女の別，世帯主との続柄，本籍，筆頭者を各欄に記入する。

【記載例 No. 170】

(キ)　備考欄に実態調査の年月日を記入し，転居届出が虚偽であった
　　　　こと，及び届出された転居先住所を明記の上，調査の資料を添付
　　　　する。
　　　(ク)　作成した者の職・氏名を届出人欄に記入する。
　　イ　住民票の記載【記載例 No. 171】
　　　(ア)　現在記録されている住所，住所を定めた年月日，届出年月日を
　　　　消除し，回復すべき住所に修正する。
　　　(イ)　備考欄に，「○年○月○日虚偽の転居届出により転居事項消除」
　　　　と記載する。

【記載例 No. 171】

542 第10章 職権記載

2 二重記録者を発見した場合

　何らかの事情により，一人の者が二重に住民票に記録されていることを発見した場合は，速やかに調査をし，その結果誤載されている住民票を職権をもって消除しなければならない。

(1) 職権記載書の記入【記載例 No. 172】

　　ア　住民異動届の「職権記載書」に✓印をし，異動事由の職権消除を○で囲む。

　　イ　作成年月日を届出年月日欄に記入する。

　　ウ　異動年月日，これからの住所及びこれからの世帯主の各欄については空欄とする。

　　エ　いままでの住所欄には，消除されるべき住民票に記録されている住所及び世帯主氏名を記入する。

【記載例 No. 172】

オ　職権消除する者全員の氏名，出生の年月日，男女の別，世帯主との続柄，本籍，筆頭者を各欄に記入する。

　　カ　備考欄に，実態調査の年月日を記入し，二重記録であること，及び現在居住している住所，世帯主氏名を明記の上，調査の資料を添付する。

　　キ　作成した者の職・氏名を届出人欄に記入する。

　⑵　**住民票の記載【記載例 No. 173】**

　　ア　異動の日及び消除事由欄には，何らの記載を要しない。

　　イ　備考欄に「○年○月○日二重記録により職権消除」と記載する。

【記載例 No. 173】

ふりがな	やま かわ た ろう	生　年　月　日	男女の別	続　柄	住民となった年月日
氏名	山 川 太 郎	明治 大正 昭和 平成　55年4月1日生	㊚ 女	世帯主	明治 大正 昭和 平成　16年4月1日

住　民　票　　東京都高尾市

世帯主	山川太郎				住民票コード　12345678901
住　所	東町1丁目6番地1		平成16年4月10日届出		個人番号　111122223333
	平成　年　月　日転居		平成　年　月　日届出		
	平成　年　月　日転居		平成　年　月　日届出		備　考 平成30年10月1日二重記録により職権消除
本籍	東京都高尾市東町1丁目6番地1	筆頭者の氏名	山川太郎		［除票］
前住所	昭和 平成　年　月　日　　　住所不明			から 転入 転居	
転出	平成　年　月　日			へ転出 予定	平成　年　月　日届出
	平成　年　月　日			へ転出	平成　年　月　日通知

544 第10章 職権記載

3 住民票を回復する場合

(1) 転出予定日経過後に転出取消しをした場合

ア 申出書の記入【記載例 No. 174】

(ア) 住民異動届の「申出書」に✓印をし，異動事由の職権回復を○で囲み，「転出取消」と明記する。

(イ) 申出年月日を届出年月日欄に記入させる。

(ウ) 異動年月日欄は空欄とする。

(エ) これからの住所欄には，回復すべき住民票に記録されている住所を記入させる。

(オ) いままでの住所欄は空欄とする。

(カ) 回復すべき者全員の氏名，出生の年月日，男女の別，世帯主との続柄，本籍，筆頭者を各欄に記入させる。

(キ) 備考欄に「○年○月○日転出届出，○年○月○日転出予定」と記入し，返戻させた転出証明書を添付する。

イ 住民票の記載【記載例 No. 175】

(ア) 備考欄に，「○年○月○日転出取消により転出事項消除のうえ回復」と記載する。

(イ) 消除事由欄（本事例であれば転出欄）の転出予定年月日，転出先及び消除備考欄の転出届出年月日を消除する。

(ウ) 備考欄の「○年○月○日消除」を消除する。

第7　その他の職権記載　　545

【記載例 No. 174】

住民異動届

（※届出人本人による署名の場合、押印は必要ありません。）

東京都高尾市長　殿

☑申出書　□職権記載書

●住民票コードは、転入時のみ記入して下さい。
●太枠内の事項をボールペン等ではっきりと記入、○印をして下さい。

届 出 人	①．本人　2.世帯主　3.代理人（　　）
	ふりがな　やま かわ　た ろう
	氏　名　山 川 太 郎　㊞
	住所（代理人のみ）
	電話（自宅）・呼出・勤務先・携帯 042-123-4567

届出年月日	平成 30年10月1日	（全部／一部）	1 転入	2 転居	3 転出	4 世帯変更	5 職権記載	6 職権消除	7 職権修正	8 職権回復（取消／転出消出）
異動年月日	平成　年　月　日									

これからの住所	東京（都道府県）高尾（郡市区）東町1丁目6番地1	これからの世帯主	山 川 太 郎
いままでの住所	都道府県　　郡市区	いままでの世帯主	
本籍（※）	東京（都道府県）高尾（郡市区）東町1丁目6番地1	筆頭者	山 川 太 郎

	氏　名	生年月日	性別	続柄	住民票コード	備　考
1	ふりがな　やまかわ たろう　山 川 太 郎	明・大・昭・平 55・4・1	男・女	世帯主		平成 30 年 9 月 20 日 転出届出 平成 30 年 9 月 25 日 転出予定
2	ふりがな	明・大・昭・平　・　・	男・女			
3	ふりがな	明・大・昭・平　・　・	男・女			
4	ふりがな	明・大・昭・平　・　・	男・女			
5	ふりがな	明・大・昭・平　・　・	男・女			

（※）本籍欄以外の方がいる場合には、備考欄にその方の本籍地番と筆頭者名を記入して下さい。

【記載例 No. 175】

住民票　東京都高尾市

	ふりがな　やま かわ　た ろう	生 年 月 日	男女の別	続 柄	住民となった年月日
氏名	山 川 太 郎	明治・大正・昭和・平成 55年4月1日生	男・女	世帯主	明治・大正・昭和・平成 16 年 4 月 1 日
世帯主	山川太郎				住民票コード 12345678901
住所	東町1丁目6番地1	平成 16年4月10日届出			個人番号 111122223333
	平成　年　月　日転居	平成　年　月　日届出			備考 平成30年9月25日消除
	平成　年　月　日転居	平成　年　月　日届出			
本籍	東京都高尾市東町1丁目6番地1	筆頭者の氏名	山川太郎		【除　票】 平成30年10月1日転出 取消により転出事項消除のうえ回復
前住所	昭和・平成 16年4月1日 東京都陣馬市東山町3丁目260番地	から（転入・転居）			平成30年9月20日届出
転出	平成 30年9月25日 東京都深大寺市北山町1丁目5番10号	（転出）予定			平成 30年9月20日届出
	平成　年　月　日	へ転出			平成　年　月　日通知

546　第10章　職権記載

(2)　職権消除された者が当時病気のため，入院中（刑務所へ服役中，出張中又は帰省中）であった場合

ア　職権記載書の記入【記載例 No. 176】

(ア)　住民異動届の「職権記載書」に✓印をし，異動事由の職権回復を○で囲む。

(イ)　作成年月日を届出年月日欄に記入する。

(ウ)　異動年月日欄は空欄とする。

(エ)　これからの住所欄には，回復すべき住民票に記録されている住所を記入する。

(オ)　いままでの住所欄は空欄とする。

(カ)　回復すべき者全員の氏名，出生の年月日，男女の別，世帯主との続柄，本籍，筆頭者を各欄に記入する。

【記載例 No. 176】

住民異動届

（※届出人本人による署名の場合，押印は必要ありません。）

東京都高尾市長　殿

□申出書　☑職権記載書

◎住民票コードは，転入時のみ記入して下さい。
◎太枠内の事項をボールペン等ではっきりと記入し，○印をして下さい。

	1.本人　2.世帯主　3.代理人（　）
届出人	ふりがな　たか　お　たろう　氏　名　主事　**高尾太郎**　㊞ 住所（代理人のみ） 電話：自宅・呼出・勤務先・携帯

届出年月日	平成 30年10月1日
異動年月日	平成　年　月　日

（全部）（一部）　1 転入　2 転居　3 転出　4 世帯変更　5 職権記載　6 職権消除　7 職権修正　⑧ 職権回復

これからの住所	東京 都道府県 高尾 郡市区 東町1丁目6番地1	これからの世帯主	山川梅男
いままでの住所	都道府県 郡市区	いままでの世帯主	
本籍（※）	東京 都道府県 多摩川 郡市区 西山町1丁目1番地	筆頭者	山川一郎

	氏　名	生年月日	性別	続柄	住民票コード	備　考
1	ふりがな　やま　かわ　うめ　お **山川梅男**	明・大・昭・平 58・3・6	男・女	世帯主		病院の入院証明書で確認
2	ふりがな	明・大・昭・平　・　・	男・女			平成29年12月10日
3	ふりがな	明・大・昭・平　・　・	男・女			〜平成30年10月3日まで入院中
4	ふりがな	明・大・昭・平　・　・	男・女			平成30年3月15日
5	ふりがな	明・大・昭・平　・　・	男・女			職権消除

（※）本籍地以外の方がいる場合には，備考欄にその方の本籍地番と筆頭者名を記入して下さい。

第7　その他の職権記載　　*547*

　　(キ)　備考欄に「○年○月○日～○年○月○日まで入院中（刑務所へ

　　　　服役中，出張中等），○年○月○日職権消除，除票番号○○」と記

　　　　入し，確認資料名を明記する。

　　(ク)　作成した者の職・氏名を届出人欄に記入する。

　イ　住民票の記載【記載例 No. 177】

　　　備考欄に「○年○月○日職権消除事項消除のうえ回復」と記載し，

　　備考欄に記載されている「○年○月○日実態調査により○年○月○

　　日職権消除」を消除する。

【記載例 No. 177】

	ふりがな	やま　かわ　うめ　お	生　年　月　日	男女の別	続　柄	住民となった年月日
	氏名	山 川 梅 男	明治 大正 昭和 平成　58年3月6日生	男 女	世帯主	明治 大正 昭和 平成　16年4月1日
	世帯主	山川梅男				住民票コード
						56789012345
	住	東町1丁目6番地1	平成 16年4月10日届出			個人番号
	所		平成　年　月　日転居	平成　年　月　日届出		555566667777
			平成　年　月　日転居	平成　年　月　日届出		備　考 平成30年3月10日実態 調査により平成30年3 月15日職権消除
	本籍	東京都多摩川市西山町1丁目1番地	筆頭者の氏名	山川一郎		除　票 平成30年10月1日職権 消除事項消除のうえ回 復
	前住所	昭和 平成　16年4月1日東京都氷川市西本町1丁目1番1号		から　転入 転居		
	転	平成　年　月　日		へ転出 予定	平成　年　月　日届出	
	出	平成　年　月　日		へ転出	平成　年　月　日通知	

第8　住民票の改製と再製

1　住民票の改製

住民票の改製とは，市町村長が必要と認めるとき，例えば住民票がき損や汚損したとき，あるいは住民票に消除や修正された記載事項が多いとき等に住民票に記載されている事項を新たな住民票に記載し，今までの住民票を消除することをいう。なお，改製前の住民票は，改製された日から5年間保存しなければならない（令34条1項）。

(1)　改製の原因

住民票の改製は，次のような原因によることが多い。

ア　住民票にき損，汚損又は滅失のおそれ等がある場合

イ　住民票の記載事項に修正が多いため，新たに記載すべき余白又は予備欄がなくなった場合

ウ　住民票の様式の変更等により住民票を切り替える場合

エ　その他市町村長が必要と認めた場合

　　なお，次に掲げる場合には，住民票の改製を行うことが適当である。

　　(ｱ)　戸籍法第11条の2第1項の規定により，申出により戸籍の再製が行われたとき。

　　(ｲ)　虚偽の届出若しくは錯誤による届出又は過誤によりされた不実の記載が修正され，当該人より改製の申出があったとき。

(2)　改製の原則

改製は，住民票の記載内容をそのままそのとおり移記することになるが，「消除又は修正された記載の移記を省くことができる。」（令16条後段）とされている。したがって，転居届や世帯主変更届等によって修正された旧住所，旧世帯主，旧続柄等の移記は必要ない。また，転出，死亡等により消除されている者がある場合，その者を移記する必要もない。改製の時点において有効に記載されている事項だけを移記すればよい。

(3) 改製の方法

ア 改製の記載

（ア） 旧住民票の記載【記載例 No. 178】

備考欄に「○年○月○日改製により消除」と記載する。

（イ） 新住民票の記載【記載例 No. 179】

a 記載事由欄については，当該人の現在の住所の直前の住所を記載する。

b 備考欄に「○年○月○日改製」と記載する。

c 旧住民票の備考欄の記載の移記は，原則として要しない。

なお，改製を要さない世帯員がいる場合，世帯員の住民票には，何ら変更はない。

550　第10章　職権記載

【記載例 No. 178】夫の旧住民票（改製原住原票）

ふりがな	やま　かわ　た　ろう	生　年　月　日	男女の別	続　柄	住民となった年月日
氏名	山川太郎	明治 大正 昭和 平成　55年4月1日生	男 女	世帯主	明治 大正 昭和 平成　15年3月25日
世帯主	山川太郎				住民票コード
					12345678901
住所	東町1丁目6番地1		平成 15年4月2日届出		個人番号
	南町1丁目20番3号	平成 16年5月1日転居	平成 16年5月10日届出		111122223333
	北町4丁目156番地	平成　30年9月26日転居	平成　30年10月1日届出		備考
	西町3丁目15番2号	平成　30年1月10日転居	平成　30年1月12日届出		平成30年1月12日戸籍 届出により戸籍の表示 修正
本籍	東京都多摩川市西山町1丁目1番地	筆頭者の氏名	山川一郎		平成30年10月1日改製 により消去
	東京都高尾市西町3丁目15番		山川太郎		改製原住民票
前住所	昭和 平成　15年3月25日東京都多摩川市西山町5丁目3番4号 から			転入 転居	
転出	平成　　年　月　日			へ転出 予定	平成　　年　月　日届出
	平成　　年　月　日			へ転出	平成　　年　月　日通知

（左側縦書き：住民票　東京都高尾市）

【記載例 No. 179】

ふりがな	やま　かわ　た　ろう	生　年　月　日	男女の別	続　柄	住民となった年月日
氏名	山川太郎	明治 大正 昭和 平成　55年4月1日生	男 女	世帯主	明治 大正 昭和 平成　15年3月25日
世帯主	山川太郎				住民票コード
					12345678901
住所	北町4丁目156番地		平成 30年10月1日届出		個人番号
		平成　　年　月　日転居	平成　　年　月　日届出		111122223333
		平成　　年　月　日転居	平成　　年　月　日届出		備考
本籍	東京都高尾市西町3丁目15番	筆頭者の氏名	山川太郎		平成30年10月1日改製
前住所	昭和 平成　30年9月26日西町3丁目15番2号			から 転入 転居	
転出	平成　　年　月　日			へ転出 予定	平成　　年　月　日届出
	平成　　年　月　日			へ転出	平成　　年　月　日通知

（左側縦書き：住民票　東京都高尾市）

2 住民票の再製

住民票の再製とは，住民票が滅失した場合，滅失前の状態に復元すること，つまり新しく住民票を作り直すことをいい，原住民票の記載をそのまま移記する改製とは異なる。

(1) 再製の原因

住民票が，火災，水害等の災害，あるいは盗難等によって滅失した場合である。

(2) 再製の原則

再製は，職権で直ちに行わなければならない。

この場合，次の調査，確認が必要である。

ア　住民票に記載する事項を法第34条第2項の規定に従い，十分調査する。

イ　戸籍に関する事項については，本籍地市町村長等に照会する。

なお，外国人住民に係る事項については，法務省に照会する。

ウ　個別的事項については，日本年金機構等の記録を確認する。

なお，再製された住民票は，滅失した住民票の記載と必ずしも同一である必要はなく，滅失した住民票で修正又は消除されていた事項については，記載の必要はない。

(3) 再製の方法

ア　再製住民票の記載

(ア)　(2)の再製の原則により把握した記載事項を，住民票の該当各欄にそれぞれ記載する。

(イ)　備考欄に，「○年○月○日滅失により再製」と記載する。

イ　告示と縦覧

(ア)　市町村長は，住民票を再製したときは，その事実を住民に広く知らせるために，直ちにその旨を告示しなければならない。

(イ)　また，再製した住民票は，告示をした日から15日間，当該住民票を関係者の縦覧に供さなければならない（令17条2項）。

552　第10章　職権記載

　なお，縦覧に当たっては，住民票コード及びマイナンバーについては本人又は同一世帯の者のみが縦覧できるような措置を講ずる。

第 11 章
戸 籍 の 附 票

第11章

第1　戸籍の附票とは

戸籍の附票（以下「附票」という。）とは，市町村の区域内に本籍を有する者について戸籍を単位として作成されるものであり（法16条），住民票に記載されている事項と戸籍に記載されている事項（氏名，出生年月日，本籍及び筆頭者の氏名）を媒介とし，戸籍の記載と住民票の記載を相互に関連させ，両者の記載を一致させることにより，住民に関する記録の正確性を確保するためのものである。

また，平成10年の公職選挙法の改正により，国外においても国政選挙の投票ができる「在外選挙人制度」が創設されたことに伴い，在外選挙人名簿に登録されたものについては，その旨及び登録された市町村名を戸籍の附票に記載することとなったため，在外選挙人名簿に登録された事項の正確性を確保する役割も担っている。

なお，この附票は，磁気ディスクをもって調製することもできるとされている（法16条2項）。

戸籍の附票は，除籍又は改製によって消除された日から5年間保存する。ただし，消除時に死亡者を除く「在外者（戸籍の附票に住所の記載等の修正等によって国内における住所を記載していない者）」を含む戸籍の附票は150年間保存する（令34条1項，2項）。

第2　附票の様式と規格

1　附票の様式

附票の様式は法定されていないが，次の点に留意し，市町村において簡易な方法で作成することが望ましい（事務処理要領第3−1−(1)）。

(1)　冒頭に本籍欄及び筆頭者氏名欄を設ける。

(2)　本籍及び筆頭者氏名欄の次に各人ごとの欄を設け，その住所，住所を定めた年月日，名の各欄を設ける。

(3)　各人ごとの欄は，太線をもってその区画を明確にすることが適当であ

556　第11章　戸籍の附票

る。

(4)　その他市町村の事務処理の必要に応じ，戸籍の附票記載事由欄，住所記載事由欄，世帯主氏名欄，番号欄等を設けてもよい。

2　附票の規格

附票の規格についても，前記同様法定されていないが，写しの作成等を考慮し，紙質はできるだけ丈夫なものとする。

第3　附票の記載事項

1　法定記載事項

附票は，戸籍を単位として作成することになっているが，法定されている事項は次のものである（法17条）。

(1)　戸籍の表示

「戸籍の表示」とは，戸籍法第9条に規定されている戸籍の表示と同一のものであって，本籍及び筆頭者の氏名をもって表示する。したがって，戸籍筆頭者が改氏，改名をした場合は，氏，名を，また，行政区画，土地の名称，地番号又は街区符号の変更が行われた場合は，本籍をそれぞれ修正する。

(2)　氏　　　名

「氏名」は，戸籍に記載されている名のみを各人の名欄に記載する。

附票は，戸籍を単位として作成されることになっており，同一戸籍は必ず同氏であるので，戸籍の表示に記載されている戸籍筆頭者の氏名から氏は判断でき，氏の記載の必要はない。

(3)　住　　　所

「住所」は，現在の住所を記載するものであるが，住民票に記載されている住所と一致していなければならない。

戸籍の届出により，又は住所が異動したときは，転入地，転居地，又は転出地の市町村長からの通知等によって新住所を記載する（法19条1項，3項，4項）。

⑷　住所を定めた年月日

　「住所を定めた年月日」とは，住民票の住所欄に記載された住所を定めた年月日である。

　住所の場合と同様に，戸籍の届出又は住所地市町村長からの住所の変更に関する通知等により，出生年月日，又は現在居住している住所地に転入，転居等をした年月日を記載する。

　ただし，外国人住民が日本の国籍を有することになった場合における住所を定めた年月日については，外国人住民に係る住民票に記載された外国人住民となった年月日を記載する。

　なお，外国人住民に係る住民票に「住所を定めた年月日」が記載されていた場合については，当該記載されていた年月日を記載する。

2　その他の記載事項

　法定記載事項以外に，市町村の事務処理の必要に応じ任意に記載事由欄や世帯主氏名欄等を設けて記載しても差し支えない。ただし，住民票コード及びマイナンバーを記載することはできない。

3　戸籍の附票の記載事項の特例等

　公職選挙法の一部改正により，国外においても国政選挙の投票ができる「在外選挙制度」が創設され，これによって戸籍の附票には，在外選挙人名簿に登録された者についてその旨及び当該登録された市町村名を記載することになった。市町村の選挙管理委員会では，当該者を在外選挙人名簿に登録したとき，又は在外選挙人名簿から抹消したときは，当該者の本籍地の市町村にその旨を通知する（法17条の2第1項，2項）。

　また，本籍地の市町村長は，在外選挙人名簿に登録されている者について，戸籍に関する届書，申請書その他の書類を受理し若しくは職権で戸籍の記載をした場合又は戸籍の附票の記載，消除若しくは記載の修正をした場合，在外選挙人名簿の修正，訂正，抹消すべきこと又は国内に住所を有したことを知ったときは，登録先選挙管理委員会に通知しなければならない（公職選挙法30条の13）【様式11】（560頁参照）。

558　第11章　戸籍の附票

第4　附票各欄の呼称【様式9】【様式10】

　附票各欄は，次のように呼称する。ただし，②⑥⑦⑧欄は，任意記載事項であるので設けなくてもよい。また，⑬欄は，法により欄を設ける規定はないが，法第17条の2の規定により，在外選挙人名簿に登録された者についてその旨及び当該登録された市町村名を附票に記載しなければならない。

【様式9】

①	共通欄	⑧	記載事由欄の予備欄
②	戸籍の附票記載事由欄	⑨	住所欄
③	本籍欄	⑩	住所欄の予備欄
④	筆頭者氏名欄	⑪	住所を定めた年月日欄
⑤	個人欄	⑫	住所を定めた年月日欄の予備欄
⑥	番号欄	⑬	在外選挙人名簿登録市町村名欄
⑦	記載事由欄	⑭	名欄

【様式10】

① ⑤ ⑥

③					②					①					番号	①
5	4	3	2	1	5	4	3	2	1	5	4	3	2	1		②
											⑧		⑦		記載事由欄	年 年 年 月 月 月 日 日 日 消 改 作 除 製 成 本　籍
											⑩		⑨		住所	東京都高尾市 ③ 番地
年 月 日	年 月 日	年 月 日	年 月 日	年 月 日	年 月 日	年 月 日	年 月 日	年 月 日	年 月 日	年 月 日	年 月 日 ⑫	年 月 日	年 月 日 ⑪	年 月 日	住所を定めた年月日	氏　名 ④
											⑬				在外選挙人名簿登録市町村名	
											⑭				名	

560　第11章　戸籍の附票

【様式11】 在外選挙人名簿登録者の戸籍の変更等について（通知）

平成　　年　　月　　日

　　　県　　　市
選挙管理委員会委員長　　様

市長

在外選挙人名簿登録者の戸籍の変更等について（通知）

　貴市（区町村）の在外選挙人名簿に登録されている次の者について，下記の事由が生じたことを知りましたので，通知します。

記

登録者氏名	
事 由	1 国内の市区町村において新たに住民票が作成された。 （作成された市区町村名：　　　　　　　　　　　　　　　　　　）
	2 氏名の変更があった。（　　　　　　　　　　　　　　　　　　）
	3 本籍の変更があった。 （旧本籍：　　　　　　　　　　　　　　　　　　　　　　　　） （新本籍：　　　　　　　　　　　　　　　　　　　　　　　　）
	4 死亡した。
	5 日本国籍を失った。
	6 公職選挙法第11条第1項若しくは第252条又は政治資金規正法第28条の規定により選挙権を有しない者となった。 （該当条項：　　　　　　　　　　　　　　　　　　　　　　　）
	7 その他　　　　　　　（　　　　　　　　　　　　　　　　　）
上記事由の発生年月日	平成　　　年　　　　月　　　　日
備 考	

注意
　1 「3 本籍の変更」については，戸籍の「本籍」欄に変更があったときは，必ず記載し，通知してください。
　2 転籍があったときは，必ず新本籍の市区町村長が記載し，通知してください。

第5 附票の記載等

1 附票の記載等

　附票の記載又は記録事項のうち，戸籍の表示及び氏名は，戸籍を基礎に記載され，住所及び住所を定めた年月日は，住民票又は他市町村長からの通知，及び戸籍の届書により記載しなければならない。

　したがって，附票の記載等は市町村長が職権でこれを行うこととされている（法18条）。

　附票の記載等とは，「記載」，「消除」，「記載の修正」をいう。

(1) 「記載」とは

　「記載」とは，転籍，分籍，婚姻，養子縁組等戸籍の届出により，新たに戸籍が編製された場合は，これに伴い附票を作成することをいい，出生，婚姻，養子縁組等の届出により既存の戸籍に入籍した者があるときは，附票にもその者に関する記載をする。

　また，戸籍の届出による記載の他，転入届，転出届（国外移住の場合に限る。）等住基法の届出及び職権による住民票の記載，そして，法第19条第1項，第3項，第4項及び法第17条の2第2項の通知等，他の市町村からの通知に基づき記載をする。

(2) 「消除」とは

　「消除」とは，婚姻，死亡，養子縁組等の届出により，戸籍の全部又は一部の者が除籍される場合に，その附票の全部又は一部を消除することをいう。

(3) 「記載の修正」とは

　「記載の修正」とは，附票に記載された事項の変更，又は附票に誤記や記載漏れがあった場合にその記載を修正することをいう。

　戸籍の表示及び氏名は戸籍の届出により修正する。

　住所，住所を定めた年月日は住基法の届出，又は職権による住民票の記載等により，若しくは他市町村長からの通知に基づき修正する。

562 第11章 戸籍の附票

2 附票各欄の記載

(1) 記載の一般的注意

ア 法第16条第2項の規定により磁気ディスクをもって調製される戸籍の附票を除き，その記載等は，墨汁，インキ，タイプライター等たい色，汚損のおそれのない良質のものを用いて行う。

イ 記載の文字は，戸籍に基づいて正確に記載する。ただし，傍訓の記載は要しない。

ウ 記載の順序は，戸籍と同様にする。

エ 新たに附票を作成したときは，過去の住所事項（記載事由，住所，住所を定めた年月日）の記載は必要としないので，現在の住所事項だけを記載する。

オ 消除，又は修正する場合は，当該修正箇所を朱線1本により消除し，新たに正しい記載をするとともに，消除された文字がなお明らかに読むことができる方法による。

カ 個人欄の第2欄以下への記載事由，及び住所の記載は，第1欄と同じ場合には，「①の2と同じ」と記載を略記してもよい。

この略記は，事務の効率化を図るため，運用されているものである。

しかし，附票は主に住所の履歴を証明することに使用されることを考えると「①の2と同じ」等略記のまま証明を交付することは，好ましいとはいえない。略記の基となった者の個人情報を請求内容にないにもかかわらず証明することは，個人情報の保護の観点から適当ではないことを考えると，可能な限り略記しないことが望ましい。

キ 住所は都道府県名から記載する。ただし，県庁所在地で県名と市名が同一の場合，又は政令指定都市の場合は，都道府県名を省略してもよい。この場合，文字は固有名詞であっても常用漢字を用いて記載してよい。

第5　附票の記載等　　563

　　ク　記載事由，住所，住所を定めた年月日は，修正等をあらかじめ考
　　　慮し余白を設けて記載する。

(2)　**共通欄の記載**

　ア　戸籍の附票記載事由欄

　　　この欄には，附票が作成又は消除された年月日，及びその事由を
　　記載する。

　　㋐　年月日作成

　　　　附票を作成した年月日であり，婚姻，転籍等の事由によって新
　　　戸籍が編製されたため，新たに附票を作成した場合に，その作成
　　　年月日を記載する。

　　㋑　年月日改製

　　　　令第16条の規定により附票を改製した年月日であり，改製新附
　　　票を作成した年月日を記載する。

　　㋒　年月日消除

　　　　婚姻，死亡等の事由によって戸籍の全部が除かれた場合，附票
　　　もまた除かれるので，その除かれた年月日（戸籍が除かれた年月
　　　日）を記載する。また，附票を改製したため改製原附票となると
　　　きは，この欄に附票改製の年月日を記載する。

　イ　本籍欄

　　　戸籍に記載されている本籍をそのとおり記載する。ただし，戸籍
　　の本籍の地番が，壱，弐，参，拾の多画文字を用いて記載されてい
　　る場合でも，附票には一，二，三，十の文字を使用して記載しても
　　よい。また，附票が横書の場合には，アラビア数字を使用してもよ
　　い。

　ウ　筆頭者の氏名欄

　　　戸籍の筆頭者の氏名欄に記載されている氏名を，そのとおりに記
　　載する。

564　第11章　戸籍の附票

(3)　**個人欄の記載**

　ア　記載事由欄

　　　住所，住所を定めた年月日欄を記載等した年月日，及びその事由を記載する。

　イ　住所及び住所を定めた年月日欄

　　(ア)　住所欄

　　　　住民票に記載されている現在の住所を記載する。

　　(イ)　住所を定めた年月日欄

　　　　住民票に記載されている住所を定めた年月日を記載する。

　　　なお，住所，住所を定めた年月日は，住所変更に関する通知，戸籍の届書（出生，就籍，帰化等），又は住所地若しくは原籍地市町村長からの通知により記載する。

　ウ　名　欄

　　　戸籍に記載されている名を正確に記載する。

第6　附票記載の具体例

1　戸籍の届出に基づく処理

(1)　**新たに戸籍が編製される場合**

　戸籍の届出に基づいて，戸籍の附票記載事由欄，本籍欄，筆頭者氏名欄，名欄を記載する。ただし，各欄の記載事項は，「第11章―第5―2」（562頁以下）参照。

(2)　**既にある戸籍に入籍した者がある場合**

　戸籍の届出に基づいて個人欄の末尾に名を記載する。

(3)　**戸籍の全部又は一部が除籍される場合**

　ア　全部が除籍される場合

　　　戸籍の届出に基づいて個人欄の名欄を朱線交差のうえ，戸籍の附票記載事由欄に消除年月日を記載し，除票の朱印を押印する。ただし，転籍届の場合は，個人欄の名欄に朱線交差を要しない。

第6 附票記載の具体例 *565*

　　イ　一部が除籍される場合

　　　　戸籍の届出に基づいて当該個人欄の名欄を朱線交差する。

(4)　戸籍の届書に基づいて住所，住所を定めた年月日を記載することができる場合

　　ア　同一市町村内において新戸籍が編製された場合

　　　　旧戸籍附票の記載事由欄，住所，住所を定めた年月日をそのまま移記する。ただし，消除又は修正された事項については移記を要しない。

　　イ　出生，就籍，帰化等の場合

　　　　住所，住所を定めた年月日は，届書により記載し，記載事由欄は，届出（通知）年月日をもって「〇年〇月〇日戸籍届出（通知）」と記載する。

2　住民票の記載等に基づく処理

(1)　転入，転居の届出があった場合

　　ア　新たに附票が作成されると同時に，転入，転居の届出があった場合【記載例 No. 180】

　　　(ア)　記載上の注意は，「第11章—第5—2—(1)，(3)」（562頁以下，564頁）参照。

　　　(イ)　記載事由欄には，届出年月日をもって「〇年〇月〇日転入（転居）届出」と記載する。

　　　(ウ)　住所，住所を定めた年月日は，届出書により記載する。

　　イ　既に附票が作成されている者について，転入，転居等の届出があった場合【記載例 No. 181】

　　　(ア)　記載上の注意は，「第11章—第5—2—(1)，(3)」（562頁以下，564頁）参照。

　　　(イ)　記載事由欄の予備欄には，届出年月日をもって「〇年〇月〇日転入（転居）届出」と記載する。

　　　(ウ)　記載されている住所，住所を定めた年月日を朱線1本で消除し，

566　第11章　戸籍の附票

予備欄に新たな住所，住所を定めた年月日を記載する。

(2)　**国外への転出届があった場合【記載例 No. 182】**

　ア　記載上の注意は，「第11章—第５—２—(1)，(3)」(562頁以下，564頁) 参照。

　イ　記載事由欄の予備欄には，届出年月日をもって「○年○月○日転出届出」と記載する。

　ウ　記載されている住所，住所を定めた年月日を朱線１本で消除する。住所の予備欄の記載は，国外転出先の住所を記載する。

　　　この住所は，国内における処理と同様に，「第11章—第３—１—(3)」(556頁) にあるとおり，住民票に記載する住所と一致しなければならないため，原則として附票記載事項通知 (法19条１項通知) の記載又は該当者の国外転出の記載がなされた住民票の住所と同様とする。

　　　したがって，通知又は国外転出の記載がなされた住民票の住所と同様に，本人に判明している程度記載することとなる。

　　　なお，国外転出者の国外での異動先住所及び住所を定めた年月日を戸籍の附票に記載する必要はない。

(3)　**職権による住民票の記載等をした場合**

　ア　修正の場合【記載例 No. 183】

　　(ｱ)　記載上の注意は，「第11章—第５—２—(1)，(3)」(562頁以下，564頁) 参照。

　　(ｲ)　記載事由欄の左余白に届出年月日をもって「○年○月○日職権修正」と記載する。ただし，住居表示，行政区画変更等の場合は，「○年○月○日住居表示変更」のように記載する。

　　(ｳ)　住所，住所を定めた年月日を修正するには，当該修正箇所を朱線１本で消除し，余白に正しい記載をする。修正する場合は，修正によって記載事項が不鮮明にならないよう工夫する。

　イ　消除の場合【記載例 No. 184】

第6 附票記載の具体例　　567

(ア)　記載上の注意は,「第11章—第5—2—(1),(3)」(562頁以下,
564頁) 参照。

(イ)　記載事由欄の左余白に消除年月日をもって「○年○月○日職権
消除」と記載する。

(ウ)　住所,住所を定めた年月日を朱線1本で消除する。

ウ　記載の場合

(ア)　記載上の注意は,「第11章—第5—2—(1),(3)」(562頁以下,
564頁) 参照。

(イ)　記載事由欄は,「○年○月○日職権記載」と記載する。

3　他の市町村長からの通知に基づく処理

(1)　戸籍の附票記載事項通知 (法19条1項) を受けた場合

ア　届出による修正通知を受けた場合【記載例 No. 181】

(ア)　記載上の注意は,「第11章—第5—2—(1),(3)」(562頁以下,
564頁) 参照。

(イ)　記載事由欄の予備欄には,通知の年月日をもって「○年○月○
日届出」と記載する。

(ウ)　記載されている住所,住所を定めた年月日を朱線1本で消除し,
予備欄に新たな住所,住所を定めた年月日を記載する。

イ　職権による修正通知を受けた場合【記載例 No. 183】

(ア)　記載上の注意は,「第11章—第5—2—(1),(3)」(562頁以下,
564頁) 参照。

(イ)　記載事由欄の左余白に通知年月日をもって「○年○月○日職権
修正」と記載する。

(ウ)　住所,住所を定めた年月日を修正するには,当該修正箇所を朱
線1本で消除し,余白に正しい記載をする。修正する場合は,修
正によって記載事項が不鮮明にならないよう工夫する。

ウ　職権による消除通知を受けた場合【記載例 No. 184】

(ア)　記載上の注意は,「第11章—第5—2—(1),(3)」(562頁以下,

568 第11章 戸籍の附票

564頁）参照。

(ｲ) 記載事由欄の左余白に通知年月日をもって「○年○月○日職権消除」と記載する。

(ｳ) 住所，住所を定めた年月日を朱線１本で消除する。

(2) **本籍転属通知**（法19条３項）を受けた場合【記載例 No. 180】

ア 記載上の注意は，「第11章—第５—２—(1)，(3)」（562頁以下，564頁）参照。

イ 記載事由欄には，通知年月日をもって「○年○月○日転属通知」と記載する。

ウ 住所，住所を定めた年月日は，通知書により記載する。原則として，原籍地の附票の最後の住所と新本籍地の附票の最初の住所が一致することになるが，市町村によって取り扱いが異なる場合がある。

4 選挙管理委員会からの通知に基づく処理【記載例 No.185】

在外選挙人名簿に登録された者について「登録市町村名」及び「登録年月日」を記載する。

5 改製と再製

戸籍の附票の改製及び再製については，住民票の改製及び再製に準じて処理する（令21条）。

(1) **改製する場合**【記載例 No. 186, 187, 188】

附票の改製とは，附票に記載されている事項を新たな附票に移記し，いままでの附票を消除することをいう。

この場合，新たな附票には改製の時点において消除又は修正された事項については，移記を省くことができる。

附票の改製は，次のような原因によることが多い。

ア 附票が毀損又は汚損され記載事項が判読できなくなるおそれがある場合

イ 住所の変更等により，附票に住所等に関する事項を記載する予備欄がなくなった場合

ウ　附票に関する事務処理合理化を図るために，様式，規格又は紙質を変更し，全部の附票を書き替える場合

エ　その他，市町村長が必要と認めた場合

(2)　再製する場合

　附票の再製とは，附票が火災，水害等によって滅失した場合，新たに附票を作成し直すことをいう。記載されている事項をそのまま移記すればよい改製と異なり，元となる附票がないので記載すべき事項を把握したうえで作成する。

　再製は次のように行う。

ア　附票の記載事項のうち，戸籍の表示及び氏名は，戸籍，又は法務局，地方法務局に保存されている戸籍の副本と照合して記載する。

イ　他の市町村に住所を有することが判明した者の住所，住所を定めた年月日については，その者の住所地の市町村長に照会し，その回答に基づいて記載する。

ウ　この場合，新しい附票には，改製の場合と同じように，再製の時点において消除又は修正されていた事項については，記載する必要はなく，必ずしも滅失した前附票の記載と同一でなくてもよい。

エ　再製した附票には，再製の年月日，及び滅失により再製した旨を戸籍の附票記載事由欄に「〇年〇月〇日滅失により再製」と記載する。

オ　附票を再製したときは，市町村長は直ちにその旨を告示するとともに，その告示をした日から15日間，関係者がその記載事項を確認するため縦覧に供さなければならない。

570　第11章　戸籍の附票

【記載例 No. 180】

平成30年10月1日　作成
平成　年　月　日　改製
平成　年　月　日　消除

本籍　東京都高尾市戸倉一丁目六番地一

氏名　山川　太郎

番号	記載事由欄	住所	住所を定めた年月日	在外選挙人名簿登録市町村名	名
① 1	平成30年10月1日転入届出	東京都高尾市戸倉一丁目六番地一	平成30年9月19日		太郎
① 2			年月日		
① 3			年月日		
① 4			年月日		
① 5			年月日		
② 1	平成30年10月1日転入届出	東京都高尾市戸倉一丁目六番地一	平成30年9月19日		花子
② 2			年月日		
② 3			年月日		
② 4			年月日		
② 5			年月日		
③ 1			年月日		
③ 2			年月日		
③ 3			年月日		
③ 4			年月日		
③ 5			年月日		

【記載例 No. 181】

平成16年4月9日作成
平成　年　月　日改製
平成　年　月　日消除

本籍　東京都高尾市戸倉一丁目六番地一

氏名　山川　太郎

項目	①-1	①-2	①-3	①-4	①-5	②-1	②-2	②-3	②-4	②-5	③-1	③-2	③-3	③-4	③-5
番号	1	2	3	4	5	1	2	3	4	5	1	2	3	4	5
記載事由欄	平成16年4月9日転入届出	平成30年10月1日転居届出				平成16年4月9日転入届出	平成30年10月1日転居届出								
住所	東京都高尾市戸倉一丁目六番地一	東京都高尾市本町一丁目二番三号				東京都高尾市戸倉一丁目六番地一	東京都高尾市本町一丁目二番三号								
住所を定めた年月日	平成16年4月1日	平成30年10月1日	年月日	年月日	年月日	平成16年4月1日	平成30年10月1日	年月日	年月日	年月日	年月日	年月日	年月日	年月日	年月日
在外選挙人名簿登録市町村名															
名	太郎					花子									

【記載例 No.182】

本籍　東京都高尾市戸倉一丁目六番地一

平成16年4月9日作成
年　月　日　改製
年　月　日　消除

氏名　山川　太郎

番号	①1	①2	①3	①4	①5	②1	②2	②3	②4	②5	③1	③2	③3	③4	③5
記載事由欄	平成16年4月9日転入届出	平成30年10月1日転出届出				平成16年4月9日転入届出									
住所	東京都高尾市戸倉一丁目六番地一	アメリカ合衆国				東京都高尾市戸倉一丁目六番地一									
住所を定めた年月日	平成16年4月1日	平成30年10月1日	年月日	年月日	年月日	平成16年4月1日	年月日	年月日	年月日	年月日	年月日	年月日	年月日	年月日	年月日
在外選挙人名簿登録市町村名															
名	太郎					花子									

第6　附票記載の具体例　　573

【記載例 No. 183】

作製	平成16年4月9日
改製	平成16年4月9日
消除	年　月　日
本籍	東京都高尾市戸倉一丁目六番地一
氏　名	山川　太郎

番号	①				
	5	4	3	2	1
記載事由欄					平成16年4月9日転入届出　平成16年5月1日職権修正
住所					東京都高尾市本町一丁目四番三号
住所を定めた年月日	年　月　日	年　月　日	年　月　日	年　月　日	平成16年4月1日
在外選挙人名簿登録市町村名　名					太郎

【記載例 No. 184】

作製	平成16年4月9日
消除	平成23年8月7日職権消除
住所	東京都高尾市戸倉一丁目六番地一

番号	①				
	5	4	3	2	1
記載事由欄					平成16年4月9日転入届出
住所					東京都高尾市戸倉一丁目六番地一
住所を定めた年月日	年　月　日	年　月　日	年　月　日	年　月　日	平成16年3月10日
在外選挙人名簿登録市町村名　名					太郎

【記載例 No. 185】

平成16年4月9日 作成
年　月　日 改製
年　月　日 消除

本籍　東京都高尾市戸倉一丁目六番地一
氏名　山川　太郎

番号	記載事由欄	住所	住所を定めた年月日	在外選挙人名簿登録市町村名	名
① 1	平成16年4月9日転入届出	東京都高尾市戸倉一丁目六番地一	平成16年4月1日	東京都高尾市	太郎
① 2	平成30年10月1日転出届出	アメリカ合衆国	平成30年10月1日		
① 3	平成30年12月10日登録	［在外選挙人名簿登録］			
① 4					
① 5					
② 1	平成16年4月9日転入届出	東京都高尾市戸倉一丁目六番地一	平成16年4月1日		花子
② 2					
② 3					
② 4					
② 5					
③ 1					
③ 2					
③ 3					
③ 4					
③ 5					

【記載例 No. 186】

改製原附票

平成30年10月1日改製により消除　　平成6年3月4日作成／平成30年改製

本籍　東京都高尾市戸倉一丁目六番地一

氏名　山川　太郎

番号	記載事由欄	住所	住所を定めた年月日	在外選挙人名簿登録市町村名	名
① 1	平成6年3月4日転入届出	東京都多摩川市多摩川七丁目一五番地二六	平成6年4月1日		
① 2	平成6年10月9日通知	東京都高尾市戸倉一丁目六番地一	平成6年10月8日		太郎
① 3	平成8年1月29日住居表示変更	東京都高尾市戸倉一丁目七番三号	平成8年1月26日		
① 4	平成12年8月1日住居表示変更	東京都高尾市戸倉一丁目七番三号	年月日		
① 5	平成30年10月1日転居届出	東京都高尾市本町一丁目二番三号	平成30年9月25日		
② 1	平成6年3月4日転入届出	東京都多摩川市多摩川七丁目一五番地二六	平成6年4月1日		
② 2	平成6年10月9日通知	東京都高尾市戸倉一丁目六番地一	平成6年10月8日		花子
② 3	平成8年1月29日住居表示変更	東京都高尾市戸倉一丁目七番三号	平成8年1月26日		
② 4	平成12年8月1日住居表示変更	東京都高尾市戸倉一丁目七番三号	年月日		
② 5	平成30年10月1日転居届出	東京都高尾市本町一丁目二番三号	平成30年9月25日		
③ 1			年月日		
③ 2			年月日		
③ 3			年月日		
③ 4			年月日		
③ 5			年月日		

【記載例 No. 187】

	③ 5	③ 4	③ 3	③ 2	③ 1	② 5	② 4	② 3	② 2	② 1	① 5	① 4	① 3	① 2	① 1	番号	
記載事由欄										平成30年10月1日転居届出					平成30年10月1日転居届出	記載事由欄	平成30年10月1日作成 平成年月日改製 年月日消除
住所										東京都高尾市戸倉一丁目二番三号					東京都高尾市戸倉一丁目二番三号	住所	本籍 東京都高尾市戸倉一丁目六番地一
住所を定めた年月日	年月日	年月日	年月日	年月日	年月日	年月日	年月日	年月日	年月日	平成30年9月25日	年月日	年月日	年月日	年月日	平成30年9月25日	住所を定めた年月日	
在外選挙人名簿登録市町村名																在外選挙人名簿登録市町村名	氏名 山川 太郎
名										花子					太郎	名	

【記載例 No. 188】

本籍　東京都高尾市戸倉1丁目6番地1

平成　30年　10月　1日　作成・改製　　　　　年　月　日　により消除

氏名　山川　太郎

名	番号	住所	住所を定めた年月日	在外選挙人名簿登録市町村名	記載事由
太郎 ①	1	東京都高尾市戸倉一丁目2番地3号	平成30・9・25		平成30年10月1日転居
	2		・　・		
	3		・　・		
	4		・　・		
	5		・　・		
花子 ②	1	東京都高尾市戸倉一丁目2番地3号	平成30・9・25		平成30年10月1日転居
	2		・　・		
	3		・　・		
	4		・　・		
	5		・　・		
③	1		・　・		
	2		・　・		
	3		・　・		
	4		・　・		
	5		・　・		

578 第11章 戸籍の附票

第7 写しの交付

戸籍の附票の写しの交付は，平成19年6月の住民基本台帳法の改正により，「何人でも請求できる」とされていた内容が制限され，その手続もより厳格となった。住民票の請求，申出と同様の手続も多いが，請求できる者が異なる等，相違点があるので注意が必要である。

（平成19年6月の法改正による主な変更点）

- ・「何人も請求できる」とされていた請求者が，「戸籍の附票に記録されている者又はその配偶者，直系尊属若しくは直系卑属」「国又は地方公共団体の機関」「特定事務受任者による職務上の申出」「その他の申出」に分けられ，それぞれの請求及び申出について具体的な規定がおかれた（法20条）。
- ・請求及び申出を行う者の本人確認が義務付けられた。
- ・代理人による請求及び申出の場合，委任状等により委任を受けた旨を明示することとなった。
- ・改正前に請求と分類されていた第三者請求は，申出と名称が改められ，市町村長が申出を相当であると認める理由も限定された。

1 戸籍の附票が請求できる者

(1) 戸籍の附票に記録されている者又はその配偶者，直系尊属又は直系卑属（法20条1項）

(2) 国又は地方公共団体の機関（同条2項）

(3) 上記(1)(2)のほか，次の要件を満たす申出者（同条3項）

　　ア　自己の権利を行使し，又は自己の義務を履行するために戸籍の附票の記載事項を確認する必要がある者

　　イ　国又は地方公共団体の機関に提出する必要がある者

　　ウ　上記ア及びイのほか，戸籍の附票の記載事項を利用する正当な理由のある者

(4) (1)〜(3)のほか，(3)ア〜ウに該当する者から依頼を受けたことを理由と

第7 写しの交付　　579

して請求する，法第12条の3に規定する「特定事務受任者」（同条4項）。

〈特定事務受任者とは〉

弁護士（弁護士法人を含む。），司法書士（司法書士法人を含む。），土地家屋調査士（土地家屋調査士法人を含む。），税理士（税理士法人を含む。），社会保険労務士（社会保険労務士法人を含む。），弁理士（特許業務法人を含む。），海事代理士又は行政書士（行政書士法人を含む。）

2　戸籍の附票に記録されている者又はその配偶者，直系尊属又は直系卑属が請求する場合

(1)　請求にあたっては次の事項を明らかにしなければならない（法12条2項を法20条5項を受けて準用）。

ア　当該請求の対象とする者の戸籍の表示

イ　当該請求の対象とする者の氏名

ウ　当該請求をする者の氏名及び住所

エ　当該請求の任に当たっている者が，請求する者の代理人であるときその他請求をする者と異なる者であるときは，当該請求の任に当たっている者の氏名及び住所

(2)　請求に際して，請求者本人又は請求の任に当たっている者は，マイナンバーカードを提示するなどにより本人であることを明らかにしなければならない（法12条3項を法20条5項を受けて準用）。

(3)　請求に際して，当該請求の任に当たっている者が，請求する者の代理人であるときその他請求をする者と異なる者であるときは，請求する者の依頼により又は法定代理人として請求の任に当たっていることを明らかにする書類（例えば，任意代理の場合は委任状，親権等法定代理の場合はそれが確認できる戸籍謄本など）を提示し，又は提出しなければならない（法12条4項を法20条5項を受けて準用）。

(4)　当該請求が不当な目的によることが明らかな場合は，市町村長は請求を拒否することができる（法12条6項を法20条5項を受けて準用）。

(5)　この請求は，郵便その他総務省令及び法務省令で定める方法により，

580 第11章　戸籍の附票

送付を求めることができる（法12条7項を法20条5項を受けて準用）。

3　国又は地方公共団体の機関が請求する場合

(1)　請求に当たっては次の事項を明らかにしなければならない（法12条の2第2項を法20条5項を受けて準用）。

　ア　当該請求の対象とする者の戸籍の表示

　イ　当該請求の対象とする者の氏名

　ウ　当該請求をする国又は地方公共団体の機関の名称

　エ　当該請求の任に当たっている者の職名及び氏名

　オ　請求事由（当該請求が犯罪捜査に関するものその他特別の事情により請求理由を明らかにすることが事務の性質上困難である場合，法令で定める事務の遂行のために必要である旨及び根拠法令を明らかにする。）

(2)　請求に際して，請求の任に当たっている者は，国又は地方公共団体の機関の職員であることを示す書類を提示するなどにより本人であることを明らかにしなければならない（法12条の2第3項を法20条5項を受けて準用）。

(3)　この請求は，郵便その他総務省令及び法務省令で定める方法（信書便）により，送付を求めることができる（法12条の2第5項を法20条5項を受けて準用）。

4　1(3)に掲げる要件を満たす申出者からの申出を受ける場合

(1)　申出者は申出に当たって次の事項を明らかにしなければならない（法12条の3第4項を法20条5項を受けて準用）。

　ア　当該申出の対象とする者の戸籍の表示

　イ　当該申出の対象とする者の氏名

　ウ　当該申出をする者の氏名及び住所

　エ　当該申出の任に当たっている者が，申出者の代理人であるときその他申出をする者と異なる者であるときは，当該申出の任に当たっている者の氏名及び住所

　オ　利用目的

(2) 申出者本人又は申出の任に当たっている者は，マイナンバーカードを提示するなどにより本人であることを明らかにしなければならない（法12条の3第5項を法20条5項を受けて準用）。

(3) 当該申出の任に当たっている者が，申出する者の代理人であるときその他申出をする者と異なる者であるときは，申出する者の依頼により又は法定代理人として申出の任に当たっていることを明らかにする書類を提示し，又は提出しなければならない（法12条の3第6項を法20条5項を受けて準用）。

(4) この申出は，郵便その他総務省令及び法務省令で定める方法（信書便）により，送付を求めることができる（法12条の3第9項を法20条5項を受けて準用）。

5　戸籍の附票の写しの交付請求（申出）に係る支援措置

　ドメスティック・バイオレンス，ストーカー行為等，児童虐待及びこれらに準ずる行為の被害者の保護を図る観点から，当該被害者から支援措置の申出があるときには，市町村長は，支援対象者に係る戸籍の附票の交付について，利用目的等について十分留意し，厳格な審査を行う。

　加害者からの請求（申出）については法第12条第6項に基づき不当な目的があるものとして，若しくは，法第12条の3第1項の申出に該当しないとしてこれを拒否することとし，その他の第三者からの請求（申出）であってもより厳格に本人確認を行うものとする。

　詳細については「第3章―第8」（117頁以下）を参照のこと。

6　写しの交付方法

　戸籍の附票の写しの交付方法については，住民票の写しの交付方法に準じて取り扱う。

　写しの交付の際の認証文は次の例による。

　「この写しは，戸籍の附票の原本と相違ないことを証明する。」

7　手　数　料

　市町村は，その条例の定めるところにより手数料を徴収することができ

582　第11章　戸籍の附票

る（地方自治法227条）。

手数料の額については，その市町村における手数料との均衡を考慮して，住民に負担を課することがないように決定すべきであるとされている（昭和43.3.26自治振第41号通知問14参照）。

第8　磁気ディスクをもって調製する戸籍の附票

平成6年12月1日に施行された「戸籍法及び住民基本台帳法の一部を改正する法律」（平成6年法律第67号）により，戸籍の附票を磁気ディスクをもって調製することができるものとされた。

1　磁気ディスクによる調製

戸籍の附票を磁気ディスクをもって調製することができ，この場合に当該磁気ディスクを戸籍の附票の原本とみなす。

2　戸籍の附票の写し

戸籍の附票を磁気ディスクをもって調製している場合には，「戸籍の附票に記録されている事項を記載した書類」を「戸籍の附票の写し」とみなす。その様式及び規格については，紙による戸籍の附票の交付に準じて取り扱うことが適当である。

3　守秘義務

戸籍の附票に関する事務の処理に従事している者等についても，住民基本台帳に関する事務に従事している者と同様に，その事務に関して知りえた事項をみだりに他人に知らせ，又は不当な目的に使用してはならない。

4　戸籍の附票に係る技術的基準とその運用

戸籍の附票を磁気ディスクをもって調製する場合には，住民票を磁気ディスクをもって調製する場合の方法及び基準を準用する。この場合，磁気ディスクへの記録，その利用並びに磁気ディスク及びこれに関連する施設又は設備の管理の方法に関する技術的基準は，法務大臣及び総務大臣が定める。またこの場合においては，記載されている事項が事務従事者以外にコンピュータ回線を通じて漏れたり，滅失又は棄損することのないよう，

市町村長は，回線番号を秘密にしたり，端末機の操作手引書を作成して職員の誤操作による滅失又は棄損を防止しなければならない。

5　住民票に係る技術的基準との相違点

　法務大臣及び総務大臣が定めた技術的基準は，基本的には住民票に係る技術的基準と同様の内容であるが，いくつかの相違点がある。

(1)　システム名称を「戸籍の附票システム」とする。

(2)　異動処理に関しては，法第19条第1項通知に係る審査を「戸籍の附票記載事項通知の内容の審査」とする。

(3)　住民票の「職権記載書」に対応するものを「修正記載書」とする。

(4)　住民票の「除票」に対応して戸籍の附票は「附票除票」とする。

6　その他

　戸籍の附票の仕様及び当該磁気ディスクの規格は，各市町村において事務処理の合理化の観点から適当なものとすることができる。

7　附票記載の具体例【記載例 No. 189, 190, 191, 192, 193】

　磁気媒体等をもって調製した附票の記載は，その仕様をどのようにするかによって差異があるが，例を示せば次のとおりである。

　なお，法第17条に規定される法定記載事項は，磁気媒体等をもって調製した附票であっても同様である（したがって，戸籍の表示，氏名，住所，住所を定めた年月日を記載する欄があり，記載が行えることが仕様としての最低要件となる。また，住民票コード及びマイナンバーの記入欄を設けることはできないことも同様である。）。

584　　第11章　戸籍の附票

【記載例 No. 189】

	全部証明

改製日	平成○○年○○月○○日
本　籍 氏　名	東京都高尾市戸倉一丁目6番地1 山川　太郎
附票に記載されている者	【名】太郎
	【住所】東京都高尾市戸倉一丁目2番地3 【住定日】平成27年10月17日
	【住所】東京都小平市不動町三丁目260番地 【住定日】平成28年11月4日
	以下余白

この写しは戸籍の附票の原本と相違ないことを証明する。

平成○○年○○月○○日

　　　　　　東京都高尾市長　　　△△△△

第8　磁気ディスク等をもって調製する戸籍の附票　　*585*

【記載例 No. 190】

	全部証明
改製日	平成○○年○○月○○日

本　　籍	東京都高尾市戸倉一丁目6番地1
氏　　名	山川　太郎

附票に記載されている者	【名】　太郎
	【住所】東京都高尾市戸倉一丁目2番地3 【住定日】平成27年10月17日
	【住所】東京都小平市不動町三丁目260番地 【住定日】平成28年11月4日
	【住所】アメリカ合衆国 【住定日】平成30年7月5日
	以下余白

この写しは戸籍の附票の原本と相違ないことを証明する。

平成○○年○○月○○日

　　　　　　　東京都高尾市長　　　△△△△

【記載例 No. 191】

	全部証明
改製日	平成○○年○○月○○日

本　　籍	東京都高尾市戸倉一丁目6番地1
氏　　名	山川　太郎

附票に記載されている者	【名】　太郎
	【住所】東京都高尾市戸倉一丁目2番地3 【住定日】平成27年10月17日
	【住所】東京都小平市不動町260番地 【住定日】平成28年11月4日
	【住所】東京都小平市石田町三丁目1番地1 【住定日】平成28年11月4日（平30・04・01行政区画変更）
	以下余白

この写しは戸籍の附票の原本と相違ないことを証明する。

平成○○年○○月○○日

　　　　　　　東京都高尾市長　　　△△△△

586 第11章 戸籍の附票

【記載例 No. 192】

	全部証明
改製日	平成○○年○○月○○日
本　籍 氏　名	東京都高尾市戸倉一丁目6番地1 山川　太郎
附票に記載されている者	【名】太郎 【住所】東京都高尾市戸倉一丁目2番地3 【住定日】平成27年10月17日 ―――――――――――――――――――――― 【住所】東京都小平市不動町三丁目260番地 【住定日】平成28年11月4日 ―――――――――――――――――――――― 【住所】東京都多摩市明神一丁目1番地 【住定日】平成29年1月20日（平30・07・18職権消除）
	以下余白

この写しは戸籍の附票の原本と相違ないことを証明する。

平成○○年○○月○○日

　　　　　　　東京都高尾市長　　　△△△△

【記載例 No. 193】

	全部証明
改製日	平成○○年○○月○○日
本　籍 氏　名	東京都高尾市戸倉一丁目6番地1 山川　太郎
附票に記載されている者	【名】太郎 【在外選挙人名簿登録市町村名】 東京都三鷹市（平30・12・19登録、平30・12・20通知） ―――――――――――――――――――――― 【住所】東京都三鷹市高島田一丁目5番10号 【住定日】平成28年1月15日 ―――――――――――――――――――――― 【住所】アメリカ合衆国 【住定日】平成30年9月16日
	以下余白

この写しは戸籍の附票の原本と相違ないことを証明する。

平成○○年○○月○○日

　　　　　　　東京都高尾市長　　　△△△△

第 12 章
付 帯 事 務

第12章

第1　選挙人名簿の登録

1　選挙人名簿

　選挙人名簿の登録は，当該市町村の区域内に住所を有する年齢満18年以上の日本国民で，その者に係わる当該市町村の住民票が作成された日から，引き続き３か月以上当該市町村の住民基本台帳に記録されている者について行う。これに加え，平成28年１月の法改正により，下記の場合にも旧住所地においてされることになった。

- 旧住所地における住民票の登録期間が３か月以上である17歳の人が転出後４か月以内に，新住所地において18歳となったが，新住所地における住民票登録期間が３か月未満である場合。
- 旧住所地における住民票の登録期間が３か月以上である18歳以上の人が選挙人名簿に登録される前に転出をしてから４か月以内で，かつ新住所地における住民票の登録期間が３か月未満である場合。

　選挙人名簿に登録されていない者は，選挙権を有する者でも投票できない。

　選挙人名簿に登録された者は，死亡，日本国籍の喪失，選挙権を有しなくなった場合，また転出した日から４か月を経過した場合，及び登録されるべきでなかったことを選挙管理委員会が知った場合に抹消される。

　選挙人名簿の登録には，年４回，３月・６月・９月・12月の原則１日に行う定時登録と，選挙ごとに基準日を定めて行う選挙時登録がある。

　選挙人名簿の抄本は，選挙の期日の公示又は告示の日から当該選挙の期日後５日に当たる日までの間を除き，申出により閲覧させなければならない。

　選挙人名簿は，常に選挙人の目に触れさせることで正確さを期せるよう，その抄本を閲覧できるように定められている。具体的には，次のような場合に閲覧できる。

　ア　選挙人名簿の登録の有無を確認するために閲覧する場合

590 第12章 付帯事務

イ 公職の候補者等，政党その他の政治団体が，政治活動（選挙運動を含む）を行うために閲覧する場合

ウ 統計調査，世論調査，学術研究その他の調査研究で公益性が高いと認められるもののうち政治・選挙に関するものを実施するために閲覧する場合

なお，選挙期日の公示または告示の日から選挙期日の5日後までの間は原則として閲覧することはできない。

2 住民基本台帳事務との関連

住民基本台帳法第7条の規定により，選挙人名簿に登録された者については，住民票にその旨を記載することとなっている。また，選挙管理委員会は，公職選挙法の規定により選挙人名簿に登録したとき，又は抹消したときは当該市町村の市町村長に通知しなければならず（法10条），市町村長はその通知に基づき，職権で住民票にその旨の記載等をしなければならない（令12条）。

第2 在外選挙人名簿

1 概 要

平成10年の公職選挙法の改正により，海外に居住する日本人で在外投票の対象となる有権者は，選挙人名簿とは別の在外選挙人名簿に登録できることとなった。在外選挙制度では，在外選挙人名簿に登録された者の住所が国外であるため，登録は最終住民登録地の市町村又は登録申請を行ったときの本籍地に登録される。

2 登録資格

在外選挙人名簿に登録されていない年齢満18年以上の日本国民で，在外選挙人名簿の登録の申請に関し，その者の住所を管轄する領事官の管轄区域内に引き続き3か月以上住所を有する者。申請者について，市町村の選挙管理委員会は申請者の被登録資格を確認しなければならず，また，本籍地の選挙管理委員会は当該照会に対して直ちに回答しなければならない。

3 登録の抹消

　市町村の選挙管理委員会は，在外選挙人名簿に登録される者について，①死亡又は日本国籍を失ったとき，②国内に新たに住民票が作成されて4か月を経過したとき，③登録の際に登録されるべきでなかったことを知ったときは，在外選挙人名簿から該当者を抹消する。

4 住民基本台帳事務との関連

　在外選挙人制度の創設に伴い，本籍地の市町村長は，戸籍の附票に在外選挙人名簿に登録された市町村名及び登録（又は抹消）年月日を記載することとなった。また，在外選挙人名簿登録者が転籍等により戸籍を異動した場合，遅滞なく新本籍地の市町村長に通知しなければならない。

　さらに，戸籍に関する届出や戸籍の附票の記載等があった場合（例えば，国外転入，死亡，日本国籍の喪失等），登録先の選挙管理委員会に通知する。

　なお，戸籍の附票のうち，在外者等に関する記載がある戸籍の附票は，全部が消除又は改製された日から150年保存することとなっているが，これも在外選挙人名簿制度の創設に伴い，戸籍の附票が消除又は改製されてから5年以上経過後に申請があった場合でも，最終住民登録地が確認できるように規定が設けられたものである。

第3 裁判員制度

　平成16年5月28日に，国民の中から選任された裁判員が裁判官と共に刑事訴訟手続に参加する，「裁判員の参加する刑事裁判に関する法律」が公布され，同制度が始まることとなった。この裁判員は，衆議院議員の選挙権を有する者の中から選任することとなっており（裁判員の参加する刑事裁判に関する法律13条），市町村の選挙管理委員会は，選挙人名簿の中から裁判員候補者の予定者をくじで選定する（同法21条）。

　また，裁判所は市町村長に対して，裁判員候補者が欠格事由（禁固以上の刑に処せられた者等）に該当するか否かを調査するため，裁判員候補者の本籍地情報の提供を求めることができる（同法12条）。

592　第12章　付帯事務

第4　国民健康保険の被保険者

　国民健康保険とは，国民健康保険法に基づき，市町村（特別区を含む。）が保険者となって，その区域内に住所を有する者（被保険者）に疾病，負傷，出産又は死亡に関して必要な保険給付を行うものである。平成30年度からは，都道府県が区域内の市町村とともに国保の運営を担い，制度の安定化を図る改正が行われた。

1　被保険者資格

　市町村の区域内に住所を有する者で，国民健康保険法第6条各号に該当する者を除いた者は，法第30条の45に規定する外国人住民を含み（ただし，3か月以下の在留期間を決定された者であっても，資料等により，当該在留期間の始期から起算して3か月を超えて滞在すると認められる者は，国保の被保険者となる。）すべて被保険者として適用を受ける（国民健康保険法5条，6条）。なお，国民健康保険法第6条に該当する者は以下のとおりである。

　(1)　被用者保険の被保険者等

　　　国民健康保険法第6条第1号から第4号の規定がこれにあたり，例えば，健康保険法の規定による被保険者，国家公務員共済組合又は地方公務員等共済組合法に基づく共済組合の組合員などを指す。

　(2)　被用者保険の被扶養者

　　　国民健康保険法第6条第5号から第7号の規定がこれにあたる。

　(3)　後期高齢者医療制度の被保険者

　(4)　生活保護法による保護を受けている世帯に属する者

　(5)　国民健康保険組合の被保険者

　(6)　その他特別の理由がある者で厚生労働省令で定めるもの

2　被保険者資格の得喪とその届出

　(1)　資格の得喪とその年月日

　　　国民健康保険の資格の得喪は，法令で規定した要件に該当した事実が発生したときに生じる（国民健康保険法7条，8条）。

ア　資格取得年月日

①　転入の場合は，住民となった日

②　出生の場合は，出生日

③　社会保険離脱の場合は，退職日の翌日

イ　資格喪失年月日

①　転出の場合は，転出日の翌日。ただし，転出日に他の市町村の区域内に住所を有することになった場合は，その日。

②　死亡の場合は，死亡日の翌日

③　国民健康保険法第6条の各号（9号，10号を除く。）のいずれかの該当するに至った場合は，その翌日

④　生活保護法の適用を受けた者の場合及び国民健康保険組合の被保険者となった場合は，その当日

(2)　届出義務者

　被保険者の属する世帯の世帯主は，厚生労働省令の定めるところにより，その世帯に属する被保険者の資格の取得及び喪失に関する事項その他必要な事項を市町村に届け出なければならない（国民健康保険法9条）。このとき，世帯主が被保険者でない場合でも，世帯内に被保険者がいるときは，その世帯主を被保険者である世帯主とみなす。このような世帯主を「擬制世帯主」といい，世帯を「擬制世帯」と称している。

3　退職被保険者等

　市町村が行う国民健康保険の被保険者（65歳に達する日の属する月の翌月以後であるものを除く。）のうち，国民健康保険法附則第6条各号に掲げる者で，要件に該当する者は退職被保険者等とされる。

　つまり，厚生年金保険法等被用者年金各法に基づく老齢又は退職を支給事由とする年金たる給付の受給権者及びその扶養者を指す。

4　住民基本台帳事務との関連

(1)　届出の特例

　被保険者の属する世帯の世帯主は，厚生労働省令の定めるところによ

594　第12章　付帯事務

り，その世帯に属する被保険者の資格の取得及び喪失に関する事項その他必要な事項を市町村に届け出なければならない（国民健康保険法9条）が，住民基本台帳法に基づく転入届，転出届，転居届，世帯変更届があったとき，次の事項を付記することによって同時に国民健康保険に関する届出があったとみなす（法28条，国民健康保険法9条14項）。このとき，その届出をすべき者のうち，国民健康保険証又は被保険者資格証明書の交付を受けている場合は，これらを添えて届出をすることとなっている（令30条）。

　しかし，被用者保険から国民健康保険への異動や，出生，死亡による資格の得喪や氏名変更等については，国民健康保険独自の届出が必要となる。

　なお，付記すべき事項は，次のとおりである（令27条）。

　ア　転入届の場合

　　①　国民健康保険の被保険者の資格を取得した旨

　　②　職業

　　③　国民健康保険の被保険者の資格を取得した年月日

　　④　国民健康保険の被保険者証又は国民健康保険の被保険者資格証明書のいずれかが交付されているときは，その記号及び番号，そのいずれもが交付されているときは，その旨並びにその記号及び番号

　イ　転居届，転出届，世帯変更届の場合

　　国民健康保険の被保険者証又は国民健康保険の被保険者資格証明書のいずれかが交付されているときは，その記号及び番号，そのいずれもが交付されているときは，その旨並びにその記号及び番号

(2)　住民票の記載事項

　市町村長は，国民健康保険の被保険者の資格に関する事項のうち，その資格を取得し，又は喪失した年月日を住民票に記載する（法7条10号，令3条）。なお，市町村長は，法第7条第14号及び令第6条の2の規定

により任意事項を住民票に記載することができるので，住民基本台帳事務処理要領に例示のある国民健康保険被保険者証の記号及び番号等を記載することもできる。

(3) 転出証明書

転出届が提出された際に交付する転出証明書には，国民健康保険の被保険者である者については，その旨を記載しなければならない（令23条）。

第5　後期高齢者医療制度

平成20年4月から，後期高齢者医療制度が創設され，後期高齢者医療広域連合（以下「広域連合」という。）の区域内に住所を有する高齢者（75歳以上又は一定の障害がある65歳以上の者）は，この制度に基づき医療給付を受けることとなった。被保険者はいままでの国民健康保険又は被用者保険から移行し，被保険者の属する都道府県ごとに各市町村が加入する広域連合がこの制度を運営をする。

1　被保険者資格

次のいずれかに該当する者は，後期高齢者医療の被保険者（法30条の45に規定する外国人住民及び3か月以下の在留期間を決定された者であっても，資料等により，当該在留期間の始期から起算して3か月を超えて滞在すると認められる者を含む。）となる（高齢者医療確保法50条）。

(1)　後期高齢者医療広域連合の区域内に住所を有する75歳以上の者

(2)　後期高齢者医療広域連合の区域内に住所を有する65歳以上75歳未満の者であって，厚生労働省令で定める障害の状態にある旨，広域連合の認定を受けたもの

2　被保険者資格の得喪

(1) 資格の取得とその年月日

後期高齢者医療の被保険者は，法令で規定した要件に該当するに至った日から，その資格を取得する（高齢者医療確保法52条）。

ア　当該後期高齢者医療広域連合の区域内に住所を有する者が75歳に

596 第12章 付帯事務

　　達したとき

　イ　75歳以上の者が当該後期高齢者医療広域連合の区域内に住所を有
　　するに至ったとき

　ウ　当該後期高齢者医療広域連合の区域内に住所を有する65歳以上75
　　歳未満の者であって，厚生労働省令で定める障害の状態にある旨，
　　広域連合の認定を受けた者

(2)　**資格の取得の適用除外**

　(1)にかかわらず，次のいずれかに該当する者に至っては，被保険者と
しない（高齢者医療確保法51条）。

　ア　生活保護法による保護を受けている世帯に属する者。

　イ　後期高齢者医療の適用除外とすべき特別の理由がある者で厚生労
　　働省令で定めるもの。

(3)　**資格の喪失とその年月日**

　後期高齢者医療の被保険者は，法令で規定した要件に該当するに至っ
た日からその資格を喪失する（高齢者医療確保法53条）。

　ア　死亡した日の翌日

　イ　75歳以上の者が，当該広域連合の区域内に住所を有しなくなった
　　日の翌日，ただし住所を有しなくなった日に他の広域連合の区域内
　　に住所を有することになったときはその日

　ウ　(1)のウに該当しなくなった日の翌日

　エ　後期高齢者医療の適用除外とすべき特別な理由がある者で厚生労
　　働省令で定めるものに該当するに至った日の翌日

　オ　生活保護法による保護を受けている世帯に属する者に該当するに
　　至った日

3　住民基本台帳事務との関連

(1)　**届　　出**

　被保険者は，厚生労働省令で定めるところにより，被保険者の資格の
取得及び喪失に関する事項その他必要な事項を後期高齢者医療広域連合

に届け出なければならない。また，被保険者の属する世帯の世帯主はその属する被保険者に代わって届出をすることができる（高齢者医療確保法54条）。

　住基法に基づく転入届，転出届，転居届又は世帯変更届があったとき，次の事項を付記することによって同時に後期高齢者医療に関する届出があったとみなす（法28条の2，高齢者医療確保法54条10項）。このとき，その届出をすべき者のうち，高齢者医療保険証又は被保険者資格証明書の交付を受けている場合は，これらを添えて届出をすることとなっている（令30条）。なお，付記すべき事項は，次のとおりである（令27条の2）。

　　ア　転入届の場合（引き続き同一都道府県の区域内の他の市町村の区域内に住所を定めた旨の届出を除く。）

　　　①　その者が後期高齢者医療の資格を取得した旨

　　　②　その者が属することとなった世帯に既に後期高齢者医療被保険者の資格を取得している者がある場合には，その被保険者に後期高齢者医療被保険証が交付されているときは，その番号，その被保険者に被保険者資格証明書が交付されているときは，その記号及び番号

　　イ　転居届，転出届，世帯変更届の場合

　　　その者に後期高齢者医療の被保険者証が交付されている場合には，その番号，その者に被保険者資格証明書が交付されているときは，その記号及び番号

(2)　住民票の記載事項

　市町村長は，後期高齢者医療の被保険者の資格に関する事項のうち，その資格を取得し，又は喪失した年月日を住民票に記載する（法7条10号の2，令3条の2）。なお，市町村長は，法第7条第14号及び令第6条の2の規定により任意事項を住民票に記載することができるので，住民基本台帳事務処理要領に例示のある後期高齢者医療被保険者証の番号を記載することもできる。

598　第12章　付帯事務

(3)　転出証明書

　転出届が提出された際に交付する転出証明書には，後期高齢者医療被保険者である者については，その旨を記載しなければならない（令23条）。

第6　介護保険の被保険者

　介護保険とは，介護保険法に基づき，市町村（特別区を含む。）が保険者となって，40歳以上の者が被保険者（保険加入者）となり保険料を負担し，被保険者が介護が必要と認定されたとき，費用の一部を支払って介護サービスを利用する制度である。平成18年4月には，「介護予防」を重視した仕組に再編され，さらに，介護が必要になっても住み慣れた地域で可能な限り暮らし続けられるよう，「地域包括支援センター」や「地域密着型サービス」が創設された。

1　被保険者資格

(1)　第1号被保険者

　市町村の区域内に住所を有する65歳以上の者（介護保険法9条1号）

(2)　第2号被保険者

　市町村の区域内に住所を有する40歳以上65歳未満の医療保険加入者（介護保険法9条2号）

(3)　日本国籍を有しない者の被保険者

　介護保険法第9条に規定する者のうち日本国籍を有しない者で，以下の要件を満たす者は，介護保険の適用対象となる。

　ア　法第30条の45に規定する外国人住民

　イ　3か月以下の在留期間を決定された者であっても，資料等により3か月を超えて滞在すると認められる者

(4)　住所地特例

　被保険者の資格は，市町村に住所を有する者が原則となるが，介護保険施設に入所するために介護保険施設が所在する市町村に住所に変更した場合は，もとに住所のあった市町村の被保険者（介護保険法13条）

第6　介護保険の被保険者　　599

2　被保険者資格の得喪

(1)　資格の取得とその年月日

　介護保険の資格の取得は，法令で規定した要件に該当するに至った日から，その資格を取得する（介護保険法10条）。

　　ア　当該市町村の区域内に住所を有する医療保険加入者が40歳に達したとき

　　イ　40歳以上65歳未満の医療保険加入者又は65歳以上の者が当該市町村の区域内に住所を有するに至ったとき

　　ウ　当該市町村の区域内に住所を有する40歳以上65歳未満の者が医療保険加入者となったとき

　　エ　当該市町村の区域内に住所を有する者（医療保険加入者を除く。）が65歳に達したとき

(2)　資格の喪失とその年月日

　介護保険の資格は，被保険者が，当該市町村の区域内に住所を有しなくなった日の翌日から，その資格を喪失する。ただし，当該市町村の区域内に住所を有しなくなった日に他の市町村の区域内に住所を有するに至ったときは，その日からその資格を喪失する（介護保険法11条）。

　例えば，当該市町村から転出した場合，転出日の翌日（転入が同日であれば転出の当日）であり，被保険者が死亡した場合は死亡日の翌日に喪失する。また，第2号被保険者は，医療保険加入者でなくなった日から，その資格を喪失する。

3　住民基本台帳事務との関連

(1)　届出の特例

　第1号被保険者は，65歳に達したときの資格の取得時（介護保険法10条4号）を除き，被保険者の資格の取得及び喪失に関する事項をその他必要な事項を市町村に届け出なければならない（介護保険法12条）が，住民基本台帳法に基づく転入届，転出届，転居届，世帯変更届があったとき，転入届の場合は介護保険の被保険者である旨，転出届・転居届・世

600 第12章 付帯事務

帯変更届の場合は介護保険の被保険者証の番号を付記することによって同時に介護保険に関する届出があったとみなす（法28条の3，令27条の3，介護保険法12条5項）。このとき，その届出をすべき者のうち，介護保険の被保険者証の交付を受けている場合は，それを添えて届出をすることとなっている（令30条）。

(2) 住民票の記載事項

市町村長は，介護保険の被保険者の資格に関する事項のうち，介護保険の被保険者となり，又は介護保険の被保険者でなくなった年月日を住民票に記載する（法7条10号の3，令3条の3）。

なお，市町村長は，法第7条第14号及び令第6条の2の規定により任意事項を住民票に記載することができるので，住民基本台帳事務処理要領に例示のある介護保険被保険者証の番号を記載することもできる。

(3) 転出証明書

転出届が提出された際に交付する転出証明書には，介護保険の被保険者である者については，その旨を記載しなければならない（令23条）。

第7 国民年金の被保険者

国民年金制度とは，国民年金法に基づき，被用者年金等に加入していない者を対象に年金を支給して所得を保証するものであり，世代間扶養の考え方を基本とする社会保険方式を採用している公的年金制度である。

なお，国民年金制度は日本国内に住所のある20歳以上60歳未満の外国人にも適用される。受給要件は日本人と同様であるが，受給要件を満たさず年金を受け取ることができない外国人は，加入期間が単独で6か月以上ある場合，帰国後2年以内に請求すれば，脱退一時金が支給される。

1 被保険者資格

次のいずれかに該当する者は，国民年金の被保険者となる（国民年金法7条1項，同法附則5条1項）。

(1) 第1号被保険者

日本国内に住所を有する20歳以上60歳未満の者のうち，以下の第2号被保険者及び第3号被保険者に該当しないもの（厚生年金保険法に基づく老齢又は退職を支給事由とする年金たる給付その他の老齢又は退職を支給事由とする給付であって政令で定めるものを受けることができる者を除く。）

(2) 第2号被保険者

厚生年金保険の被保険者

(3) 第3号被保険者

第2号被保険者の配偶者であって主として第2号被保険者の収入により生計を維持するもののうち20歳以上60歳未満のもの

(4) 任意加入被保険者

ア　日本国内に住所を有する20歳以上60歳未満の者であって，厚生年金保険法に基づく老齢給付等を受けることができるもの

イ　日本国内に住所を有する60歳以上65歳未満のもの

ウ　日本国籍を有する者その他政令で定める者であって，日本国内に住所を有しない20歳以上65歳未満のもの

2　被保険者資格の得喪

(1) 資格の取得とその年月日

国民年金制度の被保険者は，法令で規定した要件に該当するに至った日から，その資格を取得する（国民年金法8条）。

ア　第2号被保険者，第3号被保険者に該当しない者の場合

① 20歳に達したとき

② 日本国内に住所を有したとき

③ 被用者年金各法に基づく老齢給付等を受けることができる者でなくなったとき

イ　20歳未満の者又は60歳以上の者の場合は，被用者年金各法の被保険者，組合員又は加入者の資格を取得したとき

ウ　上記ア及びイに該当しない者の場合は，被用者年金各法の被保険者，組合員又は加入者の資格を取得したとき又は被扶養配偶者に

602　第12章　付帯事務

なったとき

(2)　資格の喪失とその年月日

　国民年金制度の被保険者は，法令で規定した要件に該当するに至った日の翌日（ア，イ，カに該当）若しくはその日（ウ，エ，オに該当）から，その資格を喪失する（国民年金法9条）。

　　ア　死亡したとき

　　イ　日本国内に住所を有しなくなったとき（ただし，第2号被保険者及び第3号被保険者を除く。）

　　ウ　60歳に達したとき（ただし，第2号被保険者を除く。）

　　エ　厚生年金保険法に基づく老齢給付等を受けることができる者となったとき（ただし，第2号被保険者及び第3号被保険者を除く。）

　　オ　厚生年金保険法の被保険者の資格を喪失したとき（ただし，第1号被保険者，第2号被保険者及び第3号被保険者を除く。）

　　カ　被扶養配偶者でなくなったとき（ただし，第1号被保険者及び第2号被保険者を除く。）

3　住民基本台帳事務との関連

(1)　届出の特例

　被保険者（第3号被保険者を除く。）は，被保険者の資格の取得及び喪失並びに種別の変更に関する事項並びに氏名及び住所の変更に関する事項を市町村長に届け出なければならない（国民年金法12条）が，住民基本台帳法に基づく転入届，転出届，転居届があったとき，その資格を証する事項及び以下の事項を付記することによって同時に国民年金に関する届出があったとみなす（法29条，令28条，国民年金法12条3項）。このとき，その届出をすべき者のうち，国民年金手帳の交付を受けている場合は，それを添えて届出をすることとなっている（令30条）。

　　ア　転入届の場合

　　　①　前住所地より同一の種別の国民年金の被保険者である場合は，当該種別。また，国外転入の場合は，基礎年金番号

② 転入により国民年金の種別に変更がある場合は変更後の種別。
また，国外転入の場合は，基礎年金番号

③ 転入により国民年金の被保険者となった者の場合は，新しい種
別，また，その者が以前国民年金に加入していた者であった場合
は，基礎年金番号。さらにその者が，被保険者でなかった間に氏
名の変更があったときは，最後に被保険者でなくなった当時の氏
名

イ 転出届及び転居届の場合

国民年金の被保険者である旨

(2) 住民票の記載事項

市町村長は，国民年金の被保険者の資格に関する事項のうち，次の事
項を住民票に記載する（法7条11号，令4条，5条）。

ア 国民年金の被保険者となり，又は国民年金の被保険者でなくなっ
た年月日

イ 国民年金の被保険者の種別及びその変更があった年月日

ウ 基礎年金番号

なお，市町村長は，法第7条第14号及び令第6条の2の規定により
任意事項を住民票に記載することができるので，住民基本台帳事務処
理要領に例示のある次の内容を記載することもできる。

ア 国民年金の受給者については，その受けている年金の名称

イ 国民年金の被保険者でない者については，現に加入している公的
年金の名称

(3) 転出証明書

転出届が提出された際に交付する転出証明書には，国民年金の被保険
者である者については，国民年金の被保険者の種別並びに基礎年金番号
を記載しなければならない（令23条）。

604　第12章　付帯事務

第8　児童手当

1　受給資格

　児童手当は，児童手当法に基づき日本国内に住所を有する者が次のいずれかに該当する場合に支給される（児童手当法4条）。

⑴　中学校修了前の児童（15歳に達する日以後の最初の3月31日までの間にある者をいう。）を監護し，かつ，これと生計を同じくするその父母又は未成年後見人。

⑵　日本国内に住所を有しない父母等がその生計を維持している中学修了前の児童と同居し，これを監護し，かつ，これと生計を同じくする者のうち，当該中学校修了前の児童の生計を維持している父母等が指定する者。

⑶　父母等又は父母指定者のいずれにも監護されず又はこれらと生計を同じくしない中学校修了前の児童を監護し，かつ，その生計を維持する者。

⑷　中学校修了前の施設入所等児童が委託されている小規模住居型児童養育事業を行う者若しくは里親又は障害児入所施設等の設置者。

　児童手当の支給要件に該当する者（受給資格者）が，児童手当の支給を受けようとするときは，住所地の市町村長の認定を受けなければならない。

　市町村長は，受給資格者の請求により，その受給資格及び児童手当の額について認定を行う（児童手当法7条）。

　児童手当の支給は，認定の請求をした日の属する月の翌日から始め，児童手当を支給すべき事由が消滅した日の属する月で終わる（児童手当法8条）。

　「支給すべき事由が消滅した」とは，認定を受けた者に対して児童手当を支給すべき事由が消滅したと判定した場合をいい，例としては，

⑴　児童手当の支給要件に該当しなくなった場合

⑵　その市町村の区域内に住所を有しなくなった場合

⑶　公務員又は公共企業体の職員となった場合

2 住民基本台帳事務との関連

(1) 届出の特例

　児童手当の受給資格者が住所を変更したときは，15日以内にその旨を市町村長に届け出なければならないが，住民基本台帳法に基づく転出届，転居届があったとき，児童手当の支給を受けている者であることを付記することによって児童手当に関する届出があったとみなす（法29条の2，令29条）。

(2) 住民票の記載事項

　市町村長は，児童手当の支給を受けている者の受給資格に関する事項のうち，その支給が始まり，又は終わった年月日を住民票に記載する（法7条11号の2，令6条）。

(3) 転出証明書

　転出届が提出された際に交付する転出証明書には，児童手当の支給を受けている者については，その旨を記載しなければならない（令23条）。

第 13 章
雑　　　　　則

第13章

第1 審査請求

1 市町村がした処分

　一般に処分とは，行政庁が，法令に基づき，公権力の行使として，直接・具体的に国民の権利義務を規律する行為のほか，人の収容や物の留置など，公権力の行使に当たる行為をいう。

　住民基本台帳法上の処分としては，住民票の職権による記載（ただし，住民票コードを職権により記載することは除く。），消除及び修正，住民基本台帳の一部の閲覧の申出及び住民票の写し等の交付の請求の拒否や，法第22条から第25条の各届出の不受理などがある。

2 審査請求

(1) 審査請求

　審査請求とは，行政が行った違法又は不当な行政処分に関して，裁判よりも簡易迅速な手続によって国民利益の救済を図るものであり，行政不服審査法（平成26年法律第68号）により定められた手続のことをいう。

(2) 住民基本台帳法における審査請求

　住民基本台帳事務は，市町村の固有の自治事務であることから，審査請求は処分庁（市町村長）に審査請求することが原則となる。

(3) 審査請求ができる者

　処分について審査請求することができる者は，その処分によって自分の権利や法律上保護された利益を侵害された者，又は侵害される恐れのある者をいう。

(4) 審査請求ができる期間

　原則として，処分があったことを知った日の翌日から起算して3か月を経過したときは，審査請求をすることができない。

　また，処分があったことを知った日の翌日から起算して3か月以内であっても，処分があった日の翌日から起算して1年を経過したときは，審査請求をすることができない。ただし，上記の期間を経過した場合で

610　　第13章　雑　　則

も，期間を過ぎたことに「正当な理由」がある場合には，審査請求が認められる。正当な理由とは天災などにより審査請求ができない場合，審査請求期間が教示されなかった場合などで，誤って長期の審査請求期間が教示された場合を含むとされる。

3　審査請求と訴訟

市町村長の処分の取消しを求める訴えの提起は，行政事件訴訟法（昭和37年法律第139号）に基づいてなされる同法第8条第1項は，「処分の取消しの訴えは，（中略）審査請求をすることができる場合においても，直ちに提起することを妨げない。」として，審査請求前置主義を退けることを原則としている。しかし，同条同項は，ただし書きで例外を認めており，「法律に当該処分についての審査請求に対する決裁を経た後でなければ処分の取消しの訴えを提起することができない旨の定めがあるときは，この限りでない。」として一部の処分については，審査請求前置主義を採用しているが，住民基本台帳事務に関しては審査請求前置主義に該当する処分はない。

4　教　　示

処分庁（市町村長）が処分を行った場合，処分の相手方に対し，権利利益の救済を十分に果たすため，行政不服審査法及び行政事件訴訟法では，不服申立て又は訴訟の提起に関する事項について情報提供をすべき処分庁の義務が定められている。

なお，住民基本台帳法上の処分は，原則として審査請求を経ずに処分の取消しを求める訴訟の提起をすることができる。

いずれの場合にも，処分の相手方に対し，下記の事項を書面で教示しなければならない。ただし，当該処分を口頭でする場合は，この限りではない。

(1)　行政不服審査法第82条第1項において教示しなければならないとされている事項

　①　当該処分につき不服申立てをすることができる旨

② 不服申立てをすべき行政庁

③ 不服申立てすることのできる期間（処分があったことを知った日の翌日から起算する。）

(2) **行政事件訴訟法第46条第1項において教示しなければならないとされている事項**

① 当該処分に係る取消訴訟の被告とすべき者

② 当該処分に係る取消訴訟の出訴期間

なお，平成28年4月1日施行の住民基本台帳法の改正により，旧法第32条の規定が削除され，不服申立前置が廃止された。これにより，市町村長が行った処分の取消の訴えは，当該処分についての審査請求の裁決を経ることなく，提起することができるようになった。

第2　実態調査

1　調査の目的

住民基本台帳は，住民に関するすべての行政の基礎資料となるため，市町村長は住民基本台帳を常に整備し，住民に関する正確な記録を行うべき責務を負っている。このため，市町村長は法第14条及び第34条の規定に基づき，住民基本台帳の記録の正確性を確保しておかなければならない。

住民基本台帳に基づいて選挙人名簿の登録，その他あらゆる住民に関する事務を処理することに伴い，市町村長は事務の処理に当たり誤りを発見したときは，直ちにこれを是正すべきこと等住民基本台帳の正確性を確保するための措置が講じられている。しかし，これだけでは住民基本台帳の記録と住民の実態とのくい違いが生まれることを十分に防ぐことができないので，定期的に，又は市町村長が必要と認めるときに住民の実態を調査し，住民基本台帳の正確性を維持しなければならない。

2　調査の方法

(1) **調査項目**

調査の対象となる項目は，住民票の記載事項として法第7条及び第30

612　第13章　雑　　則

条の45に定められているすべての項目である。またその他に，市町村長
がその行政上の必要から別個の項目を設定して調査を行うこともできる。
しかし，その場合には，この規定が住民基本台帳の正確な記録を確保す
ることを目的としていて，そのために当該職員をして関係人に対し質問
させたり，文書提示を求めさせたりすることができるので，住民の権利
を不当に侵害することのないように十分に留意すべきである。

(2)　**実施時期**

　調査には，一定の時期において定期に行うものと，市町村長が必要と
認めるときに行うものとがある。

　ア　定期調査

　　　定期調査については法律上特に制限はなく，調査の性質からみて
　　必ずしも一定の時点に一斉に行わなくても，一定の期間内に行って
　　もよい。また，法律上毎年行うことは義務付けられてはいないが，
　　原則としては，毎年一定の時期に行うのが望ましい。

　　　方法については，各市町村ごとに適当な方法で行って差し支えな
　　いが，一般的には次のような方法がある。

　　(ア)　調査票をあらかじめ各世帯ごとに配布し，記載を求め，記載の
　　　誤りや漏れについては，調査員が聞き取り調査のうえ補正する。

　　(イ)　調査員が住民票の写しや調査票を持参し，聞き取り調査をする。

　　(ウ)　調査票を各世帯ごとに送付して記載のうえ返送してもらい，返
　　　送のないものや宛先不明などについて実地に調査する。

　　　これらの場合，市町村の区域の全部を対象にするか，一部の区域
　　に限定して何回かに分けるかも，実情に合わせて市町村で判断して
　　よい。また，対象区域をさらに細分して，調査区を設定してゆくこ
　　とも考えられる。

　イ　随時調査

　　　住民から住民基本台帳に関する届出があったときに，その届出が
　　事実に反する疑いがあった場合や，行政委員会などから通知や通報

があった場合などに随時行う。こうした随時の調査は，市町村長が必要であると認めるときにはいつでもできるものであり，その必要と認める理由に特に制限はない。

(3) 調査対象

調査は，本人，本人と同一の世帯に属する者，同居人，寄宿舎の管理人等当該調査の対象となる事実に関係を有する者に対し，調査に関係する文書の提示を求めたり，質問をしたりすることによって行われる。この場合，質問等の対象となる関係人とは，上述のとおり当該調査の対象となる事実に関係を有する者であり，必ずしも血縁関係を有する者である必要はないが，単なる隣人というだけで，調査事実に何らの関係を持たない者は含まれない。

また，提示を求める文書は，特別に定めがあるわけではないが，契約書や領収書など，本人がその住所地を生活の本拠として日常生活を営んでいることを証明し得るものでなければならない。

住民は，一般的にはこの調査に応ずべき法律上の義務はなく，住民に関するあらゆる事務処理の基礎となる住民基本台帳の性格からして，協力すべき責務を有するにすぎない。しかし，法第34条第3項の規定による当該職員の質問，文書提示に対しては，それに答える義務を負う。

この質問に答えなかったり，虚偽の陳述をしたとき，又は文書の提示を拒んだり，妨げたり，忌避したりしたときや，虚偽の文書を提示したときには，法第49条の規定によって5万円以下の罰金で処罰されることとなる。

なお，「拒み，妨げ，忌避」とは，当該職員の職務の円滑な執行の妨げとなる行為をいう。

3 住民基本台帳の整備

調査の結果，住民基本台帳に脱漏若しくは誤載があり，又は住民票に記載漏れ若しくは誤記があることを知ったときには，後述のように催告を行う。催告に応じない者については，職権記載書を作成のうえ住民票に記載

614　第13章　雑　　則

等の処理を行う。また，この処理を行ったときには，その旨を当該人及び記載内容によっては本籍地に通知しなければならない。通知を受けるべき者の住所や居所が明らかでないときや，郵便等の送達ができない場合には，公示をもってこれに代える。

(1)　記載を要する者の処理

　　住民基本台帳に記録のない住民を発見したときには，転出住所地の市町村長の発行する転出証明書，又は転出証明書に準ずる証明書を添えて一定の期日までに転入届をするように期限を定めて催告する。催告は文書，口頭いずれでもよいが，期限は，転出証明書の交付に要する時間等を勘案して決めるべきである。

　　また，住所を転々としていた等のために，転出証明書や転出証明書に準ずる証明書の交付が得られないと思われる者には，戸籍の附票等それらに代わる書類を添付するように指導する。

　　催告期限までに届出のない者については，再度催告を行い，それでも届出がない者については調査票を作成の上，それを資料として職権記載書を作り，住民票の記載をする。

(2)　修正を要する者の処理

　　住民票の記載事項に修正を要する箇所がある者については，確認資料を添付して修正に関する申出をするように催告する。確認資料を添付した修正の申出がない場合には，調査票を記入し，それを資料として職権記載書を作成し修正を行う。

(3)　消除を要する者の処理

　　住民票に記載があって，現在居住していない者を発見したときは，関係人に調査のうえ転出先が判明すれば，一定の期日までに転出届を出すように本人に催告する。

　　催告に応じない場合，又は関係人に調査の結果，転出先が不明の場合には，関係人への聴聞等によって調査票を記入し，調査票を資料に職権記載書を作成して住民票を消除する。この場合，異動の日は転出したと

思われる日を記入する。○月○日と記入するのが望ましいが，○月頃とするのもやむを得ない。

調査票の署名は，申立人か関係人に自署押印してもらうのが望ましいが，それができないときには，調査員が面接人との聴問等の様子を簡潔に記入し，現認報告者として署名する。

4　調査員

(1)　調査員の資格

調査員には，市町村の事務職員や技術職員がなる場合と，その他の職員や職員以外の者に委嘱する場合とがある。

ア　法第34条に規定する職員

住民基本台帳に関する調査事務に従事する市町村の職員で，地方自治法第153条第1項の規定により市町村長から住民基本台帳に関する調査に関し，関係人に対して質問したり，必要な文書の提示を求める権限を授権された者である。

イ　その他の職員である調査員と委嘱調査員

地方自治法第153条第1項による授権をされない職員を調査員としたり，職員以外の者を調査員に委嘱することもできる。ただし，この調査員は，調査に当たって法的な強制力を持っておらず，住民の協力によって調査を行うこととなる。住民の協力が得られず調査ができないときには，その事情を市町村長に報告し，その報告に基づいて市町村長は，吏員である調査員に調査を行わせることになる。

(2)　身分証明書

職員である調査員が，調査を行うに当たって関係人に対して質問をしたり文書の提示を求めるときは，身分証明書を携帯し，関係人から請求があればこれを提示しなければならない。

(3)　守秘義務

住民基本台帳に関する調査の対象は，個人の秘密に属さない住民票の記載事項に限られるが，本籍地番，続柄など必ずしもそうとは限定でき

616 第13章 雑 則

ないものがあり，調査に当たり個人の秘密に属する事実を知る場合があると考えられる。

　調査事務に従事している者や従事していた者は，地方公務員法の適用を受ける職員に限らず，委嘱を受けて調査員となった職員以外の者も，その事務が終了した後においても，その事務で知り得た秘密を守らなければならない（法35条）。この秘密を漏らした者は，１年以下の懲役又は30万円以下の罰金に処せられる（法44条）。

第3　指定都市の特例

1　政令指定都市

　指定都市とは，地方自治法第252条の19第１項の規定に基づいて政令で指定する人口50万人以上の市をいう。指定都市は，市長の権限に属する事務を分掌させるため，条例でその区域を分けて区を設け，区の事務所又は必要なときはその出張所を置く（地方自治法252条の20第１項）。

　現在は，横浜，名古屋，京都，大阪，神戸，北九州，札幌，川崎，福岡，広島，仙台，千葉，さいたま，静岡，堺，新潟，浜松，岡山，相模原，熊本の20市が政令指定都市である。

2　指定都市の特例

　指定都市においては，次の事項を除いて区を市と，区長を市長とみなす。

(1)　次の事項は，市長の権限又は義務である。

　ア　関係市町村の意見が異なる場合の措置義務（法33条）

　イ　資料の提供義務（法37条）

　ウ　助言，勧告のための報告義務，勧告を求める行為（法31条）

(2)　住民基本台帳の整備義務，正確性確保は，市長，区長両者の共同義務（法３条１項，14条）。

(3)　法第９条第２項通知は，区長については，区の区域内に住所を有するその区の属する市の住民以外の者について行う。

(4)　市町村の委員会の通報義務は，区選挙管理委員会も負う。

第4 罰 則 *617*

⑸ 区長の処分に不服のある者は，市長に審査請求をすることになる。

第4 罰 則

1 目 的

　住民基本台帳法は，住民の住所等の変更について，転入，転居，転出，世帯変更の4種類の届出を定めるとともに，この法律に基づく住民の住所の変更等の記録の重要性にかんがみて，いくつかの罰則規定をも設けている。

　罰則は，これらの四つの届出に関して虚偽の届出をした者，及び正当な理由がなくて届出を怠った者に対して過料の制裁をもって臨むほか，実態調査に関しても職員と住民の両方に各々の義務を負わせ，その違反について処罰することとしている。これらはいずれも，法に基づく住民の住所等の変更に関して適正な届出を確保したり，調査の円滑な実施を確保することによって，住民基本台帳の正確性を高めることをその目的とした処置である。

　また，住民基本台帳の一部の閲覧や住民票の写し等の取得についても，これらの請求事由の真実性の担保として，偽りその他不正な請求に対して罰則を設けている。

　なお，住民に密接に関わる罰則を抜粋すると以下のとおりである。

2 届出（転入，転居，転出，世帯変更）に関する罰則

⑴ 届出に関する罰則

　法に定めた届出（転入，転居，転出，世帯変更，法30条の46～法30条の48の届出）において，虚偽の届出をした者及び正当な理由がないのに届出をしなかった者は，他の法令の規定により刑を科すべき場合を除き，5万円以下の過料になる（法52条）。過料はいわゆる行政罰であって刑罰ではない。

　　ア　虚偽の届出

　　　虚偽とは，うそ，いつわりであって，真実でないことをいう。住民票は，刑法第157条第1項の権利義務に関する「公正証書」に該当するもので，住民票の記載事項について故意に虚偽の届出をしたときは，公正証書原本不実記載罪，又はその未遂罪として刑法上の

処罰の対象となる。これは，法第52条にいう「他の法令の規定により刑を科すべき場合」に該当し，住民基本台帳法の適用はない。したがって，刑法第157条第1項の規定に該当し，違法性及び有責性がある場合（つまり犯罪が成立する場合）は，刑法上の処罰の対象となり，そうでない場合は，法第52条にいういわゆる秩序罰として，5万円以下の過料となる。

この犯罪の成立の有無については，警察や司法機関と連携し，慎重な判断を行うことが求められる。

なお，これら虚偽の届出を，虚偽であることを知りながらこれを受理し，住民票を作成，又は偽造した職員も，刑法第156条の虚偽公文書作成，変造罪となる。

イ　届出を怠った者（法52条2項）

震災や風水害等不可抗力によって届出ができない場合，本人の病気により届出ができない場合などの正当な理由がなくて届出をしなかったり，あるいは各届出ごとに定められている期間を過ぎて届出をした場合に過料の対象となる。この場合，届出期間の計算については法に別段の規定がないので，民法第140条の規定により初日は算入せず，事件発生の日の翌日から起算する。また，期間の満了は，民法第142条の規定により期間の末日が日曜，祭日等の休日に当たるときは，その翌日に満了とする。

(2)　管轄裁判所への通知

住民基本台帳法違反の過料事件は，住所地の簡易裁判所の管轄である（法53条）。行政罰である過料事件を，司法機関たる簡易裁判所で裁くこととしたのは，住民基本台帳法の規定による届出義務違反について全国的に統一した処分を行う必要があると考えられたためである。

簡易裁判所への通知は，届出書受理の際に理由書を提出させ，通知書にこれを添付して，その理由の如何を問わずすべて行うこととなる。理由書は義務違反者（異動した15歳以上の者）全員からではなく，世帯主等

第4 罰 則　**619**

【参考例】

住民基本台帳届出期間経過通知書

○○○発第　　　号
平成　年　月　日

○○簡易裁判所　御中

○○市長　　○○　○○

期 間 経 過 通 知 書

下記の者は、住民基本台帳法５２条２項に該当するため関係事項を通知します。

<table>
<tr><td rowspan="8">届出義務者</td><td colspan="2">現住所</td><td></td><td></td><td></td><td></td></tr>
<tr><td colspan="2">旧住所</td><td></td><td></td><td></td><td></td></tr>
<tr><td colspan="2">電話番号</td><td></td><td></td><td></td><td></td></tr>
<tr><td colspan="3">氏　名</td><td>続柄</td><td>生年月日</td><td>性別</td></tr>
<tr><td>1</td><td colspan="2">小金井　太郎</td><td>世帯主</td><td>昭和XX年XX月XX日</td><td>男</td></tr>
<tr><td>2</td><td colspan="2"></td><td></td><td></td><td></td></tr>
<tr><td>3</td><td colspan="2"></td><td></td><td></td><td></td></tr>
<tr><td>4</td><td colspan="2"></td><td></td><td></td><td></td></tr>
</table>

<table>
<tr><td>住み始めた日</td><td>平成XX年XX月XX日</td><td>懈怠期間</td><td>XXX日</td></tr>
<tr><td>届出をした日</td><td>平成XX年XX月XX日届出</td><td>届出の種類</td><td>転入届（住所設定）</td></tr>
<tr><td>備　考</td><td colspan="3"></td></tr>
</table>

届出が遅れた理由	1．届出が必要なことを知らなかった。	6．住所を移すつもりはなかった。
	2．届出期間が１４日以内であることを知らなかった。	7．手続がめんどうだから。
	3．手続の必要がないと思っていた。	8．転出証明書を紛失したので届出ができないと思った。
	4．代理人に手続きを依頼してあったので、届出済と思っていた。	9．学生なので、届出の必要がないと思っていた。
	5．現住所をすぐ変更するつもりでいた。	10．病気療養中のため、届出を行うことができなかった。
	（その他の理由）	

上記の通り申し述べます。

　　　年　　月　　日
○○簡易裁判所　御中

　　　届出義務者

　　　代理人

620　第13章　雑　　則

代表者１名で足りる。

(3)　通知書の様式

通知書の様式は，各市町村で任意に定めてよい【**参考例**】（619頁参照）。

3　住民基本台帳の一部の閲覧に関する罰則

住民基本台帳の一部の閲覧についての以下の違反は，30万円以下の罰金又は過料となる。

(1)　偽りその他不正な手段により，住民基本台帳の閲覧をした又はさせた場合（法50条）。

(2)　住民基本台帳の一部の閲覧に関して，市町村長は必要に応じてその申出者に対し，必要な報告をさせることができる（法11条の２第11項）が，この規定による報告をしなかったり，虚偽の報告をした場合（法46条１号）。

(3)　閲覧した内容を，利用目的として示した以外の目的のために利用したり，当該閲覧事項に係る申出者や閲覧者，個人閲覧事項取扱者及び法人閲覧事項取扱者以外の者に提供した場合。ただし，上記(2)で刑を科す場合は除かれる（法50条）。

4　住民票の写し及び戸籍の附票の交付に関する罰則

偽りその他不正な手段により，住民票の写し，住民票記載事項証明や戸籍の附票の交付を受けた者は，30万円以下の罰金となる（法46条２号）。

5　実態調査に関する罰則

市町村長は，必要があるときにはいつでも住民票の記載事項について調査することができ，その調査にあたり，必要があると認めたときには，当該職員をして，その関係人に対し，質問させ，又は文書の提示を求めることができる（法34条）。

この実態調査の中で，その関係人がその質問に対し，答えなかったり虚偽の陳述をした場合，又は文書の提示を求められたのにもかかわらずその提示を拒み，妨げ，忌避し，又は虚偽の文書を提示した場合は，５万円以下の罰金となる（法49条）。なお，「拒み，妨げ，忌避」とは，当該職員の

職務の円滑な執行の妨げとなる行為をいう。

　なお，この住民票の記載事項の調査において，当該職員以外の者をして調査を行った場合，その調査について関係人の協力は任意によるものにとどまり，したがって，住民基本台帳法の罰則の適用はない。

6　住民票コードに関する罰則

　都道府県知事は，住民票コードの利用制限の違反者に対し，中止すべきこと又は中止されることを確保するための措置を講ずるよう勧告し，勧告の相手方が従わない場合は，審議会の意見を聴いて，勧告に従うべきことを命ずることができる（法30条の38）が，相手方がその命令に違反した場合は，1年以下の懲役又は50万円以下の罰金となる（法43条）。

7　守秘義務に関する罰則

　実態調査に従事した一般職の職員に関しては，地方公務員法第34条第1項において，公務員の職務上知りえた秘密の一切を対象とした守秘義務を課し，同法第60条においてその違反者に対して1年以下の懲役，又は50万円以下の罰金に処することとしている。しかし，住民基本台帳法の調査員としては，必ずしも一般職の職員のみがなるとは限らないため，地方公務員法の適用のない調査員に対しても，同様の義務を課し（法35条），これに違反した場合は1年以下の懲役又30万円以下の罰金となる（法44条）。

8　マイナンバーに関する罰則

　番号法では，保護の対象となるマイナンバーの重要性から，個人情報保護法よりも罰則の種類が多く用意されており，また法定刑も重いものとなっている（番号法48条〜57条）。

第5　保　　存

　住民基本台帳関係帳票の保存期間は，令第34条に基づき，次のとおりである。

(1)　消除された住民票

　　転出・死亡・転居・世帯変更又は職権により消除された住民票は，消

622　第13章　雑　　則

除された日から5年間保存する。

(2)　改製前の住民票

改製によって消除された日から5年間保存する。

(3)　消除された戸籍の附票及び改製された戸籍の附票

除籍又は改製によって消除された日から5年間保存する。

ただし，消除時に死亡者を除く「在外者（戸籍の附票に住所の記載等の修正等によって国内における住所を記載してない者）」を含む戸籍の附票は150年間保存する。

(4)　届出書及び通知書

受理された日から1年間保存する。

これらの保存期間は，法で定めた保存の最短期間である。必要があれば各市町村の実情に応じて長期間保存しても差し支えない（昭和40.1.27民事甲第133号回答）。この場合は，個人情報を法で定めた期間以上保有するわけであるから，各市町村の個人情報の取扱い規定に十分留意し，その保有の必要性などを考慮することが必要である。

第6　住民記録システムの運用について

昭和42年の住民基本台帳法制定以来，初めての大幅な改正といわれた昭和60年の改正（昭和60年法律第76号）により，法第6条に，住民票を磁気テープ等をもって調製することができるとする第3項が追加され，当該磁気テープ等は，住民票の原本とみなしてよいものとされた。

この磁気テープ等の管理等の方法に関する基準として「磁気テープ等への記録，その利用並びに磁気テープ等及びこれに関連する施設又は設備の管理の方法に関する技術的基準」が昭和61年2月4日に自治省告示第15号をもって制定公布され，昭和61年6月1日より施行された。

平成6年6月29日には，戸籍法及び住民基本台帳法の一部を改正する法律が公布され，戸籍の附票が磁気記録媒体等をもって調製することができるようになった。これに伴い技術的基準も「住民票に係る磁気ディスクへ

の記録，その利用並びに磁気ディスク及びこれに関連する施設又は設備の管理の方法に関する技術的基準」として，平成6年11月21日自治省告示第160号をもって改正されている。改正の主な点としては，

① 法改正により戸籍の附票も磁気ディスクをもって調製できるものとされ，法務大臣及び自治大臣が戸籍の附票に係る技術的基準を定めることとされたため，住民票に係る技術的基準であることを明示するため，題名に「住民票に係る」を加えたこと。

② 題名中「磁気テープ」を「磁気ディスク」に改めたこと。

③ 「磁気ディスク」の取扱いの実態に合わせた規定に改めたこと。

などである。

　平成19年，複数の自治体で委託先から住民の個人情報が流出するという事案が発生したことを受けて，総務省では，住民基本台帳の電算処理に係る市町村の委託実態を踏まえながら，住民基本台帳情報の取扱いに係る課題について検討を行うこととし，「住民基本台帳に係る電算処理の委託等に関する検討会」を設置した。同年12月20日公表された同検討会報告書を受け，ことの重大性もあり，平成20年2月6日総務省告示第53号には，

① 住民記録システムの安全性及び信頼性に関する審議を行わせる組織としてのセキュリティ会議及び安全性及び信頼性に関する総合的判断を行うセキュリティ統括責任者を明示

② 磁気ディスクの適切な管理へのセキュリティ統括責任者の関与について明示

③ 教育及び研修の実施義務

④ 住民記録システムの開発又は変更時，ファイルの安全を確保するため，試験環境を別途用意して行わなければならないこと。

⑤ 外部に委託して処理する場合に講ずべき措置を明示。

などを主な改正点とする技術的基準の改正が，検討会報告から異例とも思われる迅速な対応として行われている。

　特に委託に当たっては，①指定場所での処理，②承認を受けないデータ

624　第13章　雑　　則

持ち出しの禁止，③データを持ち出す場合の暗号化処理，④承認を受けないデータの複製・複写の禁止，⑤処理作業後のデータの返還・廃棄，⑥承認を受けない再委託の禁止，⑦一定期間ごとの処理記録の提出，などが義務として規定されている。

　市町村長は，この基準と「戸籍の附票に係る磁気ディスクへの記録，その利用並びに磁気ディスク及びこれに関連する施設又は設備の管理の方法に関する技術的基準」，住基ネットセキュリティ基準，番号カード技術基準の諸基準についてその扱う範囲を理解し，これらの基準に従って，住民記録システムの適正な運用を行わなければならない。

　平成29年3月に総務省より公表された地方自治情報管理概要によると，平成28年4月1日現在，全ての市区町村（1,741団体）で住民基本台帳が電子化されている。

　諸基準に基づく運用等を行うことを前提に，ここでは，住民記録のシステムの更新時の参考となる注意点を挙げることとする。

住民記録システムの更新

　昭和60年改正から相当の期間が経過しており，既にシステムの更新を済ませた団体も出てきていると思われるが，これから住民記録システムの更新を検討しようとしている団体への参考として，システム更新に当たって考慮すべき点のいくつかを挙げた。

　(1)　住民記録システム更新方針決定までの流れ

　　ア　既存住民記録システムの現状整理

　　　(ア)　既存住民記録のシステム化の経緯

　　　(イ)　他庁内システムとの連携の現状

　　　(ウ)　システム化を行った業務一覧（運用・管理・業務量，人員配置）

　　　(エ)　地方公共団体をとりまく情報化の傾向把握

　　　(オ)　他の地方公共団体における情報化の状況，方向性

　　　(カ)　都道府県の情報化施策の状況，方向性

　　　(キ)　総務省の情報化施策の状況，方向性

第6　住民記録システムの運用について　　*625*

(ク)　高度情報通信技術の現状，注目すべき技術動向

イ　課題分析

(ア)　既存住民記録システムの課題抽出・分析

　　運用上の課題，管理上の課題，業務量・人員配置の課題などの
分析が必要。

(イ)　多様化する市民ニーズへのさらなる対応（住民サービスの向上）

(ウ)　行政事務の効率化と経費の削減

(エ)　電子自治体構築の課題

　　他の地方公共団体や総務省が進める施策の把握も含め，長中期
的な視点が必要。

ウ　システム更新方針の策定

　方針策定手順，方針実現方法の決定も含めた，求められる住民記録
システムのあるべき姿として，方針化を行う。

(ア)　アの現状整理を踏まえ，イの中には，他システムも含めた全体
最適へのアプローチ，総合窓口化や公共サービス改革法への対応
なども含まれるが，これらの課題を解決するものとして，方針を
策定することとなるが，具体的には，(2)の各項目の検討を通じて
進めることとなる。

(2)　システム更新までの流れ

ア　更新システムの検討

(ア)　更新するシステム範囲をどうするか（印鑑登録など）。

(イ)　総合窓口等を検討するか（自動交付機の設置も含む。）。

(ウ)　更新システムを，世帯票とするか個人票とするか。

(エ)　「番地の」の「の」の字とり（このような表示を行っている団体で
は）を，するか否か。

(オ)　一括強制改製で行うか否か。

(カ)　改製原住民票の証明発行を，どのように対応するか。

(キ)　文字の扱い（文字コード変換に必要性）と，個別業務システムと

の文字関係の整理

(ク)　既存システムの新システム移行後の位置付け（利用又は廃棄，その他）

(ケ)　既存システムと連携している個別業務システムへのデータ提供をどうするか。

(コ)　住基ネットシステムとの親和性の継続方法

(サ)　システム故障時に対応するバックアップシステムの確認

(シ)　システム更新に伴う，不具合等の対処方法

(ス)　セキュリティ対策・個人情報保護対策

(セ)　システム導入スケジュール

イ　既存住民記録データの新住民記録システムへの移行（データセットアップ）

(ア)　移行処理過程にて発生する既存住民票についての疑義事項の解決

(イ)　疑義が解決したものを既存住民記録システムに登録

(ウ)　正しい住民記録を新システムにセットアップ

ウ　イと併せて関係情報の移行作業（イと同様な流れが考えられる。）

印鑑登録データの移行

(3)　既存システムの活用

以下のような活用方法が考えられる。

ア　改製原住民票出力用システムとして５年間新システムと平行運用

イ　改製原住民票出力用には，新システム側にそのような仕組みを作る。既存システムは，個別業務システム更新までの，単なる宛名管理システムとして運用継続する。

(4)　その他検討すべき課題

住民記録システムは，電子自治体構築の基礎・基盤であるとはいえ，財政状況を踏まえて，個々の自治体それぞれが，実現可能性をもった電子自治体の基盤整備として，責任ある対応が求められているものである。

その意味で電子自治体構築こそが，もっとも大きな課題である。

第14章
外国人住民に係る
住民基本台帳事務

第14章

第1　住民基本台帳法等の改正経緯

1　改正の背景

外国人（特別永住者を除く。）の入国・在留の状況は，入管法に基づく入国・在留審査と，旧外国人登録法に基づく外国人登録によって管理・把握が行われていたところ，外国人の在留管理が二つの法律により二元的に処理されている，あるいは，在留外国人の居住等の実態が必ずしも十分に把握されていない等の問題が指摘されていた。また，近年，我が国における国際化が急速に進展し，外国人の本邦在留の目的が多様化するとともに，在留外国人の転出・転入の増加等行動様式の変化が顕著となっていた。

旧外国人登録制度は，本邦に在留する外国人の登録を実施することによって，外国人の居住関係及び身分関係を明確ならしめ，もって在留外国人の公正な管理に資することをその目的としており，外国人本人による申請を義務付ける一方で，住民基本台帳制度とは異なり市町村長による職権修正は認められていなかった。このため，旧外国人登録制度に基づく外国人登録原票に記載されている情報が実態と乖離していても，市町村側では，修正できない事例があった。市町村においては，各種行政サービスを提供するために，事実上旧外国人登録制度に基づく外国人登録原票をその名簿として活用していたが，こうした実態との乖離が各種行政事務の処理上問題を生じさせていた。また，外国人住民に関する情報について，法務省と市町村間の情報連携が制度的又はシステム的に十分であったとはいえず，例えば外国人住民の出国情報について，法務省から市町村に通知はされるものの，郵送で行われていたため一定のタイムラグが生じたり，在留資格の変更・在留期間の更新といった情報についても，外国人住民が市町村において変更登録申請しない場合には，当該外国人住民の居住地市町村において把握することができないといった課題が生じていた。そうしたことから，外国人住民についても住基法の適用対象とする改正住基法が公布され，同時に新しい在留管理制度等を規定した改正入管法，改正特例法が公布さ

630　第14章　外国人住民に係る住民基本台帳事務

れ，平成24年7月9日に施行された。

2　改正の目的

　上記のような背景から，旧外国人登録制度を廃止するとともに，法務大臣が，本邦に在留する外国人の在留管理に必要な情報を一元的，正確かつ継続的に把握する制度を構築することを目的として改正された。また，従来，旧外国人登録法に基づき市町村が行ってきた法定受託事務について，新しい在留管理制度においては，その役割を，①外国人が法務大臣に住居地を届け出る際の窓口となること（経由事務），及び②当該届出に伴い，届出に係る住居地情報を在留カード等に反映（裏書）させること等に縮減した。

　さらに，特別永住者については，従来の制度において，正確な情報把握の観点から大きな問題があるとの特段の指摘がなされていなかったことから，新たな規制強化につながらないことを念頭に置き，従来の特別永住許可等に係る制度を実質的にも維持しつつも，利便性向上の観点から特例法の改正を行った。他方，住民行政の観点からは，従来，市町村では，旧外国人登録法により登録されている情報を事実上各種行政サービスに活用している実状にあったところ，新しい在留管理制度の構築に伴い，旧外国人登録法が廃止されることとなることから，従来日本人のみを対象としていた住民基本台帳制度の見直しを行い，外国人住民を新たに住基法の対象にすることにより，外国人住民に係る基礎的行政サービスを提供する基盤の確立を図った。

第2　基本用語

1　外国人住民（法30条の45関係）

　日本の国籍を有しない者のうち，次の(1)から(5)に該当するものであって，市町村の区域内に住所を有するものを「外国人住民」という。

(1)　中長期在留者

　本邦に在留資格をもって在留する外国人のうち，次に掲げる者以外の

出典：法務省入国管理局入国在留課在留管理業務室
「平成29年度 市区町村在留関連事務に関する研修会（資料）」

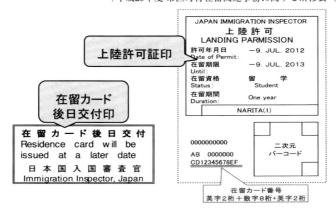

者。
　ア　3月以下の在留期間が決定された者
　イ　短期滞在の在留資格が決定された者
　ウ　外交又は公用の在留資格が決定された者
　エ　特定活動の在留資格を決定された者であつて，台湾日本関係協会の本邦の事務所の職員又は当該職員と同一の世帯に属する家族の構成員としての活動を特に指定されたもの（入管法施行規則19条の5第1号）
　オ　特定活動の在留資格を決定された者であつて，駐日パレスチナ総代表部の職員又は当該職員と同一の世帯に属する家族の構成員としての活動を特に指定されたもの（入管法施行規則19条の5第2号）

　入管法の規定に基づき，法務大臣から在留カードが交付される。ただし，成田，羽田，中部，関西，新千歳，広島及び福岡空港以外の出入国港における中長期在留者の上陸許可の場合，在留カードが即時交付されず，当該中長期在留者の旅券に，在留カードを後日交付する旨の記載がなされ，上陸許可証印に在留資格や在留期間等が表記される。

632　第14章　外国人住民に係る住民基本台帳事務

(2)　**特別永住者**

　特例法に定める者。特例法の規定に基づき，法務大臣から特別永住者証明書が交付される。

(3)　**一時庇護許可者**

　次に掲げる許可を受けた者。

　ア　その者が難民条約第1条A(2)に規定する理由その他これに準ずる理由により，その生命，身体又は身体の自由を害されるおそれのあった領域から逃れて，本邦に入った者であること。

　イ　その者を一時的に上陸させることが相当であること。

　入管法の規定に基づき，当該許可に際して，法務大臣から一時庇護許可書が交付される。

(4)　**仮滞在許可者**

　在留資格未取得外国人から難民認定の申請により，入管法第61条の2の4第1項に掲げるいずれかに該当する場合を除き，仮に本邦に滞在することを許可した者。入管法の規定に基づき，当該許可に際して，法務大臣から仮滞在許可書が交付される。

(5)　**出生又は国籍喪失による経過滞在者**

　日本の国籍を離脱した者又は出生その他の事由により上陸の手続を経ることなく本邦に在留することとなる外国人で，上陸許可若しくは当該外国人の取得に係る在留資格又はそれらの変更に係る在留資格をもって在留していなくとも，それぞれ日本の国籍を離脱した日又は出生その他当該事由が生じた日から60日に限り，引き続き在留資格を有することなく本邦に在留することができる者。

2　外国人住民であることを証する書類

(1)　**在留カード**（634頁参照）

　中長期在留者に対し，上陸許可・在留に係る許可等に伴って交付されるカードのこと。在留カードには，氏名，生年月日，性別，国籍・地域，住居地，顔写真（16歳以上に限る。）のほかに在留資格，在留期間（満了

日），就労の可否等が記載される。また，在留カードには，偽変造防止のための高度なセキュリティ機能を有する IC チップが搭載されており，カード券面に記載された事項の全部又は一部が記録されている。

(2)　**特別永住者証明書**（634頁参照）

特別永住者に対し，特別永住許可や各種申請・届出により交付されるカードのこと。特別永住者証明書には，氏名，生年月日，性別，国籍・地域，住居地，顔写真（16歳以上に限る。），特別永住者証明書の番号，交付年月日及び有効期間の満了日が記載される。また特別永住者証明書には，偽変造防止のための高度なセキュリティ機能を有する IC チップが搭載されており，カード券面に記載された事項の全部又は一部が記録されている。

(3)　**一時庇護許可書**（635頁参照）

入管法の規定に基づき，一時庇護許可者に対して交付される許可書のこと。

(4)　**仮滞在許可書**（637頁参照）

入管法の規定に基づき，仮滞在許可者に対して交付される許可書のこと。

3　法務省と市町村との情報連携

外国人住民について，氏名等の変更の届出や在留資格の変更，在留期間の更新等の手続については地方入国管理局で行うこととされており，これらの情報について，住民基本台帳で正確な記録を行うために，市町村長は法務大臣と連携を行わなければならない。

氏名，性別，国籍等又は法第30条の45の表の下欄に掲げる事項に変更があったこと又は誤りがあった場合，その旨が法務大臣より通知される（法30条の50）。他方，市町村長が住基法上の届出や，出生，死亡等に伴う戸籍法上の届出に基づき，外国人住民に係る住民票の記載，消除，記載の修正をしたときは，その旨を法務大臣に通知しなければならない（入管法61条の8の2）。

第14章　外国人住民に係る住民基本台帳事務

【在留カード】　　　出典：法務省入国管理局入国在留課在留管理業務室
「平成29年度　市区町村在留関連事務に関する研修会（資料）」

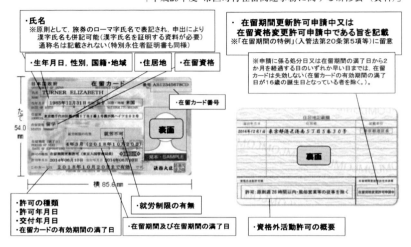

【特別永住者証明書】　　　出典：法務省入国管理局入国在留課在留管理業務室
「平成29年度　市区町村在留関連事務に関する研修会（資料）」

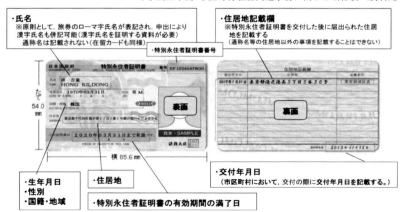

第2　基本用語　　*635*

別記第二十七号様式（第十八条関係）

日本国政府法務省

（表）

番　号

一　時　庇　護　許　可　書

写

真

　出入国管理及び難民認定法第18条の2の規定により，一時庇護のための上陸を許可します。

1　氏　　　名 _____　男
　　　　　　　　　　　　　　　　　　女

2　生年月日 _____　年　　　　月　　　　日

3　国籍・地域 _____

4　一時庇護のための上陸許可の条件：裏面に記載のとおり。

　　　　　年　　　　月　　　　日

法務省　　　　　　入国管理局

　　　　　　　　　支　局　　　　　　　　出張所

　　　入国審査官 _____

　　　　　　　　　　署　名

（注）用紙の大きさは，日本工業規格A列5番とする。

出典：入管法施行規則　別記第二十七号様式（第十八条関係）

636　第14章　外国人住民に係る住民基本台帳事務

（裏）

一 時 庇 護 の た め の 上 陸 の 条 件

(1)　上陸期間（許可期限）

_____

_____

(2)　住　　居

_____

_____

(3)　行動範囲

_____

_____

(4)　そ の 他

上記(2)から(4)までの条件に違反したときは，本許可を取り消すことがあります。

第2 基本用語　　*637*

別記第七十六号の四様式（第五十六条の二関係）

日本国政府法務省　　　　　（**表**）

| 番　号 |
| 年月日 |

仮 滞 在 許 可 書

写

真

　　出入国管理及び難民認定法第61条2の4の

規定に基づき，仮滞在を許可します。

男
女

1　氏　　　名　_____

2　生 年 月 日　_____年_____月_____日_____

3　国籍・地域　_____

4　仮滞在期間　_____（許可期限_____年_____月_____日）

5　許可の条件　裏面に記載のとおり

※

_____

（注）　1　※には許可する者の職名を記入するものとする。
　　　　2　用紙の大きさは，日本工業規格Ａ列４番とする。

　　　　　　出典：入管法施行規則　別記第七十六号の四様式（第五十六条の二関係）

638　第14章　外国人住民に係る住民基本台帳事務

(裏)

仮滞在の条件

(1)　住　　　　居　_____

(2)　行　動　範　囲　_____

(3)　活　動　の　制　限　　収入を伴う事業を運営する活動又は報酬を受ける
　　　　　　　　　　　　活動に従事することを禁止します。

(4)　出頭の要請があった場合には，指定した日時，場所に出頭してくだ
　　　さい。

注　意
ア　住居を変更するときは，あらかじめ仮滞在の許可を受けた地方入国管理
　　局長の承認を受けなければなりません。
イ　行動範囲を拡大する必要があるときは，あらかじめ仮滞在の許可を受け
　　た地方入国管理局長の承認を受けなければなりません。
ウ　本許可書を常時携帯し，権限のある官憲に要求された場合は，これを提
　　示してください。
エ　仮滞在期間の更新申請は，同許可期限の10日前から受け付けます。
オ　上記の条件に違反したときは，仮滞在許可を取り消すことがあります。
カ　出頭の際は，本許可書を持参してください。

更新許可欄

年月日			
仮滞在期間(許可期限)			
許可者印			
年月日			
仮滞在期間(許可期限)			
許可者印			

第3　住民票　　*639*

　法第30条の50の規定による法務大臣からの通知があった場合は，住民票の消除又は記載の修正をし，通知の事由及びその事由が生じた年月日（特別永住者に係る住民票の記載の修正（特例法5条2項の規定に基づく許可により，新たに特別永住者となった場合を除く。）については，特別永住者証明書を交付したときに，住民票の記載の修正を行うものとする。）を記入する等，住民票についての処理経過が明らかとなるようにしておく。

(1)　**情報連携端末**

　法務省通知の受信及び市町村通知等の送信を行うための電子計算機。

(2)　**IC カード取扱端末**

　確実な本人確認及び偽変造防止対策の観点から，市町村の住民行政窓口において，外国人住民が提出した在留カード等の IC チップ内の情報を読み出して，券面情報と相違ないか比較・確認するための電子計算機。当初，IC チップへの住所地の書き込み等が想定されていたが，現在まで行われておらず，今後も行わないこととなったため，機器の回収が検討されている。

(3)　**法務省通知・市町村通知**

　法務省通知とは，住民票の記載事項に変更または誤りがあった場合及び法第30条の45の表の上欄に掲げる者でなくなった場合に法務大臣から送られてくる通知のことである。

　市町村通知とは，住民基本台帳法上の届出及び職権により住民票の記載等を行った場合並びに特別永住者証明書を交付した場合に市町村が法務大臣に送る通知のことである。

　法務省通知及び市町村通知の送受信は，情報連携端末により行われる。

第3　住民票

1　住民票の記載事項

　個人票については【様式12】(641頁)，世帯票については【様式13】(642頁)参照（法7条，法30条の45）。

640 第14章 外国人住民に係る住民基本台帳事務

記載事項のうち，日本人住民と取扱いが異なる記載事項は次のとおりである。

① 氏名欄（法7条1号）

　㋐ 中長期在留者等については，在留カード等に記載されている氏名を記載する。

　㋑ 芸名，通称等は記載しない。

② 通称欄（法7条14号，令30条の25第1号）

　㋐ 通称（氏名以外の呼称であって，国内における社会生活上通用していることその他の事由により居住関係の公証のために住民票に記載することが必要であると認められるものをいう。以下同じ。）については，外国人住民から通称の記載を求める申出書の提出があった場合において，当該申出のあった呼称を住民票に記載することが居住関係の公証のために必要であると認められるときは記載しなければならない（令30条の26）。

　㋑ 外国人住民の様式中，通称欄については，事務処理要領第2－1－(1)の様式例にならい，氏名の記載の欄と一体のものとして取り扱うことが適当である。

③ 出生年月日欄（法7条2号）

　外国人住民のうち，中長期在留者等にあっては，在留カード等に記載されている生年月日を記載する。出生による経過滞在者又は国籍喪失による経過滞在者にあっては，出生届，国籍喪失報告に記載された出生の年月日に基づいて西暦により記載する。なお，「2000年10月10日」を「2000. 10. 10」と略記することは差し支えない（事務処理要領第2－1－(2)－イ）。

⑤ 続柄欄（法7条4号）

　世帯主でない外国人住民で，その世帯主が外国人住民である者は，転入，転居，世帯変更，法第30条の46及び法第30条の47の届出をするときは，世帯主との続柄を証する文書を添えて届出をしなくてはなら

第3　住民票　　**641**

【様式 12】　個人票（外国人用）

氏名	①		生 年 月 日			男女の別	続 柄	外国人住民となった年月日
通称	②		③ 年 月 日生			男④ 女	⑤	明治 大正 昭和　⑥ 平成　　年 月 日
世帯主	⑦		⑧			⑧		住民票コード
								⑨

（住民票　東京都高尾市）

				昭和 平成	⑫		個人番号
住所	⑪		平成				⑩
	⑬	平成 年 ⑭月 日転居	平成 年 ⑮月 日届出			備 考	
	⑬	平成 年 ⑭月 日転居	平成 年 ⑮月 日届出				㊱

国籍・地域	⑯	法第30条 の45に	⑱	在留 資格	⑳		在留 カード等 の番号	㉔	
	⑰	規定する 区分	⑲	在留 期間等		㉑	在留期間の 満了の日	㉒	㉕
						㉓		㉖	㉗

通称の記載及び削除に関する事項	通 称	記載市町村名	記載年月日	削除市町村名	削除年月日
	㉘	㉙	㉚	㉛	㉜

前住所	昭和 平成　年 月 日	㉝	から 転入 転居
転出	平成 　　年 月 日	㉞	へ 転出 予定	平成 年 ㊲月 日届出
	平成 　　年 月 日	㉟	へ転出	平成 年 ㊳月 日通知

① 氏名欄　　　　　　　　　　　　　　　　⑳ 在留資格欄
② 通称欄　　　　　　　　　　　　　　　　㉑ 在留資格の予備欄
③ 出生年月日欄　　　　　　　　　　　　　㉒ 在留期間等欄
④ 男女の別欄　　　　　　　　　　　　　　㉓ 在留期間等の予備欄
⑤ 続柄欄　　　　　　　　　　　　　　　　㉔ 在留カード等の番号欄
⑥ 外国人住民となった年月日欄　　　　　　㉕ 在留カード等の番号の予備欄
⑦ 世帯主欄　　　　　　　　　　　　　　　㉖ 在留期間の満了の日欄
⑧ 世帯主欄の予備欄　　　　　　　　　　　㉗ 在留期間の満了の日の予備欄
⑨ 住民票コード欄　　　　　　　　　　　　㉘ 通称の記載及び削除に関する事項（通称欄）
⑩ 個人番号欄　　　　　　　　　　　　　　㉙ 通称の記載及び削除に関する事項（記載市町村欄）
⑪ 住所欄　　　　　　　　　　　　　　　　㉚ 通称の記載及び削除に関する事項（記載年月日欄）
⑫ 届出年月日欄　　　　　　　　　　　　　㉛ 通称の記載及び削除に関する事項（削除市町村欄）
⑬ 住所欄の予備欄　　　　　　　　　　　　㉜ 通称の記載及び削除に関する事項（削除年月日欄）
⑭ 住所を定めた年月日欄　　　　　　　　　㉝ 記載事由欄
⑮ 届出年月日の予備欄　　　　　　　　　　㉞ 消除事由欄（予定欄）
⑯ 国籍・地域欄　　　　　　　　　　　　　㉟ 消除事由欄の予備欄（予定欄）
⑰ 国籍・地域の予備欄　　　　　　　　　　㊱ 備考欄
⑱ 法第30条の45に規定する区分欄　　　　㊲ 消除備考欄
⑲ 法第30条の45に規定する区分の予備欄　㊳ 消除備考欄の予備欄（確定欄）

642 第14章 外国人住民に係る住民基本台帳事務

【様式13】 世帯票（外国人用）

①	世帯共通欄	㉑	法第30条の45に規定する区分の予備欄
②	世帯主欄	㉒	在留資格欄
③	世帯主欄の予備欄	㉓	在留資格の予備欄
④	住所欄	㉔	在留期間等欄
⑤	住所欄の予備欄	㉕	在留期間等の予備欄
⑥	住所を定めた年月日欄	㉖	在留カード等の番号欄
⑦	住所を定めた年月日欄の予備欄	㉗	在留カード等の番号の予備欄
⑧	世帯共通備考欄	㉘	在留期間の満了の日欄
⑨	個人欄	㉙	在留期間の満了の日の予備欄
⑩	氏名欄	㉚	記載事由欄
⑪	通称欄	㉛	消除事由欄（予定欄）
⑫	出生年月日欄	㉜	消除事由欄の予備欄（予定欄）
⑬	男女の別欄	㉝	備考欄
⑭	続柄欄	㉞	通称の記載及び削除に関する事項（通称欄）
⑮	外国人住民となった年月日欄	㉟	通称の記載及び削除に関する事項（記載市町村欄）
⑯	住民票コード欄	㊱	通称の記載及び削除に関する事項（記載年月日欄）
⑰	個人番号欄	㊲	通称の記載及び削除に関する事項（削除市町村欄）
⑱	国籍・地域欄	㊳	通称の記載及び削除に関する事項（削除年月日欄）
⑲	国籍・地域の予備欄	㊴	消除備考欄
⑳	法第30条の45に規定する区分欄	㊵	消除備考欄の予備欄（確定欄）

ない（法30条の49）。外国人住民の世帯主との続柄を証する文書とは，戸籍法に基づく届出に係る受理証明書，若しくは記載事項証明書又は結婚証明書，若しくは出生証明書，その他外国政府機関等が発行した文書であって，本人と世帯主との続柄が明らかにされているものとする。原則として，外国語によって作成されたものについては翻訳者を明らかにした訳文の添付が必要となる。なお，文書の提出がされず，事実上の親族関係が認められる場合には，世帯主との続柄は「縁故者」と記載する。

　また，外国人住民について，外国人住民である世帯主との続柄に変更があった場合は，変更が生じた日から14日以内に世帯主との続柄を証する文書を添えて届出をしなければならない（法30条の48）。ただし，外国人住民と外国人住民である世帯主との親族関係について，変更がない場合や変更に係る戸籍に関する届出が受理されている場合は届出を要しない（令30条の28）。届出があった場合には，添付された世帯主との続柄を証する文書を確認のうえ世帯主との続柄の記載を修正し，修正の事由（続柄の変更）を記入する。

⑥　外国人住民となった年月日欄（法30条の45）

　法第30条の45の表の上欄に掲げる者となった年月日又は住民となった年月日のうち，いずれか遅い年月日を記載する。

⑦　世帯主欄（法7条4号）

　(ア)　世帯主が外国人住民である場合は世帯主の氏名欄に通称を記載する必要はない。

　(イ)　法の適用をうけない外国人が実際の世帯主である場合は，世帯主に最も近い地位にある者の氏名を記載する（事務処理要領第2－1－(2)－エ－(エ)）。

⑯　国籍・地域欄（法30条の45）

　(ア)　在留カード等に記載されている国籍・地域を記載する（無国籍を含む。）。

644　第14章　外国人住民に係る住民基本台帳事務

　　(イ)　出生による経過滞在者については空欄とし，後日法務大臣から
　　　の通知がなされた場合には，同通知に基づき，職権で記載を行う。

　　(ウ)　国籍喪失による経過滞在者については，国籍喪失届や国籍喪失
　　　報告の記録を確認し，職権で記載を行う。

⑱から㉗　法第30条の45の表の下欄に掲げる事項欄（法30条の45に規定
する区分欄，在留資格欄，在留期間等欄，在留カード等の番号欄，在留期間
の満了の日欄）

　法第30条の45の表の上欄に掲げるものの区分に応じ，それぞれ同表
の下欄に掲げる事項を記載する。

　　(ア)　中長期在留者
　　・中長期在留者である旨
　　　　中長期在留者であることについて記載するが，法第30条の45
　　　の表の上欄に掲げる者の区分に応じた欄を設け，符号により記
　　　載する方法でも差し支えない。
　　・在留カードに記載されている在留資格，在留期間，在留期間の
　　　満了の日及び在留カードの番号
　　　　在留カードの表記に基づき，在留資格，在留期間，在留期間
　　　の満了の日及び在留カードの番号を記載する。
　　　　在留カードとみなされる外国人登録証明書の提示があった場
　　　合は，当該外国人登録証明書の登録番号を記載する。
　　　　後日在留カードを交付する旨の記載がされ，上陸許可証印が
　　　貼付された旅券の提示があった場合は，当該証印下部に記載さ
　　　れた交付予定の在留カードの番号を記載する。
　　(イ)　特別永住者
　　・特別永住者である旨
　　　　特別永住者であることについて記載するが，法第30条の45の
　　　表の上欄に掲げる者の区分に応じた欄を設け，符号により記載
　　　する方法でも差し支えない。

第3　住民票　　*645*

・特別永住者証明書の番号

　　特別永住者証明書に記載されている特別永住者証明書の番号を記載する。

　　特別永住者証明書とみなされる外国人登録証明書の提示があった場合は，当該外国人登録証明書の登録番号を記載する。

(ウ)　一時庇護許可者

・一時庇護許可者である旨

　　一時庇護許可者であることについて記載するが，法第30条の45の表の上欄に掲げる者の区分に応じた欄を設け，符号により記載する方法でも差し支えない。

・上陸期間

　　一時庇護許可書に記載されている上陸期間を記載する。

　　上陸期間を経過する年月日（許可期限）を備考として記入することが適当である。

(エ)　仮滞在許可者

・仮滞在許可者である旨

　　仮滞在許可者であることについて記載するが，法第30条の45の表の上欄に掲げる者の区分に応じた欄を設け，符号により記載する方法でも差し支えない。

・仮滞在期間

　　仮滞在許可書に記載されている仮滞在期間を記載する。

　　仮滞在期間を経過する年月日（許可期限）を備考として記入することが適当である。

(オ)　出生による経過滞在者

　　出生による経過滞在者であることについて記載するが，法第30条の45の表の上欄に掲げる者の区分に応じた欄を設け，符号により記載する方法でも差し支えない。

　　出生した日から60日を経過する年月日を備考として記入するこ

646 第14章 外国人住民に係る住民基本台帳事務

とが適当である。

　㋕　国籍喪失による経過滞在者

　　　国籍喪失による経過滞在者であることについて記載するが，法第30条の45の表の上欄に掲げる者の区分に応じた欄を設け，符号により記載する方法でも差し支えない。

　　　国籍を失った日から60日を経過する年月日を備考として記入することが適当である。

㉘〜㉜　通称の記載及び削除に関する事項欄（法7条14号，令30条の25第2号）

　㋐　外国人住民に係る住民票に通称を記載した場合（事務処理要領第2−2−⑵−サ−㋑による場合を除く。），当該通称を記載した市町村名及び年月日を記載しなければならない（令30条の27第1項1号）。

　㋑　外国人住民に係る住民票に記載されている通称を削除した場合，当該通称並びに当該通称を削除した市町村名及び年月日を記載しなければならない（令30条の27第1項2号）。

2　住民票の写しの交付

　基本的には，日本人住民と同様である。

　在留期間の満了の日を経過している外国人住民に係る住民票の写し等の交付請求があった場合は，特例期間中であれば交付請求に応じて差し支えない。特例期間とは，対象者が在留資格の変更又は在留期間の更新の申請を行っている際に，当該処分がされる日又は従前の在留期間の満了の日から2か月を経過する日のいずれか早い日までの期間のことをいう。この期間中，法務省から住民票を消除する旨の通知が送付されることはない（入管法20条5項，21条4項）。

　この場合，在留資格，在留期間及び在留期間の満了の日については経過している状態の記載のまま，住民票の写し等を交付することとなる。

　なお，特例期間中の場合，対象者の在留カード等に「在留資格更新許可

第4 住民票の記載・消除・記載の修正の具体例 *647*

申請中」等の記載がされることとなる（632頁以下参照）。

第4 住民票の記載・消除・記載の修正の具体例

住民票の記載，消除又は記載の修正は，原則として住基法の規定による届出に基づき，又は職権で行うものとされており，転入，転居，転出，世帯変更等についての基本的な考え方は，いずれも日本人の場合と相違ない。外国人住民については，法第30条の46又は法第30条の47の届出の場合は，当該者にかつて住民票コード及びマイナンバーが付番されていないか本人確認情報検索を必ず行う必要がある。

1 中長期在留者等が住所を定めた場合の転入届の特例（法30条の46）に基づく記載

中長期在留者等（出生による経過滞在者又は国籍喪失による経過滞在者を除く。）が国外から転入をした場合には，転入をした日から14日以内に在留カード等を提示して市町村長に届け出なければならない（法30条の46）。また，これに準ずる場合として，総務省令（規則48条）で定められている以下の場合も，同様の手続が必要である。

① 中長期在留者等で，住民基本台帳に記録されていないものが新たに市町村の区域内に住所を定めた場合

② 日本の国籍を有しない者（法30条の45の表の上欄に掲げる者を除く。）で，住民基本台帳に記録されていないものが，中長期在留者等となった後に転入をした場合

例えば，以下の場合が考えられる。

• 中長期在留者等でホテル住まい等住所を持たずに滞在していた者が，市町村に住所を定めた場合等

• 短期滞在等の住民基本台帳の対象外の者として入国し，ホテル住まい等住所を有さずに滞在していた者が，中長期在留者等となった後に市町村へ転入した場合や，中長期在留者等が不法残留となり，住民票が

648　第14章　外国人住民に係る住民基本台帳事務

消除された後に，再度在留資格を取得し中長期在留者等となり，他市町村に転入した場合等

(1)　**届出書の記入【外国人記載例 No.1】**

ア　異動日は，転入住所地に住み始めた年月日を記入させる。

イ　住所地は，現在住んでいるところを正確に記入させる。

ウ　従前の住所は，空欄とする。

エ　旧世帯主の氏名は，空欄とする。

オ　世帯主の氏名は，当該住所地における世帯主の氏名を記入させる。

カ　住民票を作成する者全員の氏名，出生の年月日，男女の別，国籍・地域，法第30条の45の表の下欄に掲げる事項を各欄に記入させる。

キ　続柄は，その属する世帯の世帯主との続柄を記入させる。なお，続柄に関する注意点は，「第14章─第3─1─⑤」（640頁以下）参照。

ク　備考欄には，「法第30条の46による届出」と記入する。

ケ　その他の記入上の注意は，「第5章─第3─4」（276頁以下）参照。

(2)　**住民票の記載【外国人記載例 No.2】**

ア　住所，氏名，出生の年月日，男女の別，続柄，国籍・地域，法第30条の45の表の下欄に掲げる事項を，届出書及び在留カード等に基づいて記載する。

イ　外国人住民となった年月日欄については，届出書に記入されている異動日を記載する。

ウ　記載事由欄には，住所を定めた年月日，従前の住所及びその事由は記載しない。

エ　住所を定めた旨の届出の年月日は，住民票を作成した年月日を記載する。

オ　備考欄には，「○年○月○日　法第30条の46届出により記載」と記載する。

第4　住民票の記載・消除・記載の修正の具体例　　**649**

【外国人記載例 No.1】

住　民　異　動　届

（※届出人本人による署名の場合、押印は必要ありません。）

東京都高尾市長　殿

□申出書　□職権記載書

◎住民票コードは、転入時のみ記入して下さい。
◎太枠内の事項をボールペン等ではっきりと記入し、◯印をして下さい。

届出年月日	平成 30年10月5日	
異動年月日	平成 30年10月1日	

	1	2	3	4	5	6	7	8	
全部・一部	転入	転出	転居	世帯変更	職権記載	職権消除	職権修正	職権回復	30条46届出

届出人	① 本人　2.世帯主　3.代理人（　　）
	ふりがな　さん　た
氏　名	SHAN TAI 山 太　㊞
住所（代理人のみ）	
電話 自宅・勤務先・携帯　042-123-4567	

					これからの世帯主	
これからの住所	東京 都道府県	高尾 郡市区	東町1丁目6番地1			SHAN TAI 山 太
いままでの住所	中国 都道府県 郡市区				いままでの世帯主	
本　籍					筆頭者	

	氏　名	生年月日	性別	続柄	住民票コード	住基カード	国籍・地域／30条45区分	在留資格／在留期間	在留カード等の番号／期間満了日
1	ふりがな さん た SHAN TAI 山 太	1976.8.8	男・女	世帯主		有 無 記載事項変更	中国 中長期在留者	技能 1 年	WD12345678EA 2019.10.1
2	ふりがな		男・女			有 無 記載事項変更			
5	ふりがな		男・女			有 無 記載事項変更			

備　考　　法第30条の46のよる届出

【外国人記載例 No.2】

				生　年　月　日	男女の別	続　柄	住民となった年月日
	ふりがな　さん　た						明治 大正 昭和 （平成） 30 年 10 月 1 日
住民票 東京都高尾市	氏名	SHAN TAI 山 太		1976年8月8日生	男 女	世帯主	
	世帯主	SHAN TAI 山 太					住民票コード
	住所	東京都高尾市東町1丁目6番地1		平成30年10月5日届出			個人番号
				平成 年 月 日転居	平成 年 月 日届出		
				平成 年 月 日転居	平成 年 月 日届出		備　考

国籍・地域	中国	在留資格	技能	在留カード等の番号	WD12345678EA
法第30条の45に規定する区分	中長期在留者	在留期間等	1 年	在留期間の満了の日	2019年10月1日

平成30年10月5日
法第30条の46届出により記載

前住所	昭和 平成　年 月 日	から	転入 転居
転出	平成　年 月 日	へ転出 予定	年 月 日届出
出	平成　年 月 日	へ転出	年 月 日届出

650 第14章 外国人住民に係る住民基本台帳事務

2 住所を有する者が中長期在留者等となった場合の届出（法30条の47）に基づく記載

日本国籍を有しない者（法30条の45の表の上欄に掲げる者を除く。）で市町村の区域内に住所を有するものが中長期在留者等となった場合には，中長期在留者等となった日から14日以内に，在留カード等を提示して市町村長に届け出なければならない（法30条の47）。

(1) **届出書の記入【外国人記載例 No.3】**

　　ア　異動日は，中長期在留者等となった年月日を記入させる。

　　イ　住所地は，現在住んでいるところを正確に記入させる。

　　ウ　従前の住所及び旧世帯主の氏名は，空欄とする。

　　エ　世帯主の氏名は，当該住所地における世帯主の氏名を記入させる。

　　オ　住民票を作成する者全員の氏名，出生の年月日，男女の別，国籍・地域，法第30条の45の表の下欄に掲げる事項を各欄に記入させる。

　　カ　続柄は，その属する世帯の世帯主との続柄を記入させる。なお，続柄に関する注意点は，「第14章―第3―1―⑤」（640頁）参照。

　　キ　備考欄には，「法第30条の47による届出」と記入する。

　　ク　その他の記入上の注意は，「第5章―第3―4」（276頁）参照。

(2) **住民票の記載【外国人記載例 No.4】**

　　ア　住所，氏名，出生の年月日，男女の別，続柄，国籍・地域，法第30条の45の表の下欄に掲げる事項を，届出書及び在留カード等に基づいて記載する。

　　イ　外国人住民となった年月日欄については，届出書に記入されている異動日を記載する。

　　ウ　記載事由欄には，住所を定めた年月日，従前の住所及びその事由は記載しない。

　　エ　住所を定めた旨の届出の年月日は，住民票を作成した年月日を記載する。

第4　住民票の記載・消除・記載の修正の具体例　　651

【外国人記載例 No. 3】

住 民 異 動 届

（※届出人本人による署名の場合、押印は必要ありません。）

東京都高尾市長　殿

□申出書　　□職権記載書

◎住民票コードは、転入時のみ記入して下さい。
◎太枠内の事項をボールペン等ではっきりと記入、○印をして下さい。

届出年月日	平成 30年10月5日
異動年月日	平成 30年10月1日

全部・一部	1 転入	2 転出	3 転居	4 世帯変更	5 職権記載	6 職権消除	7 職権修正	8 職権回復	30条47届出

届出人	①本人　2.世帯主　3.代理人（　）
ふりがな	さん　た
氏　名	SHAN TAI 山 太 ㊞
住所（代理人のみ）	
電話 (自宅)・勤務先・携帯 042-123-4567

これからの住所	東京(都道府県) 高尾(郡市区) 東町1丁目6番地1

これからの世帯主	SHAN TAI 山 太

いままでの住所	

いままでの世帯主	

本籍	

筆頭者	

	氏　名	生年月日	性別	続柄	住民票コード	住基カード	国籍・地域 30条45区分	在留資格・在留期間	在留カード等の番号／期間満了日
1	ふりがな さん　た SHAN TAI 山 太	1976.8.8	⑲男・女	世帯主		有 無 記載事項変更	中国 中長期在留者	技能 1年	WD12345678EA 2019.10.1
2	ふりがな		男・女			有 無 記載事項変更			
5	ふりがな		男・女			有 無 記載事項変更			

備考	法第30条の47による届出

【外国人記載例 No. 4】

	ふりがな	さん　た	生 年 月 日	男女の別	続 柄	住民となった年月日
住民票　東京都高尾市	氏名	SHAN TAI 山 太	1976年8月8日生	⑲男・女	世帯主	明治 大正 昭和 ㊨平成 30年10月1日

世帯主	SHAN TAI 山 太
	住民票コード

住所	東京都高尾市東町1丁目6番地1	平成 30年10月5日届出
		平成 年 月 日転居	平成 年 月 日届出
		平成 年 月 日転居	平成 年 月 日届出

個人番号

備　考

平成30年10月5日
法第30条の47届出により記載

国籍地域	中国	在留資格	技能	在留カード等の番号	WD12345678EA
法第30条の45に規定する区分	中長期在留者	在留期間等	1年	在留期間の満了の日	2019年10月1日

前住所	昭和 平成 年 月 日	から 転入 転居
転	平成 年 月 日	へ転出 予定
出	平成 年 月 日	へ転出

年 月 日届出

年 月 日届出

652 第14章 外国人住民に係る住民基本台帳事務

　オ　備考欄には，「○年○月○日　法第30条の47届出により記載」と
　　記載する。

3　外国人住民の世帯主との続柄の変更の届出（法30条の48）に基づく修正

　外国人住民が日本にあるその国の大使館又は領事館にその外国の方式により婚姻届出等をしたことにより，世帯主との続柄に変更があった場合は，世帯主との続柄を証する文書を添えて14日以内に市町村長に届け出なければならない（法30条の48）。

（1）　届出書の記入【外国人記載例 No. 5】
（2）　住民票の記載【外国人記載例 No. 6】

　変更となる続柄を修正するとともに，備考欄に「○年○月○日届出により続柄修正」と記載する。

【外国人記載例 No. 5】

第4 住民票の記載・消除・記載の修正の具体例　　653

【外国人記載例 No.6】

	ふりがな	せん　　か		生　年　月　日	男女の別	続　柄	住民となった年月日
住民票	氏名	CHUAN HUA 川 花		1976年9月9日生	男⟨女⟩	同居人妻	明治 大正 昭和 ⟨平成⟩ 30 年 9 月 9 日
	世帯主	SHAN TAI 山 太					住民票コード
	住所	東京都高尾市東町1丁目6番地1		平成 30年 9 月11日届出			個人番号
		平成　年　　月　　日転居		平成　年　月　日届出			
		平成　年　　月　　日転居		平成　年　月　日届出			備　考

国籍・地域	中国	在留資格	留学	在留カード等の番号	WD23456789EA
法第30条の45に規定する区分	中長期在留者	在留期間等	1 年	在留期間の満了の日	2019年9月9日

前住所　昭和 平成　　年　　月　　日　　　から　転入・転居

転　平成　　年　　月　　日　　　　　　　へ　転出予定　　　　　　　年　月　日届出

出　平成　　年　　月　　日　　　　　　　へ　転出　　　　　　　　　年　月　日届出

備考欄:
平成30年 9 月11日
法第30条の46届出により記載
平成30年10月 5 日
法第30条の48届出により続柄修正

東京都高尾市

4　改正住基法施行日に現に外国人住民である者の届出（法附則5条）に基づく記載

　以下に該当する外国人住民は，改正住基法施行日（平成24年7月9日）から14日以内に在留カード等を提示して市町村長に届出をする義務があったが，現在も届出が行われていない状況が変わっていなければ，届出の義務は継続していることとなる。

①　改正住基法施行日より前から同じ住所地に居住しているものの，施行日直前で在留資格を取得した等の理由により仮住民票が作成されなかったため，法施行日に住民票が作成されなかった外国人住民

②　仮住民票の記載事項を対象者に通知した後に，仮住民票の記載事項のうち住所等に変更があったが仮住民票の記載の修正が行われていなかったため，記載が修正されることなく住民票が作成されてしまった外国人住民

　法附則第5条届出には，転出証明書の添付を要しない。そのため，従前の住民登録地においても転出届を要しない。

654　第14章　外国人住民に係る住民基本台帳事務

在留カード等の提示とともに法附則第５条届出を受けた市町村長は外国人住民に係る住民票を作成し，従前の住民登録地に法附則第５条により記載されたことを連絡する。従前の住民登録地市区町村はその連絡を受けて，職権で住民票を抹消する。

(1)　届出書の記入【外国人記載例 No. 7】

　　ア　異動日は，施行日（平成24年７月９日）を記入させる。

　　イ　備考欄には，「法附則第５条による届出」と記入する。

　　ウ　その他記入上の注意は，「第５章─第３─４」（276頁）参照。

(2)　住民票の記載【外国人記載例 No. 8】

　　ア　住所，氏名，出生の年月日，男女の別，続柄，国籍・地域，法第30条の45の表の下欄に掲げる事項を，届出書及び在留カード等に基づいて記載する。

　　イ　住民となった年月日には，届出書に記入されている異動日（施行日：平成24年７月９日）を記載する。

　　ウ　記載事由欄には，住所を定めた年月日，従前の住所及びその事由は記載しない。

　　エ　住所を定めた旨の届出の年月日は，住民票を作成した年月日を記載する。

　　オ　備考欄には，「○年○月○日　法附則第５条届出により記載」と記載する。

(3)　通知に基づく消除【外国人記載例 No. 9】

　　消除する住民票の備考欄に，施行日に住民票の作成対象者ではないことが明らかとなるような記載を行う。

5　出生の届出に基づく記載

国内において出生した日本の国籍を有しない者のうち，上陸の手続きを経ることなく本邦に在留することとなる者は，出生から60日を限りに，引き続き在留資格を有することなく本邦に在留することができる。

住民票は，出生届又は住民票記載事項通知に基づき職権で記載する。

第4　住民票の記載・消除・記載の修正の具体例　　655

【外国人記載例 No.7】

住民異動届

（※届出本人による署名の場合、押印は必要ありません。）

東京都高尾市長　殿

□申出書　□職権記載書

◎住民票コードは、転入時のみ記入して下さい。
◎太枠内の事項をボールペン等ではっきりと記入、○印をして下さい。

		1	2	3	④	5	6	7	8
届出年月日	平成 30年10月1日	全部・一部	転入	転出	転居	世帯変更	職権記載	職権消除	職権修正	職権回復
異動年月日	平成 30年7月9日									

①.本人　2.世帯主　3.代理人（　）
ふりがな　さん　た
氏　名　山　太　㊞
住所（代理人のみ）
電話（自宅）勤務先・携帯　042-123-4567

これからの住所	東京 ㊞都府県 高尾 ㊞都市区 東町1丁目6番地1

これからの世帯主　山　太

いままでの住所	都道府県　　都市区

いままでの世帯主

本　籍

筆頭者

	氏　名	生年月日	性別	続柄	住民票コード	住基カード	国籍・地域／30条45区分	在留資格／在留期間	在留カード等の番号／期間満了日
1	ふりがな　さん　た　山　太	1976.8.8	男・女	世帯主		有　無 記載事項変更	中国 中長期在留者	定住者 3年	B12345678 2020.9.9
2	ふりがな		男・女			有　無 記載事項変更			
5	ふりがな		男・女			有　無 記載事項変更			

備考　法附則第5条による届出

【外国人記載例 No.8】

	ふりがな　さん　た	生　年　月　日	男女の別	続　柄	住民となった年月日
	氏名　山　太	1976年8月8日生	男・女	世帯主	明治 大正 昭和 平成　24年7月9日

住民票
東京都高尾市

世帯主	山　太				住民票コード

住所	東京都高尾市東町1丁目6番地1	平成30年10月1日届出	個人番号
	平成　年　月　日転居	平成　年　月　日届出	
	平成　年　月　日転居	平成　年　月　日届出	備考

国籍・地域	中国	在留資格	定住者	在留カード等の番号	B12345678
法第30条の45に規定する区分	中長期在留者	在留期間等	3年	在留期間の満了の日	2020年9月9日

平成30年10月1日
法附則第5条により記載

前住所	昭和 平成　年　月　日	から転入 転居

転出	平成　年　月　日	へ転出 予定　年　月　日届出
	平成　年　月　日	へ転出　年　月　日届出

656　第14章　外国人住民に係る住民基本台帳事務

【外国人記載例 No. 9】

			生 年 月 日	男女の別	続 柄	住民となった年月日
住民票　東京都陣馬市	氏名	ふりがな　さん　た 山 太	1976年8月8日生	男 女	世帯主	明治 大正 昭和 平成　24年7月9日
	世帯主	山 太				住民票コード
	住所	東京都陣馬市西町2丁目7番地2	平成 24年7月9日届出			個人番号
			平成 　年　月　日転居	平成 　年　月　日届出		
			平成 　年　月　日転居	平成 　年　月　日届出		備　考 平成24年7月9日 法附則第4条第1項に より作成 平成30年10月1日 法附則第5条により消除
	国籍 地域	中国	在留資格	定住者	在留カード 等の番号	B12345678
	法第30条の45に 規定する区分	中長期在留者	在留期間等	3 年	在留期間の 満了の日	2020年9月9日
	前住所 転　出	昭和 平成　　年　月　日			から　転入 転居	
		平成　　年　月　日			へ　転出 予定	年　月　日届出
		平成　　年　月　日			へ転出	年　月　日届出

住民票の記載 【外国人記載例 No. 10】

ア　氏名，出生の年月日，男女の別，続柄の各欄は，届出書等に記載されているとおりに記載する。

イ　氏名は，届書等に記載されているローマ字表記の氏名を記載するが，ローマ字表記の記載がない場合，届書等に記載されたカタカナ又は漢字による表記の氏名を記載する。

ウ　出生の年月日は，届書等に記載された出生の年月日に基づいて西暦により記載する。

エ　外国人住民となった年月日欄

　(ア)　通常の場合は，出生の年月日を記載する。

　(イ)　子が前住所地で出生し，父母と共に転入している場合には転入の日を記載する（「第6章―第4―5―(5)」（315頁）参照。）。

オ　国籍・地域は，空欄とする。

カ　法第30条の45に規定する区分は，「出生による経過滞在者」と記載し，その他法第30条の45の表の下欄に掲げる事項については，空欄と

第4　住民票の記載・消除・記載の修正の具体例　　**657**

【外国人記載例 No. 10】

	ふりがな			り		み	き		生　年　月　日				男女の別	続　柄	外国人住民となった年月日	
住民票 東京都高尾市	氏名			李　美姫					2018年10月1日生				男 ⓦ	子	平成 30 年 10 月 1 日	
	世帯主			李　正夫											住民票コード	
	住所		東京都高尾市東町1丁目6番地1						平成30年10月10日届出						個人番号	
				平成　　年　　月　　日転居					平成　　年　　月　　日届出							
				平成　　年　　月　　日転居					平成　　年　　月　　日届出						備　考 平成30年10月10日 戸籍届出により記載 出生した日から60日を 経過する年月日 平成30年11月30日	
	国籍・地域			在留資格				在留カード等の番号								
	法第30条の45に規定する区分		出生による経過滞在者		在留期間等				在留期間の満了の日							
	前住所	昭和 ㋹	30年10月1日				出生							から	転入・転居		
	転	平成　　年　　月　　日									へ転出予定		平成　　年　　月　　日届出				
	出	平成　　年　　月　　日									へ転出		平成　　年　　月　　日通知				

する。

　キ　記載事由欄は，「〇年〇月〇日　出生」と記載する。

　ク　備考欄には，「〇年〇月〇日　戸籍届出により記載」と記載する。

　　　なお，出生した日から60日を経過する年月日を備考として記入する。

6　国籍喪失の届出（報告）に基づく消除及び記載

　日本の国籍を失った者のうち，上陸の手続きを経ることなく本邦に在留することとなる者は，日本の国籍を離脱した日から60日を限りに，引き続き在留資格を有することなく本邦に在留することができる。

　住民票は，国籍喪失届，国籍喪失報告，又は住民票記載事項通知に基づき，職権で日本人住民としての住民票を消除するとともに，新たに外国人住民としての住民票を作成する。

⑴　日本人住民としての住民票の消除【外国人記載例 No. 11】

　　ア　消除事由欄には，「〇年〇月〇日　国籍喪失」と記載する。この場合の年月日は，外国の国籍を取得した年月日又は日本国籍を離脱した年月日（官報に告示された年月日）を記載する。

658　第14章　外国人住民に係る住民基本台帳事務

【外国人記載例 No. 11】

ふりがな	やまかわ　まさお	生　年　月　日		男女の別	続　柄	外国人住民となった年月日
氏名	山川　正夫	明治 大正 **昭和** 平成	53年6月3日生	**男** 女	世帯主	平成 12 年 3 月 30 日
世帯主	山川　正夫					住民票コード
						5678012345
住所	東京都高尾市東町1丁目6番地1	平成 12年4月10日届出				個人番号
		平成　　年　月　日転居	平成　　年　月　日届出			
		平成　　年　月　日転居	平成　　年　月　日届出			備考 平成30年10月1日 戸籍届出により消除
本籍	東京都多摩川市西山町1丁目1番地	筆頭者の氏名	山川　正夫			除票
前住所 転居	昭和 **平成** 12 年 3 月30日　東京都多摩川市西山町5丁目3番4号 から 転入 転居					
転出	平成 30 年 9 月25日　　国籍喪失　　へ転出 予定					平成　　年　月　日届出
	平成　　年　月　日　　　　　　　へ転出					平成　　年　月　日通知

（住民票　東京都高尾市）

　イ　備考欄には，国籍喪失届による場合は，「〇年〇月〇日　戸籍届
　　出により消除」と記載し，当該住民票を消除する。

（2）**外国人住民としての住民票の記載【外国人記載例 No. 12】**

　ア　氏名，出生の年月日，男女の別の各欄は，届書等に記載されてい
　　るとおりに記載する。

　イ　氏名は，届書等に記載されているローマ字表記の氏名を記載する
　　が，ローマ字表記の記載がない場合，届書等に記載されたカタカナ
　　又は漢字による表記の氏名を記載する。

　ウ　出生の年月日は，届書等に記載された出生の年月日に基づいて西
　　暦により記載する。

　エ　外国人住民となった年月日は，法第30条の45の表の上欄に掲げる
　　者となった年月日を記載する。

　オ　住所を定めた年月日は，日本人住民としての住民票に「住所を定
　　めた年月日」が記載されていた場合については，当該記載されてい
　　た年月日を記載する。

第4　住民票の記載・消除・記載の修正の具体例　　**659**

　カ　住所を定めた旨の届出の年月日（又は職権で住民票を記載した年月
　　　日）は，外国人住民としての住民票を作成した年月日を記載する。

　キ　従前の住所は，日本人住民としての住民票に「従前の住所」が記
　　　載されていた場合については，当該記載されていた住所を記載する。

　ク　国籍・地域は，届書等の記載を確認し，記載する。

　ケ　法第30条の45に規定する区分は，「国籍喪失による経過滞在者」
　　　と記載し，その他法第30条の45の表の下欄に掲げる事項については，
　　　空欄とする。

　コ　備考欄には，国籍喪失届による場合は，「○年○月○日　　国籍喪
　　　失　　○年○月○日　　戸籍届出により記載」と記載する。なお，国籍
　　　を失った日から60日を経過する年月日を記入することが適当である。

7　帰化又は国籍取得の届出に基づく消除及び記載

　帰化（国籍取得）届又は住民票記載事項通知に基づき，職権で，外国人
住民としての住民票を消除するとともに，新しく日本人住民としての住民
票を作成する。その事由（帰化又は国籍取得）及びその事由の生じた年月日

【外国人記載例 No. 12】

ふりがな		り　　　まさお		生　年　月　日	男女の別	続　柄	外国人住民となった年月日
氏名		李　正夫		1978年6月3日生	⑲男女	世帯主	平成 30年 9 月 25 日
世帯主		李　正夫					住民票コード
住所		東京都高尾市東町1丁目6番地1		平成30年10月1日届出			個人番号
			平成　年　月　日転居	平成　年　月　日届出			
			平成　年　月　日転居	平成　年　月　日届出			備　考
国籍地域	中国	在留資格		在留カード等の番号			平成30年9月25日 国籍喪失 平成30年10月1日 戸籍届出により記載 国籍を失った日から60 日を経過する年月日 平成30年11月24日
法第30条の45に規定する区分	国籍喪失による経過滞在者	在留期間等		在留期間の満了の日			
前住所	昭和平成　年　月　日					から　転入／転居	
転	平成　年　月　日					へ転出予定	平成　年　月　日届出
出	平成　年　月　日					へ転出	平成　年　月　日通知

660　第14章　外国人住民に係る住民基本台帳事務

をそれぞれに記入する。

⑴　**外国人住民としての住民票の消除【外国人記載例 No. 13】**

　　ア　消除事由欄には，帰化届による場合は，「○年○月○日　帰化」
　　　と記載する。この場合の年月日は，届書等に記載された告示の年月
　　　日を記載する。国籍取得届による場合は，「○年○月○日　国籍取
　　　得」と記載する。この場合の年月日は，届書等に記載された国籍取
　　　得の年月日を記載する。

　　イ　備考欄には，「○年○月○日　戸籍届出により消除」と記載し，
　　　当該住民票を消除する。

⑵　**日本人住民としての住民票の記載【外国人住民記載例 No. 14】**

　　ア　氏名，出生の年月日，男女の別の各欄は，届書等に記載されてい
　　　るとおりに記載する。

　　イ　戸籍の表示は，届書等に記載されているとおりに記載する。

　　ウ　住民となった年月日は，外国人住民としての住民票に記載された
　　　「外国人住民となった年月日」を記載する。

【外国人記載例 No. 13】

ふりがな	り　まさお		生　年　月　日	男女の別	続　柄	外国人住民となった年月日
氏名	李　正夫		1978年6月3日生	男 女	世帯主	平成　30年7月9日
世帯主	李　正夫					住民票コード
住所	東京都高尾市東町1丁目6番地1			平成 30年7月9日届出		個人番号
			平成　年　月　日転居	平成　年　月　日届出		備　考
			平成　年　月　日転居	平成　年　月　日届出		平成30年10月1日 戸籍届出により消除
国籍地域	中国	在留資格	教授	在留カード等の番号	AB12345678CD	
法第30条の45に規定する区分	中長期在留者等	在留期間等	3年	在留期間の満了の日	2021年9月25日	除票
前住所	昭和 平成　年　月　日				から転入 転居	
転	平成　30年9月25日		帰化		へ転出 予定	平成　年　月　日届出
出	平成　年　月　日				へ転出	平成　年　月　日通知

第4　住民票の記載・消除・記載の修正の具体例　　**661**

エ　住所を定めた年月日は，外国人住民としての住民票に「住所を定めた年月日」が記載されていた場合については，当該記載されていた年月日を記載する。

オ　住所を定めた旨の届出の年月日（又は職権で住民票を記載した年月日）は，日本人住民としての住民票を作成した年月日を記載する。

カ　従前の住所は，外国人住民としての住民票に「従前の住所」が記載されていた場合は，当該記載されていた住所を記載する。

キ　備考欄には，帰化届による場合は，「○年○月○日　帰化　○年○月○日　戸籍届出により記載」とし，国籍取得届による場合は，「○年○月○日　国籍取得　○年○月○日　戸籍届出により記載」と記載する。

【外国人記載例 No. 14】

	ふりがな	やまかわ　　まさお	生年月日	男女の別	続柄	住民となった年月日
住民票 **東京都高尾市**	氏名	山川　正夫	明治 大正 ㊐昭和 平成　53年6月3日生	㊚男 女	世帯主	平成　30年7月9日
	世帯主	山川　正夫				住民票コード
						23456789012
	住所	東京都高尾市東町1丁目6番地1	平成 30年10月1日届出			個人番号
			平成　　年　月　日転居	平成　　年　月　日届出		
			平成　　年　月　日転居	平成　　年　月　日届出		備考
	本籍	東京都多摩川市西山町1丁目1番地	筆頭者の氏名	山川　正夫		平成30年9月25日 帰化 平成30年10月1日 戸籍届出により記載
	前住所	昭和 平成　　年　月　日		から転入 転居		
	転	平成　　年　月　日		へ転出 予定		平成　　年　月　日届出
	出	平成　　年　月　日		へ転出		平成　　年　月　日通知

662　第14章　外国人住民に係る住民基本台帳事務

第5　住居地の届出

　住居地とは，本邦における主たる住居の所在地（入管法19条の4第1項2号，特例法8条1項2号）のことである。住民基本台帳法上の住所とは法令上の根拠，届出先等が異なるが，基本的には，住民基本台帳法上の住所と一致するものとして運用している。中長期在留者及び特別永住者は，住民基本台帳法上の住所の届出とは別に，住居地を届け出なければならない。

　ただし，在留カード又は特別永住者証明書を提出して住民基本台帳法上の転入届・転居届等が行われた場合，その届出が住居地の届出とみなされる（みなし住居地の届出）（入管法19条の7第3項，19条の8第3項，19条の9第3項，特例法10条4項，5項）。

1　届出が必要な場合

区分	住居地の届出が必要な場合		届出期間	提出書類	根拠条文	みなし住居地の届出が成立する場合
中長期在留者	①上陸後の住居地届出	上陸許可を受けて中長期在留者となった場合	住居地を定めた日から14日以内	・在留カード（後日交付の場合，旅券） ・住居地届出書（入管法施行規則別記第29号の8様式）（注2）	入管法 第19条の7	住基法第30条の46
中長期在留者	②在留資格変更等に伴う住居地届出	在留資格変更許可，在留期間更新許可，在留資格取得許可（（注1）の場合を除く。），在留特別許可等を受けて，新たに中長期在留者となった場合	既に住居地を定めているときは許可日から14日以内，新しく住居地を定めたときはその日から14日以内	・在留カード ・住居地届出書（入管法施行規則別記第29号の8様式）（注2）	入管法 第19条の8	住基法第30条の46又は第30条の47
中長期在留者	③住居地の変更届出		住居地を変更してから14日以内	・在留カード（後日交付の場合，旅券） ・住居地届出書（入管法施行規則別記第29号の8様式）（注2）	入管法 第19条の9	住基法第22条，第23条又は第30条の46
特別永住者	④住居地の記載のない特別永住者証明書を交付された者が行う住居地の届出		住居地を定めた日から14日以内	・特別永住者証明書 ・住居地届出書（特例法施行規則別記第5号様式）（注2）	特例法 第10条第1項	住基法第30条の46
特別永住者	⑤住居地の変更届出		住居地を変更してから14日以内		特例法 第10条第2項	住基法第22条，第23条又は第30条の46

（注1）… 出生等経過滞在者及び一時庇護許可者が住民票の写し等を提出して在留資格取得申請した場合は，住居地の届出があったものとみなし，許可時に券面に住居地が記載された在留カードが交付される。

（注2）… みなし住居地の届出が成立する場合，住居地届出書の提出は不要

出典：法務省入国管理局入国在留課在留管理業務室
「平成29年度　市区町村在留関連事務に関する研修会（資料)」

第5 住居地の届出 *663*

2 届出の代理

住居地の届出のみの場合は，下図のとおりである。

		中長期在留者	特例永住者	委任を示す文書	代理人であることの確認
同居の親族	代理義務者による代理	**本人に代わって行わなければならない**（入管法第61条の9の3第2項） 本人が16歳未満の場合，又は本人が疾病その他の事由により来庁できない場合 ⇒①「配偶者」②「子」③「父母」④「①〜③以外の親族」の順位により，16歳以上の同居の親族に代理義務が発生	**本人に代わって行わなければならない**（特例法第19条第2項） 本人が16歳未満の場合，又は本人が疾病その他の事由により来庁できない場合 ⇒①「配偶者」②「子」③「父母」④「①〜③以外の親族」の順位により，16歳以上の同居の親族に代理義務が発生		住民基本台帳記録等
	本人の依頼による代理	**代理可能**（入管法第61条の9の3第3項） 代理義務の発生していない場合でも，本人の依頼により，16歳以上の同居の親族が代わって住居地の届出（住居地変更の届出）を行うことが可能。	**代理可能**（特例法第19条第3項） 代理義務の発生していない場合でも，本人の依頼により，16歳以上の同居の親族が代わって住居地の届出（住居地変更の届出）を行うことが可能。	省略可 （依頼事実に疑義がある場合を除く。）	
同居以外の者	本人又は代理義務者から依頼を受けた者	**代理可能** （入管法第61条の9の3第3項，入管法第59条の第1項）	**代理可能** （特例法第19条第3項，特例法第16条第3項，特例法第17条第1項）	原則必要	
	法定代理人(同居の親族を除く)				法定代理人であることを証する文書の提示

（注）「同居の親族」とは，親族（配偶者，6親等内の血族及び3親等内の姻族）で，本人と住居を共にし，かつ，同一生計下で日常生活を共にしているものを指す。

出典：法務省入国管理局入国在留課在留管理業務室
「平成29年度 市区町村在留関連事務に関する研修会（資料）」

みなし住居地の届出の代理の場合は，住民基本台帳事務上，代理可能であることを確認すれば足りる。

3 届出の受理

(1) 本人確認

在留カード等の提示を求めることにより，来庁者の本人確認を行う。在留カード等の提示ができない場合，顔写真が表示された公的な証明書（運転免許証，旅券等）の提示を求める等の方法による。

(2) 提出書類の確認

住居地届出書の記載の確認をする（みなし住居地の届出の場合には不要）。

(3) 在留カード等の住居地欄への記載（裏書）

提出された在留カード等の裏面の住居地記載欄に，届出年月日及び住居地を記載し，公印を押印の上，本人に返還する。

※ 在留カード後日交付の旨が記載された旅券の場合は後日交付の証印に隣接した箇所に「住居地届出済」の旨を，届出年月日，市町村名とともに記載する。

664　第14章　外国人住民に係る住民基本台帳事務

別記第二十九号の八様式（第十九条の八関係）

日本国政府法務省

住 居 地 届 出 書

　　　法 務 大 臣　　殿

　　出入国管理及び難民認定法第19条の7第1項，第19条の8第1項又は第19条の9第1項の規定に基づき，次のとおり住居地を届け出ます。

　　該当する届出にチェックしてください。
　　□ ①新 規 上 陸 後 の 住 居 地 届 出（法第19条の7第1項）
　　□ ②在留資格変更等に伴う住居地届出（法第19条の8第1項）
　　□ ③住 居 地 の 変 更 届 出（法第19条の9第1項）

1　国籍・地域＿＿＿＿＿＿＿＿＿＿＿＿　2　生年月日＿＿＿＿＿年＿＿＿月＿＿＿日

3　氏　　　名＿＿＿＿＿＿＿＿＿＿＿＿＿＿＿＿＿＿＿＿＿＿＿＿＿

4　性　　　別　男 ・ 女　　5　在留カード番号＿＿＿＿＿＿＿＿＿＿＿＿＿

6　現在の住居地

＿＿＿＿＿＿＿＿＿＿＿＿＿＿＿＿＿＿＿＿＿＿

7　現在の住居地を定めた日＿＿＿＿＿年＿＿＿月＿＿＿日

8　前住居地（③の届出の場合に記入）

＿＿＿＿＿＿＿＿＿＿＿＿＿＿＿＿＿＿＿＿＿＿

9　代理人

　(1)氏　名＿＿＿＿＿＿＿＿＿＿＿＿＿　(2)本人との関係＿＿＿＿＿＿＿＿＿＿

　(3)住　所

＿＿＿＿＿＿＿＿＿＿＿＿＿＿＿＿＿＿＿＿＿＿

以上の記載内容は事実と相違ありません。
届出人の署名／届出年月日
　　　　　　　　　　　　　　　　＿＿＿＿＿年＿＿＿月＿＿＿日
＿＿＿＿＿＿＿＿＿＿＿＿＿＿＿＿＿＿＿＿＿＿＿＿＿＿＿
注意　届出書作成後届出までに記載内容に変更が生じた場合，届出人が変更箇所を訂正し，署名すること。

市 区 町 村 記 載 欄

出典：入管法施行規則別記第二十九号の八様式（第十九条の八関係）

(4) 受理後の事務手続き

　情報連携端末を利用し，定められた事項を法務大臣に伝達するとともに，住居地届出書を発行拠点に送付する（住居地届出書の送付については，みなし住居地の届出の場合には不要）。

4　在留カード等裏面の記載例

　各手続きに応じ，提出された在留カード等の裏面記載欄に住居地の記載を行う。提出された在留カード等の裏面記載欄に記載を行う余白がない場合には，裏面住居地記載欄全面に補助用紙を貼付して新たな裏面記載欄を設け，同様の措置を行う。

　なお，地方公共団体の廃置分合，境界変更，名称変更，市町村内における町・字名の異動，住居表示法に基づく住居表示が行われた場合は，住居地の変更届出をすべき場合に当たらないが，新表示への書き換えの申出又は来庁時の書き換えの案内に応じて希望があった場合には，在留カード等の裏面に記載することとしてよい。この場合，届出年月日欄に記載する日付は当該異動のあった日付とし，末尾に記載変更の理由を括弧書きする。

(1) 転入，転居等により住居地が変更された場合

　　2018年○月○日　東京都高尾市東町1丁目6番地1　職印

(2) 市町村において，誤った住居地を記載した場合

　　2018年○月○日　東京都高尾市西町2丁目3番地1（訂正）職印

(3) 裏面の住居地記載部分が判読不能となった場合

　　2018年○月○日　東京都高尾市西町2丁目3番地1（判読不能により再記載）職印

(4) 本人が自ら住居地を記入している場合（本人が記載した住居地は朱線で消除する。）

　　~~高尾市西町2—3—1~~　本人誤記載

　　2018年○月○日　東京都高尾市西町2丁目3番地1　職印

(5) 市町村合併等があった場合

　　2018年○月○日　東京都東多摩市西町2丁目3番地1（合併）職

666　第14章　外国人住民に係る住民基本台帳事務

印

(6)　住居表示が行われた場合

2018年○月○日　東京都高尾市西町２丁目３番１号（住居表示実施）　職印

第6　外国人住民に係る氏名等

外国人住民は氏名以外にも通称が住民票の記載事項として定められている。また，印鑑登録事務に使用するため，氏名のカタカナ併記名についても取り決めがある。

1　氏　名

外国人住民の住民票に記載する氏名は，基本的には外国人住民であることを証する書類に記載されている氏名を記載する。出生による経過滞在者又は国籍喪失による経過滞在者については，出生届，国籍喪失届又は国籍喪失報告に付記されているローマ字表記の氏名を記載する。ただし，これら戸籍の届出書等にローマ字表記の氏名の付記がない場合は，同届出書等に記載されたカタカナ又は漢字による表記の氏名を記載する。

まとめると，以下の表のとおりとなる。

法第30条の45区分	氏名の表記の根拠
中長期在留者	在留カード（出入国港において在留カードを交付されなかった中長期在留者にあっては，後日在留カードを交付する旨の記載がされた旅券のローマ字表記の氏名）
特別永住者	特別永住者証明書証明書
一時庇護許可者	一時庇護許可証
仮滞在許可者	仮滞在許可証
出生による経過滞在者 国籍喪失による経過滞在者	戸籍の届出書等

第6　外国人住民に係る氏名等　　*667*

2　通　称

(1)　通称の定義及び使用できる文字

　　通称とは，氏名以外の呼称であって，国内における社会生活上通用していることその他の事由により居住関係の公証のために住民票に記載することが必要であると認められるもののことをいう（令30条の26）。なお，通称に使用できる文字は，日本人が戸籍に記載することのできる文字に限られる。そのため，漢字だけでなくひらがなやカタカナの使用も可能であるが，簡体字，繁体字，ローマ字等の外国の文字，カンマ，ピリオド，ハイフン等の記号は使用できない。ただし，スペース（空白）に対する法的な規定はないため，登録する通称は氏と名という形式でなくてもよい。

(2)　通称記載の審査

　　外国人住民から呼称を通称として住民票に記載したい旨の申し出がなされた際には，当該呼称が，国内における社会生活上通用していることが客観的に明らかとなる資料等の提示を複数求める等により，厳格に確認を行う必要がある。この際，手書きの書類，名刺，領収書等の本人の意思により容易に作成可能なものを通称記載の資料として認めることは適当ではない。

　　ただし，以下の場合においては，当該身分行為時には社会生活上通用していなかったとしても，当該身分行為以降，社会生活上通用することに特段の疑義がないため，「その他の事由」により居住関係の交渉のために住民票に記載することが必要であると認められ得る。

　　①　出生により日本国籍を有する親の氏あるいは通称が住民票に記載されている外国人住民である親の通称の氏を使用する。

　　②　婚姻等身分行為により，相手方の日本国籍を有する者の氏あるいは通称が住民票に記載されている外国人住民である相手方の通称の氏を使用する。

　　③　日系の外国人住民が氏名の日本式氏名部分を使用する（ただし，

668　第14章　外国人住民に係る住民基本台帳事務

　この場合日本人祖先の氏名を確認するための書類及び通称記載申出者と日本人祖先との関係がわかる資料の提示を求める等により，通称記載申出者が日系人であることの確認を行う必要がある。）。

　なお，親や身分行為の相手方の氏又は通称の氏を使用した通称をはじめて申し出る場合においては，当該氏の確認を行ったのであれば，名に当たる部分については，別途国内における社会生活上通用していることの確認を行う必要はない（平成24.10.29事務連絡問4）。

(3)　通称の変更

　通称は社会生活上通用しているとされる呼称で，ひとたび登録されたものが変わることは通常想定されていないため，通称の変更は原則として認められていない。ただし，婚姻等の身分行為によって相手方の氏を通称とする場合は特段の疑義がないため，変更を認めても差し支えない。なお，通称の変更は，当該通称の削除の申し出及び新たな通称の記載の申し出により行う。

(4)　記載・削除

　住民票に通称を記載（又は削除）した場合，当該通称を記載（又は削除）した市町村名及び年月日を記載しなければならない【外国人記載例No. 15】。

【外国人記載例No. 15】

氏名	CHUAN　HUA　川　花		通称	山川　花子	

通称	記載市町村名	記載年月日	削除市町村名	削除年月日
川野　花子	東京都陣馬市	平成30年7月9日	東京都高尾市	平成30年10月1日
山川　花子	東京都高尾市	平成30年10月1日		

　以　下　余　白

第6　外国人住民に係る氏名等　*669*

(5)　通称の引き継ぎ

　住民票に通称を記載している外国人住民が転入届出を行った場合は，新住民登録地においてもすでに登録されている通称を引き継ぎ記載する必要がある。しかし，法第30条の46及び法第30条の47の届出においては，新たに住民票を作成する扱いとなるため，通称の記載を求める申出書の提出が必要となる。

3　氏名のカタカナ表記

　非漢字圏の外国人住民（原則として，住民票に記載される国籍・地域が中国，台湾，韓国，朝鮮に該当する外国人住民以外）については，氏名の読みをそのまま音読してカタカナ表記したものを住民票の備考欄に記録することができる。この記載をすることにより，当該外国人住民は，氏名のカタカナ表記又はその一部を組み合わせたもので表されている印鑑の登録をすることができる。この場合，印鑑登録証明書には，当該外国人住民の氏名のほかに氏名のカタカナ表記を記載することとなる。

　なお，上記に関わらず，本国における公的な身分証明書において氏名に漢字が使用されない外国人住民について，氏名のカタカナ表記による印影の印鑑の登録を必要とする場合には，これを備考として記入することができる（平成24.4.4総行住第37号通知問8）。

あ と が き

　この度，歴史ある「住民記録の実務」の9訂版の編纂に携わることができましたことを光栄に思います。「住民記録の実務」は昭和54年6月に初版が発行され，その後も数多くの諸先輩方の手を経て出版を重ね，8訂版を数えるまでとなりました。今回9訂版を編むにあたっても，初心者のためのガイドマップとなり，同時に事務処理上のむずかしい問題にも対処しうる指導書ともなる手引書を作成するという志を引き継ぎ，編集委員それぞれが培ってきた住民基本台帳事務の経験を元に作成に励んで参りました。

　今回は平成27年に施行されたマイナンバー制度に主眼を置き，関係する事務について全編に渡り内容を見直すことに多くの時間を割きました。マイナンバー制度は住民基本台帳事務の隅々に結び付いているため，決まった部分だけ修正すればよいものではなく，該当箇所に朱を入れれば原稿が赤で埋まることもありました。また，それまで記載のなかった電子証明書についてもマイナンバーカードの手続きにおいてますます必要性が増していることからこの度の改訂で盛り込むことといたしました。

　追加したものがある一方で，古くなり掲載が不要と考えられる記載や，滅多にない例についての事務処理の記載については記述から外すことといたしました。使用者にとっては知りたいことを見つけやすいということが肝要であり，記述を追加するのみであれば重要な記述が埋もれてしまい利便性が低下すると考え，使用時の使い勝手を考えて仕上げるということも今回の目標といたしました。それに関して，前回の改訂で新章として設けられた外国人住民の住基事務についても，このまま日本人住民と区別した章立てであるほうが分かりやすいと判断し，別立てのまま残すこととしました。

　執務の傍らの作業を進めようやくこうして形にすることができ，編集委員一同安堵しております。これまでお力添えいただいた関係者の皆様に厚く御礼申し上げます。
　住民基本台帳事務は各自治体ごとに若干の差異はありますが，一般的な手続方法を主として記載することを心がけました。全国の同じ仕事をしている職員の皆様のお役に立てれば幸いです。

　　平成30年6月

　　　　　　　　　　住民基本台帳事務手引書作成委員会

住民基本台帳事務手引書作成委員会（9訂版改訂担当）

町　田　市	中　嶋　浩　之
国　分　寺　市	丸　山　将　史
東　村　山　市	古　田　良　子
多　摩　市	鯨　岡　めぐみ
羽　村　市	細　谷　　税
調　布　市	鈴　木　敏　弘
立　川　市	山　口　裕　二
青　梅　市	川　島　　茜
東久留米市	厚　澤　謙　二
	飯　田　千　愛
	藤　　竜　也
	代表：小　島　信　行

住民基本台帳事務手引書作成委員会設置要領

1 設 置

東京都市町村戸籍住民基本台帳事務協議会会則第2条，第5条第1号および同条第3号の規定の主旨に基づいて，住民基本台帳に関連する諸法令の研究および改善・進歩を図る目的をもって，住民基本台帳事務の手引書作成のための委員会を設置する。

2 名 称

委員会は，住民基本台帳事務手引書作成委員会（以下，住基手引書委員会という）と称する。

3 組 織

(1) 住基手引書委員会は，次の各支部ごとに選出された市町村の課長職および担当職員をもって組織する。

西多摩支部　　2市

南多摩支部　　2市

北多摩支部　　5市

(2) 課長職は，住基手引書委員会の運営，手引書の規模等方針について協議する。

(3) 担当職員は，課長職の定めた方針にそって手引書の作成にあたる。

(4) 前号の担当職員は，討論の継続性を保つために各市町村最低1名を固定して派遣する。

4 事 業

(1) 目 的

ア）各市町村の住民基本台帳事務の共通化をめざす。

イ）各市町村の現行事務処理方法に検討を加え，正しい処理方法で事務が行われるようにする。

ウ）初心者のためのガイドブックとなり，同時に事務処理上のむずかしい問題にも対処しうる指導書ともなる手引書を作成する。

674

(2) 方 法

ア）検討範囲は住民基本台帳法関係に限定する。各市町村の市民課組織の違いによる他の取扱い業務は検討しない。

イ）解釈・処理方法等について意見を一致させる。ただし，一致をみた解釈・方法等について，当面は各市町村は各々の実情にあわせて運用し，将来できるだけ一致させる方向で努力する。

ウ）手引書の帳票は，一定のモデルを統一して使用する。

(3) 内 容

ア）法令・用語等の理論的解釈

イ）全てのケースの処理方法と帳票への記載方法

ウ）解釈・方法等についての代表的な通達・実例・判例等の提示

エ）別冊として初心者向け入門書として「100問100答集」の作成

5　協　力

東京都市町村戸籍住民基本台帳事務協議会を組織する市町村は，住基手引書委員会から資料の提供等の申し入れがあったときは，積極的に協力するものとする。

6　解　散

住基手引書委員会は，手引書の発行をもってその任務を終了し，以後自動的に解散するものとする。

9訂版　住民記録の実務

1979年6月15日　初 版 発 行
2018年6月26日　9訂版発行
2021年11月2日　9訂版第2刷発行

編 著 者	東京都市町村戸籍住民基本台帳事務協議会
	住民基本台帳事務手引書作成委員会
発 行 者	和 田　　裕

発行所　日 本 加 除 出 版 株 式 会 社

本　　社	郵便番号 171-8516
	東京都豊島区南長崎3丁目16番6号
	T E L （03）3953-5757（代表）
	（03）3952-5759（編集）
	F A X （03）3953-5772
	U R L www.kajo.co.jp
営 業 部	郵便番号 171-8516
	東京都豊島区南長崎3丁目16番6号
	T E L （03）3953-5642
	F A X （03）3953-2061

組版　㈱亨有堂印刷所　／　印刷・製本（POD）京葉流通倉庫㈱

落丁本・乱丁本は本社でお取替えいたします。
★定価はカバー等に表示してあります。
©2018
Printed in Japan
ISBN978-4-8178-4486-6

JCOPY　〈出版者著作権管理機構　委託出版物〉

　本書を無断で複写複製（電子化を含む）することは、著作権法上の例外を除き、禁じられています。複写される場合は、そのつど事前に出版者著作権管理機構（JCOPY）の許諾を得てください。
　また本書を代行業者等の第三者に依頼してスキャンやデジタル化することは、たとえ個人や家庭内での利用であっても一切認められておりません。

〈JCOPY〉 H P：https://www.jcopy.or.jp、e-mail：info@jcopy.or.jp
　　　　　電話：03-5244-5088、FAX：03-5244-5089

窓口事務の応対にあたり必要な知識を幅広く解説！

8訂版 初任者のための住民基本台帳事務

東京都市町村戸籍住民基本台帳事務協議会
住民基本台帳事務手引書作成委員会

編著

2018年10月刊 A5判 508頁 定価5,170円（本体4,700円） 978-4-8178-4519-1

商品番号：40043　略号：事務

- **第1編　窓口事務と接遇の知識**
  必要知識を、関係業務のあらましや事務の流れ、住民票の事務処理方法などとともにわかりやすく解説。
- **第2編　住民記録Q&A**
  住民票の写し、住民の届出と転出・転入・転居、世帯変更、職権処理、通知事務や戸籍の附票の処理方法等について、具体的かつわかりやすいQ&Aで解説。
- **第3編　実務用語解説**
  窓口職員が通常使用することの多い基本用語を、簡潔な文章で解説。
- **第4編　東京都住民基本台帳事務質疑応答集**

毎年、最新の関係法令・通知等を収録！

住民基本台帳六法
法令編／通知・実例編

市町村自治研究会　監修

日本加除出版　〒171-8516　東京都豊島区南長崎3丁目16番6号
TEL（03）3953-5642　FAX（03）3953-2061（営業部）
www.kajo.co.jp